| Familie Bardot Willemart | Familie Claveau Hullin de Boischevalier | Familie Mucel Chizat | Familie Grandval Develey |

| Charles Bardot 1860–1941 | Jeanne Claveau »Mémé« 1864–1950 | Léon Mucel »Le Boum« 1881–1958 | Grandval »Mamie« 1887–1970 | Grandval verehelichte Marchal »Tapompom« 1891–1979 |

| Louis Bardot »Pilou« 1896–1975 | Anne-Marie Mucel »Toty« 1912–1978 | Jean Marchal † 1957 |

| Jacques Charrier 6.11.1936 | Brigitte Bardot 28.9.1934 | Marie-Jeanne Bardot »Mijanou« 5.5.1938 | Patrick Bauchau 6.12.1938 |

| Nicolas Charrier 11.1.1960 | Camille Bauchau 24.2.1963 |

BRIGITTE BARDOT

BB
MEMOIREN

GUSTAV LÜBBE VERLAG

© 1995 by Brigitte Bardot
© 1996 für die deutsche Ausgabe
Gustav Lübbe Verlag GmbH, Bergisch Gladbach
Aus dem Französischen von Eliane Hagedorn,
Annette Lallemand (S. 622–830), Barbara Reitz, Bettina Runge
und Ingeborg Schmutte
Redaktion: Helmut Mennicken
Einbandentwurf: KOMBO Kommunikationsdesign Köln,
unter Verwendung von Fotos von © Cinetext (Vorderseite);
Sam Levin, © Interfoto (Buchrücken); Gérard Schachmes,
© Regards (Rückseite)
Satz: Dörlemann Satz, Lemförde
Gesetzt aus der Le Cochin der Fa. Berthold
Druck und Einband: Friedrich Pustet, Regensburg
ISBN 3-7857-0798-3
Printed in Germany

4 3 2 1

Für
PILOU und TOTY,
meine Eltern,
und NICOLAS,
mein Kind

Ich danke all denen, die mich wirklich von ganzem Herzen geliebt haben. Da sie nicht zahlreich sind, werden sie sich wiedererkennen.

Ich danke all denen, die mich gelehrt haben, mit Tritten in den Hintern zu leben; die mich betrogen und meine Naivität ausgenutzt haben und damit in eine tiefe Verzweiflung trieben, aus deren Klauen ich mich wie durch ein Wunder befreien konnte.

Sofern man die Prüfungen überlebt, bilden sie den Grundstein des Erfolges.

Ich danke auch allen, die mit Lust und Geduld dieses Buch – das Gedächtnis meiner Zukunft – gelesen haben.

Brigitte Bardot

Ich widme diese Erinnerung
Jicky Dussart,
gestorben am 31. Mai 1996

Jicky, unser aller Freund, hat uns plötzlich verlassen – mit der Scheu und Diskretion, die er bei allen wichtigen Dingen seines Lebens an den Tag legte. Nie wollte er zur Last fallen.

Sein ganzes Leben lang war er ohne Einschränkung mutig und integer. Ein »Mann« im noblen Sinne des Wortes. Ein treuer Freund, ein vorbildlicher Vater, ein bisweilen tyrannischer Ehemann, der jedoch tief in der Familie verwurzelt war, die er sich geschaffen hatte, nachdem er so sehr unter einem Mangel an emotionalen Bindungen gelitten hatte.

Jicky war für uns ein Leuchtturm, ein Vorbild, ein Licht, das Symbol einer Epoche der Unbekümmertheit und der Lebensfreude. Er war ein großer Ästhet. Als Maler und Fotograf des Schönen duldete er weder Mittelmäßigkeit noch Häßlichkeit.

Bevor er aus seinen Söhnen Männer machte, hatte er versucht, mich eine gewisse Weisheit zu lehren, eine gewisse Art, das Leben zu meistern. Ich habe es nicht vergessen und werde es nie vergessen.

Er war der Bruder, den ich nicht gehabt habe.

Er ist von uns gegangen und hat dabei einen wichtigen Teil unseres Lebens mitgenommen. Das ist unsere Art, ihm in diese unbekannte Welt zu folgen, die er jetzt entdeckt.

Ich grüße Dich, Jicky.
Der Herr ist mit Dir.

Diese Hommage verfaßte und verlas Brigitte Bardot anläßlich Jicky Dussarts Beisetzung am 7. Juni 1996 in Saint-Tropez.

Le livre de la vie est le livre suprême.
Qu'on ne peut ni fermer, ni rouvrir à son choix;
Le passage attachant ne s'y lit pas deux fois,
Mais le feuillet fatal se tourne de lui-même;
On voudrait revenir à la page où l'on aime,
Et la page où l'on meurt est déjà sous vos doigts.

Alphonse de Lamartine (1790–1869)

Das Buch des Lebens ist das größte Buch,
das man weder nach Belieben schließen noch wieder
    aufschlagen kann.
Die fesselnde Passage kann man nicht zweimal lesen,
und die schicksalhafte Seite blättert sich von selbst auf.
Man würde gerne zur Seite zurückgehen, auf der man liebt,
doch man hat schon die Seite erreicht, auf der man stirbt.

Brigitte

C'est un torrent d'humour, de gaieté, de franchise,
De gentillesse aussi. Dévouée aux amis.
Envoie avec entrain bouler qui catéchise.
Mélange curieux de cigale et fourmi.

Elle ne veut causer la plus petite peine,
A toute créature, or à la moindre gêne,
Elle ne pense plus qu'à ses folles amours …
Elle en garde au moins un en réserve toujours.

Mais, sens dessus dessous au sujet de papa
Dès qu'un mage prédit la moindre maladie.
Généreuse de ses deniers, de ses appâts.

Bouleverse sa vie en tragi-comédie
Et, sans respect aucun, le sommeil de maman
Qu'elle appelle au secours dans son isolement.

Pilou (mon papa)
La Madrague, 16. 05. 59

Brigitte

Ein Quell an Humor, Fröhlichkeit, Offenheit
und auch an Herzlichkeit. Den Freunden ergeben,
jagt sie den hinaus, der dumm daherschwätzt.
Ameise und Grille, seltsam vereint.

Keinem mag Kummer sie bereiten,
nicht der geringsten Kreatur, beim kleinsten Problem
hat sie nur noch ihre verrückten Liebschaften im Sinn,
hebt wenigstens eine sie immer für sich auf.

Doch drunter und drüber, was Papa betrifft,
sowie ein Weiser die kleinste Krankheit weissagt.
Großzügig mit ihren Hellern, ihren Reizen.

Ihr Leben verkehrt sie zur Tragikomödie
Und, ohne die geringste Scheu, den Schlaf von Maman,
die sie um Hilfe bittet in der Einsamkeit.

Der 3. August 1933 war ein herrlicher Tag, und zu jener Zeit wimmelte Paris noch von all den Menschen, die, statt in Urlaub zu fahren, durch die Straßen der Stadt flanierten.

An jenem Tag fand in der Kirche von Saint-Germain-des-Prés eine wunderschöne Hochzeit statt.

Die Braut war sehr hübsch; in ihrem weißen Kleid strahlte sie eine Frische, eine außergewöhnliche Reinheit aus. Der Bräutigam war groß, elegant, sein schwarzer Anzug stand ihm hervorragend, und er schien der glücklichste Mann auf Erden, der nach so manchem Abenteuer endlich die Frau seines Lebens gefunden hatte.

Als frisch Vermählte grüßten: Anne-Marie Mucel, genannt Toty, und Louis Bardot, genannt Pilou. Sie war einundzwanzig, er siebenunddreißig.

Ein Jahr, einen Monat und fünfundzwanzig Tage nach dieser prunkvollen Hochzeit kam ein kleines Mädchen zur Welt.

Am 28. September 1934 hatten Monsieur und Madame Louis Bardot die Freude, die Geburt ihrer Tochter *Brigitte* bekanntzugeben.

KAPITEL

1

Es war genau 13.20 Uhr, als ich im Sternzeichen Waage, Aszendent Schütze, geboren wurde.

Maman hat sehr gelitten, um mich auf die Welt zu bringen, später hat sie noch mehr gelitten, um mich vor dieser Welt zu beschützen.

Natürlich hatten meine Eltern mit einem Sohn gerechnet.

Von dieser Enttäuschung ist mir ein starker Wille geblieben und die Unsicherheit eines Menschen, der auf einer Abendgesellschaft erscheint, zu der er nicht geladen ist.

Maman war sehr schwach, aber auch sehr glücklich. Sie hielt ein kleines, runzliges rosiges Bündel im Arm, das ohne Unterlaß brüllte. Ich hätte Charles heißen sollen und war eine Brigitte!

Maman hatte zu Hause entbunden, Place Violet Nr. 5, im 15. Arrondissement.

Die ersten Tage meines Lebens verbrachte ich damit, an Mamans Brust zu saugen – umgeben von Blumen, Freunden und meinen Großeltern mütterlicherseits, die ganz hingerissen waren von diesem kleinen Wunder.

Da man ja immer alles komplizieren muß, wurde ich getauft. Als hätten kleine Babys, diese armen unschuldigen Geschöpfe, schreckliche Sünden begangen, befreit man sie von ihren Lastern und Makeln, indem man sie in eiskalten Kirchen in Taufbecken taucht, ihnen Salz auf die Zunge und Öl auf die Stirn gibt!

Ich lag im warmen Arm meiner Patin Midimado und brüllte beim Anblick meines Patenonkels, Dr. Olry. Dennoch wurde ich am 12. Oktober 1934 auf die Namen Brigitte Anne-Marie getauft, und Gott möge mich beschützen!

Maman spielte mit mir wie mit einer Puppe. Ich war ein

winziges Tierchen, das sehr fordernd war. Arme Maman! Als Mutter, die mich stillte, war sie einer Disziplin unterworfen, die schlimmer war als militärischer Drill!

Die Wärme und der Geruch meiner Mutter sind mir im Unterbewußtsein haftengeblieben. Ich war zu klein, um es zu wissen, doch ich empfand eine echte Leidenschaft für sie.

Eines Tages hatte Papa es satt, daß seine Frau Sklavin dieses Säuglings war, und beschloß, ein Kindermädchen einzustellen.

Maman wollte mich niemandem anvertrauen, sie war ständig in Sorge um mich. Mamie Mucel, meine Großmutter mütterlicherseits, hatte aus Italien, wo sie eine Zeitlang gelebt hatte, eine junge Frau mitgebracht, die aus einem Waisenhaus kam und als Hausmädchen bei ihr arbeitete. Diese junge Frau war reizend, hingebungsvoll und ganz allein auf der Welt.

Und so bin ich zu meiner Dada gekommen!

Ich wechselte aus Mamans Armen in die von »Dada«, die Maria hieß, und ich brüllte nicht. Maman konnte endlich ein wenig ausgehen, ein wenig schlafen, Papa ein wenig lesen, ein wenig lachen, ein wenig leben, Dada war ja da!

Papa und Maman sind umgezogen, Dada und ich natürlich auch! Von der Place Violet in die Avenue de La Bourdonnais Nr. 76, gleich beim Champ-de-Mars.

Dada war für mich wie eine Mutter; ich liebte sie, und sie erzählte mir Gutenachtgeschichten auf italienisch. Ich hörte gern, wie sie das R rollte, ich lauschte ihr daumenlutschend und brüllte, sobald sie sich entfernen wollte.

Papa und Maman hatten wieder ihr altes Leben aufgenommen, Dada war ja da! Ich lernte Laufen, indem ich aus Mamans Armen in Papas und in Dadas Arme stolperte!

Mit Dada lernte ich Italienisch, mit Papa und Maman Französisch. Ich machte beinahe größere Fortschritte im Italienischen als im Französischen und sprach nur noch mit italienischem Zungenschlag.

Maman fand es urkomisch, wie ich das R rollte, und sie ließ mich vor Freunden und Bekannten ständig denselben

Satz wiederholen: »Der P*rrr*inz und die P*rrr*inzessin th*rrr*o-
nen auf einem *rrr*osa*rrr*oten Th*rrr*on.«

Eines Tages, als Dada mein Bett machte, flog eine kleine
Feder aus meinem Kopfkissen. Begeistert pustete ich und
ließ sie durch die Luft wirbeln; ich konnte noch nicht gut
sprechen und wußte nicht, wie dieses seltsame, ulkige Ding
hieß.

Es sei eine Feder, erklärte mir Maman; sie stamme von
derselben Mutter wie das Ei-Ei, das ich so gern esse.

Ich fand den Namen »Ei-Ei-Feder« sehr hübsch und begann alles, was mich faszinierte, so zu nennen. Und was
mich als nächstes besonders faszinierte, war eine Steckdose, eine »Ei-Ei-Feder-Steckdose«.

Die kleine runde Dose, die genau auf meiner Höhe aus
der Wand kam, war hübsch. Ich beschloß auszukundschaf-
ten, was sich im Innern der kleinen Löcher verbarg, in die
meine Finger genau hineinpaßten. Ich weiß noch, daß der
Stromschlag so heftig war, daß mir der Schrei in der Kehle
steckenblieb; ich war außerstande, die Finger herauszuziehen, und der Strom (zum Glück nur 110 Volt) durchzuckte
und schüttelte meinen Körper. Vor Schreck machte ich Pipi,
was die Sache noch verschlimmerte, da ich jetzt in einer
Pfütze stand.

Maman bemerkte sehr rasch, was passiert war, und
wollte mich von der Steckdose wegreißen; dabei bekam sie
selbst einen Schlag, und erst als der Hauptschalter abge-
stellt war, gelang es ihr, mich zitternd und mit blauvioletter
Hand, aber lebendig, loszueisen.

Ich danke dem Himmel, daß unsere staatliche Elektrizi-
tätsgesellschaft damals noch nicht auf 220 Volt umgestellt
hatte, denn sonst wäre ich nicht mehr auf der Welt.

In jener Zeit gingen meine Eltern oft aus. Als sie eines Tages
mit Freunden in einem Bistro zu Abend aßen, erschien eine
Wahrsagerin an ihrem Tisch. Sie las jedem aus der Hand
und befaßte sich besonders eingehend mit der meines Vaters. »Monsieur, Ihr Name wird um die Welt gehen, er wird
in Übersee, ja, rund um den Globus bekannt werden!«

Papa war entzückt und dachte an den Bardotschen Familienbetrieb, der sich in vollem Aufschwung befand und vielleicht endlich die Früchte seiner Arbeit einbringen würde. Man ließ die Champagnerkorken knallen und trank auf die geheimnisvolle Weissagung dieser reizenden Pythia. Niemand konnte damals ahnen, daß nicht etwa die Fabrik den Namen Bardot berühmt machen würde, sondern ich, das kleine unbekannte Mädchen, dem ein außergewöhnliches Schicksal bestimmt war, die Vorhersage der Zigeunerin bestätigen sollte und diesen Namen, den ich ungeachtet meiner verschiedenen Ehen beibehalten habe, weltbekannt machen würde.

Ich war dreieinhalb, als die Schwierigkeiten begannen.

Maman war komisch, ein bißchen krank, ein bißchen abwesend; Papa schien besorgt und nervös. Meine Dada war lieb, bei ihr suchte ich Trost, bei ihr fand ich Wärme und Zärtlichkeit. Und dann bekam ich Bauchweh, sehr starkes Bauchweh, und man rief einen bösen Onkel herbei, der nach Medizin roch und sonderbare Instrumente in seinem Köfferchen hatte. Ich hörte etwas von Blinddarm, von Operation, von schrecklichen Dingen, die ich auf dem Schoß meiner Dada zu vergessen suchte.

Dann sagte man mir, daß ich ein Schwesterchen oder Brüderchen bekommen würde, Maman sehr müde sei und ich ganz lieb, ganz brav sein müsse und auch ganz still.

Ich war verängstigt!

Meine Dada weinte; sie packte ihre Koffer und für mich eine kleine Reisetasche. Ich glaubte, ich würde mit ihr verreisen, um Boum und Mamie Mucel, meine Großeltern mütterlicherseits, in Mailand zu besuchen. Statt dessen fuhr ich mit Papa ins Krankenhaus. Er sagte mir, ich sei ein »Kron« – ein Kosename, den er mir gegeben hatte – und hätte großes Glück, weil ich einen Luftballon aufblasen dürfe!

Meine Dada kehrte zu meinen Großeltern zurück, da es jetzt erforderlich schien, daß sich ein richtiges Kindermädchen um das neue Baby und um mich kümmerte. Ich weinte mir die Augen aus in diesem schrecklichen Krankenhauszimmer. Luftballon hin oder her, was ich wollte, war meine Dada!

Doch ich bekam den Luftballon! Ein Alptraum! Man betäubte mich mit Äther, und auf der Maske war ein großer Ballon befestigt, mit dem man meinen Atem kontrollierte. Ich erinnere mich an diese schreckliche, unmenschliche Welt ganz in Weiß. Ich erinnere mich an mein Entsetzen, an meine furchtbare Angst, an das Gefühl vollständiger Verlassenheit und dann an nichts mehr. Ich erstickte ... Ich würde sterben!

Damals war ich noch klein, und dennoch kann ich mich haargenau an alles erinnern. Heute denke ich an die Tiere, die ebenso schutzlos sind wie die Kinder, sich nicht wehren können und ähnlich fühlen. Ich finde es schändlich und unmenschlich, ihre Wehrlosigkeit auszunutzen, sie tausend Tode sterben zu lassen, vor allem in den medizinischen Forschungslabors. Ich verdamme diese Labors, nicht ihrer Ziele, aber der Umstände wegen, unter denen dort gearbeitet wird.

Als ich aus der Narkose erwachte, lächelte Dada, meine Dada, mir zu. Mir war übel, schrecklich übel, aber meine Dada war ja da!

Papa schlief auf einem Feldbett neben mir, und auf der Ablage über dem Waschbecken schwamm mein Blinddarm in einem mit Formalin gefüllten Glasbehälter. Wie eine am Ende leicht zerdrückte Zigarre sah er aus, einfach eklig. Ich hatte schrecklichen Durst. Dada tauchte einen Finger in ein Glas Wasser, benetzte meine Lippen und murmelte dazu irgendwelche Sätze, die mich stets beruhigten.

Und später sah ich dann Mamie Mucel, ganz sanft und zärtlich und rosig und rund, die weinte und mich »mein Täubchen« nannte; und neben ihr meinen Großpapa »Bon-Papa«, wobei das Wort »Bon« für mich gleichbedeutend mit »Boum« war. Dieser gute »Papa Boum« mit seinem braunen Bart und seinem Schnäuzer, der kratzte, wenn er mich küßte, zeigte mir seine Taschenuhr, die ticktack, ticktack machte ... Ich wollte sie nicht mehr loslassen, weder ihn noch seine Uhr.

Und schließlich war da auch noch »Tapompon«. Sie war Krankenschwester und zugleich die Schwester meiner Großmutter, und aus Tante Pompon hatte ich Tapompon gemacht. Sie flößte mir die Medizin ein, wobei sie mir die Nase zuhielt. Danach bekam ich einen Kuß, und sie gab mir Spritzen mit den Worten: »Eins, zwei, drei und hopp in den Po!«

Sie waren schon komisch, diese Erwachsenen, sie taten nichts als lügen. Außer Dada glaubte ich niemandem. Am allerwenigsten Doktor Jacques Récamier mit seiner weißen Mütze und seinem Schnurrbart, der mir entsetzliche Angst einjagte. Die einzig angenehmen Erinnerungen an diesen Krankenhausaufenthalt sind die an den Milchkaffee in einem Fläschchen, der mir so gut schmeckte, und an den prächtigen Plüschbären, den Maman mir hatte schicken lassen; er hieß »Murdoch« und trug einen Schottenrock. Maman sah ich während der ganzen Zeit nicht; sie mußte das Bett hüten und war sehr geschwächt; das Baby, das sie erwartete, quälte sie sehr. Papa, Dada, Mamie Mucel, Boum und Tapompon teilten sich zwischen ihr und mir.

An dem Tag, als Papa mich wieder mit nach Hause nahm, war ich überglücklich. Ich hielt Murdoch im linken Arm, das Glasgefäß mit meinem bösen Blinddarm im rechten Arm, und alles befand sich in Papas Armen. Ich wollte Maman sehen, ihr das böse Ding zeigen, das man mir aus dem Bauch geschnitten hatte, ich wollte ihr meine Narbe zeigen, die mit Jodtinktur beschmiert war, wollte ihr sagen, wie lieb ich sie hatte. Statt dessen sah ich nur eine schreckliche Frau, ein Ungeheuer mit einem Haarknoten und einem großen Leberfleck am Kinn mit langen Haaren darauf. Sie hieß Pierrette und roch unangenehm.

Sie war das neue Kindermädchen!

Nahm sie mich bei der Hand, so brüllte ich! Versuchte sie mir einen Kuß auf die Wange zu drücken, so brüllte ich! Begann sie, hastig und laut auf mich einzureden, so brüllte ich noch lauter. Schnell nahm Papa mich wieder auf den Arm und trug mich zu Maman, die in ihrem Bett lag, wunderschön und ganz warm. Ich umklammerte sie, schmiegte

20

mich an sie, ich atmete durch sie, ich weinte, ich hatte sie lieb, ich wollte sie nie, nie mehr verlassen, die schreckliche Frau ängstigte mich, Maman, meine Maman ... Ich schlief in Mamans Bett ein.

Es gab ein böses Erwachen. Das Kindermädchen war da, bissig, schroff, böse, und stampfte ungeduldig mit dem Fuß auf. Ich haßte es.

Ich verweigerte systematisch alles, was von ihm kam. Ich aß nicht mehr. Ich spielte nicht mehr. Ich verkümmerte.

Schließlich, am Abend des 4. Mai 1938, war alles kampfbereit; Hinundhergelaufe, Geflüster, Stöhnen von Maman; man schickte mich zu Boum und Mamie Mucel.

Ich war überglücklich. Meine Großeltern hatten Mailand verlassen und lebten jetzt in einer wunderschönen Wohnung im ersten Stock, Rue Raynouard Nr. 12 bis, und – vor allem – war Dada da ...

Nur sie allein war da, denn Boum und Mamie waren bei Maman, die ein Kind zur Welt bringen würde.

In der großen Eingangshalle duftete es verführerisch nach Kuchen, aber es war ein wenig düster, ein wenig unheimlich, und der riesige Schrank machte mir angst. Doch dann knipste Dada das Licht an, und ich versteckte mich schnell unter dem Flügel, und Dada tat so, als suchte sie mich hinter den Louis-XVI.-Sesseln im Salon.

Ich hörte sie »Brizzi, Brizzi, wo bist du?« rufen und schlich mich in Mamies Schlafzimmer, wo es nach »Arpège« von Lanvin duftete. Alles war so aufgeräumt, so ordentlich, daß ich mich nicht traute, auf das sorgsam, ja allzu perfekt gemachte Bett zu klettern. Also lief ich ins Zimmer von Boum, wo es nach Pfeifentabak und Lavendel roch. Ich kroch unter seinen Schreibtisch, auf dem sich Bücher und Papiere stapelten, und wartete im Dunkeln, daß meine erschöpfte Dada mich endlich finden würde.

Dann gab es nicht enden wollende Umarmungen und Küsse, gefolgt von einem ausgiebigen Bad, einem guten Abendessen in der Küche mit vielen Nachspeisen und Kuchen und schließlich ein langes Schläfchen in Dadas Zimmer, im Bett gleich neben ihrem.

21

Am nächsten Morgen lief ich an Mamies Bett. Keine Mamie drin ... Na, so was! Das Bett war noch genauso glatt und tadellos wie am Vortag, und es roch noch immer nach »Arpège« von Lanvin. Ich lief zu Boums Bett, das wenigstens zerwühlt und noch warm war; es roch nach Pfeifentabak und Lavendel, doch von Boum selbst keine Spur! Also rannte ich in die Küche, und Dada war da!

Nun erklärte sie mir, halb auf italienisch, halb auf französisch, daß ich ein kleines Schwesterchen bekommen hätte, was sich in etwa so anhörte:

»Tu capisci, Brizzi, deine Mama haben piccolo bambino, kleine Mädchen che si chiama Marie Jeanne. Mamie Mucel geblieben bei Mama tutti la notte und Boum schon in Buro.«

Ich gar nichts capito! Was sollte das sein, ein kleines Schwesterchen?

Das Leben war ohnehin kompliziert genug. Da war ja schon diese schreckliche Frau mit dem Knoten, und wenn es obendrein noch ein kleines Schwesterchen gab, wollte ich gar nicht wieder nach Hause zurück. Doch einstweilen stopfte ich mich voll mit Croissants, die ich mit heißer Milch hinunterspülte. Das Leben war schön für ein kleines Mädchen bei Dada, Boum und Mamie Mucel! Als Mamie schließlich erschöpft heimkehrte, warf ich mich gegen ihre Beine, versuchte an ihr hochzuklettern und hätte sie beinahe umgeworfen. Ach, meine arme Mamie muß mich schon liebgehabt haben, sonst hätte sie mich fortgeschickt!

Trotz ihrer schlaflosen Nacht und der ausgestandenen Angst war sie wie aus dem Ei gepellt; sie trug Handschuhe und Hut, duftete gut und erinnerte mehr denn je an eine Marquise.

Als sie sich auf die Truhe in der Eingangshalle setzte, die wir »Cassapanca« nannten, hüpfte ich auf ihren Schoß, und sie stöhnte: »Oh, meine Beine, meine armen Beine!«

Mamie hatte Krampfadern und trug Stützstrümpfe, deshalb hatte sie starke Schmerzen, und nun kam ich auch noch, das war eigentlich zuviel! Doch sie liebte mich eben, und ich war ihr wichtiger als ihre schmerzenden Beine, ja, als alles andere.

22

Nachdem sie sich ihrer Tasche, ihres Huts, ihrer Handschuhe und ihrer Schuhe entledigt hatte – nur die Brille mit dem feinen Goldrand und das Netz, das ihr Haar zusammenhielt, waren nicht durch die Eingangshalle gewirbelt –, nahm sie mich zärtlich in die Arme. »Mein Schatz«, sagte sie, »du hast ein kleines Schwesterchen, das heute morgen um Viertel vor sieben auf die Welt gekommen ist; Maman hat sehr gelitten, darum mußt du jetzt sehr lieb zu ihr sein. Das Baby ist noch ganz klein, und du wirst es bald sehen!« Dann fügte sie hinzu: »Aber du bist und bleibst mein Täubchen, und kein Schwesterchen der Welt kann dir meine Liebe stehlen.« Dann drückte sie mir einen dicken Kuß auf die Wange, auf der eine dicke Lippenstiftspur zurückblieb, und das Leben war wieder wie früher.

Als Boum dann mit seinem Hut, seinem Regenschirm, seiner Schultasche für Erwachsene und seiner Pfeife zum Mittagessen heimkam, war das kleine Schwesterchen längst vergessen. Ich dachte nur noch daran, mich in seine Arme zu werfen, und er wirbelte mich im Polkarhythmus durch die große Eingangshalle … Rum-tata, rum-tata, rum-tata! Und rum-tata und Boum-tata!

Aber alles hat einmal ein Ende, und das galt auch für Mamans Entbindung. Also bin ich mit Murdoch im linken Arm und Mamie Mucels Hand in der rechten Hand in die Avenue de La Bourdonnais zurückgekehrt.

Die schreckliche Frau war da, doch ich übersah sie einfach und rannte in Mamans Zimmer. Wie vom Donner gerührt, blieb ich stehen. An ihrer Brust, dort, wo ich mich so gern ankuschelte, um mit ihr zu schmusen, lag eine Art dicker rosiger Murdoch.

Maman war hübsch, hatte auch rosige Wangen und lächelte; sie roch vertraut, nach Wärme, Seide und »Joy« von Patou. Überall standen Blumen, und das Zimmer war sonnendurchflutet. Maman streckte mir den rechten Arm entgegen und nannte mich ihren Liebling. Ich schmiegte mich an sie, bedeckte sie mit Küssen, kletterte auf ihr Bett, auf ihren Körper.

Und da fing der dicke rosige Murdoch ganz fürchterlich

an zu brüllen! Und Maman mußte lachen, ihr typisches kehliges Lachen, das einer Kaskade glich, ihr Gesicht zum Strahlen brachte, ihre Lippen öffnete und ihre schönen weißen Zähne entblößte. Und ich fing bitterlich an zu weinen. Da legte Maman mir den dicken rosigen Murdoch ganz vorsichtig in die Arme, beobachtet von Papa, der besorgt wirkte, und Mamie Mucel, die lächelte, und von der schrecklichen Frau. Maman sagte mir, dies sei »Mijanou«, mein hübsches kleines Schwesterchen, das ich mein ganzes Leben lang beschützen müsse und mit dem ich wie mit einer Puppe spielen würde.

Ich spürte das Gewicht und die Wärme dieses komischen kleinen brüllenden Bündels. Ich küßte es, und der Kontakt war hergestellt. Mit meinen dreieinhalb Jahren fühlte ich mich stark und verantwortlich. Ich hatte Mijanou angenommen. Doch ich flüsterte Papa lispelnd ins Ohr: »Sssag mal, Papa, bekomme ich sssu Weihnachten einen kleinen Bruder?«

Als meine Großeltern Bardot, die in Ligny-en-Barrois wohnten, erfuhren, daß sie eine weitere Enkelin hatten, verringerte sich ihre Wertschätzung für die Linie Pilou-Toty beträchtlich. Da schickte Papa ihnen das folgende Telegramm:

»Ihr habt nichts begriffen. Statt einer einzigen Toty schenke ich Euch drei! Die drei Perlen meiner Krone!«

Auch wenn ich Mijanou angenommen hatte, so galt dies für das schreckliche Kindermädchen Pierrette noch lange nicht. Ich tat, was ich konnte, um ihr das Leben schwerzumachen, und bei der geringsten Kleinigkeit lief ich zu Maman oder Papa, um mich trösten zu lassen. Während sie Mijanou betreute, ging Papa mit mir auf dem Champ-de-Mars spazieren und erzählte mir wundervolle Tiergeschichten, vor allem von den kleinen hübschen Vögeln, die herumflogen, ihre Nester bauten und zu unserer Freude sangen.

Es gab damals noch Musikpavillons, und gelegentlich brachten uns militärische oder paramilitärische Blaskapellen, etwa die der Feuerwehr, ein Ständchen. Dann setzte Papa mich auf seine Schultern, und ich lauschte verzaubert den falschen Klängen der Kapelle und dem Bumbum der großen Trommel.

Maman war wieder auf den Beinen, und ich verglich die ihren mit denen von Pierrette! Ihre waren schlank, zart und weiß und so lang, daß ich das Ende unter Mamans Rock nicht sehen konnte, selbst wenn ich den Kopf hob; die von Pierrette waren behaart, dick und fett, in weiße Baumwollkniestrümpfe gezwängt und endeten in Füßen, so groß wie mein Körper; sie steckten in Schuhen, die an die von Papa erinnerten. Diese Beine hätte ich stets wiedererkannt!

Mijanou war inzwischen weniger runzlig. Auf ihrem Kopf wuchs ein rötlicher Flaum wie der eines Kükens.

Wir fuhren nach Ligny-en-Barrois zum Familiensitz der Bardots. Maman war noch geschwächt und blieb oft auf ihrem Zimmer, während ich meine anderen Großeltern kennenlernte, die sich sehr von meinem Boum und meiner Mamie unterschieden; dazu viele Onkel und Tanten und eine Menge Cousins und Cousinen. Ich war schrecklich eingeschüchtert.

Das Haus war riesig, hatte überall Fenster und einen viereckigen Innenhof. Dahinter erstreckte sich ein weitläufiger Park mit Bäumen und Blumen, besonders Rosen, denn Großvater Bardot liebte Rosen über alles. Er verbrachte viele Stunden gebückt, um an ihnen zu riechen und sie zu betrachten. Danach konnte er sich kaum mehr aufrichten und mußte sich auf seinen Stock stützen.

Ich machte mir einen Spaß daraus, zwischen seinen Beinen wie unter einer Brücke hindurchzugleiten, doch ich durfte mich nicht an den Brückenpfeilern festhalten, sonst hätte es womöglich einen Unfall gegeben, denn mein armer Großvater war nicht mehr sehr standfest.

Ich sehnte mich nach Boum in der Rue Raynouard und seinen Polkas in der Eingangshalle.

Ich versuchte, Großmama Bardot näherzukommen, doch ich stieß nur auf höfliche Freundlichkeit und spürte, daß ich eine bestimmte Grenze nicht überschreiten durfte. Dabei war ich von ihrem weiten schwarzen Rock fasziniert, unter den sie ihre Schlüssel, ihr Taschentuch und ihr Geld schob. Es gab auch eine große, runde Blechdose mit bunten Bonbons, die sie abends, wenn wir brav gewesen waren, an uns verteilte. Diese Dose lag ständig in ihrem Handarbeitskorb, und den hatte sie stets bei sich. Sie ging mit kleinen Schritten, auf zwei Stöcke gestützt. Mit ihr konnte man auf keinen Fall Verstecken spielen. Ich sehnte mich nach Mamie Mucel, die so gut duftete, so zärtlich war und mich so sehr liebte!

Ich durfte die Töpfe mit Schokoladenpudding auslekken, und die höchste Belohnung war es, der Köchin Pauline beim Tischdecken fürs Abendessen zu helfen. Ich ging dann mit Pauline, die einen Bart und einen Schnurrbart hatte, ins Eßzimmer und war fasziniert.

Der Tisch war groß, groß und lang, und um ihn herum standen viele Stühle. Es gab einen Kronleuchter mit Tausenden kleiner Glaspendel, die »Klingkling« machten, sobald man sie berührte. Und große dunkle Möbel mit Tellern in Reih und Glied.

Ich half Pauline, das weiße, gestickte Tischtuch auszubreiten, das einem Brautkleid glich, und dann mußte ich mich einfach zwischen den Stühlen durchschieben, um mich unter dem Tisch zu verstecken. Pauline schimpfte ein wenig, suchte mich aber nicht, sie war eben nicht Dada.

Dort unter dem Tisch war ich glücklich. In meinem Versteck hörte ich, wie Pauline die Teller, dann die Gläser und schließlich das Besteck herbeitrug, und wenn ich wieder auftauchte, war es wie in einem Märchen. Es war so schön, alles glänzte, die Tafel war so prächtig wie die Höhle von Ali Baba, und ich fragte mich, warum ich mich nicht an diesen feinen Tisch setzen durfte. Pauline schimpfte und sagte stets, ich sei noch zu klein dazu, die Küche reiche aus für Kinder, die überall Flecken machten und sich nicht benehmen könnten. Dabei wußte ich mich bei Tisch zu benehmen, das hatten Maman und Papa mir schließlich beigebracht! Ich wußte sogar, daß man sich vor und nach dem Trinken den Mund abwischen muß, nicht mit vollem Mund sprechen und eigentlich überhaupt nicht sprechen darf, weil Kinder bei Tisch nicht reden sollten. Kurzum, ich wußte genug, um an diesem schönen, festlichen Essen teilnehmen zu können, und ich war traurig, daß ich ausgeschlossen wurde, weil ich angeblich noch zu klein war.

Doch als ich dann mit den Cousins, Cousinen und Mijanou, die ihr Fläschchen trank, am Küchentisch saß, war das alles vergessen. Ich dachte erst wieder daran, als ich ins Wohnzimmer ging, um der ganzen Familie gute Nacht zu sagen.

Was war das, eine Familie?

Ich hatte schreckliche Angst vor all diesen Leuten, die so laut redeten, mich in die Wange kniffen, mir auf die Schenkel klopften, mich an den Haaren zogen, mich auf den Schoß nahmen und »Wie niedlich sie ist!« sagten.

Ich wischte den Speichel ihrer Küsse ab und flüchtete mich angewidert zu Maman, die ebenso schön und strahlend war wie der Tisch im Eßzimmer. Wie sehr ich sie liebte, meine Maman, wie sehr ich sie immer geliebt habe und immer lieben werde! Sie war so ganz anders als die meisten Damen ihres Alters; sie sabberte nicht und gab mir einen Kuß, der einen Hauch Lippenstift auf meiner Nase zurückließ, und nannte mich ihren kleinen »Clown«. Dann nahm Papa mich bei der Hand und brachte mich in das Zimmer, das ich mit Mijanou und Pierrette teilte.

Er erzählte mir eine hübsche Geschichte von »Madame la Pie«, Frau Elster, die im großen Baum vor der Tür saß und über meinen Schlaf wachte. Er legte mir Murdoch in den Arm und ging leise davon, nachdem er auf meiner Stirn ein kleines Kreuzzeichen gemacht hatte. Beim Einschlafen lutschte ich am Daumen und umklammerte einen kleinen Wollfetzen, den ich aus der Decke herausgerissen hatte und der sich im Rhythmus meines Atems bewegte.

Ich habe meine Karriere sehr jung begonnen, und zwar bereits im Alter von wenigen Tagen in Mamans Armen. Papa filmte gerne. Er besaß eine Super-8-Kamera und filmte uns – Maman, Mijanou und mich – in allen Lebenslagen. So verfüge ich heute über außerordentlich lebendige Erinnerungen an meine Kindheit, meine Eltern und an Bruchstücke meines Lebens, die mir besonders wertvoll – da unwiederbringlich verloren – sind und mit dem Auftauchen jener großen weißen Punkte abschließen, die das Ende einer Filmrolle ankündigen.

Als Papa eines Tages zum Mittagessen in die Avenue de La Bourdonnais kam, war ich wegen eines Wollpullovers, den ich anziehen sollte, mit Maman zerstritten. Ich stand auf dem Balkon, trat ungeduldig von einem Fuß auf den anderen, und sobald ich ihn sah, lief ich, so schnell mich meine kleinen Beine trugen, auf ihn zu und rief: »Maman hat mir eine Ohrfeige gegeben!«

Maman, die betrübt war, weil das nicht stimmte, sagte zu Papa: »Hören Sie sich bloß Ihre Tochter an!« [Damals war es in Frankreich noch üblich, daß Ehepartner sich siezten.]

Papa sah mir tief in die Augen und fragte: »Mein Kron, hat Maman dir eine Ohrfeige gegeben? Also, hat sie dir nun eine Ohrfeige gegeben oder nicht?«

Ich schwieg, hielt seinem Blick jedoch stand. Und klatsch! Papa versetzte mir eine leichte Ohrfeige auf die rechte Backe.

»So, die jedenfalls hast du wirklich bekommen!«

Ich rührte mich nicht, stand fest auf meinen Beinen vor ihm und machte eine Handbewegung, als wollte ich etwas von meiner Backe wegreißen. »Ssso! Die habe ich nicht … Ich nehme sssie weg!«

Papa und Maman hatten mir beigebracht, abends vor dem Einschlafen laut mein Gebet zu sprechen. Ich wußte nicht genau, was das bedeuten sollte, doch da es ihnen Freude zu machen schien, warum nicht? Also sagte ich eines Abends: »Lieber Jessuss, sssütze alle, die ich liebhab, alle, nur nicht Pierrette und die Sssneiderin!«

Maman fragte nach dem Grund.

»Darum! Weil die Sssneiderin nicht nett issst und Pierrette in die Mülltonne gehört!«

Tapompon, Mamie Mucels Schwester, kam häufig zu Besuch; sie war für mich wie eine dritte Großmutter, und ich mochte sie sehr. Sie war Witwe, ihr Mann Jacques Marchal war seinen Verletzungen aus dem Ersten Weltkrieg erlegen. Sie war außergewöhnlich tapfer und hatte ihren Sohn Jean, der Medizin studierte, allein großgezogen. Sie war Krankenpflegerin in der Praxis von Doktor Benoît.

Sie war damals die einzige Frau in unserer Familie, die arbeitete, und deshalb ein wenig Außenseiterin.

Ich war tief beeindruckt von ihrer weißen Schwesterntracht und ihrer Haube mit dem roten Kreuz darauf. Außerdem besaß sie ein marineblaues Cape aus grobem Tuch, und ich träumte davon, wie sie gekleidet zu sein. Sie war burschikos, sehr direkt und machte mir manchmal ein wenig angst.

Eines Tages fragte mich Tapompon, warum ich sie nicht öfter besuchen käme.

»Ich hab keine Ssseit«, erwiderte ich und flüchtete mich in mein Zimmer.

Zu meinem vierten Geburtstag schenkte sie mir eine prächtige Krankenpflegerinnentracht mit einem Verbandskasten. Ich war im siebten Himmel. Ich würde ihr ähneln und allen Leuten angst machen, wie schön!

Tapompon wohnte mit Jean in der Rue Madame Nr. 65, im Erdgeschoß. Da war es feucht, und es gab einen »Salamander«, eine Art Kohleofen mit einer kleinen Tür, durch die das rötliche Licht der Glut hindurchschimmerte.

Dort hockte ich auf einem niedrigen Stühlchen und schaute mir Bilderbücher an, während Tapompon, die ihre Schwesterntracht abgelegt hatte und mir deshalb keine angst mehr machte, in den Keller ging, um Kohlen heraufzuholen.

Sie sah müde aus, und ich wollte ihr helfen, mit dem Ergebnis, daß die Kohlen über den ganzen Teppich kullerten. Ich las diese ulkigen schwarzen Steinchen auf und wischte mir anschließend die Hände an meinem Kleid ab. Als ich geschrubbt war, nahm Tapompon mich mit ins Eßzimmer, wo es lausekalt war, fast wie im Keller. Aber es duftete köstlich nach Kuchen, Bohnerwachs, getrockneten Blumen, Kräutertee. Ein Geruch, den ich nie vergessen werde.

Es war Vesperstunde, und was für eine Vesper! Es gab heiße Schokolade, Sandkuchen und kleine Butterkekse mit Honig. Nur der Tisch war von einer Hängelampe aus Milchglas beleuchtet, die man an einer Kordel herauf- und herunterziehen konnte. Der Rest des Zimmers lag im Dunkeln. Ich mußte an die Märchenbücher denken und hatte plötzlich Angst vorm bösen Wolf! Ich war überzeugt davon, daß er sich in Tapompons Eßzimmer versteckt hielt und nur darauf wartete, daß das Licht ausging, um mich zu fressen.

Zum Glück kam Jean rechtzeitig zurück, und seine Gegenwart verscheuchte den Wolf. Jean war jung, charmant, lebhaft und lustig. Ich warf mich in seine Arme, und er spielte mitten im Wohnzimmer »Fliegen« mit mir. Tapompon schimpfte, weil wir alles auf den Kopf stellten.

Jean brachte mich mit der Metro nach Hause. Wie aufregend diese Metro war! Ich rannte durch die langen Gänge, zog Jean an der Hand hinter mir her und hatte panische Angst vor den riesigen automatischen Türen, die sich wie im Märchen von alleine schlossen.

Wie ein kleines Tier witterte ich instinktiv, daß etwas Bedrohliches in der Luft lag. Die Erwachsenen wirkten besorgt. Papa kam mit einer Zeitung aus der Firma, und während Maman sie las, grub sich eine tiefe Falte in ihre Stirn. Es gab Geraune zwischen Papa und Boum, bei dem jeder seine Meinung kundtat, Geflüster zwischen Maman und Mamie Mucel. Tapompon war in größter Sorge um Jean … Die Freunde meiner Eltern lachten bei ihren Besuchen nicht mehr wie früher. Alle saßen um das Radiogerät und hörten angespannt die Nachrichten.

Es war das Jahr 1939, kurz vor der französischen Kriegserklärung an Deutschland. Hitler war in Polen einmarschiert.

KAPITEL

2

Wenige Tage später waren die Schränke dank Maman mit Lebensmitteln angefüllt. Es gab sogar Berge von Schokolade, doch es war verboten, sie anzurühren. Ich schielte sehnsüchtig hinauf und konnte mir nicht erklären, warum ich nichts davon essen durfte. Maman hatte auch bunte Wollknäuel gekauft. Sie wurden mit Mottenpulver, das mir in der Nase juckte, in einer großen Korbtruhe verstaut. Boum hatte Dutzende Päckchen mit Tabak für seine Pfeife erstanden. Das Haus glich einem Warenlager, das unangetastet bleiben mußte. Es waren Vorräte. Es war paradiesisch.

Mijanou wurde allmählich interessant. Sie brabbelte Wörter vor sich hin, die sie in Entzücken versetzten. Sie versuchte sich in ihrem Laufställchen aufzurichten, indem sie sich an den Holzstäben hochzog. Sie sah aus wie ein putziges kleines Tier im Käfig.

»Der Krieg, der Krieg!« Ich hörte nur noch dieses eine Wort. Es machte mir angst, und ich fragte Maman, was es bedeutete. »Das ist so, als wollte dir deine kleine Freundin Chantal dein Spielzeug wegnehmen. Daraufhin wärst du zornig und würdest sie schlagen, damit sie dir deinen Murdoch zurückgibt. Nun, der Krieg ist so was Ähnliches, nur viel größer!«

Und dann, eines Morgens, verließen wir unser Haus. Ich stieg mit Papa in unseren »Ochsen«, einen alten viereckigen Renault, dessen Hupe muh, muh machte und der mit Koffern vollgepackt war. Hinter uns fuhr Maman zusammen mit Mamie Mucel, Mijanou und Pierrette im Citroën 11 CV.

Boum, Reserveoffizier, hatte seinen Dienst in Chartres

angetreten, Tapompon arbeitete weiter als Krankenpflegerin, Dada hütete das Haus, und Jean hatte sich als Militärarzt verpflichtet.

Wir legten viele Kilometer auf Frankreichs Straßen zurück, wo sich die Menschen drängten, zu Fuß, zu Pferde oder im Auto. Wir entkamen zahlreichen Bombenangriffen und erreichten nach unendlichen Etappen schließlich Hendaye. Dort blieben wir eine Weile und machten uns dann auf nach Dinard, wo es sicherer war.

Papa hatte uns verlassen, um sich freiwillig dem 155. Bergjägerregiment anzuschließen. Und so traf Maman allein sämtliche Entscheidungen, fuhr den Wagen und tröstete uns.

Papa, so hieß es, sei an der »Front«. Und da das Wort »Front« im Französischen auch »Stirn« bedeutet, stellte ich mir meinen Vater vor, der wie in einem Bilderbuch auf einem riesigen, häßlichen Kopf umherspazierte. Was er dort machte, blieb für mich äußerst unklar und geheimnisvoll, doch den Gesprächen der Erwachsenen konnte ich entnehmen, daß es etwas Gefährliches sein mußte. Und außerdem bekam ich keine Schokobrötchen mehr, obwohl ich gar nicht bestraft werden sollte!

In Dinard kamen wir in einer möblierten Zweizimmerwohnung unter, die eine gewisse Mademoiselle Lainé an uns vermietete. Pierrette hatte uns unterwegs verlassen; ich war überglücklich!

Ich war fast fünf, und Maman beschloß, mir das Lesen beizubringen. Während ich neben ihr auf meinem Stühlchen saß, das Buch »Babar« auf dem Schoß, zeigte mir Maman das B und das A und sagte: »BA.« Ich wiederholte: »BA.« Alles klappte gut. Danach zeigte mir Maman das B, das A und das R und sagte zu mir: »BAR.« Ich wiederholte: »BAR«, alles klappte gut.

Dann ließ mich Maman alles noch einmal ganz allein wiederholen, und ich sagte: »B … A = BA. B … A … R = BART, ja, das ist BA und R = BART …!«

Mit sehr viel Geduld wiederholte Maman: »B … A = BA.

B ... A ... R = BAR, du liest das Buch ›Babar‹. B ... A gleich BA; B ... A ... R gleich BAR, hast du verstanden?«

»Ja, Maman!«

»Dann sag es ganz allein.«

»B ... A = BA, B ... A ... R = BART. Ja, es ist BA und,esistBAu R = BART ...!«

Es wurde dramatisch für uns beide. Ich saß wie festgenagelt auf meinem Stühlchen, das Bilderbuch »Babar« vor mir und weinte über das Unverständnis der Erwachsenen, die nicht einsehen wollten, daß BA und R zwangsläufig BART ergeben. Das war doch ganz logisch!

Während ich weinte, versetzte Mijanou Maman und Mamie Mucel in Schrecken, indem sie vor Zorn blau anlief. Ihre Nerven waren von unseren aufreibenden Reisen angegriffen, und sie wurde sogar blauviolett, wand sich in Krämpfen und bekam keine Luft mehr. Maman mußte ihr mit feuchten Lappen ins Gesicht schlagen.

Papa wurde in die Heimat entlassen. Frankreich brauchte Fabriken, und die Fabrik brauchte Papa. Also machten wir uns auf den Heimweg nach Paris. Die Avenue de La Bourdonnais war trostlos. Wir, das heißt Papa, Maman, Mamie, Mijanou und ich, lebten in zwei Zimmern, die von einem einzigen Elektroöfchen geheizt wurden. Boum war in der Garnison von Chartres, und Dada war ihm gefolgt, um sich um seine Sachen zu kümmern.

Man legte mich angezogen mit meinem Murdoch ins Bett zwischen Papa und Maman, die ebenfalls angekleidet waren. Nachts rannten wir manchmal in den von einer Kerze erleuchteten Keller; die Mauern des Hauses bebten, die Sirenen heulten, und Flugzeuge bombardierten Paris, Boulogne, ganz Frankreich.

Ich hatte Angst, und diese Angst blieb für mich ein Trauma. Noch heute kann ich keine Sirene hören, ohne mich an die angstvollen Stunden meiner Kindheit zu erinnern.

Maman war eine Heilige! Sie mußte sich mitten im Krieg um unsere Erziehung kümmern, und dabei blieb ihr keine Kinderkrankheit erspart.

Ich leitete die Serie ein, indem ich mir mitten im Winter an der Boutet-de-Monvel-Schule Scharlach einfing. Ich war sechs.

In dieser Schule lernte ich, daß aus BA und R »Bar« wird. Aber ich mußte vierzig Tage das Bett hüten und lauschte ehrfürchtig, wenn mir Maman, oft beim Schein einer Kerze, Geschichten vorlas, zum Beispiel aus »Les Petites Filles Modèles« – »Die vorbildlichen kleinen Mädchen« – der Comtesse de Ségur. Häufig schlief sie erschöpft über dem Buch ein. Dann weckte ich sie, weil ich neugierig war, wie die Geschichte weiterging. Ich sprach nur noch wie »Camille«! Ich schrieb nur noch wie »Madeleine«! Und ich träumte davon, so zu handeln wie »Sophie«! Ich genoß Mamans Vorlesestunden. Sie hatte eine schöne Stimme und verstand es, jeder Gestalt eine andere Klangfarbe zu geben. Und, wichtiger noch, während sie las, hatte ich sie ganz für mich allein!

Mit der »Bibliothèque rose« der Comtesse de Ségur und der süßen Vanillemilch, mit der man mich aufpäppelte, wurde ich schließlich wieder gesund. Vierzig Tage lang war mir der »Keller« verboten, und ich kann mich noch genau an einen Fliegerangriff erinnern, bei dem der Lüster von der Decke fiel, während wir, in Decken eingehüllt, betend in einer Zimmerecke kauerten.

Wenn ich meine Kindheit mit der heutiger Kinder vergleiche, könnte ich mich ausschütten vor Lachen. Diese armen Kleinen, denen man »dieses und jenes nicht zumuten darf«. Und als Krönung des Ganzen gehen die Elternbeiräte auf die Barrikaden, sobald einer der armen Sprößlinge eine wohlverdiente Strafe bekommt!

Es ist eine Schande, wie die Kinder heutzutage erzogen beziehungsweise nicht erzogen werden. Die Kinder sind das Abbild dessen, was wir sind! Bravo, ihr Erwachsenen! Meinen Glückwunsch! Aber beschwert euch nicht und jammert nicht, wenn euch die Realität irgendwann die Augen öffnet und das Herz zerreißt!

Ich war auf dem Weg der Genesung, und Maman hatte mit viel Durchsetzungsvermögen auf dem Schwarzmarkt ein

Lammhirn ergattert, das sie mir mit viel Liebe zum Mittagessen bereitete, damit ich schneller wieder zu Kräften käme. Ich setzte mich an den Tisch vor diese weißliche, schwabbelige, klebrige Masse. Mir drehte sich der Magen um! Ich weigerte mich, auch nur einen Bissen zu mir zu nehmen, während Mijanou genußvoll ihren Milchpulverbrei neben mir verputzte. Maman sagte mir im Hinausgehen, ich dürfe das Eßzimmer nicht verlassen, bevor ich nicht meinen Teller leer gegessen hätte.

Die Stunde des Abendessens kam. Halb schlafend hockte ich noch immer vor meinem Teller. Maman hielt mir die Nase zu und zwang mich, die eklige, inzwischen kalte Masse runterzuwürgen.

Ich war die ganze Nacht krank, und bei der bloßen Erinnerung schüttelt es mich heute noch.

Ich kann kein Lammhirn in der Vitrine eines Metzgerladens sehen, ohne mit Schaudern an dieses Kindheitserlebnis zurückzudenken. Es ist abscheulich, das Hirn eines Tieres zu essen. Gedankenlos stopfen die Menschen alles mögliche in sich hinein. Einfach widerlich!

Außer dem Unterricht in der Boutet-de-Monvel-Schule und den Spielen mit meiner einzigen Freundin Chantal gab es für mich zwischen den Bombenalarmen keinerlei Zerstreuung. Spaziergänge waren zu gefährlich.

Fasziniert entdeckte ich Papas Grammophon mit Handkurbel. Ein Wunderding! Es funktionierte – mit oder ohne Strom –, und die Platten, die ich auflegte, begeisterten mich. In dieser Zeit fing ich an zu tanzen. Einfach aus dem Bauch heraus. Ich wurde jedesmal rot, wenn mich jemand dabei überraschte.

Maman war begeistert und ließ mich mit einem Topf Wasser auf dem Kopf durch die Wohnung schreiten.

»Wie gerade sie sich hält, die Kleine!«

Natürlich hielt ich mich gerade! Schließlich hätte ich sonst wie ein begossener Pudel dagestanden. Und eine Ohrfeige wäre mir obendrein sicher gewesen.

Man beschloß, mich einmal die Woche zur Ballettschule

zu schicken. Die restliche Zeit blieb dem Schulunterricht vorbehalten.

Mein erster Tanzlehrer war Monsieur Rico. Mamie Mucel hatte mir ein Kostümchen aus einem von Mamans rosafarbenen Nachthemden geschneidert und mir ein Paar Ballettschuhe gekauft.

In Tanzschulen hängt stets ein ganz bestimmter Geruch von Staub, Schweiß, Moder, Zellophan, Schminke und billigem Parfum. Ich war fasziniert.

Ich erklärte Mamie Mucel, es röche »schmollig«. Das wurde in unserer Familie zum geflügelten Wort. Sobald es irgendwo nach Theaterkulisse, Tanzschule oder Gymnastikhalle roch, hieß es: »Es riecht schmollig.«

Plié, Petit Dégagé, Entrechat und Glissade lernte ich müheloser als Lesen, Schreiben und Rechnen! Auch wenn es ein ungleicher Kampf war: ein Tag Ballett gegen eine Woche Unterricht am Boutet de Monvel! Mit sieben Jahren errang ich in meiner Ballettklasse den ersten Preis und in der Schule nur ein »ausreichend«.

Maman wollte umziehen. Die Avenue de La Bourdonnais war mit zu vielen schlechten Erinnerungen behaftet. Auf der Suche nach den Schildern »Wohnung zu vermieten« an den Häuserfassaden kreuzten Papa und ich mit dem Rad, einem großen und einem kleinen, durch die Straßen von Paris.

Zwischen Bombenangriffen, Ballettstunden, Schule und Schlangestehen vor den Lebensmittelläden landeten wir schließlich in der Rue de la Pompe Nr. 1. In dieser wunderschönen, herrschaftlichen Wohnung habe ich den Rest meiner Kindheit und Jugend verbracht. Sie war riesig! In der Küche gab es einen Kohleofen. Vor den Zimmern, die auf die Place de la Muette gingen, verlief ein Balkon. Ich fuhr mit dem Roller durch den Flur, und Mijanou, inzwischen vier, rannte schreiend hinterher.

Da Krieg war, verbrachten wir unsere Ferien in Louveciennes, auf dem Familienbesitz von Mémé Bardot, meiner

36

Großmutter väterlicherseits, fünfzehn Kilometer von Paris entfernt. Für Mijanou, meine Freundin Chantal und mich eine üppige Landschaft mit hundertjährigen Bäumen, einem Kressebecken und einer Quelle, an der wir Wasser zum Kochen und zum Waschen holten; es gab noch kein fließendes Wasser, sondern Krüge und Waschschüsseln in allen Zimmern.

Großmutter hatte auch ein eingezäuntes Gehege mit Kaninchen. Einige waren in Ställen eingesperrt, andere liefen frei herum. Es gab mehrere dicke Kaninchenmütter mit Babys, die sie verhungern ließen. Und so versuchten Maman, Mijanou und ich, diese kleinen, nackten rosigen Dinger zu retten, indem wir sie mit Milch aus Puppenfläschchen fütterten. Unsere Bemühungen blieben oft ohne Erfolg, und ich weinte, weil ich es ungerecht fand, daß ein Baby von seiner Mutter verlassen wird.

Es gab auch eine Menge kleinerer Kaninchen, die frei im Gehege herumhoppelten. Darunter ein winziges rabenschwarzes, das ich »Noiraud« taufte und das beim Männchenmachen die Pfoten wie zum Gebet zusammenlegte.

Da es schwerfiel, genügend Nahrungsmittel aufzutreiben, bekamen wir oft Kaninchen zu essen. Ich beobachtete mißtrauisch, wie die Ställe sich leerten und unsere Teller sich füllten. Aber die Eltern versicherten uns, die Kaninchen seien davongelaufen; was auf unseren Tellern liege, sei beim Bauern gekauft.

Das glaubte ich bis zu dem Tage, als ich Noiraud nicht mehr fand. Maman sagte mir, er habe ein Loch gegraben und sei in den Wald gehoppelt.

Zum Abendessen gab es Kaninchenragout. Ich rührte meinen Teller nicht an. Ich war sicher, daß es Noiraud war, weinte stundenlang und verfluchte die Erwachsenen, die kleine betende Kaninchen schlachteten.

Erst viel später gestand Maman mir, Papa habe Noiraud getötet, damit die Familie etwas zu essen habe. An jenem Abend konnten weder Papa noch Maman, noch ich selbst einen Bissen herunterbekommen. Was für ein Beweis menschlicher Dummheit: erst ein gezüchtetes Kaninchen schlachten und dann sein Fleisch in den Mülleimer werfen!

Seither habe ich nie wieder Kaninchenfleisch gegessen.

Chantals Papa war im Krieg gefallen. Sie war sehr stolz darauf, und ich beneidete sie fast. Mein Papa war schwer verwundet worden, aber das war bereits im Ersten Weltkrieg gewesen. Er hatte lange gebraucht, um sich von der Verletzung zu erholen, aber er war nicht gestorben! Chantal gegenüber hatte ich geradezu Komplexe. Jedesmal, wenn wir uns stritten, sagte sie mir: »Ja, aber mein Papa ist im Krieg gestorben.« Und ich schwieg voller Bewunderung.

Eines Tages vertraute ich mich Maman an, ganz verzweifelt darüber, daß mein Papa nicht im Krieg gefallen war und Chantal mich deswegen ärgerte. Da griff Maman zärtlich nach meiner Hand und sagte: »Mein Liebling, du hast großes Glück, daß dein Papa noch am Leben ist. Chantal ist ein armes kleines Mädchen, das nur noch seine Maman hat und um das wir uns kümmern müssen. Du dagegen bist ein Glückspilz, du bist zu beneiden, das darfst du nie vergessen!«

Und ich habe es nie vergessen. Ich sah Papa plötzlich mit ganz anderen Augen, mit bewundernden Augen, und ich machte Chantal den Vorschlag, ihr die Hälfte von meinem Papa abzugeben als Ersatz für ihren Vater. Und so wurde Chantal gleichsam meine Schwester.

Papas Fabriken liefen gut, sie füllten Flüssiggas in Flaschen, die an französische Kunden geliefert wurden. Die Deutschen hatten zwar mehrere Einschüchterungsversuche unternommen, doch bei ihrem Eintreffen hatten sie nur defekte Maschinen vorgefunden. Die Gebrüder Bardot boten ihnen die Stirn!

Sie hatten dem Erbfeind schon im Ersten Weltkrieg die Zähne gezeigt. Damals waren die Brüder noch jung gewesen und als Helden heimgekehrt. Papa war schwer verwundet gewesen und hatte, neben seiner Narbe, das Verdienstkreuz, den Orden der Ehrenlegion und eine verdienstvolle

Erwähnung mit nach Hause gebracht. Sein Bruder André war im Krieg gefallen, die Lungen vom Nervengas zerfressen. Also blieben nur noch Gaston, Pilou und René. Und diese drei waren fest entschlossen, den Familienbetrieb *à la française* und für Frankreich zu führen. Man kann Reserveoffizier sein, ohne deshalb in seinen Ansichten reserviert sein zu müssen.

Die Familie Bardot, die aus Lothringen stammte, haßte die Deutschen, sprach aber fließend ihre Sprache. Und das erwies sich als vorteilhaft, wenn die Lage besonders prekär wurde.

Zu Papas zahlreichen Aufgaben gehörte die »Löhnung« der Arbeiter am Monatsende. Diese Löhnung bedeutete ein Greuel für einen Mann wie ihn, der das Phantasievolle liebte, die Poesie, das Lachen, die Schönheit.

Jedes Monatsende war ein Alptraum, und dann war mit Papa nicht gut Kirschen essen. Rings um das Zimmer, in dem er vor seinem Rechenschieber saß und litt, herrschte Totenstille. Jedes Geräusch verursachte einen Fehler, jeder Fehler bedeutete eine schlaflose Nacht, jede schlaflose Nacht rief bei Maman einen Zornausbruch hervor, und jeder Zornausbruch von Maman war für uns die Hölle.

Mit unserem Umzug in die neue Wohnung wechselte ich auch die Schule und besuchte jetzt das Hattemer Prignet in der Rue de la Faisanderie. Diese Privatschule besaß in meinen Augen den großen Vorteil, daß man nur drei Tage pro Woche Unterricht hatte und in der übrigen Zeit zu Hause lernte. So konnte ich auch die Ballettschule wechseln; ich schrieb mich bei Mademoiselle Marcelle Bourgat ein, die in unserem Viertel wohnte und ebenfalls dreimal in der Woche unterrichtete.

Drei Tage Ballett und drei Tage Schule, meine Woche war gut ausgefüllt!

Auch wenn wir im fünften Stock eines Palastes lebten, bewohnten wir doch nur drei Zimmer – die anderen blieben geschlossen und waren eisig kalt. Papa pendelte zwischen Keller und Wohnung hin und her und holte mit dem Lastenaufzug Kohle herauf, die unser Ofen mit dem Appetit eines Riesen verschlang. Wir mußten haushalten mit der Kohle, die nur sparsam zugeteilt wurde; deshalb waren wir in die drei Zimmer am Ende des Flurs gepfercht. Ein Zimmer, das ich mit Mijanou teilte, ein Schlafzimmer für Papa und Maman und ein Raum, der uns zugleich Wohn- und Eßzimmer diente. Es gab überall Kamine, und sonntags, nach der Messe, fuhren wir mit unserem Citroën in den Wald, um Reisig zu sammeln. Das spendete dann die Woche über knisternd ein wenig Wärme und verströmte einen würzigen Geruch nach Wald.

Wir hatten auch ein Dienstmädchen.

Was sage ich – ein Dienstmädchen? Eine endlose Reihe von Dienstmädchen!

Damals sprach man noch nicht von »Hausangestellten«. Man nannte die Dinge noch beim Namen. Und ein Dienstmädchen war eben ein Dienstmädchen!

Ich könnte eine ganze Abhandlung über »Dienstmädchen« schreiben! Ich habe alle Arten kennengelernt, alle Altersklassen und die verschiedensten Nationalitäten. Sie stehen mir bis oben, diese Dienstmädchen!

Das Hauspersonal wohnte damals zumeist in kleinen Kammern unterm Dach, so auch bei uns in der Rue de la Pompe. Im Sommer war es dort brütend heiß, im Winter eiskalt. Es gab kein fließendes Wasser, nur einen Wasserhahn und eine Toilette auf dem Flur. Wie in Louveciennes stand in jedem Zimmer ein Krug und eine Waschschüssel auf dem Frisiertisch. Es gab keine Zentralheizung, sondern nur einen armseligen kleinen Elektroofen. Doch wenn er zu lange eingeschaltet war, brannten alle Sicherungen durch.

Das Dienstmädchen putzte, kochte – nicht sehr üppig damals – und brachte Mijanou und mich zur Schule oder zum Kommunionunterricht.

Mamie genoß das Vorrecht, mich zur Ballettstunde und dann in die Rue Raynouard zu begleiten, wo Boum, der aus Altersgründen aus Chartres heimgekehrt war, mir bei den Hausaufgaben half, wenn er aus dem Büro kam.

Manchmal aß ich bei ihnen zu Abend, und Dada machte

mir ein Frikassee aus Steckrüben und Weißwurzeln, mit einem kleinen Stich Margarine. Danach gab's Kuchen mit Schokoladenersatz – nicht gerade eine Köstlichkeit!

Aber wie viele Stunden Schlangestehen waren diesem Essen vorausgegangen! Dada stand morgens um drei Uhr auf, Mamie löste sie um fünf Uhr ab, um sicherzustellen, daß sie als zwanzigste oder fünfundzwanzigste in der Schlange noch etwas abbekam. Ich ahnte nichts von diesem Elend.

Abends war Ausgangssperre, und ich mußte sehr schnell nach Hause zurück. Manchmal aber schlief ich auch in der Rue Raynouard in meinem großen Holzbett, mit einem Federbett, so dick wie ein Ballon aus kirschrotem Satin, auf den Füßen. Wenn wir das Pech hatten, mitten in der Nacht von einem Alarm geweckt zu werden, trug mich Boum, ohne daß ich aufwachte, zum Bett von Mamie hinüber, und während beide den Rosenkranz beteten, schlief ich friedlich weiter, mit dem Kopf unter dem Kissen, damit ich das Schießen der Flak nicht hören mußte.

Außer Chantal, die ich häufig sah, hatte ich keine Freundin. Maman mißtraute meinen Klassenkameradinnen. Was die Mädchen aus meiner Ballettschule betraf, so meinte sie, dort könne ich doch nur »Hausmeisterstöchter« kennenlernen. Sobald ich mich mit einem der Mädchen angefreundet hatte, lautete die erste Frage von Papa und Maman: »Und was machen ihre Eltern?« Was sollte ich darauf antworten, wenn ich – vom Dienstmädchen zur Eile gedrängt oder von Mamies Zärtlichkeit mit Beschlag belegt – gar nicht die Zeit hatte, meine Freundschaft zu vertiefen?

Meine einzige Spielgefährtin war Mijanou!

Eines Tages gingen die Eltern aus und vertrauten uns dem Dienstmädchen an. Wir spielten Indianer und versteckten uns unter einem Tisch, der uns mit seiner langen gestickten Decke als Zelt diente. Unser Feind war das Dienstmädchen; es durfte uns nicht finden. Es machte sich gerade die Fingernägel sauber, trällerte ein Liedchen dazu und hatte wenig mit einem rachsüchtigen Feind gemein.

Beim vielen Herumschleichen von Süd nach West, von Nord nach Ost, verhakten sich unsere Füße in der Tischdecke, die langsam ins Rutschen geriet, zu Boden glitt und dabei eine kostbare chinesische Porzellanvase mitriß, die Maman wie ihren Augapfel hütete. Das Dienstmädchen gab uns beiden eine Ohrfeige. Es war aus mit dem Krieg, der Porzellanvase und dem Trällern!

Als Papa und Maman heimkehrten, kauerten Mijanou und ich zitternd im Besenschrank. Wir wußten, daß uns eine harte Strafe bevorstand.

Das Dienstmädchen wurde auf der Stelle entlassen. Ich beneidete sie darum, daß sie sich so leicht aus der Affäre ziehen konnte. Mijanou und ich bekamen von einem wütenden Papa mit der Reitpeitsche zwanzig Hiebe aufs Hinterteil.

Doch das war noch nicht alles!

Völlig außer sich und mit eiskalter Stimme fällte Maman ein Urteil, das keinen Widerspruch duldete: »Von jetzt an seid ihr nicht mehr unsere Kinder, sondern Fremde. Und wie Fremde werdet ihr uns von jetzt an siezen! Und vergeßt nicht, daß ihr nicht bei euch zu Hause, sondern bei uns zu Hause seid. Nichts von allem hier gehört euch. Dieses Haus ist nicht mehr das eure.«

Ich war siebeneinhalb, Mijanou vier!

Seit diesem Tag mußte ich »Sie« zu jenen Menschen sagen, die mir auf der Welt am meisten bedeuteten, und es fiel mir sehr schwer. Seitdem fühlte ich mich fremd im Schoße meiner Familie. Damals empfand ich zum ersten Mal Einsamkeit, Verlassenheit, Verzweiflung und auch Todessehnsucht, Gefühle, die mich mein Leben lang nicht mehr verlassen sollten.

Als Papa viele Jahre später starb – am 5. November 1975 –, bat mich Maman, die völlig verloren, einsam und verzweifelt war, sie doch wieder zu duzen. Ich konnte es nicht. Genausowenig, wie ich Gott nach all den Jahren des Siezens auf einmal hätte duzen können! Noch heute bete ich das »Vaterunser«, wie ich es in meiner Kindheit gebetet habe. Für mich gehört Gott nicht zu meinen »Kumpeln«.

Von diesem schicksalhaften Tag an lebte ich ständig mit meinen Eltern im Konflikt. Allein gelassen beobachtete ich aus meinem Winkel heraus die Erwachsenen, die ich Maman und Papa nannte. Da ich dort nicht mehr zu Hause war, erlaubte ich mir, sie zu kritisieren. Ich verglich mein Schicksal mit dem von Chantal und weinte viel. Chantal war der Lebensinhalt ihrer Mama Suzanne, und Chantal bekam immer recht. Chantal wurde verwöhnt, geliebt, verhätschelt, Chantal hatte fabelhaftes Spielzeug, Chantal war bei sich »zu Hause« und duzte ihre Mama.

Maman hatte panische Angst vor Bazillen und Krankheiten und glaubte, das Schicksal beschwören zu können, indem sie uns sommers wie winters Wollhemden und -hosen tragen ließ. Jeden Morgen überprüfte sie höchstpersönlich, daß die Hemdchen möglichst weit nach unten und die Höschen möglichst weit nach oben gezogen waren.

Das ständige Gezerre an meinem Höschen und an meinem Hemdchen wurde bei mir bald zur Besessenheit. Ich konnte nicht mehr ruhig leben, wenn ich das Gummiband meines Höschens nicht fast unterm Kinn spürte, sondern es an die Stelle gerutscht war, wo es hingehörte, nämlich in die Taille. Das hat sich inzwischen allerdings grundlegend geändert!

Maman waren offenstehende Fenster verhaßt. Im Winter betrachtete sie es als eine Verschwendung von Heizmaterial, im Sommer hatte sie Angst vor Einbrechern. Also lebten wir in einer hermetisch abgeschirmten Welt. Im Sommer litt ich am meisten darunter. Das Dienstmädchen mußte abends um halb sieben, wenn die Sonne noch warm war und hoch am Himmel stand, die Fensterläden schließen. Die ganze Wohnung glich einer Gruft. Seither reagiere ich allergisch auf Fensterläden, auf Fenster und auf alles, was mich einschließt und gefangenhält.

Maman hatte auch die unangenehme Gewohnheit, alles unter Verschluß zu halten. Der Vorratsschrank war abgeschlossen. Die Hausbar war abgeschlossen. Die Kommode in ihrem Schlafzimmer – abgeschlossen. Ihr Arzneischränkchen – abgeschlossen. Kurzum, alles war verriegelt!

Dabei verlor Maman regelmäßig ihre Schlüssel. Wir verbrachten unsere Kindheit damit, Mamans Schlüssel zu suchen oder den Schlosser beim Auswechseln der Schlösser zu beobachten.

Auch wenn Maman ihre Schlüssel verlor, die Übersicht, wie wir unsere Betten machten, verlor sie nie. Jeden Morgen mußten wir sie zunächst lüften, und dazu durften die Fenster zehn Minuten geöffnet werden. Danach mußten die Betten ein sauberes »Karree« ergeben; also steckten wir sowohl die Decke als auch das Laken rundherum unter die Matratze und schlugen das obere Laken am Kopfende sorgfältig zurück, damit der Rand gerade wurde – wie beim Militär. Der einzige kompetente Richter war Papa, der unsere Arbeit guthieß oder nicht, wenn er zum Mittagessen heimkam. Je nach Laune, Gemütszustand oder seinem jeweiligen Verhältnis zu Maman befahl er uns – oder auch nicht –, alles von vorne zu beginnen. Dieses verdammte Bett machte mich so verrückt, daß ich nicht schlafen konnte, wenn Laken oder Decken irgendwo Falten warfen; dann stand ich mitten in der Nacht auf, um sie glattzuziehen.

Da der Kommunionunterricht Früchte getragen hatte, feierte ich am 9. Mai 1943 meine Erstkommunion. Ich war stolz und bewegt, meine Eltern waren erleichtert und dachten, daß aus mir ein gutes, »braves« kleines Mädchen werden würde.

Die größte Enttäuschung in meiner Kindheit ereignete sich im November 1943. Da war ich gerade neun.

Ich war gerade mit Mamie Mucel von der Ballettstunde bei Mademoiselle Bourgat heimgekehrt und erschöpft, aber glücklich; ich tanzte für mein Leben gern und fühlte mich dabei wie ein anderer Mensch. Trotz der Nachhilfestunden bei Boum war ich in Französisch und Rechnen die »Letzte« der Klasse; im Ballettunterricht dagegen konnte ich mich entfalten und gehörte zu den Besten.

Papa erwartete mich und wollte mit mir sprechen. Ich war erschrocken, dabei hatte ich gut getanzt, es war mir unverständlich … Ich wollte mich in Mamies Arme flüchten, doch Papa nahm mich fest bei der Hand, zog mich ins Eßzimmer und schloß die Tür. Was hatte ich nur verbrochen? Halb tot vor Angst brach ich in Tränen aus.

Da sagte Papa ganz freundlich, er habe mir nichts vorzuwerfen, dafür aber etwas sehr, sehr Wichtiges zu sagen.

»Glaubst du noch immer an den Weihnachtsmann?«

Ich mußte lachen. Was für eine dumme Frage! Natürlich glaubte ich an den Weihnachtsmann – ganz fest sogar!

»Warum fragen Sie mich das, Papa?«

»Aber Liebes, weil du in deinem Alter wissen mußt, daß es keinen Weihnachtsmann gibt! Deine Klassenkameradinnen oder Chantal haben dir doch bestimmt schon erzählt, daß ihre Eltern ihnen das Spielzeug zu Weihnachten kaufen!«

Ich lächelte weiter, ein angestrengtes Lächeln, und fragte mich, warum Papa einen so dummen Scherz mit mir trieb. Ich verstand ihn nicht, wollte ihn nicht verstehen … Bis es mir wie Schuppen von den Augen fiel. Es war zu Ende, meine Kindheit war vorbei, mit ihren Märchen, ihren herrlichen Träumen, ihren Illusionen!

Ich weinte lange über diese enttäuschende Entdeckung; ich weinte meiner Naivität, meinem Vertrauen, meinem kindlichen Staunen nach. Vielleicht würde ich heute noch an den Weihnachtsmann glauben, wenn Papa damals nicht etwas in mir zerstört hätte. Ich brauche den Glauben an Wunder, um zu überleben.

Mijanou, das arme Unschuldsengelchen, glaubte noch an den Weihnachtsmann, was mich berechtigte, die Tradition fortzuführen – wenn auch auf der Seite der Erwachsenen.

Jedenfalls waren zwei Feste äußerst wichtig in der Familie, zum einen Weihnachten, zum anderen die Geburtstage. Auf den Rest, die heiligen Dingsda und Bumsda, wurde gepfiffen.

Aber Weihnachten! Das war jedes Jahr ein ungeduldig

herbeigesehntes Fest. Abends, vor der Christmette, schmückten wir alle zusammen die Krippe und den Weihnachtsbaum. Es war eine provenzalische Krippe mit Dutzenden kleiner Tonfiguren, die alle ihren Namen hatten. Ich erinnere mich an »Ravi«, den Entzückten, der das Jesuskind mit großen Augen anschauen und die Arme dabei weit geöffnet halten mußte. Und dann waren da die Hirten mit ihren Schäfchen und der Bäcker mit seinem Laib Brot und der Scherenschleifer und die Wollspinnerin und das Milchmädchen, das seinen Krug auf dem Kopf trug.

Ich geriet vor diesen »Santons« ins Träumen, hätte selbst gern dazugehört, um an dieser Welt der Güte und Schönheit teilzuhaben. Maman formte aus einem Stück Packpapier eine herrliche Grotte, eine Spiegelscherbe diente als Wasserbecken, verstreuter Reis als Kies. Es wirkte alles so echt!

Mit dem Baum war es nicht so einfach. Papa wurde jedes Jahr ausgeschimpft, weil der Baum nicht gerade war und umzukippen drohte … Wenn er sich endlich im Gleichgewicht befand, öffneten wir die Kartons mit den unzähligen bunten Weihnachtskugeln, den kleinen glitzernden Spielsachen, den Silbergirlanden, den Sternen und dem Lametta. Ganz zum Schluß steckten wir die kleinen bunten Lichter auf, die im allgemeinen nicht lange funktionierten. Mit einem Schraubenzieher bewaffnet, spielte Papa einen Abend lang Elektriker.

Ich habe diese Tradition beibehalten und stelle jedes Jahr eine provenzalische Krippe und einen Baum mit Lichtergirlanden auf. Noch heute betrachte ich versonnen die kleinen Tonfiguren und bin verzaubert von der Magie des Baums, der das ärmste und nüchternste Heim mit seinem Zauber erfüllt …

Weihnachten ist ein kleines, alle Jahre wiederkehrendes Märchen, eine Welt, die so selten geworden und so leicht zu zerstören ist, daß man sie pfleglich behandeln muß.

Wenn der Baum fertig geschmückt war, stellten wir unsere Stiefel in den Kamin, oder wenn es keinen Kamin gab, unter den Baum. Anschließend ging man zur Christmette. Am Heiligen Abend gab es kein Festessen. Das Mysterium dieses religiösen Tages hielt uns vom Schlemmen ab. Am nächsten Morgen lagen überall die Geschenke verstreut – es war wie ein Feuerwerk, das am Boden aufleuchtete. Welche Freude, die Päckchen ganz langsam zu öffnen und zu raten, was sich darin befand! Welch ein Glück, überall dies Lächeln zu sehen, dies Strahlen, die Umarmungen, die dankbaren Blicke! Alle waren so glücklich.

Gewöhnlich lud Papa am ersten Weihnachtstag zwei oder drei Leute aus der Firma zum Mittagessen ein, Arbeiter oder Büroangestellte, die allein lebten. Maman ihrerseits empfing ihre unverheirateten Freundinnen. Alle bekamen ein Geschenk. Es war ein Fest der Freude, ein unvergeßlicher Tag!

Das Dienstmädchen und meine Dada bereiteten ein köstliches Mittagessen. Als Nachspeise gab es einen Schokoladenkuchen mit Maronen, die Dada in stundenlanger Arbeit geschält hatte. Doch sie tat es gern, weil sie wußte, daß ich ganz versessen darauf war.

Abends schlief ich dann, umgeben von meinen Geschenken, erschöpft, aber selig ein und träumte schon vom nächsten Weihnachtsfest.

Die Neujahrsfeiern waren dagegen eine Tortur.

Die ganze Familie versammelte sich dann bei Onkel Gaston und Tante Marcelle, Papas ältestem Bruder und dessen Frau. Es saßen etwa dreißig Personen an einer eindrucksvollen Tafel. Für Mijanou und mich war es eine Gelegenheit, einmal im Jahr unsere Cousins und Cousinen zu sehen. Wir trugen unsere gewohnten Festtagskleider, dazu weiße Kniestrümpfe und Stiefeletten und hatten solche Angst, uns schmutzig zu machen, daß wir den ganzen Tag brav auf unseren Stühlen blieben und uns zu Tode langweilten.

Es war die Gelegenheit für unsere Familien, sich einmal im Jahr zu treffen, irgendwelche Gemeinplätze auszutauschen, einen Vorrat an Bosheiten über den einen oder anderen zu sammeln, die man im Laufe des Jahres weitererzählen konnte, uns Neujahrsgeschenke und gute Ratschläge zu erteilen, die wir nie befolgten.

Während der Kriegsjahre brachte jede Familie ihren »Korb« mit, denn der arme Onkel Gaston hätte diese ganze Bande mit seinen eigenen Lebensmittelkarten nicht satt bekommen können. In den »fetten« Jahren diente dieses Festmahl als Mittag- und Abendessen zugleich, die traditionelle »bûche«, der Festtagskuchen, wurde zu einer Zeit serviert, in der ich sonst meine Vesper einnahm, und die Erwachsenen tranken Kaffee, wenn es draußen schon stockfinster war!

Wir Kinder durften den Tisch erst nach dem Dessert verlassen. Das Flechtmuster meines Stuhls hatte sich bereits in meine Schenkel gedrückt. Dann saßen wir in unserer Sonntagskleidung auf den Louis-XV.-Sesseln mit den Originalbezügen im Salon, schauten uns an und wußten nicht, was wir tun oder sagen sollten. Seither sind mir Festessen und gestärkte Kleider verhaßt.

Auch Geburtstage gaben Anlaß zu einem Fest, doch anders als zu Weihnachten wurde jeder einmal König oder Königin, und die anderen blieben nur Zuschauer.

Da ich am 28. September geboren wurde, wartete ich mit einer Mischung aus Ungeduld und Bedauern auf meinen Festtag. Denn vier Tage nach dem heißersehnten Datum begann die Schule wieder, und der 1. Oktober war mir stets ein Greuel.

Außerdem waren meine Geburtstagsgeschenke meist so etwas wie ein neuer Schulranzen, Hefte in allen Farben, ein Mäppchen mit Stiften, ein Lexikon, ein neuer Schulkittel. Manchmal auch ein Eau de Cologne oder Zinnsoldaten, die ich über alles liebte, da ich mich nie besonders für Puppen interessiert hatte.

Mein einziger Trost war es, wieder ein Jahr älter geworden zu sein und mich langsam dem Erwachsenenalter zu nähern. Nachdem ich die Kerzen auf meinem Kuchen ausgeblasen hatte, dachte ich mit Schrecken an den bevorstehenden Schulanfang nach den Ferien!

Etwa zur gleichen Zeit brach bei uns zu Hause eine Reihe schrecklicher Kinderkrankheiten aus – erst Masern, dann Windpocken, danach Keuchhusten. Jeder wurde angesteckt, selbst Maman, und die ganze Familie mußte das Bett hüten.

Mamie Mucel und verschiedene Pflegerinnen wechselten sich an unserem gemeinsamen Krankenlager ab. Diese Epidemie war nicht normal!

Papa besaß damals eine herrliche Sammlung afrikanischer »Boubous«, kleine geschnitzte Holzfiguren, die die verschiedenen Mitglieder eines Stammes darstellten.

Eine Freundin von Maman, die meisterlich die Kunst des »Pendelns« beherrschte, behauptete, diese Figuren brächten Unglück über uns und müßten augenblicklich aus dem Haus verschwinden. Papa war verzweifelt; die Figuren waren das Geschenk eines afrikanischen Hexenmeisters, einzigartige Stücke, und er hatte sie selbst aus Afrika mitgebracht. Schweren Herzens verbannte er seine Sammlung in den Keller.

Kaum waren die Boubous aus der Wohnung, wurden wir wieder gesund und vergaßen sie ... Die Boubous dagegen vergaßen uns nicht. Denn eines Tages kam es im Keller zu einer Überschwemmung. Papa kochte vor Zorn; seine Boubous waren ruiniert!

»Nun«, meinte Maman, »dann verkaufen Sie sie doch!«

Wir ließen die Boubous vorsichtig trocknen, und Papa gab sie bei einem Händler afrikanischer Kunst in Kommission. Danach vergaßen wir sie ... Einige Zeit später aber machte der Händler Pleite. Die Boubous kamen dann Gott weiß wohin, und wir dachten wirklich nicht mehr an sie, weil Papa gar nicht mehr wußte, wem er sie gegeben hatte.

Wenn Sie also von einem Geschäft mit afrikanischer Kunst hören, das in ernsten Schwierigkeiten ist, geben Sie mir Bescheid. Ich werde nachsehen, ob es nicht Papas Boubous sind, die dort ihr Unwesen treiben.

Diese Anekdote ist hundertprozentig wahr. Anscheinend tragen manche dieser Figuren das Unheil in sich, das ein Hexenmeister einem Stammesgenossen gewünscht hat.

Seither ist mir schwarzafrikanische Kunst verhaßt.

Ich erinnere mich an eine andere mysteriöse Geschichte, die sich bei einer von Mamans Freundinnen abgespielt hat. Sie hieß Violette Benistan und verkaufte Kleider aus Musterkollektionen in ihrer Pariser Wohnung in der Rue du Boccador. Jedesmal, wenn sie ihren Salon betrat, den sie in eine Boutique verwandelt hatte, spürte Violette, daß irgend etwas Sonderbares im Gange war: Eine Kundin, die im Nachbarzimmer ein Kleid anprobiert hatte und es unbedingt kaufen wollte, änderte ihre Meinung, sobald sie in den Salon zurückkam; oder jemand zerbrach ein altes Stück aus ihrer kostbaren Nippessammlung; oder ihr Geld war plötzlich verschwunden; oder sie stritt sich mit ihrem Mann; oder ein Dienstmädchen kündigte aus heiterem Himmel! Schließlich hielt sie es nicht länger aus und griff zu ihrem Pendel, das mitten im Salon heftig auszuschlagen begann …

Sie suchte die Concierge auf und fragte, wer in der Etage unter ihr wohne.

»Ein Ägyptologe, Madame!«

Und Violette erzählte ihr von den sonderbaren Dingen, die sich in ihrem Salon zugetragen hatten. Die Concierge berichtete ihr, dieser Mann habe unlängst kostbare Kunstobjekte aus einer ägyptischen Ausgrabungsstätte mitgebracht und deren Eintreffen in der Wohnung falle mit dem Beginn des Spuks in Violettes Wohnung zusammen. Daraufhin beschlossen beide, sich das Ganze aus der Nähe anzusehen, sobald der Ägyptologe wieder abgereist war.

Unterdessen wurde der Salon abgeschlossen, und der Kristallüster, der seit über zwanzig Jahren dort hing, löste sich eines Abends ohne ersichtlichen Grund von der Decke und zerbrach in tausend Stücke.

Der Spuk ging weiter.

Der Tag der Abreise des Nachbarn kam. Violette und die Concierge eilten mit dem Pendel in die Wohnung. Im Salon, der sich genau unter dem von Violette befand, begann das Pendel wie verrückt auszuschlagen. Alles war düster und trostlos. In der Mitte des Raums stand ein Sarkophag. Sie öffneten ihn und fanden eine Mumie!

Diese Geschichte ist wahr. Die Mumie kam ins Musée de L'Homme, das Pariser Völkerkundemuseum, und danach wurde Violettes Salon wieder ein gastlicher Ort. Es gibt sie wirklich, diese unheilbringenden Schwingungen. Seither ist mir auch die ägyptische Kunst verhaßt!

Um sich während der Kriegszeit zu beschäftigen und sich ein Taschengeld zu verdienen, fing Maman an, Hüte anzufertigen. Sie hatte einen sehr guten Geschmack und brachte zauberhafte Stücke zustande.

Und ich war entzückt; es gab Strohgewebe für Sommerhüte, Veilchen, Kunstblumen, Federn in Hülle und Fülle! Ich fertigte Hüte für meine Puppen oder Zinnsoldaten und Maman für ihre Freundinnen. Sie arbeitete jeden Abend und überzeugte sich bei all ihren Kreationen, wie sie sich auf ihrem hübschen Kopf machten.

Später fertigte Maman die Hüte nicht mehr selbst. Sie hatte mit den großen Modemachern vereinbart, ihnen die Modelle der letzten Saison abzukaufen. Die »putzte« sie dann auf und verkaufte sie zu Hause weiter. Und so gab es am Ende des Flurs ein besonderes Zimmer, das wir »das Hutzimmer« tauften. Es war paradiesisch dort, es roch nach Parfum, es gab große Hutmachergestelle, Blumensträuße mit Bändern und Schleifen, Filzhüte à la Garbo und Brautkreationen. Beim Anblick dieser Kostbarkeiten geriet ich ins Träumen; manchmal probierte ich sie auch heimlich auf. Doch mit meinem glatten Haar, meiner Brille, meiner Zahnspange und noch dazu einem Hut auf dem Kopf wirkte ich eher wie eine Karikatur.

Maman schuf sich einen richtigen Kundenstamm, Frauen von Welt, zum Teil etwas verarmt, Freundinnen und Freundinnen von Freundinnen. Kurzum, es herrschte ein nettes Kommen und Gehen, das dem Dienstmädchen mächtig auf die Nerven ging, weil es ständig die Wohnungstür öffnen mußte.

Wir kamen selten ins Kino, vielleicht zwei- oder dreimal im Jahr. Fernsehprogramme gab es noch nicht, und mit Ausnahme der Comédie Française war das Theater den Erwachsenen vorbehalten.

Obwohl die Abende manchmal lang wurden, waren es doch »wirkliche« Abende. Wenn meine Eltern nicht ausgingen und keine Gäste hatten, verbrachten wir sie im Kreise der Familie. Nachdem wir unsere Hausaufgaben gemacht hatten, durften wir vor dem Schlafengehen noch ein wenig aufbleiben. Papa las uns aus »Les Contes du Chat Perché« von Marcel Aymé vor oder auch aus Kiplings »Just so Stories«. Er war drollig, wenn er vorlas. Er schlüpfte in die Rolle der verschiedenen Helden, indem er seine Stimme verstellte, und lachte ansteckend vor sich hin. Gleich darauf fielen wir in sein Gelächter ein. Manchmal erzählte er uns Geschichten von »Frau Elster«, die er selbst erfunden hatte und deshalb unerschöpflich waren. Diese Erinnerungen sind kostbar, weil sie Seltenheitswert haben. Die meisten Abende verbrachten wir – Mijanou, das Dienstmädchen und ich – mit Streit, mit Tränen, mit feindseligen Blicken.

In meiner Erinnerung ist meine Kindheit keine glückliche Zeit gewesen. Warum? Eigentlich war ich doch in eine Familie hineingeboren, die mir all das Glück hätte schenken können, das ein Kind braucht.

Gewiß, der Krieg brachte Entbehrungen mit sich, aber da ich die Zeit »davor« nicht kannte, fand ich mich leicht damit ab. Ich wurde mit einem Minimum an Nahrungsmitteln großgezogen; ich kannte weder Bonbons noch anderes Naschwerk, statt dessen Vitaminkekse, kleine Beutel mit Saccharin und Zitronenersatzpulver, die, in Wasser aufgelöst, zu köstlichen Limonaden wurden.

Gewiß, es gab die Bombenangriffe, die meine Kindheit erschütterten. Diese unterschwellige Angst vor einer völligen Zerstörung unserer Stadt ließ mich nachts schweißgebadet aus dem Schlaf hochfahren oder überkam mich plötzlich mitten im Ballett- oder Rechenunterricht. Die Unsicherheit machte das Leben in den friedlichen Augenblicken, zwischen zwei Fliegerangriffen, um so kostbarer.

Diese Wechselbäder mögen für Erwachsene annehmbar

sein, für Kinder sind sie ein Trauma. Was mich jedoch am meisten geprägt hat, waren unsere familiären Beziehungen. Ich spürte, daß ich mich täglich mehr von meinen Eltern entfernte, während sie sich Mijanou immer mehr annäherten. Diese offenkundige Bevorzugung meiner kleinen Schwester habe ich bis heute nicht verkraftet.

Es war eine himmelschreiende Ungerechtigkeit. Ständig hieß es: »Nimm dir ein Beispiel an Mijanou!« Sie war eine Musterschülerin im »Lübeck«, während ich im »Hattemer« zum »Trio der Nieten« gehörte, zu den drei Mädchen, die um die schlechtesten Plätze konkurrierten. Sie war hübsch, zart, ein bißchen falsch und lief dauernd zu den Eltern, um mit tränenerstickter Stimme zu petzen, was ich ihr wieder Böses angetan hätte. Resultat: Ich bekam die Peitsche! Mein Höschen klebte an den Striemen, die sie auf meiner Haut zurückließ. Ich hörte meine Mutter zu ihren Freundinnen sagen: »Zum Glück habe ich meine Mijanou, die mir alle Freude dieser Welt bereitet. Die arme Brigitte wurde von der Natur in jeder Hinsicht stiefmütterlich behandelt!«

Ich weinte, wenn ich in den Spiegel schaute. Wirklich, ich war häßlich! Dieses Selbstbild hat mich nie verlassen. Ich hätte alles gegeben, um Mijanou mit ihrem taillenlangen roten Haar, den veilchenblauen Augen zu ähneln und der Liebling meiner Eltern zu sein. Warum hatte der liebe Gott mich mit dunklem, glattem Haar erschaffen, das nicht zu bändigen war, mit kurzsichtigen Augen, die mich zur Brillenschlange machten, und mit Zähnen, die vorstanden (weil ich zu lange am Daumen gelutscht hatte) und mich zwangen, eine Zahnspange zu tragen? Zum Glück nützte die Spange nichts, und ich behielt meine Hasenzähne, denn sonst hätte es den weltberühmten Schmollmund nie gegeben!

Der Zweifel nagte an mir: War ich vielleicht adoptiert? Ich sah niemandem in der Familie ähnlich, ich war zu häßlich, die anderen zu schön!

Fortan mißtraute ich Mijanou, mied sie wie die Pest und zog mich ganz in mich selbst zurück. Nur meine Ballettstunden ließen mich für kurze Zeit meine Sorgen vergessen. Wie ich sie liebte, unsere Übungen an der Stange, bei der wir unsere Muskeln aufwärmten! Adieu, Tristesse, Brille und Komplexe! Die tändelnde Musik der Klavierspielerin begrüßte ich wie ein »Sesam-öffne-dich« zu meiner wahren Natur. Das Tanzen machte mich schön, innerlich wie äußerlich. Ich war sehr begabt, gelenkig, schlank, anmutig in meinen Bewegungen und besaß ein ausgeprägtes Gespür für Rhythmus und Takt, so daß ich der Musik auf vollkommene Weise zu folgen vermochte. Das Ballett prägte meinen Gang und meine Kopfhaltung. Das Ballett lehrte mich Disziplin und körperlichen Mut. Zumindest das konnte Mijanou mir nicht nehmen!

In der Rue de la Pompe hatten wir einen hydraulischen Aufzug, der mir wie eine Sänfte ohne Dach vorkam. Die Fahrt vom Erdgeschoß bis zum fünften Stock dauerte sehr lang, doch ich wünschte sie mir weit länger, so sehr fürchtete ich mich davor, nach Hause zu kommen. Oft fragte ich mich, wozu ich geboren sei, wozu ich lebte. Eine ewige Frage ohne Antwort, die ich mir jedoch immer wieder stellte.

Eines Tages – wir saßen gerade über einem Schulaufsatz – schüttete ich Boum mein Herz aus: »Sag mal, lieber Boum, wozu bin ich geboren?«

»Um mich und deine Mamie glücklich zu machen!«

»Nein, ich meine, im Ernst.«

»Aber das ist mein Ernst, Kleines!«

»Nein, lieber Boum, sag mir, warum ich auf der Erde bin.«

Meine verschlossene, ängstliche Miene muß meinem Großvater das Herz zerrissen haben, und wie immer, wenn er einer peinlichen Frage ausweichen wollte, brach er in Gelächter aus, und er sagte: »Wegen meiner Unterhose!«

Nach dieser hoch philosophischen Antwort fiel ich in sein Gelächter ein und kam zu dem Ergebnis, daß mein Boum wirklich nicht ernst zu nehmen war.

Boum war ein ganz ungewöhnlicher Mensch. Er war hoch gebildet, las lateinische Texte und begeisterte sich für

Geschichte. Seine geographischen Kenntnisse vervollkomm-
nete er an jedem Wochenende, indem er sich, eingeschlossen in sein Schlafzimmer, auf eine imaginäre Reise in ein
Land seiner Wahl begab. Fortgetragen von den Seiten seiner Atlanten, Reiseführer und Enzyklopädien, entdeckte er
auf diese Weise Mexiko, die verschiedenen Kulturen, die
Inkapyramiden, die Sprache, die gastronomischen Beson-
derheiten, die Wirtschaft, das Bildungswesen, den Acker-
bau und das Klima des Landes. Danach kamen Japan,
Afrika, die Vereinigten Staaten und so fort ... Mein Großvater bereiste die ganze Welt von seinem Schlafzimmer aus,
da seine finanziellen Mittel ihm keine Reisen erlaubten, die
damals aber nicht nur unerschwinglich, sondern wegen des
Krieges auch völlig unmöglich waren.

Nachdem der Unterricht am »Hattemer« und Boums Nachhilfestunden mir nicht das Wissen vermittelt hatten, das sich
meine Eltern für mich wünschten, beschlossen sie, es mit
der »Institution de la Tour« zu versuchen, wo Chantal mit
überzeugenden Ergebnissen die Schulbank drückte.
    Adieu, Ballett ... für eine Zeitlang! Welch eine Tortur!
Die Andachtsübungen füllten die Freizeit zwischen den Un-
terrichtsstunden vollständig aus.
    All diese Nonnen! Schwester Sowieso hier, Mutter XY
dort, das war wirklich nichts für mich.
    Und dann war ich auch noch »die Neue«, man beobach-
tete mich und tuschelte.
    Im »La Tour« nahm ich erneut den Platz unter den
schlechtesten Schülerinnen ein, schrieb weiter Sechsen,
lernte dafür aber, hinterlistig zu sein und zu heucheln. Man
mußte beim Gehen den Blick gesenkt halten, alle naselang
einen Knicks machen, stets seinen Rosenkranz in der Tasche haben, jeden Morgen zur Kommunion gehen, seine
Kameradinnen anschwärzen, alles berichten, was man sah
und hörte. Kurzum, es war die Hölle.
    Es galt als besonders chic, Holzpantinen zu tragen. Da
ich das Glück hatte, noch Stiefeletten mit Ledersohlen zu
besitzen, wurde ich zur Außenseiterin. Wie sehr ich auch da-

herstampfte, um so zu tun als ob, ich blieb doch »das Mädchen mit den Ledersohlen«. Was für eine Schande für mich!

Chantal war der Liebling der Nonnen und hätte mich für eine gute Note verpfiffen. Und wessen Liebling würde ich sein?

Glücklicherweise holte ich mir eine kräftige Lungenentzündung, die mir dieses klösterliche Schuljahr verkürzte. Ich mußte zwar die siebte Klasse wiederholen, kam dafür aber wieder aufs »Hattemer« – und auf meine geliebte Ballettschule.

Da ich durch die Lungenentzündung sehr geschwächt war und seit Jahren keine richtigen Ferien mehr gehabt hatte, durfte ich mich bei Chantal und ihrer Maman erholen, die in der Normandie, bei Mesnil-Guilbert, ein hübsches kleines Bauernhaus inmitten von Apfelbäumen besaßen. Wegen der Kriegswirren waren die Schulferien vorverlegt worden.

Chantals Mutter, immer schwarz gekleidet, war eine unangenehme, herbe Frau, die voller Prinzipien steckte, selten lächelte und viel betete.

Sie vergötterte ihre Tochter, hatte aber für andere Kinder wenig übrig. Ich hatte damals und habe heute noch ein grenzenloses Bedürfnis nach Zärtlichkeit. Die knochigen Wangen von Suzanne stießen mich ein wenig ab. All ihre Zuneigung galt ihrer Tochter, und ich weiß noch, daß ich abends vor dem Einschlafen oft in die Kissen weinte und mich nach mütterlichen Liebkosungen sehnte. Doch wenn ich nicht weinte, amüsierte ich mich königlich!

Aus Korken, die wir mit Draht zusammenhielten, bastelten Chantal und ich uns Keilabsätze, die damals gerade in Mode waren. Auf unserem wackeligen, stelzenartigen Schuhwerk stolzierten wir umher, bis sich Chantal – wie es kommen mußte – den Knöchel verstauchte. Die Korken wurden in den Schrank verbannt und Chantal ins Bett.

Als sie wieder auf den Beinen war, entdeckte ich das Radfahren in dieser wunderschönen Umgebung. Es gab auch eine Schaukel, die im großelterlichen Garten in Louveciennes fehlte und die, neben einem Swimmingpool, in meinen Kleinmädchenträumen der Gipfel des Wundervollen und Unerreichbaren darstellte.

Schulaufgaben nahmen einen großen Teil unserer Zeit in Anspruch; noch unangenehmer aber war die tägliche Viertelstunde der »Marie-Rose« (»der duftende Läusetod«). Wie alle Schulkinder waren wir von Läusen befallen, und Suzanne machte sich jeden Tag unbarmherzig auf die Jagd nach dem Ungeziefer. Seither bin ich gegen die Jagd!

Mein Heimweh wurde bald so groß, daß ich den Appetit verlor. Als Suzanne das bemerkte, rief sie Papa an und bat ihn, mich nach Hause zu holen. Am 6. Juni sollte er kommen. Ich mußte nur noch drei Tage warten … Von da an nahm mein Appetit stündlich wieder zu.

Papa sollte mit dem Zug bis Etrepagny fahren, von dort aus den Bus nehmen und irgendwo auf der Landstraße aussteigen.

Verrückt vor Ungeduld, bat ich Suzanne, ihm zur Bushaltestelle entgegenzugehen. Und da hockten wir dann alle drei am Straßenrand in der brütenden Sonne. Auch als der Bus laut Fahrplan längst hätte dasein müssen, warteten wir weiter. Mehrere Stunden vergingen, doch keine Spur von Papas Bus. Ich weinte, Suzanne war ratlos. Der Bus war sonst immer pünktlich, und nun hatte er schon drei Stunden Verspätung …

Niedergeschlagen und halb tot vor Hitze, saßen wir da, als plötzlich am Horizont ein kleiner Punkt auftauchte. Jemand näherte sich zu Fuß. In dieser Mittagshitze, ohne den geringsten Schatten, auf dieser Straße, deren Teerdecke aufgeweicht war – das konnte nur Papa sein! Ich rannte ihm entgegen, so schnell meine Beine mich trugen.

Er war völlig erschöpft, er hatte etwa zwanzig Kilometer zu Fuß zurückgelegt, weil es keinen Bus mehr gab, auch kein anderes Verkehrsmittel, nicht einmal eine Telefonverbindung! Es funktionierte gar nichts mehr. Die Alliierten waren in der Normandie gelandet! Papa, Hauptmann im 99. Infanterieregiment der Gebirgsjäger, war es gewohnt, lange

Strecken mit einem Rucksack zurückzulegen. Er setzte sich und erzählte uns von der Invasion, das heißt das Wenige, was er erfahren hatte, seitdem er Paris verlassen hatte.

Wir schauten ihn mit großen Augen an. Wir hatten keinen blassen Schimmer von dem, was passiert war, hatten seit dem Morgengrauen nur Vogelgezwitscher und das Rauschen der Blätter im Wind gehört. Und in diesen Stunden hatten sich einen Katzensprung von uns entfernt so weltbewegende Dinge ereignet!

Papa duschte nur rasch und nahm einen schnellen Imbiß bei Suzanne ein, denn er wollte schnurstracks mit mir zurück nach Paris. Es war verrückt, aber er hatte Maman versprochen, noch am Abend wieder daheim zu sein, und da die Telefonleitungen unterbrochen waren, konnte er ihr nicht Bescheid geben. So blieb ihm nichts anderes übrig, als seinen Zwanzig-Kilometer-Fußmarsch in umgekehrter Richtung noch einmal zu unternehmen. Abends sollte ein Zug von Etrepagny nach Paris fahren, und den wollte Papa unter allen Umständen erreichen. Mit meinen neuneinhalb Jahren hätte ich eine solche Strecke nie zurücklegen können. Da setzte mich Papa auf seinen Rucksack, und von dort oben beherrschte ich die Landschaft. Papas Schritt war fest und gleichmäßig und wiegte mich sanft hin und her. Den Kopf an den seinen gelegt, die Arme um seinen Hals geschlungen, schlief ich nach einer Weile ein.

Ich denke heute voller Rührung an diese »Reise auf Papas Rücken« zurück. Als ich meinen Vater viele Jahre später altern und seine Kräfte schwinden sah, erinnerte ich mich, daß mich dieser Mann, obwohl ich schon so groß gewesen war, zwanzig Kilometer auf dem Rücken durch die sengende Hitze getragen hatte, und ich verfluchte das Alter dafür, weil es ihm diese Kraft, diese Robustheit nahm.

An jenem Tag oder, besser gesagt, in jener Nacht trafen wir wohl gegen zwei Uhr in Paris ein. Und die »Reise auf Papas Rücken« setzte sich noch vom Bahnhof Saint-Lazare bis in die Rue de la Pompe durch die stillen, menschenleeren Straßen fort. Der Film »Der längste Tag« erinnert mich immer an die Reise dieses beherzten, erschöpften Mannes, der sein Kind in den Schoß der Familie zurückführte, während sich anderswo das Schicksal Frankreichs entschied, die Kanonen dröhnten, die Menschen starben, das Land in Flammen stand. Ich hatte nur noch Augen, Liebe und Bewunderung für den, der Wind und Gezeiten trotzte, sich über Telefon- und Transportstreiks hinwegsetzte, um mich sicher nach Hause zu bringen.

Es war das letzte Aufbäumen des Krieges, ein heftiger Todeskampf.

Wir flüchteten uns in die Wohnung von Boum und Mamie, wo wir gleichsam kampierten. Einige Tage später gelang es auch Suzanne und Chantal, die Normandie zu verlassen und zu uns zu stoßen. Die elegante Wohnung in der Rue Raynouard wurde zu einem riesigen Schlafsaal – alles darin war Gemeinschaftsbesitz.

Es gab weder Strom noch Gas und Wasser, manchmal nur wenige Stunden am Tag. Maman fühlte sich in diesem stattlichen Haus aus Bruchstein in Sicherheit, vor allem im ersten Stock glaubte sie sich geschützt.

Die Tage, die wir dort verbrachten, waren hart. Die Bombenangriffe folgten dicht aufeinander, so daß es gar keinen Sinn hatte, in den Keller zu fliehen – es blieb nicht die Zeit dazu! Papa und Maman hatten Matratzen vor den Fenstern angebracht, um uns vor splitternden Glasscheiben zu schützen und verirrte Kugeln abzufangen. Papa hatte Gaslampen aus seiner Fabrik mitgebracht, die ein fahles Licht spendeten und einen höchst unangenehmen Geruch verbreiteten. Mit dem wenigen Brennspiritus, der noch in unserem Vorratsschrank übriggeblieben war, wurde Wasser erhitzt, die Grundlage für den unvermeidlichen Haferbrei und die Gerichte aus Linsen, in denen es von Käfern wimmelte.

Mit unseren Lebensmittelkarten konnten wir wenig anfangen; zum einen war es viel zu gefährlich, das Haus zu verlassen, zum anderen waren die Geschäfte entweder geschlossen oder mehr oder weniger leer.

Die einzige Zerstreuung, die Chantal, Mijanou und mir

geblieben war, bestand darin, in Augenblicken der Gefechtspausen aus dem Fenster zu schauen. Draußen schien die Sonne, und die wenigen Passanten auf der Straße waren in Eile, wohl um schnell nach Hause und in Sicherheit zu kommen. Da die schweren Vorhänge den ganzen Tag über zugezogen waren, lag unsere Wohnung stets im Halbdunkel. Das gegenüberliegende Gebäude war sehr groß, sehr hoch, sehr schön, modern und hell mit großen leeren Wasserbecken im Eingang, die mich faszinierten. Mamie, genauso neugierig wie wir, war ein dicker Mann aufgefallen, der häufig mit einem schicken Wagen ohne Gasflaschen auf dem Dach vorfuhr. Wir tauften ihn den »Schweinehändler« und stellten uns vor, daß er auf dem Schwarzmarkt durch dunkle Geschäfte reich geworden war. Sicher lagen wir mit unserer Vermutung nicht ganz falsch. Die Nasen fest an die Fensterscheibe gepreßt, beobachteten wir sein Kommen und Gehen.

Dann kam es zu Schießereien auf den Dächern von Paris. Mutig und entschlossen schlugen die Streitkräfte der Résistance die Deutschen in die Flucht. Tapompon und Jean waren unter den ersten, die mit dem Bataillon Leclerc nach Paris zurückkehrten. Boulogne-sur-Seine lag in Schutt und Asche, die Fabriken von Citroën und Renault wurden gleichzeitig von den Deutschen und den Alliierten bombardiert. Erschöpfte, aber zähe Männer versuchten um den Preis ihres Lebens, ihr Land, ihre Hauptstadt, ihre Freiheit zurückzuerobern.

Eine verirrte Kugel zertrümmerte in dem Zimmer, in das wir uns geflüchtet hatten, einen Teil des Kristallgehänges vom Lüster. Der Tod war allgegenwärtig, er nahm uns immer fester in die Zwinge, doch in jedem von uns schlummerte eine leidenschaftliche Hoffnung, die wie eine Sparflamme plötzlich auflodern konnte.

Im August 1944 wurde Paris endlich befreit. Die Fahnen wurden aus den Mottenkisten geholt, um die Fenster zu beflaggen und zu schmücken. Wir spazierten mit kleinen Papierfähnchen durch die Straßen, und die amerikanischen Soldaten verteilten Kaugummi, Schokolade und Küsse. Ich dachte, Kaugummi diene dazu, die Schuhe meiner Puppen neu zu besohlen. Die Schokolade war für mich eine köstliche Entdeckung, die Küsse habe ich vergessen!

Es war eine Zeit der Euphorie. Schluß mit den Bombardierungen und Ausgangssperren! Endlich konnten wir wieder im Bois de Boulogne spazierengehen und »rote Bäckchen pflücken«, wie Papa immer zu sagen pflegte.

Ich entdeckte auch das fast weiße Brot, Milch, soviel ich wollte, frische Sahne, die Lebensfreude der Erwachsenen, das Lachen, die Spiele an der frischen Luft.

Im Oktober ging ich wieder ins »Hattemer«, die Taschen voller Kaugummi. Da ich weiterhin ungern für die Schule lernte und Kaugummi nicht mochte, machte ich Tauschgeschäfte. Ich durfte von meiner Banknachbarin abschreiben, die dafür mit Kaugummi bezahlt wurde. Dieser Handel funktionierte freilich nur ganze drei Tage. Als die Lehrerin feststellte, daß ich wortwörtlich abgeschrieben hatte, gab es einen Riesenskandal.

Ich verbarg mein Kaugummi und meine Scham und wurde mit meinen Sechsen wieder ins »Trio der Nieten« aufgenommen.

Etwa zur gleichen Zeit stellten meine Eltern eine Gouvernante ein. Die Ankunft dieser Dame, die unsere Erziehung vervollkommnen sollte, war für mich ein Greuel. Ich empfand sie als Eindringling. Wir hatten ihr zu gehorchen, ohne aufzumucken. Jetzt, da die Freiheit für alle begonnen hatte, sollte ich mit meinen zehn Jahren zur Gefangenen eines neuen Vormunds werden.

Sie erschien – groß, stattlich und in Schwarz gekleidet, da sie Witwe war. Madame Legrand sprach mit uns zur Hälfte Englisch und Französisch. Sie war Gesellschaftsdame bei der Vicomtesse de Lestrange gewesen und in punkto Anstandsregeln ohne Erbarmen.

Anfangs schüchterte sie mich sehr ein, doch sie war von einer Großzügigkeit und inneren Güte, die mich bald für sie einnahmen. Madame Legrand gestattete mir, sie »La Big« zu nennen, weil sie groß war und englisch sprach.

»La Big«, aus der erst »Bigou«, dann »Bigoudi«, »Locken-wickler«, wurde, war eine phantastische Frau, immer ge-recht und bemüht, Gegensätze zwischen Eltern und Kin-dern, Vater und Mutter oder zwischen den Schwestern auszugleichen. Mit den Jahren wurde unsere Beziehung im-mer enger, sie betrachtete mich als ihre Tochter und nannte mich »ihren Liebling«. Bis zu ihrem Tod, lange Zeit später, stand sie mir sehr nahe und nahm in meinem Herzen einen bevorzugten Platz ein.

Unser Zuhause in der Rue de la Pompe war nicht eben ein
Hort des Friedens. Es war eine riesige Wohnung mit einem
riesigen Flur, von dem vier große Schlafräume, ein einziges
Bad, eine Küche und ein Anrichtezimmer abgingen. Der
Eingang führte ins Eßzimmer, in den Salon, den kleinen Sa-
lon und das »Hutzimmer«.

Papa und Maman waren beide nervös und ungeduldig.
Und so herrschte bei uns oft eine äußerst geladene Stimmung. Maman regte sich über die Gouvernante auf, die sich
über das Dienstmädchen aufregte, das sich über Mijanou
und mich aufregte, und wir brachen schließlich in Tränen
aus. Die Streitigkeiten zwischen Papa und Maman waren
für uns Kinder die Hölle, an die ich noch heute mit Schrek-
ken denke. Man sollte sich hüten, den Ehestreit vor den
Kindern auszutragen.

Ich bin nicht der Ansicht, daß Papa und Maman ein
Traumpaar waren. Ich glaube, daß sie große Zuneigung,
Zärtlichkeit und Respekt füreinander empfanden, ihre ge-
trennten Schlafzimmer aber lassen mich daran zweifeln,
daß es die große Liebe war.

Wie oft waren Mijanou und ich in Panik, wenn Papa mit
verschlossener Miene die Türen zuknallte? Wie oft haben
wir uns bei den Mahlzeiten, wenn nur die Kaugeräusche
und das Klappern des Bestecks zu hören waren, heimlich
unter dem Tisch die Hand gehalten?

Auf diese unnatürliche Stille folgte der Sturm. Papa
sprang auf, so daß sein Stuhl umkippte, schleuderte seine
Serviette zu Boden, Maman weinte, die Nase in ihrem Glas,
stand dann plötzlich auch auf, knallte die Tür zu und sperrte
sich mit meinem Vater in dessen Schlafzimmer ein. Wir hörten erregte Stimmen, Schreie, Schluchzen, Flehen.

Wir blieben am Tisch sitzen, dicht aneinandergekauert, versteinert, verängstigt, wie kleine verirrte Hunde, und lauschten, was sich nebenan abspielte.

Solche Szenen wiederholten sich allzuoft. Manchmal wurden wir nachts durch Schreie, Schritte und dieses gräßliche Türenschlagen aus dem Schlaf gerissen.

Mijanou war so traumatisiert, daß sie in mein Bett schlüpfte, sich an mich preßte, mich schwören ließ, daß ich sie immer bei mir behalten würde, sollten uns unsere Eltern verlassen. Ich schwor es meiner kleinen Schwester, die dann beruhigt an meiner Schulter einschlief. Ich dagegen war wieder einmal allein, wachsam, stumm, erstarrt, und wartete auf den Schlaf.

Einmal muß der Streit besonders heftig gewesen sein, denn nachdem mein Vater seine Koffer gepackt hatte, um meine Mutter »endgültig« zu verlassen, nachdem sie geweint, geschrien, sich vor uns, vor La Big auf die Knie geworfen hatte, nach einer dramatischen Szene, deren entsetzte Zeugen wir waren, beschloß mein Vater, seinem Leben ein Ende zu setzen, und stieg über die Brüstung des Balkons.

Wir wohnten im fünften Stock. Ich sehe Papa noch heute vor mir: seinen Körper auf der anderen Seite der Brüstung, nur ein Bein auf der Seite des Lebens, während Maman sich mit verzerrtem Gesicht an dieses Bein klammert und versucht, Papa auf die rettende Seite zurückzuziehen. Die Schreie dieser beiden unglücklichen Wesen, das fürchterliche Schluchzen von Mijanou und mir, die Beschwörungen von La Big, alles zusammen ergab einen melodramatischen Lärm, der so manchen unbeteiligten Beobachter vielleicht amüsiert hätte. Gott sei Dank fand Papa seine Fassung und sein Gleichgewicht wieder. Maman ließ sich zu einem spektakulären Ohnmachtsanfall hinreißen, doch darauf kam es jetzt auch schon nicht mehr an.

Diese Augenblicke haben einen tiefen Riß in meinem Herzen hinterlassen. Ich ertrage weder Schreie noch Szenen, noch Streitereien. Deshalb flüchte ich lieber, wenn sich eine solche Situation anbahnt.

Zum Glück war La Big da. Sie kittete die gebrochenen Herzen, beruhigte und machte Mut.

Zwischen den Ehekrächen gingen meine Eltern sehr zärtlich miteinander um. In friedlichen Zeiten waren sie ein ideales Paar. Sie liebten das Spiel, den Esprit, das Lachen und die Freunde. Da sie jahrelang auf Diners und Empfänge hatten verzichten müssen, stillten sie ihren Nachholbedarf und luden sich häufig Gäste ein. Am liebsten gaben sie Diners, bei denen mehrere kleine Tische aufgestellt wurden. Zu solchen Gelegenheiten wurde alles verfügbare Personal herangezogen: meine Dada, das Paar, das im Haus arbeitete, ein Aushilfskellner für den Abend und nicht selten eine Köchin aus dem Freundeskreis. Die Concierge diente als Garderobenfrau. Ich liebte die Vorbereitungsarbeiten. Alles Festtagssilber und -geschirr wurde hervorgeholt.

Mijanou und ich wurden angestellt, um zu putzen, die leichten Möbel zu verrücken, im Wäscheschrank zu wühlen. Es herrschte eine angenehme Geschäftigkeit, so als würde für ein Theaterstück geprobt. Maman deckte gewöhnlich ein knappes Dutzend Bridgetische mit jeweils vier Gedecken.

Es fanden regelrechte Scharaden statt, damit jeder Gast an seinen Platz fand. Die Paare wurden getrennt, und ich hörte meine Eltern lachen, wenn Herr Soundso auf Frau Soundso traf.

An solchen Abenden wurden Mijanou und ich früher als sonst ins Bett geschickt, nachdem wir die Schokoladentöpfe ausgeschleckt hatten und uns Schimpfe eingehandelt hatten, weil wir im Weg standen. Ich war jedesmal enttäuscht und todtraurig; ich hatte bei den Vorbereitungen eifrig mitgeholfen und hätte gern die schönen Damen und die attraktiven Herren gesehen und von den sorgfältig zubereiteten Speisen und dem Schokoladenkuchen gekostet. Maman versprach uns, daß wir am nächsten Tag von den Resten naschen dürften. Doch als wir nach den Gästen und den Hausangestellten an die Reihe kamen, waren die Köstlichkeiten längst verputzt und nur die weniger guten Sachen übriggeblieben.

An solchen Abenden war Maman so sehr mit ihrer Toilette und ihrer Schönheit beschäftigt, daß sie vergaß, uns den üblichen Gutenachtkuß zu geben. Ich erinnere mich an das Stimmengewirr, das Lachen, das Gläserklirren, die Schritte und versuchte mir anhand der Geräusche vorzustellen, wie weit das Fest fortgeschritten war. Manchmal steckte ich den Kopf durch die Tür und sah den »a giorno« erleuchteten Flur, mehr nicht! Manchmal schlich ich mich heimlich zur Garderobe, die vollhing mit Pelzmänteln, Schals, Nerzstolen. Ich vergrub das Gesicht in dieser duftenden Zartheit und träumte davon, groß zu sein und an diesen Diners teilnehmen zu dürfen.

Wenn unsere Eltern keine Gäste empfingen oder ausgingen, wurde abends gebetet. Das Gebet war heilig. La Big, deren einziger Sohn Guy das Priesterseminar besuchte, förderte bei uns Kindern einen inbrünstigen Katholizismus.

Vor unseren Doppelbetten kniend, betrachteten wir alle vier das Kruzifix und baten Gott um Vergebung unserer Sünden. Papa war sehr ernst, Maman andächtig, Mijanou und ich konzentriert, damit wir uns beim »Vaterunser« und »Gegrüßet seist Du, Maria« nicht verhaspelten. Dann bekamen wir die beiden dicken Gutenachtküsse auf die Wange. Die Lichter wurden gelöscht, und in den Nachbarzimmern ging das Leben weiter, während Mijanou und ich uns im Flüsterton unterhielten. Das Gespräch wurde durch den Schlummer meiner kleinen Schwester abgebrochen, und ich redete noch lange für mich allein weiter, da mir das Einschlafen schwerfiel.

Ich kann mich nicht erinnern, daß Maman jemals für mich gekocht, eine kleine Leckerei zubereitet oder einen feinen Kuchen gebacken hätte. Sie sprach abschätzig von den »Marmeladenfrauen« und fand Kochen, Backen und Einmachen »unter ihrem Niveau«. Das blieb den »Dienstmädchen« vorbehalten.

Unsere Mutter war sehr hübsch. Sie hatte wunderschöne Hände mit gepflegten, ewig roten Fingernägeln und lächelte ihrem Spiegelbild stets wohlgefällig zu.

An den seltenen Tagen, an denen La Big ausgegangen war, bekamen wir, Mijanou, Papa und ich, eine Scheibe Schinken oder kalten Braten, dazu Salat. Ich kann nicht behaupten, ich hätte darunter gelitten, doch wie alle Kinder wäre ich über eine »von Muttern gemachte« Leckerei erfreut gewesen.

Um dieses mütterliche Manko wettzumachen, habe ich kochen gelernt. Heute kann ich mich rühmen, eine recht gute Köchin zu sein. Es macht mir einfach Freude, mich für meine Gäste anzustrengen, was nicht heißt, daß ich nicht auch hübsch sein oder gepflegte Hände haben will. Jedenfalls habe ich versucht, möglichst viel zu lernen, um von möglichst wenigen Menschen abhängig zu sein.

Dabei fällt mir ein Satz von Georges Baume ein, der meine ersten Kochversuche so kommentierte: »Ich esse lieber ein mißlungenes Gericht, das meine Gastgeberin mit Liebe zubereitet hat, als eine Spezialität, die aus einem Feinkostgeschäft kommt!«

Mémé, meine Großmutter väterlicherseits, war von Le Cannet bei Cannes, wo sie mehrere Kriegsjahre zugebracht hatte, mit ihrer bärtigen Köchin Pauline in den vierten Stock der Rue de la Pompe Nr. 1, also in die Wohnung direkt unter uns, gezogen, die Papa wie durch ein Wunder hatte anmieten können. Mein Großvater Bardot war wenige Jahre zuvor an Altersschwäche gestorben.

Mémé war seit langem gelähmt, und so gestaltete sich der Umzug schwierig, zumal sie darauf bestand, einen Großteil ihrer Möbel mitzunehmen – darunter lothringische Anrichten und Schränke, ein gewaltiges Bett aus dunklem Holz und ein Eßtisch, doppelt so groß wie ein Billardtisch, Wanduhren, Nähkästchen, Bücher und so fort …

Die Wohnung war groß, und Mémé bot meinem Onkel René, Papas jüngstem Bruder, an, zusammen mit seinen Töchtern bei ihr zu wohnen, wenn er in Paris war.

Ich entdeckte also gleichzeitig die Zärtlichkeit einer mir bis dahin nahezu fremden Großmutter und die Freundschaft von vier mir völlig unbekannten Cousinen. Madeleine, France, Martine und Danielle wurden für Mijanou und mich sehr bald unentbehrliche Spielkameradinnen. Es war praktisch – sie wohnten ja im selben Haus. Wann immer sich die Möglichkeit bot, rannten wir die Treppe hinunter, um in der Wohnung von Mémé, die uns, Patiencen legend, vage beaufsichtigte, bis zur Erschöpfung Verstecken zu spielen.

»Die Mädchen von unten«, wie wir sie nannten, waren während ihres Paris-Aufenthalts unsere ganze Freude. All die Späße, die wir mit Mémé trieben, die Angriffe auf die Küche, um bei Pauline Kekse zu stibitzen, und die Schliche der Indianer im Salon mit den Schonbezügen, die sich als ideale Verstecke erwiesen! Jedes Möbelstück war ein Komplize, jeder Vorhang ein Hafen, jeder zusammengerollte Teppich ein Tunnel, in dem man sich verbergen konnte.

»Die Mädchen von unten« waren Halbwaisen. Onkel Renés Frau war an Tuberkulose gestorben. Mijanou und ich bedauerten unsere Cousinen sehr, denn wir konnten uns ein Leben ohne unsere Maman nicht vorstellen.

In jenem Jahr heiratete Jean Marchal. Tapompon war sehr stolz, denn seine Braut, Janine Trio, Tatou genannt, war ausgesprochen hübsch – eine kesse Brünette, mit der er leider nicht sehr glücklich wurde.

Sie heirateten in La Rochelle. Es war eine wunderschöne Hochzeit! Mijanou und ich waren Brautjungfern, das Brautpaar war schön, La Rochelle war schön, das Wetter war schön, und Bernard war schön. Oh, Bernard, der Bruder der Braut! Ein blonder Athlet von siebzehn Jahren, ein Pfadfinder, in den ich mich augenblicklich verliebte.

Zum ersten Mal in meinem Leben verspürte ich dieses Kribbeln im Bauch, diese Glut in den Wangen, diese undefinierbare Verwirrung, diese Scham, dieses komische Etwas.

Damals trug ich keine Brille und keine Zahnspange mehr, ich hatte eine leichte Dauerwelle und war eigentlich beinahe hübsch. Außerdem entwickelte sich allmählich mein Busen, und ich war sehr stolz auf diese Neuheit.

68

Bernard, ich träumte nachts von dir … Ich verschlang dich tagsüber mit den Augen … Hörte und sah nichts mehr … Dachte die ganze Zeit nur an dich … Ich hab mich lächerlich gemacht! Du bemerktest es und warst ganz süß, aber du hast mich nicht geküßt – wie schade! Schließlich nahmst du meine Hand, und ich glaubte vor Glück in Ohnmacht zu fallen. Du warst meine erste Liebe im Jahr meiner Erstkommunion. Diese Liebe hat noch lange angehalten, nachdem ich, zu Tode betrübt, wieder nach Paris zurückgekehrt war.

Ich steckte ständig bei Jean und Tatou, weil ich mich dort ihrem Bruder nah fühlte. Als ich ihr sagte, daß ich dich heiraten wolle, lächelte sie.

Während ich vom Heiraten träumte, mußte ich erst einmal feierlich zur Kommunion gehen. Alles zu seiner Zeit!

Maman schickte mich für die Exerzitien zu den »Sœurs de la Providence«, den Schwestern der Vorsehung, in die Rue de la Pompe. Ich verließ das Haus früh, verbrachte den ganzen Tag bei ihnen und kehrte abends im Geruch der Heiligkeit heim. Die Schwestern ließen uns von acht Uhr morgens bis sechs Uhr abends beten. Wir sollten rein sein, um den Herrn zu empfangen.

Ich hatte die erste Kommunion bereits im Alter von achteinhalb im privaten Kreis empfangen, und ich verstand nicht recht, was mir in der Zwischenzeit Unreines hätte widerfahren können außer meiner Liebe zu Bernard. Doch ich akzeptierte diesen »christlichen Militärdienst«.

Was mir an dieser offiziellen Erstkommunionsfeier gefiel, waren weniger die Andachtsübungen als vielmehr das Kleid und die Geschenke. Ich konnte es kaum erwarten, das entzückende weiße Organdykleid anzuziehen, das auch schon Maman, Tapompon und Mamie getragen hatten. Dieses Kleid war fast ein Jahrhundert alt! Maman holte es aus dem Karton hervor, in dem es zweiundzwanzig Jahre lang geschlummert hatte. Ich sah leicht vergilbte Spitzen, kleine »strenge« Falten – dem Anlaß angemessen! –, ich sah einen kleinen, runden, entzückenden Pompadour, ich sah die Haube, die mit Tollfalten und Spitzeneinsätzen versehen war, ich sah den zerknitterten, aber wunderschönen Schleier.

Bedauerlich fand ich nur, daß ich nicht zwei Fliegen mit einer Klappe schlagen und zugleich Bernard heiraten konnte. Das bot sich doch geradezu an!

Ich schritt, die Augen keusch auf mein Meßbuch mit Elfenbein gesenkt, zwischen Papa, Maman und La Big.

Mijanou ging seitlich etwa einen halben Meter hinter mir, und dieses eine Mal fühlte ich mich ihr überlegen, weit überlegen. Zu Unrecht – sie fand mich verkleidet, altmodisch, eine Figur aus dem Karneval.

Doch das erfuhr ich erst später, als sie sich weigerte, dieses herrliche Kommunionskleid zu tragen, und sich statt dessen für die Albe entschied (ein langes Gewand aus grobem Wollstoff mit einer Haube in der Art der Krankenschwestern, wie sie auch heute getragen werden).

Während der Messe wurde mir fast übel – die Aufregung, der leere Magen, der Weihrauchgeruch!

Doch das ging rasch vorüber, und zu Hause wartete ein köstliches Frühstück auf mich. Am Nachmittag fand ein großes Fest statt.

Kellner zirkulierten mit ihren Tabletts zwischen den Gästen und boten köstliche Häppchen und perlende Getränke an. Meine Geschenke waren auf einem Tisch aufgebaut, jeweils mit der Visitenkarte des großzügigen Spenders versehen. Ich bekam etwa zehn Rosenkränze in allen Farben. Fünf oder sechs kostbar gebundene Meßbücher. Ein Jesus-Bild. Eine Christusfigur aus Elfenbein und Ebenholz. Ein Triptychon mit einer Kreuzigungsszene. Zwei Goldmünzen mit dem Datum meiner Kommunion auf der Rückseite. Einen Weihwasserbehälter aus Porzellan. Einen Reisewecker und andere Kleinigkeiten ...

Als alle Gäste gegangen waren und die Wohnung einem Schlachtfeld glich, fühlte ich mich am Ende dieses so heiß ersehnten Tages plötzlich einsam und traurig. Ich mußte mein wunderschönes Kleid für immer ablegen. Ich weinte ... Maman machte sich Sorgen und wollte mich ins Bett schicken.

Ich bettelte, noch einmal am Arm meiner Dada in meinem Kleid um den Häuserblock gehen zu dürfen. Maman lächelte und erlaubte es.

Es war noch schön draußen, warm und hell. Ich schritt langsam an Dadas Seite einher, denn ich wollte der Welt unbedingt zeigen, was für immer verschwinden würde. Ich war stolz und traurig. Dada glaubte, ich hätte Fieber oder einen verdorbenen Magen.

Mir wurde unwillkürlich die trügerische Vergänglichkeit und Nichtigkeit allen Tandes bewußt. Ich habe mein Kommunionskleid nie wieder angezogen.

Ich habe meine Schulferien so gut wie nie woanders als in Louveciennes verbracht. Dieser wunderschöne, ein Hektar große Landbesitz mit alten, schönen Kastanienbäumen war zwischen Mémé Bardot und ihrer Schwester, Tante Mimi, aufgeteilt worden. Während Tante Mimi Haupt- und Nebengebäude, Stallungen, Scheune und Gesindehaus zugefallen waren, hatte Mémé auf der anderen, unbebauten Gartenhälfte ein norwegisches Fertighaus errichten lassen, was für damalige Zeiten ziemlich extravagant war.

Dieses hübsche Chalet ganz aus Holz mit tausend Verzierungen war ganz nach Mamans Geschmack – bis auf den fehlenden Komfort und die allgegenwärtige Schwiegermutter.

Es gab kein fließendes Wasser, und meine Großmutter, die nicht spaßte, wenn es ums Sparen ging, zählte die Krüge, die wir an der Zapfstelle holten.

Im hohen Alter war Mémé halb gelähmt, stocktaub und herrschte im Rollstuhl über ihr Universum. Auch wenn ihre Ohren nichts mehr hörten, ihre Augen waren überall; sie zählte ihre Wäsche ab, ihr Silber, sogar die Zuckerwürfel in der Dose. Sie teilte uns beim Dessert das Obst zu – immer zuerst das überreife –, weshalb wir nur weiche Früchte aßen, und jeder bekam seinen »Teil«. Ein Viertel Aprikose, ein Viertel Pfirsich, ein Viertel Pflaume, das war ein »Teil«. Und keinen Bissen mehr! Sie war diejenige, die alles zuteilte, und mit dem übrigen ab in die Speisekammer, deren

Schlüssel sie in einem großen Beutel unter ihrem Rock verwahrte …

Sämtliche Reste mußten vollständig aufgegessen werden, was starke Abneigung erzeugte. Obwohl Maman allergisch auf diese Aufenthalte in Louveciennes reagierte, waren wir zu Großmutters Lebzeiten relativ häufig dort. Mit diesem Haus verbinde ich meine schönsten Kindheitserinnerungen.

Die dunklen, wuchtigen, dennoch praktischen Familienmöbel, der nach altem Muster angelegte Garten mit den alten Bäumen, mit den Beeten und Einfassungen, den Alleen, der Quelle, an der Kresse wucherte, den tiefhängenden Ästen der hohlen Bäume und die Nähe meiner Cousins und Cousinen.

Wie sehr ich dieses Haus geliebt habe, und wie glücklich bin ich heute, daß Mijanou es bewohnt, auch wenn sie alle Möbel verkauft, alle Erinnerungsstücke vom Dachboden verbannt hat, das Haus einer schwedischen Sauna gleicht und Unkraut den Garten überwuchert. Das ist ihre Art, eine Familientradition fortzuführen …

Wie dem auch sei, in Louveciennes hatte ich mit zwölf Jahren meinen ersten Flirt! Meine Eltern waren mit einem Ehepaar befreundet, das im selben Haus in der Rue de la Pompe wohnte und dessen Sohn Guy drei Jahre älter war als ich. Guy und seine Schwester Denise begleiteten uns für mehrere Tage nach Louveciennes, während unsere Eltern zusammen verreisten. Wir wurden Chantals Mutter anvertraut, die über die ganze Schar zu wachen hatte.

Guy war groß, mager, knochig, dunkelhäutig, hatte eine lange Nase, einen breiten Mund, einen Bürstenschnitt, kurzum, er war potthäßlich!

Aber er war jung und besaß in den Augen von Chantal und mir den großen Vorteil, dem anderen Geschlecht anzugehören und uns zu diesem Thema wertvolle Auskünfte liefern zu können.

Suzanne konnte nicht den ganzen Tag ein Auge auf uns haben, und bei unseren endlosen »Räuber-und-Gendarm«-Spielen bot sich oft die Gelegenheit für ein Tête-à-tête im Unterholz. Als ich Zeuge wurde, wie Guy Chantal auf den Mund küßte, legte ich meine erste Eifersuchtsszene hin. Beide liefen rot an vor Scham, und ich drohte damit, alles Suzanne zu sagen, sollte Chantal mir nicht auf der Stelle ihren Platz überlassen, damit ich es auch ausprobieren konnte.

Gesagt, getan. Halb tot vor Angst preßte ich Lippen und Augen ganz fest zusammen und wartete ... Guy küßte meinen hermetisch geschlossenen Mund, und ich wünschte mir etwas, wie immer, wenn ich etwas zum ersten Mal tue; ich wünschte mir, eines Tages von einem weniger häßlichen Jungen geküßt zu werden.

Chantal und ich verbrachten den Rest unserer Ferien damit, uns abwechselnd von unserem Lokalmatador – Mund und Augen immer fest geschlossen – küssen zu lassen. Anschließend gingen wir zur Beichte. Reingewaschen von unseren Sünden, dachten wir dann an die nächsten Küsse.

Im Jahr meines ersten Kusses hatte ich das Glück, zur Aufnahmeprüfung am Konservatorium für Musik und Tanz zugelassen zu werden. Fünfundfünfzig Kandidatinnen bewarben sich, davon wurden zehn ausgewählt, darunter ich.

Es wurde ein hartes Jahr! Zwei Stunden Ballett am Tag, dazu der Unterricht am »Hattemer« und die Hausaufgaben. Mit Mademoiselle Schwartz, meiner Ballettlehrerin am Konservatorium, war nicht zu spaßen. Wenn eine von uns öfter als zweimal im Jahr ohne ärztliches Attest fehlte, flog sie ganz einfach raus.

An solche Disziplin war ich nicht gewöhnt. Doch ich mußte mich anpassen. La Big, meine Gouvernante, wohnte jeder Ballettstunde bei. Sie strickte, während ich mich mit meinen Entrechats abquälte, sie nickte über ihrer Handarbeit ein, während meine Füße vom ewigen Wiederholen eines Schrittes, der mir noch nicht gelingen wollte, bluteten. Wenn wir nach diesen täglichen Härteprüfungen heimgingen, war sie an meiner Stelle so erschöpft, daß sie ins erstbeste Bistro ging, um mir am Tresen eine Limonade zu bestellen, die wir dann zusammen tranken.

Es war auch immer La Big, die mich dreimal die Woche zum »Hattemer« begleitete, wo ich meinen verschiedenen Lehrern zeigte, was ich inzwischen durch Fernkurse gelernt hatte. Madame Bergé, meine Mathematiklehrerin, quälte mich, denn ich konnte nur mit Hilfe der Finger zählen. Algebra und Geometrie waren für mich böhmische Dörfer. Wenn ich hilflos vor der Tafel stand und von meinen Klassenkameradinnen ausgelacht wurde, trocknete La Big sich verstohlen die Tränen.

Monsieur Kervelle, mein Lateinlehrer, gab mir sehr gute Noten für die Hausaufgaben, die Boum für mich gemacht hatte, und er wunderte sich über mein Schweigen, das er für Schüchternheit hielt, wenn er mich mündlich prüfen wollte. Dann lachte La Big diskret in ihr Strickzeug hinein, denn sie war die Komplizin meiner Faulheit.

Ich hatte überhaupt keine Freizeit und wechselte übergangslos von den Übungen an der Stange zum $(a + b)^2 = a^2 + 2ab + b^2$ über, bevor »partibus factis sic locutus est leo« an die Reihe kam. Das ist so ungefähr alles, was mir von sechs Jahren Latein und Algebra in Erinnerung geblieben ist. Ich liebte das Ballett, doch bei diesem Rhythmus war ich manchmal überfordert, und was das $(a + b)^2$ und andere Dinge anging, so dachte ich lieber erst daran, wenn in meinen wöchentlichen Beurteilungen eine Sechs auftauchte.

Eines Tages sagte La Big zu Maman, daß sie mit mir an die frische Luft gehen wolle. Ich sei so blaß und arbeite zuviel, ich müsse mal verschnaufen.

Wir gingen also – oh, welche Überraschung, hab Dank, La Big! – zum »Rote-Bäckchen-Pflücken« ins Kino! Es war das erste und einzige Mal, daß ich heimlich mit ihr im Kino war, und ich werde es mein Lebtag nicht vergessen. Wir sahen »Félicie Nanteuil« mit Micheline Presle und Claude Dauphin. Was für ein herrlicher Film! Und wie ich diese Eskapade genossen habe! Die Liebesgeschichte muß mein Blut in Wallung gebracht haben, denn als wir zurückkamen, fand Maman, daß ich sehr viel frischer aussah.

So verging die Zeit – und tanzend, rechnend und konjugierend näherte ich mich dem Monat Juni und somit der Abschlußprüfung am Konservatorium. Sie fand auf der Bühne der Opéra Comique statt und wurde von einer beeindruckenden Jury abgenommen. Ihr Vorsitzender war Léandre Vaillat, der bedeutende Bücher über den Tanz geschrieben hat.

Ich hatte fürchterliches Lampenfieber, doch die harte Arbeit dieses ersten Jahres war in jedem meiner Muskel fest gespeichert. Und ich wartete darauf, dafür belohnt zu werden. Ich weiß noch, daß ich sehr gut getanzt habe. Maman, die mich begleitete und unvoreingenommen beurteilte, war stolz auf mich! Sie war stets mein erster und strengster Kritiker. Während ich in Mamans Armen auf das Ergebnis wartete, brannte ich vor Ungeduld.

Feierlich wurden die zweiten Auszeichnungen angekündigt, ein Preis, der, wie ich fand, mir zustand. Doch mein Name wurde nicht verlesen! Ich glaubte, vor Kummer zu sterben. Das war einfach ungerecht! Ich brach an Mamans Schulter in Tränen aus. Dann wurden die Namen derer verlesen, die die höchste Auszeichnung errungen hatten.

Und o Wunder, o Glück, ich hörte meinen Namen, ich hüpfte vor Freude, ich war eine Klasse höher gestiegen, ich sprang auf die Bühne mit Tränen in den Augen, einem strahlenden Lächeln auf den Lippen, wahnsinnig stolz. Ich teilte die Auszeichnung mit Christiane Minazzoli, aus der eine berühmte Bühnenschauspielerin wurde.

Da ich das Jahr mit Auszeichnung abgeschlossen hatte, beschlossen Maman und Papa, uns in den Ferien mit nach Megève zu nehmen. Chantal reiste mit uns, außerdem Mamie, Boum und meine Dada. Wir hatten eine hübsche Wohnung mit Blick auf den Montblanc gemietet, und um mich zu belohnen und damit wir, Chantal, Mijanou und ich, schwimmen lernten, meldete Maman uns im Schwimmbad des »Résidence«, des schicksten Hotels von ganz Megève, an. Ich war im siebten Himmel!

Dieser Pool war einfach toll. Ich hatte zwar etwas Angst

vor dem Schwimmunterricht, aber der Bademeister war wahnsinnig attraktiv. Er hieß Kurt Wicks und sah aus wie ein Bademeister aus dem Bilderbuch. Am Becken tummelten sich Scharen von Teenagern zwischen sechzehn und zwanzig, die ich fasziniert beobachtete. Die Mädchen trugen Bikinis und hatten langes blondes Haar. Ich schämte mich etwas in meinem Badeanzug aus Wolle, den Maman bei »Petit Matelot« gekauft hatte.

Chantal und ich übernachteten auf Sofas im Wohnzimmer, das nur durch einen dünnen Vorhang vom Eßzimmer getrennt war. Maman und Mamie, die nebenan noch ein Weilchen plauderten, sahen aus wie die Figuren eines chinesischen Schattenspiels.

Wir tauschten unsere Eindrücke von diesem ersten herrlichen Tag flüsternd aus und kicherten unter unseren Decken. Wir waren so glücklich!

Maman hörte uns und schimpfte. Wir sollten längst schlafen und dürften im Bett nicht sprechen. Und überhaupt, was gab es zu lachen?

Chantal und ich blieben stumm. Wir wußten schon nicht mehr, weshalb wir gelacht hatten, und außerdem hatten wir Angst, bestraft zu werden.

Maman wurde immer erboster, weil sie glaubte, wir hätten über sie gelacht. Sie warf mir vor, Chantal angestiftet zu haben, und als Strafe zerriß sie meine Monatskarte für das Schwimmbad. Ich weinte in jener Nacht lange, und bis heute habe ich nicht verstanden, was sie zu dieser ungerechten Tat veranlaßt hat.

Während Chantal und Mijanou sich an den folgenden Tagen im Pool vergnügten, blieb ich allein auf unserem Balkon, starrte auf den Montblanc und verfluchte die Erwachsenen.

Eine Woche später erlöste mich die arme Mijanou unfreiwillig von meiner Strafe. Sie bekam Typhus, und die Ansteckungsgefahr war so groß, daß Maman Chantal und mich Freunden anvertraute, die im »Résidence« wohnten und den ganzen Tag am Pool verbrachten.

Während Mijanou jeden Tag schwächer wurde und mit

dem Tode rang, kämpfte ich mich ab, um schwimmen zu lernen. Am Ende der Ferien war Mijanou gerettet, wenn auch geschwächt, und Chantal und ich konnten brustschwimmen.

Mémé Bardot ist an einem Frühlingstag gestorben.

Wir fuhren nach Le Cannet bei Cannes, wo sie eine hübsche kleine Villa besaß, die sie »Cerisette«, Kirsche, getauft hatte, weil Fenster und Eingangstür mit Kirschen aus Keramik verziert waren und der Garten voller Kirschbäume stand. Pauline hatte meine Eltern benachrichtigt, daß es mit meiner Großmutter zu Ende gehe.

Ich war traurig, weil ich diese Großmutter, von der ich so viel gelernt hatte, sehr gern hatte.

Obwohl sie sechsundachtzig und halb gelähmt war, hatte sie sich im Rollstuhl oder auf zwei Krücken noch fortbewegen können. Als wir in der »Cerisette« eintrafen, lag sie, von Kissen gestützt, in ihrem großen Eichenbett. Ihr schönes, sonst rosiges Gesicht war so weiß wie ihr Haar.

In der kommenden Nacht wachte ich auf von heftigem Tumult – Trippeln im Treppenhaus, Geschirrklappern, Gluckern von Wasser im Abfluß, Hin und Her in der Küche. Ich wagte nicht, mein Zimmer zu verlassen, weil man mich nicht dazu aufgefordert hatte. Ich blieb wach und ahnte, daß etwas Unwiderrufliches geschah.

Am nächsten Morgen herrschte ungewöhnliche Stille im Haus. Papa ging gramgebeugt, Pauline hatte Tränen in ihrem Schnurrbart, Maman war niedergeschlagen: Mémé war tot! Es war das erste Mal in meinem Leben, daß ich eine Verstorbene sah. Ich war entsetzt über die Starre meiner armen Großmutter. Ich mußte an all die Streiche denken, die wir ihr gespielt hatten, wenn wir versuchten, Bonbons aus dem großen Beutel zu stibitzen, den sie unter dem Rock trug, und an ihr verschmitztes Lächeln, wenn sie uns mit dem Stock drohte. Nie wieder würde ich Karten oder Puzzle mit ihr spielen, wobei sie oft mogelte, weil sie nicht verlieren konnte.

Mit Mémé starb ein kleiner Teil von mir selbst.

Ich kann den Tod nicht akzeptieren, auch heute noch nicht; ich bin erschüttert von diesem unbekannten, unerbittlichen Etwas. Der Tod lähmt mich und erschreckt mich auf unvorstellbare Weise. Ich liebe das Leben mit all meiner Energie, ich kann den Tod nicht verstehen und nicht zulassen.

Leider habe ich seit dem Tod von Mémé viele liebe Menschen verloren. Das schreckliche Gefühl der Ohnmacht taucht noch immer in mir auf und auch diese Frage ohne Antwort, das plötzliche Bedürfnis, an etwas Übernatürliches zu glauben, das den heftigen Schmerz ein wenig lindert, den man empfindet, wenn ein Wesen aus Fleisch und Blut sich für immer in einen leblosen Körper verwandelt. Daher rührt mein Abscheu vor der Jagd, vor dem Krieg, dem sinnlosen Töten von Mensch und Tier, vor der Todesstrafe, vor den Schlachthäusern, den Vivisektionen und anderen unmenschlichen, von Menschen erfundenen Torturen, die ich mit aller Kraft bekämpfe.

Mit dem Tod meiner Großmutter erbte Papa Louveciennes, und Maman beschloß, das Fertighaus in ein »bewohnbares« Landhaus zu verwandeln.

Die Familienfotos wurden auf den Speicher verbannt, die wuchtigen, düsteren Möbel verkauft und die unverkäuflichen Toilettentischchen mit Marmorplatten, die verzierten Waschschüsseln, Krüge und so fort den Nonnen zum Geschenk gemacht, weil sie niemand anders haben wollte. Zugleich verschwanden die Jugendstillampen mit den Perlenschirmen, die Bronzestatuen und andere Nippsachen, die heute ein Vermögen wert sind! Um so besser für die Nonnen, wenn sie so klug waren, sie auf einem Speicher aufzubewahren. All das wurde ersetzt durch Waschbecken, Duschen, helle Tapeten, Clubsessel und schillernde Stoffe.

Es wurden Gartenpartys gefeiert, die das Haus mit Fröhlichkeit erfüllten. Wir fuhren jedes Wochenende hin. Das war immer eine gewaltige Expedition. Boum, Mamie, Dada, Papa, Maman, Mijanou und ich, eingepfercht in unseren alten Citroën, jeder mit einem von Dada bestückten Picknickkorb auf dem Schoß.

In Louveciennes angekommen, ging jeder seinen Lieblingsbeschäftigungen nach. Es war eine Freude!

Boum, der Patriarch, holte »seinen« Korbsessel, setzte sich nach draußen, auch wenn es schon dämmerte, steckte sich eine Pfeife an und lauschte den Vögeln. Allein an ihren Stimmen konnte er mir sagen, um welche Vogelarten es sich handelte. In der Dämmerung sangen die Nachtigallen, tagsüber aber brachte er mir bei, wie Bachstelzen, Meisen, Elstern, Raben, Eichelhäher, Sperlinge, Gimpel, Stare und Rotkehlchen singen. In Louveciennes lernte ich durch ihn die Natur lieben.

Mamie Mucel räumte in der Zwischenzeit auf. Ordnung war für sie das halbe Leben, und oft verbrachte sie Stunden damit, Ordnung in ihren Schränken zu machen, die köstlich nach Lavendel dufteten. Nach ein paar Ermahnungen – »Léon, komm ins Haus, du erkältest dich noch, und die Kleine bekommt einen Schnupfen« – schloß sie das Fenster ihres Schlafzimmers und überließ Boum seinen Träumereien.

Dada, meine Dada, meine geliebte Dada, wechselte übergangslos von einer Küche in die andere. Sie kochte, bediente, steckte Schelte ein, spülte, putzte, wusch Wäsche und schlief wenig. In meinem kindlichen Herzen nahm sie einen festen Platz ein. Vielleicht ist sie sogar der Mensch, den ich am meisten geliebt habe! Sie war hübsch, meine Dada, eine süße kleine Italienerin, zierlich wie ein Porzellanfigürchen. Dada sollte fast ihr ganzes Leben lang im Dienst meiner Großmutter bleiben. Erst als sie älter wurde, nahm ich sie unter meine Fittiche, damit sie einen Lebensabend ohne Sorgen und ohne Arbeit verbringen konnte.

Papa begab sich auf direktem Wege zur »Bomberge«; so nannten wir unseren Obstgarten. Man mußte einen halben Kilometer zu Fuß zurücklegen, um sich in einem Paradies wiederzufinden. Wie viele Kirsch-, Reineclaude-, Aprikosen-, Mirabellen-, Birn- und Apfelbäume, wie viele Johannisbeer- und Himbeersträucher mochte es in der »Bomberge« gegeben haben?

Ich weiß nur noch, daß wir uns vollstopften mit sonnenwarmen Früchten, daß wir Hunderte von Boskop-Äpfeln fein säuberlich im Keller aufreihten und die Reineclauden später nie wieder diesen vollen, sonnenreifen Geschmack hatten.

Außer den Obstbäumen gab es in der »Bomberge« einen Holzschuppen, wo der Gärtner seine Geräte unterstellte. Diese Hütte war ein Traum für mich. Hier fand ich Werkzeuge, Spaten und Schaufeln, Schubkarren, alte Gummistiefel, eine alte Kordjacke, eine Pfeife und Tabak. Der Gärtner hieß Monsieur Kirié. Boum mit seinem ausgeprägten Sinn für Humor behauptete, der Gärtner habe einen Kollegen mit Namen »Eleison«. Und er lachte, wenn er sie in einem Atemzug nannte: »Kyrie, Eleison.« Ein Satz, den ich oft in der Messe hörte!

Maman wiederum regte sich über den schlecht geführten Haushalt auf, stellte Möbel um, pflückte trällernd Blumen, sorgte für eine hübsche Beleuchtung, schmückte den Tisch und schloß sich in ihrem Ankleidezimmer ein, um sich »schönzumachen«.

Mijanou trödelte mal beim einen, mal beim anderen herum. Und während sie aufs Abendessen wartete, grub sie ihren »kleinen Garten« um, in dem sie imaginäre exotische Blumen züchtete.

Ich selbst war so glücklich, auf dem Land zu sein, daß ich alles auf einmal auskosten wollte und die Wochenenden viel zu kurz fand. Und so geht es mir heute noch!

In Louveciennes machte Papa eines Tages mit einem Besen in der Hand im Keller Jagd auf eine armselige Maus. Ich sah das winzige, wehrlose Geschöpf völlig aufgescheucht hin und her laufen, unbarmherzig verfolgt von Papa, der diesem erschöpften, aber noch lebendigen Körper immer wieder gezielt Hiebe mit dem Besen versetzte. Ich war entsetzt über diesen barbarischen Vorgang. Ich weinte und flehte Papa an, er solle dieses Massaker einstellen. In dem Glauben, die Maus sei endlich tot, stellte Papa schließlich den Besen in eine Ecke und ging. Ich nahm den zitternden Körper des Tierchens in meine Hand. Es lebte noch, war aber halb tot vor Angst. Ich steckte es in den Ärmel meines Pullovers und gesellte mich zum Abendessen zu den anderen. Ich werde mich immer an das Gefühl des kleinen warmen Körpers auf meiner Haut erinnern. Die Maus spazierte meinen linken Arm hinauf und hinab, während ich mit Papa, Maman, Boum, Mamie und Mijanou am Tisch saß. Sie kitzelte mich, schon auf dem Weg zu meinem Halsausschnitt, und ich machte eine vorsichtige Bewegung, damit sie in meinen Ärmel zurückrutschte. Niemand hat je davon erfahren; es war eine Geschichte, die nur sie und ich teilten. Nach dem Essen ließ ich sie weit hinten im Garten frei und flehte sie an, vor Papa auf der Hut zu sein. Sie wirkte zuversichtlich. Ich werde sie nie vergessen.

Einige Zeit später fragte Christian Foye, Erster Tänzer an den »Ballets des Champs-Elysées« und Freund der Familie, bei meinen Eltern an, ob ich in seiner Truppe tanzen dürfe, die verschiedene Vorstellungen in Fougères und in Rennes geben sollte.

Ich bekam die Erlaubnis. Es würde mir guttun, auf der Bühne zu stehen.

Ich hatte inzwischen das Konservatorium verlassen und nahm Ballettunterricht bei Boris Kniazeff.

Adieu, Ballett- und Schulunterricht! Adieu, La Big, Papa, Maman, Mijanou! Einen Monat würde ich in Rennes verbringen unter den Fittichen von Christian Foye, der in Mamans Augen die ideale Aufsichtsperson war, da er Frauen nicht sonderlich liebte.

Der Kern der Truppe war bei einer Ärztin untergebracht, die sich auf Krebsforschung spezialisiert hatte. Da dort kein Platz für mich war, suchte Christian mir ein billiges Hotelzimmer, denn ich verdiente nicht viel. Als ich dann ganz allein in meiner ärmlichen Absteige hockte, war ich nicht eben begeistert von meiner ersten Erfahrung mit der Unabhängigkeit.

Wir alle nahmen die Mahlzeiten gemeinsam bei der Ärztin ein, doch nach einer Besichtigung ihres Labors, in dem Dutzende süßer Kaninchen und unzählige krebskranke kleine Mäuse elend zugrunde gingen, war mir der Appetit vergangen.

Morgens, nachmittags und manchmal sogar spätabends wurde geprobt. Ich war begeistert, in einem richtig professionellen Ballett tanzen zu dürfen, obgleich es natürlich nicht zu den allerbesten zählte. Wir sollten in der Oper von Rennes auftreten, aber ich war so stolz, als hätte es sich um die von New York gehandelt. Auch die Kostümproben machten mir Spaß. Außer zu den Prüfungen am Konservatorium, bei denen ich das klassische weiße Ballettröckchen trug, hatte ich immer nur in Übungstrikot und Strumpfhose getanzt.

Als ich mich morgens im Spiegel meines Hotelzimmers betrachtete, stellte ich fest, daß ich mit Bläschen und Stichen übersät war. Daraufhin untersuchte ich mein Bett. Es wimmelte nur so von Wanzen, die nachts über mich hergefallen waren.

Die Primaballerina Sylvia Bordonne war fast so breit wie lang. Beim Proben machte sie eines Tages eine ungeschickte Bewegung mit ihrem anmutigen, gelenkigen und doch muskulösen Arm und traf Christian mit voller Wucht an der Schläfe, der daraufhin eine Viertelstunde k.o. am Boden lag. Nach diesem Vorfall hütete ich mich, ihr beim Tanzen zu nahe zu kommen.

Beim ersten Auftritt stellte ich ein kleines Negerkind dar, das hüpfte und wild herumwirbelte. Es war herrlich amüsant. Beim zweiten tanzte ich allein, mit Korkenzieherlokken und Krinoline, zu den »Kinderszenen« von Schumann. Als »Finale« gab es ein Ballettstück von Prokofjew, in dem wir mit langen Röcken, Pelzmützen und -muffs in Blau, Rosa, Gelb und Blaßgrün Schlittschuhläufer nachahmten. Es war wunderschön.

Wir hatten an alles gedacht, nur an eines nicht, und darunter hatte ich bei der Premiere in Fougères zu leiden. Das kleine Negerkind im ersten Teil war ganz reizend, denn mit der schwarzen Schminke, der schwarzen Perücke und dem schwarzen Trikot war ich wirklich pechschwarz. Doch es blieben mir kaum zehn Minuten Zeit zwischen dem Ende des »Negerkind«-Auftritts und dem Beginn der »Kinderszenen«. Ich weiß noch, wie Maman, die eigens zur Premiere angereist war, mich von Kostüm und Perücke befreite, während ich, den Kopf überm Waschbecken, mein Gesicht mit Kernseife schrubbte, um – schnell, schnell – diese verdammte schwarze Schminke abzuwaschen.

Mein Gesicht war feuerrot mit Überresten schwarzer

Schminke, die der Seife widerstanden hatten. Von meinen Locken war nicht mehr viel übrig, durch Perücke und Schweiß waren sie wie angeklatscht. Doch mir blieb nicht einmal die Zeit, richtig in Panik zu geraten: eine Schicht Puder, um die Rötung von Wangen und Nase zu kaschieren, während Maman mein Haar zu einer Art Pferdeschwanz zu frisieren versuchte.

»Auf die Bühne mit dir!«

O weh!

Meine Krinoline war nicht zugeknöpft; ich verlor mein Höschen, das mir bis in die Kniekehlen rutschte; ich fand das kleine Buch nicht sofort, in dem ich zu Anfang der Variation lesen sollte. Ich schnürte meinen Gürtel enger, der gleichzeitig Rock und Höschen hielt, doch da bekam ich kaum noch Luft. Zu allem Überfluß fiel ich auch noch die Treppe hinunter, denn dieses verdammte Theater war so angelegt, daß man unter der Bühne durchgehen mußte, um von der Hof- auf die Gartenseite zu gelangen.

Die »Kinderszenen« gerieten zu einem halben Striptease. Zuerst verlor ich meine Spange, und meine Haare fielen mir ins Gesicht, so daß ich kaum noch etwas sah. Doch ich tröstete mich mit dem Gedanken, daß das Publikum auf diese Weise wenigstens nicht die schwarzen Streifen auf meinen Wangen sehen würde. Schließlich, gegen Ende der Kinderszenen, fing meine Krinoline langsam an zu rutschen; ich mußte also mein kleines Buch fallen lassen, um meine Röcke mit beiden Händen festzuhalten. Mittlerweile war mein Höschen auf den Füßen angelangt, so daß ich fast gestolpert wäre. Solch ein Spektakel muß man selbst erlebt haben, um es zu glauben.

Halb tot vor Lachen und vor Scham, glitt ich auf der verdammten Treppe unter der Bühne ein zweites Mal aus. In meiner Garderobe, die nicht größer war als ein Taschentuch, warteten Christian Foye und Maman auf mich und bogen sich vor Lachen.

Beim großen Tanz der Schlittschuhläufer war die Bühne so klein und die Füße von Sylvia Bordonne so groß, daß sie sich bei einer Arabeske – einer Tanzfigur, bei der sie sich an

Christians Hand mit einem nach hinten abgewinkelten Bein um die eigene Achse drehte – mit dem Fuß im Vorhang verfing und vor den Augen des Publikums langsam darin verschwand, eingerollt wie ein Schinkenröllchen.

Die Zuschauer von Fougères waren wie versteinert, doch wir haben selten so gelacht. Christian, der nichts anderes im Sinn hatte, als sich zu amüsieren, hielt sich den Bauch vor Lachen, und die Tränen kullerten ihm über das Gesicht. Es war ein denkwürdiger Abend!

Wir beschlossen, die Szenenfolge für die Aufführung in der Oper von Rennes zu ändern, damit mir genug Zeit zum Abschminken blieb und ich nicht mehr Gefahr lief, mein Höschen zu verlieren.

Maman blieb weiterhin bei mir, aber wir haben nie wieder so gelacht wie an jenem Abend. Sie suchte mir ein anderes Hotel, in dem wir uns ein sauberes Zimmer mit zwei Betten und einem großen nagelneuen Bad teilten, das mir wie das Paradies erschien. Es war eines der wenigen Male, daß ich Maman ganz für mich allein hatte. Ich erwähne das, weil es für mich eine unvergeßliche Erinnerung ist, acht Tage lang der Mittelpunkt ihres Lebens gewesen zu sein.

Nach Paris zurückgekehrt, trat das Tanzen eine Weile in den Hintergrund. Dafür aber bot sich mir die Gelegenheit, Fotos für die Modezeitschrift »Jardin des Modes Junior« zu machen.

Zu Beginn des Jahres 1949 wurde meine Mutter von einer Freundin, Madame de la Villehuchet, darauf angesprochen. Es hieß, mein Name werde erwähnt, ich würde »nicht bezahlt« und daß ich als »junges Mädchen aus gutem Hause« gefragt sei und nicht etwa als »Mannequin«.

Während der Fotoaufnahmen wich Maman nicht von meiner Seite. Bei Fotografen konnte man ja nie wissen!

Ich war stolz; ohne Brille und Zahnspange sah ich hübsch aus. Die Fotos gefielen und wurden veröffentlicht. Ich habe die Zeitschrift bis heute aufgehoben, als Talisman! Hélène Lazareff, die Herausgeberin von »Elle«, sah die Fotos und ließ anfragen – wieder über die Freundin von Maman –, ob ich mich für die Titelseite der Maiausgabe 1949 ablichten lassen wolle.

Große Aufregung im Hause Bardot darüber, ob es ein Covergirl in der Familie geben dürfe? Ach so, ohne Bezahlung, das war was anderes. Also gut, einverstanden. Ich durfte!

Halb tot vor Angst, Schüchternheit und Komplexen, traf ich mit Maman als Vorhut im Studio ein. All diese fremden Leute! Ich geriet in Panik.

Maman kannte all die Leute. Ich dagegen glaubte, ich müsse ohnmächtig werden. Man begutachtete mich, meine Zähne, mein Haar, meine Fingernägel.

Nein, ich war nicht geschminkt, ich war doch erst vierzehneinhalb!

Nein, ich trug keinen Büstenhalter, ich war doch erst vierzehneinhalb!

Nein, ich konnte nicht posieren, ich war doch erst vierzehneinhalb!

Genaugenommen war ich häßlich und scheu, es kam nur eine Profilaufnahme in Frage.

Meine Nase war ganz passabel, und den Rest, den würde man nicht sehen. »Verlorenes Profil«, um mit Françoise Sagan zu sprechen. Aber nicht für alle. Denn ein Jahr später, fast auf den Tag genau, machte ich wieder Fotos für »Elle«, diesmal für die Sondernummer vom 8. Mai 1950, die der Mode für junge Mädchen und ihre Mütter gewidmet war. Bald sprang mir mein Gesicht von allen Zeitungskiosken entgegen. Ich wurde zum Maskottchen von »Elle«, und das Schicksal nahm seinen Lauf, denn Marc Allégret, damals einer der führenden französischen Filmregisseure, hatte die Fotos gesehen und bat mich um ein Treffen.

Eine Katastrophe!

Nein, eine Schauspielerin in der Familie – unmöglich! Ein Fotomodell, das war schon schlimm genug! Ich sollte lieber Latein und Geschichte lernen. Im übrigen würde ich mit meinem Gesicht ohnehin ganz schnell zu meinen Büchern zurückkehren.

Der Familienrat tagte erneut im Eßzimmer. Den Vorsitz übernahm mein Großvater Boum. Sollte sich die Kleine nun mit diesem Allégret treffen oder nicht?

Aufgeregte Diskussionen. »Schauspielerinnen haben doch immer einen zweifelhaften Lebenswandel! So was kann die Familie nicht gebrauchen.« Und so weiter …

Plötzlich schlug Boum mit der Faust auf den Tisch und rief: »Wenn die Kleine eines Tages zur Hure werden will, dann wird sie es, mit oder ohne den Film! Wenn sie keine Hure werden will, dann wird sie's auch nicht durch den Film! Geben wir ihr diese Chance! Wir haben nicht das Recht, Schicksal zu spielen.«

Danke, Großpapa, für dein Vertrauen in mich! Danke, daß du mir erlaubt hast, mein Glück zu versuchen.

Und so geriet ich in das große Räderwerk.

Als ich Allégret aufsuchte, wurde ich von seinem Assistenten Vadim empfangen.

Maman war dabei, gelassen und belustigt.

Ich war furchtbar schüchtern, aufgeregt, stolz und zugleich in Panik, wollte zwar und doch wieder nicht. Marc Allégret erklärte Maman, was er mit mir vorhatte. Vadim sagte nichts, kam mir aber vor wie ein wilder Wolf; er beäugte mich, machte mir angst, zog mich an – ich war völlig verwirrt.

Zu Hause, beim Abendessen, stimmte Maman ein Loblied auf diesen Regisseur an, der so wohlerzogen sei, so charmant, so gebildet; der nichts mit diesen schrecklichen Filmgestalten gemein habe, sondern ein Mann aus unserem Milieu sei und so weiter und so fort.

Ich zählte nicht und blieb, die Nase fast in den Teller getaucht, stumm; ich dachte an die Augen von Vadim …

Zu den Probeaufnahmen begleitete mich mein Cousin Claude. Er war zwanzig und übernahm die Rolle eines älteren Bruders. Maman war anderweitig beschäftigt, und nachdem sie davon überzeugt war, daß Allégret gute Manieren hatte, überließ sie mich vorbehaltlos der Obhut meines Cousins.

Wir trafen im Studio ein – Neulinge, Idioten, die von nichts eine Ahnung hatten.

Und ich war nicht etwa die einzige, die zu Probeaufnahmen bestellt war. Etwa zwanzig Mädchen meines Alters, eins hübscher als das andere, warteten dort; dazu die Maskenbildner, Kostümbildner, Assistenten, eine ganze Schar fremder Leute: Ich war verloren! Ein reges Treiben, blendende Scheinwerfer, Gedränge, dieser eigentümliche Geruch nach Staub, Schminke und heißem Gummi. Der Raum war riesig, und auf den Hebebühnen standen Männer, die das Licht einrichteten.

Einige der blonden, bildschönen Mädchen versuchten jeden zu bezirzen – selbst meinen Cousin, den sie für eine bedeutende Persönlichkeit des Filmgeschäfts hielten. Claude ließ mich einfach stehen, um den Bewerberinnen nachzulaufen, er hatte völlig den Kopf verloren. Und ich, mit einer zentimeterdicken Schicht Schminke auf dem Gesicht, einem strengen Knoten im Haar, einem alten Fetzen um den Leib, ich wurde auf die Bühne geschubst.

Ich war gräßlich, unnatürlich, mir standen Tränen in den Augen.

Ich spürte, daß Hunderte von Augenpaaren auf mir ruhten, mich musterten. Mir war zum Heulen zumute, ich fand mich häßlich, abscheulich und völlig fehl am Platz.

Am liebsten wäre ich im Boden versunken.

Jetzt begriff ich, warum meine Eltern mir die Erlaubnis verweigern wollten. Sie hatten mir diese schmerzliche Erfahrung ersparen wollen. Und in dem Augenblick, als ich völlig verwirrt dastand und die wenigen Zeilen, die ich sprechen sollte, plötzlich nicht mehr wußte, in diesem Augenblick erschien Vadim, ruhig, lächelnd, freundlich und schön, schöner als alle jungen Männer, die ich bisher gesehen hatte.

»Zittern Sie?«

»Nein, ich weine. Ich habe Angst, ich fühle mich verloren.«

»Keine Angst, das kriegen wir schon hin. Ich übernehme die Rolle Ihres Partners. Entspannen Sie sich.«

Er sprach langsam und sah mir dabei tief in die Augen.

89

Er hatte meine Hand genommen, ich klammerte mich an ihn, fasziniert.

Oh, danke, Vadim, für dein Verständnis, dein Verständnis für meine Verwirrung, mein Lampenfieber und meine Angst, mich lächerlich zu machen! Durch dein Eingreifen wurde ich von der zentimeterdicken Schminke befreit, mein Haar von dem strengen Knoten, mein Körper von dem alten Fetzen. Ich fühlte mich gleich viel besser.

Das erste Mal in meinem Leben vor der Filmkamera, hörte ich den Satz: »Ruhe, Kamera ab, Probe Bardot, die erste.« Und du warst da, brachtest mich dazu, zu sprechen, zu lachen, zu lächeln. Völlig entspannt dank deiner Gegenwart, drehte ich den Kopf mal nach links, mal nach rechts und vergaß ganz, daß ich einem Pferd auf dem Viehmarkt ähnelte, dessen Zähne vor dem Kauf begutachtet werden.

Als die Schweinwerfer erloschen waren, konnte ich meinen Cousin nicht finden; er hatte sich für den Sohn des Produzenten ausgegeben und zwei junge Damen nach Hause begleitet, die endlich jemanden gefunden hatten, den sie ernsthaft bezirzen konnten.

Und so bot sich Vadim an, mich nach Hause zu begleiten. Als wir eintrafen, saßen meine Eltern bereits zu Tisch. Zunächst Befremden. Doch die guten Manieren gewannen die Oberhand, und sie luden Vadim zum Abendessen ein.

Ich werde diesen Kontrast nie vergessen: hier das herrschaftliche Essen mit Silberbesteck, Kerzen und Butler, dort Vadim im ausgeleierten Rollkragenpullover, der mit seinen langen Haaren wie ein Zigeuner wirkte, ein Zigeuner, der mich ganz verrückt machte.

Sein komödiantischer Charme schien meine Mutter nicht gänzlich überzeugt zu haben, denn als wir beim Kaffee saßen, hörte ich, wie sie dem Butler zuraunte, er solle das Besteck nachzählen; anscheinend fürchtete sie, Vadim hätte ein paar von den kleinen Silberlöffeln mitgehen lassen.

Er hatte keinen Silberlöffel gestohlen, dafür aber einen Fuß in die Tür zu meinem Herzen gesetzt, die ihm fortan offenstand.

Und dann fiel die Wahl auf mich; das Pferd wurde für gut befunden, der Film dagegen nicht gedreht. Dann eben nicht! Ich war stolz, denn man hatte mich unter zwanzig Mädchen ausgewählt, und das sprach sich herum, und andere Regisseure machten mir Angebote.

»Elle«, mein Glücksbringer, brachte Fotos von »ihrem« Mädchen, das zum Film gehen würde.

Vadim und ich trafen uns hin und wieder, dann von Zeit zu Zeit und schließlich ständig. Und immer bei mir zu Hause, denn mit meinen fünfzehneinhalb Jahren konnte ich unmöglich allein ausgehen.

Ich studierte mit ihm Molières »Schule der Frauen« ein.

Eines Tages gestatteten mir meine Eltern, zum Arbeiten zu Danièle Delorme und Daniel Gélin in die Avenue de Wagram zu gehen. Am Tag darauf versäumte ich absichtlich meinen Unterricht, um »ihn« in seiner Junggesellenbude zu besuchen. Es war neun Uhr, und ich nahm denselben Bus wie gewöhnlich. Dann aber stieg ich mit pochendem Herzen, meine Schulbücher unter dem Arm, wieder aus und fuhr in eine andere Richtung.

Er erwartete mich, das hatte er mir beim Abschied mehrmals zugeflüstert. Ich hatte noch mehr Angst als am Vortag bei Gélin. Ich hatte noch nie richtig geflirtet, noch nie richtig geküßt – die geraubten Küsse von Guy zählten schließlich nicht – und wußte nichts von der Liebe. So ging ich zu meinem Rendezvous und malte mir die Dinge auf meine Weise aus. Ob es Champagner geben würde? Morgens um neun, das wäre schick! Sicher wohnte er in einem Künstleratelier, ein echter Pariser Bohemien, überall Kerzen, wie im Film.

Da sah ich mein Spiegelbild in einer Schaufenstervitrine … Mein Gott, sah ich spießig aus mit meinen Kniestrümpfen, meinem Faltenrock, meinem Strickpullover und meinem Pferdeschwanz! Wie ein Mädchen meines Alters eben, dabei wollte ich wie achtzehn aussehen. Maman hatte mir verboten, Nylons oder einen Büstenhalter zu tragen; sie meinte, es wäre noch nicht an der Zeit, mich wie eine erwachsene Frau zu kleiden.

Schließlich war ich am Ziel. Ich rannte die Treppe hinauf, zwei Stufen auf einmal nehmend, mein Herz klopfte zum Zerspringen, und drückte auf den Klingelknopf …

Ich hörte kein Läuten …

Merkwürdig! Ich drückte gegen die Tür, und sie öffnete sich … Ich trat lautlos ein, es war stockfinster. Ich hörte jemanden atmen … Meine Augen gewöhnten sich an die Dunkelheit, ich erkannte ein kleines Zimmer, als einziges Mobiliar zwei riesige Betten, und in jedem Bett einen Wuschelkopf.

Ich mußte mich im Stockwerk geirrt haben, ich verstand gar nichts mehr. Das heißt, nein, ich sah Vadims Rollkragenpullover am Boden liegen … Und wem gehörte der andere Schopf? Und welcher war Vadim? Ich ging auf Zehenspitzen zum ersten Bett … Er war es, und er schlief tief und fest; ich schaute zum anderen Bett; es war ein junger Mann, der dort lag und ebenso tief schlief.

Ein schöner Reinfall für ein erstes Liebesrendezvous! Ich war den Tränen nahe und hätte am liebsten die Flucht ergriffen. Das versuchte ich auch, verwechselte aber im Dunkeln die Türen und landete im Bad. Meine Bücher fielen zu Boden, und ich weckte alle auf.

»Was soll dieser Lärm?«

»Ich bin's.«

»Wer – ich?«

»Ich, Brigitte!«

»Was hast du in aller Herrgottsfrühe hier zu suchen? Wie spät ist es überhaupt? Halb zehn! Hast du sie noch alle?«

»Ich dachte, wir …«

»Hast du wenigstens Croissants fürs Frühstück mitgebracht? Nein? Unverzeihlich, meine Liebe! Laß uns weiterschlafen, und komm gegen Mittag wieder.«

Ich kochte vor Wut, denn ich schwänzte den Unterricht, ging das Risiko ein, daß meine Eltern davon erfuhren, kam mit klopfendem Herzen hier an, halb wahnsinnig vor Liebe, und alles, was ich zu hören bekam, war, daß ich später wiederkommen dürfe. Das war die Höhe!

In die Schule konnte ich nicht mehr, dazu war es zu spät;

nach Hause konnte ich auch nicht, dazu war es zu früh! Ich wußte nicht, wohin, hockte mich auf sein Bett und begann zu wimmern. Schließlich fand ich mich vollständig bekleidet unter der Bettdecke wieder, mit dem unangenehmen Gefühl, daß meine Strümpfe sich an den warmen Laken rieben. Nachdem ich kräftig geweint hatte, wurde mir, ohne recht zu wissen, was ich von alledem halten sollte, klar, daß ich mit einem Mann im Bett lag und daß zwei Meter entfernt ein anderer Mann schlief.

Für eine erste Erfahrung fand ich das ganz schön übertrieben, doch ich wagte nichts zu sagen. Außerdem war ich ja angezogen und ging somit kein Risiko ein …

Angezogen bin ich an diesem Tag geblieben, Jungfrau auch … Doch ich entdeckte, daß sich ein schlafender Mann ganz anders anfühlt als ein wacher, denn ich erkundete seinen Körper, während er schlief, und stellte den Unterschied fest, als Vadim aufwachte …

Was für eine merkwürdige Entdeckung … Ich konnte es nicht fassen … Warum waren Männer in Badehosen nicht in einem ähnlichen Zustand? Schließlich schliefen sie nicht.

Ich kam am nächsten Tag wieder …

Diesmal war das Nachbarbett leer, und ich hatte Croissants mitgebracht. Und diesmal fand ich mich nackt in seinem Bett wieder mit dem herrlichen Gefühl seiner Haut auf der meinen und der absoluten Gewißheit, daß er hellwach war trotz der schläfrigen Stimme, mit der er mit mir sprach.

Und in Etappen befreite ich mich dann von dieser lästigen Jungfernschaft; jeden Tag blieb etwas weniger davon übrig, und ich erkundigte mich jedesmal, wenn ich mich wieder anzog, ganz ernsthaft, ob ich diesmal eine richtige Frau geworden sei …

Es war eine Zeit der großen Entdeckungen für mich, denn ich erkundete nicht nur seinen Körper, sondern auch meinen. Abends in meinem Bett musterte ich skeptisch die Wölbung meines Bauches und schlief erst beruhigt ein, nachdem ich festgestellt hatte, daß er weiterhin flach war.

Mein Verhalten hatte sich verändert, ich war nicht mehr

dieselbe wie früher, ich fühlte mich überlegen und stark, die Alltagsprobleme erschienen mir lächerlich. Ich fragte mich, wofür man leben könne, wenn nicht für die Liebe ...

Ich schwänzte systematisch die Schule, ich dachte an nichts anderes mehr, lebte für nichts anderes mehr als für diese glühenden Stunden, die meine Nächte bis in den tiefen Nachmittag hinein verlängerten.

Es kam, wie es kommen mußte ...

Eines Abends fragte mein Vater mich aus heiterem Himmel, wie es mir in der Schule ergangen sei, welche Fächer ich gehabt hätte.

Ich antwortete ausweichend, wurde rot und ahnte, daß sich ein schreckliches Drama anbahnte.

Mit bedrohlicher Ruhe verkündete mein Vater, er wisse genau, daß ich seit geraumer Zeit dem Unterricht fernbliebe und daß er deshalb beschlossen habe, mich nach England auf ein Internat zu schicken, wo ich meinen Schulabschluß machen solle. Gleich am nächsten Morgen würde ich in seiner Begleitung den Zug nehmen und dort bis zu meiner Volljährigkeit bleiben. Er habe bereits alles in die Wege geleitet.

Entsetzt starrte ich meine Mutter an, traf aber nur auf einen entschlossenen Blick. Auch von meiner Schwester war keine Hilfe zu erwarten ...

Ich spürte das erste Mal Verzweiflung, eine schreckliche kindliche Ohnmacht, eine unendliche Einsamkeit, eine vollständige Sprachlosigkeit angesichts eines Feindes, der kalt war wie der Tod, unerbittlich, wie Eltern es sein können!

Unmöglich, ihn wiederzusehen, nein!

Ein eiskalter Strudel erfaßte mich, ein Wahn, ein Haß. Ich blieb stumm, war wie tot!

An diesem Abend wurde irgendein Theaterstück gegeben, ich weiß nicht mehr, was und wo. Meine Eltern und meine Schwester gingen hin, ich blieb zu Hause, schob Kopfschmerzen oder irgendeine Arbeit vor ...

Ich erinnere mich noch genau, wie ich die Türen und Fen-

94

ster der Küche sorgfältig schloß und das Gas am Herd aufdrehte; ich erinnere mich, wie ich mit meinen sechzehn Jahren den Kopf in den Backofen steckte, der den Geruch des Todes verströmte.

An das »Danach« erinnere ich mich nicht …

An jenem Abend fand man mich leblos auf dem Küchenboden mit einem Abschiedsbrief. Ich weiß nur, daß die Theatervorstellung aus irgendeinem Grund ausfiel und meine Eltern früher als geplant heimkamen und mich im Koma fanden.

Als ich aufwachte, war ein »befreundeter« Arzt da. Nur keinen Skandal! Ich weinte, war völlig vernichtet.

Ich hörte, daß vom Internat in England gesprochen wurde, hörte so abscheuliche Dinge, die mich betrafen, daß ich trotz meiner Schwäche den Kopf am liebsten sofort wieder in den Backofen gesteckt hätte.

Am nächsten Tag wurde beschlossen, daß ich Vadim erst wiedersehen dürfe, wenn ich volljährig sei, und daß ich solange ins Internat käme, um Englisch zu lernen.

Wie ein Hund, wie ein verirrtes, herrenloses Tier, flehte ich meine Mutter an, mir das zu ersparen. Sie war unerbittlich. Ich hätte ihr so viel Ärger bereitet …, so viel Kummer … Einen tödlichen Unfall hätte sie niemals verkraftet … Und außerdem wolle sie nur mein Bestes … Sie wünsche sich für mich einen jungen, reichen, schönen Ehemann … Sie liebe mich sehr und wolle mich trotzdem für fünf Jahre in ein fremdes Land schicken …

Nach endlosem Flehen ließ sich mein Vater erweichen …

Ich entkam dieser englischen Hölle, doch ich durfte Vadim erst heiraten, wenn ich achtzehn war. Und bis dahin …

Meine Eltern haben nicht eine Sekunde geargwöhnt, daß ich seine Geliebte sein könnte! Sie betrachteten mich noch immer als Kind und glaubten, ich sei bis zur Hochzeit keusch und rein geblieben.

Der Einfallsreichtum, den Vadim und ich entwickelten, kannte keine Grenzen. Um einen Vorwand für unsere Tref-

fen zu finden, Treffen, die zum Teil von meinen Eltern über-
wacht wurden, war uns jede Kriegslist recht.

Wenn wir uns lieben wollten, mußten wir Manöver der
Gegenspionage einleiten mit falschen Alibis und Verbündeten …

Wenn meine Eltern ins Theater gingen, liebten wir uns
sogar mitten im Salon, denn von dort aus konnten wir den
Aufzug kommen hören und liefen weniger Gefahr, ertappt
zu werden als in meinem Zimmer, einer wahren Rattenfalle
am Ende des Flurs.

Eines Abends lud Vadim mich zu einer wichtigen Premiere
im Théâtre Antoine ein. Ich war stolz und zugleich schrecklich eingeschüchtert, die mondäne Welt von Paris war
mir noch völlig unbekannt. Maman hatte mich für diesen
Abend höchstpersönlich eingekleidet, damit ich so hübsch
wie möglich aussah. Ich erschien im Theater in Marineblau,
mit Bubikragen, Söckchen und Pferdeschwanz, und sah
jünger aus denn je.

Es waren lauter bedeutende Leute da, Vadim kannte sie
alle, duzte sie, stellte mich vor. Ich war eingeschüchtert und
wäre gern so gewesen wie eine dieser wunderschönen blonden Frauen im Pelz, die nach teurem Parfum dufteten. Ich
fragte mich, warum er mich als Begleiterin ausgewählt
hatte, wo er doch mit einer dieser Schönheiten hätte ausgehen können. Alles war für mich verwirrend, und ich kann
mich kaum noch an das Stück erinnern, nur daran, daß es
auf der Bühne schrecklich turbulent zuging.

Anschließend gab es ein Diner bei Maxim's.

Vadim wollte unbedingt hingehen, für ihn war das völlig
normal, ich aber war noch nie dort gewesen, sondern hatte
nur davon gehört wie von einer fernen karibischen Insel,
und der Gedanke, mit meinen Söckchen und meinem gestärkten Kragen in diesem Tempel der Eleganz aufzutau-
chen, beschämte mich.

Ich fand mich an einer großen Tafel zwischen lauter illustren Gästen wieder. Gastgeberin war Madame Simone
Berriau, die Leiterin des Théâtre Antoine.

96

Ganz verloren saß ich da unter all den Journalisten, Ministern, Schriftstellern, Schauspielerinnen, Regisseuren und hätte mich gern in ein Mauseloch verkrochen. Obwohl ich am liebsten unbemerkt geblieben wäre, fragten sich alle, wer dieses kleine Persönchen am Ende des Tisches sein mochte, bis sich beim Dessert das Gespräch nur noch um mich drehte.

Nachdem Vadim, freimütig und diskret zugleich, erklärt hatte, wer ich sei, wandte sich Simone Berriau plötzlich, mitten in eine tödliche Stille hinein, an mich und fragte: »Sie sind charmant, Kleines, sind Sie noch Jungfrau?«

Alle starrten mich an, sicher tausend Augen, wie Insektenaugen, nichts wie weg von hier, dachte ich ... Sie lachten ..., machten sich über mich lustig ... Und mitten in diese tödliche Stille hinein hörte ich mich erwidern: »Nein, Madame, und Sie?«

Meine Wangen glühten, ich war unverschämt gewesen!

Lautes Gelächter, Applaus hier und da, die Insektenaugen starrten diesmal auf sie, auf Simone Berriau, die alt und verbittert, mit einem lächerlichen Hut dasaß.

Ich hatte gewonnen, das spürte ich. Ich sah es in Vadims Augen, die funkelten und auf den Grund meiner Seele schauten. Ich war glücklich, ich hatte meine erste Schlacht gewonnen. Um in Zukunft solche Fragen zu vermeiden, beschloß ich, Nylonstrümpfe anzuziehen, wenn ich das nächste Mal zu Maxim's ginge.

Meine Eltern hatten beschlossen, daß ich Vadim erst nach dem Abitur heiraten dürfe. Bei dem Tempo und Erfolg, mit dem ich die Schule absolvierte, stand zu befürchten, daß ich eine alte Jungfer bleiben würde.

In der Zwischenzeit traf ich zahlreiche Söhne von Industriellen, Freunde von Papa, und Söhne von Ärzten, Freunde von Maman; ich ging aus mit Söhnen von Anwälten, Söhnen von Schriftstellern, Söhnen von diesen und Söhnen von jenen ... Sie waren todlangweilig mit ihren akkurat geschnittenen Haaren und Anzügen.

Eines Abends erhielt ich die Erlaubnis, mit Gilles Martini, dem Sohn unseres Hausarztes, zu einer Party zu gehen. Er erinnerte mich an Molières Diafoirus. Schmächtig, mit Brille und schütterem flachsblondem Haar, aber mit vorbildlichen Manieren und einer exzellenten Ausbildung; er studierte bereits Medizin.

Maman hatte mir aus diesem Anlaß eines ihrer Kleider geliehen (dreimal zu groß, zu lang und zu weit), und ich durfte richtige Nylons mit Strapsen tragen.

Das Kleid kümmerte mich nicht, ich trug Nylonstrümpfe! Ich war furchtbar stolz und hätte am liebsten den Rock gelüftet, um aller Welt zu zeigen, daß ich kein kleines Mädchen mehr war! Doch ich war noch ein kleines Mädchen, mit oder ohne Strapse und Nylons, denn als mein Galan mich abholte, verkündete mein Vater, ich hätte Ausgang bis Mitternacht und in Sachen Pünktlichkeit gebe es bei ihm kein Pardon – genau wie beim Militär!

Mein Medizinstudent verbeugte sich artig; dann gingen wir.

Die Party war ebenso langweilig wie mein Begleiter. Und abgesehen von meinen Nylonstrümpfen begeisterte mich an diesem Abend nichts!

Wir kehrten zu Fuß heim, denn junge Leute hatten damals weder Auto noch Taschengeld.

Als die Eingangstür meines Hauses in Sichtweite kam, bemerkte ich einen Schatten hinter der Glasscheibe. Als ich öffnete, stellte sich heraus, daß dieser Schatten meinem Vater gehörte, der eine todernste Miene zur Schau trug. Demonstrativ und ohne ein Wort blickte er auf seine Uhr, zeigte uns, daß es zehn nach zwölf war, und in eisigem Schweigen packte er mich, legte mich übers Knie, hob meinen Rock hoch und versohlte mir den Hintern. Mir steigt noch heute, da ich diese Szene niederschreibe, die Schamröte ins Gesicht … Papa, Sie haben mich im Alter von sechzehn Jahren aufs Schlimmste gedemütigt; Sie haben mich armes, kleines Ding vor den Augen eines entsetzten jungen Mannes verprügelt. Dabei war ich schon zu groß für diese Art von Bestrafung, und noch dazu trug ich zum ersten Mal in meinem Leben Nylonstrümpfe und Strumpfhalter!

Zwischenfälle dieser Art führten dazu, daß ich immer mehr gegen meine Eltern aufbegehrte. Ich fühlte mich fremd im Schoße meiner Familie. Vadim traf ich heimlich weiter und vertraute ihm meine Verzweiflung, meine Liebe, meinen Drang nach Freiheit an.

Ich dachte nur noch an das eine: meinem Zuhause, dieser Atmosphäre, diesem kalten Krieg zu entfliehen.

Um mich von Vadim fernzuhalten, nahmen meine Eltern etwa zu jener Zeit das Angebot eines gewissen André Tarbes an, der für das Unterhaltungsprogramm einer zweiwöchigen Kreuzfahrt auf der »De Grasse« verantwortlich zeichnete.

Es wurde beschlossen, daß ich tanzen sollte. Dort wäre ich in Gesellschaft von Capucine, die Modelle der Haute-Couture vorführen würde, und von einem jungen Mädchen aus gutem Hause, dessen Namen ich vergessen habe und das als Conférencière tätig sein würde, von einer Sängerin, einem Zauberer und so weiter und so fort …

Ich war sechzehn! Diese Kreuzfahrt war das Paradies auf dem Meer, eine Gelegenheit, meinem Gefängnis zu entkommen; zwar würde ich Vadim vierzehn Tage lang nicht sehen, doch dafür könnte ich reisen, ich, die so selten hinauskam!

Ich schwelgte in Träumen, halb wahnsinnig vor Glück!

Bis zur Abreise mußte ich hart üben, denn ich sollte jeden zweiten Abend auftreten und jedesmal eine andere »Nummer« zeigen. Ich probte also, arbeitete hart und studierte zur Abwechslung einen spanischen Tanz ein.

Meine Gage betrug fünfzigtausend alte, also fünfhundert neue Francs. Davon mußte ich mir selbst meine Kostüme schneidern, denn meine Eltern gaben mir keinen Sou dazu. Sie von einem Schneider nähen zu lassen hätte weit mehr gekostet, als ich verdiente. So pendelte ich hin und her zwischen Nähmaschine und Proben und arbeitete wie eine Besessene. Bei einem Kostümbildner vom Theater lieh ich gegen eine Gebühr die Kleider, die ich nicht selbst anfertigen konnte.

Ich saß über meinen Säumen, Falten, Haken, Ösen und Scheren. Dabei konnte ich durchaus stolz auf mich sein, denn meine Kostüme besaßen eine gewisse Eleganz. Ich hatte sogar bedacht, daß das Schiff stampfen und schlingern könnte und daß mir meine Ballettschuhe mit den dünnen Ledersohlen vielleicht zum Verhängnis würden, wenn ich sie nicht mit Gummi besohlen ließe.

Als ich mit dem Zug nach Le Havre abreiste, war ich ziemlich nervös. Ich war ganz mir selbst überlassen, ich reiste unter Fremden in die Fremde.

Ich war es gewohnt, von meiner Gouvernante begleitet, von meinen Eltern bewacht, von meinen Großeltern verhätschelt, von Vadim geliebt zu werden.

Außerdem ließ ich Maman sehr krank in einer Klinik zurück, wo sie operiert werden sollte.

Auf der »De Grasse« teilte ich eine winzige Kabine mit Capucine. Wir konnten uns kaum rühren – so voll hing alles mit ihren Haute-Couture-Kleidern und meinen Ballettröckchen, Trikots, Strümpfen, Krinolinen und anderen Accessoires. Vor dieser Reise kannte ich Capucine nur vom Hörensagen. Ich machte Bekanntschaft mit einer reizenden, hübschen, freundlichen und unkomplizierten Frau.

Wenn ich nicht gerade seekrank war, litt ich an Lampenfieber. Doch ich lernte auf dieser Reise schnell, allein zurechtzukommen. Nachmittags probte ich mit dem Orchester; es gab weder Kulissen noch Bühne, noch Vorhang, und die Tanzfläche, auf der ich mich bewegte, glich einer Schlittschuhbahn. Je nach Wellengang glaubte ich mal, der Boden gebe unter mir nach, ein anderes Mal, daß mir die Beine versagten und ich das Gleichgewicht verlöre.

Das Orchester, dem alles Klassische fremd schien, spielte meine Partituren wie sanfte Unterhaltungsmusik in einer Musik-Bar. Und trotzdem habe ich mich recht ordentlich geschlagen! Auf dem Weg nach Lissabon tanzte ich wieder die »Kinderszenen« von Schumann.

Zwischen Lissabon und Madeira brachte ich eine spanische Note in mein Programm, indem ich mich an einem Flamenco versuchte. Kein besonders gelungener Versuch übrigens, weil meine klassische Ausbildung mir beim feurigen Einsatz der Absätze im Wege stand.

Auf der Weiterfahrt zu den Kanarischen Inseln tanzte ich dann mit Stiefeletten zu Liszts »Ungarischer Rhapsodie«.

Beim »Petit Tambour« (ich weiß nicht mehr, von wem) durfte ich mein blau-weiß-rotes Ballettröckchen tragen, vor dem Bauch eine Trommel, auf dem Kopf eine Troddelmütze.

Auf dem Weg zu den Azoren ermöglichte eine sehr schöne klassische Variation von Prokofjew mir einen Tanz in einem romantischen, langen Ballettrock, und am letzten Abend, als wir in Le Havre einliefen, fand ein großer Maskenball statt.

Meine letzte Nummer tanzte ich zu den »Trois Gymnopédies« von Eric Satie. Ich trug ein hautfarbenes Trikot, das ich mit Algen bemalt hatte, als wäre ich eine Sirene. Das Problem war, daß ich einen Tanz am Boden liegend beginnen wollte und nicht wußte, wie ich unbemerkt mitten auf die Tanzfläche gelangen konnte. Unter den Passagieren befand sich ein gewisser Aymar Achille Fould mit Freunden, die den genialen Einfall hatten, sich als portugiesische Fischer zu verkleiden und mich, in einem großen Fischernetz eingewickelt, mitten auf der Tanzfläche abzulegen, wo ich dann wie vorgesehen beginnen konnte.

An jenem Abend hatte ich einen Riesenerfolg, und den habe ich teilweise Aymar Achille Fould zu verdanken.

Diese Kreuzfahrt ist mir als herrliche Entdeckungsreise in Erinnerung geblieben. Mit großen staunenden Augen betrachtete ich diese neuen Welten. Ich entdeckte die Eleganz von Capucine. Ich schminkte mich wie sie, träumte von ihren Kleidern und wäre gern so gewesen wie sie. Ich lernte auch die kleinen Intrigen und kleinen Affären kennen, die sich in solchen geschlossenen und eingeschlossenen Gesellschaften leicht entspinnen. Zum Glück haben mich mein Alter, meine Naivität und meine Unschuld vor all dem bewahrt.

Ich lernte andere Länder, Gerüche und Traditionen ken-

101

nen. Nach Le Havre zurückgekehrt, waren meine Augen verträumt und voller Tränen.

Papa und Maman unternahmen weiterhin alles, damit ich Vadim vergaß. Für sie konnte eine Beziehung mit einem mittellosen Bohemien, der zudem ein »Linker« war, nur eine Mésalliance sein, auch wenn er der Sohn des russischen Konsuls in Frankreich war und mit bürgerlichem Namen immerhin Roger Vadim Plemiannikov hieß.

Im Sommer meines sechzehnten Lebensjahrs waren wir für einen Monat nach La Croix-Valmer zu Freunden meiner Eltern eingeladen, die dort einen wunderschönen Besitz gleich am Meer hatten.

Die Gebäude waren zum Teil noch von Brandgranaten zerstört, so daß wir halb kampierten, halb jedoch im Luxus lebten. Jeder hatte sein Feldbett und ein Moskitonetz – die einzigen Möbel, die sich an einer verbliebenen Wand oder unter dem restlichen Dach fanden. Mit Tüchern abgedeckte Holzkisten dienten als Nachttisch oder Stuhl und wurden von Kerzen und Petroleumlampen erleuchtet. Es herrschte eine märchenhafte, romantische Atmosphäre in diesen halbzerstörten Häusern, die jeder auf seine Art einrichtete.

Gegessen wurde auf einer Terrasse mit Meeresblick. Ein großes Brett auf Böcken diente als Tisch, und die Tischdecke bestand aus langen bunten tahitianischen Tüchern. Das alte Familiensilber und -porzellan kontrastierte mit diesem Notbehelf.

Dort in Cap Myrthes entdeckte ich die Sonne, den Duft von Pinien und Thymian, der sich mit dem der Orangenblüten und Eukalyptusbäume mischte, die milde Luft und den warmen Sand, wenn wir nachts die Sterne betrachteten. Ich lernte das einfache, ursprüngliche Leben schätzen, barfuß, im Bikini, und ließ zum ersten Mal in meinem Leben meinen Körper bräunen. Diese neue Lebensweise sagte mir so sehr zu.

Es waren meine ersten richtigen und zugleich für lange Zeit auch die letzten Ferien, die mir bis heute unvergeßlich sind. Seitdem habe ich in »La Madrague« – vergeblich – versucht, etwas von dieser Atmosphäre wiederzufinden. Im Leben gibt es magische Augenblicke, die sich nicht wiederholen lassen. Mein Aufenthalt in Cap Myrthes bei den Bailles gehört zu diesen kostbaren Momenten, an die ich mich gerne erinnere.

Zurück in Paris, machte ich erneut Fotos für »Elle«, um etwas Geld zu verdienen; ich sah Vadim wieder, und das Leben nahm seinen gewohnten Lauf.

Die Zeitungen schrieben allmählich über mich.

Welchen Künstlernamen sollte ich annehmen? Mein Vater zog es nämlich vor, den Namen Bardot aus alledem herauszuhalten. Mamans Mädchenname, »Mucel«, war hübsch; das erinnerte ein wenig an »Musset«. Also zeichnete ich mit »Brigitte Mucel«, doch unter den Fotos stand dann »Brigitte Bardot«. Sonderbar, aber zu spät, um es rückgängig zu machen!

Und wie herrlich, im Bus auf Leute zu treffen, die Artikel über mich lasen. Mein Bild als Titelseite einer Illustrierten oder ganzseitig in einer großen Wochenzeitschrift ... Ich konnte es nicht fassen!

Die Welt gehörte mir, denn ich gehörte ihr noch nicht ...

Ich nahm alles, ohne etwas zu geben. Welche Wonne ... Mir wuchs der Ruhm einer Berühmtheit zu, ohne daß ich im eigentlichen Sinn bekannt war.

Es kam zum berühmten Schneeballeffekt. Die Regisseure wurden neugierig und wollten mich kennenlernen.

Man bot mir Filmrollen an ... Mein Vater nahm die Anrufe entgegen ... Was für ein Durcheinander!

Es mußte schnell ein Impresario her. Aber welcher? Wir wurden von den Ereignissen überrollt. Mein Abi, mein erster Preis am Konservatorium, eine Filmrolle. Ich wußte nicht mehr, wo mir der Kopf stand!

Etwa zu jener Zeit war die Schriftstellerin Colette auf der Suche nach einem jungen Mädchen, das ihre »Gigi« auf der Bühne darstellen sollte.

Vadim, der sich ein wenig darum kümmerte, suchte sie in ihrer Wohnung im Palais Royal auf, um über die Inszenierung zu sprechen. Ich begleitete ihn und begegnete im Alter von sechzehneinhalb Jahren dieser außergewöhnlichen Frau.

Sie lag ausgestreckt auf einer Chaiselongue vor einem Fenster, das auf die herrlichen Gärten des Palais Royal schaute. Ihr Ehemann Maurice Goudeket war zugegen, dazu eine Schar von Katzen.

Colette sah mich mit ihren durchdringenden, intelligenten Augen lange an und schüchterte mich sehr ein. Ich fühlte mich durchbohrt, entblößt, gemustert, begutachtet; ich verstand nicht, warum, da ich doch nur gekommen war, um Vadim zu begleiten, und schließlich sagte sie zu mir: »Bonjour, Gigi.«

Ich war sprachlos.

Sie fand, daß ich haargenau ihrer Vorstellung entspreche, und wollte wissen, ob ich Schauspielerin sei und die Gigi spielen wolle.

Ich wußte nicht, was ich antworten sollte, ich hatte nicht die geringste Bühnenerfahrung, von anderen Erfahrungen ganz zu schweigen.

Vadim antwortete an meiner Stelle, entschuldigte meine Schüchternheit, meine Verwirrung, meine Unerfahrenheit.

Ich sehe noch immer diesen dunklen Salon vor mir, vollgestellt mit Möbeln und Nippes, mit der hellen Fensterfläche, gegen die sich Colettes Haartracht wie ein Schattenriß abzeichnete. Ich habe die Gigi schließlich doch nicht gespielt, sondern Danièle Delorme übernahm die Rolle, doch nach dieser flüchtigen Begegnung habe ich diese Frau, die mich mit dem Namen ihrer Heldin ansprach, für immer im Gedächtnis behalten.

Bei einer anderen Gelegenheit, als ich Vadim wieder einmal begleitete, kam es zu einer Begegnung mit Jean Cocteau in Milly-la-Forêt.

Ich erinnere mich vage an ein sehr schönes Haus, in dem jedes Möbelstück und jeder Gegenstand eine Kostbarkeit war.

Besonders eingeprägt aber haben sich mir die Freundlichkeit und Zuvorkommenheit, die Cocteau mir entgegenbrachte. Er empfing mich wie eine Dame, war charmant, bezog mich in die Unterhaltung ein, ließ uns Erfrischungsgetränke servieren und sagte mir immer wieder, ich sei bezaubernd. Vadim und er besprachen irgendeinen komplizierten Sachverhalt. Unterdessen schaute ich mich mit großen Augen um, wie verzaubert von dieser mir neuen und märchenhaften Welt, diesen Gemälden, diesen Büchern, diesem Mann, der so zerbrechlich schien und doch eine große Persönlichkeit war. Ich werde ihn nie vergessen!

Durch Vadim habe ich viele großartige Menschen kennengelernt. Ich denke an die Brüder Hervé und Gérard Mille, zwei reizende Homosexuelle. Sie bewohnten ein herrschaftliches Stadthaus in der Rue de Varenne. Hervé war der Herausgeber der Illustrierten »Paris-Match«, Gérard ein gefragter Dekorateur. Sie waren sehr verschieden und ähnelten sich doch sehr in ihrem Streben nach Raffinement.

Vadim nahm mich oft mit zum Abendessen bei ihnen. Dort traf ich auf Nicolas Vogel, Christian Marquand, Jean Genet, Pitou Lassalle, Juliette Gréco und viele andere. Das Haus mit dem herrlichen Garten faszinierte mich. Die Butler, die prächtig gedeckte Tafel, die goldenen Kerzenleuchter, die erlesenen Speisen, Kaviar, Hummerschwänze, Wachteln, köstliche Desserts, das Ganze abgerundet von erstklassigen Weinen …

Bei ihnen blätterte ich eines Tages in einem Fotoband von Henri Cartier Bresson und stieß zufällig auf ein verblüffendes, zugleich erschreckendes Foto mit der Bildunterschrift »Auf der Straße verhungerter Inder«. Ich drehte mich zu Vadim um und sagte: »Sieh mal, ein Foto von einem verhungerten Mann – ganz aus dem Leben gegriffen!«

Die Antwort war schallendes Gelächter. Ich habe viel bei ihnen gelernt.

Vadim bewohnte zusammen mit Christian Marquand die Dienstbotenzimmer einer eleganten Wohnung am Quai d'Orléans auf der Ile Saint-Louis. Evelyne Vidal, die Eigentümerin, die oft knapp bei Kasse war, vermietete die Räume für das Personal an ehemalige und ihr eigenes Schlafzimmer an künftige Liebhaber. Als ich eines Tages am Quai d'Orléans eintraf, herrschte eine ungewöhnliche Hektik. Vadim machte sich in der Küche zu schaffen und versuchte, ein amerikanisches Frühstück mit gekochten Eiern, Orangensaft und so weiter zuzubereiten. Evelyne hatte ihr Schlafzimmer an Marlon Brando vermietet, der um zwei Uhr nachmittags noch immer schlief. Da ich große Lust hatte, ihn mir aus der Nähe anzusehen, erbot ich mich, ihm das Frühstückstablett zu bringen. Ich trat also, nachdem ich an der Tür geklopft hatte, in die Intimsphäre dieses heiligen Ungeheuers, das Brando damals war.

Es roch muffig nach abgestandenem Rauch und Männerschweiß. Es war stockfinster, und so knipste ich das Licht an, während ich das Frühstück ankündigte. Ich sah einen struppigen Haarschopf und ein verquollenes Gesicht aus den Laken auftauchen und hörte eine heisere Stimme Nettigkeiten brummen wie: »Go away, son of a bitch!« Vorsichtig deponierte ich das Tablett neben ihm auf dem Bett, und es geriet ins Wanken, denn im selben Augenblick wälzte er sich herum, um weiterzuschlafen. Da ich nicht schnell genug die Flucht ergriff, warf er mir die gekochten Eier nach, die an der Wand zerschellten. Danach schlief er in einem Cocktail aus Kaffee, Orangensaft, Milch, Eigelb und Berühmtheit weiter. Ich habe ihn nie wiedergesehen und mir diese ganz besondere Erinnerung an ihn bewahrt, die so gar nicht seinem Image entsprach. Wie lautet doch der Ausspruch von ich weiß nicht mehr wem: »Für den Kammerdiener ist der große Mann nicht groß.«

Maurice Vernant, ein alter Freund von Papa, diente mir schließlich als Impresario und verschuf mir eine Rolle in dem Film »Le Trou Normand« mit André Bourvil.

Meine Begeisterung hielt sich in Grenzen, die Geschichte war banal und spielte, wie der Titel besagt, in einem gottverlassenen Nest der Normandie; ich sollte den

Part einer kleinen, nicht sonderlich sympathischen Bäuerin namens Javotte übernehmen. Ich war das fünfte Rad am Wagen, und mein Name tauchte im Vorspann unter »ferner liefen« auf. Doch wenn der Film heute wiederaufgenommen wird, erscheint mein Name genauso groß wie der von Bourvil. Die zweihunderttausend alte Francs – heute zweitausend –, die man mir für die Rolle bot, machten meine fehlende Begeisterung wett. Ich würde reich sein, reich!

Adieu, Abitur, adieu, Konservatorium – ich würde ein Filmstar werden! Vadim zuckte die Achseln und meinte, ich hätte das Angebot besser abgelehnt. Dabei war er nur neidisch, weil sein Erfolg auf sich warten ließ. Ich hörte nicht auf ihn. Ich würde die Welt erobern oder zumindest die Normandie …

Er versprach, mich oft am Drehort zu besuchen, und schien ein wenig traurig darüber, daß ich so freudig abreiste.

Der Drehbeginn rückte näher, und damit verflog meine Begeisterung. Ich war wieder in Panik! Ich würde mutterseelenallein inmitten all der Profis ins kalte Wasser springen – in ein Metier, das mir völlig fremd war!

Es war schrecklich.

Wenn es so etwas wie die Hölle auf Erden gibt, dann war mein erster Film das beste Beispiel dafür.

Ich war schon um sechs Uhr früh auf den Beinen. Kaum war ich wach, überließ man mich den Klauen einer Maskenbildnerin, einer fetten, ordinären, abscheulichen Frau, die mit meinem Gesicht machen konnte, was sie wollte. Sie schien teuflischen Gefallen daran zu finden, mich zu quälen. Sie verkleisterte mein Gesicht mit einer ockergelben, ranzig riechenden Masse, die wie eine Maske war; anschließend klebte sie auf diese schmierige Paste ein ganzes Paket Reispuder, der alles überzog. Ich durfte einen Hauch von Wimperntusche auflegen, und meine Augen waren klein, ganz klein, ganz schwarz, wie die eines Plüschbären. Und mein Mund, o weh, mein Mund! Für diese Frau, deren Mund an den Schlitz einer Spardose erinnerte, war mein Mund ein echtes Problem! Man mußte ihn wegretuschieren. Ein solcher Mund war ein echter Makel!

Ich betrachtete mich in dem Handspiegel, den sie mir vor die Nase hielt, und stand kurz davor, in Tränen auszubrechen. Warum all der Gips, der mich entstellte. Ich sah aus wie eine Mumie, eine abscheuliche Mumie! O Maskenbildnerin, wie ich dich gehaßt habe!

Ich sah entsetzlich aus und war völlig wehrlos, wurde herumgeschubst, angebrüllt und von vulgären Assistenten, lüsternen Produzenten und abstoßenden Maskenbildnern terrorisiert.

Doch die Tortur ging weiter, schließlich gab es noch die Friseuse! Eine Hexe mit wenigen und noch dazu gesplissenen Haaren, die meine lange, schwere Mähne mit blankem Neid betrachtete.

Sie zog und zerrte daran und klatschte mir das Haar an den Schädel, bis mein Kopf einer Kokosnuß glich. Wenn ich mir erlaubte, eine Bemerkung oder einen Vorschlag zu machen, schnauzte sie mich an, ich könne mir erst dann Launen herausnehmen, wenn ich ein »Star« sei, aber bis es soweit wäre, solle ich lieber den Mund halten.

Die Regentschaft der Maskenbildner und Friseure ist für jeden Debütanten die Hölle …

Von den erfahrenen Schauspielern bespöttelt, vergaß ich meinen Text, bewegte mich linkisch, war einfach lächerlich, verlor den Boden unter den Füßen und versank immer tiefer in Scham und Verzweiflung.

Dennoch galt es durchzuhalten – drei lange Monate der Demütigung und des Spottes, in denen ich schwieg, mein Bestes gab, die Tränen unterdrückte, die Fäuste ballte und bewies, daß ich die zweihunderttausend alte Francs wert war …

Ein Unglück kommt bekanntlich selten allein, und so stellte ich einen Monat nach Drehbeginn mit Schrecken fest, daß ich schwanger war …

Verloren in diesem gottverlassenen Nest in der Normandie, minderjährig, beobachtet, eingespannt in die Dreharbeiten wie in ein Joch, erlebte ich den Höhepunkt meines Alptraums. Jeder Tag war ein einziger Kampf gegen Schwindelanfälle und Übelkeiten. Ich glaubte immer wieder, in Ohnmacht zu fallen, und ich habe in meinem Leben wohl noch nie so abscheuliche Gerüche einatmen müssen wie während dieser Filmaufnahmen am Anfang der Schwangerschaft!

Als ich mich einmal ganz besonders miserabel fühlte, fragte mich der Produzent Jacques Bar: »Zigarrenrauch stört Sie doch wohl nicht?«

Von heftiger Übelkeit gequält, antwortete ich ganz schüchtern: »Doch, Monsieur, ich fühle mich nicht sehr gut.«

Da sah er mir direkt in die Augen, zündete sich eiskalt eine Zigarre an und sagte, indem er mir den Rauch geradewegs ins Gesicht blies: »Das gehört eben zum Metier.«

Angewidert und kreideweiß wandte ich mich ab und schwor mir, nie wieder mit ihm zusammenzuarbeiten, sollte ich eines Tages berühmt sein. Ich habe meinen Vorsatz gehalten. Er hat mir seither verschiedene phantastische Angebote gemacht, und meine Antwort lautete jedes Mal: »Rache ist süß, süß wie Zigarrenrauch.«

Ich sah Vadim in jener Zeit nur selten. Er war wieder einmal völlig abgebrannt und versuchte, in Paris Arbeit zu finden.

Trotzdem besuchte er mich ab und zu. Gott sei Dank! Ich war so besorgt und erschöpft und weit entfernt von der verrückten Verliebtheit der ersten Zeit. Liebesnächte sind kurz, wenn man früh aufstehen und am Vorabend seinen Text für den folgenden Drehtag einstudieren muß.

Tapfer und gefaßt – so wie man eine bittere Medizin hinunterschluckt – beendete ich diesen Film. Und ich schwor mir: »Nie wieder!«

Ich kehrte nach Paris zurück, müde, mißmutig und von ständiger Übelkeit geplagt. Ich war sehr krank, konnte nichts essen. Vadim hatte noch immer keinen Sou, ich nur meine zweihunderttausend alten Francs. Da meine Eltern mich streng überwachten, war an eine Abtreibung nicht zu denken ... Maman, die sehr beunruhigt war, schickte mich zu einem berühmten Professor, der eine Gelbsucht diagnostizierte, Ruhe und abermals Ruhe verordnete. Jeder Ärger sei von mir fernzuhalten.

Seither traue ich den Ärzten nicht mehr viel zu.

Ich flehte meine Eltern an, mich zur Erholung nach Megève reisen zu lassen. Sie erlaubten es! Ich reiste ab, traf Vadim, fuhr in die Schweiz, wo ich auf einer Tischkante abtrieb, kehrte nach Megève zurück und rief meine Eltern an, um ihnen zu sagen, daß es mir bessergehe.

An den Folgen dieses Eingriffs wäre ich beinahe gestorben. Diese unangenehme Erfahrung führte zu einer panischen Angst vor einer Schwangerschaft, die ich immer als eine Strafe des Himmels betrachtet habe.

Meine Eltern, die erkannten, wie sehr mich diese erste Filmerfahrung mitgenommen hatte, und die Vadim zwar charmant, ansonsten aber leichtfertig und als zukünftigen Schwiegersohn indiskutabel fanden, versuchten mir das Leben so schwer wie möglich zu machen. Trotzdem durfte ich eines Abends mit ihm ins Kino gehen. Als wir anderthalb Stunden nach der mitternächtlichen »Sperrstunde« in der Rue de la Pompe erschienen, erwartete mein Vater uns wutschnaubend an der Wohnungstür.

»Woher kommt ihr so spät?«

Ganz ruhig antwortete Vadim: »Aus dem Kino!«

»Aus dem Kino! Um halb zwei in der Früh?«

»Wir sind zu Fuß gegangen, Monsieur.«

»Sie wollen mich wohl zum Narren halten! Braucht man neuerdings zwei Stunden, um von den Champs-Elysées hierherzulaufen?«

»Wir sind langsam gegangen.«

»Jetzt werden Sie auch noch unverschämt! Sie haben sich meiner Tochter gegenüber sicherlich ungebührlich verhalten.«

Mit diesen Worten holte mein Vater einen Revolver aus seinem Schrank, richtete ihn auf Vadim und sagte: »Freundchen, ich warne Sie. Wenn Sie meine Tochter anrühren, bringe ich Sie um!«

In diesem Augenblick erschien Maman im Morgenman-

110

tel, nahm Papa den Revolver aus der Hand, und wir atmeten erleichtert auf. Doch sie richtete die Waffe selbst auf Vadim und sagte: »Und sollte mein Mann nicht den Mut haben, Sie zu töten, werde ich es tun, falls Sie es wagen, unsere Tochter vor der Hochzeit anzurühren!«

Was für eine absurde Szene!

Wie mehrfach in den beiden Jahren zuvor, hatten wir uns auch an diesem Abend geliebt, und meine Eltern erklärten sich zu allem bereit, nur um meine Jungfräulichkeit zu verteidigen!

Ich hatte große Angst ...

Vadim war bleich, aber gefaßt. Er erklärte ihnen, daß er bereit sei, mich morgen zu heiraten, daß er mich liebe und daß er »mich achte«. Es gelang ihm, meine Eltern zu beruhigen.

Ich fürchtete, daß sie mich am nächsten Tag vom Arzt untersuchen lassen würden. So konnte es nicht weitergehen! Ich wollte mit Vadim zusammenleben, ob verheiratet oder nicht. Diese ewige Lügerei war mir verhaßt.

Als seine Ehefrau würde ich meinen Lebensunterhalt selbst verdienen müssen, denn er hatte noch immer keine feste Anstellung. Man machte mir ein weiteres Filmangebot; ich nahm es an. Und so reiste ich für zwei Monate in den Süden, um meinen zweiten Film »Manina, la fille sans voile« [»Sommernächte mit Manina«] zu drehen.

Ich machte mich auf die Hölle gefaßt, geriet aber nur ins Fegefeuer.

Der Film spielte in Nizza, Vadim war bei mir, die Sonne schien, und ich verdiente noch einmal zweihunderttausend alte Francs. Nach Abschluß der Dreharbeiten kehrte ich nach Paris zurück und verdiente mir ein bißchen Geld durch Modefotos, so daß ich etwas davon zurücklegen konnte.

Währenddessen gab Vadim seine Position als Regieassistent auf zugunsten einer einträglicheren als Journalist bei »Paris-Match«. Er hatte endlich eine seriöse Arbeit mit gesichertem Einkommen und hielt ernsthaft um meine Hand an.

Danièle Delorme und Daniel Gélin, beide eng mit Vadim befreundet, dienten uns häufig als Alibi. Bei ihnen in der Avenue de Wagram traf ich mich oft heimlich mit Vadim. So kam es, daß Gélin bei seiner ersten Regiearbeit – es war der Film »Les dents longues« [»Von Sensationen gehetzt«] – Vadim und mich bat, bei seiner Filmhochzeit mit Danièle Delorme die Rolle der Trauzeugen zu übernehmen. Als dann nach fast dreijährigem Hin und Her, nach Ablehnungen, Winkelzügen und Drohungen, meine Eltern meiner Heirat mit Vadim schließlich zustimmten, wurden Delorme und Gélin natürlich unsere Trauzeugen auf dem Standesamt.

Meine Eltern bestanden auf einer kirchlichen Trauung, doch der Pfarrer weigerte sich, mich mit einem Russisch-Orthodoxen zu vermählen. So wurde nach langem Palaver beschlossen, daß Vadim zweimal die Woche zur Bibelstunde gehen solle, damit er als guter katholischer Christ zur Trauung erscheinen könne.

Vadim, dem dieses ganze Theater furchtbar auf die Nerven ging, hätte mich fast sitzenlassen, als er von diesem Beschluß erfuhr.

Er muß mich schon sehr geliebt haben, denn statt ins Kino zu gehen, hörten wir beide uns den Religionsunterricht des guten Abbé Baudry an. Wenn ich daran denke, daß wir später in aller Augen der Inbegriff von Laster, Erotik und was weiß ich nicht wurden, obwohl wir doch ganz artig auf den Bänken der Sakristei gesessen hatten, empfinde ich das noch heute als atemberaubende Ungerechtigkeit.

Maman hatte beschlossen, daß mein Brautkleid von Yvette Trantz, einer ihrer Freundinnen, geschneidert werden sollte, die in dem ehemaligen Freudenhaus in der Rue des Moulins, in dem einst Toulouse-Lautrec ein und aus ging, einen Modesalon eröffnet hatte. Ironie des Schicksals: Ich sollte in einem Salon, der noch den Geruch des Lasters vergangener Zeiten verströmte, ein jungfräuliches Kleid anprobieren. Ich amüsierte mich königlich, als ich mich in dem reichverzierten Spiegel betrachtete, der früher gewöhnlich nicht gerade das Bild eines jungen Mädchens im Brautkleid zurückgeworfen hatte. Mein Brautkleid wurde also mit größter Ernsthaftigkeit und Andacht in einem ehemaligen Bordell angefertigt.

Wir wurden am 21. Dezember 1952 in der Kirche von Passy getraut.

Ich trug das weiße Kleid, und Boum, mein geliebter Großpapa, führte mich zum Altar. Es war sehr bewegend und schön. Es wurde viel darüber berichtet, ich war das Lieblingskind der Presse, Vadim das Lieblingskind des Films.

Wir waren schön und unbekümmert. Nun würden wir ohne Heimlichtuerei miteinander schlafen können, und alles würde Normalität werden. Einen Tag zuvor, nach der standesamtlichen Trauung, hatte mein Vater noch mißtrauisch darauf geachtet, daß Vadim mich nur bis vor die Tür meines Jungmädchenzimmers begleitete.

Nunmehr aber besaß ich das Recht, mit diesem Mann zu schlafen. Ich hatte vor Zeugen Dokumente unterzeichnet, um die Erlaubnis zu erhalten, ihn mit amtlicher und kirchlicher Billigung rechtmäßig zu lieben.

In dieser Nacht aber kam es nicht dazu; wir waren viel zu müde! Die Erlangung der Rechtmäßigkeit hatte uns dermaßen erschöpft, daß wir glücklich und eng umschlungen eingeschlafen sind.

Damit war sozusagen meine Kindheit beendet, und ein neues Kapitel begann!

Nun war ich also achtzehn Jahre alt, verantwortlich für mein neues Leben, für meine noch nicht existierende Karriere und eine Wohnung in der Rue Chardon-Lagache, die Maman sich von Papa hatte kaufen lassen und uns nun großzügigerweise zur Verfügung stellte. Ungeduldig wartete sie darauf, daß wir eine andere fänden, damit sie diese vermieten und so einen kleinen Nebenverdienst erwirtschaften konnte.

Da ich nicht ganztags arbeiten und zugleich den Haushalt führen konnte, stellte ich ein Dienstmädchen ein.

Sie hieß Aïda, war siebzig Jahre alt und eine russische Prinzessin! Ich war sehr verunsichert. In welchem Ton sollte ich dieser Dame, die meine Großmutter hätte sein können, Anordnungen erteilen?

Vadim, der wußte, daß ich tierlieb bin und mir schon als Kind vergeblich einen Hund gewünscht hatte, schenkte mir »Clown«, einen wunderschönen schwarzen Cockerspaniel, der gerade zwei Monate alt war. Vadim wollte, daß ich einen Gefährten hatte, denn er mußte kurz vor Redaktionsschluß von »Paris-Match« häufig nachts arbeiten und kam oft erst morgens um sechs heim. Aïda dagegen ging abends um sechs, und ich war allein und ängstlich. Mit Clown, der mir ein Gefühl von Wärme und Geborgenheit gab, konnte ich in Ruhe auf Vadims Rückkehr warten.

Als Vadim feststellte, daß er mir nun weniger fehlte, verbrachte er seine Abende immer öfter mit Freunden beim Poker oder bei sonstigen Spielen. Nachts sah ich ihn nur selten … Ich schlief mit Clown an meiner Seite und stand häufig wieder auf, wenn Vadim zum Schlafen heimkam.

Christian Marquand, Vadims bester Freund, sein Herzens-bruder sozusagen, wollte seinen alten BMW verkaufen.

Vadim hatte schon immer ein Faible für schöne Autos, aber nie das Geld gehabt, sich eines zu kaufen.

An meinem achtzehnten Geburtstag hatte ich vor den Augen von einem Dutzend Jungen, die sich die Bäuche hielten vor Lachen, weil sie glaubten, daß ich durchrasseln würde, mit Bravour meine Fahrprüfung bestanden. Genauer gesagt, ich war die einzige, die an jenem Tag die Prüfung bestand, denn ich hatte einen guten Lehrer gehabt: Vadim. Wir hatten uns daraufhin einen Gebrauchtwagen gekauft, einen Aronde, den zu fahren mir riesigen Spaß machte, während Vadim sich darin entsetzlich schämte.

Christian Marquand kam mit seinem schönen Wagen angerauscht und mokierte sich über unsere Klapperkiste, die in seinen Augen nur eines Rentnerpaares würdig war.

Man muß dazu anmerken, daß dieser BMW ein Vorkriegsmodell war mit Speichenrädern und einer Kühlerhaube, die sich von der Mitte aus nach beiden Seiten aufklappen ließ, mit Trittbrettern, einem altmodischen Armaturenbrett aus Rosenholz und einem alten Tachometer – und noch dazu ein Kabriolett!

Vadim, der keinen Sou in der Tasche hatte, war krank vor Neid.

Eines Tages fragte mich Christian Marquand, wieviel ich auf meinem Bankkonto hätte.

Nach meinem Abenteuer in der Schweiz und der Einrichtung meines Haushalts waren mir alles in allem nur die zweihunderttausend alten Francs geblieben, meine Gage für »Sommernächte mit Manina«.

Ehe ich mich's versah, war die Angelegenheit geregelt. Ich gab Vadim den Scheck, der ihn an Christian weiterreichte, und vor unserem Haus erwartete uns der BMW.

Schon immer habe ich es gehaßt, ohne Ersparnisse dazustehen. Vadim hingegen erzählte mir, Geld sei unwichtig und einzig dazu da, sich Wünsche zu erfüllen. Wir würden wieder welches verdienen, und es bestehe kein Anlaß zur Sorge …

116

Der hatte vielleicht Nerven! Es ging schließlich um »mein« Geld, und ich hatte hart dafür gearbeitet! Wer sollte das Benzin bezahlen und das Steak für den nächsten Tag? Ich war stinkwütend.

Er nannte mich einen Geizhals. Daher stammt wohl der Ruf, ich sei geizig, ein Ruf, der mir bis heute anhaftet.

Ob knauserig oder nicht, *ich* hatte den Wagen schließlich gekauft, also war es *mein* Wagen.

Dann machte ich gute Miene zum bösen Spiel und schlug Vadim vor, sogleich eine Spritztour im Bois de Boulogne zu machen. Mit Clown auf dem Rücksitz fuhren wir los.

Ich saß stolz am Steuer meines Kabrioletts, das erst »brrrm, brrrm«, dann »pschitt«, dann »kling« und schließlich nach »päng« gar nichts mehr machte. Da hockten wir also um ein Uhr mittags mit einer Panne mitten im Bois de Boulogne!

Vadim, der von Technik noch nie etwas verstanden hatte, steckte die Nase in den Motor, machte »oh« und »ah«, doch der Motor machte nichts, rein gar nichts!

Am liebsten hätte ich ihn umgebracht und Christian gleich mit! Ich kochte vor Wut, ich hatte mich reinlegen lassen.

In einer »grünen Minna«, die zufällig vorbeikam, wurden Clown, Vadim und ich freundlicherweise nach Hause gefahren. Der Wagen wurde abgeschleppt, dann repariert. Der Motor mußte ausgetauscht werden. Kosten: siebenhunderttausend alte Francs!

Ich verlangte meine zweihunderttausend alte Francs von Christian zurück, doch der weigerte sich hartnäckig. Da ich das Geld für die Reparatur nicht hatte, wurde der Wagen ein halbes Jahr später versteigert.

Seither gelte ich lieber als geizig und blöd, als daß ich einem »Freund« einen alten Wagen abkaufe.

Trotzdem habe ich Vadim immer blind vertraut.

Er hat mir vieles beigebracht, mir Geschichten über seinen Schachpartner André Gide erzählt, mich mit dem Werk von Simone de Beauvoir und Jean-Paul Sartre vertraut gemacht. Fasziniert von seiner Intelligenz, seinem Humor, seiner Bildung und seiner Phantasie, lauschte ich ihm gebannt.

Eines Tages erzählte er mir von einem Rattenei, das er im Alter von dreizehn Jahren in Morzine gefunden habe, wo er seine Kindheit verbracht hatte. Ich beharrte darauf, daß Ratten keine Eier legen.

»Na, hör mal, Sophie« – er nannte mich Sophie in Anspielung auf die »Malheurs de Sophie« –, »das kann doch nicht dein Ernst sein! Weißt du etwa nicht, daß Ratten Eier legen?«

Ehrlich gesagt, war ich mir nicht mehr ganz sicher, ob Ratten nun Eier legen oder nicht ... Und Vadim erzählte mir lauter Geschichten von Rattenbabys, die vor dem Ausschlüpfen ihre Eierschalen zertrümmern mußten. Und von den Omelettes aus Ratteneiern, von denen die Bergbauern sich während des Krieges ernährt hatten ... Ich glaubte plötzlich ganz fest daran und erzählte am nächsten Tag bei einem Abendessen die hübsche Geschichte von den Ratteneiern. Das war vielleicht ein »schöner« Erfolg und wieder einmal ein Beweis meiner sprichwörtlichen Naivität! Allein weil Lächerlichkeit nicht tötet, bin ich heute noch am Leben.

Eines Abends erzählte ich Vadim, was Großvater Boum mir vom Ersten Weltkrieg berichtet hatte und was die französischen Soldaten alles hatten erdulden müssen.

Vadim lauschte mit todernster Miene und meinte dann seelenruhig: »Das ist gar nichts im Vergleich zur Geschichte der Frontkämpfer.«

»???«

»Wie? Die Geschichte kennst du nicht?«

Und er erzählte mir, daß diese armen Soldaten, die seit Stunden, ja, seit Tagen in feuchten Schützengräben hockten, plötzlich entsetzt feststellten, daß ihre Hodensäcke länger, immer länger wurden, so daß sie manchmal über den Boden schleiften.

Ich war starr vor Staunen. »Die von Boum auch?«

»Ja«, erwiderte Vadim, »und auch bei deinem Vater Pilou, aber da er jünger war, baumelte es weniger.«

Nein, nein und dreimal nein. Das konnte ich einfach nicht glauben.

»Aber sicher doch«, entgegnete Vadim. »Der Beweis sind die Fahrräder! Du weißt doch wohl, daß Herrenfahrräder eine Stange haben, Damenfahrräder aber nicht. Die sind dafür da, um die Dinger drüber zu legen, damit sie nicht in die Speichen geraten ...«

Wirklich, ein schlagender Beweis! Ich hatte mich immer schon gefragt, warum die Fahrräder verschieden waren ... Na, da hatte ich die Antwort, aber was für eine Geschichte, unglaublich!

Am nächsten Tag besuchte ich Boum. Ich schielte immer wieder nach seiner Hose, konnte aber nichts Ungewöhnliches feststellen. Papa hatte ich schon oft in Bade- oder Unterhose gesehen, aber da ich dem nie besondere Aufmerksamkeit gewidmet hatte, mußte ich mich vergewissern. Aber auch bei Papa schien alles in bester Ordnung. Jetzt kapierte ich gar nichts mehr und lief zu Vadim, um ihm zu sagen, daß er sich doch geirrt haben mußte.

Der lachte, hörte gar nicht mehr auf zu lachen und erklärte mir dann, daß sich die Dinger im Laufe der Zeit wieder normalisiert hätten, daß die Haut eben elastisch sei, man müsse sich das so vorstellen wie beim Bauch einer schwangeren Frau.

Das leuchtete mir wiederum ein.

Des Rätsels Lösung erfuhr ich erst, als ich eines Tages mit Maman über dieses und jenes plauderte. Im Laufe des Gesprächs bemitleidete ich Boum und Papa wegen dieser furchtbaren Erfahrung im Ersten Weltkrieg.

Maman wäre vor Lachen fast erstickt, und ich starrte sie völlig entgeistert an. Wie konnte man über ein solches Drama nur lachen!

Seither habe ich Vadims Geschichten nicht mehr geglaubt. Eigentlich schade – es war so lustig!

Meine Naivität ist mir lange erhalten geblieben. Nun, da ich den verteufelten Geschichten, die Vadim erfand, keinen Glauben mehr schenkte, entdeckte ich nach und nach die weniger angenehmen Seiten des Ehelebens, die die Liebe langsam töten.

Für mich ist die Liebe immer ein Wunder gewesen, etwas außergewöhnlich Schönes, das einen weit vom Alltäglichen wegträgt, auf eine Reise zu zweit, die keine Mittelmäßigkeit duldet, wie es Albert Cohen in seinem Roman »Belle du Seigneur« [»Die Schöne des Herrn«] so fein beschrieben hat.

Leider waren da die knielangen Hemden (es gab sie 1953 immer noch), die herunterrutschenden Akkordeonsocken, die Pantoffeln, ach, die Pantoffeln – wo sind meine Pantoffeln? –, und das Glucksen und Blubbern der Wasserspülung, nun, all die kleinen Widrigkeiten des Alltags, die die Liebe zugrunde richten.

Ich habe mich immer davor gehütet und habe nie geduldet, daß man sich unter dem Vorwand des Zusammenlebens gehenläßt.

Ich befand mich damals in einem schwierigen Lebensabschnitt, in dem ich meinen Weg suchte.

Die Kritiken zu meinen beiden ersten Filmen fielen so vernichtend aus, daß es schon reichte, meinen Namen zu erwähnen, damit die Türen zu den Produktionsfirmen donnernd zugeknallt wurden. Ich war erledigt, ganz unten durch.

Ich hatte schon immer eine panische Angst vor Mißerfolgen und davor, vor die Tür gesetzt zu werden. Da gehe ich schon lieber von allein. Ich mußte die Niederlage ausbügeln und versuchen, noch einmal von vorne anzufangen.

Erste Etappe: einen Agenten finden, der diesen Namen verdiente. Der alte Herr, ein Freund meiner Eltern, war kurz zuvor gestorben. Man verwies mich an Olga Horstig. Ich schrieb ihr einen schüchternen Brief, in dem ich sie bat, sich meiner anzunehmen. Ich suchte sie auf. Die typische Geschäftsfrau, imponierend und autoritär, von slawischem Charme.

120

Nachdem sie mich kurz taxiert hatte, entschied sie, mich in ihren »Stall« aufzunehmen.

Ihr Stall ist mein zweites Zuhause geworden und sie meine zweite Mutter. Ich habe sie nie verlassen und sie zärtlich »Mama Olga« genannt. Sie hat meine Karriere nach besten Kräften gefördert. Vor allem aber hat sie mir immer eine mütterliche Zuneigung und große Nachsicht entgegengebracht.

Sie suchte damals gerade ein junges Mädchen, das an der Seite von Jean Richard in »Le Portrait de son Père« unter der Regie von André Berthomieu spielen sollte.

Zwei schlechte Filme zu Beginn meiner Karriere, und der dritte war auch nicht besser! Ich sagte mir, aller guten Dinge sind drei, und nahm an, um Butter fürs Brot zu haben.

Anatole Litvak, der große amerikanische Regisseur russischer Abstammung, ein ebenso generöser wie hochbegabter, prachtvoller Mensch, der nicht viel auf Gerüchte gab, ließ über Olga anfragen, ob ich in seinem nächsten Film »Act of Love« [»Ein Akt der Liebe/Das Mädchen von der Seine«] die Rolle einer kleinen französischen Dienstmagd übernehmen wolle. Die Hauptrollen spielten Dany Robin und Kirk Douglas.

Man mußte englisch sprechen können. Ich konnte nur radebrechen ... Ich bekam die Rolle.

Der Film wurde mitten im Winter in Paris in den (inzwischen abgerissenen) Studios »Saint-Maurice« gedreht. Die Garderobenräume waren trostlos und eiskalt. Ein Butangasöfchen verpestete das Zimmer, in dem ich Stunden und Tage zubrachte, bevor man mich endlich ins Studio rief.

Ich trug Zöpfe, Kittelschürze, Socken (diese Socken schienen mich zu verfolgen!) und Holzschuhe.

Der Film spielte im Kriegsjahr 1940.

Ich war voller Bewunderung für Dany Robin. Sie war so reizend, so hübsch; auch sie war eine ehemalige Tänzerin, ich identifizierte mich mit ihr, träumte von ihr ... Ein Traum, der sich in einen Alptraum verwandelte, als ich erfuhr, daß

121

sie eine passionierte Jägerin war und nichts lieber tat, als zu Fuß, zu Pferde oder per Auto kleine Tiere zu töten.

Kirk Douglas galt als der amerikanische Schauspieler schlechthin, der Halbgott, dem niemand sich zu nähern wagte. Ich aber näherte mich ihm, ich rempelte ihn sogar in den dunklen und eiskalten Studiogängen an. Er sagte »Sorry«, und ich, ich errötete! Er war nicht besonders schön, dafür aber außergewöhnlich charmant.

Mit einem »dialogue coach«, einem Trainer für die englischen Dialoge, probte ich meinen Text. Ich hatte zwei oder drei Sätze zu sprechen, doch ich mußte sie aus dem Effeff beherrschen. Nach tagelangem Warten kam ich dann endlich an die Reihe. Litvak mit seinem weißen Haarkranz und seinen großen hellen Augen war reizend; er lachte über meine Nervosität und mein Lampenfieber. Ich mußte den Kopf in die Durchreiche stecken und »Dinner is served« sagen.

Das war mein großer Auftritt.

Selbst wenn ich die »Phädra« in Englisch gespielt hätte, hätte ich nicht stolzer und aufgeregter sein können.

Als Maman den Film in einem Kino auf den Champs-Elysées sah, war sie erkältet und mußte genau in dem Augenblick, als ich den Kopf in die Durchreiche steckte, heftig niesen. Sie mußte die zweite Vorführung abwarten, damit sie mich dreißig Sekunden lang zu sehen bekam.

Im April 1953 begleitete ich Vadim zu den Filmfestspielen in Cannes. Er sollte für »Paris-Match« Leslie Caron interviewen.

Ich kannte Leslie. In der Ballettschule von Boris Kniazeff hatte ich mit ihr hart gearbeitet. Ich war sehr stolz, sie zu kennen, als sie für »Ein Amerikaner in Paris« ausgewählt wurde.

Als ich sie in Cannes wiedersah, war sie bereits ein Weltstar. Das berührte mich seltsam. Wir waren wie zwei Finger an einer Hand gewesen, wie Schwestern, die sich auch äußerlich glichen, und durch unsere tägliche Arbeit zusammengewachsen. Sie befand sich auf dem Gipfel ihres wohlverdienten Erfolges. Ich dagegen erklomm mühsam die ersten Stufen einer endlosen Leiter.

Sie hatte Termine mit den größten Fotografen, den brillantesten Journalisten, während ich mich am Strand des Hotels »Carlton« von Freunden, Touristen oder Fotografen der Lokalpresse ablichten ließ. Daran konnte ich meine Mittelmäßigkeit erkennen und den weiten Weg, der noch vor mir lag, wollte ich eines Tages mit etwas Glück eine ebensolche Berühmtheit werden.

In der Bucht von Cannes ankerte ein amerikanischer Flugzeugträger. Der Kommandant lud die Filmstars zu einer »Party« ein. Ich begleitete wieder einmal Vadim, der zusammen mit dem Fotografen Michou Simon eine Reportage über dieses außergewöhnliche Zusammentreffen machen sollte.

Leslie Caron, Lana Turner, Etchika Choureau, Gary Cooper, Kirk Douglas und viele andere wurden von den Matrosen, dem Kapitän und dem Kommandanten mit lautem Hurra begrüßt.

Hinter Vadims Rücken versteckt, beobachtete ich belustigt und eingeschüchtert das Geschehen, als der Kommandant plötzlich auf mich zukam, mich mitten auf die Brücke zog, mich grüßte und der Mannschaft vorstellte: »That's Brigitte!!!«

Was tun? Ich hob beide Arme und schrie: »Hello, men!«

Was folgte, war der reine Wahnsinn. Die Matrosen warfen ihre Mützen in die Luft. Sie hoben mich auf ihre Schultern und trugen mich im Triumphzug umher, wobei sie »BRID-GET! BRID-GET! BRID-GET!« skandierten.

Sie hatten nicht die geringste Ahnung, wer ich war, denn ich war ein Niemand.

Ich wußte nicht, wie mir geschah, verstand nicht, was vorging, aber es hatte irgendwo »geklickt« zwischen ihnen und mir. Irgend etwas hatte dazu geführt, daß sie wegen der einzigen illustren Unbekannten des Filmfestivals derart außer Rand und Band gerieten.

Diese unvorhersehbare und ermutigende Reaktion mag vielleicht erklären, warum es gerade die Amerikaner waren, die mich einige Jahre später nach der Uraufführung von »Et Dieu créa la femme« [»Und immer lockt das Weib«] berühmt machten.

Olga, die auf Professionalität der Schauspieler, die sie vertrat, großen Wert legte, riet mir, bei René Simon Schauspielunterricht zu nehmen.

Ich besuchte also seinen Kurs, in dem etwa fünfzig Schüler, Mädchen und Jungen, lachten, diskutierten, kritisierten und probten. Am liebsten wäre ich wieder mal in ein Mauseloch gekrochen.

Ich suchte mir ganz hinten einen Platz. Simon, ein total Verrückter, hielt auf einer kleinen Estrade einen Monolog. Er legte dar, daß »Jugendlichkeit« das Geheimnis des Erfolges sei; Jugendlichkeit sei nämlich keine Frage des Alters. Man sei noch so lange jung, wie man sich noch beim »Pinkeln« (sic!) zusehen könne, womit er meinte, man müsse sich hüten, einen dicken Bauch anzusetzen, da dieser die Menschen daran hindere, sich »pinkeln« zu sehen!

Wir Frauen zählten überhaupt nicht, denn unsere Physiognomie – ob mit oder ohne Bauch – hindert uns an dieser Übung.

Das war meine erste und letzte Unterrichtsstunde bei Simon. Gestärkt durch diese höchst intellektuelle Belehrung, zog ich von dannen, insgeheim davon überzeugt, daß es keinen besseren Lehrmeister gibt als die Arbeit selbst und daß das Leben uns mit der Zeit das vermittelt, was man Erfahrung nennt.

Da ich in dem Kurs eingeschrieben gewesen war, machte ich nachträglich enorme Werbung für Simon! Bardot hat einen Kurs bei Simon besucht, hieß es in meinem Lebenslauf.

André Barsacq bot mir an, im Théâtre de l'Atelier eine Rolle in Jean Anouilhs »L'Invitation au Château« [»Einladung ins Schloß«] zu übernehmen, die zuvor Dany Robin gespielt hatte.

Mir blieb keine andere Wahl, als anzunehmen. Ich mußte

schließlich leben; ich sollte zweitausend alte Francs pro Vorstellung erhalten. Das war besser als nichts.

Da ich nie Theater gespielt hatte, war ich eine Niete.

Vorsprechen, Gestammel, Entmutigungen, ich machte eine absolut lächerliche Figur.

Anouilh beobachtete mich genau. Er war mit der Besetzung einverstanden, seiner Meinung nach würde ich eine reizende Isabelle abgeben.

Am Premierenabend waren alle großen Kritiker anwesend, darunter auch Jean-Jacques Gautier.

Alle »alten Hasen« hatten Lampenfieber, ich aber starb vor Angst.

Drei Klopfzeichen … Ich trat vor, ich stürzte mich in die Höhle des Löwen, ich vergaß das Leben, die Menschen, mich selbst! Ich dachte an nichts mehr als an Isabelle, der ich durch diesen herrlichen Text von Anouilh Leben einhauchen wollte.

Vor meinem Auftritt hatte mir Anouilh Blumen geschickt mit einer Karte, auf die er geschrieben hatte: »Nur keine Angst – ich bringe Glück!«

Diese Karte habe ich aufgehoben und festgestellt, daß er recht hatte.

Am nächsten Tag erhielt ich Lob von Jean-Jacques Gautier, und die meisten Kritiker äußerten sich positiv über meinen Auftritt und das Stück.

Aber eines Abends – ich spielte schon etwa einen Monat und fühlte mich sehr viel sicherer – hatte ich mitten im zweiten Akt eine schreckliche »Gedächtnislücke«.

Ich klammerte mich an den ersten Satz, der mir danach einfiel, doch der gehörte, was mir gar nicht auffiel, in den dritten und nicht in den zweiten Akt. Grégoire Aslan, der mir eigentlich an dieser Stelle im Dialog hätte erwidern müssen, war wie versteinert. Es kam zu einem furchtbaren Radau hinter den Kulissen und einem überstürzten Auftritt der Person, die auf jenen für mich rettenden Satz antworten sollte!

Die Aufführung fiel daher um eine Stunde kürzer aus, es gab keine Pause, die Zuschauer verließen das Theater ratlos, und ich, ich schwor, wenn auch ein wenig spät, daß mir so etwas nie wieder passieren würde. Es war meine erste und letzte Bühnenrolle.

Trotzdem bin ich insgesamt drei Monate lang in diesem Stück aufgetreten ...

Die tägliche Gage von zweitausend alten Francs am Théâtre de l'Atelier reichte nicht aus zum Leben. Ich mußte unbedingt etwas anderes finden!

Olga schlug mir vor, am Montag, meinem freien Tag, eine Szene in »Si Versailles m'était conté« [»Versailles – Könige und Frauen«] zu drehen.

Sacha Guitry suchte nämlich eine »nicht zu teure« Schauspielerin für die Rolle der Mademoiselle de Rosille, der Eintagsgeliebten von Ludwig XV., der von Jean Marais dargestellt wurde.

Für einen Drehtag in Versailles sollte ich fünftausend Francs Gage bekommen. Ich nahm das Angebot erfreut an.

An diesem berüchtigten Montag fand ich mich morgens um neun zur »Maske« in den Gesindewohnungen des Versailler Schlosses ein. Mittags sollte ich drehbereit sein.

Ich schlief im Stehen. Am Vortag hatte ich eine Matinee- und eine Abendvorstellung gegeben und war spät ins Bett gekommen.

Immer diese höllische Maske – »je dicker die Schicht, desto schöner«. Ich sah aus wie ein paniertes Wiener Schnitzel, bevor es in die Pfanne kommt. Man hatte mich in Reispuder gewendet, und ich hätte ohne Aufsehen in einer Pantomime bei Marcel Marceau mitspielen können.

Die Friseuse stülpte mir eine gepuderte Perücke über den Kopf, mit der ich eher wie eine Lumpenpuppe ohne Mund und Augen aussah. Zur Krönung des Ganzen saß die Perücke auch noch etwas schief, was mir einen leicht idiotischen Ausdruck verlieh. Schüchtern wagte ich darauf hinzuweisen. Man erwiderte mir trocken, daß ich bei meinem bescheidenen Leinwandauftritt ebensogut ohne Perücke erscheinen könnte, ohne daß es jemandem auffiele. Wie reizend! So etwas verleiht einem Selbstvertrauen, wenn man schüchtern ist und an allem zweifelt, besonders an sich selbst.

Gegen Mittag war ich endlich fertig.

Man hatte mich in ein »authentisches Kostüm« in verwaschenem Rosa gezwängt. Ich trug Mieder und Reifrock mit einem Gestell aus Draht und Fischbein und allem, was dazugehört. Ich bekam kaum Luft und wagte nicht, mich hinzusetzen. Ich blieb also stehen, probte meinen Text und wartete darauf, daß diejenigen, die das Sagen über mich hatten, mich zu rufen geruhten.

Um drei Uhr nachmittags ließ ich mich erschöpft auf den Stufen einer Treppe nieder, wobei ich fast in meinem Reifrock versunken wäre.

Um fünf Uhr nachmittags bekam ich Hunger. Ich fragte schüchtern, ob ich Zeit hätte, mir schnell ein Sandwich zu holen. Man antwortete mir, ich würde fürs Warten bezahlt und hätte deshalb zu warten. Außerdem brauche man mich in einer Viertelstunde.

Abends um sieben wartete ich noch immer. Mein Magen knurrte, die Augen fielen mir zu, und ich schlief im Sitzen ein. Um zehn Uhr wachte ich völlig benommen auf. Ich war allein, um mich die schwärzeste Finsternis – man hatte mich vergessen.

Als ich mich bemerkbar machte, hielt mir die Maskenbildnerin eine Standpauke: Was aus ihrem schönen Reispuder und dem Make-up geworden sei? Und meine Wimperntusche sei auch ganz verschmiert! Und meine Perücke, die säße inzwischen auf den Augenbrauen.

Ich versuchte, ihr zu erklären, daß ich seit neun Uhr morgens wartete, daß ich am Ende sei, daß ich schlafen gehen wolle … Es half alles nichts. Man puderte mich aufs neue, meine Perücke wurde nach hinten gezerrt, und man verbot mir, mich zu setzen und zu schlafen.

Also wartete ich im Stehen weiter, bis mich gegen Mitternacht ein Assistent abholte.

Geblendet von den Scheinwerfern, trat ich in den großen goldenen Salon, wo ich meine Szene mit Marais spielen sollte.

Ich muß unglaublich ausgesehen haben, so schläfrig und schlaff. Man stellte mich Guitry vor, der, von einem Assistenten geschoben, von einem kleinen Rollstuhl aus seine Regieanweisungen erteilte. Er trug Hut, Bart und Stock, musterte mich zweifelnd und fragte dann geradeheraus: »Wie alt sind Sie, Kleines?«

»Neunzehn, Maître.«

Mit einem verschmitzten Lächeln meinte er daraufhin: »In Ihrem Alter, Kleines, hat man noch Zeit zu warten!«

Maman, die häufig erkältet war, mußte bei der Filmpremiere wieder niesen, als meine Szene mit Marais kam. Sie hat mich also wieder nicht gesehen, mir aber fest versprochen, ihre chronische Erkältung behandeln zu lassen, bevor sie sich meinen nächsten Film ansehen würde!

Bis ich zum ewig lockenden Weib wurde, hatte ich noch so manche Prüfung zu bestehen.

Martine Carol befand sich damals bereits auf dem Gipfel ihrer Karriere. Alle Produzenten rissen sich um sie, und man erfand Gott weiß was, um mit ihrem magischen Namen den Zuschauer ins Kino zu locken.

Ich erfuhr, daß man mich für eine kleine Rolle in einem Film von Jean Devaivre »Le fils de Caroline chérie« [»Dunkelroter Venusstern«] haben wollte. Warum nicht für »Der Vetter von Lola Montez« oder »Der Milchbruder von Nana«? Wenn eine bestimmte Masche funktioniert, wird sie bis zum Gehtnichtmehr ausgeschlachtet.

Jean-Claude Pascal, der Sohn einer umwerfenden Schönheit, sollte die arme »Caroline chérie« endgültig ins Verderben stürzen, da er auf seine Art die galanten Abenteuer seiner berühmten Mutter fortsetzen sollte. Nun, es ist nicht leicht, in die Fußstapfen einer illustren Mutter zu treten, vor allem wenn man andauernd schöne Frauen verführen soll, darunter Magali Noël, die ungemein sexy war. Die Sache sollte für alle gleichermaßen schwierig werden.

Vadim begleitete mich nach Port-Vendres, Roussillon, wo die Außenaufnahmen gefilmt werden sollten. Wir trafen einen Tag vor Drehbeginn ein. Alles war vorbereitet, die Kostüme, die Bauten und so fort. Man hatte lediglich vergessen, mir die Haare schwarz zu färben, spielte ich doch die spanische Adlige Pilar, die Jean-Claude Pascal am Ende des Films ehelichen sollte, nachdem er sich vorher ausgiebig mit anderen Frauen amüsiert hatte.

Eine Katastrophe!

Abends um zehn war der Frisiersalon des Kaffs geschlossen, unsere Friseuse hatte kein Färbemittel dabei, und ich weinte wieder einmal, als ich an mein schönes aschblondes Haar dachte, das für diese verdammte Filmerei verhunzt werden sollte. Am liebsten wäre ich abgereist, doch meine Unterschrift unter dem Vertrag hinderte mich daran. Also harrte ich aus, schlief kaum, halb tot vor Angst, und fand mich am nächsten Morgen Punkt sieben bei der Maskenbildnerin ein.

Der Frisiersalon des Kaffs war noch immer geschlossen, und die Friseuse der Produktion hatte noch immer keine Farbe. Also bepinselte man die vorderen Strähnen meiner Mähne mit schwarzer Wimperntusche. Ich bot wieder mal einen ganz besonders entzückenden Anblick. Die behandelten Haare waren verklebt, steif und voll schwarzer Klumpen, der Rest zu einem aschblonden Knoten zurückgekämmt, der unter einem schwarzen Schleier verborgen war. Ich sah aus wie eine Musterkarte für Haarfärbemittel.

Ach, das hatte nichts mit Martine Carol, der früheren Darstellerin der Caroline, zu tun! Ich war nicht bereit, ihre Rolle einzunehmen, so wie ich daherkam.

Ich muß meine Minderwertigkeitskomplexe wohl nicht näher beschreiben. Magali Noël war wunderbar, sie wirbelte umher, lachte bald mit dem einen, bald mit dem anderen. Jean-Claude Pascal schien sich gut mit ihr zu amüsieren, und auch er sah wunderbar und nobel aus. Und ich, ich sah nach allem möglichen aus, nur nicht nach einem aufstrebenden Star.

Am Abend dieses ersten Drehtages schleppte man mich in den Frisiersalon des Provinznestes, der nun endlich geöffnet war. Dort schmierte man mir die Kopfhaut mit einer

dunklen klebrigen Masse ein, und ich verließ den Laden ra-
benschwarz, einfach gräßlich, mit Farbspuren auf Hals und
Gesicht. Meine Haare, damals wie heute mein großer Stolz,
waren versengt, spröde und brüchig. Ich weinte wieder und
verfluchte das Schicksal, das mir so schreckliche Opfer ab-
verlangte.

Der Film wurde miserabel, Jean-Claude Pascal reichte
nicht an Martine Carol heran, Magali Noël auch nicht und
ich erst recht nicht.

Ihre Caroline wird einzigartig und unnachahmlich bleiben – mit oder ohne Sohn.

Vadim bekam von »Paris-Match« den Auftrag für eine Reportage über die Vicomtesse de Luynes, die in ihrem
Schloß an der Loire eine große Hetzjagd veranstaltete.

Selbst mit Clown als Gesellschaft wollte ich nicht allein
zu Hause bleiben. Ich hatte höllische Angst davor, Vadim
könnte einer schönen Frau begegnen und das Wochenende
zu einem Techtelmechtel nutzen.

Ich war hin und her gerissen zwischen der Eifersucht
und dem Abscheu, vor Ort, wenn auch nur von weitem,
diese grauenvollen Jagdszenen mit ansehen zu müssen. Im
Schloß angekommen, nahm ich sofort die furchterregende
Atmosphäre wahr, die einem solchen Gemetzel vorausgeht.
Da ich niemanden sehen wollte, schloß ich mich in meinem
Zimmer ein und wartete, bis die Mörderbande aufgebrochen war, bevor ich einen Fuß vor die Tür setzte. Vadim war
wegen seiner Reportage mit den anderen losgezogen. Während ich alleine den Wald durchstreifte, hörte ich in der
Ferne Jagdhornklänge, Hundegebell und all den Lärm, der
die Stille im herrlichen Wald störte.

Ich weiß noch, daß ich träumte, ich sei eine Fee, die diesem Treiben ein Ende bereiten würde; daß ich den Himmel
anflehte, diese unglückseligen, von einer blutrünstigen Men-
schenhorde gehetzten Hirsche zu retten, und daß ich, den
Kopf an einen Baumstamm gelehnt, weinte und über den
Sinn solcher Grausamkeiten nachdachte.

Ich versetzte mich in den Hirsch, spürte seine Angst und

sein panisches Entsetzen. Harmlos und friedlich lebte er im Wald, seine einzige Schuld bestand darin, daß er dieses prächtige Geweih auf dem Kopf trug, das sich die Menschen um den Preis seines Lebens als Trophäe über den Kamin hängen wollen.

Von jenem Tag an haßte ich die Jäger. Mir wurde die Sinnlosigkeit, die Grausamkeit, die Unmenschlichkeit der Jagd mit aller Deutlichkeit bewußt. Ich dachte mir, wenn man auf alle betrogenen Ehemänner Jagd machen würde, um ihnen die Hörner abzunehmen, gäbe es auf Erden bald nur noch wenige dieser sogenannten »menschlichen« Wesen, die in Wirklichkeit mehr nach Blut als nach Menschlichkeit lechzen.

Die Dunkelheit war schon hereingebrochen, als ich ins Schloß zurückkehrte. Dort hörte ich nur Gelächter, schrille Stimmen frustrierter Frauen und die dunkler getönten der Männer, die stolz auf ihre Metzelei waren. Ich sah den verlassenen toten Hirsch blutüberströmt mitten im Hof liegen, und sein Blut hat meine Augen für immer befleckt. Ich sehe rot, blutrot, wenn mir jemand von der Jagd erzählt. Und ich gelobte mir, alles im Leben daranzusetzen, um den Menschen ihren Irrtum klarzumachen. Noch am selben Abend hielt ich Wort.

Angewidert betrat ich den großen Salon, um Vadim zu suchen, der sich schon fragen mußte, wo ich abgeblieben war. Ich grüßte niemanden, nicht einmal die Gastgeberin. Ich betrachtete die Leute, die sich zuprosteten und beglückwünschten, und dieses Fest, das in meinen Augen eine Leichenfeier war. Den Champagner, den mir ein Butler anbot, lehnte ich ab. Ein Kloß steckte mir im Hals, und eine schwere Last drückte mein Herz. Ich war nicht eingeschüchtert, sondern abgestoßen.

Unendlich traurig und von einem beklemmenden Gefühl der Machtlosigkeit erfüllt, verließ ich diesen Ort und machte mich zu Fuß auf den Weg nach Paris. Nach einigen Kilometern holte mich Vadim im Wagen mit unseren Koffern ein.

So war mein Charakter, und so ist er bis heute geblieben.

Ich ließ mich nie aufhalten, das zu tun, was ich tun mußte – und das trotz meiner krankhaften Schüchternheit.

Wenige Tage später, als ich erschöpft von der Arbeit nach Hause kam, fand ich die Wohnung schmutzig vor, den Eisschrank leer und Aïda, das Dienstmädchen, und Vadim auf dem Teppich. Sie lagen am Boden und spielten Roulette! Es hieß, sie kenne ein unfehlbares Spielsystem, das sie für eine Million alte Francs verkaufen würde, und sie bewies dem verdutzten Vadim, daß sie damit wiederholt gewann.

Ich machte den ganzen Haushalt, während sie, neben ihrem Lohn, auch noch das Haushaltsgeld einkassierte.

Todsicher, ein magisches System gefunden zu haben, lieh sich Vadim bei einem Freund eine Million aus, die er in der Schublade des Schreibtisches vor Aïda versteckte, und sie reisten zusammen nach Deauville, um sich von der Unfehlbarkeit ihrer Methode zu überzeugen.

Wenn das System funktionierte, sollte Aïda die Million bekommen, andernfalls wollte Vadim sie seinem Freund zurückgeben.

Mein Mann und das Dienstmädchen reisten also zum Spielcasino nach Deauville, um unser kostbares Haushaltsgeld zu verprassen, und ließen mich allein zu Hause zurück!

Das Ganze dauerte nicht lange. Schon am nächsten Tag hatte Vadim alles verloren, einschließlich Aïda, die unauffindbar blieb. Tatsächlich war sie schnurstracks nach Paris zurückgekehrt, hatte gewartet, bis ich außer Haus war, sich die Million geschnappt und ward nie mehr gesehen.

Angewidert von Dienstmädchen, todsicheren Spielsystemen und naiven Ehemännern, verließ ich die Wohnung und quartierte mich mit Clown im Hotel »Bellman« ein.

Meiner Haushalts- und Eheprobleme ledig, bereitete ich mich dort ernsthaft auf die neue Rolle vor, die ich in »Futures Vedettes« [»Reif auf junge Blüten«] unter der Regie von Marc Allégret und mit Jean Marais als Partner spielen sollte.

Im Hotel »Bellman« verbrachte ich eine der amüsantesten und unbeschwertesten Phasen meines Lebens. Wie herrlich, man brauchte einfach nur auf den Knopf zu drükken, damit ein Zimmermädchen oder ein Hotelpage erschien und nichts weiter fragte als: »Sie wünschen?« Und Clown hatte noch nie so köstliche Drei-Sterne-Fleischpasteten mit Reis von Uncle Ben's bekommen.

Vadim, den nichts erschüttern konnte, zog zu mir. Ich wurde schrecklich faul. Aufräumen, kochen, bügeln – man brauchte nur Anordnungen zu erteilen. Morgens, kaum aufgewacht, läutete ich, und der Page kam, um Clown Gassi zu führen, dann wählte ich ein »Star«-Frühstück aus, und schon stand es bereit. Mein Plattenspieler lief ununterbrochen. Ich wohnte im obersten Stockwerk, und alle Nachbarzimmer waren von Freunden besetzt. Während Vadim arbeitete, tanzten wir auf dem Flur Cha-Cha-Cha.

Odile war da, um den amourösen Heißhunger ihrer sechzehn Jahre zu stillen. Ihr Zimmer war ein Taubenschlag, in dem schöne Knaben und Mädchen ein und aus gingen. Meine Schwester Mijanou suchte das Zimmer eines verheirateten Mannes auf, der frisches Fleisch liebte, um das Lieben zu lernen.

Andere Reporter und Fotografen von »Paris-Match« hatten hier, in der Nähe der Redaktion, bereits »ihr Zimmer« und waren zu jedem Abenteuer bereit, das sich bot.

Nun, das alles war sehr amüsant, und die vergessenen Höschen oder Slips wanderten von Zimmer zu Zimmer, so daß sie bei den kurzen Eifersuchtsdramen nicht als Beweisstücke dienen konnten. Bis zu dem Tag, als Vadim unten im Schrank ein halbes Dutzend Männerslips entdeckte und mir mit Scheidung drohte, landeten diese Kleidungsstücke oft bei mir, da ich nichts zu verbergen hatte.

Odile war sehr hübsch, sehr aufreizend, sehr natürlich, sehr animalisch; sie brachte mir den Cha-Cha-Cha bei. Sie war sechzehn und ich neunzehn! Ich fand sie wunderbar, denn sie verkörperte all die Eigenschaften, die mir durch meine Erziehung versagt blieben. Ich verfluchte die drei Jahre Altersvorsprung und kam mir steinalt vor, sie fand mich hübsch, und nachdem wir (mehr oder weniger bekleidet) zu afro-kubanischen Rhythmen auf dem Flur ge-cha-

cha-chat hatten, landeten wir schließlich auf einem Bett, wo wir leicht abgewandelt weitercha-cha-chaten. Das war meine erste und einzige Erfahrung dieser Art.

Ich drehte damals also »Futures vedettes« [wörtlich: zukünftige Stars] und durfte bei diesem Projekt mit dem vielversprechenden Titel den ganzen Tag an der Seite von Jean Marais sein. Ich spielte eine Gesangsschülerin. Nun hatte ich zwar sehr lange getanzt und auch ein wenig geschauspielert, aber im Singen war ich eine Null, vor allem bei den Soprankoloraturen.

Ich mußte lernen, den Mund zu einem O zu formen, sichtbar zu atmen und die Allüren einer Primadonna annehmen.

Ich war wieder einmal grotesk!

Nachdem die Arien abgedreht waren, spielte ich die Liebesszenen mit Jean Marais. Ich mußte mir wirklich Mühe geben, um überzeugend zu wirken, denn Marais machte nicht eben den Eindruck, als hätte er Spaß daran, die Szenen mehrmals zu wiederholen. Nun, Partner wie er und Jean-Claude Pascal waren für meine Tugend nicht gerade riskant und für Vadim auch nicht.

Die Pille gab es noch nicht, die Knaus-Ogino-Methode der natürlichen Schwangerschaftsverhütung war nicht unfehlbar, jede Verspätung war mit Ängsten verbunden, mit einer Panik, die mich krank machte.

Ich verbrachte mein Leben damit, die Tage des Monats vorwärts und rückwärts zu zählen, und die Nächte damit, mich zu fragen, ob es möglich sei, das zu erfüllen, was ich nie als meine »ehelichen Pflichten« bezeichnen würde. Denn ich habe es nie als eine Pflicht empfunden, und was das »ehelich« angeht, so hat Vadim sich bei mir nie als »Ehemann« im negativen Sinn des Wortes aufgeführt.

Kurzum, da ich im Kopfrechnen nie eine Leuchte war und immer schon die Schwäche besaß, die Liebe zu lieben, mußte ich feststellen, daß ich wieder schwanger war.

Da ich inzwischen verheiratet war, wäre das eigentlich

keine Katastrophe gewesen. War es aber doch! Ich habe nie im Leben Lust gehabt, Mutter zu werden. Darüber hinaus saß mir meine letzte Erfahrung noch in den Knochen. Ich wollte kein Kind, lieber würde ich mich umbringen! Außerdem mußte ich arbeiten; man bot mir zunehmend kleine Rollen an. Wenn ich jetzt aufhörte, konnte ich gleich einpacken.

Die Vorstellung, mir meine Jugend von einem brüllenden Säugling verderben zu lassen, Tag und Nacht ans Haus angebunden zu sein, Windeln zu waschen, Breichen zu kochen, den Geruch von geronnener Milch einzuatmen, ganz zu schweigen von der Verantwortung auf Lebenszeit – all das machte mich regelrecht depressiv.

Ich war mir mit Vadim einig, daß ich abtreiben würde.

Doch damals stand auf Abtreibung noch die Gefängnisstrafe ... Ich schwor mir, ein bißchen spät allerdings, nie wieder mit einem Mann zu schlafen! All dieser Ärger für einen flüchtigen Augenblick der Lust ...

Ich mußte irgendwie anders sein! Wie brachten es die anderen Frauen nur fertig, zu leben, zu lieben, ohne schwanger zu werden? Ich dagegen brauchte nur zuzusehen, wie sich ein Mann auszog, und schon erwartete ich ein Kind. Welch eine Ungerechtigkeit!

Ich weinte so lange, bis mir mein Gynäkologe versprach, eine Ausschabung vorzunehmen, wenn ich jemanden fände, der die Blutung auslösen würde.

Ich fand jemanden in der schmutzigen Wohnung eines Arbeiterviertels; ich ließ mich ohne die geringsten Hygienevorkehrungen »behandeln«, und ich bekam meine Blutung.

Mit Blaulicht mußte ich in die Klinik gefahren und unverzüglich operiert werden. In diesem Augenblick hatte ich eine synkopische Krise. Entweder war die Narkose zu stark gewesen, oder ich reagierte allergisch auf »Penthotal«, jedenfalls hörte mein Herz mitten auf dem Operationstisch plötzlich auf zu schlagen. Ich bekam eine Herzmassage verpaßt, und – dem Himmel sei Dank – mein Herz fing wieder an zu schlagen.

Da ich ja narkotisiert war, bekam ich von alledem nichts

mit. Ich weiß es nur, weil man es mir später erzählte und mich davor warnte, mich jemals wieder mit »Penthotal« betäuben zu lassen.

Nach diesem Eingriff war ich sehr geschwächt und litt noch lange unter den Folgen. Dramatisch ist, daß eine Schauspielerin nicht das Recht hat, krank zu sein. Dafür sollte ich einige Zeit später den Beweis erhalten.

Begonnene Dreharbeiten müssen abgeschlossen werden, ob die Schauspieler nun krank sind oder nicht, und dieses »Funktionier oder Stirb« gehört zu den unmenschlichen Seiten des Filmgeschäfts.

Da man mich in Frankreich nicht sonderlich schätzte, mußte ich eben Italien erobern. In Rom bot man mir Arbeit an. Also packte ich meine Koffer und wechselte vom Pariser Hotel »Bellman« ins Hotel »La Villa« in Rom. Bedauerlich war nur, daß ich Clown wegen der Quarantänevorschriften bei Vadim lassen mußte.

Ich entdeckte eine wundervolle Stadt, das angenehme Leben und den Charme der Italiener. Ich fand auch gleich eine Freundin. Sie hieß Ursula Andress und klapperte wie ich sämtliche Produktionsfirmen ab. Um Geld zu sparen, teilten wir uns ein Zimmer (aber nicht das Bett).

Der Erfolg stellte sich nicht sofort ein. Entweder waren wir zu klein oder zu groß, zu jung, zu dies oder zu das. Wenn die Produzenten von damals sich heute noch daran erinnern könnten, würden sie sich vor Wut in den Hintern beißen.

Schließlich ergatterte ich eine Rolle in dem amerikanischen Film »Helen of Troy« [»Die schöne Helena«] mit Rossana Podesta. Ich sollte ihre Sklavin spielen. Mein Englisch war lausig, und ich hatte unglaubliches Lampenfieber! Am Tag des Vorsprechens fanden sich achtzig Bewerberinnen ein. Ich hatte meine Rolle zwar gründlich gelernt, wußte aber nicht richtig, was ich eigentlich sagte, doch sagte ich es mit einer solchen Selbstsicherheit, daß die Wahl auf mich fiel.

Als der Regisseur mir eine Frage stellte, verstand ich kein Wort, es war furchtbar!

Ich hatte einen Fuß in das große Räderwerk der amerikanischen Superproduktionen gesetzt. Und die ließen nicht mit sich spaßen! Unter großen Mühen lernte ich Disziplin und Englisch. Da ich gegen beides allergisch war, sah ich diesen Film als eine Art Militärdienst an.

Ich war noch immer mit Vadim verheiratet, der zwischen Rom und Paris hin und her pendelte. Ich hatte ihn noch immer gern, doch mit der Zeit war meine Leidenschaft verflogen, und ich verfiel den sanften Augen der schönen Römer … Mein Keuschheitsgelübde hatte ich ziemlich schnell vergessen. Es ist eigenartig, aber ich habe immer einen festen Anker gebraucht. Dieser Anker war Vadim, er war mir unentbehrlich, und um nichts auf der Welt hätte ich ihn wegen eines anderen verlassen.

Mein Rom-Aufenthalt zog sich hin, doch Gott sei Dank ging der Film zu Ende. Übrigens hätte ich es auch nicht länger ausgehalten. Die Amerikaner waren zwar reizend, aber warum mußte man um fünf Uhr früh aufstehen, wenn die Dreharbeiten erst um neun Uhr begannen? Meine Arbeitsauffassung belustigte sie, sie waren begeistert von dem kleinen »french girl«, und das verkündeten sie auch jenseits des großen Ozeans.

Von Warner Brothers wechselte ich zu einer kleinen italienischen Produktionsfirma, für die ich als »Star« mit Pierre Cressoy ein albernes Melodrama, »Tradità« [»Verrat«], drehte, das mir so viel Geld einbrachte, daß ich an eine Rückkehr nach Frankreich denken konnte.

Doch einstweilen wurde ich presto in eine Klinik eingeliefert, da mir die Nachwirkungen meiner Operation höllisch zu schaffen machten. Dazu kam die Erschöpfung durch die beiden aufeinanderfolgenden Dreharbeiten, bei denen ich den ganzen Tag über hatte stehen müssen. Ich hatte starke Blutungen und mußte liegen.

In der römischen Klinik, die von amerikanischen Nonnen geleitet wurde, mußte ich einen erneuten Eingriff über mich ergehen lassen. Die Dreharbeiten waren noch nicht vollständig abgeschlossen, und aus dem kleinen Melodrama wurde unversehens ein großes, denn meinetwegen konnte nicht weitergedreht werden.

Drei Tage nach der Operation flehte mich der Produzent an, die Arbeit wiederaufzunehmen. Ich müsse nur eine Woche durchhalten, und danach könne ich mich, wenn ich wolle, für den Rest meines Lebens ausruhen. Da ich keine Lust hatte, in diesem Krankenhaus, wo ich mich fremd und verlassen fühlte, alt zu werden, sagte ich zu. Das Ergebnis: Die Dreharbeiten dauerten noch über einen Monat an.

Ich arbeitete eine Stunde, dann ging es mir so schlecht, daß ich mich hinlegen mußte. Der Produzent bedrängte mich wieder, mich ein wenig zusammenzureißen und weiterzumachen, also machte ich weiter. Als die Blutungen nicht zum Stillstand kamen, kehrte ich schließlich erschöpft in mein Hotel zurück und hoffte, daß es mir am nächsten Tag bessergehen würde.

Doch am nächsten Tag war mein Zustand unverändert, und obwohl ich all meine Kräfte zusammennahm, konnte ich nicht arbeiten, ohne mich zwischendurch immer wieder hinzulegen.

In diesem jämmerlichen Zustand fuhr ich mit dem gesamten Team zum Abschluß der Dreharbeiten nach Südtirol in die Dolomiten. An das Ende der Welt, wo man zu allem Überfluß nur deutsch sprach.

Dort war es lausig kalt, es gab weit und breit keine Krankenschwester. Schließlich kümmerte sich das Scriptgirl, eine reizende Frau, um mich und setzte mir zehnmal täglich eine Spritze, damit ich noch ein wenig durchhielt. Einmal geht alles zu Ende, so auch der Film – und das zum Glück, bevor es mit mir zu Ende ging.

Zurück in Frankreich, stürzte ich mich sofort in die Arme meiner Mamie Mucel. Sie sorgte dafür, daß ich mich langsam wieder erholte. Ich wurde gehegt, gepflegt und verwöhnt; ich brauchte mich um nichts zu kümmern, alles war vorbereitet und zu meinem Besten organisiert, selbst Clown wurde gemocht und gestreichelt.

Boum war außer sich vor Freude, weil er mich ganz für sich allein hatte und sich stundenlang mit mir über meine neuen Erfahrungen unterhalten konnte. Dada kochte kleine Köstlichkeiten für mich, damit ich mich von dem Blutverlust erholte und wieder zu Kräften kam. Mamie überhäufte mich mit so viel zärtlicher Liebe, daß ich mich im Paradies glaubte. Vadim stattete mir lange Besuche ab und war sichtlich betrübt, mich in so schlechter Verfassung zu sehen. Maman verhätschelte mich und meinte, daß ich das Kind besser hätte zur Welt bringen sollen, statt meine Gesundheit aufs Spiel zu setzen. Papa, der nicht verstand, was eigentlich los war, meinte, das Filmen schade offensichtlich meiner Gesundheit, und riet mir ernsthaft, einen anderen Beruf zu ergreifen.

Kurzum, ich war gut aufgehoben und wäre sicherlich ewig dort geblieben, wenn nicht Olga eines Tages angekommen wäre, um sich nach meinem Befinden zu erkundigen und mir mitzuteilen, daß man mich für einen phantastischen Film engagieren wolle.

Die Schauspielerei ist ein schwieriges Metier.

Man darf nie »die« Chance verpassen. Aber da man nie genau weiß, welches nun »die« Chance ist, darf man überhaupt nichts verpassen. Es ist ein Ringen, ein ständiger Kampf, ein Streben nach dem Besten. Wenn man sich gehenläßt, kommt man nicht mehr voran, wenn man nicht mehr vorankommt, bedeutet das Rückschritt. Ich besitze einen eisernen Willen und eine stählerne Faulheit und wurde immer zwischen beiden hin- und hergerissen, doch letztlich hat stets der Wille gesiegt.

Also verließ ich mein behagliches Nest, das an die vorgeburtliche Zeit in Mamans Bauch erinnerte, und kehrte in jene Welt zurück, die noch lange die meine bleiben sollte: die »Welt des Films«.

Dank Olgas Hilfe hatte ich das Glück, in dem Film »Les Grandes Manœuvres« [»Das große Manöver«] unter der Regie von René Clair und an der Seite von Michèle Morgan und Gérard Philipe zu drehen. Ich hatte keine große Rolle, aber es ist besser, eine kleine Rolle in einem sehr guten Film zu haben als eine große in einem schlechten.

Dieses »große Manöver« war für mich sehr wichtig!

René Clair war ungemein freundlich und distinguiert. Er wußte mich auf sanfte und zugleich bestimmte Art zu führen.

Die Morgan beobachtete ich nur; ich wagte nicht, sie anzusprechen, denn sie schüchterte mich ein. Dafür entdeckte ich ihr Double, Dany Dessaux, in der ich eine wahre Freundin fand. Gérard Philipe war ein Mythos. Wenn er mir eine Frage stellte, wurde ich rot bis an die Haarwurzeln!

Bei Gefühlsregungen, sei es vor Aufregung oder aus Schüchternheit, bin ich immer errötet. Auch wenn ich später mit gespielter Sicherheit Journalisten schlagfertige, impertinente oder witzige Antworten gab, wurde ich dabei jedesmal knallrot. Wenn ich spürte, daß mir die glühende Hitze ins Gesicht stieg, sagte ich mir, daß meine Antwort und dieses Erröten nicht zusammenpaßten. Um etwas dagegen zu unternehmen, ging ich eines Abends in eine Apotheke meines Viertels und verlangte ein Medikament gegen das Erröten. Bei diesen Worten lief ich bis über beide Ohren puterrot an. Den Apotheker schien meine Verlegenheit zu belustigen, und er antwortete mir, ein solches Medikament existiere nicht. Es gebe ohnehin nichts Wundervolleres als eine junge Frau, die erröte. Das komme heute nur noch sehr selten vor, und ich solle so bleiben. Ich habe auf ihn gehört und bin, ohne es eigentlich zu wollen, »so geblieben«!

Vadim hatte viel für mich gearbeitet; er hatte das Drehbuch zu einem lustigen Film geschrieben, dessen Star ich kurz darauf werden sollte: »En effeuillant la marguerite« [»Das Gänseblümchen wird entblättert«].

Ich war zufrieden, denn er hatte eine charmante Figur für mich entworfen, ein wenig sexy, ein wenig arglos, die überall ein heilloses Durcheinander heraufbeschwor. Marc Allégret sollte die Regie übernehmen, und das war großartig, denn er war inzwischen einer unserer besten Freunde geworden und wollte seinem Ruf als »Star-Entdecker« treu bleiben. Er hatte Simone Simon und Danièle Delorme entdeckt, mit Danièle Darrieux und vielen anderen gedreht, und wenn ihre Namen auch nicht immer ein Doppel-Initial hatten, so amüsierte ihn dieser Zufall doch. Er hatte die S. S. und D. D. berühmt gemacht, warum nicht auch die B. B.! »Reif auf junge Blüten« war kein großer

Erfolg gewesen, und Marc Allégret hoffte nun auf »Das Gänseblümchen wird entblättert«. Er setzte alles auf eine Karte.

Meine Partner waren Daniel Gélin und Darry Cowl. Im Vorspann erschien mein Name ganz groß und als einziger noch vor dem Titel. Meine einzige Konkurrentin war Nadine Tallier, eine bekannte Stripteasetänzerin, die noch bekannter wurde, als sie später Baron Edmond de Rothschild heiratete, der ihre prächtige Nacktheit mit noch prächtigerem Schmuck bedeckte, was ihn bei ihrer üppigen Figur teuer zu stehen gekommen sein muß!

Dieses Gänseblümchen, das fast drei Monate brauchte, um sich entblättern zu lassen, gab meiner Filmkarriere kräftigen Auftrieb.

Die Italiener, die nicht zurückstehen wollten, holten »die Bardot« für einen weiteren historischen Film.

Im Englischen gibt es die Redewendung: »When you can take, you take!« Ich nahm also, was ich kriegen konnte, und reiste wieder nach Rom.

Clown fehlte mir, Vadim kam nur selten, und ich entdeckte die Liebe auf italienisch in den Armen eines schönen, sentimentalen Sängers. Jeden Abend besuchte ich den Nachtclub, in dem er auftrat. Seine Stimme war warm und bezaubernd, an diesem Ort fühlte ich mich zu Hause. Ich verbrachte ganze Nächte mit Tanzen und Lachen und vergaß ganz, daß ich am nächsten Morgen um sechs Uhr eine Verabredung hatte.

Der Mann, der mich zu so früher Stunde erwartete, hieß »Nero«. Ich spielte die Rolle der Poppea, Alberto Sordi war Nero, Gloria Swanson Agrippina und Vittorio de Sica ich weiß nicht mehr wer ...

Wie bei italienischen Filmen üblich, die alle nachsynchronisiert werden, war der Ton unwichtig. Jeder sagt, was er will, und dies in seiner Sprache. Ich sprach französisch, Sordi und de Sica italienisch, Swanson amerikanisch! Wir drehten in einem höllischen Chaos, die Bühnenarbeiter hämmerten an den Szenenbildern für das Studio nebenan, während der Regisseur, der sich rasieren ließ, den Barbier beschimpfte, der ihn geschnitten hatte.

Inmitten dieses Tohuwabohus leierten wir unseren Unsinn herunter. Dabei waren wir von unserem Talent überzeugt und gleichgültig gegen die Dummheit derer, die es nicht durch respektvolles Schweigen zu würdigen wußten.

Nachdem ich gerade den »amerikanischen Militärdienst« hinter mich gebracht hatte, wurde ich jetzt plötzlich mit dem saloppen Stil der improvisierten römischen Orgien konfrontiert.

Bei diesen Dreharbeiten testete ich zum ersten Mal in meinem Leben meine Macht als Star.

Poppea sollte ihr berühmtes Milchbad nehmen, und ich war gespannt darauf, welche Wirkung ein solches Bad auf meine Haut haben würde. Doch zu meiner großen Überraschung wurde mir mitgeteilt, daß die prächtige Badewanne, die an ein Schwimmbad erinnerte, mit einer Stärkelösung gefüllt war. Ich zeterte, ich wolle nicht in eine Flüssigkeit steigen, aus der ich gestärkt und steif wie der Kragen eines Frackhemdes wieder herauskommen würde. Kurzum, ich inszenierte ein Drama.

Aufregung im ganzen Studio ... Man fragte an, was ich denn statt der Stärke wünsche.

»Milch«, antwortete ich.

Die Produzenten hatten schon befürchtet, ich würde Eselsmilch verlangen, doch nett, wie ich war, wollte ich es nicht zu weit treiben.

Dennoch, auch Kuhmilch würde ein Vermögen kosten. Was tun? Sie mit Wasser verdünnen ..., halb Milch, halb Wasser! Gesagt, getan, und so kam ich zu einem Magermilchbad!

Doch meine Launen wurden grausam bestraft!

Die Szene sollte uns zwei Tage beschäftigen. Begeistert und stolz stieg ich am ersten Tag in meine riesige, mit frischer Milch und warmem Wasser gefüllte Badewanne ... Die Scheinwerfer, die Hitze und die vielen Stunden, die ich in der Mischung verbrachte – alles zusammen führte dazu, daß ich am Ende des ersten Drehtages in einer widerwärtigen Brühe geronnenen Joghurts schwamm, die am nächsten Tag nicht mehr zu gebrauchen war.

Ich stieg in erbärmlichem Zustand aus meinem Gebräu und war am nächsten Tag mit der Stärkemischung einverstanden. So nahmen mein römisches Abenteuer und meine Allüren als angehender Star ein Ende. Reich an Erfahrungen und arm an Devisen kehrte ich nach Frankreich zurück.

Nun war ich also wieder in meiner engen Wohnung in der Rue Chardon-Lagache, in der Stadt Paris, die mir als neugeborenem Starlet wie geschrumpft vorkam. In Rom hatte ich Weite und Größe kennengelernt, und jetzt spürte ich um mich herum eine Mittelmäßigkeit, die ich nicht ertrug.

Ich möchte hier von einer alten Dame erzählen, die meine Concierge war und Mademoiselle Marguerite hieß. Es kam zu einer Begegnung zwischen einer Frau von fünfundsiebzig, die allein war und auf den Tod wartete, und einer jungen Frau von zwanzig Jahren, die fast allein war und auf das Leben wartete!

Ich empfand für sie eine Zuneigung, die vergleichbar ist mit der eines kleinen Mädchens für eine Großtante.

Wenn ich heute von ihr spreche, dann deshalb, weil sie mir so viel Freundlichkeit, so viel Zuneigung entgegenbrachte, daß ich ohne sie vielleicht nicht so geworden wäre, wie ich bin. Sie lebte in einer erbärmlichen Kammer, die der Romane Zolas würdig gewesen wäre, und ihr einziger Gefährte war ihr Kanarienvogel Tino, der den ganzen Tag lang für sie sang. Seien Sie gesegnet, Mademoiselle Marguerite! Sie waren für mich die Nachsicht und Güte in Person!

Bei meiner Rückkehr aus Rom war Mademoiselle Marguerite gestorben.

In diesem Zusammenhang möchte ich auf einen meiner grundlegenden Wesenszüge zu sprechen kommen. Ich war und bin verletzlich und sanft. Ich habe immer, wenn nicht Liebe, so doch Zuneigung und menschliche Wärme gebraucht, was dazu führte, daß ich mich mein Lebtag an jene geklammert habe, die mir diese beinahe lebenswichtige Zärtlichkeit entgegenbrachten. Dieses Bedürfnis scheint von einem Mangel in meiner frühesten Kindheit herzurühren, von dem ich mich bis heute nicht erholt habe! Ich bin gerührt, wenn man mir Freundlichkeit entgegenbringt. Wenn man mich liebt und es mir auch zeigt, bin ich dankbar bis zur Unterwürfigkeit.

Meiner Dada brachte ich ewige Liebe entgegen, weil sie mir unendliche Zärtlichkeit schenkte! La Big himmelte ich an, weil sie mich mit Nachsicht und Großzügigkeit liebte! Meine Großeltern, Boum und Mamie, die ihr Leben für mich gegeben hätten, vergötterte ich!

Ich habe mich, wenn auch vermutlich ungeschickt, darum bemüht, dieselbe unermeßliche Liebe von meinen Eltern zu bekommen, und bei meinen Liebhabern habe ich in erster Linie immer Zuneigung und Zärtlichkeit gesucht. Die körperliche Liebe, so wichtig sie auch war, nahm doch immer nur die zweite Stelle ein.

Da ich mich zwischen zwei Filmchen wohl oder übel beschäftigen mußte, erklärte ich mich bereit, für eine Fernsehreportage bei Maurice Chevalier Mittag zu essen und für den Maler Van Dongen Modell zu stehen. Ich war unbekannt, sie dagegen waren heilige Monster! Van Dongen, der mich unglaublich beeindruckte, malte ein außerordentliches Porträt von mir. Der Entstehungsprozeß des Werks wurde für das Fernsehen gefilmt – und somit auch ich.

Es war mir unmöglich, dieses Meisterwerk zu kaufen, denn ich hatte nicht einen Sou. Ich erstickte fast vor Wut, versuchte Van Dongen zu bezirzen, doch der zog Banknoten einem Lächeln vor. Gut, dann eben nicht! Dieses Porträt von mir ist heute im Nachschlagewerk »Larousse« abgebildet und gilt als eines von Van Dongens Meisterwerken. Später, als ich mehr Geld hatte, habe ich nach diesem Bild gefahndet, doch inzwischen war es an einen Amerikaner verkauft. Als es 1970 wieder nach Frankreich gelangte, wurde es mir angeboten. Damals war es zweihundertsiebzigtausend Francs wert, und ich hatte das Gefühl, einen Teller Spinat mit Schinken vor mir zu sehen …

Die Amerikaner hatten mich nicht vergessen. Eines schönen Tages flatterte mir ein Wiedereinberufungsbefehl des »Militärdienstes« ins Haus. Die »Universal Company« schickte mir über den großen Teich einen wundervollen unterschriftsreifen Vertrag zu.

Mein Gott, was sollte ich tun?

Das Angebot, ein Siebenjahresvertrag mit festem Monatseinkommen, war verlockend. Bei meinem Kontostand eine phantastische Summe! Allerdings war ich verpflichtet, ausschließlich mit ihnen zu drehen, und mußte die Angebote so annehmen, wie sie kamen …

Trotzdem verlockend! Andererseits, ich reiste nicht gerne. Zudem hätte mich das entwurzelt, was ich fürchtete, obwohl meine Wurzeln nur schwach ausgeprägt waren.

Aber ich hatte kein Geld mehr, es zerrann mir zwischen den Fingern. Übrigens hatte ich, um zu sparen, auf ein neues Dienstmädchen verzichtet, und da ich gerne Freunde zu mir einlud, kochte ich, wenn mir zwischen Fotoaufnahmen, Terminen bei den Produzenten und dem täglichen Einkauf etwas Zeit blieb. Eines Tages hatte ich Freunde zum Essen eingeladen. Ich wollte zum ersten Mal in meinem Leben einen Braten machen, und während er garte, bot ich ihnen einen Aperitif an.

O Schreck! Plötzlich sah ich dicke Rauchschwaden unter der Küchentür hervordringen … Ich stürzte hinein … Der glühendheiße Ofen hatte den Tisch, auf dem er stand, in Brand gesetzt! Ich schrie und riß das Küchenfenster auf, damit der Rauch abziehen konnte. Hustend kamen die Gäste herein und liefen zum Ofen, aus dem helle Flammen schlugen. Als ich das bemerkte, fiel mir schlagartig ein, daß man im Brandfall Zugluft unbedingt verhindern muß. Also rannte ich aus der Küche, schlug die Tür hinter mir zu, stemmte mich mit aller Kraft dagegen und sperrte meine Freunde mit den Flammen ein. Ich erinnere mich an ihr Geschrei, während ich noch immer die Tür zuhielt. Dann kam

Vadim hinzu, der sich nicht aus der Ruhe bringen ließ und sie lauthals lachend befreite.

Wir aßen im Restaurant, und an diesem Tag habe ich erkannt, daß der Schuster gut daran tut, bei seinem Leisten zu bleiben. Ich beschloß, nie mehr im Leben zu kochen! Diesem Schwur bin ich allerdings nicht treu geblieben.

Doch einstweilen wartete der amerikanische Vertrag, mein Impresario wartete, und ich wartete darauf zu erfahren, was mich erwarten würde! Einige Zeit zuvor hatte sich in Amerika eine skandalöse Ungerechtigkeit zugetragen, die als »Affäre Rosenberg« bekannt wurde.

Von Politik verstand ich nichts, und im übrigen verstehe ich auch heute noch nichts davon, doch Ethel und Julius Rosenberg werde ich für immer in meinem Herzen tragen.

Ich habe ihren Gerichtsprozeß verfolgt, ihre Ängste und ihre Hoffnungen zu den meinen gemacht. In der Nacht vor ihrer Hinrichtung habe ich Flugblätter verteilt, die ich selbst von Hand geschrieben hatte. Hunderte kleiner Papierstücke, auf denen ich ihre Unschuld verkündete. Überall dort, wohin ich mit meinem kleinen Auto gelangen konnte, verstreute ich sie. Ich bedaure nur, daß ich nicht genug hatte, um die Straßen und Gehsteige von Paris damit wie mit Schnee zu bedecken, einem Schnee, so weiß wie die Herzen und Seelen dieser beiden.

Ethel und Julius, die so mutig auf dem elektrischen Stuhl gestorben sind, haben nicht nur den Lauf der Geschichte verändert, sondern auch das Schicksal einer kleinen Französin namens Brigitte, mit der die Amerikaner gern ein Geschäft gemacht hätten.

In der Minute, da ich von ihrem Tod erfuhr, von ihrer unwürdigen und furchtbaren Qual, habe ich, die unbekannte, unbedeutende Französin, die beiden ein klein wenig gerächt. Ich habe den schönen amerikanischen Vertrag genommen und in Stücke gerissen. Ich habe ihn in Konfetti verwandelt, es in einen Umschlag gefüllt, und das Ganze an den Absender zurückgeschickt.

Welch eine Freude, den Amerikanern, die soeben zwei

unschuldige Menschen hingerichtet hatten, mitzuteilen: Ihr könnt mich mal!

Und hier will ich einfügen, daß ich auch später in den Vereinigten Staaten nie Karriere machen wollte. Selbst auf dem Gipfel meines Ruhms habe ich es abgelehnt, dort zu arbeiten, Sie wissen, warum ... Mein Sinn für Gerechtigkeit und Würde ließen mir die Ehre der Rosenbergs wertvoller erscheinen als alle Dollars der Welt und jeder widerwillig erkaufte Ruhm.

Wenn ich auch die Amerikaner vor den Kopf gestoßen hatte, so blieben mir noch die Engländer ...

Gott sei Dank, denn französische Francs blieben mir gewöhnlich nicht viele.

Zu jener Zeit gab es eine englische Filmreihe mit Dirk Bogarde unter dem Serientitel »Doctor at ...«. Man bot mir eine Rolle in einer der Episoden an. Also lichtete ich erneut die Anker und brach für zwei Monate auf, um England zu erobern. Wie ich diese Abschiede haßte!

Ich mußte mich erneut von meinen Wurzeln, von Vadim, Clown und meiner Wohnung, trennen. Olga begleitete mich auf der Fähre (ich war noch nie mit dem Flugzeug gereist).

Sie brachte mich im »Dorchester« unter, stellte mich meinen künftigen Partnern, Produzenten und Regisseuren so vor, wie man eine Schülerin in einem Pensionat abliefert und der Direktorin anvertraut. Da sie es wie immer eilig hatte, kehrte sie nach Paris zurück und überließ mich dem Filmteam, nicht ohne mir vorher ans Herz gelegt zu haben, ich solle ernsthaft, diszipliniert, pünktlich, fleißig und so weiter sein.

Ich hockte also allein in meinem Hotelzimmer, fühlte mich vollständig verloren und weinte viel. Da war sie wieder, diese Schutzbedürftigkeit, diese Angst vor der Einsamkeit und die Panik gegenüber allem, was mir fremd erschien.

»Doctor at sea« [»Doktor ahoi!«] war eine ausgezeichnete Übung für mein Englisch. Niemand, absolut niemand auf dem Set sprach ein Wort Französisch! Ich probte die englischen Sätze wie ein Papagei, zumeist ohne zu wissen, was sie bedeuteten. Äußerst hilfreich!

Ich mußte um fünf Uhr morgens aufstehen, da das Pine-wood-Studio anderthalb Autostunden von London entfernt lag. Nach dem anstrengenden Tag und der anderthalbstündigen Rückfahrt stieg ich in meine Badewanne, von dort ins Bett und schlief über meinem Abendessen, einem Schälchen Pudding, ein.

Samstags und sonntags war drehfrei … Die feine englische Art! Da ich in meiner Einsamkeit nicht wußte, was ich tun sollte, verbrachte ich beide Tage im Bett und versuchte, den fehlenden Schlaf nachzuholen. Ich langweilte mich unglaublich!

Eines Sonntags war ich bei Dirk Bogarde zum Mittagessen eingeladen. Bis zu seinem Cottage brauchte man mit dem Auto gut zwei Stunden. Dort traf ich auf eine Gruppe von Gästen, die sich alle untereinander kannten. Die englische Sprache löste bei mir eine Migräne aus, und ich hätte viel darum gegeben, einen Satz Französisch zu hören … In diesem Augenblick stellte sich Jacques Sallebert vor, Korrespondent der Nachrichtenagentur Agence France Press in London. Er bot sich freundlicherweise an, meinen Aufenthalt in London ein wenig unterhaltsamer zu gestalten. Seine Frau und er waren reizend und stellten mich Freunden vor, gingen mit mir ins Kino und ins Theater und sprachen französisch mit mir.

Die Dreharbeiten gingen zu Ende, wie sie begonnen hatten. Der Film war alles andere als ein Meisterwerk, aber ganz nett, und ich hatte eine nette Rolle, doch das war auch schon alles.

Als ich gerade anfing, London zu mögen, nachdem ich den geheimen Charme dieser Stadt mit ihrer außerordentlichen Vergangenheit entdeckt hatte, brachte mich die Fähre auch schon nach Paris zurück.

Ich feierte Wiedersehen mit dem armen Clown, der es satt hatte, sein Leben lang auf mich zu warten. Ich kehrte zurück zu meinem Mann und meinen Wurzeln.

Vadim ging wie immer seinen verschiedenen Beschäftigungen nach und schrieb einen Roman mit dem Titel »Hellé«.

Ich nahm eine Rolle in dem Film »La lumière d'en face« [»Gier nach Liebe«] an. Der Produzent war Jacques Gauthier, und seine Gefährtin ist mir eine Freundin fürs Leben geworden. Ich war zwanzig, sie war etwa zwanzig Jahre älter. Sie war, ist und wird immer meine Christine bleiben. In diesem oberflächlichen Milieu kommt es selten vor, daß man wertvolle Menschen kennenlernt. Sie gehörte zu dieser seltenen, vom Aussterben bedrohten Art. Sie war groß, schön, großzügig; sie nahm mich unter ihre Fittiche und beschützte mich.

Bewußt oder unbewußt habe ich immer Schutz gesucht. Ich weiß, daß die Zärtlichkeit, die diese Freundin mir entgegenbrachte, mein Leben sehr verändert hat.

Der Film wurde an der Côte d'Azur gedreht. Das Team war sympathisch. Ich war noch nicht bekannt, aber auch nicht mehr ganz unbekannt.

Mit diesem Film verbinde ich tolle Erinnerungen. Man stellte mich ins Rampenlicht, ich fühlte mich hübsch, gut geschminkt und umsorgt. Meine Partner, Raymond Pellegrin und Roger Pigaut, waren charmant!

Wir drehten in Bollène an den Ufern der Rhône. Die Anekdote, die das Scriptgirl Jeanne Witta in ihrem Buch »La Lanterne Magique« erzählt, trug sich während dieser Dreharbeiten zu. Ich war zu jener Zeit noch sehr schamhaft und weigerte mich daher standhaft, den Fluß nackt zu durchqueren. Christine Gouze-Renal mochte noch so sehr darauf beharren oder es auf die sanfte Tour versuchen, sie stieß auf Granit. Verzweifelt machte sich die Produktion daran, ein Double für mich zu suchen, das mir von hinten in etwa glich.

Das Problem war nur, daß die Person einen Hängearsch hatte!

Christine sagte mir: »Sieh nur, ihr Hintern hängt bis auf den Boden. Alle Welt wird glauben, daß du das bist. Das ist wirklich schade«, und so weiter und so fort …

Schwer getroffen beschloß ich, in diesem Fall auf mein Schamgefühl zu pfeifen.

Also zog ich mich aus, zeigte meine hohe Taille und meinen wohlgeformten Hintern. Der erste Schritt war getan, nicht ohne eine gewisse Scham, doch »noblesse oblige«, vor allem, wenn man etwas Nobles zu bieten hat!

Christine behütete und ermutigte mich, es war fast eine Freude zu arbeiten. Sie brachte mir bei, die Dinge von ihrer besten Seite zu sehen ...

In jener Zeit war es mir unmöglich, allein zu leben. Damit meine ich nicht meinen Alltag, denn den verbrachte ich alles andere als einsam (ich war ständig von fünfzig Personen umgeben). Vielmehr meine ich die Einsamkeit am Abend, im Bett, beim Aufwachen, Augenblicke der Verlassenheit. Diese Abhängigkeit – das Bedürfnis nach einer Schulter, einem Arm, einem Körper, der mich nachts wärmte – hat mich einen guten Teil meines Lebens zur Sklavin gemacht.

Es ist eher schwierig, das Gesicht hinter der Filmkamera zu bemerken, und doch habe ich es, trotz des schwarzen Tuches und des großen schwarzen Kastens, hinter denen es verschwand, sogleich erblickt und erkannt. Mein Herz schlug während der ganzen Dreharbeiten für ihn. Für ihn wollte ich schön und gut sein, damit er stolz auf mich sein könnte. Er hieß André, war Kameramann und, o Schreck, verheiratet. Auch ich war verheiratet! Doppelter Schreck! Doch alles in allem sind Filme wie kleine Oasen in unserem Leben; jede dieser Oasen bildet eine kleine Welt für sich, die unabhängig von der übrigen Welt besteht.

Ich himmelte ihn an, er filmte mich, als wäre ich eine Göttin.

Er war schön, und er war Kommunist.

Mein Partner, Roger Pigaut, war unglaublich charmant, er war schön, und er war Kommunist!

Raymond Pellegrin war reizend, intelligent, und er war Kommunist!

Daraus schloß ich, daß die kommunistische Partei ein Born außerordentlicher Menschen sein müsse, und ich bekam Lust, ihr beizutreten. Soviel also verstand ich mit zwanzig von Politik ... Dann habe ich Georges Marchais, den Generalsekretär der K. P. F., gesehen und es mir anders überlegt!

Das Ende des Films kam mir vor wie das Ende eines fröhlichen Aufenthalts in einem Ferienlager. Adieu, mein schöner Kameramann, mein traumhaftes Team! Adieu, meine reizenden Partner, adieu, Nizza, adieu, sorgloses Leben, adieu, »Gier nach Liebe«!

Das Grausame an den Dreharbeiten ist, daß man drei Monate lang eine richtige Familie bildet, die zusammenhält und sich mit dem Ende des Films wieder in alle Winde verstreut. So, wie es einmal war, wird es nie wieder sein, auch wenn man später wieder mit einigen Mitgliedern dieser Familie neue Bande knüpft. Am Ende jedes Films stirbt man einen kleinen Tod, man beendet ein Kapitel und tut einen Schritt in eine unbekannte Zukunft. Nie wieder wird man mit denselben Freunden dieselben Dinge erleben.

Christine allein blieb und wird immer bleiben.

Sie amüsierte sich über meine Ferienromanze. Sie lachte über meine Wehmut. Sie hatte schon ganz andere Sachen erlebt und sollte als meine Freundin noch weitaus mehr erleben, und das nicht zu knapp. Das geheime Einverständnis zwischen zwei Frauen, wenn es aufrichtig und tief ist, bedeutet etwas Außergewöhnliches. Ich hatte das Glück, mit Christine ein solches Einverständnis zu erleben. Sie fand etwas von ihrem eigenen Charakter in mir wieder, und ich wünschte mir, so zu werden wie sie. In gewisser Weise war sie mein Vorbild, obwohl wir äußerlich sehr verschieden waren. Wir verstanden uns mit einem Blick, einer Geste, einem Lächeln.

Jacques Gauthier, ihr Lebensgefährte, starb ganz unerwartet an den Folgen einer Blinddarmoperation. Christine stand von heute auf morgen ganz allein da, ohne Geld, unsäglich traurig. Sie wollte die Arbeit, die ihr Partner begonnen hatte, fortsetzen. Und dank ihres Mutes, ihrer Intelligenz und der Unterschrift, die ich unter den Vertrag setzte, den sie mir anbot, wurde sie Produzentin. Dieser undatierte Vertrag bedeutete für Christine ein Privileg. Doch darauf komme ich später zurück.

Nach meiner Rückkehr war ich völlig deprimiert, alles in Paris schien mir grau. Wie traurig, so ganz allein in der Rue Chardon-Lagache zu sein! Vadim arbeitete den ganzen Tag, entweder für »Paris-Match« oder an einem Drehbuch für diese oder jene Produktionsfirma. Clown freute sich unglaublich über das Wiedersehen, doch ich spürte sehr wohl, daß auch er mehr Raum brauchte.

Ich hatte weder Freunde noch Freundinnen. Chantal, meine Freundin aus Kindertagen, hatte einen Oberspießer geheiratet, und wir hatten uns völlig auseinandergelebt. Ich traf mich daher mit Christine, aß zu Mittag oder zu Abend mit Christine, lebte mit Christine, klammerte mich an Christine.

Olga, die mich zunehmend besser kennenlernte, begriff ebenfalls schnell, daß emotionale Beziehungen für mich stärker zählten als die beruflichen. Ich traf mich daher mit Olga, aß mit Olga zu Mittag, lebte durch Olga und klammerte mich an Olga.

Während meines gesamten Berufslebens haben diese beiden Frauen mir die Mutter ersetzt. Sie waren für mich Rettungsanker, Vertraute, Komplizinnen, Ratgeberinnen. Sie pflegten mich, wenn ich krank war, verwöhnten mich zu jedem Weihnachtsfest, vergaßen nie meinen Geburtstag und bildeten eine Familie, die anders, die weniger streng war. Dennoch zeigte sich die eine oder die andere bisweilen unerbittlich, wenn es darum ging, mich vor einem Irrtum zu bewahren. Sie haben mir in moralischer Hinsicht geholfen, mein Leben als Star zu bewältigen, und zugleich dem kleinen Mädchen beigestanden, das von den Ereignissen überrollt wurde.

Michel Boisrond war der Assistent von René Clair. Er hatte eine gute Schule absolviert und wollte mir – und sich selbst – eine Chance geben, nachdem er mich in »Das große Manöver« gesehen hatte.

Er war der Regisseur von »Cette Sacrée Gamine« [»Pariser Luft«], ein Film, der mir als Schauspielerin regelrecht in den Sattel half. Michel war die Phantasie, Fröhlichkeit

153

und Eleganz in Person, und sein Film ähnelte ihm sehr. Er verstand es, meine Begabung als Tänzerin einzusetzen und eine lustige und entspannte Brigitte »in Szene zu setzen«, die mir in allen Zügen glich. Es war die erste Filmrolle, die mir »auf den Leib geschrieben« war.

Da ich jetzt als »Star« galt, stand mir das erste Mal in meinem Leben eine »Maskenbildnerin für mich allein« zur Verfügung.

Seit meinem ersten Film reagierte ich allergisch auf diesen Berufsstand und fürchtete die Maskenbildner wie die Pest. Die »Maskenbildnerin für mich allein« hieß Odette Berroyer, war jung, hübsch, fröhlich und duftete gut. Gemeinsam mit mir entdeckte sie die Welt des Films, denn sie war Berufsanfängerin.

Wenn ich beschreiben wollte, welchen Stellenwert Odette in meinem Leben einnahm, so müßte ich sagen, daß sie mir in der Folge untrennbar in jeder Minute verbunden blieb. Es gibt keine Ehe, die beständiger gewesen wäre als unsere Freundschaft. Selbst die heißeste meiner Leidenschaften hat nur den zehnten Teil dieser Freundschaft überdauert, die bis heute fortbesteht. Aus Odette wurde erst Dédette, dann meine Dédé. Wir haben uns gegenseitig gestützt und im Laufe der Jahre und der Reisen Depressionen, Unglück, Glück, Einsamkeit und Krankheit miteinander geteilt. Wir haben uns nie verlassen und zwanzig Jahre lang wie Kletten aneinandergeklebt.

Mein Glück und meine Erfolge waren auch die ihren, mein Unglück, mein Scheitern traf sie tief.

Indessen schrieb Vadim an einem Drehbuch, er redete mit einem Produzenten, plante ein Projekt mit ihm: Raoul Lévy.

Vadim hatte zwar bisher nichts auf die Beine gestellt, Raoul noch nichts produziert und ich nichts bewiesen, aber zu dritt beschlossen wir, einen Film mit dem Titel »Et Dieu créa la femme« [»Und immer lockt das Weib«] zu drehen. Doch wir machten keinen seriösen Eindruck. Wir wirkten vielmehr wie drei Witzbolde, die ein Fest vorbereiten. Kein Geldgeber wollte für diese drei Flaschen auch nur einen

Sou aufs Spiel setzen. Dabei bluffte Raoul Lévy ungemein, gab Mittag- und Abendessen bei »Maxim's« und in der »Tour d'Argent«! Ich war an solchen Rummel nicht gewöhnt. Außer meiner Hose und einem T-Shirt hatte ich nichts anzuziehen. Im Kleid sah ich schrecklich aus, mit einem Knoten wie eine Lehrerin und mit Stöckelschuhen so, als würde ich nach einem doppelten Knöchelbruch Krankengymnastik betreiben.

Mein Gott, wie oft habe ich geweint, mich häßlich gefunden und die idiotischen Konventionen der eleganten Erscheinung verflucht! Vadim dinierte in aller Seelenruhe mit Raoul und Monsieur X, Y oder Z bei »Maxim's«, während ich – nachdem ich mich zehnmal umgezogen, dreimal anders frisiert, wie eine Furie getobt und geschrien und zur Beruhigung eine Flasche Rotwein geleert hatte – trunken vor Wut und vom Wein ins Bett fiel und den Umstand verfluchte, daß ich kein Mann und somit frei von solchen Kleidersorgen war.

Vadim war daran gewöhnt. Er lachte über mein Verhalten und behauptete, ich bilde mir das alles nur ein, er finde mich sehr hübsch und ich solle mir keine Sorgen machen, alles werde gut. Seine Haltung verblüffte mich, denn er war so zerstreut, daß er manchmal mit einem braunen und einem schwarzen Socken aus dem Haus ging und zuweilen stundenlang den Anzug suchte, den er gerade trug.

Ich funkte Christine »SOS«. Sie schleppte mich zu »Marie Martine«, wo ich mir einige Kleider kaufte. Aber Schuhe hatte ich auch nicht. Ich kaufte also Schuhe …, dann Strümpfe …, dann Kaschmir-Pullover. Sie zeigte mir, wie man alles miteinander kombinierte.

Ich hatte keinen Pelzmantel! Für einen angehenden Star war das ein Makel. Es mußte ein Nerz sein oder gar nichts!

Ich entschied mich für gar nichts, denn ich war schon damals allergisch gegen Pelzmäntel. Doch Maman, die plötzlich wiederauftauchte, ging mit mir zu einer ihrer Freundinnen, die mir sicherlich einen teuren Nerz günstig anbieten könnte. Und tatsächlich fand ich bei ihr einen Nerzmantel, der so riesengroß war, daß vier Personen bequem Platz darin gefunden hätten. Aber Maman meinte, es sei besser, in einem solchen Mantel zu schwimmen, als den Anschein zu erwecken, man hätte ihn sich nicht leisten können. Ich sah nicht nur albern darin aus, sondern plötzlich war auch mein Bankkonto geplündert.

Ich fühlte mich nur wohl, wenn ich das Haar offen trug, barfuß und so gekleidet herumlaufen konnte, als wäre ich geradewegs aus dem Bett geklettert. Und eines schönen Tages beschloß ich, daß die anderen mich so akzeptieren müßten, sonst würde ich sie nicht mehr akzeptieren.

Wehe derjenigen, die einen Skandal provozierte! Wehe mir, denn ich provozierte diesen Skandal!

Vorurteile halten sich nur, weil man ihnen Bedeutung beimißt. Erziehung und Schicklichkeit existieren nur, weil es Leute gibt, die sie erfunden haben.

Ich habe das Gegenteil erfunden. Und da ich durch kein »Das tut man nicht!« mehr gezügelt wurde, tat ich genau das, was »man nicht tut«.

So tauchte ich eines Abends bei Maxim's auf mit wehenden Haaren, einem hautengen Kleid und Ballerinas, die man leicht unter dem Tisch ausziehen kann. Als »Halsschmuck« trug ich voller Stolz und Hochmut einen riesigen Knutschfleck, den mir ein dubioser, doch ungestümer Liebhaber geschenkt hatte, als wäre er ein fünfzehnkarätiger Diamant!

Das alles war schön und gut, doch es zeugte nicht gerade von Ernst. Die Finanzierung eines Films hingegen ist eine sehr, sehr ernste Angelegenheit.

Zu dieser Zeit, im April 1956, fanden gerade die Filmfestspiele von Cannes statt, und ich mußte unbedingt hinfahren. Das ödete mich zwar unglaublich an, doch obwohl wir alle Quellen angebohrt hatten, hatten wir gerade genug Geld aufgetrieben, um einen Film in Schwarzweiß zu drehen. Dabei sollte es doch ein Farbstreifen werden. Für mich war das Festival von Cannes ein Greuel. Doch da ich nun einmal ins kalte Wasser springen mußte, tat ich es. Wie bei allen schüchternen Menschen waren Unverschämtheit und Aggression von jeher mein Schutzschild, und hinter meiner Arroganz verbarg sich oft unglaubliche Verletzlichkeit. Ich ließ meine lange Löwenmähne färben. Das weizenblonde Haar stand mir hervorragend. Diese Veränderung meiner Haarfarbe markierte zugleich auch einen Meilenstein in der Entwicklung meiner Persönlichkeit. In Cannes war ich das Starlet vom Dienst, das Sternchen, das am Himmel aufstieg, das barfuß lief, das Starlet im winzigen Bikini mit dem gewagten Dekolleté, das in aller Munde war.

Gott sei Dank sprach man von mir, denn wir brauchten noch Geld für diesen verdammten Film »Und immer lockt das Weib«.

Für eine Fotoreportage brachte man mich mit Picasso zusammen. Mein Gott, was für ein Mann! Was für eine Persönlichkeit! Es gab kein Starlet mehr, es gab nur noch eine junge Frau voller Bewunderung für diesen Mann, der eine Art Halbgott war. Ich war wieder schüchtern und errötete. Er zeigte mir seine Gemälde, seine Keramiken, sein Atelier. Er war ein einfacher, intelligenter Mensch, ein wenig gleichgültig und bezaubernd. Es war unsere erste und einzige Begegnung.

Oft war ich versucht, ihn zu bitten, mein Porträt zu malen, doch ich habe es nie gewagt …

Der Aga Khan und die Begum luden die Persönlichkeiten des Filmfestivals zu einem Mittagessen in ihr wundervolles Anwesen »Yakimour« in Le Cannet ein. Ich spreche von dem wahren Aga Khan, der inzwischen tot ist, von dem König der Könige, der einhundertfünfzig Kilo wog und dessen Gewicht jedes Jahr von seinen Untertanen in Gold aufgewogen wurde. Georges Cravenne, der berühmte Public-Relations-Mann, der mit uns allen befreundet war, fädelte die Sache so ein, daß ich eine Einladung erhielt, und tat damit zugleich Raoul Lévy einen Gefallen. Das war eine Ehre, ein besonderes Privileg. Wir verabredeten uns für den nächsten Tag um Punkt zwölf Uhr. Ich durfte mich nicht verspäten wegen des Protokolls und der Etikette und so weiter …

Nun hielt ich also eine kostbare Karte aus weißem Bristolkarton mit Goldrand und einer geprägten Krone in der

Hand: die auf meinen Namen ausgestellte Einladung. Ich schwankte zwischen Stolz und Panik. Selbstverständlich kam es nicht in Frage, dort tief dekolletiert, barfuß und mit fliegender Mähne zu erscheinen. Und wieder stellte sich das alte Problem: Was sollte ich anziehen? Da es sich um eine Einladung zu einem Mittagessen handelte, konnte ich nicht im Abendkleid erscheinen. Ansonsten hatte ich nur Jeans und Bikinis. Warum mußten mich immer wieder diese Kleidersorgen plagen? »Wegen meiner Unterhose«, hätte mir Boum geantwortet. Und Mamie hätte mir geraten: »Wenn man dich fragt, sag, daß du keine Ahnung hast!«

Diese beiden höchst philosophischen Lebensweisheiten konnten das Problem jedenfalls auch nicht lösen, und so beschloß ich, das auf den nächsten Morgen zu verschieben, was ich noch am selben Tag hätte besorgen müssen, und versuchte meinen Ärger bei einem angenehmen Abend zu vergessen. Damals war der Cha-Cha-Cha groß in Mode. Das Orchester spielte hervorragend, ich tanzte allein oder mit irgend jemandem, barfuß, frei und entfesselt; mein Tanz verärgerte die Frauen und reizte die Männer! Raoul, Vadim und andere Freunde starrten mich eigenartig an. Zum Teufel mit dem Konservatorium und seiner strikten Disziplin! Meine Hüften rollten und schaukelten, mir war heiß, ich tobte mich aus, zum wahnwitzigen Rhythmus der Trommeln mimte ich einen imaginären Liebesakt, es war, als hätte ein anderes Ich von meinem Körper Besitz ergriffen. Champagner erfrischte meine Kehle und – zum Teufel! Mir war zu warm, und ich leerte mein Glas auf meiner Brust, meinen Schultern, meinen Schenkeln. Das war erfrischend! Das tat gut! Das war verrückt! Ich war verrückt geworden!

An diesem Abend beschloß Vadim, in den Film eine Szene einzubauen, in der ich wie besessen und ohne jede Scham tanzte. Diese Szene sollte um die Welt gehen …

Inzwischen war der Abend schon weit fortgeschritten, ich mußte schnell zu Bett gehen, denn am nächsten Tag fand das Mittagessen beim Aga Khan statt. Ich schlief, ich schlief leidenschaftlich gern, ich schwebte in jenem Zustand vollkommener Unbewußtheit, die den Körper und den Geist befreit und der Seele Ruhe gewährt.

Plötzlich läutete das Telefon. Langsam kam ich zu mir. Wer wagte es, mich so früh am Morgen anzurufen? Nach der Nacht, die ich hinter mir hatte!

Georges Cravenne war am Telefon und sagte mir, es sei Mittag und er erwarte mich in der Hotelhalle.

Wie bitte?

Ah, mein Gott, es war grauenvoll! Innerhalb einer Sekunde erinnerte ich mich. Es war unmöglich, ich konnte nicht hingehen.

Eisiges Schweigen am anderen Ende der Leitung. Cravenne schäumte vor Wut. Er hatte seinen ganzen Einfluß geltend gemacht, damit ich eine Einladung erhalten hatte. Wenn ich ihm das antun würde, wäre das ein offener Affront, eine Schande für ihn und für mich, ein vollständiger Fehlschlag.

Ich zeigte mich zum ersten Mal wirklich exzentrisch. Ich hatte es nicht absichtlich getan, doch wie Mamie zu sagen pflegte, »war es nicht meine Absicht gewesen, es nicht zu tun«. Später ergaben sich viele der Dinge, die man mir vorwarf, auf ähnliche Weise, sie geschahen nicht absichtlich, doch wenn sie einmal geschehen waren, senkte ich auch nicht reumütig den Kopf. Das brachte mir den Ruf ein, »unverschämt« zu sein, dabei war ich höchstens »nachlässig«.

Curd Jürgens war zu jener Zeit ein berühmter Star. Mit seinem Namen auf der Besetzungsliste fand jeder Film genug Geldgeber, er war drei Jahre im voraus ausgebucht. Da es uns nicht gelang, das nötige Kapital aufzutreiben, um »Und immer lockt das Weib« in Farbe zu drehen, schickten sich Vadim und Raoul zu einer ersten Pokerrunde an, indem sie in nur einer Nacht eine zusätzliche Rolle für Curd ins Drehbuch schrieben. Am folgenden Morgen flogen sie mit dem Drehbuch unter dem Arm nach München, setzten alles auf eine Karte und legten Jürgens ihr »Werk« vor. Beide verfügten über eine ungeheure Überzeugungskraft, besaßen Format und waren erfahren im Pokern. Es war schwer, wenn nicht gar unmöglich, ihnen zu widerstehen!

Curd Jürgens erklärte sich bereit, die Dreharbeiten zwischen zwei anderen Filmarbeiten, zu denen er sich seit langem verpflichtet hatte, einzuschieben. Er »gewährte« ihnen genau zehn Tage.

Wenn ich sage, er »gewährte«, so meine ich damit, er »verkaufte« ihnen seinen Namen zu einem kolossalen Preis, was ich ihm nicht verdenken kann. Dieser so teuer erkaufte berühmte Name mußte laut Vertrag allein vor allen anderen im Vorspann erscheinen.

Mich hatte man degradiert. Das Weib, das immer locken sollte, wurde von einem anderen Zugpferd ausgestochen.

Doch dann bewies Curd Jürgens in dieser Frage Noblesse: Nachdem er den Film gesehen hatte, schlug er vor, man solle meinen Namen vor den seinen setzen.

Wie dem auch sei, wir haben es Curd Jürgens zu verdanken, daß wir dieses Projekt verwirklichen konnten. Dank seines Namens öffneten sich uns alle Türen und Portemonnaies. Ich verdanke ihm viel, denn ohne Jürgens wäre mein Aufstieg vielleicht viel zäher und langsamer verlaufen.

Dieser Film, der meinem Leben eine entscheidende Wendung gab, sollte in Saint-Tropez gedreht werden. Ich verließ also einige Tage später Cannes und seinen Pomp, den ich eher todlangweilig fand, und reise nach Saint-Tropez, das meine zweite Heimat werden sollte.

28 Septembre 1934.

Mr & Mme LOUIS BARDOT

sont heureux de vous faire
part de la naissance de leur
fille Brigitte.

5, Place Violet XV⁰

1 3. August 1933. Meine Eltern, Louis Bardot,
genannt Pilou, und Anne-Marie Mucel, genannt
Toty, bei ihrer Hochzeit in der Kirche Saint-
Germain-des-Prés

2 Meine Geburtsanzeige, von der Hand meines
Papas geschrieben

3 *Ich als Baby in
meinem Zimmer
mit meinem Spielzeug*

4 *1939. Ein Nach-
mittag in Louveciennes auf dem
Familienbesitz meiner
Großeltern mit meiner sanften
und hübschen Maman*

5 *Mein erstes
Künstlerfoto! Ich bin
acht und Ballett-
schülerin bei Bourgat.*

6 *Juni 1945.
Ich bei meiner
Kommunion im weißen
Organdykleid, das
Mamie und Maman
schon getragen
hatten*

7 Camille Legrand, genannt La Big, meine erste Gouvernante, eine wunderbare und großzügige Frau, die mich mit meinen zehn Jahren schließlich zu zähmen verstand

8 Marguerite Grandval-Marchal, genannt Tapompon, Mamies Schwester und hingebungsvolle Krankenschwester. Sehr früh verlor sie ihren Mann und später auch ihren einzigen Sohn. So fühlte ich mich bis an ihr Lebensende für sie verantwortlich.

9 Jeanne Grandval-Mucel, genannt Mamie, meine Großmutter mütterlicherseits, die ich vergötterte. Ich war ihr »Täubchen«.

10 Jeanne Bardot, genannt Mémé, meine Großmutter väterlicherseits, die mich mit Küssen überhäufte. Sie besaß das Aussehen und die Güte, durch die Großmütter sich früher auszeichneten.

11   1946 in der
Ballettschule von
Bourgat. Ich, bereits ein
»Star«, reiche meiner
Freundin Cécile Aubry
(am Klavier)
die Hand.

12   1945, mit
meinem Kätzchen
Crocus. Muß ich wirk-
lich betonen, daß ich
schon als Kind in Tiere
vernarrt war?

13 Meine erste
öffentliche Tanzdar-
bietung mit 16 Jahren
auf der »De Grasse«.
Gar nicht leicht, so ein
Spitzentanz auf einem
schlingernden Schiff!

14 1949 im Kon-
servatorium. Tanzen war
mein Lebensinhalt.
Ich hatte gerade meine
erste Auszeichnung ent-
gegengenommen. Eines
Tages würde ich eine
große Tänzerin
sein, das stand fest!

15 *Titelbild der »Elle« Nr. 252 vom 8. Mai 1950. Und das Schicksal nahm seinen Lauf, denn der Regisseur Marc Allégret sah dieses Foto, mein zweites auf der Titelseite der Zeitschrift, und hat mich um einen Termin.*

16 *Erste Proben für »Les Lauriers sont coupés« von Marc Allégret. Der Film kam nicht zustande, aber ich lernte den jungen Assistenten Vadim Plemiannikov kennen und entdeckte die Liebe…*

17 *21. Dezember 1952. Ich, sehr bewegt, mit
Vadim bei unserer Hochzeit im Kreis meiner Eltern
und Propidon, Vadims Mutter*

18 + 19 *Boum, meinen Großvater mütterlicherseits, hänselte ich nur allzugern. Er war mein
Freund und Vertrauter, der einzige Mann, der in
meinem Leben wirklich gezählt hat.*

Ich wohnte im »Hôtel de l'Aïoli«, und während ich auf den Beginn der Dreharbeiten wartete und nur mit meiner Kostümbildnerin beschäftigt war, die mich bei »Vachon« einkleidete, entdeckte ich verwundert dieses kleine Fischerdorf, das zu jener Zeit noch unberührt war. Es waren die schönsten Dreharbeiten meines Lebens. Ich spielte nicht, ich war ich selbst! Vadim kannte mich so gut, daß er im allgemeinen keine Einstellung mehr als einmal wiederholte, denn er wußte, daß ich um so mehr an Natürlichkeit verlor, je häufiger eine Einstellung wiederholt wurde.

Die Szenen mit Curd Jürgens waren längst noch nicht alle abgedreht, doch am übernächsten Tag mußte er sich an seinen nächsten Drehort begeben, ein Aufschub war nicht möglich. Daher schrieb Vadim das Drehbuch um und schickte seine Figur mitten im Film auf eine Kreuzfahrt, so daß Jürgens endgültig nach München abreisen konnte.

Ich hatte ein »Beleuchtungs-Double«, das auch für Michèle Morgan einsprang.

Bei einem Beleuchtungs-Double spielt die äußere Ähnlichkeit keine allzu große Rolle, nur Haarfarbe und Statur sind von Bedeutung. Also vertrat Dany mich stundenlang bei der Beleuchtungsprobe. Das ist eine sehr undankbare und ermüdende Arbeit. Ein Double muß haargenau die Gesten und Bewegungen der Schauspielerin kopieren, muß stundenlang regungslos bei Kälte oder Hitze ausharren. Ein Double erträgt alle schlechten Seiten der Dreharbeiten, ohne von den guten zu profitieren. Ich hatte Zeit genug, Dany zu beobachten, ihr zuzusehen und ihre Arbeit zu würdigen. Sie ist meine Freundin geworden, eine Freundin, die in jeder Situation ihre Treue bewies, ein solidarisches, aufrechtes Mädchen, auf das ich mich immer verlassen konnte, eine Mitarbeiterin, die an einem Großteil meiner Filme beteiligt war. Sie wurde in meine kleine Film-Familie aufgenommen, die aus meiner Maskenbildnerin Dédé, meiner Lieblingsproduzentin Christine, meiner treuen Kostümbildnerin Laurence und meiner Agentin Olga bestand.

Da ich mich in den Liebesszenen mit meinem Partner Jean-Louis Trintignant so natürlich wie möglich geben sollte, war es auch nur natürlich, daß ich mich schließlich in ihn verliebte.

Meine Beziehung zu Vadim glich der von Geschwistern.

Ich empfand eine unendliche Zuneigung für ihn, er war ein fester Anker für mich, mein Zuhause, mein Freund. Doch er war nicht länger mein Geliebter, und ich entbrannte nicht mehr für ihn.

Für Jean-Louis hingegen erfüllte mich eine glühende Leidenschaft. Er war zurückhaltend, tiefsinnig, aufmerksam, ernsthaft, ruhig, stark, schüchtern, kurzum so ganz anders, so viel besser als ich. Ich versank in seinen Augen, in seinem Leben und zusammen mit ihm im blauen Wasser des Mittelmeers, dem einzigen Zeugen unserer Rendezvous.

Adieu, ihr Launen, Cha-Cha-Cha, Nachtclubs, Abendkleider, Cocktailempfänge, Interviews und adieu, Vadim!

Jean-Louis wollte mich ganz für sich, nackt, natürlich, einfach und wild. Er brachte mir bei, wie man die Sterne erkennt, wenn wir nachts im heißen Sand lagen. Er führte mich in die klassische Musik ein, die jetzt anstelle von afrokubanischer Musik in meiner Garderobe erklang. Er offenbarte mir, was vollkommene, intensive Liebe ist. Er zeigte mir, was es bedeutet, wenn eine Frau von dem Mann abhängt, den sie liebt.

Ich führte ein Bohèmeleben. Mein gesamtes Gepäck befand sich im Kofferraum von Jean-Louis' Wagen. Wir schliefen irgendwo, egal, wo, wenn wir nur zusammen waren. Morgens erschienen wir glücklich am Set. Unsere Augen blickten ernsthaft und waren dunkel umrandet. Wir waren unzertrennlich.

170

Es fiel Vadim schwer, uns in den Liebesszenen des Films dirigieren zu müssen, und uns fiel es noch schwerer, ihm und dem ganzen Team das vorzumimen, was wir so gut auszuleben verstanden, wenn wir allein waren, weit, sehr weit von den anderen entfernt!

Diese »anderen« schwatzten, klatschten und kommentierten hämisch das kleine Drama, das sich vor ihren Augen abspielte. Doch die Reinheit unserer Liebe erhob uns weit über all diese Alltäglichkeiten. Nichts berührte uns, nichts verletzte uns, nichts konnte uns beschmutzen. Die Zeitungen stellten mich als männermordende Bestie, als untreues und schamloses Weib hin. Dabei war ich verliebt, sonst nichts!

Jean-Louis war mit Stéphane Audran verheiratet. Ich war mit Vadim verheiratet. Wir haben alles aufgegeben, um uns nicht aufgeben zu müssen.

Die Zeit mit Jean-Louis war die schönste, intensivste und glücklichste in diesem Abschnitt meines Lebens, eine sorglose Periode der Freiheit, in der wir, o Wunder, noch inkognito bleiben konnten.

Als wir in seinem alten Simca auf Schleichwegen nach Paris zurückgekehrt waren, wußten wir nicht, wohin. Wir stiegen im »Relais Bisson« ab, wo wir offenbar nicht das erforderliche Ansehen besaßen, um willkommene Gäste zu sein. Also zogen wir um ins »Queen Elisabeth«, wo wir einige Zeit blieben. Doch das Leben im Hotel, noch dazu in einem Luxushotel, war nicht gerade das, wovon wir geträumt hatten. Es gab zwar noch die Wohnung in der Rue Chardon-Lagache, doch eine gewisse Scham hinderte mich daran, dort zu wohnen, denn immerhin hatte ich vier Jahre lang mit Vadim dort gelebt. So verbrachte ich meine Tage also damit, die Wohnungsanzeigen im »Figaro« zu studieren, während Jean-Louis seinen letzten Film nachsynchronisierte. Ich besichtigte viele sogenannte Zweizimmerwohnungen mit Küche und Bad und suchte das zweite Zimmer, das im allgemeinen eine Art Besenkammer war, während die Küche aus einer Kochstelle im Bad bestand, das wiederum keine Badewanne hatte. In bemitleidenswertem Zustand kehrte ich ins Hotel zurück, doch den Komfort unseres Zimmers genoß ich um so mehr!

Ich sah in dieser Zeit weder Dany noch Christine, noch Odette, noch Olga. Ich sah nur Jean-Louis und die Immobilienmakler, mit denen ich die sogenannten Appartements besichtigte. Die Tage waren lang, und oft lief ich in meinem hübschen Hotelzimmer auf und ab und wartete abends darauf, ihn wiederzusehen.

Eines Tages entschloß ich mich, in die Rue Chardon-Lagache zu gehen und mir die Wohnung anzusehen. Ich stellte alle Möbel um, räumte auf, sortierte aus, veränderte alles und trennte mich schweren Herzens von einigen Stücken, die noch schmerzliche Erinnerungen wachriefen. Am Ende dieses Tages sah die Wohnung anders aus, das Schlafzimmer war zum Wohnzimmer, das Wohnzimmer zum Schlafzimmer geworden. Ich hatte alles auf den Kopf gestellt. Alles war neu, nichts störte mich mehr!

Erschöpft, aber glücklich ging ich ins Hotel zurück und sagte Jean-Louis, daß dies unsere letzte Nacht an diesem Ort sei. Am nächsten Tag würden wir die kleine, aber reizende und neu eingerichtete Wohnung beziehen!

Und dort machte mich Jean-Louis mit Charles Cros bekannt, entdeckte ich mit ihm William Saroyan, hörte stundenlang Brassens und Albinoni. Dort lebte ich zurückgezogen, doch nicht in Gefangenschaft. Ich ging wenig aus, sah ihm dabei zu, wie er für mich kochte und Gedichte für mich auf Tonband sprach. In dieser Wohnung, Rue Chardon-Lagache Nr. 79, in Paris – dritter Stock, ohne Aufzug –, lebten wir wie Adam und Eva im Paradies.

Doch ein Paradies ohne Schlange gibt es nicht. Unsere Schlange war das Zelluloid, und ihr Name war Film. Während wir die Zeit und die Welt um uns herum vergaßen und ohne Radio, ohne Fernseher, ohne Freunde, ohne Telefon, ohne Tageszeitungen lebten, lediglich miteinander beschäftigt, hatten die Zeit, die Welt, das Radio, das Fernsehen, die Freunde, das Telefon und die Zeitungen uns nicht vergessen. Die Rohfassung des Films war fertig, und wir warteten darauf, für die Nachsynchronisation ins Studio bestellt zu werden. Die Kritiker waren geteilter Meinung. Die einen lobten ihn überschwenglich, die anderen lehnten ihn unverhohlen ab. »Paris-Match« wollte mich fürs Titelbild. Ich mußte also meinen Kokon verlassen und noch einmal zu der Juliette aus »Und immer lockt das Weib« werden.

Christine, die ich schon lange nicht mehr gesehen hatte, hatte inzwischen den undatierten, aber blanko unterschriebenen Vertrag für mich abgeschlossen. Sie hatte ein bezauberndes Projekt gefunden, und zwar »La mariée est trop belle« [»Die Braut war viel zu schön«] nach einem Roman von Odette Joyeux. Ich nahm die Rolle an; mir blieb auch keine andere Wahl. Dabei hätte ich am liebsten nie wieder gedreht, denn ich wünschte mir nichts sehnlicher, als mein Leben in dieser behüteten, geschützten Welt, die Jean-Louis und ich uns aufgebaut hatten, fortzusetzen.

Olga war begeistert, ich war bekannt, noch ehe der Film in die Kinos kam. Die Angebote kamen zuhauf, und sie war verwundert, daß der neue Ruhm mich so gleichgültig ließ.

Dann passierte mir etwas Unglaubliches. Vadim bat mich, Jean-François Devay – eine Art Halbgott bei der Zeitung »France-Soir« – zu treffen, der einen Artikel über den Film schreiben wollte. Die Sache sei äußerst wichtig. Während meiner Ehe mit Vadim hatte Jean-François zu unserem Freundeskreis gehört. Ich mußte also meinen Kokon und Jean-Louis für ein oder zwei Stunden verlassen. Ich fing an, mich an- und umzuziehen, da ich wieder einmal nicht wußte, wie ich mich kleiden sollte. Jean-Louis war eifersüchtig; diese Verabredung, die Vadim für mich getroffen hatte, behagte ihm nicht.

Kurzum, ich trödelte, um etwas Zeit zu gewinnen, ging schließlich und lief schnell noch einmal zurück, um ihn zu küssen, so daß ich eine halbe Stunde zu spät zu dem Treffen erschien. Ich fand einen eisigen und hochmütigen Jean-François Devay vor. Ohne ein Wort des Grußes tippte er mit dem Zeigefinger auf seine Uhr (was mich an die Geste meines Vaters und eine denkwürdige Tracht Prügel erinnerte). An diesem Tag bekam ich eine moralische Ohrfeige, denn noch bevor ich den Mund öffnen konnte, erklärte er mir kurz und bündig, er hasse es, wenn man ihn warten lasse. Er werde all seinen Ehrgeiz, seinen Einfallsreichtum und seinen Einfluß einsetzen, um mich zu zerstören und lächerlich zu machen. Er werde dafür sorgen, daß ich vergessen und begraben sei, noch ehe mein Film in die Kinos komme; er werde alles daransetzen, sein Ziel zu erreichen, da er es nicht leiden könne, wenn man sich über ihn lustig mache. Damit wandte er sich ab und ließ mich allein.

Wie betäubt kehrte ich nach Hause zurück. Die ungerechte Reaktion dieses Menschen hatte mich stärker verletzt als die unendliche Anzahl vernichtender Artikel, die er danach über mich schrieb. Voller Bösartigkeit und Sadismus versuchte er mich zu »beerdigen«. Es ist ihm nicht gelungen. Seit einigen Jahren ist er selbst beerdigt. Gott habe ihn selig!

Wenn ich auch einen Freund verloren hatte, so gewann ich dafür mehrere neue hinzu. Zu jener Zeit schloß ich Freundschaften, die bis heute andauern. Ich war noch nicht bekannt genug, um befürchten zu müssen, daß ein Freundschaftsangebot ausschließlich aus Berechnung erfolgte.

Eines Tages bat mich Mijanou, einen jungen Maler aus Cassis zu treffen, der völlig abgebrannt sei und unbedingt einige wohlhabende Leute kennenlernen müsse, die ihm eventuell Bilder abkaufen würden. Da ich selbst nur Leute kannte, die auch kein Geld hatten, und noch dazu nie ausging, schien es mir unmöglich, ihm in irgendeiner Form nützlich zu sein. Doch ich wollte sie nicht enttäuschen und willigte ein.

So lernte ich Ghislain Dussart kennen, den ich später »Jicky« nannte und sogleich als Bruder adoptierte.

Da Jean-Louis und ich keinerlei Möglichkeit hatten, uns über das Tagesgeschehen zu informieren, wählten wir eines Abends die Telefonansage. Es war 0.30 Uhr, und das Band mit den Nachrichten war abgeschaltet; statt dessen stießen wir auf ein ganzes Netz von Leuten, die sich unter Pseudonym miteinander unterhielten. Das war unglaublich. »Napoleon« erzählte »Arsène Lupin« irgendwelchen Unsinn; der wiederum machte »Sarah Bernard« den Hof, die ihrerseits »Bigoudi« alle möglichen Dummheiten erzählte. Mindestens zwanzig Leute sprachen gleichzeitig, und sicherlich gab es ebenso viele, die wie wir schweigend zuhörten. Alle waren vollkommen anonym. Das war faszinierend. Ich wagte es schließlich, schüchtern »Guten Abend« zu sagen. Da sie eine »Neue« witterten, fragten mich drei oder vier Stimmen gleichzeitig, wer ich sei. Von der Frage überrascht, nannte ich mich einfach »Chou-Chou«, den Namen, den ich in meinem nächsten Film »Die Braut war viel zu schön« tragen sollte. Dann fragte man mich aus, und ich stellte den anderen Fragen. Man mußte achtgeben, sich nicht unabsichtlich zu verraten. Es war unglaublich amüsant! Immer wieder von Lachanfällen geschüttelt, verbrachten Jean-Louis und ich ganze Nächte mit diesen Unbekannten. »Chou-Chou« war sehr erfolgreich, ihre Stimme gefiel. Sie behauptete, sie sei siebzig Jahre alt, doch im Herzen ein Kind geblieben. Niemand glaubte »Chou-Chou«.

Während ich mich nachts am Telefon amüsierte, stand der Kinostart von »Und immer lockt das Weib« unmittelbar bevor.

Ich sollte bei der Erstaufführung des Films in Marseille anwesend sein. Nachdem ich mit Christines Hilfe ein Kleid gekauft hatte, das recht »sexy« war, und meinen Vier-Personen-Nerz aus dem Kleidersack geholt hatte, verließ ich Jean-Louis für einige Tage.

Ich habe stets großen Wert auf eine angenehme Umgebung gelegt, und sei es auch nur für eine Nacht. Ich habe oft die Möbel eines Hotelzimmers umgestellt, auch dann, wenn ich am nächsten Morgen um sechs Uhr wieder abreisen mußte. Ich kann nur leben und einschlafen, wenn um mich herum eine gewisse Harmonie herrscht. Oft sah ich mir erst alle freien Zimmer eines Hotels an, bevor ich mich für eines entschied; Katzen haben die Angewohnheit, durch ein Zimmer zu laufen, bevor sie »ihr« Kissen auswählen, Hunde beschnuppern alles, bevor sie sich in ihre Lieblingsecke legen. Bei ihnen nennt man das Instinkt. Bei mir nannte man es »Launen«.

Wenn ich nicht berühmt geworden wäre, hätte man mich als unkonventionell und witzig bezeichnet und es amüsant gefunden. Doch als »Star« hatte ich eben »launisch« zu sein.

Das Hotel, in dem ich in Marseille wohnen sollte, glich einer U-Bahnstation im Bau. Überall Stahlträger und Glasdächer, die so schmutzig waren, daß das Licht kaum durchdrang. Alles war staubig, traurig, abgetakelt, kurzum, dazu angetan, einen trübsinnig zu machen. Mein Zimmer aber war der Gipfel! Es war riesig und so düster wie eine Gruft. Sowie ich einen Fuß hineingesetzt hatte, war ich auch schon wieder draußen.

Ich saß im Gang auf meinen Koffern und weigerte mich kategorisch einzuziehen. Der Hoteldirektor, wütend darüber, daß ich lieber bei der Konkurrenz einziehen wollte, hatte nichts Eiligeres zu tun, als diese »Launenhaftigkeit« den Journalisten zu stecken. Dabei stellte er mich in einem Licht dar, das ebenso traurig war wie sein Hotel. Ich war schon eine männermordende Bestie, die Ehen zerstörte, die Schamlosigkeit in Person, und nun wurde ich zu allem Überfluß auch noch »launisch«. Man gerät leicht in einen gewissen Ruf, den man später nie wieder los wird!

Mein ganzes Leben lang habe ich unter dem falschen Image sehr gelitten, verdeckte es doch meine wahre Persönlichkeit. Und wenn ich heute dieses Buch schreibe, so geschieht das, um die Dinge ein für allemal wieder in den richtigen Kontext zu stellen.

Der Film startete in Frankreich, und die Reaktionen waren sehr verhalten. François Truffaut veröffentlichte in der Filmzeitschrift »Cahiers du Cinéma« eine ziemlich laue Kritik. Er fand die Geschichte zu oberflächlich und bemängelte die Auswahl der Schauspieler (Jürgens ausgenommen). Ich wurde ohne Nachsicht beurteilt, meine Aussprache wurde für schleppend und meine Artikulation für nachlässig be-

176

funden. Paul Reboux wurde noch deutlicher. Er schrieb, ich sähe wie ein Dienstmädchen aus und spräche wie eine Analphabetin. In den Premierenkinos an den Champs-Elysées lief der Film nur halb so lange wie im Verleihvertrag vorgesehen. Raoul Lévy und Vadim rauften sich die Haare. Blieb nur noch die Verwertung im Ausland und die Hoffnung, daß der Film dort besser ankäme. »Der Prophet gilt nichts in seinem eigenen Land!«

Inzwischen hatte ich mit den Dreharbeiten zu »Die Braut war viel zu schön« begonnen, und während ich mich zusammen mit Louis Jourdan und Micheline Presle in Libourne aufhielt, erhielt Jean-Louis seinen Gestellungsbefehl. Die sieben Jahre Aufschub, die man ihm gewährt hatte, waren vorüber.

Der Militärdienst wurde zu einer unüberwindlichen Prüfung für unsere Beziehung. Bei dem Gedanken, drei Jahre lang von ihm getrennt zu sein, brach ich in Tränen aus. Und dann dieser schreckliche Algerienkrieg und diese Angst, Jean-Louis zu verlieren! Jeden Samstagabend fuhr ich vom Drehort mit dem Zug nach Paris, verbrachte den Sonntag an ihn geschmiegt (er hatte Ausgang, weil er seine Grundausbildung in Vincennes bei Paris machte) und fuhr spätabends mit dem Zug nach Libourne zurück, wo ich montags morgens gerade rechtzeitig zum Drehbeginn eintraf.

Die Filmarbeiten schienen mir ebenso attraktiv wie die Vorstellung, mich aus dem Fenster zu stürzen. Das heißt, manchmal hätte ich mich sogar lieber aus dem Fenster gestürzt. Ich war nicht ganz bei der Sache, den ganzen Tag dachte ich nur an ihn ... Ich war verängstigt und traurig.

Christine und Odette machten sich große Sorgen. Die eine um ihren ersten Film, von dem ihre Zukunft als Produzentin abhing, die andere um mein Gesicht auf der Leinwand, denn auch mit Schminke vermochte man die Ränder unter meinen Augen, die Pickel, die Spuren der Tränen und Müdigkeit nicht zu überdecken.

Während der Dreharbeiten kam es zu einem furchtbaren Eklat. Im August 1956 verstaatlichte Nasser den Suezkanal. Die Panik erreichte ihren Höhepunkt, denn plötzlich gab es kein Benzin mehr. Wir bekamen Bezugsmarken wie in Kriegszeiten.

Ich bezirzte meinen Tankstelleninhaber, Monsieur Cochonou [Schweinchen], dessen Aussehen seines Namens würdig war. Dank seiner Hilfe konnte ich auch weiterhin ohne große Einschränkungen Auto fahren.

Müde und niedergeschlagen suchte ich Zuflucht bei den einzigen Menschen, die mir helfen konnten, bei meinen Eltern.

Obgleich meine kürzlich erfolgte Scheidung von Vadim und das öffentliche Abenteuer mit Jean-Louis nicht gerade nach ihrem Geschmack waren, nahmen sie mich mit offenen Armen auf.

Sie hatten mich schließlich gewarnt, ich hätte Vadim nie heiraten dürfen, ich sei viel zu jung gewesen, und sie wüßten genau, was gut für mich sei. Und jetzt vergeudete ich mein Leben mit diesem Jean-Louis Trintignant, ich lebte ohne Trauschein mit ihm, das würde böse enden! Kurzum, sie hätten ihren eigenen Standpunkt, doch mein Aussehen und meine Traurigkeit gefielen ihnen nicht. Offenbar bekomme mir die Volljährigkeit nicht, ich sei nicht in der Lage, die Verantwortung für mich selbst zu übernehmen!

Da ich nun mündig war, sah ich meine Eltern in einem anderen Licht. Ich fühlte mich frei, und diese Unabhängigkeit steigerte meine Liebe zu ihnen.

Eines Tages stellte mir Papa einen seiner Freunde vor. Ich rechnete mit einem Herrn in einem gewissen Alter, doch ich traf einen jungen Mann von neunzehn Jahren, einen lustigen Gitarristen und Bohemien mit zahlreichen Talenten. Papa hat sich immer gerne mit amüsanten jungen Freunden umgeben.

Jean-Max Rivière schrieb später viele Lieder für mich, unter anderem »La Madrague«, »C'est rigolo«, »On déménage« und so weiter ... Aus Jean-Max wurde »Maxou« und auch ihn adoptierte ich als Bruder! Die Familie vergrößerte sich allmählich.

Eines Tages erreichte uns eine große Neuigkeit aus den Vereinigten Staaten. »Und immer lockt das Weib« übertraf dort alle Erwartungen! Es war ein Riesenerfolg, die Kritiken waren überschwenglich, und ich war auf einmal die bekannteste Französin in ganz Amerika. Der Film spielte etwa acht Millionen Dollar ein – nicht etwa für mich, ich erhielt nur zwei Millionen alte Francs. Vadim wurde zum besten Regisseur des letzten Jahrzehnts gekürt, und ich war von heute auf morgen der »star number one«, »french sex-kitten« und so weiter ...

Das hatte eine eigentümliche Wirkung auf mich: Es war zugleich unglaublich, wunderbar und beängstigend. Es war ein unvermutet wahr gewordenes Märchen; Balsam für Körper und Seele, doch es machte mir auch angst und es bedrückte mich. Es war der Beginn eines gefährlichen und verlockenden Sogs.

Ich habe mich immer aus einer gewissen Distanz und mit klarem Verstand beobachtet, ohne mich berauschen zu lassen. Ich war verwundert, entzückt, erstaunt, stolz, doch ich bin immer auf dem Boden der Tatsachen geblieben, denn ich wußte genau, daß all das flüchtig, oberflächlich, zufällig und vor allem lächerlich war.

All dieser Ruhm kam über Nacht, doch ich dachte nur an Jean-Louis, der nach Trier in Deutschland abkommandiert werden sollte. Sobald ich erfahren hatte, daß er von Vincennes versetzt würde, dachte ich nur noch daran, unsere letzten Treffen in der Rue Chardon-Lagache in vollen Zügen zu genießen. Ich war zu Tode betrübt und trug mich mit Selbstmordgedanken, da ich ohne ihn nicht leben konnte. Ich war eine arme kleine Frau, verstört und verliebt und dabei die gefragteste, beliebteste Schauspielerin.

Das Telefon läutete unaufhörlich, die Post stapelte sich, und ich hatte immer noch kein Dienstmädchen, weil ich allein mit Jean-Louis in meinem Kokon leben wollte – es machte mich wahnsinnig!

Also nahm ich mir einen Sekretär, den Jean-Louis mit mir zusammen aussuchte. So trat Alain Carré in unser Leben. Er war homosexuell – das war Jean-Louis nur recht –, freundlich und sehr ergeben. Dieser dreißigjährige ehemalige Schauspieler, dem der Erfolg versagt geblieben war, identifizierte sich ganz mit mir und wurde einige Jahre lang meine einzige Stütze und mein einziger Vertrauter.

Jean-Louis übergab mich Alains Obhut, ehe er in die Kaserne nach Trier fuhr. An diesen Tag, den Abschied, den Trennungsschmerz, werde ich mich wohl mein ganzes Leben lang erinnern, auch wenn ich hundert Jahre alt werden sollte. Zum Teufel mit diesem albernen Werberummel! Zum Teufel mit den Filmen, mit den Amerikanern, zum Teufel mit dem Geld, dem Ruhm, zum Teufel mit dem Leben!

Und doch ging das Leben weiter.

Christine, Olga, Odette, Alain, all meine »Frauen« waren auf der Hut. Mein Kokon war unversehens zu einem Gefängnis geworden, ich drohte darin zu ersticken, lief unruhig auf und ab, hatte kein Ziel vor Augen und wußte nichts mit mir anzufangen. Ich habe immer jemanden gebraucht, für oder durch den ich leben konnte. Ich selbst bin mir nicht genug. Alles Gute, das ich in meinem Leben je getan habe, war nur möglich, weil mir jemand die Kraft dazu gab. Meine ganze Persönlichkeit, meine Energie, meine Beharrlichkeit sind dahin, sobald ich mir selbst überlassen bin. Darum habe ich panische Angst vor der Einsamkeit. Ich ertrage die Stille eines Hauses nicht, in dem ich nur meine eigenen Schritte höre. Dann steigt in mir ein Angstgefühl auf, das mich nicht mehr losläßt.

Ich galt zwar immer als das Symbol für eine »befreite« Frau, doch wenn ich es dann wirklich war, fühlte ich mich jedesmal total vereinsamt. Das konnte zwar niemand verstehen, doch ich kam mir vor wie ein verlorener Hund, der im Tierheim gelandet ist und dort auf den Tod wartet.

Raoul Lévy, der dank »Und immer lockt das Weib« schon über ein kleines Vermögen verfügte, heckte heimlich mit

Olga und Vadim einen neuen Plan aus, und zwar eine erneute Zusammenarbeit für den Film »Les bijoutiers du clair de lune« [»In ihren Augen ist immer Nacht«].

Christine ließ mich jeden Morgen mit einem Wagen abholen, der mich zu den Synchronarbeiten von »Die Braut war viel zu schön« bringen sollte. Sie hätte mir lieber einen Bulldozer schicken sollen, denn es war nicht leicht, mich aus meinem Schneckenhaus zu holen. Ich tat meine Arbeit, doch ich war nicht mit dem Herzen dabei.

Alain war zwar offiziell mein Sekretär, aber er war zugleich auch Kindermädchen, Koch und Chauffeur. Er sorgte dafür, daß meine Wohnung ein angenehmes, warmes und sauberes Nest war, und servierte mir abends, wenn ich von den Synchronarbeiten erschöpft nach Hause kam, ein kleines schmackhaftes Abendessen, das er meistens mit mir teilte. Dann fuhr er nach Hause. Ich blieb allein zurück mit dem schrecklichen Ungeheuer, das das »arme Dier« genannt wird. Welch ein Gegensatz herrschte damals zwischen meinem Image und meinem wirklichen Leben! Wer hätte sich denn vorstellen können, daß diese junge Frau, die soeben zum »Star« aufgestiegen war, ihre Abende mutterseelenallein, traurig und verängstigt verbrachte?

Im Oktober/November 1956 kam es dann auch noch zur Ungarischen Revolution. Die russischen Panzer rollten durch Budapest und töteten Tausende von Menschen. Man hätte glauben können, der Weltuntergang stünde bevor. Die Stimmung war gedrückt, Angst und Entsetzen machten sich breit.

Es hätte sogar zu einem neuen Weltkrieg kommen können. Alles war möglich. Dieses Massaker der ungarischen Bevölkerung durch die Russen hat mich zutiefst geprägt. Ich fand es entsetzlich. Nach wie vor ist mir jegliche Gewaltanwendung gegen Unterlegene ein Greuel.

Ein Fotograf von »Paris-Match«, mit dem ich befreundet war, kam während einer Reportage in Budapest ums Leben. Sein Name war Jean-Pierre Pedrazzini. Ich hasse Kriege, Revolutionen, unnützes Blutvergießen, ich hasse

181

Waffen, und ich hasse den Wehrdienst, weil man dort das Töten lernt.

Eines Tages ertrug Christine es nicht mehr, mich in einem solch schlechten nervlichen Zustand zu sehen, und fädelte für mich ein Treffen mit A. T. ein, dem Kabinettschef des Verteidigungsministers. Christine kannte viele Persönlichkeiten der Politik. Ihr Schwager François Mitterand – dessen Bekanntschaft ich mich seit dem letzten Filmfestival in Cannes rühmen konnte – machte im allgemeinen die gewünschte Unterredung möglich. Ich schöpfte wieder Hoffnung.

Christine versicherte mir, daß A. T., wenn er wollte, Jean-Louis nach Frankreich zurückbeordern könne.

Man führte mich in ein riesiges Zimmer mit üppigen Goldverzierungen. Hinter dem Schreibtisch saß ein Mann, der sich sogleich erhob, um mich zu begrüßen: A. T.!

Ich hatte das Gefühl, einem Arzt gegenüberzustehen, der mich, wenn er wollte, retten konnte. Offen und ohne Scham legte ich ihm mein Problem dar und schilderte ihm meine Verzweiflung.

Er lächelte ironisch, ein wenig herablassend und selbstsicher und fragte mich, ob ich zu allem bereit sei, um meinen Geliebten »zurückzuholen«.

Ich antwortete ohne Hintergedanken mit Ja.

Also lud er mich für den nächsten Tag zu einem Abendessen ein, denn er meinte, es sei eher angebracht, diese »Herzensangelegenheit« im Restaurant als im Ministerium zu besprechen.

Ich landete in einer Art Séparée. Dieser Herr verstieg sich dazu, mir unablässig die Hand zu küssen, wohl in der Erwartung, nach dem Essen mit mir ins Bett zu steigen!

Ich befand mich in einer delikaten Lage, denn ich mußte ihm Widerstand leisten, ohne ihn zu verärgern, sonst würde Jean-Louis nie zurückkommen. Er klebte wie eine Klette an mir, leckte meine Finger ab, verschlang mich mit den Augen, während ich ihm meine Liebe zu Jean-Louis erläuterte. Was für eine grauenvolle Situation!

Ich fragte ihn geradeheraus, ob er etwas für uns tun könne oder nicht. Mit unbewegtem Gesicht antwortete er mir, das hänge allein von mir ab und wenn ich bereit sei, sehr, sehr nett zu ihm zu sein, könne er Jean-Louis zurückbeordern, ansonsten könne er ihn auch direkt von Trier nach Algerien versetzen lassen …

Zornesröte stieg mir ins Gesicht, ich stand auf, warf ihm einen vernichtenden Blick zu und erklärte ihm, daß ich Erpressungen verabscheue, für Jean-Louis Liebe und Treue empfände und für gewöhnlich nicht mit meinem Körper bezahle. Dann kehrte ich in meine Wohnung zurück und sank einsam und verzweifelt auf mein Bett.

Ich hatte schon immer eine geringe Meinung von der Menschheit, doch an diesem Abend erreichte meine Menschenverachtung ihren Höhepunkt. Wie konnte ein Mensch, der dieses Namens würdig ist, sich so niederträchtig verhalten?

Zutiefst verletzt beschloß ich am nächsten Tag, mit Alain nach Trier zu reisen. Ich war mir sicher, daß A.T. sich rächen würde, und ich wollte Jean-Louis unbedingt warnen. Ohne irgend jemandem Bescheid zu geben, nahmen Alain und ich den Zug. Ich war noch nicht so bekannt, daß ich die Menschenmenge auf dem Bahnhof hätte fürchten müssen, dennoch verbarg ich mein Haar vorsichtshalber unter einem Kopftuch. Diese Reise erinnerte an bestimmte Passagen in den Romanen Georges Simenons. Die graue, düstere Landschaft, die finsteren, abweisenden Häuser, der von dunklen Wolken verhangene Himmel und der unaufhörliche Nieselregen. Alain und ich glichen zwei Gespenstern.

In Trier, das ebenfalls in Nieselregen und Nebel lag, stiegen wir im erstbesten Hotel ab. Es gelang Alain, für Jean-Louis einen Sonderurlaub bis zum nächsten Morgen zu erwirken und ihn zu mir zu bringen. Das Zimmer erschien auf einmal fast schön, eine glühende Hitze erfüllte meinen Körper, wir zogen uns in unser Bett zurück wie auf eine einsame Insel, und die Zeit verging wie im Fluge.

Nach Paris zurückgekehrt, beschloß ich umzuziehen, um auf andere Gedanken zu kommen. Während ich eine Maisonnettewohnung mit Terrasse – mein Traum – zu suchen begann, hatten Olga und Raoul Lévy schon eine ganze Liste mit Filmprojekten vorliegen, die sie mir anbieten wollten. Ich las die Exposés, sie gefielen mir, vor allem »En cas de malheur« [»Mit den Waffen einer Frau«] von Simenon; Lévy wollte Claude Autant-Lara für diesen Film als Regisseur gewinnen. Daneben war »Les bijoutiers du clair de lune« [»In ihren Augen ist immer Nacht«] mit Vadim immer noch spruchreif.

Olga, die beobachtete, wie mit zunehmendem Bekanntheitsgrad auch meine Gagen stiegen, rieb sich die Hände. Ein Anteil von zehn Prozent war ihr sicher, und je mehr Filme ich drehte, desto mehr verdiente sie. Sie bot mir daher auch »Une Parisienne« [»Die Pariserin«] unter der Regie von Michel Boisrond und mit Francis Cosne als Produzent an. Und Christine, die nicht zurückstehen wollte, wollte unbedingt »La femme et le pantin« [»Ein Weib wie der Satan«] unter der Regie von Julien Duvivier realisieren. Kurzum, ich hatte genug Arbeit für die nächsten zwei Jahre.

Doch zunächst blieb mir noch etwas Zeit, da die Dreharbeiten für den nächsten Film, »Die Pariserin«, erst im nächsten Frühjahr, 1957, beginnen sollten.

Es kam mir seltsam vor, daß man sich jetzt »um mich riß«. Es behagte mir nicht, für die kommenden zwei Jahre ausgebucht zu sein, da ich nicht mehr mir selbst gehörte. Ich war an verschiedene Produktionsfirmen verkauft und konnte nicht mehr über mich selbst verfügen.

Nun gut! Ich kam langsam zu Geld und konnte mir erlauben, zehn Millionen alte Francs für eine Maisonnettewohnung auszugeben, die ich schließlich in der Avenue Paul-Doumer Nr. 71, einem Haus mit Aufzug, fand. Ich war begeistert. Zur Wohnung gehörte eine kleine Terrasse, und ich spürte, daß ich mich dort wohl fühlen würde.

184

Eines Tages rief Olga mich an. Sie war ganz aus dem Häuschen: Ich sei zur Royal Command Performance geladen, einer großen Gala, die alljährlich in London stattfinde und wo ich der Queen vorgestellt werden solle.

Wieder einmal war ich zwischen Stolz und Schüchternheit hin- und hergerissen. Diesmal kam eine Absage nicht in Frage. Was also sollte ich anziehen?

Olga und Christine schleppten mich zu Pierre Balmain, dem klassischen Couturier schlechthin, der am geeignetsten schien, um mich für diesen Anlaß einzukleiden! Es ist verrückt, daß die Kleider der großen Modemacher so teuer sind. Da könnte man wirklich zum Kommunisten werden. Ich wollte nicht so viele Moneten verjubeln, nur um einen Abend lang »elegant« zu sein. Sicher rührt auch daher mein Ruf, »ein Geizhals« zu sein.

Nach langem Zögern und unendlichen Diskussionen war Balmain schließlich bereit, mir ein weißes, mit Perlen und Straß besticktes Kleid und einen weiten Mantel aus schwarzer Seide »auszuleihen«. Man hätte meinen können, er leihe mir das Allerheiligste.

Odette, meine Maskenbildnerin, bereitete mir einen Kosmetikkoffer vor, in dem ich alles finden würde, um mich schönzumachen. Ich holte meinen Vier-Personen-Nerz aus dem Kleidersack, packte meine Koffer und wartete, von tausend Ängsten geplagt, auf die Abreise.

Ein Jahr meines Lebens hätte ich gegeben, um nicht hinfahren zu müssen. Auftritte dieser Art in der Öffentlichkeit haben mir schon immer mißfallen – sie waren mir eine Qual. Alle Koffer standen im Eingang aufgereiht, dazu der Karton von Balmain (das sah sehr schick aus) und mein Kosmetikkoffer. Jean-Louis (der Urlaub hatte und von dem ich mich trennen mußte), Alain und ich warteten darauf, daß Olga mich im Taxi abholte, das uns zum Bahnhof bringen sollte. Wir wollten per Zug zur Fähre reisen, weil ich noch immer nicht geflogen war und auch keine Lust hatte, es zu versuchen.

Mit Olga kam auch die Stunde des Abschieds. Ich folgte meinen Koffern und Schachteln in den Aufzug, dann ins

Taxi. Ich sah Alain und Jean-Louis auf dem Gehsteig stehen und mir Kußhändchen zuwerfen und verfluchte alles, was mir bevorstand.

Olga, die diplomatisch und intelligent ist, wartete ab, bis wir im Zug saßen, um mir eine Moralpredigt zu halten. Nur so war sie sicher, daß ich nicht auf der Stelle umkehrte. Sie sagte mir, ich hätte wirklich Glück, Tausende von Frauen würden alles darum geben, mit mir zu tauschen, ich dürfe nicht Trübsal blasen; und im übrigen könne ein wenig Puder auf die Nase nicht schaden, bevor wir in den Speisewagen gingen.

Ich suchte meinen Kosmetikkoffer und fand ihn nicht. Keine Spur davon. In der Aufregung hatte ich ihn zu Hause vergessen. Da brach ich wirklich in Tränen aus und wollte sogar die Notbremse ziehen. Auf keinen Fall wollte ich am nächsten Morgen in London ohne Make-up auf den Bahnsteig treten. Und erst meine Haare! Nach einer Nacht im Zug wären sie steif und durcheinander, und ich hatte weder Bürste noch Kamm dabei, nichts, rein gar nichts. Sämtliche Fotografen Londons würden sich versammeln und auf mich warten. Ich wäre am liebsten gestorben.

Olga, die nie sonderlich eitel war, kramte in ihrer Handtasche und zog schließlich ein Döschen mit einem furchtbaren lachsfarbenen Puder hervor, einen Kamm, gerade groß genug, um sich die Augenbrauen zu glätten, und einen fuchsienfarbenen Lippenstift, der mich vor Grauen erzittern ließ. Schließlich verabreichte sie mir ein Beruhigungsmittel, und ich schlief im Sitzen ein, um meine Frisur nicht zu ruinieren.

Unsere Ankunft war abenteuerlich. Mein Vier-Personen-Nerz diente mir als Kapuzenkutte, meine Sonnenbrille verbarg den Rest meines Gesichts. Ich hatte mein Haar zu einer Art Knoten zusammengebunden, der wie durch ein Wunder hielt, und wollte nur so schnell wie möglich ins Hotel »Savoy«, um mir neue Schminke zu kaufen.

Es ist unglaublich, wieviel Meter Film Fotografen verschwenden können. Ein Blitzlichtgewitter ging über mich nieder. Dabei konnten sie nur meine Nasenspitze und einen Teil meines Knotens einfangen.

Im »Savoy« bezog ich eine elegante Suite mit Blick auf die Themse, alle Welt hatte mir Blumen geschickt, und ich fühlte mich wieder in Sicherheit.

Ich hatte nur eines im Sinn: Ich wollte mir neues Make-up kaufen. Doch es war Samstag mittag, und die Geschäfte blieben bis Montag morgen geschlossen. Schon geriet ich wieder in Panik; die Gala fand am Sonntag abend statt, und ich würde nicht daran teilnehmen, soviel stand fest!

Raoul Lévy, der uns begleitete, hatte einen genialen Einfall. Er rief Jean-Louis an und bat ihn, umgehend meinen Kosmetikkoffer zum Flughafen Orly zu bringen, ihn der Stewardeß der ersten Maschine nach London anzuvertrauen und ihr zu erläutern, was geschehen war.

Lévy selbst wollte zum Londoner Flughafen fahren, das Corpus delicti in Empfang nehmen und mir noch vor dem Abend bringen.

Gesagt, getan!

Inzwischen mußte ich an der Generalprobe für den Empfang der Königin teilnehmen. Als wir im Theater ankamen, war eine Menschenmenge versammelt, darunter der Protokollchef und das Double der Königin. Auch amerikanische und englische Schauspieler waren anwesend.

Und wieder geriet ich in Panik. Wie eine Klette klebte ich an Olga und wagte nicht, mich vom Fleck zu rühren. Schließlich stellten wir uns in Reih und Glied auf. Man hätte glauben können, wir wären zu einer Musterung angetreten. Das Double der Königin schritt an uns vorbei, und wir mußten den vom Protokoll vorgeschriebenen Hofknicks machen. Das hieß, man mußte die Knie beugen, den Oberkörper jedoch geradehalten und die erste Frage mit »Yes, Your Majesty« beantworten, die zweite gegebenenfalls mit »Yes, Madam«. In meiner Aufregung antwortete ich gar nichts, denn so konnte ich sichergehen, vom Protokollchef nicht getadelt zu werden.

Dieselbe Prozedur galt für das Double von Prinzessin Margaret, die danach kam, nur mußte man sie bei der ersten Frage mit »Your Highness«, bei der zweiten mit »Madam« anreden.

Allmählich fand ich das albern und kindisch, als man uns eröffnete, es sei nicht zulässig, bei Hof Schwarz zu tragen. Dies sei das alleinige Vorrecht der Königin.

Und was war mit meinem Mantel? Ich konnte doch nicht mit bloßen Armen ins Theater kommen, ich würde mir eine Lungenentzündung holen. Mein Gott, war das alles kompliziert! Auch Dekolletés waren verboten, dabei war mein Kleid bis an den Bauchnabel ausgeschnitten!

Ich beschloß, nach Frankreich in mein Schneckenhaus zurückzukehren, anzuziehen, wonach mir der Sinn stand, und auf alle Welt zu pfeifen.

Olga mußte ihr ganzes diplomatisches Geschick aufbieten und dem Zimmermädchen ein ordentliches Trinkgeld versprechen, damit es einen schamhaften Tüllschleier in den Ausschnitt meines Kleides nähte. Meinen schwarzen Seidenmantel würde ich ja nur auf dem Weg zum Empfang tragen, und als schließlich Raoul mit meinem heißersehnten Kosmetikkoffer eintraf, ließ ich mich zum Bleiben überreden.

Dann war der große Tag gekommen. Ich wurde herausgeputzt, drapiert, behängt, mein Busen versteckt, mein Haar gebändigt, Augen und Lippen zurückhaltend geschminkt. Ich fühlte mich unwohl in meiner Haut, war für meinen Geschmack zu elegant.

Dieselben Leute versammelten sich aufs neue, und alles fing von vorne an. Nur daß dieses Mal die Königin leibhaftig vor uns stand, ebenso Margaret, der Herzog von Edinburgh, Lord Snowdon und viele andere Lords und Ladies.

Und bei diesem Empfang habe ich sie gesehen und hatte nur Augen für sie: Marilyn! Sie war blond, bezaubernd und trug ein goldfarbenes Kleid, das bis an die Fesseln dekolletiert war. Sie hatte nichts auf das Protokoll gegeben. Ihre Wangen waren so frisch und rosig, daß man sie am liebsten geküßt hätte. Ihre widerspenstigen Haarsträhnen fielen über Hals und Ohren. Sie sah so glücklich und natürlich aus, als wäre sie gerade dem Bett entstiegen.

Ich begegnete ihr bei den »Ladies«. Ich war dort, um an

meinen Haarsträhnen herumzuzupfen, damit ich weniger frisiert wirkte, und um schnell den Tüll abzutrennen, der meinen Busen verhüllte. Sie betrachtete sich im Spiegel, lächelte sich zu, den Kopf mal nach rechts, mal nach links geneigt. Sie duftete nach »Chanel No. 5«. Ich fand sie wundervoll, beobachtete sie fasziniert, vergaß darüber mein Haar und wäre gerne sie gewesen, hätte gerne Persönlichkeit und Charakter mit ihr getauscht. Es war das erste und das letzte Mal, daß ich sie sah, und auf der Stelle war ich von ihr betört. Eine anmutige Zerbrechlichkeit ging von ihr aus, eine schelmische Sanftheit. Als ich einige Jahre später von ihrem Tod erfuhr, war ich so tief getroffen, als hätte ich einen geliebten und mir nahestehenden Menschen verloren. Ich werde sie nie vergessen.

Die Königin war viel kleiner als ich. Sie streckte mir die Hand mit dem weißen Handschuh entgegen, ich machte meinen Hofknicks und antwortete ihr einmal, dann noch einmal. Ich war die einzige Französin beim Empfang, und sie stellte mir Fragen über den französischen Film. Prinzessin Margaret war charmant, alle waren charmant, auch Prince Charming.

Anita Ekberg hatte einen so enormen Busen, daß man den Eindruck gewann, ihr Büstenhalter sei mit zwei Granaten ausgestopft. Ich war fasziniert von diesen beiden Bomben und rechnete damit, daß sie das Kleid sprengen würden, doch nichts dergleichen geschah.

So endete mein Treffen mit der Königin von England.

Inzwischen bekam ich etliche »Verehrerpost«. Alain wurde von all diesen Briefen überflutet, und ich überlegte ernsthaft, ob ich in der neuen Wohnung ein »Büro« für ihn einrichten sollte. Einstweilen dienten mein Bett oder der Teppich als Büro. Ich half Alain, die Briefe zu öffnen, abzulegen und zu beantworten. Sofern es sich nicht um Rechnungen handelte, wurde ich im allgemeinen um ein Autogramm gebeten. Ich hatte ein paar hundert Abzüge von einem hübschen Foto machen lassen, signierte es und verschickte es an die »Verehrer«.

Doch eines Tages las ich einen Brief, der aus dem Rahmen fiel. Er stammte von einem fünfzehnjährigen Mädchen, das mir erzählte, sie sei die älteste von sechs Geschwistern, ihre Familie sei arm und lebe in Grenoble. Dieser Brief war schön und voller Poesie. Es war Dezember, und die kleine Bernadette, die nie ein Geschenk oder eine Überraschung zu Weihnachten bekommen hatte, schrieb an mich wie an eine Fee und erklärte mir, daß eine Antwort von mir ihr erstes, ihr schönstes Geschenk sein würde. Ich war sehr gerührt und beschloß, die Rolle zu spielen, die sie mir zugedacht hatte.

Am nächsten Tag kauften Alain und ich Geschenke für sie ein. Wir schickten sie ihr, zusammen mit einem Brief, in dem ich ihr erklärte, daß es eine Freude für mich sei, sie ein wenig verwöhnen zu können und wieviel Zärtlichkeit ich für sie empfände, ohne sie zu kennen.

So trat Bernadette in mein Leben. Ohne daß wir uns je getroffen hätten, haben wir korrespondiert und eine große Zuneigung füreinander entwickelt. Ich gab acht, nie ein Weihnachtsfest zu vergessen, und sie vergalt mir mit ihren Briefen hundertfach die kleinen Präsente, die ich ihr geschickt hatte.

Als sie mir Jahre später mitteilte, daß sie heiraten werde, habe ich ihr – ohne sie je getroffen zu haben – ein Brautkleid geschenkt! Inzwischen kenne ich sie ein wenig. Sie ist hübsch, sanftmütig, charmant, rein und poetisch. Sie ähnelt ihren Briefen, und unsere Freundschaft dauert schon seit vierzig Jahren an!

Zu Weihnachten bekam Jean-Louis Heimaturlaub. Wir ließen den ganzen Alltag hinter uns, Wohnung, Filme, Produzenten, und verzogen uns nach Cassis in die Sonne, wo Jicky uns eine kleine Hütte lieh.

Ich hatte Jicky erst zwei- oder dreimal getroffen, doch zwischen uns war spontan eine ungewöhnliche Freundschaft entstanden. Als mittelloser Maler wohnte er mit seiner Frau Jeannine in einem winzigen Atelier in Saint-Germain-en-Laye.

In Cassis besaß er eine kleine Hütte, die er über alles

liebte. Sie lag einsam an einem Hang inmitten von Strauch-
heide. Es gab dort keinerlei Komfort, weder Bad noch Heizung oder warmes Wasser. Doch das alte Häuschen aus
Lehmziegeln mit den alten Balken, den Terrakottafliesen,
den weißgetünchten Wänden und dem Duft nach Rosmarin
besaß eine Seele und war sehr sonnig. Als ich Jicky um den
Schlüssel zu seinem Paradies bat, weil ich dort mit Jean-
Louis ein ruhiges Weihnachtsfest verbringen wollte, gab er
ihn mir, ohne zu zögern. Allerdings warnte er mich vor dem
mangelnden Komfort, mit dem ich dort zu rechnen hätte.
Danke, Jicky!

In dieser kleinen, unberührten, rustikalen Schäferei in den
unwegsamen Hügeln verbrachten wir wundervolle Tage.

Es gab einen Kamin, in dem wir Tag und Nacht Holz ver-
feuerten, das wir in den Hügeln gesammelt hatten. Es duftete köstlich nach Pinienzapfen. Das Kaminfeuer heizte beständig Wasser in einer Wanne, die wir entweder zum
Geschirrspülen, zum Wäschewaschen oder zum Baden benutzten. Nacheinander stiegen wir in das dampfende Wasser direkt neben dem knisternden Feuer und wuschen uns
gegenseitig.

In diesem Kamin grillte Jean-Louis uns oft ein gutes
Stück Fleisch, das mit Thymian, Lorbeer und Rosmarin ge-
würzt und mit Knoblauch gespickt war. Strom gab es nur
für eine nackte Glühbirne an der Decke, doch wir brauchten ihn nie. Kerzen und das Kaminfeuer sorgten für eine
Festtagsbeleuchtung, die uns genügte.

Dort verbrachten wir in aller Einfachheit zehn traumhafte Tage, ganz so, wie unsere Vorfahren gelebt haben. Wir
vergaßen das 20. Jahrhundert und die ihm eigene entmy-
stifizierende Modernität. Wir versanken in der Romantik
einer namenlosen Zeit, die »Liebe« genannt wird.

Da wir keinen Wagen hatten, mußten wir jeden Tag weit
laufen, um zum Markt in Cassis zu gelangen. Dieser provenzalische Markt war so nett, daß ich am liebsten alles gekauft
hätte. Aber da wir die Einkäufe nach Hause tragen mußten,
beschränkten wir uns auf das Allernötigste. Anschließend
tranken wir ein Gläschen Weißwein auf der Terrasse des

Cafés »Chez Nine«, und manchmal unternahmen wir kleine Bootsfahrten entlang der berühmten Felsbuchten. Unser einziger Besucher in der Hütte war ein schöner Wildkater. Er lebte irgendwo auf dem Hügel und sah aus wie ein kleiner Tiger. Ich fütterte ihn jeden Tag.

Am Weihnachtsabend gingen wir zu Fuß zur Christmette. Ich fühlte mich wie eine der provenzalischen Krippenfiguren meiner Kindheit. Gern hätte ich dem Jesuskind auf dem Kopf einen Tonkrug voller guter und schöner Dinge gebracht, doch ich trug nur das kleine provenzalische Tuch auf dem Kopf, ähnlich dem der Frauen unserer Krippe.

Am Silvesterabend des Jahres 1956 saßen wir allein vor unserem Kamin und tranken lauwarmen Champagner. Um Mitternacht traten wir vor das Haus in die schöne, wilde und duftende Landschaft, und die Sterne ersetzten uns den Mistelzweig.

Nie wieder habe ich zu einer solchen Lebensfreude, zu einer solchen Ausgeglichenheit gefunden wie während dieses allzu kurzen Aufenthalts. Später habe ich vergeblich versucht, dieselbe Atmosphäre zu schaffen, die in diesem Häuschen herrschte.

Der Ruhm, der Komfort und der Luxus, den wir zu Unrecht für unabdingbar für das Glück halten, meine verschiedenen Verpflichtungen, all dies raubte meinem Leben endgültig jene natürliche Ruhe, die in jenem wundervollen Puppenhaus herrschte, in dem ich so intensiv die zehn schönsten Tage meines Daseins erlebte.

Manchmal, wenn ich den Duft von Pinienzapfen, Rosmarin oder den eigentümlichen Geruch alten Mauerwerks wahrnehme, überflutet mich eine Welle des Glücks, und ich fühle mich für einen Augenblick in die Garrigue von Cassis zurückversetzt.

Mein Leben lang habe ich vor allem nach der Einfachheit gestrebt. Stets habe ich die Gesellschaft einfacher Menschen jener der unerträglichen Snobs und der Leute von Welt vorgezogen. Immer war mir eine natürliche, warme Umgebung lieber als all der kalte und überflüssige Luxus, mit dem man mich während meiner Reisen und Filmaufnahmen überhäufte, in dem Glauben, mir damit Freude zu bereiten. Je weiter ich mich von der Natur entferne, desto unwohler fühle ich mich. Darum verabscheue ich Städte, Hochhäuser, Beton, hohe Decken, mehrstöckige Häuser, große Zimmer, Aufzüge, Neonlicht, Resopalmöbel, Plastik und elektrische Haushaltsgeräte.

Ich verabscheue es auch, »bedient« zu werden, und ertrage nicht, was man gemeinhin als »Hausangestellte« bezeichnet. Denn wer ist wessen Sklave?

Immer wieder haben die Leute in meinen Diensten mir das Leben zur Hölle gemacht. Denn wer von beiden steht im Dienst des anderen? Die ständige Anwesenheit einer Person, die zum Zeugen meines Intimlebens wird, ihre Reizbarkeit, ihr ständiges Spionieren bringen mich auf.

Da ich es gewohnt bin, sehr viele Hausarbeiten selbst zu erledigen, benötige ich mein Personal meist ausgerechnet dann, wenn dessen Dienst beendet ist, es seinen freien Tag oder seine gewerkschaftlich verbrieften zwei Stunden Pause am Nachmittag hat.

Zeit meines Lebens habe ich mich bemüht, zu meinen Angestellten eine Beziehung herzustellen, die von menschlicher Wärme, Hingabe, Ehrlichkeit, Großzügigkeit, Einverständnis und gegenseitigem Vertrauen geprägt ist. Doch ich bin immer nur auf Unredlichkeit gestoßen.

Wegen meines Berufes war ich auf »Personal« angewiesen und mußte es mein Leben lang ertragen.

Tag für Tag habe ich die drückende, unangenehme und lästige Anwesenheit eines Menschen ohne Herzenswärme auf mich nehmen müssen, der mir nachspionierte, sich Urteile über mich anmaßte und ein Fremder blieb, obwohl ich mir einen Vertrauten gewünscht hätte. Eines Menschen, der mich verriet, indem er seine »Memoiren« schrieb und an die Boulevardpresse verkaufte, eines Menschen, der klatschte, alles entstellte, die Atmosphäre vergiftete, eines Menschen, der ein geraubtes Geheimnis an die Zeitungen verkaufte, eines Menschen, der einem Geld und das Beste von einem selbst stiehlt …, unerträglich!

Ich erwähne das, weil mein Leben von solchen Leuten – und es gibt nur wenige Ausnahmen – vergiftet wurde. Damals in Cassis wurde ich noch nicht von der Niedertracht des Dienstpersonals aufgerieben. Darum erscheint mir diese Lebensphase heute so kostbar und gesegnet!

Nachdem Jean-Louis' Urlaub zu Ende gegangen war, fuhr er nach Trier und ich nach Paris zurück. Ich begann mit dem Umzug und versuchte, der Wohnung in der Avenue Paul-Doumer die Seele von Cassis einzuhauchen.

Ich freute mich, meinen Sekretär Alain wiederzusehen!

Olga, Christine und Raoul Lévy stürzten sich sogleich auf mich. Meine kleine Eskapade hatte sie beunruhigt und Zweifel aufkommen lassen, ob ich jemals zurückkommen würde.

Meine erste Nacht in der Avenue Paul-Doumer wollte ich mit Jean-Louis verbringen. Ich hatte alle hübschen Sachen in die neue Wohnung befördert, so daß in der Rue Chardon-Lagache nur der alte Plunder geblieben war, den ich aufgeben wollte. In dieser ausgeräumten Umgebung, die teils an einen Campingplatz, teils an ein erdbebengeschädigtes Gebiet erinnerte, verbrachte ich also meine Nächte. Die Tage verbrachte ich in der neuen Wohnung; ich richtete ein, dekorierte, machte Feuer im Kamin, den ich eigens hatte einbauen lassen (man hatte die Decke durchbrechen müssen). Ich stieg die kleine Treppe, die vom Salon zu meinem Schlafzimmer führte, hinauf und hinab wie ein richtiger »Klettermaxe«.

Ich baute mein Nest, beschnüffelte jede Ecke, jeden Winkel, ich räumte meinen Wäscheschrank ein und legte Lavendelsäckchen zwischen die Wäschestücke, so wie ich es bei Mamie gesehen hatte. In der kleinen, aber hübschen Küche hängte ich Knoblauch- und Zwiebelzöpfe auf, die ich vom Markt in Cassis mitgebracht hatte, füllte Körbe mit Früchten und dekorierte die Fenster mit kleinen rotkarierten Vorhängen. Ich bepflanzte eigenhändig die Blumenkübel auf meiner Terrasse, band Efeu an den Mauern fest und versuchte mitten in Paris, auf einer zehn Quadratmeter großen Freifläche im siebten Stock etwas von der Natur anzusiedeln, die mir so sehr fehlte. Ich war überglücklich, denn dies war meine erste eigene Wohnung. Ich war zweiundzwanzig Jahre alt und sollte hier die nächsten fünfzehn Jahre meines Lebens verbringen.

Später erwarb ich noch andere Häuser, Anwesen und Wohnungen. Doch das Gefühl, das ich bei diesem ersten Kauf empfand, habe ich nie mehr mit der gleichen Intensität verspürt.

Die Wohnung hatte allerdings einen Haken. Es gab nämlich eine »chambre de bonne«, ein Dienstmädchenzimmer. Da es nun einmal existierte, war ich fast verpflichtet, ein Dienstmädchen einzustellen.

Außerdem wirkte Alain, der in der ehemaligen Wäschekammer inzwischen ein Büro für sich allein hatte, nun auch wie ein echter Sekretär. Die Buchhaltung und die Korrespondenz machten echt Arbeit, so daß er keine Zeit mehr hatte, für mich zu kochen.

Und so begab ich mich auf die Suche nach einem Dienstmädchen.

Ich frage mich, warum man ausgerechnet diejenigen als »Perlen« bezeichnet, die im allgemeinen alles andere als kostbar sind und in neun von zehn Fällen alles andere als glänzende Arbeit leisten.

Wie von Wunderhand wurde Jean-Louis nach Paris versetzt. Sein Beruf als Schauspieler und seine Intelligenz trugen ihm eine Stelle in der Schreibstube eines Ministeriums ein. Ob A. T. dahintersteckte? Das habe ich nie erfahren. Ich weiß nur, daß es ein großes Freudenfest gab.

Endlich konnten wir die Wohnung in der Avenue Paul-Doumer zünftig einweihen. Wir verbrachten eine erste glückliche Nacht in diesem Appartement, in dem wir von nun an gemeinsam leben konnten. Wäre die Uniform nicht gewesen, so hätte ich das Gefühl gehabt, daß Jean-Louis ein ganz normales Leben führte.

Die »Perle«, die Alain aufgetrieben hatte, machte sich in der Küche und fortan mir zu schaffen.

»Die Braut war viel zu schön« sollte in die Kinos kommen. Christine und Olga waren in Aufruhr. Ich sollte bei der Premiere dabeisein, Interviews geben, für berühmte Fotografen Modell stehen, etwa für Richard Avedon, der jenes legendäre Foto von mir schoß, auf dem ich halb nackt, nur mit schwarzen Strumpfhosen bekleidet, in die französische Flagge gewickelt bin. Ganze Tage verbrachte ich damit, Journalisten zu empfangen, die mich mit ihren Fragen in die Enge zu treiben suchten, insgeheim davon überzeugt, daß ich »zwar hübsch, aber ziemlich dämlich« sei. Von Maman habe ich die Schlagfertigkeit geerbt, die mich oft rettete, und von Papa den Sinn für Humor, der einige meiner Antworten berühmt machte. Das Telefon läutete ohne Unterlaß. Alain war überlastet. Und ich hatte langsam wirklich die Nase voll! Doch das war noch nicht das Ende meiner Qualen.

Auch wenn die »Braut« zu schön war, so war sie doch nicht gut genug. Der neue Film war zwar nett, doch das Publikum wollte mich ebenso sexy wie in »Und immer lockt das Weib«.

Man wollte mich sexy? Nun gut, dann würde ich eben sexy sein!

So wurde ich zum »unerfüllbaren Traum der Ehemänner«, zum »sexy Pekinesen«, zur »perversen Kindfrau« und so weiter …

Sobald ich mich auf die Straße wagte, wollten die Fotografen einen Schnappschuß von mir ergattern, das ging mir langsam auf die Nerven.

Zu dieser Zeit sah ich meine Eltern nur selten, sie erklärten mir stets, daß sie sich nicht in mein Leben einmischen wollten. Maman wollte auf keinen Fall eine aufdringliche Mutter sein. Doch mit der Zeit wirkte ihre Zurückhaltung wie Gleichgültigkeit, und das machte mir zu schaffen. Mein Leben nahm eine ganz andere Richtung als das meiner Eltern. Die Kluft zwischen uns wurde immer tiefer.

Ich stattete ihnen von Zeit zu Zeit einen Besuch ab, aber es waren eben nur »Besuche«. Ich trank mit ihnen Tee und erzählte ihnen von meinem Leben.

Maman verstand nicht, warum ich die wundervollen Gelegenheiten zum Ausgehen, die sich mir boten, nicht besser nutzte. Sie fand meine Kleidung »komisch« und »geschmacklos« und rief den Himmel als Zeugen dafür an, daß ich das außergewöhnliche Glück, das mir zuteil wurde, verspielte. Sie war der Ansicht, daß ich meine Zeit mit diesem Konditorgehilfen – so nannte sie Jean-Louis – vergeudete. Sie erträumte sich für mich einen reichen Mann, der eine Karriere als Minister oder als Generaldirektor vor sich hatte.

Papa hingegen wollte unbedingt, daß ich ihm diese oder jene Schauspielerin vorstellte, die er »charmant« fand, die ich allerdings nicht kannte. Ich hatte kaum Bekannte aus meinem beruflichen Umfeld, was ihm vollkommen unverständlich war. Seiner Auffassung nach mußte man als Schauspielerin auch alle anderen kennen, die diesen Beruf ausübten.

Auch bei Boum, Mamie und Dada ging ich oft spontan vorbei, um sie in die Arme zu schließen. Sie nannten mich ihren »Sonnenschein«, denn meine Blitzbesuche erhellten ihr Leben.

Boum stellte mir tausend Fragen über meinen Beruf und die moralische Einstellung der Menschen, mit denen ich zu tun hatte, und warnte mich vor der Oberflächlichkeit und Flüchtigkeit des Ruhms.

Mamie zeigte sich besorgt, daß ich mich erkälten könnte, nicht genug essen oder zuviel arbeiten würde.

Meine Dada war froh, daß ich mich nicht für »etwas Besseres« hielt, sondern das einfache kleine Mädchen geblieben und mein Erfolg mir nicht zu Kopf gestiegen war.

Wenn ich mich verabschiedete, baten sie mich, bald wiederzukommen und blickten mir mit tränenfeuchten Augen nach.

Mijanou hatte ihr Abitur mit Auszeichnung bestanden. Sie war jetzt im ersten Studienjahr und der ganze Stolz meiner Eltern.

Wir beide hatten uns nichts zu sagen. Wir hatten Wege eingeschlagen, die sich im Laufe der Jahre immer stärker unterschieden.

Ob es nun bewußt geschah oder nicht, ein Teil der Familie hatte mich mit dem Bann belegt. Die Onkel, Tanten, Cousins und Cousinen meiner Kindheit sah ich nie wieder, ausgenommen »La Baille«, einen unkonventionellen Onkel, der Maler war und mein Leben wundervoll fand. Vielleicht habe ich mich deshalb mein Leben lang einsam gefühlt und mein seelisches Gleichgewicht verloren, sobald mich ein Liebhaber weniger mochte. Dann klammerte ich mich verzweifelt an die Zuneigung von Freunden wie Jicky.

Meine neue Familie hatte ich mir selbst ausgesucht. Sie bestand aus Jean-Louis, Alain, Olga, Dany, Christine und Odette. Wir verkehrten zwanglos miteinander; für jeden war stets ein Platz am Tisch der anderen reserviert. Wir hatten dieselbe Zeiteinteilung, dieselben Gesprächsthemen und dieselben Ziele.

Dieser wahnwitzige Wirbel, der um meine Person gemacht wurde, erschien mir unwirklich, und ich verstand nicht, warum ausgerechnet »ich« zum Gegenstand dieser Verrücktheit wurde. Von Kindheit an begleitete mich das Gefühl, häßlich zu sein. Ich fand mich tatsächlich sehr mittelmäßig und glaubte weniger aufzufallen, wenn ich mein Gesicht hinter einem wirren Pony und einer wilden Mähne verbarg. Diese Unsicherheit habe ich nie ablegen können. Vielleicht hinderte sie mich daran, Selbstsicherheit zu entwickeln, und führte zu einer gewissen Bescheidenheit, die ich mir mein Lebtag bewahrte und die zu meinem Erfolg beigetragen haben mag. Ich wurde immer von unglaublichen Selbstzweifeln geplagt.

Fand ein Mann mich schön, so war ich jedesmal erstaunt und ihm unendlich dankbar dafür. Doch ich fürchtete, er könnte mich schrecklich finden, sobald er mich ungeschminkt sähe. Darum bin ich sehr oft ins Bett gegangen, ohne meine Wimperntusche zu entfernen. Am nächsten Morgen erwachte ich dann mit schwarz verschmiertem Gesicht, aber auch das war eine Art, sich hinter irgend etwas zu verstecken.

Ich war auf ein Leben als Star nicht vorbereitet, es brach ohne Vorwarnung über mich herein. Mittag- und Abendessen mit Produzenten, Anproben für den nächsten Film, Termine mit Journalisten, Premiere hier und Premiere da. Zu Olgas großer Verzweiflung nahm ich nur einen Bruchteil der Repräsentationsverpflichtungen wahr, und trotzdem hatte ich keine freie Minute mehr.

»France Dimanche« und »Ici Paris« brachten mein Foto, und es war unglaublich, welche Lügen ich in diesen Blättern über mich lesen mußte. Es hieß unter anderem, ich hätte mein Geld in Snackbars und Waschsalons investiert. Eine falsche Behauptung, die mir noch immer nachhängt. Das Resultat war, daß der für mich zuständige Finanzbeamte glaubte, ich besäße ein Vermögen, und seine Nase in meine Rechnungsbücher steckte, um mich »zu überführen«. Vierzig Jahre später – ich hoffe, es ist nicht mehr derselbe arme Kerl – sucht die Steuerfahndung noch immer nach den Snackbars und Waschsalons, die eine reine Erfindung der Journalisten waren, die nicht mehr wußten, was sie schreiben sollten.

Es ist eine Schande, was die Presse alles anrichten, in

den Schmutz und ins Lächerliche ziehen kann! Meine wundervolle Beziehung zu Jean-Louis wurde bespöttelt, ins Lächerliche gezogen, man schrieb über »den Star und den Regenwurm«, über »das Sex-Symbol und seinen Landser« und so weiter ... Später hieß es dann, die Presse habe mich berühmt gemacht. Letztlich seien es die Journalisten gewesen, die mich geschaffen, geformt und groß herausgebracht hätten und, und, und ... In Wirklichkeit haben sie mein Leben in einem Maße vergiftet, wie sie es sich kaum vorstellen können. Auch ohne sie wäre ich zu dem geworden, was ich bin, dafür aber ohne all die Probleme, die sie mir bereitet haben!

All diese Dinge strapazierten meine Nerven über die Maßen. Ein ruhiges, friedliches Leben in meinem Nest in der Avenue Paul-Doumer war unmöglich geworden. Ich bekam Herpes, eine Art Fieberpickel, die auf Nervosität zurückzuführen sind und im allgemeinen an den Lippen auftreten. Ich sah wirklich reizend aus mit diesen Bläschen am Mund! Mein Mund ist ohnehin schon groß, doch jetzt wirkte er wie der Eingang einer Metrostation.

In einer Woche war Drehbeginn für »Die Pariserin«, und mein Herpes war eine Katastrophe.

Francis Cosne, der Produzent, raufte sich die Haare, Michel Boisrond, der wunderbare Regisseur, mit dem ich »Pariser Luft« gedreht hatte, titulierte mich mit dem ihm eigenen Humor nur noch als »die pickelige Göre«; Olga, meine Mama, brachte mich zum Arzt und bekam selbst Nesselfieber, doch das war normal, entsprach es doch in etwa den zehn Prozent, die sie als meine Agentin verdiente.

Um gesund zu werden, mußte ich zur Ruhe kommen und jegliche Nervenanspannung meiden. Doch etwa fünfzehn Personen täglich erkundigten sich telefonisch danach, was meine »Pickel« machten. Jeder Anruf löste eine Nervenkrise aus, und jede Nervenkrise führte zu einem zusätzlichen Pickel. Langsam drehte ich durch.

Die Zeitungen titelten: »B.B.s Pickel kosten den Produzenten Millionen!« und »Beenden die Pickel B.B.s Karriere?« und »Sie hatte einen guten Karrierestart, wird sie jetzt durch ihre späte Akne gebremst?«

Täglich spritzte man mir intravenös Vitamin C, und nach jeder Spritze wurde ich ohnmächtig.

Ich schämte mich, schämte mich wahnsinnig – es war eine schreckliche Schmach! Wie gern wäre ich ein Mann mit Schnurrbart gewesen! Doch sosehr ich auch mein Haar schüttelte, es gelang mir nicht, die unglückseligen Pickel zu verbergen. Ich verbarrikadierte mich in meiner Wohnung, ging nicht mehr ans Telefon, las keine Zeitungen und empfing niemanden mehr.

Endlich, zehn Tage später, waren die Pickel abgeheilt, und die Dreharbeiten konnten beginnen!

Meine Partner Henri Vidal und Charles Boyer waren hervorragend, lustig und charmant. Michel Boisrond führte uns mit Talent, Freundlichkeit, Humor und Heiterkeit. Auf dem Set herrschte jene entspannte Atmosphäre, die dem Erfolg zuträglich ist. Die Außenaufnahmen sollten an der Côte d'Azur gedreht werden. Welch eine Freude!

Ich hatte darum gebeten, Jicky Dussart als Statisten zu engagieren. Er hatte keinen Sous mehr, und ich wollte ihm gern ein wenig das Glück vergelten, das ich in seinem Haus in Cassis erlebt hatte.

Jicky und Frau, Jean-Louis und ich fuhren zusammen mit dem Wagen in den Süden, ein Aufbruch in ein Ferienlager, hätte man meinen können.

Eines Sonntags waren wir zu einem bezaubernden Restaurant an der Grande Corniche unterwegs, wo das Fleisch auf dem Holzkohlegrill zubereitet wurde, als wir auf der Straße einen Esel fanden. Er war mutterseelenallein und hatte sich ganz offensichtlich verlaufen.

Für mich kam es nicht in Frage, ihn dort zu lassen, er würde überfahren werden. Also band ich ihn mit einer Schnur an der Stoßstange meines Simca-Kabrios fest, und so zockelten der Esel, Jean-Louis, Jicky, Jeannine und ich am Steuer bis zum Restaurant.

Nachdem wir den Esel mit Karotten gefüttert und selbst ein gutes Steak gegessen hatten, kehrten wir – immer noch mit dem Esel im Schlepptau – nach La Colle-sur-Loup zurück, wo wir in einem Hotel abgestiegen waren, das nichts von einem Luxushotel an sich hatte.

Drei Stunden hatten wir gebraucht, um fünfzehn Kilometer zurückzulegen. Nach der Ankunft stellte sich heraus, daß das »Chez Joseph« keinen Stall besaß. Ein Drama! Was tun? Der Esel konnte schließlich nicht Quartier in einem Zimmer im ersten Stock beziehen!

Ich entschied, daß er in der Garage schlafen sollte. Nachdem wir ihn mit den Karotten- und Salatvorräten des Restaurants und noch dazu mit Zucker und Kuchen gefüttert hatten, wünschten wir unserem Gefährten eine gute Nacht und gingen schlafen.

Am nächsten Morgen mußte ich zum Drehort und konnte meinen Esel nicht mitnehmen. Und das war auch gut so. Denn alle Zeitungen der Gegend berichteten von nichts anderem als von einem Esel, der am Vortag gestohlen worden sei. Der Besitzer hatte Anzeige erstattet und eine Belohnung für den Finder ausgesetzt.

Ich war völlig niedergeschmettert! Ich rief den Besitzer an und erklärte ihm alles, entschuldigte mich und brachte ihm den Esel zurück.

Das war der Anfang meiner Leidenschaft für Tiere, die ständig wuchs.

Während wir den Film in den Studios »La Victorine« in Nizza fertigdrehten, begann das Filmfestival in Cannes. Tausendmal am Tag flehte der Produzent Francis Cosne mich an, ich solle mir einen kleinen Schubs geben und mich dort zeigen.

Tausendmal am Tag antwortete ich ihm aufgebracht: »Nein, nein und abermals nein! Cannes ist mir vollkommen wurscht, das kotzt mich an!«

Tausendmal am Tag wiederholte er, wie wichtig es sei, daß die Journalisten mich sähen, mich interviewten, mich fotografierten …

Ich drohte ihm, ich würde sofort wieder Herpes bekommen, wenn er mich weiter so bedränge, und erklärte ihm knapp, daß diese verdammten Journalisten nur nach Nizza zu kommen brauchten, wenn sie mich unbedingt sehen wollten.

Das hatte ich nur so dahergesagt, um mich des Problems zu entledigen. Aber sie sind tatsächlich gekommen!

Ja, im Bus, eingequetscht wie die Sardinen: Engländer, Deutsche, Amerikaner, Spanier, Italiener und Franzosen. Ich war in meine eigene Falle getappt.

In der Bar warteten sie brav vor einem Glas Pfefferminzsirup, bis ich die Zeit oder den Willen aufbrachte, ihnen eine halbe Stunde zu widmen. Dafür wurden sogar die Dreharbeiten unterbrochen.

Ich konnte es nicht fassen. Und doch mußte ich Fassung bewahren und hingehen.

Aber ich hatte keine Lust dazu.

Schließlich habe ich es auf die lustige Tour gemacht. Ich versteckte mich in einer Fruchtsaftkiste, die zwei Bühnenarbeiter in die Bar trugen. Dort sprang ich dann wie ein Springteufel in Jeans und T-Shirt hervor und bog mich vor Lachen. Es war herrlich. Die Atmosphäre war sehr locker. Die Presseleute hatten mit einem kapriziösen Star gerechnet, der, in Seide gehüllt, mit Gefolge heranrauschen würde. Doch dann erlebten sie mich so, wie ich war, wie ich bin und wie ich immer bleiben werde. Sie lachten viel, stießen mit mir an und scherzten; wir sprachen englisch, französisch und italienisch, unterhielten uns von gleich zu gleich; ich mochte sie und sie mich, dessen bin ich mir sicher. Bis heute bin ich der einzige Star auf der Welt, für den das Filmfestival von Cannes sich nach auswärts begeben hat. Dabei darf man nicht vergessen, daß sich all dies im Jahr 1957 ereignete, zu einer Zeit, als eine entspannte Atmosphäre noch nicht an der Tagesordnung war.

Sophia Loren und Gina Lollobrigida, damals die großen Stars des Festivals, zeigten sich in der Öffentlichkeit nur mit tiefen Dekolletés und teuren Diamanten, in kostbaren Pelzen und prachtvollen Roben, in Rolls oder Bentleys, kurzum, mit der unabdingbaren Ausstattung, zu der ihr Rang in der Welt des Filmadels sie verpflichtete. Ich hatte mich diesem System nicht unterworfen, und das wirkte originell und verwirrend.

Immer schon habe ich gern das Gegenteil dessen getan, was die anderen taten. Ich wollte keine ausgetretenen Pfade gehen oder eine Mode nachäffen. Auf die pfeife ich, und darum hat man mich als Ausgeburt der Hölle bezeichnet, als Provokateurin, als Frau mit schlechtem Lebenswandel. Dabei gibt es niemanden, der einfacher, natürlicher und offener ist als ich.

»Die Pariserin« gehört zu den wenigen Arbeiten, auf die ich stolz bin. Der Film, eine feinsinnige und geistreiche Komödie voller Humor und Liebe, wurde ein großer Erfolg. Henri Vidal und ich bildeten ein ideales Paar, das Publikum liebte uns, und der Produzent beschloß, eine ganze Reihe von Komödien im selben Stil zu drehen, in denen wir das französische Pendant zu Fred Astaire und Ginger Rogers spielen sollten. Der Erfolg wirkte stimulierend, und ich hatte Lust, mich im Beruf auch künftig anzustrengen.

In der Avenue Paul-Doumer war ich jetzt ein seltener Gast. Alain war wundervoll, er kümmerte sich um alles und um Clown. Abends sah ich Jean-Louis; ich war erschöpft und in Gedanken schon bei den Terminen des nächsten Tages. Er war seinen idiotischen Militärdienst leid. Es kam ihm sinnlos und stupide vor, den lieben, langen Tag für das Vaterland Papier zu bekritzeln!

Und er hatte recht, denn er verpaßte viele Filme, verdiente nichts und bekam schließlich mir gegenüber Komplexe, was ich gut verstand. Doch es nutzte alles nichts, mit dieser Situation mußten wir wohl oder übel fertig werden.

Die Dienstmädchen wechselten so schnell, daß mir keine Zeit blieb, eine von ihnen beim Vornamen zu nennen, weil bereits die nächste vor der Tür stand.

Inmitten dieses Durcheinanders läutete an einem der seltenen ruhigen Nachmittage – es war der 10. Juli 1957 – das Telefon. Da Alain nicht da war, nahm ich das Gespräch selbst entgegen. Es war Maman, ihre Stimme klang tonlos, und noch bevor sie weitersprach, spürte ich, daß irgend etwas Schlimmes geschehen war.

Jean Marchal, Tapompons Sohn, der Arzt, der lustige, phantasievolle Junge, den ich wie einen Bruder liebte, war in dem Dörfchen Brézolles im Département Eure-et-Loir in seinem Wagen zu Tode gekommen. Während ich Maman zuhörte, betrachtete ich die Sonnenstrahlen, die auf den Teppich und das Bett meines Schlafzimmers fielen, und in meinem Inneren breitete sich die Leere und die grenzenlose Finsternis aus, die den Tod umgibt.

Maman bat mich, sofort zu ihr zu kommen, sie habe mir etwas Wichtiges mitzuteilen. Jeans Tod umgab etwas Mysteriöses. Als ich das Haus Nr. 2 am Square Mignot im 16. Arrondissement betrat, traf ich dort meine Tapompon an, die einer Wachspuppe glich. Ihr Sohn, ihr einziger Sohn, ihre einzige Liebe war tot!

Boum, Papa, meine Mamie, Dada und Maman waren ebenfalls da, auch Tatou, Jeans hübsche Frau, Jacques und Betou, die beiden Kinder.

Jean hatte man zur Autopsie ins Leichenschauhaus gebracht. Ich verstand das nicht … Maman sagte mir im Vertrauen, er habe Selbstmord verübt.

Selbstmord! Ausgerechnet er, der das Leben so sehr liebte! Warum nur? Wegen seiner Frau. Sie wollte ihn verlassen, um mit seinem besten Freund zusammenzuleben. Da hatte Jean sich in seinen Wagen gesetzt und war gegen einen Baum gefahren. Er hatte einen Brief hinterlassen, um seine Tat zu erklären.

Ich war bestürzt und bin es heute noch. Mein Gott, wie verzweifelt muß dieser wunderbare Mann gewesen sein, der im Krieg Mut bewies, als er in vorderster Front Verletzte versorgte und wie ein Löwe kämpfte, um ein so tragisches und entschlossenes Ende zu suchen. Später, als auch ich mich zu einsam, zu traurig und zu hilflos fühlte, um weiterzukämpfen, habe ich ihn verstanden. Ich fühlte wie er, als sich alle von mir zurückzogen, so wie das Meer sich bei Ebbe vom Ufer zurückzieht, und die Wellenberge mich daran hinderten, den Horizont zu sehen, wo der Himmel vielleicht blau war.

Jean Marchal, der mit siebenunddreißig Jahren aus Liebeskummer Selbstmord beging, hinterließ eine Lücke in der Familie. Der Jüngste war zuerst gestorben.

Boum erholte sich nie ganz von diesem Schlag, in gewisser Weise hatte er einen Sohn verloren. Maman, ein Einzelkind, hatte in ihrem kleinen Cousin immer auch einen Bruder gesehen. Mamie und Tapompon, die beiden Schwestern, die sich so nahestanden, verloren »ihren« Sohn.

Mir wurde die Endgültigkeit dieses Todes bewußt. Ich würde nie mehr Jeans Lachen sehen noch seine blauen Augen, die wie Sterne funkelten, nie mehr seine Intelligenz, seinen Mut und vor allem nicht sein Verlangen nach Glück spüren.

Kurz nach der Beerdigung trat Jeans bester Freund an seine Stelle. Er heiratete Tatou und entriß Tapompon damit endgültig die ganze Familie.

»Les bijoutiers du clair de lune« [»In ihren Augen ist immer Nacht«] sollte in Spanien gedreht werden. Ich mußte wieder die Koffer packen, Jean-Louis, der keinesfalls die Grenze passieren durfte, mein Nest, Alain und Clown verlassen. Ich war todtraurig. Ich war noch nie zuvor in Spanien gewesen, und je nach Fortschritt der Dreharbeiten sollte ich drei oder vier Monate dort verbringen. Mich für so lange Zeit von allem trennen zu müssen erschien mir unmenschlich. Ich weinte.

Jean-Louis war unglücklich, Alain und Clown auch. Nur dem Dienstmädchen war es schnuppe.

Die Abreise gestaltete sich schwierig. Nur kein Flugzeug! So stand es in meinem Vertrag. Ich hatte Angst davor. Die Fahrt mit dem Zug würde allerdings zwanzig Stunden dauern! Das war nicht zu ändern! Odette begleitete mich, auch sie war noch nie geflogen; wir waren die beiden einzigen Rückständigen des Filmteams, die mit der Eisenbahn anreisten.

Jean-Louis verabschiedete mich auf dem Bahnsteig. Wir verschlangen uns mit den Augen, und unsere Tränen vermischten sich. Am liebsten wäre ich gestorben. Welch ein Schwachsinn, sich von der Liebe seines Lebens wegen eines Films zu trennen, der einem vollkommen gleichgültig war. Doch ich hatte nun einmal den Vertrag unterschrieben und konnte keinen Rückzieher machen.

Der Produzent Raoul Lévy, der Regisseur Vadim und meine Partner Alida Valli und Stephen Boyd erwarteten mich in Madrid, ich mußte fahren.

Odette weinte auch, weil sie sich von ihrem Mann Pierre, den sie abgöttisch liebte, und ihren beiden Söhnen Jean-Pierre und Michel trennen mußte. Die Fahrt dauerte unendlich lang, war strapaziös und deprimierend.

In Madrid wurde ich in einer Art »Hilton« einquartiert, ein Hotel, das keinerlei Atmosphäre besaß. Doch in meinem Zimmer stand ein riesiger Blumenstrauß von Raoul Lévy, und Vadim saß auf einem Stuhl und sah mich aus großen Augen an. Er kannte mich in- und auswendig und merkte sofort, daß es mir nicht gutging.

Ein wundervoller Freund, dieser Vadim, der alles versteht, ohne daß man viel Worte machen muß, und in seiner Herzensgüte alles dafür geben würde, um einen traurigen Menschen wieder glücklich zu machen! Ich brach in Tränen aus und erzählte ihm, wie verzweifelt ich war, weil ich Jean-Louis hatte verlassen müssen, und daß ich keinen Gefallen an Madrid und dem Film fände. Kurzum, noch bevor meine Koffer ausgepackt waren, hatte ich mir den Kummer von der Seele geredet.

Der arme Vadim, der wundervolle Vadim; Vadim, mein Komplize und Bruder, hatte eine geniale Idee!

Er sagte mir, daß die Dreharbeiten länger dauern würden, als vertraglich vorgesehen. Statt mehr Gage zu verlangen, solle ich mir für die Wochenenden ein Rückflugticket Madrid-Paris ausbedingen; so könne ich jeden Sonntag mit Jean-Louis in der Avenue Paul-Doumer verbringen.

Das war mein einziger Ausweg, und er machte mir Mut. Ich vergaß die triste Hotelatmosphäre, ich vergaß die vier Monate Gefangenschaft, ich vergaß alles und dachte nur noch an den Flug.

Abends im Restaurant trafen Odette und ich uns mit Jeannine, Jickys Frau, die ich als mein Beleuchtungs-Double hatte anheuern lassen. Als ich beiden von meinen neuen Wochenendplänen erzählte, wollte Odette sich mir sogleich anschließen, doch Jeannine lächelte mild und gab uns zu verstehen, daß wir einen solchen Rhythmus sicher nicht lange durchstehen würden.

Ich sprach kein Wort Spanisch, Italienisch hingegen fiel mir ganz spontan wieder ein, und so rief ich selbstsicher den Kellner und bestellte »un poco di burro, per favore«.

Anstatt die Bestellung aufzunehmen, blickte er mich ungläubig an, als hätte ich etwas Unmögliches verlangt. Dabei wollte ich nur ein wenig Butter! Warum verstand dieser Idiot mich nicht? Ich tat so, als würde ich mit dem Messer Butter auf mein Brot streichen. Da brach er in schallendes Gelächter aus und antwortete mir: »Mantequilla, si, Señora!« Er brachte mir ein Schälchen Butter und ein Foto, das einen Esel zeigte. Woher wußte er, daß ich so tierlieb bin? Ein klassisches Mißverständnis meinerseits, wie sich herausstellte, denn auf spanisch bedeutet »burro« Esel, auf italienisch dagegen Butter. Ich hatte also einen Esel für mein Brot bestellt, und darum hatte er mich so ungläubig angesehen.

Da mein Salat zu fade war, verlangte ich »un poco di aceto«. Er nickte und kam mit einer Ölflasche zurück. Ich wiederholte »aceto«, und er wies auf die Ölflasche. Was für ein Dummkopf! Doch auf spanisch heißt Öl »aceite« und Essig »vinagre«. Ich beschloß also, auf der Stelle meine italienischen Sprachkenntnisse zu vergessen und schnellstens Spanisch zu lernen.

Eines der ersten Wörter, die ich lernte, war »ahora«, was soviel bedeutet wie »sofort«, theoretisch zumindest. Denn in der Praxis steht es für »morgen«; »mañana« hingegen, der eigentliche Begriff für »morgen«, kommt in Wirklichkeit einem »nie« gleich.

208

Nach der ersten Drehwoche sollte ich am Samstag abend nach Paris fliegen. Vor Angst war ich halb tot und bekam Magenkrämpfe. Es war Selbstmord!

Da ich nicht allein sterben wollte, hatte ich auch für Odette ein Ticket gekauft. Damals gab es noch die viermotorigen Propellermaschinen, die unendlich langsam flogen. Vor dem Start bekreuzigte ich mich, legte den Sicherheitsgurt an, ergriff Odettes Hand und harrte der Dinge, die da kommen sollten.

Als der erste Propeller zu rotieren begann, wollte ich aufspringen, doch da ich angeschnallt war, kam ich nicht weit. Also vergrub ich das Gesicht in Odettes Schulter. Als die Maschine abhob, ließ ich mein Leben Revue passieren. Eine unglaubliche Kraft katapultierte mich in den Himmel. Als das Fahrgestell rumpelnd eingefahren wurde, glaubte ich fest an eine Panne und spürte, wie mein Blut gefror. Und als sich dann das Motorengeräusch veränderte, vermutete ich sogleich einen Maschinenschaden. Da Odette mich die ganze Zeit über so verängstigt dahocken sah, verlor sie die Besinnung, und nun saß ich mit einer ohnmächtigen Freundin da. Das lenkte mich aber von meiner Panik ab. Ich konzentrierte mich ganz darauf, ihr Eau de Cologne auf die Stirn zu tupfen, damit sie wieder zu sich käme.

Erschöpft, aber glücklich erreichte ich den Pariser Flughafen Orly.

Die vierundzwanzig Stunden »Ausgang«, über die ich verfügte, verbrachte ich mit Jean-Louis im Bett. Ich war sowohl körperlich als auch seelisch erschöpft. Und die Tatsache, daß mein Aufenthalt nur von kurzer Dauer war, hinderte mich daran, mein Zuhause wirklich zu genießen. Die Zeit raste, und als ich Sonntag abend wieder im Flugzeug nach Madrid saß, glaubte ich alles nur geträumt zu haben. Am Montag morgen um sieben Uhr mußte ich wieder am Drehort sein.

Filmschauspieler haben ein anstrengendes Metier. Besonders schlimm sind die langen Wartezeiten, in denen man zum Nichtstun verurteilt ist. Und das grauenvollste sind die

Leute, die unbedingt mit einem sprechen wollen, um einem den Cousin oder den Schwager der Tante vorzustellen, der einem vollkommen schnuppe ist und für den man sich trotzdem ein Lächeln und ein paar höfliche Floskeln abringen muß. Am ermüdendsten sind die ewigen Proben, sei es für die Beleuchtung, den Ton oder die Darstellung. Wird dann endlich gedreht, ist man von all diesen Vorbereitungen schon völlig erschöpft; dennoch muß man gerade dann äußerst konzentriert sein, alles andere vergessen und nur noch an die kurze Einstellung denken, die für immer auf Zelluloid gebannt wird. Ist man endlich mit der Rolle eins geworden, wird die Aufnahme abgebrochen, weil der Schatten des Mikros im Bild war, das Licht nicht stimmte oder man selbst sich zu sehr im Profil zeigte. Dann geht alles wieder von vorne los. Und wieder wird abgebrochen, weil dieses oder jenes nicht klappt. Also geht alles erneut von vorn los, und wenn die Einstellung endlich im Kasten ist, war man nicht so gut wie zuvor! Also los, auf ein neues! Das Ganze noch mal und noch mal von vorn.

Während der achtstündigen Drehzeit steht man jede Sekunde unter Nervenanspannung. Abends möchte man nur noch in die Badewanne und dann nichts als schlafen.

Ich war nie mit Leib und Seele Schauspielerin. Das Liebste am Filmen waren mir die Abende, wenn die Arbeit getan war, ich mich entspannen und an etwas anderes denken konnte. Doch der anstrengende Tag, die Hitze der Scheinwerfer und die verbrauchte Studioluft erschöpften mich so sehr, daß ich meistens in meinem Zimmer blieb; ich hatte keine Lust mehr, mich umzuziehen, das Make-up zu entfernen und mich neu für das Abendessen zu schminken. Deshalb ließ ich mir in der Regel ein Tablett mit Früchten aufs Zimmer kommen, die ich vertilgte, während ich mit Jean-Louis telefonierte.

Selten gelang es Jicky, Jeannine und Odette, mich zum Ausgehen zu überreden. Ihnen habe ich es zu verdanken, daß ich die typischen kleinen Restaurants kennenlernte, die von dem Geruch nach erhitztem Olivenöl und den berauschenden Klängen der Flamenco-Gitarre erfüllt sind.

Wenn ich fritierte Gambas gegessen und der Sangria zugesprochen hatte, zogen mich Atmosphäre und Rhythmen in den Bann. Mit einem Schlag war meine Müdigkeit verflogen, ich klatschte frenetisch in die Hände, meine Beine und mein Körper vibrierten, berauscht von den betörenden Klängen. Manchmal stand ich auf und tanzte, nur von dem Wiegen meiner Hüften und dem Zucken meiner Beine erfüllt. Schon lange bevor »la chunga« aufkam, tanzte ich barfuß.

Die Zigeuner nannten mich »Guapa«, Hübsche, und riefen mir zärtliche, gutturale Laute zu, die ich nicht verstand. Von diesen Unbekannten lernte ich die ersten Gitarrenakkorde.

Das Aufstehen am nächsten Morgen fiel mir sehr schwer, und ich schlief im Stehen weiter. Der Kameramann musterte mich durch seine Augenmuschel und fand, ich sähe schlecht aus; mein Make-up hielt nicht, und ich vergaß meinen Text. Ich war schlecht gelaunt, schmollte und wurde von allen beschimpft. Man erklärte mir, man könne nicht die Nacht durchtanzen und morgens drehen und mir fehle jedes Pflichtbewußtsein.

Zuweilen bin ich im gleißenden Scheinwerferlicht und inmitten all des Lärms für zehn Minuten eingeschlafen. Ich habe immer viel Schlaf gebraucht, und meine Fähigkeit, überall und in jeder Position einzuschlafen, hat mir enorm geholfen.

Ich kaufte mir eine Gitarre und übte immer wieder die drei Akkorde, die die Zigeuner mir beigebracht hatten. Den Klang der Gitarre habe ich immer sehr geliebt; für mich ist sie das schönste Instrument. Zwar habe ich nie richtig spielen gelernt, aber bei jeder Gelegenheit schaute ich mir hier und da ein paar Akkorde ab – ob Flamenco, Samba oder andere lateinamerikanische Folklore –, die ich nun einigermaßen beherrsche, so daß ich mich beim Singen auf der Gitarre begleiten kann.

Eines Tages stürmte Jicky atemlos in meine Garderobe, aufgebracht und rot vor Zorn, in den Armen ein kleines Etwas, das einem zu Tode verängstigten Hund glich. Er erzählte mir, daß die Kinder auf der Straße ihn hätten aufhängen wollen und das arme Tier schon an einer Schnur gezappelt habe, als er dazugekommen sei.

Ich war entsetzt. Wie konnte man ein so wehrloses kleines Tier töten wollen? Herz und Kehle schnürten sich mir zusammen. Ich nahm das kleine weiße Bündel mit den schwarzen Flecken auf den Schoß, sah in seine sanften haselnußbraunen Augen, die mich flehentlich und angsterfüllt anblickten. Dann sagte ich ihm, daß es mir gefalle und es von nun an nichts Schlimmes mehr zu befürchten habe, da ich es zu mir nehmen würde.

Es war eine ganz junge Hündin. Ich fand sie sehr hübsch und taufte sie daher »Guapa«.

So begann meine Liebesgeschichte mit Guapa, die fünfzehn Jahre andauern sollte.

Sie wissen sicherlich, daß ich Tiere, ganz besonders Hunde, über alles mag. Diese Zuneigung ist im Laufe meines Lebens immer stärker geworden, denn ich habe festgestellt, daß ein Hund einen niemals verrät, einen in jeder Lebenslage liebt und einem selbst in den schlimmsten Augenblicken treu zur Seite steht. Mit einem Hund macht man nur gute Erfahrungen. Man kann sich auf seine Zärtlichkeit, seine Zuneigung und seine Anwesenheit verlassen. Ein Hund schmollt nicht, freut sich immer über ein Wiedersehen und ist nicht nachtragend.

Ich nahm Guapa also mit ins Hotel. Der Portier blickte mich komisch von der Seite an, und am Empfang sagte man mir, ich dürfe das Tier nicht mit auf mein Zimmer nehmen, da Hunde im Hotel unerwünscht seien. Bei einem schönen, gepflegten Rassehund könne man ja noch ein Auge zudrükken, aber so ein Straßenköter!

»Entweder Guapa und ich oder keine von uns beiden!«

Guapa wurde akzeptiert. Ich hatte keine Leine und Guapa auch nie eine angelegt. Statt dessen kaufte ich ihr ein hübsches Halsband, in das mein Name eingraviert war. Sie wurde meine Prinzessin. Ohne daß ich es ihr erklärt hätte, verstand Guapa, daß sie im Zimmer nicht Pipi machen durfte. Sie jaulte an der Tür, wenn sie nach draußen wollte. Sie folgte mir wie ein Schatten, und ich weiß nicht, wer von uns beiden den anderen stärker liebte.

Mein Leben war vollkommen verändert. Ich war nicht mehr allein. Nachts spürte ich ihren warmen kleinen Körper an meinem; wir teilten alles, das Essen, die Spaziergänge, die Bewunderung. Wie gern ich sie hatte!

Ich verbrachte zwar auch weiterhin meine Sonntage in Paris, doch weitaus weniger enthusiastisch. Guapa vertraute ich während meiner Abwesenheit Odette oder Jicky und Jeannine an, doch der Abschied fiel mir jedesmal schwer, und die Wiedersehensfreude am Sonntag abend war groß.

Doch wir sollten Madrid ohnehin bald verlassen, denn für die Außenaufnahmen war Torremolinos im südlichsten Zipfel Spaniens vorgesehen. Von dort bot sich keine Gelegenheit, übers Wochenende nach Frankreich zu reisen. Es gab keinen Flughafen, und mit dem Zug brauchte man damals allein bis Madrid zwanzig Stunden.

Zweieinhalb Monate hatten wir nun schon in Madrid verabracht. Im Wagen der Produktionsgesellschaft, den Benito Sierra lenkte, machten Jeannine, Odette, mein Double Dany, Guapa und ich uns auf den Weg ans Ende der Welt.

Jicky verabschiedete sich von uns; er kehrte nach Frankreich zurück, um seine Bilder zu verkaufen. Ich war traurig darüber. In seiner Gesellschaft fühlte ich mich sicher, seine Vitalität und sein Optimismus würden mir fehlen.

Die Reise in diesen unbekannten, abgelegenen Teil Spaniens machte mir angst. Die Trennung von Jean-Louis würde lang werden, zumal wir kaum mehr miteinander telefonieren konnten. Es war schon beinahe unmöglich, eine Verbindung nach Madrid zu bekommen, man mußte manchmal stundenlang darauf warten, und erst nach Paris …

Unsere Fahrt nach Torremolinos fand am 4. Oktober 1957 statt, an jenem historischen Tag, an dem der erste russische Satellit ins All geschossen wurde. Als wir die glühendheiße Wüste der spanischen Sierra durchquerten, wurde im Radio nur vom »Bip-Bip« und vom »Sputnik« berichtet. Wir suchten den Himmel mit den Augen ab und hofften, etwas Bedrohliches zu entdecken, ganz so wie in Science-fiction-Filmen.

Wir kamen spätabends an und waren überrascht. Vor uns lag eine kleine spanische Siedlung, die an ein Spielzeugdorf erinnerte. Die weißgetünchten Häuschen waren von Blumen überwuchert, darunter Bougainvilleen, Geranien und Hortensien. Autos gab es keine, nur kleine Esel mit Packtaschen auf dem Rücken. Da es tagsüber sehr heiß

214

war, spielte sich das Leben nachts ab, und auf dem Dorfplatz herrschte noch reges Treiben: Erdnußverkäufer,
bettelnde Kinder, streunende Hunde, Gäste, die an den
Holztischen des Cafés »Posada« saßen, am Boden zwei Gitarrenspieler, verliebte Paare, die aufs Meer blickten.

Nach einigem Suchen fanden wir unser Hotel, das
»Montemar«. Es bestand aus einfachen kleinen Bungalows
direkt am Strand. Zu jedem Häuschen gehörte ein kleiner
Garten, und in der Mitte des kleinen Dorfes standen einige
Tische, an denen einige Gäste noch um zwei Uhr nachts zu
Abend aßen. Es war traumhaft, ein idyllischer, fast verlas-
sener Ort zum Verlieben.

Mein winziger weißer Bungalow hatte den Namen »Las
Algas«. Es gab zwei Schlafräume, ein Wohnzimmer, das auf
die Terrasse führte, und ein Bad. Alles bestand nur aus
Holz und weißgekalkten Wänden und war so schlicht, rustikal und nett, wie ich es liebe. Und direkt vor der Tür ein
Sandstrand und das Meer! Die Bougainvilleen wucherten
durch die Ritzen der Fenster und Türen in die Zimmer herein, ein wildes Gewirr von Kletterpflanzen umrankte das
Haus, es duftete nach Orangenblüten, man hörte die Grillen, die Zikaden und das Rauschen der Wellen. Der Ster-
nenhimmel verschmolz mit dem Meer, ich suchte ihn noch
einmal nach dem »Sputnik« ab, doch die unendliche Weite
des Himmels war ungetrübt. Ich fühlte mich glücklich! Es
kam mir wie ein kleines Wunder vor. Ich hatte Madrid verlassen, wo ich zweieinhalb Monate zwischen glühendem
Beton verbracht hatte und vor Hitze beinahe umgekom-
men wäre, und befand mich plötzlich mitten in der Natur,
in meinem Element.

Jeannine und ich beschlossen, »Las Algas« gemeinsam zu
bewohnen; Odette und Dany richteten sich im Nebenhaus
ein, das »La Tortuga« hieß, weil es so rund gebaut war wie
der Panzer einer Schildkröte.

In der Nacht schliefen wir nicht. Guapa entdeckte, verrückt vor Freude, eine ihr unbekannte Natur mit zahlreichen Hunden, die ihr freundliche Dinge sagen und sie am
Strand besuchen wollten. Doch das erschien mir verfrüht!

Aber Guapa hätte mich nicht für ein Königreich verlassen, und so beruhigte ich mich schließlich.

Jedesmal, wenn Odette aus Paris zurückkam, fanden sich in ihrem Koffer verschiedene Sorten Käse, vor allem Camembert. Odette gab allen Franzosen des Teams von ihrem Käse ab, die sich irrsinnig darüber freuten, und hob einige Stücke für sich und für uns auf.

Man muß erwähnen, daß es glühend heiß war und der Käse so sehr stank, daß ich Odettes Koffer am Flughafen mit verbundenen Augen erkannt hätte. Arme Odette, die immer so elegant und gepflegt war! Ihre gesamte Kleidung stank nach Camembert, doch sie aß nun einmal für ihr Leben gern Käse, und da sie uns allen noch dazu eine Freude machen konnte, erschien ihr das nebensächlich. Ich glaube, der verdammte Käse bewog mich vor allem dazu, meinen Bungalow lieber mit Jeannine als mit Odette zu teilen.

Wild entschlossen, den Käse endlich zu vernichten, schlug ich meinen Mädchen vor, einen kleinen Imbiß bei Odette zu organisieren. Wir ließen uns roten Landwein, Brot und etwas Fleisch für Guapa kommen und machten uns über den Käse her; er war platt gedrückt, zerlaufen und sah inzwischen alles andere als appetitlich aus. Die Hälfte haben wir verdrückt, eine stramme Leistung!

Für die Wiederaufnahme der Dreharbeiten waren drei Vorbereitungstage vorgesehen. Also hatte ich drehfrei. Da ich am nächsten Tag nicht befürchten mußte, wegen meines übernächtigten Aussehens angeraunzt zu werden, badete ich um vier Uhr morgens mit Jeannine und Guapa im Meer. Wir waren nackt, frei und ausgelassen; das Wasser rann über mein Haar, perlte auf meinem Gesicht und wusch Staub und Hitze ab, die Zeit schien stehenzubleiben, nur unser Lachen und unser Gesang waren zu vernehmen. Den kurzen Weg vom Strand bis zu unserem Haus legten wir nackt zurück; dort ließen wir uns in die Rattansessel sinken. Jeannine war sehr schön, eine große, rassige Blondine. Ich habe mich immer gerne mit hübschen Freundinnen umgeben, denn ich finde, daß eine die andere zur Geltung

216

bringt. Mein Aufenthalt in Torremolinos begann vielversprechend.

Am nächsten Morgen fand sich das Team zum Frühstück im »Restaurant« ein, das heißt am Strand, an wackeligen Holztischen unter einem großen Strohdach. Die Sonne stand schon hoch am Himmel, kurz, es war das Paradies auf Erden. Tee zum Frühstück war hier so gut wie unbekannt. Also trank ich Kaffee mit Ziegenmilch, den ich gleich wieder ausspuckte, und die Butter schmeckte ranzig und war ungenießbar. Ich trank einen Orangensaft und aß ein Stück trockenes Brot.

Ich wollte Jean-Louis anrufen, eine echte Staatsaffäre. Die Wartezeit betrug zwölf Stunden, denn für das gute Dutzend Telefone im Dorf gab es nur eine einzige Leitung auf der Post. Und eine Verbindung nach Paris hatte hier noch nie jemand verlangt.

In der Zwischenzeit badete ich, der Strand war menschenleer, nur bisweilen kam ein Bauer mit seinem Esel vorbei.

Odette vertrug die Hitze nicht gut, es ging ihr schlecht, sie vermißte ihren Mann sehr und fühlte sich von der Welt abgeschnitten.

Jeannine hingegen blühte auf, ihr Mann fehlte ihr nicht im geringsten. Sie liebte die Sonne und war reif für ein Liebesabenteuer, das erkannte ich am Funkeln ihrer Augen.

Ich fühlte mich zugleich wie Dédette und Jeannine – beklommen und dann wieder befreit von allen Zwängen wie auf einem Boot. Ich trieb dahin und wußte nicht genau, wer und wo ich war.

Gegen zwei Uhr nachmittags trafen wir Vadim, Stephen Boyd und sein Double, einen gutaussehenden Spanier namens Manci Sidor, im Restaurant. Vadim erlaubte sich ein Wortspiel mit seinem Namen. Da der arme Manci kein Wort Französisch verstand, schaute er etwas dumm drein wie Leute, die einem Gespräch nicht folgen können.

Man servierte uns Fisch in ranzigem Öl, Salat in ranzigem Öl, der dazu noch schlecht gewaschen worden war, sowie einen Ziegenkäse, der nach ranziger Kernseife roch; ich bestellte wieder ein Glas Orangensaft und aß ein Stück trockenes Brot. Sidor und Jeannine verschlangen sich mit den Augen. Um so besser für sie! In diesem Land schien es angebracht, von Luft und Liebe zu leben, wenn man überleben wollte. Abends wollte ich mich ausgehungert auf Odettes Käsereste stürzen, als man mich verständigte, daß die lang ersehnte Telefonverbindung mit Paris hergestellt sei. Es gab keine Telefonzelle, der Apparat stand einfach auf der Theke der Bar, in der sich das halbe Team aufhielt.

»Hallo!«

Ich hörte nichts, das Fräulein vom Amt schnatterte etwas Unverständliches. Dann erklang fern, sehr fern und durch ein starkes Rauschen verzerrt, Jean-Louis' Stimme. Es war unmöglich, in Gesellschaft von dreißig Personen, die einen Heidenlärm machten, von Liebe zu sprechen. Ich war den Tränen nahe.

Mein Gott, was hatte ich hier verloren, inmitten all dieser Leute, im hintersten Winkel Spaniens, während zu Hause, in meiner Heimat, ein Mann auf mich wartete, der mich liebte?

Ich schmiegte mich an Guapa und schlief ein, um einiges weniger optimistisch als in der Nacht zuvor.

Wie nicht anders zu erwarten war, teilte Jeannine ihr Bett in »Las Algas« mit Sidor.

Ich schrieb an Jean-Louis, doch ein Brief brauchte zwei Wochen bis Paris. Seine Antwort erhielt ich also erst vier Wochen später, so daß ich das Schreiben schließlich aufgab.

Die Dreharbeiten wurden fortgesetzt, doch mein Double und das von Stephen Boyd turtelten den ganzen Tag. Also nahm Dany ihre Arbeit wieder auf, und Vadims Assistent Serge Marquand fungierte als Double für Stephen Boyd und in gefährlichen Szenen auch für mich. So erblickte ich eines Morgens diesen großen, kräftigen Typen mit affenähnlichem Gesicht mit einer blonden, zu einem Knoten frisierten Perücke. Einige Haarsträhnen hatte man über die Ohren gezupft, um sie zu kaschieren; behaarte Beine schauten unter einem kurzen roten Rock hervor, dazu trug er ein enges weißes Oberteil mit U-Boot-Ausschnitt. Er sollte mich in einer äußerst riskanten Szene am Steuer eines amerikanischen Kabrioletts vertreten. Als B. B. verkleidet, war er fürchterlich, er wirkte wie ein Monster. Doch von weitem konnte man ihn durchaus für echt halten.

Ich beschloß, meinen Geburtstag – den 28. September – nachzufeiern, und organisierte um den 10. Oktober herum ein Fest. Alle Zigeuner, Gitarristen und Sänger der Umgebung waren eingeladen und natürlich auch das Filmteam. In »Las Algas« gab es Sangria, Wurst, Brot und eine riesige Geburtstagstorte mit dreiundzwanzig Kerzen. Es war ein warmer Abend, alle tanzten, und ich amüsierte mich. Am Strand hatte ich viele Kerzen aufgestellt, deren Licht den Eindruck vermittelte, als würde sich das Funkeln der Sterne im Sand fortsetzen.

Stephen Boyd flirtete etwas mit mir, allerdings nicht sehr ernsthaft.

Raoul Lévy schenkte mir ein Esel-Baby. Weil wir gerade in den Grotten von »Chorro« drehten, taufte ich es auf diesen Namen. Es war kaum größer als ein Hund, und Guapa beäugte es mißtrauisch. Chorro lebte am Strand, fraß die Geranien im Garten auf und schlief zusammen mit Guapa in meinem Zimmer. Ich nahm ihn im Auto mit zum Drehort, wo er frei umherlief und das frische Gras am Wasserfall fraß. Abends nahm ich meine Menagerie wieder mit nach »Las Algas«.

Mit meinem Hund und meinem Esel, die mir nicht von der Seite wichen, barfuß, braun gebrannt, mit Haaren, die bis zur Taille reichten, sah ich in meinem zerrissenen, kurzen schwarzen Kleidchen wie eine blonde Zigeunerin aus. Dieses Leben gefiel mir.

Außerdem hatte die Produktionsfirma inzwischen eine französische Köchin eingestellt, die im Freien für uns kochte. Gott sei Dank, denn Odettes Käse hatten wir schon längst aufgegessen.

Guapa fand einen Liebhaber, der wesentlich kleiner war als sie und entfernt einem Handfeger glich. Ich nannte ihn

Rikiki [lächerlich] und nahm ihn ebenfalls in meine Menagerie auf.

Wir drehten in kleinen Dörfern des Hinterlandes, Dörfern, die von der Zeit unberührt geblieben waren; es gab dort weder Strom noch den geringsten Komfort und erst recht kein Telefon. Die Frauen holten das Wasser am Brunnen und leerten die Nachttöpfe aus dem Fenster. Die gepflasterten Gäßchen waren abschüssig und hatten in der Mitte eine Rinne, in der die Exkremente abflossen. Die Hitze war unerträglich, der Gestank unbeschreiblich, und Tausende von Fiegen schwirrten umher. Inmitten dieses Unrats spielten die Kinder, sie waren schmutzig und viele verkrüppelt. Dem einen fehlte ein Bein, dem anderen ein Arm und wieder einem anderen das Augenlicht. Der nächste war von Pusteln übersät. Einem von ihnen wuchsen die Hände direkt aus den Schulterblättern; ich sah einen Liliputaner und einen Buckligen. Es gab auch einen Känguruh-Hund. Er war ohne Vorderpfoten geboren worden und hüpfte ständig auf den Hinterbeinen herum wie ein Känguruh.

Ich betrachtete diese grauenvollen Szenen und begann, die Bilder von Goya zu begreifen. Wieviel Elend ich dort gesehen habe! Elend in der grausamsten Form, ein Elend ohne Hoffnung auf Besserung.

Es gelang mir nicht, die Fliegen zu verscheuchen, die sich zu Dutzenden auf meinem Gesicht, meinen Armen und Beinen niederließen. Ich konnte mich nicht von den neugierigen, stinkenden Kindern befreien, die mich umringten, mich anstarrten und begrapschten. Es war ein Alptraum.

Ich danke Gott, daß ich so bin, wie ich bin, ich danke ihm dafür, daß er mir Schönheit und Gesundheit geschenkt hat.

Eines Abends, als ich von den anstrengenden, gesundheitsgefährdenden Dreharbeiten zurückkam, beobachtete ich, daß sich am Himmel schwarze Gewitterwolken zusammenbrauten. Um so besser, dachte ich mir, das wird die Natur von Staub, Schmutz und Bazillen reinigen. Es war schwül, heftige Blitze zuckten, und ein beeindruckender Donner grollte. Ein scharfer, heftiger Wind kam auf. Die ersten dikken Tropfen prasselten herunter. Das Gewitter entlud sich in einem Wolkenbruch. Chorro, Guapa, Rikiki und alle streunenden Hunde vom Strand hatten sich verschreckt in mein Wohnzimmer geflüchtet. Odette konnte nicht mehr in ihren Bungalow zurückkehren, denn es goß wie aus Kübeln. Ich hatte Angst!

Weder Türen noch Fenster schlossen richtig, überall zog es, Wasser drang ins Haus. Es wurde plötzlich kalt. Wir wickelten uns in zwei Decken ein, denn wir hatten keine warme Kleidung im Gepäck. Nach dem anstrengenden Arbeitstag waren wir hungrig und durstig. Das Meer toste mächtig, riesige Wellen schlugen gegen die Hauswand, und die Gischt spritzte bis zu uns herein. Ich glaubte, wir würden sterben, davongetragen von einer Flutwelle ...

Wir verbrachten die Nacht ohne Licht, verbarrikadierten Fenster und Türen mit Möbelstücken, wischten das Wasser auf, das von der Decke tropfte, und versuchten, die armen aufgeschreckten Tiere zu beruhigen, die in einem fort jaulten.

Am frühen Morgen stand das Wasser zehn Zentimeter hoch, die Hunde hatten sich auf Tische und Sessel gerettet. Draußen tobte das Unwetter unvermindert weiter – ein fesselndes Schauspiel.

Am überfluteten Strand entdeckte ich zahlreiche undefinierbare Gegenstände, den Kadaver eines Schafs, mehrere kaputte Stühle, einen Tisch, ein Bettgestell, einen Spazierstock, einen Hut, entwurzelte Bäume und Unmengen von Schlamm. Untermalt vom Prasseln des Regens und dem höllischen Getöse der Wellen, erinnerte diese Szenerie, die sich in einem trüben Licht darbot, an die Apokalypse. Was sollte bloß aus uns werden?

Ich habe in meinem Leben einige Male echte Todesangst ausgestanden: auf einem Boot, das auf den Bahamas in einen Orkan geriet; in einem Hubschrauber in Nebel und Schneesturm über Kanada; in einem Privatflugzeug über Chambéry, das zehn Meter tief in Windlöcher absackte.

Doch dies war das erste und schlimmste dieser Erlebnisse. Diese Ohnmacht gegenüber der entfesselten Natur, dieses Gefühl von Schwäche, diese erzwungene Unterwerfung, dieses Warten, diese Furcht!

Schließlich kam der Produktionsleiter Roger Debelmas, ein großartiger Mensch. Bis auf die Haut durchnäßt, watete er barfuß durch den knöcheltiefen Schlamm und brachte uns Konservendosen, Mineralwasser und schlechte Nachrichten. Wir saßen fest und waren von der Welt abgeschnitten; der Wirbelsturm hatte eine Schneise der Verwüstung geschlagen: Straßen, Eisenbahngleise, Telefon- und Stromleitungen waren zerstört und verschüttet worden. In den Dörfern waren Lehmhäuser eingestürzt, es hatte Dutzende von Toten gegeben, komplette Herden und auch Autos waren von gigantischen Schlammassen, die sich aus den Bergen ins Tal wälzten und alles auf ihrem Weg zermalmten, mitgerissen worden. Wegen der vielen verwesenden Kadaver, die uns umgaben, war eine Epidemie zu befürchten. Uns blieben nur noch wenige Lebensmittel und kaum Mineralwasser. Er werde uns auf dem laufenden halten, versprach Debelmas, bevor er sich durchnäßt und barfuß auf den Weg machte, um die in seiner Tasche verbliebenen Vorräte an die anderen zu verteilen. Ich sagte ihm, falls er Dany treffe, solle er sie zu uns schicken.

Manci und Jeannine hatten sich in ihr Bett verkrochen und das Turteln eingestellt.

Mir kam es vor, als wären wir die einzig Überlebenden eines zerstörten Planeten. Der Boden des Hauses war mit Schlamm bedeckt, und wir wateten barfuß durch die zähe Masse. Ich war völlig durchgefroren.

Odette zitterte am ganzen Körper, sie hustete und hatte Fieber. Es gab keine Heizung, keine Möglichkeit, Wasser aufzuwärmen, nur diese durchdringende Feuchtigkeit und Kälte, die uns tief in den Knochen saß.

Dann kam eine von Wasser und Schlamm triefende Dany, und auch Vadim tauchte völlig durchnäßt auf. Er wollte mich nicht allein lassen, weil er wußte, wie sehr ich mich fürchtete. Wir haben uns notdürftig eingerichtet, unsere kalten Erbsen, den Zwieback und das Mineralwasser geteilt. Einstimmig wurde beschlossen, den Hunden die »Chorizo«-Würste zu überlassen; der Esel Chorro würde sich, sobald der Regen etwas nachließe, von den verbliebenen Kletterpflanzen ernähren, die ohnehin nicht mehr kletterten, sondern unter dem Schlamm vor dem Haus begraben waren.

Ich flehte Vadim an, mich nach Paris zurückzuschicken. Ich wolle nicht mehr bleiben, der Film sei mir egal, ich würde krank werden, ich hielte es nicht mehr aus, ich sei fertig, ich wolle nichts wie weg, und das um jeden Preis.

Er lächelte mild und antwortete, ich könne nicht wegfahren, alles sei zerstört. Auch könne uns niemand zu Hilfe kommen. Doch sobald die Verkehrsverbindungen wiederhergestellt seien, werde er mich nach Hause schicken, Ehrenwort. Der Film sei sowieso ein Fall für die Versicherung, eine Katastrophe, denn wegen des Regenwetters ließen sich Szenenanschlüsse nun nicht mehr drehen, und man müsse die Dreharbeiten in jedem Fall anderswo beenden.

Ein Hoffnungsschimmer keimte in mir auf, ich würde abreisen, aber wann?

Unsere Hütte verwandelte sich immer mehr in eine Arche Noah. Männer, Frauen und Tiere teilten alles miteinander. Wir waren in Decken gehüllt, die Hunde schmiegten sich an uns und wärmten uns. Chorro verströmte eine kräftige Wärme. Wenn er unsere Arche inspizierte, klapperten seine Hufe auf den schlammbedeckten Kacheln. Schließlich machte er sich über alle Schminkstifte her, die er im Bad fand. Wir mußten uns ständig kratzen. Der Zoo hatte sich vergrößert: Wir waren von Flöhen befallen.

Am nächsten Tag ließ der Regen nach, und wir konnten das Ausmaß der Katastrophe überblicken. Das Dorf sah wie eine riesige Kloake aus, es herrschte Weltuntergangsstimmung, der Tod war in jeder erdenklichen Form gegenwärtig. Auf dem kleinen Friedhof, auf dem wir noch zwei Tage zuvor gedreht hatten, war das Unterste zuoberst gekehrt: umgestürzte Grabsteine, Skelette, Knochen, Särge und Stoffetzen. Ein grauenvoller Anblick.

Ich wurde krank. Mein Bett glich einer armseligen Lagerstätte, ohne Laken, schmutzig, schlammverschmiert. In eine flohverseuchte Decke gewickelt, lag ich da und spürte das Fieber steigen und einen stechenden Schmerz in Bauch und rechter Niere. Der spanische Arzt, der uns während der Dreharbeiten bei einem eventuellen Arbeitsunfall versorgen sollte, stellte eine akute, durch Kolibakterien verursachte Infektion fest. Ich benötigte Medikamente, die er nicht dabeihatte, und sollte viel Mineralwasser trinken, das uns ausgegangen war. Deshalb gab er mir vorerst eine Beruhigungsspritze.

Odette wachte die ganze Nacht über in einem Sessel an meinem Bett. Am nächsten Tag erwachte ich, von Fieber und Flöhen gepeinigt.

Ich sagte Odette, ich wolle meine Koffer packen und abreisen. Sie solle ein Auto oder irgendein anderes Transportmittel auftreiben. Ich sammelte die Überreste dessen ein, was einst mein Gepäck gewesen war, zog mich so sauber an wie möglich und wartete.

Vadim kam vorbei, um mir zu sagen, er halte es für sehr leichtsinnig aufzubrechen; die Straßen seien unpassierbar, das Auto in einem erbärmlichen Zustand, und so weiter.

Ich vertraute ihm Chorro an und bat ihn, ihn bei einem freundlichen Bauern unterzubringen. Dazu gab ich ihm den Rest meines spanischen Geldes und alle möglichen Ratschläge für das Wohlergehen des Esels, der mir inzwischen sehr ans Herz gewachsen war. Ich wolle unbedingt abreisen, und ich würde es auch tun.

Vadim versprach mir, sich um Chorro zu kümmern, warnte mich noch einmal vor der Abreise und ging.

Dann kam Roger Debelmas vorbei, der das gleiche sagte. Ich vertraute ihm Guapa an, die er im Wagen mit nach Paris bringen sollte, denn ich wollte sie nicht mit ins Flugzeug nehmen. Ich sagte ihm noch, falls Rikiki zu traurig sei, solle er ihn ebenfalls mitnehmen.

Ich hatte großes Vertrauen zu Debelmas; er war sehr tierlieb, aufrichtig und verantwortungsbewußt.

Guapa blickte mich mit traurigen Augen und hängenden Ohren an, auch ich hätte am liebsten geweint, doch es ging nun einmal nicht anders. Ich würde sie in wenigen Tagen in Paris wiedersehen.

Jeannine und Sidor kamen, um sich von mir zu verabschieden. Sie schienen glücklich und mit sich selbst beschäftigt. Jeannine beauftragte mich, Jicky zu sagen, daß sie schwanger sei und mit Manci in Madrid bleiben werde. Das war ja heiter! Ich habe sie nie wiedergesehen.

Ich packte mein Bündel unter den Arm und klebte einen Zettel mit der Aufschrift »Ich bin zu Fuß nach Paris aufgebrochen« gut sichtbar auf meinen Koffer, den ich zurückließ. Da ich noch krank war, bewegte ich mich sehr langsam, bei jedem Schritt versanken meine Füße im Schlamm; es machte »plock-plock«. Ich dachte an das Paradies, das ich bei meiner Ankunft vorgefunden hatte, und an die Hölle, die ich nun verließ.

Fünfzehn Jahre später bin ich nach Torremolinos zurückgekehrt, doch ich habe nichts mehr wiedererkannt. Der Strand war mit Betonklötzen zugebaut, die »Holiday Inns« und »Sofitels« überboten sich an Häßlichkeit und Höhe. Mein kleines Hotel »Montemar« war abgerissen worden, an seiner Stelle stand ein fünfzehnstöckiges Hochhaus. Alles war amerikanisiert, widerwärtig und unpersönlich geworden. Man hätte meinen können, man sei in dem Wintersportort Courchevel gelandet, und das sagt alles! Inzwischen gab es einen modernen Flughafen, doch mit dem Einbruch der sogenannten Zivilisation hatte die Gegend ihren Reiz verloren. Es wird wohl nie mehr zu einer solchen Naturkatastrophe kommen, wie ich sie erlebt habe, doch mit der Schattenseite des ursprünglichen Lebens war zugleich der Charme verlorengegangen.

Nach einigen Kilometern Fußmarsch holte mich das Produktionsauto mit Benito Sierra, Odette und den Koffern ein. Schlammassen und riesige Schlaglöcher, so groß wie Teiche, erschwerten unsere Fahrt, und so erreichten wir Madrid erst nach achtzehn Stunden.

Mit dem Kopf dicht an der Windschutzscheibe fuhr Benito Sierra die ganze Nacht hindurch und ohrfeigte sich bisweilen selbst, um wach zu bleiben.

Madrid kam mir vor wie das Paradies. Nachdem wir uns ausgeruht, gewaschen und desinfiziert hatten und endlich wieder halbwegs normal aussahen, kauften Dédette und ich zwei einfache Flugtickets nach Paris.

Meine Rückkehr kann man nicht gerade als phantastisch bezeichnen. Erschöpft lag ich in meinem Bett in der Avenue Paul-Doumer und versuchte, wieder zu Kräften zu kommen und zu Jean-Louis und mir selbst zurückzufinden. Alles schien mir fremd, ich kam von weit her, ich hatte so vieles erlebt, das ihm nichts bedeutete. Trennungen sind Gift für eine Beziehung. Wenn man nicht immer zusammen ist, lebt man sich allmählich auseinander. Jeder ist mit seinen eigenen kleinen Problemen beschäftigt. Und dann macht einem noch die nachträgliche Eifersucht zu schaffen.

Jean-Louis war fest davon überzeugt, daß ich ihn während meiner Abwesenheit betrogen hätte. Seit über einem Monat habe ich nichts mehr von mir hören lassen. War ich wieder in Vadims Arme zurückgekehrt? Bereute ich die Trennung von Vadim?

Welchen unwiderlegbaren Beweis meiner Treue konnte ich ihm bringen? Mein einziges Argument waren meine Aufrichtigkeit und mein gutes Gewissen. Das war wenig im Vergleich zu meinem Ruf als »männermordende Bestie«.

Clown schnupperte mißbilligend an mir herum; noch immer hing mir wohl der eigenartige Geruch einer dahergelaufenen spanischen Hündin nach. Aus Eifersucht schmollte auch er, doch aus den Augenwinkeln lauerte er auf Zuwendung und Streicheleinheiten, und ich schenkte ihm all meine Zärtlichkeit, erklärte ihm, bald komme eine kleine Schwester und er müsse sehr lieb zu ihr sein.

Alain legte mir eine beeindruckende Liste von Schecks

zur Unterschrift vor. Die Rechnungen hatten sich in den vergangenen Wochen gestapelt, das Dienstmädchen hatte gekündigt, der Kühlschrank hatte seinen Geist aufgegeben und die Steuerzahlung war überfällig. Kurzum, innerhalb von fünf Minuten wurde ich mit sämtlichen Problemen der letzten vier Monate konfrontiert.

Zu allem Überfluß kam dann noch Jicky, der mich mißtrauisch ausfragte, warum Jeannine nicht mit mir zusammen zurückgekommen sei. Ich mußte ihm die Neuigkeit so diplomatisch wie möglich beibringen. Ich dachte, er würde mich umbringen! Ich erklärte, es sei wirklich nicht meine Schuld.

O doch! Ich böte einer tugendhaften Frau ein miserables Vorbild, niemand könne dem liederlichen Lebenswandel widerstehen, den ich meinen Freunden aufzwinge, und so weiter und so fort.

Der Schmerz raubte ihm den Verstand. Er schlug die Tür hinter sich zu und brach auf der Stelle nach Madrid auf, um seine Frau zurückzuholen, was ihm selbstverständlich nicht gelang.

Die einzige wirkliche Freude nach meiner Heimkehr war Guapas Ankunft. Debelmas brachte mir das kostbare Tierchen heil und gesund und teilte mir mit, daß der Film in den Studios »La Victorine« von Nizza zu Ende gedreht werde, wo er das spanische Dorf, den Friedhof und die Arena von Ronda teilweise nachbauen lasse.

Meine Kolibakterieninfektion klang zwar langsam ab, doch heilte sie nie richtig aus, und noch heute leide ich unter den Folgen.

Clown empfing Guapa nicht gerade freundlich, er bellte ohne Unterlaß und versuchte, sie zu beißen. Sie flüchtete sich unter meinen Rock oder kroch mit eingezogenem Schwanz unter das erstbeste Möbelstück.

Als ich zwei Tage später mit Guapa und Odette in den Zug nach Nizza stieg, tat es mir nicht leid, Paris mit seinem November-Nieselregen und die Avenue Paul-Doumer zu verlassen, die mir zum erstenmal feindselig erschienen war.

Da das gesamte Ende des Films in Großaufnahmen gedreht wurde, wirkte das Szenenbild im Hintergrund recht überzeugend. Ein riesiger Scheinwerfer ersetzte die Sonne, ein großer Ventilator die Meeresbrise. Man hätte alles für echt halten können.

Doch bevor »In ihren Augen ist immer Nacht« endgültig fertig war, stand mir noch eine schwere Aufgabe bevor. In einer Szene sollte ich in der Arena von Ronda gegen einen schwarzen Stier als Matadorin auftreten. Natürlich war ich bei den Totalen dieser Szene von einem jungen spanischen Torero gedoubelt worden, der gekleidet und gekämmt war wie ich. Von weitem und von hinten betrachtet, ähnelte er mir ein wenig.

In Nizza mußten noch die Großaufnahmen für die Szenenanschlüsse gedreht werden. Man fand also eine junge schwarze Kuh – was alles andere als einfach war – und band sie mit allen Beinen an einem Pfeiler vor der Kulisse der Arena fest. Das arme, gefesselte Tier konnte sich nicht mehr rühren, muhte herzerweichend und litt wahrscheinlich unter der Hitze der Scheinwerfer, die schon stundenlang auf sie gerichtet waren. Die Kamera stand genau hinter der Kuh, und mein Gesicht sollte genau zwischen den beiden Hörnern zu sehen sein. Doch da das Tier unablässig den Kopf hin und her warf, war es dem Kameraassistenten unmöglich, mein Gesicht in den beabsichtigten Rahmen zu bekommen. Also wurde der Tierarzt geholt und gebeten, der Kuh eine Beruhigungsspritze zu geben. Dieser Dummkopf verabreichte ihr anscheinend eine zu starke Dosis. Ich sehe noch heute diese Kuh vor mir, die in ihren Ketten zusammenbrach, die Augen verdrehte und markerschütternde Klagelaute von sich gab. Lange weißliche Speichelfäden rannen ihr aus dem Maul, und einige Minuten später verendete sie in der glühenden Hitze. Wahrscheinlich hatte sie zuwenig Luft bekommen und allergisch auf die überhöhte Dosis reagiert, die dieser Schlächter ihr gespritzt hatte.

Ich weinte über den sinnlosen Tod dieser hübschen kleinen schwarzen Kuh. Das arme Tier! Und all das nur für einen Film, im Grunde für nichts und wieder nichts, denn zu einer Aufnahme war es ja nicht einmal gekommen. Wie ungerecht das Leben doch sein kann! Wieso eigentlich nehmen wir Menschen uns das Recht heraus, über Leben und Tod der Tiere zu bestimmen? Mit welchem Recht dürfen wir ungestraft ein Geschöpf töten? Ich war erschüttert, aufgewühlt und angewidert. Und ich weigerte mich standhaft, die Szene mit einer anderen Kuh noch einmal zu drehen.

Als ich wieder in Paris war, blieb mir gerade noch die Zeit, mich mit dem Regisseur Claude Autant-Lara zu treffen, bevor die Dreharbeiten zu »En cas de malheur« [»Mit den Waffen einer Frau«] begannen. Die Kostüm-, Masken- und Frisurproben standen bereits auf dem Programm. Zu meinem Glück produzierte Raoul Lévy auch diesen Film, und es gelang ihm, den Beginn der Dreharbeiten um eine Woche zu verschieben, so daß ich ein wenig Zeit zum Ausruhen fand.

Die Kostümbildnerin Tanine Autré suchte für mich überall nach freizügigen Kleidern und Schuhen mit Fesselriemchen.

Mit Claude Autant-Lara war nicht zu spaßen. Wenn er sich eine bestimmte Frisur oder Ausstattung in den Kopf gesetzt hatte, gab es keine Diskussionen. Auch der Gedanke, mit Edwige Feuillère und Jean Gabin zu drehen, versetzte mich in Panik.

Wenn ich nach all den Anproben, Einkäufen und Besprechungen mit Autant-Lara abends nach Hause kam, war ich müde und ausgelaugt. Ich weinte in Jean-Louis' Armen. Alain war betroffen, Clown und Guapa kamen und leckten mir die Tränen ab. Ich faulenze gern, möchte das Leben genießen, mache leidenschaftlich gerne Ferien, und nun war ich zu einer Art Zwangsarbeit verurteilt. Außerdem hatte ich zum ersten Mal in meinem Leben eine wichtige Rolle in einem ernsthaften Film, dazu einen unnachgiebigen Regisseur und Partner, die weltweit als erfahrene Schauspieler bekannt waren. Ich sah dem ersten Drehtag mit wachsender Angst entgegen.

Und genau in dieser Zeit rief Gilbert Bécaud an. Er wollte, daß ich einen Tag lang eine kleine Fernsehshow mit ihm drehte, die Silvester 1957 ausgestrahlt werden sollte. Eigentlich hatte ich keine Zeit. Doch es war schwer, Bécaud zu widerstehen; er ist unglaublich überzeugend, lustig und amüsant, und er bedankte sich, noch ehe ich überhaupt zugesagt hatte.

Unversehens fand ich mich mit Bécaud, seinem Orchester und meinem Lampenfieber im Fernsehstudio »Buttes-Chaumont« wieder. Doch das war eine willkommene Ablenkung!

Es herrschte eine heitere Atmosphäre, Bécaud war charmant und machte mir zum Scherz den Hof.

Seine Chansons mochte ich sehr. Ich sollte zwischen den Obstständen der »Marchés de Provence«, den von ihm besungenen provenzalischen Märkten, herumspazieren. Dann sollte ich die bekannte, geheimnisvolle Verführerin aus dem Lied »Alors, raconte, comment ça s'est passé« mimen, mich unschuldig und ein wenig sexy auf den Flügel legen und Gilbert, der für mich ein hübsches Lied singen würde, tief in die Augen schauen. Zum Abschluß sollten wir dann den Fernsehzuschauern gemeinsam unsere besten Wünsche für das Jahr 1958 übermitteln.

Als die Scheinwerfer erloschen, waren Gilberts Augen noch immer in den meinen versunken. Ich war fasziniert und verzaubert von ihm, befand mich außerhalb von Zeit und Raum. Ich hatte mich Hals über Kopf verliebt, es war Liebe auf den ersten Blick, die mir durch und durch ging. Das hatte mir gerade noch gefehlt!

Als ich in die Avenue Paul-Doumer zurückkehrte, war ich völlig verwirrt und abwesend. Ich ersann kleine Notlügen, fühlte mich unwohl in meiner Haut und setzte alle Hebel in Bewegung, um Gilbert wiederzusehen, und wollte Jean-Louis doch nicht verlieren.

Trennungen sind mir immer schwergefallen, und es war alles andere als leicht für mich, den Spatzen in der Hand gegen die Taube auf dem Dach einzutauschen. Je größer meine Schuldgefühle einem Mann gegenüber sind, desto

232

aufmerksamer und zärtlicher bin ich zu ihm. Damit Jean-Louis keinen Verdacht schöpfte, erfüllte ich ihm den größten Traum seines Lebens: Ich kaufte ihm ein Sportkabriolett, einen Austin, der leider apfelgrün war – die Farbe der Hoffnung!

Da ich tagsüber keine Sekunde Zeit hatte und von Termin zu Termin hetzte, ging ich das Risiko ein, mich eines Abends mit Gilbert in der Avenue Paul-Doumer zu verabreden. Ich wußte, daß Jean-Louis noch spät im Ministerium zu tun hatte. Es kam, wie es kommen mußte. Mitten in unser galantes Rendezvous, bei dem es noch keusch zuging, platzte Jean-Louis herein.

Als hätte der Blitz eingeschlagen, verwandelte sich die Wohnung plötzlich in einen Ort der Angst, und mir fielen die lustigen Possen der Vaudeville-Theater ein, die im wirklichen Leben eher tieftraurig sind.

Es ging alles sehr schnell.

Die beiden Männer verließen das Haus fast gleichzeitig. Ich blieb allein zurück, das war das Beste, was mir passieren konnte. Ich wägte das Für und Wider ab, doch ich war müde und erschöpft und begriff nicht wirklich, wie mir geschah.

Am übernächsten Tag würden die Dreharbeiten beginnen, ich mußte unglaublich gut in Form sein, und ein Skandal in meinem Privatleben würde mich daran hindern, mich ganz dem Film zu widmen. Ich legte mich zwischen Guapa und Clown ins Bett und hoffte, daß der Schlaf und die Zeit die Angelegenheit schon wieder ins Lot bringen würden.

Ich hatte mich geirrt.

Jean-Louis kam äußerst gefaßt und entschlossen zurück, um seine Sachen zu holen. Und er hatte recht. Er wollte nicht teilen. Er fühle sich unterlegen, er wolle das Feld räumen, er werde gehen und mir das Auto überlassen.

Ich war wie versteinert. Dennoch nahm ich bewußt wahr, wie er seine Sachen packte, und tat nichts. Was sollte ich sagen? Was tun? Erneut lügen? Nein! Ich bat ihn schüchtern, das Auto doch zu behalten, ich drängte ihn, und schließlich willigte er ein.

Innerhalb weniger Minuten stürzten zwei Jahre meines Lebens ein, und ich stand da, töricht und regungslos; wie in einem Alptraum hinderte eine eigenartige Macht mich daran, mich zu rühren. Doch schließlich erwachte ich aus meiner Lethargie und fing an zu sprechen. Je länger ich sprach, um so mehr war ich von meiner Unschuld überzeugt. Es gelang mir, ihn von meiner Aufrichtigkeit zu überzeugen; all das sei grenzenloser Unsinn gewesen; Müdigkeit und Unbesonnenheit hätten mich zu solch törichtem Verhalten getrieben.

Und mein Leben mit Jean-Louis ging weiter. Die Dreharbeiten mit Gabin und Feuillère begannen. Ich war so verstört, daß ich in der ersten Filmszene, die in Gabins Anwaltsbüro spielte, meinen Text nicht sprechen konnte, ohne mich bei jeder Einstellung mindestens einmal zu versprechen. Ich war völlig durcheinander.

Autant-Lara verlor die Geduld und knetete seine Schirmmütze; das Team begann, mich zu kritisieren. Odette puderte mir die Nase und flüsterte mir zu, ich solle mich beruhigen. Die Spannung war unerträglich, und ich wäre am liebsten gestorben.

Da tat Gabin, der meine Angst, meine Schüchternheit und meine Panik spürte, etwas Großartiges: Er versprach sich in der nächsten Szene absichtlich. Dann brummte er, das könne »schließlich jedem mal passieren«! Die Stimmung entspannte sich, und ich konnte meinen Text endlich fehlerfrei sprechen. Danke, Gabin! Unter Ihrer rauhen Schale verbarg sich ein unglaubliches Feingefühl, und ich habe es letztlich Ihnen zu verdanken, daß ich in dem Film »Mit den Waffen einer Frau« gut gespielt habe.

Was geschehen mußte, geschah!

Ich war Gilberts Charme verfallen, er überhäufte mich mit Blumen, kleinen Nachrichten, Telefonanrufen. Mein Kopf und mein Herz waren bei ihm, und wenn ich tagsüber im Studio »Saint-Maurice« auch schauspielerte, so konnte ich dieses Spiel am Abend in der Avenue Paul-Doumer keinesfalls fortsetzen. Eines Abends, als ich von den Dreharbeiten heimkehrte, kam es dann zur endgültigen Trennung. Jean-Louis ging fort, weil ich ihn nicht daran hinderte, denn ich wußte selbst nicht mehr, woran ich war.

Das schreibt sich leicht – Jahrzehnte später. Doch der Augenblick der Trennung ist furchtbar; ihn zu durchleben, zu ertragen und anzunehmen ist qualvoll.

Ich liebte Jean-Louis bis zum Wahnsinn; ich liebte ihn, wie ich vielleicht nie wieder einen Mann geliebt habe, doch damals wußte ich es nicht. Ich war zu jung und verspürte einen Lebenshunger, der keine Grenzen und Zugeständnisse duldete. Ständige Zugeständnisse sind der Tod, ich aber wollte leben!

Und ich habe gelebt!

Aber was für ein Leben! Einsam und deprimiert teilte ich am Abend die Suppe mit Alain, und zum Dessert gab es einen Anruf von Gilbert. Zum Glück hatte ich Guapa und Clown, die mich mit ihrer Wärme und Zärtlichkeit umgaben; doch da war kein Arm, keine Schulter, an die ich mich hätte schmiegen können, niemanden, der für mich da war. Der Film raubte mir alle Kraft, und um die Strapazen durchzuhalten, schluckte ich »Actiphos«-Pillen.

Auf dem Set herrschte reges Leben, und das tat mir gut. Die Leute waren freundlich zu mir, vielleicht war alles nur oberflächlich, doch man kümmerte sich um mich. Ich arbeitete hart; Odette, meine Garderobiere Laurence und Dany umsorgten mich zärtlich und liebevoll. Bécaud, der ich weiß nicht wo steckte, schickte mir Blumen.

Aber wenn ich nach Hause kam, wäre ich am liebsten gestorben. Wem sollte ich von meinem Tag erzählen? Mit wem sollte ich zu Abend essen oder vor dem Fernseher hocken?

Sicher, Bécaud rief mich jeden Abend an oder, besser gesagt, morgens zwischen drei und vier Uhr, wenn ich schon tief und fest schlief. Er hielt sich gerade in Brüssel, Genf oder München auf und war immer in Hochform. Er ging mit Freunden zum Essen aus, und er liebte, er liebte, er liebte mich! Ich mußte drei Stunden später aufstehen und hatte einen harten Tag vor mir; ich war allein und nahm es ihm übel, daß ich allein war. Ich war niedergeschlagen, halb verschlafen und wütend, weil er so weit weg war, eifersüchtig auf seinen Erfolg und schimpfte nur am Telefon.

Am 24. Dezember 1957 hatte uns die Produktionsgesellschaft im Studio zu einem Champagnerumtrunk eingeladen. Ich hatte meinen Produzenten Raoul Lévy, meinen Regisseur Claude Autant-Lara und seine Frau Ghislaine herzlich und fest umarmt, dem ganzen Team ein frohes Weihnachtsfest gewünscht, Gabin die Hand gedrückt, Odette, Dany und Lolo meine Zuneigung gezeigt; doch als ich dann nach Hause in die Avenue Paul-Doumer kam, war ich allein, ganz allein.

Ich erinnere mich, daß Mijanou, die zu jener Zeit nicht viel Geld hatte, mir mehrere entzückend verpackte Päckchen mit Haarspangen, Bonbons, kleinen Seifenstücken und Farbstiften gebracht hatte.

Maman hatte mir einen geschmückten Weihnachtsbaum geschickt, ein bezauberndes Nachthemd und eine wundervolle schwarze Stola. Ich verbrachte meinen Weihnachtsabend weinend in Gesellschaft von Clown und Guapa, die mich ansahen und meine Traurigkeit nicht verstanden. Für sie war es ein Abend wie jeder andere.

Ich dachte an Jean-Louis. Wo er wohl steckte? Ich dachte an den Weihnachtsabend, den ich ein Jahr zuvor mit ihm in Cassis verbracht hatte. Ich dachte auch an Gilbert. Er war bestimmt mit Frau und Kindern in seinem Landhaus in Chesnay in der Nähe von Versailles. Ich hatte nicht einmal seine Telefonnummer.

Ich erinnere mich noch, daß ich die ganze Nacht in meinem hübschen Nachthemd und in meine Stola eingehüllt durch die Wohnung lief und mir schwor, mich nie wieder mit einem verheirateten Mann einzulassen. Guapa und Clown schliefen friedlich auf meinem Bett, sie waren der einzige Trost in meiner Einsamkeit.

Am nächsten Tag machte ich Papa und Maman eine riesige Freude, indem ich sie zum Mittagessen besuchte. Sie konnten es kaum fassen. Mit mir war die ganze Familie versammelt, was schon lange nicht mehr vorgekommen war. Meine trübe Miene beunruhigte Maman allerdings. Ich sah traurig aus und war es auch!

Wie kann man nur traurig sein, wenn man dreiundzwanzig ist, das Leben einem zulächelt und man alles noch vor sich hat?

Ich stürzte mich in Mamans Arme, hielt meinen Kummer und die Tränen nicht länger zurück. Ich schüttete ihr mein Herz aus, erzählte von meiner Trennung, meiner neuen Liebe, meiner Angst, meiner Einsamkeit; ich vertraute ihr meinen Schmerz an, meine Gewissensbisse, kurzum, ich befreite mich von diesem großen Geheimnis, an dem ich zu ersticken drohte.

Maman hat es immer verstanden, mir das Leben von seiner schönsten Seite zu zeigen, und was sie mir an jenem Tag sagte, richtete mich so sehr auf, daß ich mich fröhlich und glücklich von meinen Eltern verabschiedete.

Als ich wieder in meinen vier Wänden war, rief mich Gilbert an, um mir zu sagen, daß er vorbeikommen und mir ein Weihnachtsgeschenk bringen wolle. Seine Besuche waren immer ein Fest, und da diese Feste selten stattfanden, mußten sie entsprechend gefeiert werden.

Am Abend des 25. Dezember 1957 wirkte die Avenue Paul-Doumer wie ein kleiner, von Kerzenlichtern erhellter Palast. Ich war schön, Clown und Guapa waren schön; ich hatte die Tauben aus ihrem Käfig gelassen, und sie flogen frei umher; es duftete nach Parfum, und der Tisch mit der Spitzendecke war mit Köstlichkeiten überladen, die ich vorgesehen hatte für den Fall, daß …

Er kam, wirkte geheimnisvoll und leidenschaftlich, an der Tür ließ er seinen Alltag zurück und dachte nur noch an mich, an uns!

Es ist eigenartig, eine weltberühmte Persönlichkeit zu lieben. Ich sah mir sein Gesicht genau an, ganz genau, ich erkannte ihn nicht wieder, und doch war er es, er war es!

An jenem Abend legte er mir eine kleine Platinkette mit einem Diamanten von Cartier um den Hals. Da ich kein Geschenk für ihn hatte, überreichte ich ihm den Schlüssel zur Avenue Paul-Doumer, den er in der Hand hielt wie einen Talisman.

Die Nacht war kurz, um zwei Uhr morgens klingelte der Wecker, und er verließ mich ebenso geheimnisvoll und leidenschaftlich, wie er gekommen war, und kehrte nach Hause zu seiner Familie, seiner Frau, zurück.

Er hatte Wurzeln, die berühmten Wurzeln, die einem das Leben erleichtern. Nur ich, ich hatte keine!

Ich beschloß also, mir selbst Wurzeln zu verschaffen, indem ich mir ein Haus am Meer kaufte. Maman, die ein kleines Fischerhaus in Saint-Tropez besaß, half mir bei der Suche. Ebenso Alain, der sämtliche Immobilienagenturen an der Mittelmeerküste anschrieb.

Am Ende dieses erlebnisreichen Jahres wurde mir bei einer Galaveranstaltung meine erste Auszeichnung für gute schauspielerische Leistungen überreicht: »La victoire du cinéma Français«. Sie wurde mir von der Fachzeitschrift »Le Film Français« verliehen und beruhte auf einer Umfrage unter Kinobesitzern.

Die Fernsehsendung mit Gilbert und mir, die am Silvesterabend 1957 ausgestrahlt wurde, war ein großer Erfolg. Das Dumme daran war lediglich, daß einige Journalisten Lunte gerochen hatten und ihre Artikel voller Anspielungen steckten. Wir waren das Paar des neuen Jahres, und dabei spielte es keine Rolle, ob wir nun verheiratet oder ledig waren, wir wurden offiziell und vor den Augen der Welt miteinander verlobt.

Eine Katastrophe! Dabei verbrachte ich auch diesen Silvesterabend, an dem Gilbert und ich gemeinsam über die Mattscheibe flimmerten, allein in meiner Wohnung, während er mit Frau und Freunden im Pavillon d'Armenonville feierte.

Die Fotografen spionierten mir fortan nach und ließen mir keine Ruhe mehr. Morgens lauerten sie mir auf und folgten mir bis zum Studio; abends begleiteten sie mich zurück in die Avenue Paul-Doumer und übernachteten in ihren Autos vor meiner Haustür.

238

Ich realisierte, wie unerträglich die Situation war. Zumal die übertriebene Aufmerksamkeit der Journalisten Gilbert, der sein Image auf sein Ansehen als guter Ehemann und Familienvater gegründet hatte, verärgern mußte.

»France-Dimanche« und »Ici-Paris« titelten »Bécaud und Bardot unzertrennlich« und erfanden irgendeinen kitschigen Unsinn über uns, der naive Gemüter zu Tränen rühren sollte. Dabei waren wir nie gemeinsam ausgegangen, weder ins Kino noch ins Restaurant, noch zu Freunden. Wir hatten uns immer nur heimlich nachts in meiner Wohnung getroffen, wenn Alain und das Dienstmädchen schon längst das Haus verlassen hatten.

Wie also hatten sie von der Sache erfahren? Ich habe mich immer gefragt, warum alles, was ich heimlich oder offen tat, sogleich der Öffentlichkeit zum Fraß vorgeworfen wurde, während nicht einmal meine engsten Freunde etwas davon ahnten.

Jedenfalls war das Ergebnis, daß Gilbert mich nur noch nachts anrief, mir anonym Blumen schickte und mich nicht mehr besuchte, angeblich aus Angst vor einem Skandal, Angst, beim Verlassen meines Hauses fotografiert zu werden, Angst vor der öffentlichen Meinung, Angst vor diesem und vor jenem. Von der Angst, mich zu verlieren, sprach er allerdings nie!

Die ersten Tage des Jahres 1958 verbrachte ich im Studio, widmete mich ganz meiner Arbeit und versuchte, mir im Schweiße meines Angesichts die Sporen für meinen beruflichen Aufstieg zu verdienen. Die Journalisten, die bei den Dreharbeiten zugelassen und von der Pressebeauftragten sozusagen handverlesen waren, sprachen trotzdem nur von Bécaud. Das war der Gipfel!

Entweder reagierte ich auf ihre Fragen gar nicht oder wurde wirklich böse und antwortete ihnen, daß sie sich im Film geirrt hätten, da Bécaud nicht mit mir drehe. Doch Gabin und Feuillère seien wundervolle Partner, falls sie das überhaupt interessieren würde.

Ich war mit den Nerven am Ende.

Abends schloß ich mich in der Avenue Paul-Doumer ein und wartete auf Gilberts Anruf. Ich traf mich mit niemandem mehr. Alain, noch immer treu auf seinem Posten, fand die Stimmung bedrückend. Während meiner Dreharbeiten kümmerte er sich um Clown und Guapa, wies das Dienstmädchen an, beantwortete die Post, ordnete meine Papiere und legte mir jeden Abend einen beeindruckenden Stapel Schecks zur Unterschrift vor. Dann ging er zu seinen Freunden. In meinem Zimmer erwartete mich manchmal ein riesiger Rosenstrauß, der ohne Absender zugestellt worden war. Ich wußte, daß er von »ihm« kam.

Es gab auch telefonische Nachrichten. Christine wollte mich unbedingt sehen, sie habe einen ganz außergewöhnlichen Film für mich, »La femme et le pantin« [»Ein Weib wie der Satan«] unter der Regie von Duvivier. Ich brauche den Vertrag nur noch zu unterschreiben. Die literarische Vorlage von Pierre Louÿs liege auf meinem Bett, damit ich sie lesen könne. Olga sei einverstanden, Duvivier sei einverstanden, Aurenche und Bost, die das Drehbuch schreiben sollten, ebenfalls, man warte nur noch auf meine Zusage.

Und ich, ich wartete auf Gilberts Anruf, während ich »La femme et le pantin« [wörtlich: »Die Frau und der Hampelmann«] las.

Auch die Immobilienmakler hatten geantwortet und Fotos von Häusern in Cassis, Juan-les-Pins, Bandol und Trifouillis-les-Bégonias geschickt, die »direkt am Meer« lagen. Ich besah mir diese Unterlagen, doch meine Gedanken waren woanders, weit, weit weg, sie schweiften ab zu einer uferlosen Reise in mein Inneres.

Das also sollte das Leben sein?

Sich bei der Arbeit kaputtmachen, und was für eine Arbeit! Ich mußte schön sein, eine gute Schauspielerin, stets präsent, stark, immer charmant und unendlich belastbar. Und abends durfte ich dann allein sein, auf einen ungewissen Telefonanruf warten, wie ein Derwisch in der leeren Wohnung herumlaufen, während sich die Presse der ganzen Welt auf mich stürzte, weil ich mich in einen berühmten Chansonnier verliebt hatte. Welch ein großartiges Leben!

War ich wirklich in Gilbert verliebt? Ich wußte es selbst nicht, offenbar war ich eher in das Telefon verliebt!

Ich, die ich die Sonne, das Leben, den Sand, die Wärme, das Land und die Tiere liebte, ich, die frei und ausgelassen sein wollte, gern barfuß lief, das Meer liebte, die Liebe, den Duft frisch gemähten Grases. Ausgerechnet ich lebte von morgens bis abends vollständig zurückgezogen, ohne den Himmel zu sehen, den Regen zu spüren, wie eine Pflanze ohne Sauerstoff, und ich welkte mit meinen dreiundzwanzig Jahren langsam dahin. Ich wollte nur noch schlafen, und im Arzneischrank fand ich »Imménoctal«. Weil ich sicher sein wollte, daß das Schlafmittel wirkte, schluckte ich gleich vier oder fünf Tabletten. Und da ich weinte und müde war, nahm ich wenig später noch ein paar ein.

Dann läutete das Telefon, ich wußte nicht mehr, ob es wirklich läutete oder ob ich es nur träumte. Ich nahm den Hörer ab und weinte; am anderen Ende der Leitung hörte ich ein Rauschen. Und in dieses Rauschen hinein brüllte eine Stimme: »Ich bin es, Gil, antworte mir doch, Brige!« Also habe ich gesprochen, denn das Telefon war jetzt endlich menschlich geworden und konnte mich verstehen. Ich preßte den schwarzen Hörer an mein Ohr und vertraute ihm meine Verzweiflung und meinen Überdruß an, und meine Tränen tropften auf das feuchte Stück Plastik. Dann hörte ich einen knappen Befehl, in dem irrsinnige Angst mitschwang: »Brige, steh auf und mach die Eingangstür auf!«

Ich konnte nicht aufstehen, ich war allein in der Wohnung und spürte, wie ich in eine weite, weite Ferne trieb. Und aus weiter Ferne gellte eine undeutliche Stimme, die mir befahl, ich solle die Tür öffnen. Ich war wie betäubt und hörte nur noch: »Die Tür öffnen, die Tür öffnen, die Tür öffnen«, und unbewußt quälte ich mich zur Wohnungstür, ich kroch »die Tür öffnen, die Tür öffnen«. Wie aus einer anderen Welt dröhnte es in meinen Ohren: »Die Tür öffnen, die Tür öffnen …, die Tür, die Tür!« Der Arzt, den Gilbert mir geschickt hatte, fand mich im Koma, den Kopf auf der Fußmatte, doch die Tür war gottlob geöffnet. Gilbert hatte von Marseille aus einen befreundeten Arzt angerufen und ihn in die Avenue Paul-Doumer Nr. 71, siebter Stock, links, geschickt.

An diesen Arzt erinnere ich mich nicht mehr, doch ihm habe ich es zu verdanken, daß ich heute diese Episode aufschreiben kann. Man hat mir berichtet, daß er mir den Magen auspumpte und mich achtundvierzig Stunden lang an einen Tropf hängte.

Als Alain Carré morgens um halb neun eintraf, fand er den Arzt an meinem Bett vor. Er rief sogleich Maman an, und meine Einsamkeit war mit einem Schlag von Liebe, Zärtlichkeit und Zuwendung erfüllt, doch ich war außerstande, es wahrzunehmen. Man erwartete mich zu den Dreharbeiten im Studio. Doch ich war noch halb im Koma.

Maman, die wußte, daß die Presse mir nachspionierte und das kleinste Detail entstellt wiedergeben würde, stand mir bei. Obgleich sie sich noch nicht sicher war, daß ich überleben würde, obgleich sie weinte und nichts verstand, bewies sie eine unglaubliche Geistesgegenwart.

Sie rief den Produktionsleiter an und teilte ihm mit, ich hätte verdorbene Muscheln gegessen und liege mit einer Lebensmittelvergiftung im Bett, ich sei sehr krank und könne leider nicht arbeiten. Wenn die Dreharbeiten zu einem Film wegen Krankheit eines Schauspielers unterbrochen werden müssen, meldet der Produzent gegenüber der Versicherung Schadensersatzansprüche an. Aus diesem Grund müssen sich alle Schauspieler vor Drehbeginn bei einem Vertrauensarzt der Versicherung einer Untersuchung unterziehen. Dieser Arzt, übrigens immer derselbe, nämlich der gute Doktor Guillaumat, entschied dann, ob der Schauspieler körperlich in der Lage war, die bevorstehenden Strapazen auf sich zu nehmen.

Bevor die Versicherungen im Schadensfall zahlten, schickten sie diesen freundlichen Arzt zur Überprüfung vorbei. Im Fall eines Selbstmordversuchs zahlt die Versicherung natürlich nicht, und der Verantwortliche muß für den entstandenen Schaden selbst aufkommen.

Ich höre noch heute Mamans Stimme, die ständig wiederholte: »Mein Herzchen, bald kommt Doktor Guillaumat,

du hast verdorbene Muscheln gegessen, hörst du, mein Liebling, verdorbene Muscheln!«

Der Tropf hing an meiner Schlafzimmerlampe, und die
Infusionsnadel steckte in meinem Arm. Es war dunkel, und
ich hatte den Eindruck, Pappmaché gegessen zu haben;
meine Zunge war bleischwer, mir war speiübel, und wenn
ich die Augen öffnete, sah ich alles doppelt. Man versetzte
mir ständig Ohrfeigen, zog mir die Augenlider hoch und
schrie mich an: »Brigitte, Brigitte, hörst du mich!«

Am nächsten Tag kam der liebe Doktor Guillaumat und
zeigte sich recht überrascht davon, daß verdorbene Muscheln eine gesunde junge Frau in einen komaähnlichen Zustand versetzen können. Überdies brach ich, da ich ihn gut
leiden mochte, gleich in Tränen aus, als ich ihn erkannte,
und flehte ihn an, mich nicht mehr zum Drehen ins Studio
zurückzuschicken, ich erklärte ihm, ich sei erschöpft, moralisch und physisch am Ende.

Kurz gesagt, er begriff sofort, worum es ging, und da
auch er mich gern mochte, bestätigte er die Lebensmittelvergiftung durch Muscheln und verordnete mir eine Woche
Ruhe.

Noch achtundvierzig Stunden später schwebte ich zwischen zwei Welten und wußte nicht, ob es Tag oder Nacht
war, wollte nicht wieder zu Bewußtsein kommen und überließ mich endgültig dem schwarzen Abgrund, in den ich
mich hatte fallen lassen.

Maman bemühte sich rührend um mich, legte mir
feuchte Waschlappen auf die Stirn, drückte meine Hand
ganz fest und sagte mir, sie liebe mich, es gebe auf der Welt
niemanden, der es wert sei, daß man sich für ihn krank mache und seine Gesundheit ruiniere.

Ich hörte ihr, noch immer halb abwesend, zu und dachte,
daß sie die einzige war, die mich wirklich liebte, daß ich den
anderen vollkommen gleichgültig war, solange ich nur überlebte und den Film zu Ende drehen konnte.

Oh, was für eine Katastrophe, wenn ich gestorben wäre!

Was für eine finanzielle Katastrophe!

Auch Christine Gouze-Renal kam mich besuchen. Sie war erschüttert. Auch sie mochte mich. Es sei an der Zeit, Ordnung in mein Leben zu bringen, endlich etwas »Rückgrat« zu entwickeln. Es sei ihr ja wirklich sehr unangenehm, aber ich müsse den Vertrag zu »Ein Weib wie der Satan« unterschreiben; sie habe sich erlaubt, ihn aus diesem Grund mitzubringen. Werde er nicht noch am selben Tag unterzeichnet, so könne sich das ganze Filmprojekt zerschlagen, denn alles hänge wieder einmal an meinem Namen. Und dann sagte mir Christine, die Dreharbeiten versprächen sehr lustig zu werden, ebenso wie bei »Gier nach Liebe«; wir würden zur Feria nach Sevilla fahren, was mich auf andere Gedanken bringen werde, ich würde spanische Tänze tanzen, und sie sei ernsthaft entschlossen, sich um mich zu kümmern, da sie schließlich mein Bestes wolle.

Ich war noch sehr geschwächt, und da ich kein Licht ertrug, lag das Zimmer im Halbdunkel. Doch ich konnte Christines Gesicht erkennen und fragte mich, ob es ihr mit ihren Absichten ernst oder ob sie wieder einmal nur an »meiner« Unterschrift interessiert war. Da ich alles verschwommen und doppelt sah, konnte ich den Vertrag nicht lesen, und wegen der Infusionsnadel, die in meinem rechten Arm steckte, konnte ich mich nicht rühren und noch weniger unterschreiben.

Christine las mir also den Vertrag vor und erwähnte, Olga habe schon zugestimmt. Und sie sagte mir auch, wenn ich ein Haus am Meer kaufen wolle, bräuchte ich viel Geld, und sie versprach mir eine hohe Gage. Mit etwas Glück bleibe mir ein ganzer Monat Urlaub zwischen den Dreharbeiten zu »Mit den Waffen einer Frau« und »Ein Weib wie der Satan«, der für April geplant sei.

Vom Klang ihrer Stimme eingelullt und zu schwach, mich ihrer Vitalität und Willenskraft zu widersetzen, gab ich nach und unterschrieb.

Heute würde ich gern die Krakelei sehen, die ich damals mühsam unter den Vertrag setzte, um ihn rechtskräftig zu unterzeichnen. Es müssen lauter Fliegenbeine gewesen sein, die sich übereinandertürmten.

Endlich konnte ich weiterschlafen!

Dank Mamans liebevoller Pflege und Gilberts Anrufen wurde ich schließlich wieder gesund. Später erfuhr ich, daß sich die beiden, beunruhigt über meine unberechenbare und übertriebene Reaktion, lange über mich unterhalten haben.

Gilbert liebte mich sicherlich, doch vor allem liebte er seine Arbeit, seinen Erfolg und das Image, das er in der Öffentlichkeit genoß, und insofern war es ausgeschlossen, daß er in dieser Öffentlichkeit als mein Begleiter auftrat. Doch er hatte begriffen, daß ich nicht länger in solcher Einsamkeit leben konnte. Daher besuchte er mich eines Abends in Begleitung eines charmanten jungen Mannes, der als mein »Kindermädchen« fungieren sollte, wenn er nicht selbst bei mir sein konnte.

»Kindermädchen« hatte ich bereits mehrere: meinen ergebenen Sekretär Alain, meinen Freund und Bruder Jicky, Olga, Christine, Dany und Dédette! Aber die Tatsache, daß es sich um einen Freund von Gilbert handelte, gab mir das Gefühl, ihm näherzustehen als den anderen …

Auf diese Weise lernte ich Paul Giannoli kennen, dem ich wegen seiner Nase sogleich den Spitznamen »Pinocchio« gab. Pinocchio war Journalist, doch vor allem war er ein enger Freund Gilberts. Er nutzte unsere Vertrautheit nie aus, um mich in die Schlagzeilen zu bringen. Dafür bin ich ihm zutiefst dankbar, denn zu jener Zeit hätten selbst meine besten Freunde die eigene Mutter verkauft, um dem Publikum einen reißerischen Artikel über mich vorsetzen zu können.

Das Leben ging weiter, ich drehte wieder tagsüber im Studio »Saint-Maurice«, doch abends, wenn ich nach Hause kam, hatten Pinocchio, Alain, Guapa und Clown ein kleines Fest vorbereitet. Es war eine fröhliche und sehr reizvolle Zeit voller Geborgenheit. Wenn ich müde war, aßen wir alle zusammen zu Hause, Alain kochte, während mir Pinocchio unermüdlich von Gilbert erzählte. Manchmal gingen wir auch ins Theater, ins Kino oder in eines jener kleinen typischen Pariser Bistros, wo der Wirt, der in Hemdsärmeln bediente, uns ein Glas Beaujolais anbot und mir – stolz, mich zu Gast zu haben – sein »Goldenes Buch« vorlegte.

Wenn das Haus samstags abends nicht von Fotografen umlagert war, führte Pinocchio mich zum Tanzen in den Club »Saint-Germain«, damals unter der Leitung von Jean-Claude Merle, oder aber in die »Pergola«, wo sich Régine um die Garderobe kümmerte. Manchmal setzten wir die fröhlichen Abende noch spätnachts im »L'Escale« in der Rue Monsieur-le-Prince fort. Dort traten südamerikanische Gitarrenspieler auf, jeder spielte, solange er Zeit hatte. Auf einer Stange über der Bar saß eine Henne, die – trotz des Lärms, des Rauchs, des Geschreis und Gelächters – mit dem Kopf unter dem Flügel friedlich schlief. Hier fühlte ich mich wohl, ich befand mich unter Menschen aus aller Herren Länder, die mich akzeptierten. Sie besangen mit geschlossenen Augen ihre Heimat und ließen uns teilhaben an der Wärme ihrer Sprache und an der Sehnsucht, die aus ihrer Folklore sprach. Ich lernte Pedro kennen, einen Indianer, und Narcisso, einen schwarzen Venezueler, die zur Gruppe »Guaranis« gehörten. Bis in die frühen Morgenstunden sangen sie zu ihrem Gitarrenspiel für mich.

Wenn wir diesen traumhaften Ort verließen, stießen wir oft auf einen seltsamen Clochard, der unweit der Henne auf einer Sitzbank schlief. Der Wirt erklärte mir, dieser sei früher ein bekannter Pianist gewesen, der nach einer gescheiterten Liebe alles aufgegeben habe. Er hatte keinen Sou, war in Lumpen gekleidet, und seine Schuhe waren mit Heftpflaster abgedichtet. Dennoch strahlte er eine gewisse Haltung, eine Vornehmheit aus, ein Eindruck, der sich bestätigte, als man ihn mir vorstellte und er mich mit einem Meeresbrise untadligen Handkuß begrüßte. Seine Augen waren ausdrucksvoll und glühend, seine Hände sehr schön und gepflegt. Welch ein Kontrast! Irgendwie fesselte er mich.

An Pinocchios Seite entdeckte ich ein neues Leben, neue, faszinierende Menschen, den Zauber der lateinamerikanischen Folklore und gewisse »Premieren«, die der Treffpunkt der ebenso mondänen wie abstoßenden Pariser Schickeria waren.

Guapa wurde zusehends dicker. Damals verfügte ich noch nicht über den untrüglichen Instinkt, der mich heute die geringste Veränderung am Gesundheitszustand meiner Hunde wahrnehmen läßt. Ich glaubte, es fehle ihr an Bewegung und sie fresse einfach zuviel. Ich verordnete ihr also Diät und beauftragte Alain, mit ihr und Clown lange Spaziergänge im Bois de Boulogne zu unternehmen. Wenn ich nicht drehte und nicht gerade einen miesen kleinen Schreiberling auf den Fersen hatte, schloß ich mich ihnen an. Aber Guapa war halb verhungert, und dennoch wurde sie immer dicker. Ich würde zur Großmutter werden!

Ich blickte Clown betrübt an, denn ich befürchtete, daß die Kreuzung eines schwarzen Cockers und eines kleinen Mischlings einen recht eigenartigen Nachwuchs ergeben würde. Aber im Grunde war es unwichtig, denn es wären ihre Kinder, und ich würde sie lieben.

Pinocchio hatte mich gedrängt, ihn zu einer »Premiere im Lido« zu begleiten. Ich hatte keine große Lust dazu, doch er bat mich immer wieder so nett darum, und seine große Nase wurde angesichts meiner unentschlossenen Miene immer länger, so daß ich schließlich nachgab.

Bei diesem Anlaß mußte ich schön sein. Zum einen, weil man mich von allen Seiten fotografieren würde, zum anderen, weil ich wollte, daß Gil vor Neid erblaßte, da er an diesem Abend nicht an meiner Seite war. Außerdem ging ich nur selten aus, und bei meinen wenigen Auftritten mußte ich mich in ein vorteilhaftes Licht rücken, denn sonst hätte ich mir die üblen Nachreden, Verleumdungen, bösen Bemerkungen und den Tratsch all jener »wohlerzogenen« Leute zugezogen, die einem lächelnd die Hand küssen und einem das Messer in den Rücken stoßen, sobald man sich abgewendet hat. Ich durfte nicht die geringste Angriffsfläche bieten.

Das Modehaus Givenchy lieh mir dank Christine für diesen Abend ein sehr hübsches Kleid aus der neuesten Kollektion. Odette kam, um mir die Haare zu einem kleinen, geschickt gedrehten Knoten zu frisieren, aus dem hier und da absichtlich eine unbezähmbare Strähne ausbrach. Olga nannte das meine »Spaghetti-Frisur«. Für sie war alles ungepflegt, was nicht gekämmt, gestriegelt und untadelig war – wie im Stil von Michèle Morgan oder Edwige Feuillière, nach dem Motto: »Kein Härchen tanzt aus der Reihe.« Die arme Olga – sie mußte weiterleiden, denn ich setzte ihr neue »Menüs« vor; nach der »Spaghetti-Frisur« tischte ich ihr die »Sauerkraut-Frisur« auf. Aber das ist eine andere Geschichte.

Pinocchio, der in seinem Smoking sehr elegant aussah, trank mit Alain ein Gläschen Champagner, während er auf mich wartete.

Er mußte die ganze Nacht warten! Als ich gerade in mein Kleid schlüpfen wollte, hörte ich nämlich in meinem Schlafzimmer ein langes, gedehntes Jaulen. Guapa lag mit Wehen auf meinem Bett. Sie sah mich flehentlich und vertrauensvoll an, bereit, diese unerträglichen Schmerzen auf sich zu nehmen, die erst mit der Geburt des neuen Lebens enden würden. Adieu, ihr Kühe, Ochsen und Schweine, die ganze Brut, adieu, Lido und Spaghettis! Ich drückte Guapas kleinen leidenden Körper an mich; ich stand ihr bei, entband mit ihr, streichelte sie. Das war wirklich eine echte Premiere, die schönste meines Lebens! Drei Welpen kamen zur Welt. Pinocchio und Alain übernahmen die Rolle der aufgeregten Väter und steckten von Zeit zu Zeit den Kopf zur Tür herein, um sich zu vergewissern, daß alles gutging. Odette sprang als Hebamme ein.

Clown beschnupperte die kleinen winselnden Kugeln und wedelte zufrieden mit dem Schwanz. Ich taufte sie den Umständen entsprechend auf die Namen »Lido«, »Bluebell« und »Premiere«.

Von Zeit zu Zeit brachte mir Pinocchio einen Brief von Gil, den dieser eilig auf ein Stück Papiertischtuch gekritzelt hatte. Als ich eines Abends aus dem Studio heimkam, sah ich weder Alain noch Pinocchio, lediglich Guapa und Clown erwarteten mich vor der Tür. Auf dem Boden im Wohnzimmer saß Gilbert mit einem Glas Whisky in der Hand vor meinem

Tonbandgerät, sang mit zärtlicher Stimme ins Mikrofon und flüsterte sanfte Worte. Von einer Welle unendlichen Glücks überströmt, blieb ich wie angewurzelt stehen, denn ich wollte ihn nicht stören. Ich hörte ihm zu: »Je me recroquemitouffle au fond des pantoufles, quand tu n'es pas là et la vie me semble fouine, blette et filandrine quand tu n'es pas là! Oh! là là! Que le temps me dure! Oh! là là! tire tire là …« [Wenn du nicht da bist, ziehe ich mich in die Tiefe meiner Pantoffeln zurück, das Leben scheint mir strohig, teigig und faserig, wenn du nicht da bist! Oh lala! Wie lang die Zeit mir wird! Oh lala! Tirlirla!]

Ich weinte vor Glück und unterbrach die improvisierte Gesangsaufnahme. An diesem Abend war ich die glücklichste Frau der Welt!

Der Mann, den ich liebte, war bei mir und schenkte mir ganz allein ein hübsches Chanson. Er hatte es komponiert, während er auf mich wartete, und die Wörter, die er spontan aneinandergereiht hatte, waren kindliche, einfache, aufrichtige Worte der Liebe. An diesem Abend spürte ich, daß Gil mich wirklich liebte. Und er schenkte mir außer dem Chanson »Croquemitouffle« auch vierundzwanzig Stunden seines Lebens, denn er blieb bis zum nächsten Abend bei mir. Noch nie hatten wir eine ganze Nacht und einen ganzen Tag zusammen verbracht! Mit Schrecken dachte ich daran, daß ich am nächsten Morgen wieder ins Studio mußte. Doch dann wäre es noch früh genug, daran zu denken! Nichts sollte die wundervollen Stunden trüben, die wir der Gesellschaft abgerungen hatten.

Alain, der in das himmlische Geheimnis eingeweiht war, hatte uns ein kleines Diner für Verliebte zubereitet: Blini, Kaviar, Champagner. Wir picknickten auf dem Boden und verschlangen uns so sehr mit den Augen, daß wir auf nichts anderes Appetit hatten. Nur der eisgekühlte Champagner, den jeder aus dem Mund des anderen trank, wurde bis auf den letzten Tropfen geleert.

Er spielte mir sein neuestes Chanson vor, das er den ganzen Nachmittag über im Studio aufgenommen hatte.

»Il y a toujours un côté du mur à l'ombre …

Mais jamais nous y dormions ensemble …
Faut s'aimer au soleil, nus, comme innocents …«

[»Eine Seite der Mauer liegt immer im Schatten … Doch
dort haben wir nie zusammen geschlafen … Man muß sich
im Sonnenlicht lieben, nackt und unschuldig …«]

Er sagte mir, er habe es für mich, in dem Gedanken an
mich komponiert.

Wir sind erst spät, sehr spät in der Nacht eingeschlafen,
denn Gil war ein Nachtmensch. Doch was machte das
schon! Ich war glücklich!

Dieser Mann faszinierte mich; er war einfach ungewöhnlich und besaß einen unwiderstehlichen Charme, er
hatte Talent und eine Vitalität, die man nur bewundern
konnte. In seinen Armen lag eine Frau, und diese Frau war
ich!

Das Aufstehen war eine Tortur. Ich hinterließ Gil eine
Nachricht, daß ich ihm einen Chauffeur schicken würde,
der ihn gegen drei Uhr nachmittags zu mir ins Studio bringen sollte.

11

Es war der Tag, an dem die Abschlußszene zu »Mit den Waffen einer Frau« gedreht wurde: Die Polizei findet mich, nachdem mir mein Liebhaber Franco Interlenghi in seiner schäbigen Mansarde die Kehle durchgeschnitten hatte. Es war eine düstere, morbide Szene, und ich strahlte vor Freude! Ich wartete auf Gil!

Dédette, Dany, Laurence, kurz gesagt, alle Frauen waren eingeweiht und gingen eine nach der anderen mit Verschwörermiene in den Hof hinunter, um nachzusehen, ob Gil, dessen Ankunft »top secret« bleiben sollte, schon eingetroffen war. Da es sich um eine nicht eben attraktive Szene handelte, hielten sich an diesem Tag Journalisten zum Glück weder auf dem Set noch in den Gängen oder in der Bar auf.

Ich wartete auf Gil!

Dédette hatte meinen Hals mit Theaterblut beschmiert, und ein geschickter Maskenbildner hatte für eine klaffende Wunde an meiner Kehle gesorgt. Natürlich hatte ich darauf bestanden, den kleinen Diamanten von Gil anzubehalten. Claude Autant-Lara trampelte wütend auf seiner unschuldigen Schirmmütze herum und brüllte: »Wenn einem die Kehle durchgeschnitten wird, kann man keine winzige Kette mit einem Diamanten um den Hals tragen! Das ist absurd! Nimm sofort die Kette ab!«

»Nein.«

»Das ist ein Befehl!«

»Das ist ein Talisman!«

Und das stimmte! Um nichts in der Welt hätte ich die Kette abgenommen, die Gil mir umgelegt hatte und die mich mit ihm verband. Sie auch nur für eine Sekunde abzunehmen wäre mir wie eine Herausforderung des Schicksals vorgekommen, ein Frevel, der mit Sicherheit zu einer Trennung führen mußte.

Gil kam, während ich noch am Set agierte, und ich fand ihn ziemlich eingeschüchtert in meiner Garderobe vor. Hier war er nicht in seinem Element, und beim Überqueren des Hofs fürchtete er so sehr, erkannt zu werden, daß er sich seinen Schal um den Kopf gewickelt hatte.

Als er mich so blutverschmiert vor sich sah, war er tief beeindruckt und wagte nicht, sich mir zu nähern. Ich muß erwähnen, daß ich – bluttriefend, mit verklebtem Haar, weißen Lippen und bleichem Gesicht – nicht sonderlich attraktiv aussah, denn ich war ja schließlich tot.

Ich zeigte ihm den kleinen Diamanten, der, da ich ihn noch immer um den Hals trug, inzwischen auch rot war.

Gil blieb eine Weile, doch ihm war nicht wohl in seiner Haut. Schließlich wickelte er sich wieder den Schal um den Kopf und kehrte zurück in seine Welt, während ich wieder zum Set ging, um endlich diesen Filmtod abzudrehen, der mir nun, da ich nicht mehr auf Gil wartete, unerträglich geworden war.

Worauf wartete ich eigentlich wirklich?

Tief im Inneren wußte ich ganz genau, daß ich mein Leben nie mit Gilbert teilen würde. Zum einen, weil das seine schon in festen Bahnen verlief, doch das war nicht der entscheidende Punkt, denn schließlich hat es immer schon Trennungen und Scheidungen gegeben. Nein, im Grunde genommen war ich eher geschmeichelt und stolz als wirklich verliebt. Liebe war, jedenfalls für mich, etwas Tieferes und Wahrhaftigeres, es war das, was ich für Jean-Louis empfunden hatte.

Liebe bedeutet, jeden Augenblick zu teilen, eine tiefe Verbundenheit, ein vollständiges Verschmelzen zweier Wesen, aber das alles gab es nicht zwischen Gil und mir. Doch ich strahlte, wenn Alain mir Zeitungen wie »France-Dimanche« oder »Ciné-Revue« brachte, in denen zunächst zwischen den Zeilen, dann immer deutlicher von meiner Affäre mit Bécaud zu lesen war. Gil verkörperte für mich den Erfolg schlechthin. Mit ihm in Verbindung gebracht zu werden gab mir das Gefühl, daß ich in eine unbekannte Welt aufstieg, die mich zwar das Fürchten lehrte, aber auch faszinierte.

Ich kann nur betonen, daß mein Leben eigentlich nicht sonderlich amüsant war. Ich arbeitete viel, doch außerhalb des Studios beschränkte sich meine Welt auf Alain, Pinocchio, Papa, Maman und von Zeit zu Zeit Olga, die mir ein neues Filmprojekt anbot, oder manchmal auch auf Jicky. Auch wenn ich damals schon weltberühmt war, lebte ich doch zurückgezogen; ich traf mich mit niemandem und wurde von den Paparazzi bedrängt, die einem Schnappschuß hinterherjagten. Ich hatte Angst vor Menschenansammlungen und außerhalb der Arbeitskollegen keine Bekanntschaften. Gil hingegen bewegte sich in einem schillernden, phantasievollen Milieu. Er arbeitete mit Louis Amade, kannte die wichtigsten Zeitungsredakteure, Minister und die Creme der Pariser Gesellschaft. Und auch dafür bewunderte ich ihn in gewisser Weise.

Ich weiß noch, daß ich mich damals unglaublich langweilte. Wenn ich abends völlig ausgelaugt nach Hause kam, wußte ich nicht, was ich mit mir anfangen sollte. Am meisten fürchtete ich die Sonntage, weil ich sie häufig allein verbrachte. Alain und das Dienstmädchen hatten frei; jeder hielt sich bei seiner Familie, auf dem Land oder bei Freunden auf. Ich war zu erschöpft, um irgend jemanden zu besuchen. Daher sah ich mit Clown, Guapa und ihren Babys, die langsam heranwuchsen, fern. Ich glaubte an der Einsamkeit der Avenue Paul-Doumer ersticken zu müssen, lauschte ständig auf das Geräusch des Aufzugs. Ich träumte von einem fröhlichen Leben mit einem Mann, den ich liebte und der mich liebte, ich träumte von tropischen Ländern und weißen Sandstränden.

Von Zeit zu Zeit riefen Pedro und Narcisso, die jungen Gitarristen aus dem »L'Escale«, an oder kamen vorbei. In ihrer Gesellschaft vergaß ich alles; wir sangen zu warmen, rhythmischen Klängen, die die Beine in Bewegung brachten. Mit ihnen begann ich ernsthaft, Gitarre zu spielen; stundenlang übten sie schwierige Akkorde mit mir, bis ich sie schließlich beherrschte.

Gil hatte mir seine blaue Krawatte mit weißen Tupfen geschenkt, die er als Glücksbringer auf der Bühne trug. Er besaß Dutzende davon, sie war sein »Fetisch«, und ohne eine solche Krawatte hätte er nie die Bühne betreten. Das Exemplar, das er mir zum Geschenk machte, hatte er im Pariser »Olympia« getragen und bei einer Fernsehsendung, die ich mir eines Abends angesehen hatte. Am selben Abend besuchte er mich direkt nach der Sendung und vermachte mir die Krawatte. Und er hatte noch eine andere Überraschung für mich: Ich sollte ihm nach Genf folgen und ihn von dort aus auf seiner Tournee begleiten.

Ich war selig! Der Film war fast abgedreht, ich war frei wie der Wind und würde ein wenig an Gils Leben und seiner Arbeit teilhaben. Pinocchio sollte nicht mitkommen, Gil wollte mich ganz für sich! Er war, ebenso wie ich, ständig von einem Pulk von Leuten umgeben, doch diesmal sollten wir ganz allein sein, ohne Zeugen, ausgenommen natürlich seine Musiker, sein Agent, sein Pressemanager und so weiter … Das war unabdingbar, denn er befand sich schließlich auf einer Konzerttournee.

Er hatte große Angst, die Presse könnte meine Anwesenheit aufdecken, und bat mich, unter falschem Namen zu reisen, unter dem ich mich auch im »Hôtel du Rhône« eintragen sollte. Ich sollte mein Haar verstecken und eine dunkle Brille tragen; immerhin bat er mich nicht, mir einen Schnurrbart anzukleben, und dafür war ich ihm äußerst dankbar.

Noch heute reise ich ungern allein – damals kam es einer Tortur gleich – wegen meiner Schüchternheit, meinem Mangel an Lebenserfahrung und der Angst, mich in einer fremden Welt voller unbekannter Menschen zurechtfinden zu müssen, ohne einen einzigen Freund und ohne Rettungsanker. Außerdem brachte die Tournee mit sich, daß wir jeden Tag in eine neue Stadt reisen, in einem neuen Hotel absteigen müßten und ich Gil nur wenig zu Gesicht bekommen würde. Obwohl ich mich vor alldem fürchtete, beschloß ich mitzureisen. Von nichts kommt nichts! Nach all den vielen Kilometern, die er zurückgelegt hatte, um mich zu sehen, konnte ich schließlich auch mal ein Opfer bringen.

Unter strengster Geheimhaltung nahm ich den Schlafwagen nach Genf. Nur Alain begleitete mich zum Bahnhof. Der Februar 1958 war eisig, und ich hatte mich in meinen Vier-Personen-Nerz verkrochen.

Als ich am nächsten Morgen am Ziel ankam, schneite es. Ich vermummte mich also mit einem Schal, zog den Mantel bis zur Nasenspitze und versteckte mich hinter einer dunklen Brille. Es war wirklich unmöglich, mich zu erkennen. Im »Hôtel du Rhône« schrieb ich mich als Mademoiselle Mucel ein – ich war mit Gil übereingekommen, Mamans Mädchennamen zu benutzen – und erreichte ohne Zwischenfall das für mich reservierte Zimmer. Dort erwarteten mich ein riesiger Blumenstrauß und die Nachricht, daß Gil verspätet ankommen würde, da sein Auto bei Schnee und Glatteis eine Panne gehabt habe. Ich begann auf und ab zu gehen und beobachtete, wie der Schnee auf den Fluß fiel. Ich langweilte mich und hatte Angst. An diesem Abend sollte er in Genf auftreten. Wenn er nun verspätet einträfe, hätte er bestimmt anderes zu tun, als zu mir zu kommen. Ich versuchte zu lesen, dann rief ich Alain an. Zu Hause war alles in Ordnung. Ich erklärte Alain, daß ich allein in meinem Zimmer hocke und mich furchtbar langweile. Er riet mir, einen Drink an der Bar zu nehmen, das werde mich auf andere Gedanken bringen.

Nun konnte ich aber schlecht in meinen Mantel gehüllt und mit einem Schal um den Kopf in der Bar auftauchen. Doch plötzlich war mir alles egal. Ich hatte keine Lust, länger das Phantom zu spielen. Ich begab mich als Brigitte Bardot verkleidet in die Bar, und mein Auftritt blieb nicht unbemerkt. Ich setzte mich an den Tresen und bestellte einen Tomatensaft.

Die Neuigkeit verbreitete sich wie ein Lauffeuer. Ich sah, daß die Leute flüsterten und mich verstohlen ansahen. Ein Hotelangestellter nach dem anderen steckte den Kopf zur Tür herein. Und ich blieb nicht lange allein! »Erinnern Sie sich noch, wir haben uns vor fünf Jahren bei Dingsbums kennengelernt? Damals waren Sie noch mit Vadim verheiratet!«

Normalerweise ließ ich solche Leute abblitzen, doch dieses Mal bedachte ich den Herrn mit meinem schönsten Lächeln, da ich froh war, mit jemandem reden zu können, statt allein am Tresen zu sitzen und wie ein exotisches Tier beäugt zu werden. Begeistert von meiner Eskapade, doch zu Tode gelangweilt vom Geschwätz dieses Unbekannten, den ich angeblich vor fünf Jahren kennengelernt hatte, ging ich dann wieder in mein Zimmer zurück und wartete weiter. Doch jetzt war es etwas anders. Ich hatte das ganze Hotel in Aufruhr versetzt und war nicht mehr die arme Verwandte, die auf ein Almosen ihres Herrn wartet. Ich war ich, und er war er, und wir beide waren hier miteinander verabredet. Es war eine Beziehung von gleich zu gleich, und das tat mir gut.

Gil stürmte wie ein Wirbelwind herein, ließ mich in seinen Armen kreisen, stellte mich Jean, seinem Bruder und Faktotum, vor, sagte mir, daß er mich liebe, mich anbete, und brach dann im Sturmschritt ins Theater auf. Jetzt verstand ich, warum man ihn »Monsieur 100 000 Volt« nannte!

Nach seinem Abgang kehrte wieder Ruhe ein, die Dinge nahmen wieder ihre normale Dimension an, und Jean konnte endlich ein paar Worte mit mir wechseln. Raymond Bernard, der Dirigent von Gils Orchester, würde uns kurz vor dem Auftritt abholen und zum Theater in Gils Garderobe bringen.

Natürlich mußte ich mich wieder »unsichtbar« machen, meine Kapuze, meine Brille und so weiter aufsetzen. Bis zum Bühneneingang ging alles glatt, aber dort stießen wir auf eine dichte, undurchdringliche Mauer von Fotografen. Raymond Bernard geriet dermaßen in Panik, daß er mir meinen Mantel einfach ganz über den Kopf zog und mich, ohne daß ich etwas sah, vorwärts schob. Blind, wie ich war, stolperte ich und glaubte, unter meinem Mantel und inmitten dieser tobenden Menge ersticken zu müssen.

Schließlich erreichte ich Gils Garderobe; ich war überreizt, es roch nach Schminke, Zigarettenrauch, Whisky und Rasierwasser. Ich war noch immer »unsichtbar«, man schob mich in eine kleine Kammer und sagte mir, ich solle dort warten. Als ich meinen Kapuzenmantel abnahm, stellte ich fest, daß ich mich in einer winzigen Toilette befand. Ich hörte Stimmen, Gelächter, Gils Lachen, das wie ein rauhes Crescendo klang, das Klirren von Gläsern. Dann gingen die Leute, ich hörte das Läuten, das den Beginn des Chansonabends ankündigte, also mußte Gil bald auf die Bühne. Als ich nichts mehr hörte, öffnete ich die Tür – die Garderobe war leer.

Die Ruhe tat mir gut. Ich schenkte mir ein Glas Scotch ein, obwohl ich ihn verabscheue, denn ich brauchte eine Stärkung. Ich war müde, fragte mich, was ich in diesem Theater und überhaupt in dieser Stadt verloren hatte, in der ich ganz allein war und man mich wie eine Aussätzige, derer man sich schämt, versteckte. Niedergeschlagen hörte ich, wie Gil auf der Bühne all die Lieder sang, die ich auswendig kannte und liebte. Ich wußte, daß seine Frau für ihn in den Kulissen immer ein Glas Wasser bereithielt, damit er zwischen zwei Chansons etwas trinken konnte. Nie würde ich ihm dieses Glas Wasser reichen können, denn ich war die Geliebte, die man versteckt.

Gil kam in die Loge gestürzt; schweißgebadet und strahlend sagte er mir, daß er an diesem Abend nur für mich singe! Dafür konnte ich mir als Gefangene in dieser Garderobe auch nichts kaufen. Schwamm drüber, er liebte mich, er betete mich an! Ich reichte ihm trotz allem ein Glas Wasser, und seine Augen leuchteten. Mir kam eine Zeile von Victor Hugo in den Sinn: »Gib ihm dennoch zu trinken.«

Kurz vor Ende des Konzerts kam Jean und bat mich höflich, wieder in den Toilettenraum zu gehen, bis die Journalisten, Fotografen und alle möglichen Freunde, die unweigerlich die Garderobe bevölkern würden, wieder verschwunden seien. Da es an diesem wenig einladenden Ort keine andere Sitzgelegenheit gab, ließ ich mich schließlich auf dem Toilettendeckel nieder und wartete. Ich rauchte eine Zigarette nach der anderen, aber die Zeit wollte nicht vergehen. Nach dem Getöse am Ende des Konzerts hörte ich, wie Glückwünsche überbracht, Autogrammwünsche geäußert und Interviews gegeben wurden, Kameras klickten; ich vernahm das kehlige Lachen erregter Frauen, dann Türenschlagen und Stimmen, die »Auf Wiedersehen« riefen. Und dann nichts mehr!

Sie würden mich also jeden Augenblick holen kommen. Gil war sicher, umringt von seinen Fans, aufgebrochen, und Jean würde mich befreien. Ich wagte es nicht, das Klo zu verlassen, aus Angst, daß sich noch irgend jemand in der Garderobe aufhalten könnte. Plötzlich erlosch das Licht. Das ging zu weit! Ich hatte die Nase gestrichen voll von dieser absurden Komödie.

Ich ließ mein Feuerzeug aufflammen, verließ dieses für romantische Träume wenig förderliche Örtchen und stand in der gleichfalls stockfinsteren Garderobe. In den Gängen, in den Kulissen, überall vollständiges Dunkel. Das Theater war geschlossen und ich darin gefangen. Ich weinte vor Wut, Ohnmacht, Verzweiflung und Müdigkeit und schwor mir wieder einmal, daß ich nie wieder im Leben die Geliebte eines verheirateten Mannes sein würde. Nie wieder wollte ich mich in einen Abstellraum, ja, schlimmer noch, in ein Scheißhaus sperren lassen! Nie wieder würde ich mich verstecken! Nie wieder!

In diesem Augenblick ging das Licht an, und Jean kam mich holen. Er entschuldigte sich für die Verspätung, doch man habe abwarten müssen, bis alle, auch die Garderobieren und Bühnenarbeiter, gegangen waren. Jetzt könnten wir das Theater ungestört verlassen, niemand werde mich sehen, es sei zwei Uhr morgens. Gil sei allerdings mit Freunden beim Abendessen in einem Restaurant; wir würden vorbeifahren und ihn abholen. Ich müsse natürlich im Wagen warten, man dürfe mich ja nicht sehen.

Also parkte Jean den Wagen ein wenig, sehr, unendlich weit von dem Restaurant entfernt und ging Gil holen. Es werde höchstens eine Viertelstunde dauern, er müsse nur noch schnell die Zeche bezahlen. Ich hatte den ganzen Tag über – und übrigens auch am Vorabend – nichts gegessen. Ich hatte Hunger und fror, alles war verschneit, ich war müde und hatte, gelinde gesagt, die Nase mehr als gestrichen voll. Ich schaltete das Autoradio ein, es gab ein hervorragendes Musikprogramm. Dann ließ ich, damit die Heizung in Schwung kam, den Motor an. Um drei Uhr morgens wartete ich immer noch. Ich wußte nicht, wo das Restaurant lag. Ich hatte leichte Stöckelschuhe an und konnte in dieser verlassenen Gegend bei Eis und Schnee nicht gut losziehen, um mir ein Taxi zu besorgen.

Da ich selbst keine Hilfe holen konnte, beschloß ich, die Hilfe – in Gestalt der Polizei – zu mir kommen zu lassen. Ich öffnete alle Wagenfenster und drehte das Radio auf volle Lautstärke. Es war ein Höllenlärm, es gab einen wunderbaren Cha-Cha-Cha, und ich beschloß, die Sache mit Humor zu nehmen. Die Fenster der umliegenden Häuser öffneten sich eines nach dem anderen; von dem Radau aufgewacht, begannen die braven Schweizer zu protestieren. Ich hingegen begann mich zu amüsieren.

Ein verschlafener Pförtner drohte mir mit der Polizei. Ich rührte mich nicht. Ein paar junge Leute, die leicht angeheitert nach Hause kamen, näherten sich meinem Wagen und grölten irgendwelchen Unsinn. Ich rührte mich nicht. Und dann hat mich irgend jemand erkannt.

»Das ist Brigitte Bardot!«

»Bist du verrückt?«

»Wenn ich's dir doch sage, sie ist's!«

»Aber was sollte die um diese Zeit hier zu suchen haben?«

»Werd' sie mal fragen.«

»Sie sind nicht zufällig Brigitte Bardot?«

Ich rührte mich nicht!

Dann kam die Polizei und wollte mir wegen nächtlicher Ruhestörung eine Verwarnung erteilen.

Kurzum, als Gil um vier Uhr morgens mit Jean kam und ins Hotel zurückfahren wollte, fanden sie einen schönen Aufruhr vor.

Er war wütend. Versteht sich!

Ich war entzückt. Versteht sich auch!

Am nächsten Tag, das heißt wenige Stunden später, fuhr ich mit dem Zug nach Paris zurück und verließ für immer den verdutzten Gilbert, der nicht verstand, warum ich ging, wo doch alles in bester Ordnung war! Das hat vermutlich meinen Ruf bestärkt, ich sei kapriziös.

Ich kam in einem Zustand vollständiger physischer und psychischer Erschöpfung in der Avenue Paul-Doumer an. Alain traute seinen Augen und Ohren nicht, als er mich so überraschend wiedersah und ich ihm alles erzählte. Meine Wohnung mit Clown, Guapa und der kleinen Familie, die sich über meine Rückkehr freute und mich aufgeregt beschnupperte, erschien mir wie das Paradies. Aber ich war niedergeschlagen und trübselig, mein Herz schwer und mein Kopf leer, kurzum, ich befand mich in jenem Zustand, den ich als »kring-krong« bezeichnete. Was sollte nur aus mir werden? Wenn ich drehte, hatte ich wenigstens ein Ziel vor Augen, war gezwungen, mich selbst in den Hintern zu treten und zur Arbeit zu gehen. Im Studio traf ich Freunde und war zu beschäftigt, um »kring-krong« zu sein. Meine Tage waren auf die Minute verplant, ich mußte mich nicht mit mir selbst befassen, ich war nicht mehr für mich verantwortlich, sondern nur für meine Arbeit.

Aber jetzt? Was sollte ich den ganzen Tag und die ganze Nacht lang mit mir anfangen? Wo sollte ich allein im Februar Urlaub machen? Der Wintersport war mir verhaßt. Ausgehen? Wohin und mit wem? Außerdem, im Theater oder im Kino konnte man zwar zwei Stunden totschlagen, aber was fing man mit dem Rest des Tages an? In ein Museum gehen? Wie langweilig! Ich hasse dieses Nebeneinander von Kunstwerken. Es gibt so viele davon, daß man bald nicht mehr weiß, wo einem der Kopf steht. Einkaufen gehen? Unmöglich! Vor meinem Haus lauerte fast immer wenigstens ein Fotograf, der sich an meine Fersen heften, die Aufmerksamkeit auf mich lenken und einen Menschenauflauf heraufbeschwören würde; dann würde mich diese untätige Masse begaffen, vor der ich floh und die mir angst machte!

Also beschloß ich, meine Post zu sichten und mich um die Wohnung zu kümmern. Wenn ich »kring-krong« war, räumte ich leidenschaftlich gerne die Möbel um. Indem ich meine Wohnung auf den Kopf stellte, hatte ich das Gefühl, auch mein Innenleben umzukrempeln. Wegen dieser seltsamen Angewohnheit schrieb Jean-Max Rivière später ein Lied mit dem Titel »On déménage« [Wir ziehen um] für mich.

Die Hunde wurden unruhig. Alain und ich schleppten Sofas, Tische, Teppiche und Sessel von einem Zimmer ins andere, doch da es nur zwei Räume gab, war die Angelegenheit recht schnell geregelt. Begeistert betrachtete ich die neue Wohnung, aber oft befriedigte mich das Ergebnis nicht, und hopp, kam wieder alles an den alten Platz zurück. So hatten wir nicht nur sportliche Betätigung, sondern auch Gelegenheit, gründlich in den Ecken zu putzen. Dabei fanden wir häufig Bleistifte, Geldstücke, Zigaretten und andere Dinge, die wir schon längst verloren glaubten. Man mußte zu dem Schluß kommen, daß das Dienstmädchen nicht sehr diensteifrig war.

Die eintreffende Post zu lesen bedeutete eine echte Ablenkung, und oft entdeckte ich dabei die Eigenart gewisser Leute. Jawohl, Eigenart, um nicht gleich Tick zu sagen. Es gab beleidigende Briefe, Bettelbriefe, Liebesbriefe, und eindeutig pornographische Briefe. Ich hätte einige aufbewahren sollen, aber ich habe sie alle weggeworfen.

Darunter gab es eine Einladung nach Cortina d'Ampezzo, ein sehr renommierter Wintersportort in Italien. Und Fotos von hübschen Häusern an der Côte d'Azur. Und natürlich die üblichen Rechnungen, Steuermahnungen, Abgaben und der ganze Kram.

Ich besuchte meine Großeltern, die sich vor Sehnsucht nach mir verzehrten, weil ich mich so lange nicht mehr hatte blicken lassen. Boum, der aufgehört hatte zu arbeiten, sah müde aus. Dada wollte unbedingt »pasta asciutta« für mich kochen. Bei ihnen fühlte ich mich so wohl. Mamie riet mir, die Einladung nach Cortina anzunehmen. Sie liebte Italien, wo sie die Hälfte ihres Lebens verbracht hatte, und alles, was italienisch war. Maman stimmte ihr zu, das wäre eine schöne Ablenkung für mich.

Also reiste ich in Begleitung von Mijanou und meinem Double Dany für eine Woche in das winterliche Italien.

Ich hatte ein kleines Chalet aus Holz erwartet – wie bei Schneewittchen und den sieben Zwergen –, statt dessen landeten wir in einem luxuriösen Jugendstil-Hotel mit Türmchen und schmiedeeisernen Balkonen. Statt in kleinen gemütlichen Zimmern saßen wir in einer königlichen Suite mit Kristallüstern, Louis-XVI.-Möbeln, Bronze, Messing und Marmor. Am liebsten wäre ich gleich wieder abgereist.

Aber meine Begleiterinnen und ich waren Gäste der Stadt Cortina, des Bürgermeisters, der Ratsmitglieder und so weiter und so weiter. Ich hätte einen diplomatischen Zwischenfall heraufbeschworen, wenn ich auf dem Absatz kehrtgemacht hätte. Für diese Leute war ich letzten Endes ein Werbeträger, geschenkt wird einem im Leben nichts! Das Ganze war ein völlig idiotisches Spiel!

Als Ausgleich für die königliche Suite im Hotel »Cristaldi« mußte ich mich die ganze Woche über mit Fotografen und Journalisten herumschlagen. Ein gewisser Gérard de Villiers, der für »France-Dimanche« arbeitete, war besonders indiskret und widerwärtig. Glücklicherweise traf ich dort Paul Chaland, einen Journalisten von »Paris-Match« und Freund von Vadim, den ich gut kannte. Dank seiner Hilfe verlief diese Werbereise halbwegs erträglich. Er führte uns in kleine Trattorien, echte Holz-Chalets mit karierten Tischdecken und kleinen Fensterscheiben.

Dany, Mija und ich schliefen im selben Bett – ein riesiger, über zwei Meter breiter Katafalk –, ich wäre sicher vor Angst gestorben, wenn ich darin hätte allein schlafen müssen. All unsere bunten Strumpfhosen, Halstücher und Schals hatten wir am Lüster aufgehängt. Das wirkte zwar kunterbunt, verlieh dem strengen Raum aber eine phantasievolle Note. Das äußerst stilvolle Zimmermädchen stieg jeden Morgen auf einen Stuhl, um den ganzen Plunder wieder abzunehmen und in die Schubladen der Louis-XVI.-Kommode zu verstauen. Und wir kramten ihn jeden Tag

wieder hervor und warfen – unter lautem »Huh! Huh! Ju-
chu! Geschafft! Hurra!« – alles so oft in die Höhe, bis die einzelnen Teile sich schließlich erneut im Kristallgehänge ver-
fangen hatten.

Nachdem ich den offiziellen Teil in Form eines todlang-
weiligen Cocktailempfangs hinter mich gebracht und mich
den Fotografen gestellt hatte – mit dem Bürgermeister, seiner Frau, seiner Tochter, seiner Cousine, dem Hoteldirektor, seinem Schwiegersohn, seinem Buchhalter, seiner
Schwiegermutter und ich weiß nicht mit wem sonst noch –,
raffte ich meine Siebensachen zusammen, schnappte mir
meine beiden Schätzchen und ergriff die Flucht.

Die einzig schöne Erinnerung ist unser Abstecher nach
Venedig, von wo aus wir die Rückreise per Zug antraten.
Endlich waren wir allein; wir entdeckten die winterliche
Stadt im Nebel und vernahmen das Tuten der Nebelhörner,
ein Venedig ohne Touristen, was an sich schon ein Ereignis
ist.

Während meiner Abwesenheit hatte Gil mehrmals angerufen. Er wollte mit mir sprechen, doch Alain hatte sich zurückhaltend gegeben. Bravo! Napoléon hatte recht: »In der
Liebe gibt es nur einen einzigen Sieg, die Flucht.« Jicky war
vorbeigekommen, um zu fragen, ob ich mit ihm an die Côte
d'Azur fahren wolle. Auch ihm gegenüber zeigte Alain sich
reserviert.

Da ich seelisch noch nicht genügend gefestigt war, um
einem Anruf von Gil standzuhalten, beschloß ich, sogleich
mit Jicky in die winterliche Sonne von Cassis aufzubrechen.
Auch ihm ging es nicht besonders gut, seitdem seine Frau
ihn verlassen hatte. Ich vertraute das Haus und die Hunde
Alain an, tauschte meine dicken Après-Ski-Pullover gegen
Jeans und Seemannspullis aus, und dann fuhren wir in meinem Simca-Kabriolett der Sonne der Provence entgegen,
die unsere Wunden heilen sollte.

Ich hatte Jicky sehr gern. Er war mir immer eine Stütze,
ein Vertrauter, ein Freund. Da er zehn Jahre älter war, habe
ich ihn stets als eine Art großen Bruder betrachtet, der mir

in schwierigen Lebenslagen mit seinem Rat beistehen konnte. Dank seiner Erfahrung und seines natürlichen Gespürs habe ich die wesentlichen Dinge des Lebens gelernt. Jicky liebte einfache, ursprüngliche Dinge. Er liebte die Sonne, das Meer und die Hügel von Cassis; er mochte aufrichtige Menschen und witterte sogleich die »Verrückten« – wie er sie zu bezeichnen pflegte. Jicky hatte das außergewöhnliche Geschick, jede Minute des Tages einzigartig zu machen. Er war sich bewußt, daß die Zeit vergeht und genoß jeden Augenblick, als wäre es sein letzter.

Während der Fahrt machte Jicky mich mit »Epikur« bekannt. Er erzählte mir, es sei ein Grieche gewesen, der sämtliche sinnlichen Freuden des Leben genossen habe, von dem der Begriff »Epikureer« herrühre. Epikur habe zum Beispiel eine Orange höchst genußvoll verspeist: mit der Nase, den Augen, den Fingern und dem Mund. Seit jenem Tag ist Epikur für mich »der Typ, der gern Orangen aß«.

Jicky malte die Dörfer der Provence, Frauenporträts und New Yorker Wolkenkratzer auf eigene Art. Ich verstehe nichts von moderner Malerei, doch ich mag die Skizzen, die er von Zeit zu Zeit mit Bleistift auf ein Stück Papier zeichnete.

Während unseres Aufenthalts besichtigten wir unzählige Villen am Mittelmeer, Häuser, deren Schönheit, Lage, Ruhe und so weiter die Makler mir angepriesen hatten. Doch keines gefiel mir. Entweder waren sie zu groß, zu protzig, zu weit vom Meer entfernt oder zu teuer. Überdrüssig beschlossen wir, über Saint-Tropez zu fahren und meinen Eltern in ihrem Fischerhäuschen in der Rue Miséricorde einen Besuch abzustatten.

Wie schön Saint-Tropez im Winter war!

Wir mieteten uns Fahrräder und erkundeten alle kleinen Gassen und Winkel. Ich entdeckte unvermutet ein mittelalterliches Dorf, das ich während meiner Dreharbeiten zu »Und immer lockt das Weib« kaum richtig wahrgenommen hatte. In dieses Dorf verliebte ich mich und beschloß, dort mein Haus zu finden.

264

20 *1951, in Louveciennes. Ein Augenblick unendlichen Glücks mit Toty, meiner anmutigen und schönen Mutter*

*21 Ein Wochenende im Kreis der Familie in
Louveciennes mit Papa Pilou, Maman Toty, Boum
und meiner kleinen Schwester Mijanou*

*22 Paris, bei Marc Allégret, der mit Vadim über
einem der Drehbücher sitzt, die mich zum Star
machen sollten*

23 Mit meiner geliebten Dada, meiner
Amme italienischer Herkunft. Als Mamies
Dienstmädchen lebte sie in meiner Nähe.
Sie starb 1971 und wurde in Bazoches, in der
Nähe meines Landhauses, begraben.

24 Sommer 1952 in Megève. Hand in Hand
mit Vadim - und schrecklich verliebt

25 *Oktober 1953. Mein geliebter Cockerspaniel Clown ermutigte mich in meiner Garderobe am Théâtre de l'Atelier, wo ich in Jean Anouilhs »Einladung ins Schloß« spielte. Am Abend der Premiere schrieb mir der Autor: »Keine Angst – ich bringe Glück!« Es sollte meine einzige Theatererfahrung bleiben.*

26 Rom 1954, vor dem »Mund der Wahrheit«. Clown fragt sich, was das nun schon wieder für ein Spiel ist.

27 Rom 1955, die berühmte Badeszene in »Neros tolle Nächte« mit Alberto Sordi. Ich hatte verlangt, die Stärkelösung durch Milch zu ersetzen, die sich dann durch die Hitze der Projektoren in Joghurt verwandelte.

28 *Beim Filmfestival in Cannes 1956 hatte Picasso mich in sein Atelier eingeladen. Er faszinierte mich, doch mir fehlte der Mut, ihn um mein Porträt zu bitten. Er hatte Sylvette David gemalt, die mir glich wie ein Ei dem anderen.*

29 *Londoner Empire Theatre, 29. Oktober 1956. Mein schüchterner Knicks vor Elisabeth II. während der Royal Command Performance. Mein Kleid war eine Kreation von Pierre Balmain. Anläßlich dieser Zeremonie hatte ich das Glück, mit Marilyn Monroe plaudern zu können, eine einmalige, unvergeßliche Begegnung, die leider kein Fotograf festgehalten hat.*

30 + 31 *1956: Die berühmte Mambo-Szene aus dem Film »Und immer lockt das Weib«, die mich in der ganzen Welt bekannt machen sollte, mit meinem Partner Jean-Louis Trintignant (rechts)*

32 *1956: Eine andere Filmszene mit dem
Kaninchen Sokrates und Jean-Louis Trintignant, in
den ich mich verliebte. Mit ihm verbrachte
ich damals meine schönsten, intensivsten
und glücklichsten Stunden.*

Und wieder klapperte ich die Immobilienmakler ab. Doch es gab kein Haus, das zu verkaufen war, vor allem nicht direkt am Meer. Nicht schlimm, dann würde ich eben warten!

Inzwischen ging es Jicky und mir wesentlich besser. Papa und Maman waren glücklich, mich so lebenslustig und wohlauf zu sehen. Wir lachten oft über Nichtigkeiten. Abends spielten wir an dem kleinen Kamin, der das Wohnzimmer heizte und der mit Tonnen von Pinienzapfen befeuert wurde, mit François de l'Esquinade und Félix de l'Escale – von alteingesessenem Adel – Gesellschaftsspiele.

Während ich einfache und glückliche Tage verlebte, geriet meine Beziehung zu Gilbert in die Schlagzeilen. Wie immer sprang die Presse auf einen Zug auf, der längst abgefahren war. Das Ergebnis war allerdings, daß sich die Fotografen von »Nice-Matin« und »Var-Matin« an mich hängten, da sie glaubten, daß ich inkognito mit Gil reise. So begann das verhaßte Leben erneut!

Vorbei war es mit den Radtouren in Sonne und frischer Luft. Blitzlichter flammten auf, sobald Jicky und ich das Haus verließen. Armer Jicky, den alle Journalisten für Bécaud hielten. Sie haben wahrscheinlich von ihrem Chefredakteur einen schönen Anpfiff bekommen, als sie stolz ihre Schnappschüsse von Jicky und mir präsentierten. Um das Gesicht zu wahren, suggerierte die Lokalpresse einfach, er sei mein neuester Liebhaber. Auch hieß es, ich suche den Skandal und die Reihe meiner Liebhaber sei endlos wie ein Rosenkranz. Ich suchte Ruhe, die Presse dagegen suchte durch mich den Skandal. Und das war immer so und vergiftete mir das Dasein. Ich geriet in einen schrecklichen Ruf, von dem ich mich nur schwer befreien konnte. Es war die größte, anhaltende Ungerechtigkeit in meinem Leben.

In jenem Jahr 1958 traf ich durch die Vermittlung von Michel Renaud, Freund meines Papas Pilou und Solotänzer der Pariser Oper, zwei Persönlichkeiten, die später Geschichte machen sollten. Es diente einer guten Sache.

Man hatte mich gebeten, zum Hospital Val-de-Grâce zu fahren und die Verwundeten des Algerienkrieges zu besuchen. Damals wurden Stars wie Marilyn Monroe oder andere häufig zu diesen jungen Männern entsandt, die ihr Leben aufs Spiel gesetzt und einen Teil ihrer selbst für die Verteidigung ihres Vaterlandes geopfert hatten. Deshalb traf ich mich eines Morgens in Begleitung meines Sekretärs mit den Personen, die den Besuch angeregt hatten. So machte ich die Bekanntschaft von Jean-Marie Le Pen und seines Begleiters Pierre Lagaillarde.

Sie waren damals auch noch jung und dankten mir überschwenglich für meine freundliche Bereitschaft. Diese sympathischen Menschen begleiteten mich an die Krankenbetten der armen Soldaten, die zwar verletzt, aber dennoch glücklich waren, mich zu sehen. Ich mußte an das schöne Chanson von Jean-Claude Darnal denken, in dem es heißt, daß Männer stets gebraucht werden, da der Krieg auf Liebesschwüre pfeift und unentwegt die Trommel rührt.

Ich drückte Hände, sah in Augen, die mir ehrfurchtsvoll entgegenblickten, und begegnete seltsamen Regungen.

Und ich verließ diese Enklave Val-de-Grâce voller Empörung über diese dumpfen, sinnlosen Schmerzen. Man sollte diese jungen Soldaten endlich in Frieden lassen, die mit zwanzig dazu verdammt waren, künftig als Versehrte zu leben!

Ich bin kein politischer Mensch, aber ich habe genaue Vorstellungen über gewisse Dinge, die offensichtlich sind, und mein Instinkt täuscht mich selten.

Ich liebe die Gerechtigkeit, was schon mein Sternzeichen Waage belegt.

Im Jahr 1992 begegnete ich Jean-Marie Le Pen zufällig bei einem Abendessen wieder, zu dem mein Anwalt Maître Jean-Louis Bouguereau am 7. Juni in Saint-Tropez geladen hatte. Ich traf damals nicht nur einen charmanten, intelligenten, gebildeten Mann wieder, der sich genau wie ich über gewisse Dinge entrüstet und mit Anekdoten aus Vergangenheit und Gegenwart zu fesseln weiß, sondern auch einen seiner Freunde, Bernard d'Ormale. Und mein Schicksal nahm eine neue Wendung, denn es war bei uns beiden Liebe auf den ersten Blick. Ich schloß mit Bernard den Bund für gute und für schlechte Zeiten.

Mein Leben lang wurde ich von den Gutmeinenden und den Übellaunigen verteufelt, kritisch beäugt, heftig attakkiert. Ich empfinde keinerlei Ressentiments gegenüber anderen Menschen, kann aber doch gegenüber einigen von ihnen eine gewisse Zurückhaltung in meinen Ansichten üben.

Was zählt schon die Couleur oder auch die Hautfarbe, wenn man Freundschaft empfindet? Doch wenn es sich anders verhält, soll man mir nicht mit dem Vorwurf des Rassismus kommen. Das ist ein bißchen zu weit hergeholt.

Christine Gouze-Renal wollte mich Julien Duvivier vorstellen, die Dreharbeiten sollten in einem Monat beginnen. Jetzt fanden die ersten Kostüm-, Schmink- und Frisurproben statt. Da es sich um eine Koproduktion handelte, war ein gutaussehender Spanier namens Antonio Vilar als mein Partner vorgesehen. Das allerdringlichste aber war mein Tanzunterricht, denn ich mußte möglichst schnell den Flamenco erlernen, da ich den ganzen Film über die Männer durch meine Tanzkünste bezirzen sollte. Christine, die wollte, daß der Film »Ein Weib wie der Satan« ein Erfolg würde, wich keinen Schritt von meiner Seite, überwachte höchstpersönlich jedes Detail bis hin zur Farbe der Kleider und dem tadellosen Sitz jeder einzelnen Haarsträhne. Sie war wie eine Mutter zu mir und begleitete mich sogar zu den Tanzstunden.

Lélé Triana, ein sehr bekannter Tänzer, führte mich in die Geheimnisse des wilden und sinnlichen Flamenco ein. Ich war begeistert! Ich war sehr talentiert, stampfte mit den Füßen und wiegte mich dazu in den Hüften mit dem mitreißenden Schwung einer jungen Zigeunerin. Wenn es den Chunga noch nicht gegeben hätte, ich hätte ihn erfinden und verkörpern können. Meine Hände wirbelten durch die stickige Luft des Ballettsaals, während meine Augen ein imaginäres Publikum herausfordernd musterten und ich

275

mich mit durchgedrücktem Oberkörper anmutig drehte. Christine war begeistert, Lélé auch und ich ebenfalls.

Christine nahm mich mit ins Théâtre Antoine, wo wir uns »Blick von der Brücke« von Arthur Miller mit Raf Vallone ansahen. Sie drängte mich, die Schauspieler nach der Vorstellung zu beglückwünschen. Sie drängte mich, Rafs Einladung zum Souper anzunehmen.

Obwohl ich nicht von mir behaupten kann, jemals meiner selbst oder überhaupt irgendeiner Sache sicher gewesen zu sein, war mir an jenem Abend durchaus bewußt, daß ich Monsieur Vallone erobert hatte. Ich fühlte mich sehr geschmeichelt, weil er mich nicht aus den Augen ließ. Außerdem war ich von der Intelligenz und der Bildung dieses Mannes sehr beeindruckt, der in der Öffentlichkeit in erster Linie seiner Schönheit wegen bekannt war.

Christine tauschte sich mit ihm über Literatur, Theater und Musik aus. Ich hörte ihnen zu und versuchte, aus ihrer Unterhaltung ein wenig zu lernen. Nur selten gab es Gespräche, die mich fesselten. Gewöhnlich drehte sich alles ums Essen, Hühneraugen, steigende Preise, die neueste Mode, wer mit wem schlief – etwas, das mich wirklich zu Tode langweilte.

Dank Christine und Raf verbrachte ich einen wundervollen Abend. Unter dem Vorwand, er wolle mir ein Theaterstück zu lesen geben, das mir wie auf den Leib geschrieben sei, entlockte Raf mir eine Verabredung für den folgenden Abend. Er habe keine Vorstellung. Das treffe sich doch gut.

Warum eigentlich nicht? Ich war ungebunden, ledig und konnte schließlich tun, was ich wollte. Christine zwinkerte mir zustimmend zu. Es könnte sich auf den Film nur günstig auswirken, wenn ich wieder etwas von dem körperlichen und seelischen Auftrieb bekäme, den mir die Liebe stets gibt. Ich habe einmal gesagt: »Wenn ich nicht verliebt bin, werde ich häßlich!« Das stimmt wirklich, denn wenn mein Leben düster, eintönig und fade ist, werde ich ihm allmählich immer ähnlicher. Doch verliebt zu sein oder geliebt zu werden hat mir immer den Elan und die Kraft geschenkt, meine guten und außergewöhnlichen Seiten auch vorzuzeigen. Ohne Liebe fühle ich mich wie ein Ballon, dessen Luft entweicht, und werde zum Schmarotzer der Gesellschaft.

Diese zufällige Begegnung mit Raf kam also wie gerufen! Doch wenn ich mit Raf Vallone ausgehen wollte, mußte ich elegant sein. Seine Affäre mit einer berühmten Schauspielerin war durch die Klatschspalten gegangen. Er war Italiener, und die Italiener sind sehr empfänglich für Schönheit, Luxus und Eleganz. Ich steckte also die Nase in meine Schränke und überlegte, was in Frage käme. Doch ich fand nichts Passendes. Wir wollten ins »Monseigneur«, eines der elegantesten russischen Restaurants von Paris, essen gehen.

Wieder erwies sich Christine als meine Rettung. Sie ging mit mir noch einmal zu »Marie-Martine«, wo ich ein goldfarbenes, kurzes und seitlich geschlitztes Etuikleid fand. Mit einigen Ketten um den Hals und meinem Vier-Personen-Nerz würde es gehen.

Im »Monseigneur« entdeckte ich verzückt die Pracht des alten Rußland. Wir tranken Champagner aus roten Schalen. Es gab Kaviar, Lachs, Blini, Kandelaber aus massivem Silber, goldene Bestecke, schluchzende Geigen und Rafs Augen!

Diese tiefen blauen Augen, die beinahe inquisitorisch bis auf den Grund meiner Seele blickten. Ich war nicht verliebt, sondern fasziniert, fasziniert von diesem Mann, der zur Abwechslung einmal mein Herz, meine Frische, meine Unbeschwertheit meinem Körper vorzuziehen schien.

Vermutlich nahm er von meinem Kleid erst Notiz, als er es mir auszog. Er liebte mich mit seinen Augen, sah mich an, sah mich unverwandt an. Er sprach mit mir, bestärkte mich, lehrte mich die Nacht, das Wohlgefühl einer Schulter, die Tiefe eines Blickes.

Wenn ich es wolle, komme er jeden Abend nach der Vorstellung zu mir, schlafe bei mir, mit mir. Wenn ich es wolle, gehe er mit mir in die schönsten russischen Restaurants von

Paris essen. Wenn ich es wolle, bringe er mir die klassische Musik, die er liebte, näher, ganz besonders Vivaldi. Er gebe mir die schönsten Bücher weltberühmter Schriftsteller zu lesen.

Und ich wollte nur zu gern.

Von Raf habe ich unglaublich viel gelernt, auch das Schweigen. In einer Toilette bin ich von ihm allerdings nie vergessen worden. Dabei war auch er verheiratet, aber er stand zu dem, was er tat, und war stolz auf die Frau, die er liebte.

Eines Nachts, als wir wieder einmal »Die Vier Jahreszeiten« von Vivaldi hörten, schrillte das Telefon und störte das Schweigen, das diese wundervolle Musik erfordert. Da ich nicht abnahm, ging er ans Telefon.

Am anderen Ende der Leitung war Gil! Das Gespräch fiel kurz aus: »Nein, hier ist nicht Brige! Ich habe nicht den Eindruck, daß sie Lust hat, mit Ihnen zu sprechen! Guten Abend.«

Mein Herz klopfte so lebhaft, als wollte es brechen. Das Wort »brechen« scheint angemessen, denn seit damals hat Gil mich nie wieder angerufen.

Ich mußte Raf, Vivaldi und Rußland in Paris gegen Sevilla, »Ein Weib wie der Satan« und den Flamenco eintauschen! Ich habe es immer gehaßt, Vertrautes für etwas Unbekanntes aufgeben zu müssen. Ich fühlte mich so wohl und geborgen bei Raf, daß ich aufblühte. Wenn ich wollte, würde er mich jeden Abend nach seiner Vorstellung anrufen.

Die Zeitungen hielten meine Affäre mit Bécaud noch immer für aktuell und hatten ihren Rückstand noch nicht bemerkt. Es waren hier und da zwar schon Fotos aufgetaucht, die mich mit Raf beim Verlassen eines Restaurants zeigten, aber unsere Beziehung galt in der Öffentlichkeit als eine rein berufliche. Bestimmt planten wir insgeheim einen gemeinsamen Film.

Meine Abreise nach Sevilla erstickte jeden neuen Skandal um irgendwelche Bettgeschichten im Keim.

Im Hotel »Cristina« warteten bereits meine Mädchen

Laurence und Odette auf mich, nur mein Double Dany fehlte, denn Christine und Duvivier hatten sie durch Maguy Mortini ersetzt. Maguy sollte mir ziemlich lange erhalten bleiben. Sie hatte mich bereits in einigen Szenen von »In ihren Augen ist immer Nacht« gedoubelt. Von hinten sahen wir uns zum Verwechseln ähnlich, so daß ich aus der Ferne selbst nicht hätte sagen können, welche von uns beiden gerade im Bild war; doch ansonsten glichen wir uns überhaupt nicht.

Den guten Duvivier, der vom gesamten Team »Dudu« genannt wurde, konnte man nicht gerade als Spaßvogel bezeichnen. Tagaus, tagein trug er einen Hut, kaute andauernd auf seiner Zunge herum oder rückte sein Gebiß zurecht. Das schmälerte in keiner Weise sein Talent, aber ich ahnte sofort, daß unsere Beziehung äußerst schwierig, wenn nicht sogar unerträglich werden würde. Mit seinen kleinen hinterlistigen Mäuseaugen musterte er alles haargenau, und vielleicht dachte er über mich genauso wie ich über ihn.

Die Dreharbeiten begannen während der berühmten Feria von Sevilla, einem großen, alljährlich in der Karwoche stattfindenden Fest. Dann wird ein kompletter Straßenzug für den Autoverkehr gesperrt, und auf den Bürgersteigen werden für die Reichen und die Aristokraten, je nach Vermögen und Stand, wunderschöne Sarazenenzelte in leuchtenden Farben aufgestellt, eines prächtiger als das andere. Auf der Straße ziehen dann die besten Flamencospieler mit Tänzern und Tänzerinnen vorüber. Eine bunte, lärmende und aufgeregte Menschenmenge löscht alle drei Meter ihren Durst mit Sangria. Da die Sonne um diese Jahreszeit schon sehr heiß ist und das spanische Blut ihr in nichts nachsteht, kann man sich unschwer vorstellen, in welcher Verfassung die Menschen nach vierundzwanzig Stunden sind …

Während der Feria ist alles erlaubt; es ist eine Art kollektives Über-die-Stränge-Schlagen, das auf die strenge Fastenzeit der Katholiken folgt. Nicht selten steigt man über Paare, die sich ohne weitere Umstände im Rinnstein umschlingen, oder über jemanden, der mit dem Kopf unter einem offenen Faß liegt und im Wein badet.

Das Gedränge ist so dicht, daß man von einem wogenden Menschenmeer sprechen könnte. Nur die Privilegierten verfolgen aus ihren Zelten, den sogenannten »cabanas«, das Spektakel mit gespielter Würde. Doch der einzige Unterschied besteht darin, daß diese Aristokraten unter sich bleiben und nach außen den Anstand wahren, während sie sich im Schutz ihrer kostbaren Zelte lieben und ihre Libido befriedigen.

Mein Double Maguy wurde in dieses Gewühl hineingestoßen, damit der Kameramann den Weg bestimmen konnte, den ich während der Dreharbeiten zurücklegen sollte. Die Leute hielten Maguy für Bardot und hätten sie beinahe erdrückt, vergewaltigt und zu Tode getrampelt. Man zog sie – völlig verängstigt, mit zerrissenen Kleidern und geschwollenem Gesicht – aus dem unvorstellbaren Gedränge. Ich war noch einmal davongekommen!

Es war unmöglich, eine solche Einstellung mit mir zu drehen! Aber Dudu war da ganz anderer Meinung, für ihn sah das authentisch aus, und ich hatte das durchzustehen!

Ich lehnte kategorisch ab. Nach allem, was Maguy widerfahren war, wäre es Wahnsinn, mich dieser wilden Horde auszuliefern! Das fing ja gut an!

Dudu setzte sich seelenruhig hin, begann auf seiner Zunge herumzukauen und wartete darauf, daß ich seine Anweisungen befolgte.

Ich setzte mich neben ihn und wartete darauf, daß er seine Meinung änderte.

Christine drehte fast durch. Das war ein übler Anfang! Als Vermittlerin lief sie von einem zum anderen und versuchte, jeden von uns zur Vernunft zu bringen.

Dudu und ich hatten aber eines gemeinsam: den Dickkopf! Hatte einer von uns einmal etwas beschlossen, war es quasi unmöglich, ihn umzustimmen.

Das konnte ja heiter werden!

Nachdem wir viel Zeit verloren hatten, einigten wir uns schließlich darauf, daß ich mitten durch die tobende Menge gehen sollte – mit einer Eskorte von mindestens zehn der kräftigsten Männer aus dem Team, die mich beschützen sollten.

In einem Filmteam zehn Männer zu finden, die beim Drehen entbehrlich sind, kam der Behauptung gleich, daß sie eigentlich überflüssig waren. Folglich gab es nicht einen einzigen Freiwilligen. Es blieb uns nichts anderes übrig, als die anwesenden Pressefotografen und die Freunde, die zufällig da waren, um diesen Dienst zu bitten.

So kam es, daß ich dieser grölenden Menge zum Fraß vorgeworfen wurde. Ich klammerte mich an Michou, einen Freund von »Paris-Match«, seinen Bruder Jean-Claude und andere liebenswürdige Menschen, die ich nicht kannte. Doch wir sollten schnell Bekanntschaft schließen. Ich wurde buchstäblich hochgehoben. Mein Kleid war mir bis unter die Achseln gerutscht, während Tausende von Händen, die von wer weiß woher kamen, versuchten, mir mein Höschen auszuziehen und mich dabei am ganzen Körper begrapschten. Ich schrie, klammerte mich an Michou und versuchte, mich fest an ihn zu drücken, um meinen Bauch und meine Beine aus diesem höllischen Magma zu befreien, um diesen entsetzlichen Händen zu entkommen, die mich in ein namenloses Grauen zogen. Obwohl Michou und Jean-Claude athletisch gebaut waren, lagen sie bald am Boden, von dieser unkontrollierbaren Menge niedergetrampelt. Die anderen Freunde waren fortgerissen worden und trieben in weiter Ferne im Auf und Ab des Menschenmeers …

Ich kann mich nicht erinnern, wie man mich da herausgeholt hat, denn ich war halb ohnmächtig geworden! Nicht einmal die Polizei wagt sich in das Getümmel der Feria, während der es zu zahlreichen Verbrechen kommt, die oft erst entdeckt werden, wenn man nach dem Fest Leichen findet.

Nur Dudu war begeistert. Zufrieden und seelenruhig rieb er sich die Hände: »Na, siehst du, du lebst ja noch!«

Zum Glück gab es im Keller unseres Hotels eine Diskothek mit Namen »La Bodega«. Um meinen Ärger zu vergessen, ging ich damals für gewöhnlich tanzen.

Sagte ich »tanzen«? Ich gab eine Vorstellung für mich allein, doch nur zum Spaß, nicht für Geld, und ich war frei, das zu tun, was mir gefiel. In Gesellschaft von Michou und Jean-Claude waren Maguy und ich die Stars eines denkwürdigen Abends.

Meine Kondition muß in jener Zeit unglaublich gut gewesen sein! Wie hätte ich sonst den nächtlichen Tanzmarathon nach dem aufreibenden Tagespensum noch durchstehen können? Egal, man mußte das Leben in vollen Zügen genießen. Ich schlief wenig, dafür aber so tief und fest, daß mich Rafs Telefonanrufe beinahe nicht geweckt hätten.

Bevor ich um sieben Uhr morgens zu den Dreharbeiten aufbrach, überbrachte mir der Portier die Nachrichten, Briefe und Blumen, die für mich abgegeben worden waren. Eines Morgens, als meine Augen etwas weiter geöffnet waren als gewöhnlich zu so früher Stunde, nahm ich zum ersten Mal den Portier wahr. Was für ein charmanter, junger Mann! Ich ärgerte mich über mich selbst, weil ich meine Augen nicht schon früher aufgemacht hatte.

Ich habe nie sonderlich darauf geachtet, welche gesellschaftliche Stellung die Männer hatten, die mir gefielen. Portier hin oder her, dieser hier sah gut aus, und was kümmerte mich der Rest! Aber es ist schwierig, wenn nicht gar unmöglich, morgens um sieben, kurz nach dem Aufstehen, mit jemandem anzubandeln, es sei denn, man käme gerade aus einer Diskothek; doch das war nicht der Fall.

Ich war zu diesem Zeitpunkt dreiundzwanzigeinhalb Jahre alt. Er schien jünger zu sein als ich, doch das spielte keine Rolle. Er hieß Xavier, war der Neffe des Hotelbesitzers und absolvierte sein Praktikum für die Hotelfachschule. Er arbeitete bis 18 Uhr, ich auch, das traf sich gut! Ich bat ihn, für 19 Uhr eine Kutsche zu bestellen, denn ich hatte Lust, mit ihm Sevilla zu erkunden.

Er erschien zu unserer Verabredung. Ich auch.

Er hatte seine Portiersuniform mit Jeans und T-Shirt getauscht, ich war abgeschminkt und glücklich – die Kutsche wartete bereits.

Er zeigte mir Sevilla wie ein perfekter Fremdenführer, erklärte mir dies und das, deutete auf dieses oder jenes Baudenkmal. Meine Hand berührte seinen Oberschenkel, doch das schien keinerlei Wirkung zu haben. Seine stumpfsinnigen Erklärungen machten mich schließlich wütend, und ich fragte ihn rundheraus, ob er angesichts des Sonnenuntergangs nichts anderes zu sagen wisse als dieses abgedroschene Gerede für alte Damen.

Er blieb verkrampft, aber aufmerksam. Vermutlich kam ihm nicht in den Sinn, daß ich mich mehr für ihn als für die Sehenswürdigkeiten der Stadt interessierte. Die Rückfahrt war so, wie ich es mir erhofft hatte. Wir hatten nur Augen füreinander, und Hand in Hand fuhren wir durch Gäßchen mit weißgetünchten, von Geranien und Bougainvilleen überwucherten Häusern. Doch mein Portier wollte nicht mit mir gesehen werden und ließ sich einige Meter vor dem Hoteleingang absetzen. Ich bin äußerst verständnisvoll, aber daß ein Portier sich schämt, sich in einer Kutsche mit Brigitte Bardot in Sevilla zu zeigen, wird mir stets ein Rätsel bleiben.

Wie auch immer, wir hatten uns um Punkt Mitternacht in meinem Hotelzimmer verabredet. Nachdem ich mit Maguy, Michou und Jean-Claude meine Cha-Cha-Cha-Darbietung in der »Bodega« gegeben hatte, kehrte ich in mein Zimmer zurück und wartete mit einer eisgekühlten Flasche Moët & Chandon auf meinen Verehrer. Er war in Panik und hatte eine Heidenangst, daß jemand vom Hotelpersonal beobachtet haben könnte, daß er zu mir ins Zimmer geschlichen war.

Ich sah ihn verdutzt an und bot ihm ein Glas Champagner an! Der schmeckte ihm ganz ausgezeichnet, und er nahm noch mehr. Als ich seine Hand ergriff, zog er sie so rasch zurück, daß ich Angst bekam. Bei meiner Unsicherheit hatte mir das gerade noch gefehlt! Ob er vielleicht homosexuell war? Oder mangelte es ihm an Erfahrung? Doch mit dreiundzwanzig sollte man – vor allem als Spanier – das Leben kennen! Was nun?

Nun, er erzählte mir mit tränenerstickter Stimme, daß

seine Großmutter tags zuvor gestorben sei und so weiter und so fort. Kurzum, ich landete mit einem großen Jungen von dreiundzwanzig Jahren im Bett, der den Tod seiner Großmutter beweinte! Ich verbrachte ein gut Teil der Nacht damit, ihn zu trösten, bis Rafs Telefonanruf ihn verscheuchte. So konnte ich Raf wenigstens bei allem, was mir heilig war, schwören, daß ich allein, traurig und verlassen war. Ich log nicht, denn zwischen Xavier und mir hatte sich nichts abgespielt.

Das ist mir bis heute ein Rätsel. Ob er es später bedauert hat, weiß ich nicht. Jedenfalls wurde er wieder zum perfekten Portier, brachte mir Nachrichten und die Post, und als ich ihn viel später fragte, ob er noch immer um seine Großmutter trauere, antwortete er mir, daß jetzt seine Mutter depressiv sei. Damit wurde mir klar, daß er nicht reif genug war, sich in einer Liebesnacht mit einer Frau von Zwängen zu befreien. Ich erwähne das hier, weil ich so etwas in meinem Leben nur ein einziges Mal erlebt habe.

In Sevilla erfuhr ich, was es mit dem Stierkampf auf sich hat. Ohne ihn je miterlebt zu haben, verabscheute ich ihn bereits aus Prinzip. Aber unser Pressereferent Georges Cravenne und Christine fanden, daß die »Jungfernschaft« meines Besuches – um es in der Sprache der Werbung zu formulieren – äußerst interessant sei.

Als ich mich eines Sonntags also etwas langweilte, nahm man mich zu einem Spektakel mit, das ich mir nie wieder ansehen werde und gegen das ich mit aller Kraft protestiere. Wie alle bedeutenden Persönlichkeiten saß ich auf einem der Ränge im Schatten und betrachtete die schöne weiße Arena. Um mich her nichts als Köpfe, lauter Köpfe von Menschen, was sage ich, Menschen? Köpfe von Unmenschen! Köpfe von Männern und Frauen, die es mit gierigen, glänzenden Augen nicht erwarten konnten, den Tod zu sehen. Ich gehörte dazu, und dafür schämte ich mich.

Oberhalb der Pforte zum Stierzwinger befand sich eine Uhr. Sobald ein Stier in die Arena kam, blieben ihm exakt zwanzig Minuten, bevor er starb. Ich starrte wie gebannt auf die Uhrzeiger, die in meiner Vorstellung mit den »Banderillas« verschmolzen, jenen fähnchengeschmückten Spießen, die der Torero in den Nacken des Stieres stößt. Zwanzig Minuten, um zu sterben …, genau beim vierten Stoß würde er tot umfallen. Nachdem dieses schöne Tier, diese Naturgewalt, diese urwüchsige Kraft verendet war, zogen Pferde ihn zum Abdecker der Arena, der daraus Beefsteaks für die Krankenhäuser der Stadt machte.

Danach ließ man den zweiten Stier in die Arena, und dasselbe Spiel wiederholte sich in den nächsten zwanzig Minuten. Anschließend nahm der Schlächter von Torero die Huldigungen der Menge entgegen sowie die Ohren und den Schwanz, wenn er sich als besonders guter Schlächter erwiesen hatte. Und das sechsmal hintereinander!

Ich war und bin angewidert, und meine Abscheu wächst von Tag zu Tag.

Warum stillen die Damen und Herren, die den Stierkampf lieben, ihre Blutgelüste nicht in einem Schlachthof? Dort würde das Vergnügen nur um so größer sein. Dort könnten sie den grauenhaften Tod, den Tod am Fließband, direkt und ohne die Heuchelei eines Schauspiels genießen. Alle, die Gefallen finden an Blut, Leid, Tod und der massiven Unterwerfung der Tiere unter die Macht des Menschen, sollten sich nicht zieren, sondern fest zu ihrer Meinung stehen. Auf in die Schlachthöfe, meine Damen und Herren, und guten Appetit beim nächsten Steak, wenn das, was Sie dort sehen werden, Sie nicht kuriert!

Unterdessen beobachteten Produktions- und Pressefotografen gespannt meine Reaktionen! Damals war ich nicht die, die ich heute bin. Man hatte mir gesagt, ich solle applaudieren, also applaudierte ich. Ich heulte mit den Wölfen, angewidert, aber folgsam.

Ja, ich habe der Fotos wegen bei einem Stierkampf in Sevilla applaudiert, doch dieses Schauspiel des Todes, dem ich *nie, nie* wieder beigewohnt habe, hat mich zutiefst betroffen gemacht und wird mir unvergeßlich bleiben.

Auf Christine Gouze-Renal, wie auf alle Frauen, übt Schmuck eine große Faszination aus. Mich läßt er kalt. Ich finde, der wahre Schmuck einer Frau liegt in ihrer Jugend, ihrer Schönheit, ihrem Haar, ihrem Herzen. Alles andere ist überflüssig. Das, was man kaufen kann, besitzt keinen Wert. Christine hatte von einem kleinen, »tollen« Juweliergeschäft in der Calle Sierpes gehört. Eines Abends gleich nach den Dreharbeiten schlug sie vor, mit uns – Dédette, Maguy und mir – dorthin zu gehen. Warum nicht?

Ich trug ein schwarzes, hautenges, supersexy Kleid wie im Film, meine offenen Haare reichten mir bis zur Taille, und so folgte ich meinen Mädchen barfuß in die Calle Sierpes. Da der Juwelier bereits um 18.30 Uhr schloß, war mir keine Zeit geblieben, mich umzuziehen. Die Hälfte der Bevölkerung Sevillas hatte sich an meine Fersen geheftet.

Nun war aber die Calle Sierpes eine schmale Sackgasse, die sich einen Hügel hinaufwand. Das »tolle« Juweliergeschäft lag am Ende dieser Gasse. Christine, Dédette, Maguy und ich sind zwar hineingekommen, doch hinaus konnten wir nicht mehr. Dutzende von Männern versperrten uns den Weg. Sie hatten vor dem Schaufenster des Juweliers Stellung bezogen und zeigten alles, was das männliche Geschlecht an Attraktivität zu bieten hat – ihre Schmuckstücke eben!

O Schreck! Christines Augen wanderten vom Rauchtopas zu den erregten Männern, die uns vor dem Schaufenster erwarteten.

Um wieder heil auf die Straße zu kommen, mußten wir wohl oder übel die Polizei rufen. Trotz des Eingreifens der Kasperlefiguren, die sich in Spanien Polizisten nennen, gestaltete sich das Verlassen des Geschäfts dramatisch. Wieder tauchten aus dem Nichts Hände auf, die sich unter unseren Röcken zu schaffen machten; Kinder von fünf oder sechs Jahren, kleine Zigeuner, schlüpften zwischen unsere Beine und begrapschten unsere Schenkel. Ein unvorstellbarer Skandal, aber so war es tatsächlich. Wenn Sie also den Nervenkitzel lieben, gehen Sie in Sevilla zum Juwelier in der Calle Sierpes, und Sie sind bedient!

Nachdem ich barfüßig auf Tischen getanzt hatte, hinter dem Reiter sitzend zu Pferd unterwegs gewesen war, mich an Antonio Vilar geklammert, ihn in sonnen- und blumenüberfluteten Patios verführt hatte, kehrte ich nach Beendigung der Außenaufnahmen nach Paris zurück.

Meine kleine vierpfotige Familie beanspruchte inzwischen reichlich Platz. Immerhin lebten fünf Hunde in meiner Wohnung, die viel zu klein war, um als Hundezwinger zu taugen. Und dennoch, wie glücklich war ich, sie wiederzusehen und die warme und ungezügelte Zärtlichkeit zu genießen, die Hunde einem entgegenbringen, wenn man nach längerer Abwesenheit zurückkehrt! Ich mußte vernünftig sein und Pflegeeltern für meine drei Babys suchen.

Alain hatte sich bereits darum gekümmert. Lido wurde von einem Restaurator der Ile Saint-Louis adoptiert, der ganz vernarrt in den Kleinen war und meine Rückkehr ungeduldig erwartete, um ihn endlich abholen zu können. Bluebell zog zu netten Leuten aufs Land, ganz in der Nähe von Paris. Premiere beglückte einen Freund von Alain, der allein lebte.

Der Abschied von den kleinen Wesen, denen ich auf die Welt geholfen, die ich geliebt und um die ich mich gekümmert hatte, brach mir das Herz. Da waren die kleinen Spielsachen, die noch überall herumlagen, die Pipi-Spuren auf dem Teppichboden, die Erinnerung an Schönes, Wahres, Reines. Guapa suchte jaulend ihre Jungen, und ich weinte. Ich schwor mir, daß ich eines Tages viele Hunde um mich haben, auf dem Land leben und niemals wieder die kleinen Wesen fortgeben würde, die von mir abhängig waren und für die ich ein Leben lang die Verantwortung trug, da ich sie hatte zur Welt kommen lassen.

Im April 1958 fand in Brüssel die Weltausstellung statt. Auch der Pavillon des Vatikans hatte dort einen guten, gebührenden Platz gefunden. Ein Raum war den Heiligen jeglicher Herkunft vorbehalten, dem »Guten«, den Wundern und so fort, während ein anderer Raum die schändlichen Auswirkungen des Bösen, des Abgründigen, des Dämons, der Wollust, der Hölle ausbreitete. Und wer symbolisierte all diese Sünden, den Anlaß zur Exkommunikation?

ICH! Ein Foto von mir beim Mambo in dem Film »Et Dieu créa la femme« [wörtlich: »Und Gott schuf die Frau«].

Das war ein Skandal!

Papa, wild vor Wut, wehrte sich mit Händen und Füßen dagegen und suchte sämtliche Erzbischöfe und Bischöfe von Paris, Frankreich und Navarra auf, so daß mein Bild zehn Tage später zurückgezogen wurde. Dort, wo das Laster in all seinen Formen dargestellt werden sollte, gähnte fortan eine Lücke, doch mein Abbild und mein Leben wurden noch lange Zeit mit skandalösem Verhalten, Unmoral, fleischlichen Sünden und der größten Verderbtheit in Verbindung gebracht. Ich habe sehr darunter gelitten und meine Eltern auch. Wenn ich heute darüber nachdenke und im Vergleich betrachte, was man heute tagtäglich zu sehen bekommt, dann wird mir bewußt, wie groß die Ungerechtigkeit einer Religionsgemeinschaft war, die vorgibt, dem Nächsten mit Liebe und Toleranz zu begegnen.

»Ein Weib wie der Satan« wurde in den Studios »Boulogne« weitergedreht. Georges Wakhevitchs Bauten waren außerordentlich gelungen. Ich hatte das Gefühl, mich noch immer in Sevilla aufzuhalten.

Dudu, der in Paris genauso liebenswürdig war wie in Spanien, hatte es erneut auf mich abgesehen. Während wir eine Szene probten, in der ich Antonio Vilar abblitzen lassen sollte, entschied Dudu, ich solle ihm die Zunge herausstrecken.

Ich sollte jemandem die Zunge herausstrecken, noch dazu in Großaufnahme! Ich weigerte mich rundheraus.

»Du streckst ihm die Zunge raus!«

»Nein.«

»Und warum nicht?«

»Weil das ungezogen ist, weil meine Eltern mir immer verboten haben, die Zunge herauszustrecken, und weil eine Zunge in Großaufnahme absolut unästhetisch ist.«

Und Dudu begann, auf der seinen zu kauen, und wartete

288

darauf, daß ich meine herausstreckte. Die Scheinwerfer wurden ausgeschaltet; jeder tat, was er wollte; die Dreharbeiten wurden für kurze Zeit unterbrochen. Christine war nicht da.

Fred Surin, der Produktionsleiter, den jede Minute Tausende von Francs kostete, war außer sich.

»Wie, das ganze Theater wegen einer Zunge?«

Niemals zuvor hatte eine Zunge so viel Geld gekostet. Es war sogar die Rede davon, einen Gerichtsdiener kommen zu lassen, um den Sachverhalt zu Protokoll zu geben. Die Versicherungen zahlen keine Entschädigung für die »Weigerung der Schauspielerin, die Zunge herauszustrecken«.

Während wir warteten, konnte das Team allerdings die Zunge nicht im Zaum halten.

Nach stundenlangen Diskussionen erschien wutentbrannt Christine. Konnte sie denn nicht einmal am Nachmittag zum Friseur gehen, ohne daß sich am Set gleich ein Drama abspielte? Und alle streckten mir die Zunge heraus, um mir zu zeigen, daß das doch gar nicht so schlimm aussah. Sogar Christine streckte die Zunge heraus. Je länger ich diese heraushängenden Zungen betrachtete, um so entschlossener war ich, meine auf keinen Fall herzuzeigen, und ich hielt meinen Mund hermetisch geschlossen. Und ich setzte mich durch! Das Herausstrecken der Zunge wurde durch eine Grimasse ersetzt, die ich so harmlos wie möglich zu gestalten suchte.

An diesem Zwischenfall konnten sich die bösen Zungen mal wieder so richtig ergötzen.

Eines Tages, es war Mai, wartete ich in meiner Garderobe darauf, daß einer von Dudus Assistenten mich zur nächsten Szene abholte. Ich war bereit, saß schon fertig geschminkt und halb nackt in meinem schwarzen, zerrissenen Kleid da, als Laurence, meine Garderobiere, mir sagte, daß ich Besuch bekommen hätte.

Überraschungsbesuche während der Arbeit habe ich nie ausstehen können. Menschen kamen, obwohl sie wußten,

289

daß ich drehte, und baten um eine Unterredung. Solche Gespräche nahmen einfach kein Ende, und das ging mir ungeheuer auf die Nerven. Konnte man mich denn nicht in Ruhe lassen?

An jenem Tag hatte ich eine schwierige Szene zu drehen; ich wollte allein sein und mich konzentrieren. Laurence sagte mir, daß der »Monsieur« sehr hartnäckig sei und ich ihn aus dem »L'Escale« in der Rue Monsieur-le-Prince kennen würde.

Ich dachte sofort an Pedro oder Narcisso, aber es war der Clochard.

Als ich ihn sah, zuckte ich im ersten Moment unwillkürlich zusammen, doch dann fing ich mich wieder. Seine Sachen waren mit allen möglichen Dingen zusammengeflickt: Heftpflaster auf dem Pulli, Isolierband um die Schuhe. Und ein alter Stoffetzen diente ihm als Halstuch! Ach, mein Bewunderer sah ja schön aus! Doch seine fiebrig glänzenden Augen waren ausdrucksstark, seine Hände schön und sauber. Er war genauso viel wert wie jeder andere auch, ja vielleicht sogar viel mehr.

Er hatte Hunger, er hatte Durst. Da wir frühestens in einer Stunde weiterdrehen würden, bat ich meine Garderobiere, uns ein Mittagessen für zwei Personen zu bringen. An das Gesicht von Laurence werde ich mich mein Leben lang erinnern!

Wenn wir drehten, war Laurence mein Mutterersatz. Sie war außergewöhnlich diskret und ihre Liebe zu mir grenzenlos. Dennoch bekam sie es wohl mit der Angst zu tun und holte Odette. Die erkundigte sich, ob »ich irgend etwas nötig hätte«. Mit großen Augen musterte sie den »Kerl«. Dann kam sie mit der »Soundso« und dem »XY« an, bis schließlich eine ganze Kompanie entsetzter Gesichter vor meiner Garderobentür aufmarschiert war.

Wenn sie gewußt hätten, wie wundervoll, aufregend und gebildet dieser Mann war, wie weit dieser Mann von ihnen und mir entfernt war, der so allein auf seiner Wolke aus Schönheit und Wahrheit schwebte!

Gemeinsam nahmen wir das Mittagessen ein, das Lolo

uns mürrisch und vorwurfsvoll serviert hatte. Ein Tête-à-tête von Verliebten, ein Clochard und ein Star, das brachte die Gerüchteküche natürlich zum Überkochen. Die Schöne und der Clochard!

Allerdings ein Clochard von Format, der erstaunlich gute Tischmanieren und eine gute Erziehung besaß und sich zudem in tadellosem Französisch mit mir unterhielt. Er sprach über Bach, Beethoven und Mozart, erzählte mir von seiner Liebe zur Musik, von seiner leidenschaftlichen Liebe zu einer Frau, seiner Enttäuschung, seiner Kapitulation. Enttäuschte Liebe hatte ihn aus der Bahn geworfen. Ich hörte ihm fasziniert zu und glaubte ihm, ohne ihm ganz zu trauen, und ließ mich kurz darauf doch wieder überzeugen.

Was für ein außergewöhnlicher Mensch! Er machte mir keineswegs den Hof, sondern schüttete mir sein Herz aus. Ich betrachtete seine Hände; ich war mir sicher, daß er nicht log und ein großer Pianist war. Dennoch wollte ich Gewißheit haben. In der Requisitenkammer des Studios stand ein Klavier. Als ich ihn zur Tür brachte, fragte ich ihn, ob er gerne mal einen Blick in die Kulissen eines Filmstudios werfen wolle.

Begeistert stimmte er zu.

Ich ging hinter ihm her, und mir folgten all die »Soundsos«, die eine Sensation witterten, dann kamen Dédette, Lolo, Maguy und so weiter. Die Filmleute sind widerwärtig. Was nicht nach Geld riecht, gilt als wertlos. Mein Clochard wurde mit Spott, Beschimpfungen und Verachtung bedacht. Doch ihm konnte das nichts anhaben. An meiner Seite war er unverwundbar.

Als ich das Klavier sah, tat ich überrascht und bat ihn, uns etwas vorzuspielen. Ich war angespannt, aber da ich es nie habe leiden können, wenn man sich über mich lustig machte, setzte ich ihm sozusagen das Messer auf die Brust. Zum Glück ließ er sich nicht lange bitten, spielte routiniert ein paar Tonleitern, verlangte einen Schemel und brachte gekonnt eine Sonate zu Gehör.

Eine gute Lektion! Alle lauschten fasziniert und ergriffen. Dédettes Augen füllten sich mit Tränen, Lolo war gerührt. Und ich war stolz, stolz auf ihn, stolz darauf, daß er zu seinem Schicksal stand, obwohl er ein solches Talent besaß und es wegen einer Frau vernachlässigt hatte. Nur wenige Menschen sind dazu in der Lage.

Er verschwand, wie er gekommen war – nur mit dem Unterschied, daß man ihm jetzt »Respekt« zollte.

Seinen Namen kenne ich nicht, ich habe ihn nie erfahren; er ist ein namenloser Unsterblicher.

Abends erzählte ich Raf von dieser Begegnung, und er wunderte sich nicht. Er legte ein Klavierkonzert von Mozart auf und brachte mir auch Bach näher. Ich hörte ein Konzert für zwei Violinen, dessen Adagio von der menschlichen Atmung inspiriert worden war. Ich verbrachte meine Abende damit, nach dem Spiel der Violinen zu atmen. Es ging auf, Bach hatte sein Adagio wirklich einem ruhigen und gleichmäßigen Atmen nachempfunden!

Tagsüber stampfte ich für »Ein Weib wie der Satan« mit meinen Absätzen den Rhythmus des Flamencos in den Boden, und abends atmete ich ruhig in Rafs Armen zum Adagio des Konzertes für zwei Violinen von Bach.

Eines Abends – es war der 15. Mai 1958 – rief Maman mich aus Saint-Tropez an. Über einen Immobilienmakler hatte sie ein Haus »direkt am Meer« gefunden. Sie sagte, ich müsse mich schnell entscheiden, denn es gebe noch andere Interessenten.

Wegen der Dreharbeiten mußte ich den Samstag abend abwarten, bevor ich den Zug nach Saint-Raphaël nehmen konnte. Maman holte mich am Sonntag morgen am Bahnhof ab, und wir besichtigten sofort das Haus am Meer mit Namen »La Madrague« [Thunfischnetz].

Ich kam in einen tropischen Garten Eden mit »cannisses«, einer Art wildem Schilf, allen möglichen Kakteenarten, Mimosen und Feigenbäumen. Inmitten dieses Paradieses versteckte sich unter einer violett blühenden Bougainvillea ein Haus, dessen Wohnzimmer sozusagen ins Meer überging. Ich habe schon immer genau gewußt, was ich wollte, und dieses Haus wollte ich!

Also kaufte ich »La Madrague«. Das Büro des Notars von Saint-Tropez war an jenem Sonntag im Mai ausnahmsweise geöffnet. Madame Moisan verkaufte mir das Anwesen, inklusive Mobiliar, für 24 Millionen alte Francs.

Am Sonntag abend stieg ich in den Zug nach Paris, denn am Montag morgen mußte ich wieder im Studio sein. Der Hauskauf hatte meine Ersparnisse dezimiert, und ich würde hart arbeiten müssen, um das Loch zu stopfen.

Maman eilte mit mir zurück nach Paris. Um Boum stand es sehr schlecht.

Vom Studio aus, wo ich turbulente Szenen zu drehen hatte, telefonierte ich, um zu erfahren, wie es meinem

Großvater ging, dem einzigen Mann, der in meinem Leben wirklich zählte. Er hatte Lungenkrebs und überall Metastasen.

Abends nach den Dreharbeiten verbrachte ich Stunden an seinem Krankenbett und erzählte ihm von »La Madrague«, wo er sich, sobald es ihm wieder besser ging, erholen sollte. Mit tränenfeuchten Augen log ich ihm etwas vor, doch es war vergebens, denn er war so klug und hellsichtig, über meine Lügen nachsichtig zu lächeln. Er war bis auf die Knochen abgemagert, und das Atmen bereitete ihm größte Schwierigkeiten. Er litt sowohl körperlich als auch seelisch, denn es traf ihn in seinem Stolz, daß er ohnmächtig ans Bett gefesselt und von anderen abhängig war.

Armer Boum, der so fröhlich, so aktiv, so lebhaft, so unabhängig und so mutig war!

Angesichts der Ungerechtigkeit von Leben und Tod verließ ich erschöpft und niedergeschlagen das Haus. Am nächsten Tag kostete es mich schier übermenschliche Anstrengung, Flamenco zu tanzen, dieses falsche Leben, diese Komödie anzunehmen, die ich spielen mußte, während mein Großvater im Sterben lag.

Am 7. Juni 1958 rief meine Mutter mich um acht Uhr morgens an, um mir mitzuteilen, daß Boum gestorben sei. Boum ist tot, Boum ist tot! Diese Worte hallten in meinem Kopf, in meinem Körper, in meinem Herzen wider. Dieser außergewöhnliche Mann lebte nicht mehr, würde nur noch eine Erinnerung sein für mich, für Maman, für Mamie, für Mijanou, für wie lange?

Ich rief im Studio an und sagte, daß ich wegen eines Sterbefalls in der Familie heute nicht zu den Dreharbeiten kommen könne. Wegen eines Sterbefalls! Welch unpersönlicher, kalter, dummer Satz!

Auf dem Totenbett wirkte Boum wie eine ruhende Figur aus einer längst vergangenen Zeit. Er strahlte die Schönheit, den Feinsinn und die Rechtschaffenheit eines Edelmannes aus. Ein Freund der Familie, der Maler Kiffer, hat die Würde seiner ewig währenden Reglosigkeit in einer Zeichnung festgehalten. Diese Reglosigkeit erschreckte mich, jagte mir Angst ein, denn sie schien einen Teil meines eigenen Lebens zu erfassen.

Nun würde es also kein »Rum-tata, Rum-tata und Boum-tata« mehr geben. Keine Reisen durch Geographiebücher, keine Lektüre lateinischer Texte, kein »wegen meiner Unterhose«, keine ausgelassenen Polkatänze durch die große Eingangshalle, keinen Boum mehr!

Maman, Mamie, Tapompon, Dada und Papa hatten sich in ihrem Schmerz in verschiedene Winkel der Wohnung verkrochen. Nur Mijanou und ich besaßen noch die Kraft der Jugend angesichts des Todes. Boum war unter schrecklichen Umständen gestorben, stundenlang hatte er qualvoll nach Luft gerungen, immer kurz davor zu ersticken, bevor er sich schließlich in einem letzten unmenschlichen Krampf aufbäumte. Wir wollten weder Blumen noch Kränze und setzten ihn zunächst in Louveciennes bei, wo er, von Efeu bedeckt, in der Erde ruhte, die er so sehr geliebt hatte. Maman sollte später eine Gruft auf dem hübschen kleinen Friedhof von Saint-Tropez kaufen, in die Boum dann überführt wurde. Er war der erste der Familie, der an diesem Ort beerdigt wurde, der einer der schönsten Friedhöfe der Welt war, bevor der Bürgermeister, Monsieur Blua, ihn auf schändliche Weise vergrößern ließ.

Ich drehte den Film zu Ende, doch ich war nicht mit dem Herzen bei der Sache. Ich wollte nur noch nach »La Madrague« fahren, mich dort erholen und alles, alles, alles vergessen.

Dieses Haus war mir vorerst völlig fremd. Es gehörte mir zwar, gewiß, aber ich wußte nichts von ihm. Schließlich hatte ich es nur kurz in Augenschein genommen. Ich beauftragte Alain, einen gebrauchten 2 CV zu kaufen, damit wir im Süden ein Fortbewegungsmittel hatten. Wir stopften das Auto voll mit Tisch- und Bettwäsche und einer ganzen Batterie von Küchenutensilien; der Käfig mit den Turteltauben und Guapa und Clown mußten natürlich auch noch hinein, und dann ab mit der Truppe! Alain fuhr mit dem 2 CV, während ich im Schlafwagen nach Saint-Raphaël reiste.

Ich hatte beschlossen, einen langen Urlaub zu machen, den ersten richtigen seit vielen Jahren, frei von mir, frei von jeglicher beruflichen Verpflichtung. Die Dreharbeiten zu meinem nächsten Film »Babette s'en va-t-en guerre« [»Babette zieht in den Krieg«] sollten erst Anfang 1959 beginnen. Die Julisonne, die Hitze, das warme Meer und das Einrichten meines neuen Domizils brachten mich rasch auf andere Gedanken. Ich begriff schnell, daß dieses kleine Paradies, das jetzt mir gehörte, mir auch Sorgen bereiten würde. Anders als ein Appartement ist ein Haus ein Universum für sich, ohne Verwalter, ohne Miteigentümer, ohne Concierge – es gibt rein gar nichts, das einem in irgendeiner Weise helfen könnte.

Als erstes gab der Wasserboiler den Geist auf. Zu jener Zeit waren wir noch nicht an die städtische Wasserversorgung angeschlossen, und eines Abends, als Alain und ich gerade das Geschirr spülten, kam auf einmal kein Tropfen Wasser mehr aus dem Hahn. Die Wasserpumpe für den Brunnen funktionierte jedoch, sie vibrierte, dröhnte und stoppte dann plötzlich. Da sie kein Wasser mehr fördern konnte, war der Motor heißgelaufen. Glücklicherweise ist das Meer nur zwei Schritt entfernt. Wir spülten das Geschirr mit Meerwasser fertig und wuschen uns auch damit.

Danach brannte die Hauptsicherung durch, denn es gab keinen Sicherungsautomaten. Allmählich fing ich an, den Hotels und meiner Mietwohnung nachzutrauern.

Am nächsten Tag wimmelte es im Haus von Handwerkern. Der Motor der Wasserpumpe mußte ausgewechselt und die Zisterne aufgefüllt werden. Dann baute der Elektriker zwar ein neues Sicherungssystem ein, doch die Amperezahl erwies sich als zu schwach.

Ich war wütend, weil ich derart viel Geld für Dinge ausgeben mußte, die mir zwar ein Rätsel waren, aber dennoch absolut notwendig zu sein schienen. Sofort hängte ich in den beiden Badezimmern Schilder auf mit folgendem Text: »Bitte nicht unnötig Wasser laufen lassen und die Spülung nur betätigen, wenn unbedingt notwendig.«

Doch das war erst der Anfang, es sollte alles noch schlimmer kommen.

Christine und ihr Mann Roger Hanin waren für ein paar Tage gekommen, um mir beim Einrichten behilflich zu sein. Sie saßen im Gästezimmer mit dem gut sichtbar angebrachten Schild im Bad und einer einzigen Glühbirne als Lichtquelle, denn mehr erlaubten die neuen Sicherungen nicht. Und eines schönen Morgens waren sämtliche Wasch- und Spülbecken, Bidets, Duschen und Badewannen im Haus verstopft, von den stinkenden Klos ganz zu schweigen. Mir stank's auch. Ich hatte die Nase gestrichen voll von diesem Haus, das zwar am Wasser lag, in dem man jedoch kein Wasser benutzen durfte. Der Klempner konnte nichts ausrichten. Vermutlich seien die Sicker- und Klärgruben von Wurzeln verstopft, denn das Haus sei lange Zeit unbewohnt gewesen.

Das hatte mir noch gefehlt!

Wo sich diese vermaledeiten Sickergruben befanden, konnte mir niemand sagen. Also rückte »La Rose« an, Spezialfirma für Entleerungen aller Art, und verwandelte den Garten in ein gähnendes Loch. Koste es, was es wolle, wir mußten die Sickergrube finden.

Während der Garten immer mehr den Schlachtfeldern von Verdun in den traurigsten Zeiten des Ersten Weltkriegs ähnelte, versuchten wir, gute Miene zum bösen Spiel zu machen und das Meer als großes Badezimmer zu nutzen.

In dieser Situation fuhr Raf Vallone in seinem schicken Lancia vor, um mir einen »Überraschungsbesuch« abzustatten. Er hätte sich wahrlich keinen passenderen Augenblick aussuchen können. Er war wie aus dem Ei gepellt, elegant, gepflegt und duftete angenehm. Wir dagegen waren völlig entnervt, und Haut und Haare waren verklebt von Salz, Sand und Schweiß.

Die zu guter Letzt doch noch ausfindig gemachten Sickergruben verströmten einen bestialischen Gestank. Der Pumpwagen saugte mit einem Höllenlärm den Dreck ab, und Preßlufthämmer beseitigten das Wurzelwerk, das die Rohre verstopft hatte.

Ich weiß nicht, welchen Eindruck Raf von »La Madrague«

bekam, aber ich kann mir vorstellen, daß es nicht gerade paradiesisch auf ihn wirkte. Da wir ihn sehr unfreundlich empfangen hatten und er sich weder die Hände waschen noch fünf Minuten allein mit mir sprechen konnte – ich war zu sehr damit beschäftigt, gemeinsam mit Alain und den Arbeitern die Gräben im Garten wieder zuzuschütten –, packte er seine Siebensachen und brauste in seinem Lancia davon, ohne zu verstehen, wie ihm geschah.

Einen Freund verloren, zehn gewonnen! Die gepflegte Eleganz eines italienischen Schauspielers harmonierte nicht mit dem wilden, ursprünglichen Charakter dieses Strandes, der sich zwar durch tropische Vegetation, nicht jedoch durch Komfort auszeichnete.

Maguy, mein Double, kam uns auch besuchen. Aus diesem Anlaß hatten wir das Bootshaus zum Gästezimmer umfunktioniert und provisorisch ein Waschbecken hinter einem Paravent installiert.

Dann kam Jicky. Mit ein paar Matratzen verwandelte sich Alains Zimmer in einen Schlafsaal. Es war sehr lustig, wir amüsierten uns gut.

Eines Abends saßen wir an dem kleinen Sandstrand um ein Lagerfeuer. Ich spielte Gitarre; wir sahen ein bißchen wie Zigeuner aus und waren glücklich. Plötzlich bemerkten wir ein kleines Fischerboot aus der Gegend. Dieses Boot, ein großer, einfacher Kahn, war offensichtlich leer und trieb gemächlich auf den Wellen dahin.

Jicky fackelte nicht lange, sprang ins Wasser, erreichte als ausgezeichneter Schwimmer schnell das Boot und zog es zu uns auf den Strand. Der Jubel war groß; ein Boot hatte uns zu unserem Glück noch gefehlt.

Und eins, zwei, drei war die ganze Gesellschaft an Bord, Clown, Guapa und meine Gitarre inklusive. Jicky ruderte, ich sang, wir lachten, es war eine laue Sommernacht. Im geheimnisvoll glitzernden Mondlicht glitten wir über das ruhige und stille Wasser.

Zum ersten Mal sahen wir »La Madrague« vom Meer aus, als es plötzlich rumste und wir gegen einen Felsen prallten. Alle purzelten wild durcheinander, und Clown ging

298

über Bord. Das musikalische Programm erfuhr eine jähe Unterbrechung und endete mit Gebrüll und Gebell. Wir saßen auf einem Riff fest, das sich längs der Küste erstreckte – was wir damals nicht wußten. Dieses Riff diente mir später als natürlicher Schutzwall gegen neugierige Touristen. Es zerstörte etliche Boote, die hier auf Grund liefen, während es mein Leben schützte. Doch einstweilen waren wir selbst in diese Falle geraten. Also alle ab ins Wasser! Wir rutschten auf glitschigen Algen aus und traten auf Seeigel, während wir an unserem Kahn zerrten, um ihn wieder frei zu bekommen. Der Abend endete damit, daß wir unsere Füße in Schüsseln mit warmer Lauge badeten und uns daranmachten, uns mit Pinzetten gegenseitig die Stacheln der Seeigel aus den Fußsohlen zu ziehen.

Als der Besitzer am nächsten Tag sein Fischerboot auf meinem Strand entdeckte, hätte er uns beinahe wegen Diebstahls angezeigt. Dabei wäre sein Kahn ohne unser Eingreifen inzwischen auf dem Weg nach Korsika gewesen. Das also war der Dank für unsere Rettungsaktion!

Alles war gut und schön, aber als ich nachts allein in meinem Bett lag, träumte ich von Jean-Louis, denn ich vermißte ihn sehr. Wie gern hätte ich dieses Haus gemeinsam mit ihm erkundet. Er fehlte mir; es hätte ihm gefallen, mich in seinen Armen zu halten, dem Meeresrauschen zu lauschen und die Sterne zu betrachten. Ich war »kring-krong«.

Das Haus war voller Leute, und dennoch fühlte ich mich einsam. Das entging weder Alain noch Jicky, der mir jede Menge Freunde vorstellte, und zwar gutaussehende, sportliche Jungs, die mich bei Mondschein zum Amphorentauchen mitnahmen. Das war zwar strengstens verboten, doch gerade deshalb so aufregend! Mit Hilfe einer Seilwinde und meiner Muskelkraft barg ich eine mit Öl, Sand und Wasser gefüllte Amphore, die gut und gerne 400 Kilo wog. Seit über 2000 Jahren ruhte sie in 40 Meter Tiefe zwischen Hunderten anderer Amphoren. Es war bewegend mitzuerleben, wie dieses wunderschöne Gefäß mit den weiblichen Rundungen aus der Tiefe der Zeit langsam aufstieg. Mich haben schon immer die Geschichten fasziniert, die Möbelstücke, Nippes, Schmuckstücke und alle möglichen anderen Gegenstände erzählen könnten, die – wie durch ein Wunder – Brände, Kriege und die Zeit unbeschadet überstanden haben. Die Ritter des Meeres, die die Amphore für mich ausgesucht hatten, lebten auf ihrem Boot – ein schlichtes, ursprüngliches Leben. Sie fingen ein paar Fische, die ich zwischen zwei Steinen am Strand über offenem Feuer grillte, und brachten mir die Grundkenntnisse im Tiefseetauchen bei. Sie fuhren Wasserski, Monoski, versteht sich.

Ich genoß das Leben und begleitete das sanfte Plätschern der Wellen gegen den Bootsrumpf mit der Gitarre. Ich hätte alles auf der Welt dafür gegeben, verheiratet und fest verwurzelt zu sein. Wieder einmal stellte ich mir die Frage nach meinen Wurzeln.

Maguy, die nie ein Problem mit ihren Wurzeln hatte, außer vielleicht mit ihren Haarwurzeln, wenn ihre Mähne nicht vollständig gebleicht war, nun, Maguy brachte eines Tages ihren Liebhaber in mein »Thunfischnetz« mit. Er war ihr in der Diskothek »L'Esquinade« ins Netz gegangen. Ich begegnete einem jungen dunkelhaarigen, sonnengebräunten, aber nicht sehr großen Mann mit breiten Schultern und wunderschönen grünen Augen. Er hieß Sacha Distel, war der Neffe von Ray Ventura und spielte Gitarre wie ein junger Gott. Schmachtend betrachtete er Maguys Hintern und sagte ihr lauter schöne Dinge. Ein Spiel – doch nichts Ernsthaftes!

Dann mußte Maguy nach Paris zurück, und Sacha blieb in »La Madrague«, spielte Gitarre und betrachtete meinen Hintern mit schmachtenden Blicken, traute sich jedoch nicht, mir etwas zu sagen. Um bei der Wahrheit zu bleiben: Ich habe es nicht bemerkt. Er war da wie alle anderen auch, mehr nicht. Aber er versuchte, mich mit seiner schönen dunklen Stimme, seinem Dackelblick zu bezirzen; ich war verärgert. Nie habe ich einer Freundin den Liebhaber ausgespannt, und wenn es auch zutrifft, daß »die Freunde meiner Freundinnen meine Freunde sind«, so heißt das nicht zwangsläufig, daß die Liebhaber meiner Freundinnen auch meine Liebhaber sind.

Doch kurz und gut, da Maguy nicht zurückkam, es heiß und ich traurig und allein war, er mir unverhohlen den Hof machte und das Fleisch schwach ist, empfing ich ihn mit offenen Laken. Am nächsten Tag sah ich völlig perplex zu, wie er in »La Madrague« einzog, Freunde und Koffer im Schlepptau. All diese Leute quartierten sich in meinem Gästezimmer, im Bootshaus und im Schlafsaal ein.

Alain und ich sahen uns halb bestürzt, halb belustigt an. Jicky verließ angesichts dieser Invasion wutschnaubend das Haus und wünschte mir sarkastisch viel Glück.

Nun, ich würde mich wenigstens nicht mehr einsam fühlen.

Kein Tag verging, an dem nicht irgendein Freund von Sacha, der zufälligerweise Fotograf war, auf ein Glas vorbeikam und mal eben schnell ein Foto von mir machen wollte. Es war schon mehr als seltsam, daß Sachas Freunde ausnahmslos Fotografen oder Journalisten zu sein schienen. Diese Leute hatte ich immer gemieden, und nun gaben sie sich bei mir die Klinke in die Hand.

Die Weltpresse überschwemmte unsere Idylle wie eine Flutwelle. Sacha Distel wurde berühmt, und sein Manager Claude Deffe hatte mit nur einer »Brigitte« zwei Volltreffer gelandet!

Ich fühlte mich von dieser lärmenden Öffentlichkeit überrumpelt und widerwillig in einen schwindelerregenden Sog gezogen. Das konnte nicht lange gutgehen, denn ich habe es immer schon gehaßt, wenn man meine Hand nahm, bevor man um sie angehalten hatte. Sobald auch nur der Schatten eines Objektivs in der Ferne sichtbar wurde, neigte sich Sacha zärtlich zu mir herüber und gurrte.

Dann sollte in Toulon der große Ball der Admiralität stattfinden. Ich erhielt eine Einladung vom Admiral höchstpersönlich. Diese Art von Post wanderte bei mir normalerweise sofort in den Papierkorb. Doch Sacha, Claude und

Christian Deffe, Marc Doelnitz und Konsorten überredeten mich hinzugehen.

Es war heiß, und wir hatten beschlossen, bequem in Jeans anzureisen und uns in einem Hotel kurz vor Toulon umzuziehen. Wir hielten also vor einem einfachen, aber sauberen Hotel. Sacha und ich stiegen aus und erkundigten uns nach einem Zimmer. Das Gesicht der Empfangsdame hätten Sie sehen sollen …

»Wir hätten gern ein Zimmer, Madame.«

»Für eine Nacht, Monsieur?«

»Nein, für eine Viertelstunde.«

»!!!«

»Haben Sie Gepäck, Monsieur?«

»O ja, Madame, und Freunde!!!«

Vor der zur Salzsäule erstarrten Frau, die mich erkannt hatte und weder ihren Augen noch Ohren traute, stiegen wir – Sacha, Claude, Christian, Marc, Jicky, Michou und ich – mit unseren Kleidersäcken, Reisetaschen etc. die Treppe hinauf zu Zimmer Nr. 12. Man hätte wirklich glauben können, die Marx Brothers seien unterwegs. Die gute Empfangsdame staunte nicht schlecht, als wir schließlich dieses »Stundenhotel« wie Milliardäre gewandet verließen. Nur Michou riß sie aus ihren Träumen, als er sie anflehte, ihm als Schuhanzieher einen Suppenlöffel zu geben.

Inzwischen bin ich mir darüber im klaren, daß das Leben damals wesentlich leichter und unkomplizierter war als heute. Wir waren eine Gruppe von Freunden; nur die bedauernswerte Putzfrau und ein Gärtner, der täglich für zwei Stunden kam, waren überfordert. Trotzdem lief alles wie geschmiert. Jeder hatte eine Aufgabe übernommen, und das war keine lästige Pflicht, ganz im Gegenteil. Da jeder für den selbstgewählten Bereich verantwortlich war, empfand er Freude, und das brachte uns einander näher. Würden wir heute nach demselben Prinzip leben – es käme zur Katastrophe. Vielleicht, weil wir älter und die Freunde egoistisch geworden sind und sich um ihre eigenen Häuser kümmern, vielleicht, weil alles so kompliziert geworden ist, daß niemand mehr Freude daran hat, einkaufen zu gehen, zu kochen oder den Haushalt zu besorgen.

Da Hausangestellte – ich nenne sie unumwunden Dienstboten – nicht mehr zu bekommen sind und mehr Geld kosten, als der Nobelpreis einbringt, obliegt die Verantwortung für ein Haus allein der Hausherrin. Da ich nun im allgemeinen immer für das Haus verantwortlich bin, wird mir die Last all dessen, was ich für das Wohl meiner Gäste auf mich nehme, zuviel. Ich werde in meinem eigenen Haus zur Angestellten. Es fängt mit dem liebevoll zubereiteten Frühstück an und endet mit dem letzten Glas Cognac nach dem Abendessen. Dazwischen liegen Einkäufe, Mittagessen, Tischdecken, Abwasch, ein Gläschen vor dem Essen, Abendessen, Abräumen, erneuter Abwasch, der Kaffee und der Schnaps zum Kaffee: Das ist einfach zuviel! Am Abend falle ich erschöpft ins Bett, meine Beine schmerzen, meine Hände sind rauh, mein Kopf ist leer, und ich denke mit Schrecken an den nächsten Tag, an dem alles von vorne beginnt.

Da meine Freunde sich ungeniert bedienen lassen, lade ich sie nicht mehr ein, um mein Leben endlich ein bißchen genießen zu können.

Im Sommer 1958 beschloß Sacha in »La Madrague«, Sänger zu werden. Es galt, das Eisen zu schmieden, solange es heiß war. Er spielte bereits ausgezeichnet Gitarre, aber das allein ernährte nicht seinen Mann. Daher wollte er ein französischer Sinatra werden, was mehr einzubringen versprach.

Den lieben, langen Tag klimperte, trällerte, säuselte Sacha vor sich hin, um sein Meisterwerk zu komponieren, das natürlich »Brigitte« heißen sollte. In dieser Zeit, in der ich nur gelegentlich und mit eher kritischem Ohr hinhörte, ging ich meinen Beschäftigungen nach und dachte wehmütig an Bécauds Talent.

Da Sacha es nicht allein schaffte, rief Claude Deffe Jean Broussole von der Gesangsgruppe »Les Compagnons de la Chanson« zu Hilfe, der ihre erfolgreichsten Lieder gesungen und komponiert hatte. Ich hörte nur noch »Brigitte«

hier und »Brigitte« da, als Slowfox, als Cha-Cha-Cha, mal in scharfem Tempo, mal rhythmusbetonter … »Brigitte, Brigitte, vite, vite, leg deinen hübschen blonden Kopf an meine Schulter!« Wirklich, ein bemerkenswertes Meisterwerk! Um mir diesen Unsinn nicht länger anhören zu müssen und mich von dieser Mittelmäßigkeit zu befreien, nahm ich mein Boot und fuhr weit aufs Meer hinaus. Ich saß in der Falle. In allen Zeitungen war nur noch von dem romantischen Pärchen »Brigitte und Sacha« die Rede. Vor dem Strand von »La Madrague« hatten sich als Touristen verkleidete Fotografen mit riesigen Teleobjektiven postiert, die uns unter Dauerbeschuß nahmen. »Sacha, der am Strand sitzt und für Brigitte auf der Gitarre spielt«, »Sacha, der Brigitte zärtlich umfaßt, um ihr ins Boot zu helfen«, »Sacha hier und Sacha da«.

Ich fühlte mich nicht mehr wohl im eigenen Haus. Überall lagen Noten herum, standen Tonbandgeräte, elektrische Gitarren, Verstärker, Mikrofone …, und über allem schwebte Sachas Stimme: »Brigitte, Brigitte, vite, vite« und so weiter und so fort. Ein ständiges Gejaule! Nachdem ich den Anfang solcher phantastischen Werke gehört hatte, hielt ich mir die Ohren zu und suchte das Weite.

Als ich wieder einmal fluchtartig das Haus verlassen hatte, fand ich mich eines Tages im Laden von Madame Vachon, einer lokalen Modeschöpferin, wieder, wo ich eines ihrer bezaubernden Modellkleider aus provenzalischen Stoffen anprobierte. Ich war mehr zufällig dort hineingeraten, von Madame Vachon höchstpersönlich mit offenen Armen empfangen worden und ahnte nicht, daß ich das Geschäft nicht mehr würde verlassen können. Während ich vergnügt alle möglichen Kleider anprobierte, erkannten mich die Schaulustigen, die sich vor den Schaufenstern drängten. Andere sahen diese Menschenansammlung und wollten nun ihrerseits wissen, warum die Leute zusammenliefen. Innerhalb kürzester Zeit versperrten ungefähr zweihundert Leute den Ladeneingang. Wir mußten die Polizei rufen!

Ich wurde förmlich aus dem Laden freigeboxt. Die Leute trampelten sich gegenseitig nieder, um mich berühren zu können. Die einen schimpften mich Schlampe oder Mist-stück, die anderen mochten und verehrten mich. Eine Frau streckte mir ihr Baby entgegen und bat mich, es zu berüh-ren, um ihm Glück zu bringen. Ich war zugleich die Heilige und die Hure. Ich hasse solche Menschenansammlungen, fürchte mich vor Menschen, die mir hemmungslos und ent-fesselt vorkommen. Ich beschloß, niemals wieder allein das Haus zu verlassen.

Zum Glück hatten wir schon Anfang September, und ich sollte »Mit den Waffen einer Frau« bei den Filmfestspielen in Venedig vorstellen. Diese Reise würde mich befreien, und ich packte bereits eine Woche früher meine Koffer, um nur ja niemanden darüber im unklaren zu lassen. Doch ich hatte die Rechnung ohne den Wirt gemacht.

»Ach was«, sagte Claude zu mir. »Du fährst mit Sacha im Auto nach Venedig. Das ist eine herrliche Fahrt. Außerdem bist du ja noch nie gern geflogen, und mit dem Zug müßtest du umsteigen! Also, meine Kleine, ihr beide macht eine hüb-sche Hochzeitsreise und schickt mir eine Postkarte.«

Stimmt, umsteigen gefiel mir nicht, und was ich vom Flie-gen halte, ist ja hinlänglich bekannt. Und Sacha hatte, wenn er nicht gerade sang, auch seine guten Seiten. Er war auf-merksam, gut erzogen, intelligent und zärtlich. Allein auf mich gestellt, wäre ich in Venedig sicherlich aufgeschmissen, wenn man Presse und Publikum auf mich hetzte. Ich würde ihn bestimmt brauchen.

Und meine Ankunft in der Stadt der Dogen gab mir recht!

Hunderte von Fotografen schubsten sich gegenseitig herum, traten uns auf die Füße, brüllten, schrien und stol-perten übereinander. Ich brach schlicht und ergreifend in Panik aus. Obwohl Sacha in die Runde lächelte, fühlte er sich auch nicht sonderlich wohl in seiner Haut. Zum Glück paßten Raoul Lévy und Olga uns ab und brachten uns im Laufschritt in die Hotelsuite, die man für mich am Lido von

Venedig reserviert hatte. Venedig? Welches Venedig? Als ich aus dem Fenster blickte, sah ich einen dichtbevölkerten Strand, der eher an den Campingplatz von Les Mûres im August erinnerte. Weit und breit kein Kanal, keine Gondel! Wir waren fern der Hauptinsel am Strand in einem modernen Palazzo im Stil eines Sofitel-Hotels untergebracht. Wirklich erhebend! Wehmütig dachte ich an die schönen Sonnenuntergänge in »La Madrague«. Wen wundert es, daß ich heute nicht mehr reise? »Weißt du, ich bin viel gereist, ich habe schon andere Strände gesehen«, heißt es in einem meiner Chansons. Wenn ich bedenke, wie schön es doch bei mir zu Hause ist und wie wohl ich mich dort fühle, von seltenen Ausnahmen einmal abgesehen!

Nun gut! Philosophieren konnte ich ein andermal.

In der Suite hielten sich mindestens hundert Personen auf, der »engste Kreis«. Sacha stellte sich jedem vor, doch wer hatte noch nicht von ihm gehört?

Georges Cravenne, der Pressebeauftragte, gab die Termine für den nächsten Tag bekannt: Pressekonferenz, Fototermin, Cocktail im Hotel »Danieli«, Vorführung des Films im Festivalpalais, anschließend ein von Raoul Lévy organisierter Empfang in einem prächtigen Palazzo mit geladenen Gästen und der Weltpresse. Mehr ließ sich beim besten Willen nicht unterbringen.

Ich war erschöpft, wollte ein Bad nehmen und alle vor die Tür setzen, die mir auf die Nerven gingen. Liebend gern wäre ich allein und woanders gewesen und hätte meine Ruhe gehabt. Überall in der Suite standen Gladiolen herum, dabei hasse ich diese Blumen, die steif wie Besenstiele aussehen. Es gab Obst und Champagner, doch alles wirkte traurig und häßlich auf mich. Morgen war »Bardot-Tag«. Von Raoul Lévy gecharterte Flugzeuge würden in riesengroßen weißen Lettern B. B. in den blauen Himmel von Venedig schreiben.

Ich kam meinen Verpflichtungen als Star nach, ließ mich fotografieren, lächelte, beantwortete Fragen, trug Bikini oder Abendkleid. Ich hatte keine einzige ruhige Minute.

Sacha kam seinen Pflichten als ständiger Begleiter nach. Welch ein Aufstieg! Claude Deffe würde sich die Hände reiben.

Am Abend wurde der Film, ein sehr guter Film, eher zurückhaltend aufgenommen. Warum nur? »Mit den Waffen einer Frau« gehört neben »Die Wahrheit«, »Viva Maria!«, »Und immer lockt das Weib« sowie »L'Ours et la Poupée« sicherlich zu meinen besten Filmen.

Raoul Lévy dachte, man würde uns den »Goldenen Löwen« verleihen. Ich dachte nur daran, so schnell wie möglich das Weite zu suchen.

Doch ich mußte an dem prunkvollen Empfang teilnehmen, der mir zu Ehren in einem Palazzo aus der Zeit der Dogen gegeben wurde. In einer Gondel machte ich mich mit Sacha, Mama Olga und Raoul Lévy auf den Weg dorthin. Wir wurden von einer Horde Paparazzi in Vaporettos verfolgt, die uns fast zum Kentern gebracht hätten. Was ist das für ein gräßlicher Berufsstand, dessen Angehörige überall dort, wo sie auftauchen, alles in den Dreck ziehen, verderben und zerstören? Journalisten kommen mir vor wie die Hunnen des 20. Jahrhunderts, die Geißel Gottes, der Alptraum der Stars.

Ich betrachtete diesen alten Palazzo mit den Rissen im Mauerwerk, den goldenen Verzierungen, den Wand- und Deckengemälden alter Meister sehr genau. Man hatte eine riesige Tafel gedeckt, die nur vom Schein feuervergoldeter Silberleuchter erhellt wurde, und ich stellte mir vor, daß wir vielleicht ein letztes Mal die Pracht vergangener Zeiten auferstehen ließen, die mit der modernen, häßlichen und tristen Zivilisation für immer verschwunden ist, die keinen Raum mehr für Luxus und Schönheit bietet. Adieu, Venedig, adieu, du verkannte Schönheit, die von einem Publikum besudelt wird, das lieber nach geraubten, höhnischen Fotos giert, als das Wesentliche zu sehen und zu begreifen! Venedig erinnerte mich an meine eigene Person.

In jenem Jahr erhielt Louis Malles Film »Die Liebenden« mit Jeanne Moreau den Silbernen Löwen. Schön für sie, bedauerlich für uns. Ich erhielt im selben und in den folgenden

Jahren bis 1961 von der Zeitschrift »Ciné-Revue« den ersten Preis als populärste Schauspielerin.

Als wir nach »La Madrague« zurückkehrten, fand ich dort meine Hundefamilie, Alain und zum Glück sonst niemanden vor! Mein Geburtstag rückte näher. Am 28. September 1958 wurde ich 24. An jenem Tag ging ich zum ersten Mal in meinem Leben im Rathaus von Saint-Tropez zur Wahl. Ich schenkte meine Stimme, mein Vertrauen und meinen Respekt General de Gaulle. Ich hatte schon immer ein Faible für diesen großen, integren, mutigen, beruhigend wirkenden Mann. Jahrelang gehörte ich zu seinen Anhängern, jahrelang trauere ich ihm schon nach.

»Die Ferien sind in den Koffern aus Pappe verstaut, und es stimmt einen traurig, wenn man sich an die Zeit der Sonne und der Lieder erinnert.« Diese Zeile aus dem Chanson »Madrague«, das ich Jahre später sang, beschreibt treffend das traurige Ende des Sommers. So fühlte ich, als ich »La Madrague« verlassen mußte. Ich habe nie gern in Paris gelebt. Dort fühle ich mich wie eine Gefangene, sehne mich nach Gras, Erde, Bäumen, den Gerüchen des Landlebens und stoße nur auf Beton, Beton, nichts als Beton.

In Paris bemerkt man den Wechsel der Jahreszeiten nicht, man weiß nicht, ob der Mond zu- oder abnimmt, kennt das Geräusch des Windes oder des Regens nicht und riecht nicht den Tau oder die feuchte Erde nach einem Gewitter. Man lebt abgekapselt in einer Welt voller Probleme und Sorgen, eingesperrt in übereinandergetürmten und fein säuberlich aufgereihten Waben. Es ist schrecklich!

Der Mensch aber ist dazu geboren, frei zu sein, sich zu bewegen und den Boden mit seinen Händen zu bearbeiten. Der Mensch ist zu seiner eigenen Karikatur verkommen, seine Beine werden kürzer, sein Bauch schwerer, seine Schultern hängen, und seine Arme sind derart schlaff, daß sie kaum noch die Kraft aufbringen, den Fernsehknopf zu betätigen. Die Haare fallen ihm aus, der Blick wird trübe, die Wangen werden matt und das Hirn auch.

Manchmal beobachte ich neugierig die Leute auf der Straße. Sie bieten ein so deprimierendes Schauspiel, daß ich auf dem Nachhauseweg dem lieben Gott dafür danke, daß er mir die Möglichkeit geschenkt hat, mich in Form zu halten.

Gewiß, nicht jeder kann schön sein. Aber jeder kann sich ein klein wenig Mühe geben, weniger häßlich zu sein. Übergewicht, dicke Bäuche, Knicke und Falten, schmutzige, fettige Haare, unrasierte Gesichter, schwarze oder angekaute Nägel, ungepflegte Kleidung, Leute, die krumm oder im Krebsgang gehen, in der Nase bohren, ausspucken und in den Zähnen herumstochern – arme Menschheit! Du läßt dich gehen, du läßt dich gehen!

Früher nahmen sich die Leute zusammen, wenn sie sich nicht wohl fühlten; sie kämpften dagegen an und griffen erst dann zu Pillen und hüteten das Bett, wenn alles andere nichts half. Heute dagegen »feiert« man ohne rechten Grund »krank« und vergiftet sich durch eine Unzahl von Medikamenten, die man gratis erhält. Daher die grünliche Gesichtsfarbe, die umränderten Augen, die wächserne Haut, die ungesunde Lebensweise, die Anfälligkeit für Skrofulose bei den Opfern einer Gesellschaft, die Sicherheit verspricht und Degenerierung erzeugt.

So in etwa sieht mein Bild von der Menschheit aus. Ich hoffe, man versteht jetzt, warum ich die Tierwelt vorziehe.

Ich richtete mich also wieder in meiner kleinen Wabe im siebten Stock in der Avenue Paul-Doumer ein.

Damals war die Religion noch eine unveränderliche Größe. Die Messe wurde noch in lateinischer Sprache gelesen, der Priester stand mit dem Rücken zur Gemeinde am Altar, es gab noch keine Mikrofone in den Kirchen, und der Pfarrer predigte noch von der Kanzel aus.

Ehrlich gesagt, gefielen mir die geheimnisvollen lateinischen Gebete, und mir gefiel auch der Rücken des Pfarrers, der sich Gott zuwandte und nicht wie auf einer Theaterbühne dem Publikum. Ich liebte die gedämpfte, andächtige, ein wenig protokollarische Atmosphäre der Sonntagsliturgie.

Warum ich das erzähle? Nun, weil die Kirche den Tag der heiligen Brigitte damals noch am 8. Oktober und nicht am 23. Juli feierte.

Sacha, Claude Deffe, Ray Ventura und Bruno Coquatrix, der Direktor des »Olympia«, nutzten den Tag der heiligen Brigitte für einen genialen Plan. Sacha, der nach seiner Rückkehr nach Paris eine Single mit dem bereits erwähnten Chanson »Brigitte« aufgenommen hatte, sollte an meinem Namenstag im »Olympia« seine Platte signieren – natürlich gemeinsam mit mir, weil das Ganze sonst für niemanden »von Interesse« wäre.

Es kam für mich überhaupt nicht in Frage, dorthin zu gehen, nicht einmal, wenn es zu meinem Vorteil gewesen wäre, geschweige denn für jemand anderen. Außerdem bin ich gerne stolz auf die Person, für die ich mich einsetze. Hätte Sacha eine Platte mit Gitarrenstücken aufgenommen, zum Beispiel mit »Nuages« von Django Reinhardt, das er wirklich ganz phantastisch spielte, wäre ich gerne gekommen, aber doch nicht für »Brigitte, Brigitte, vite, vite, leg deinen hübschen blonden Kopf an meine Schulter …«.

Der Gipfel des Vertrauensmißbrauchs allerdings war, daß Sacha für das Plattencover ohne meine Zustimmung ein Foto von uns beiden ausgesucht hatte, das in »La Madrague« aufgenommen war. Nun war es zu spät, das Cover war bereits tausendfach gedruckt, und ich wollte nicht gegen den Mann prozessieren, mit dem ich mein Leben teilte, auch wenn dieses Teilen gelegentlich zu meinen Ungunsten ausfiel. Mein Erscheinen war überall angekündigt worden.

Olga rief mich besorgt an: »Wie, Bri-Bri, Sie gehen nicht zur Premiere Ihrer Filme, machen aber Werbung für diesen jungen, unbekannten Sänger, der ja talentiert sein mag, aber dennoch ein Unbekannter ist?«

Ich war verwirrt. Wie konnte ich mich aus dieser mißlichen Situation befreien? Ich mußte an Gil denken, an die Bewunderung, die ich für ihn und sein Talent hegte. Es wäre mir lieber gewesen, er hätte mich in diese Lage gebracht. Sachas Charme, dazu der Hang meines Charakters, Komplikationen aus dem Weg zu gehen, Raymond Venturas Freundlichkeit, Claude Deffes alberne Streiche und die Freundschaft zu Bruno Coquatrix gaben den Ausschlag: An meinem Namenstag stand ich hinter einem mit Fotos von uns dekorierten Stand in der Halle des »Olympia«.

Dutzende von Fotografen und Hunderte von Schaulustigen, Neugierigen, Bewunderern oder Verleumdern waren erschienen. Diese Menschenansammlungen, diese fürchterlichen Menschenansammlungen, die ich meide, die ich hasse, machen mir angst. Später diagnostizierte man, daß ich unter einer Phobie leide.

Als Hintergrundmusik dudelte Sachas schrecklich schmalziges und abgeschmacktes Chanson. Ich hätte heulen können vor Wut. Wir signierten die Plattenhüllen der Leute, die eine Schallplatte gekauft hatten.

Als krönenden Abschluß dieser unvergeßlichen Premiere warf Sacha Plattenhüllen in die Menge – die zu johlen und zu toben anfing, als sie merkte, daß die Hüllen leer waren.

»Geizkragen! Spinner! Deine Plattenhüllen wollen wir nicht!« Die Hüllen erwiesen sich als Bumerang und wurden uns mit den gröbsten Beleidigungen an den Kopf geworfen. Ich wäre am liebsten gestorben, im Erdboden versunken oder unsichtbar geworden.

Man sprach gut darüber, man sprach schlecht darüber, doch immerhin sprach man darüber, viel zuviel für meinen, nicht genug für Sachas Geschmack. Inzwischen hatte er einen Namen und war »ein hoffnungsvoller Schlagersänger«, sollte man einigen Zeitungen Glauben schenken. Die Avenue Paul-Doumer war zu einer Nebenstelle von »La Madrague« geworden. Am laufenden Band wurden weitere Hits komponiert. Nach »Brigitte«, einem Schlager, der sich nicht sonderlich gut verkauft hatte, entwickelte der »Brain-Trust« einen anderen, diesmal jedoch amüsanten und neuen Stil: »Schubidu: Äpfel, Birnen und Schubidu, bidu, yeah« und so weiter. Na ja, solange es kein Salat war!

Mit halbem Ohr hörte ich von neuen Früchten, dankte dem Himmel, daß ich damit nichts mehr zu tun hatte, und wünschte Sacha, daß seine Chansons einschlugen.

Als Marguerite Duras am 23. Oktober 1958 in »France-

Observateur« einen wunderbaren Artikel über »die Königin Bardot« veröffentlichte, empfand ich das als Ironie des Schicksals.

Eines Tages gab Alain mir den Brief eines Fernsehprogrammdirektors, der mich auf Grund des letztjährigen Fernseherfolgs bat, eine weitere Silvestersendung zu machen. Ich hörte schon die bösen Zungen hecheln: Gilbert Bécaud 1957, Sacha Distel 1958. Nein, das ging nicht.

Da ich für diese Sendungen keine Gage erhielt, sie also als Neujahrsgeschenk an die Fernsehzuschauer betrachtete, wollte ich mich nur an etwas beteiligen, das mir Freude bereitete. Ich entschied mich für ein schwieriges Unterfangen, doch welch eine Herausforderung für mich, welch ein Triumph, wenn es mir gelänge. Ich wollte mit Michel Renaud, dem Solotänzer der Pariser Oper, den Pas de deux aus »Sylvia« von Léo Delibes tanzen.

Seit ich sechzehn war, hatte ich nicht mehr getanzt, inzwischen war ich vierundzwanzig. Es blieben mir zwei Monate bis zur Aufzeichnung der Sendung. Ich mußte hart trainieren.

Mit Feuereifer stürzte ich mich in die Arbeit. Es war hart, schwer, manchmal entmutigend. Ausgelaugt und gerädert ging ich nach Hause; ich hatte Muskelkrämpfe, meine Füße bluteten. Mein Körper spürte zwar die Strapazen, aber in meinem Innern war ich stolz und glücklich. Ich habe die Jahre und die Ängste überwunden. Ich habe meine Muskeln gedehnt und geschmeidig gemacht, meinen Körper bezwungen. Ich gewann die grazile Armhaltung zurück und hielt meinen Rücken wieder so, daß ich nicht das Gleichgewicht verlor.

Michel Renaud war ein außergewöhnlicher Lehrer. Er ließ mir nichts durchgehen, keinen Fehler, er wollte, daß ich diesen Pas de deux wie eine Primaballerina der Pariser Oper tanzte. Und wir haben ihn getanzt!

Das war vielleicht mein schönstes Neujahrsgeschenk an mich und an alle, die sich diese Sendung angesehen haben, denn sie war mit Liebe und einzig und allein aus Liebe zu dieser wundervollen Kunstform, dem klassischen Ballett, entstanden.

Eine schöne Würdigung veröffentlichte Raymond Cartier am 20. Dezember 1958 in »Paris-Match« unter der Überschrift »B. B. – ein gesellschaftliches Phänomen«. Langsam, aber sicher gewann ich an Ansehen.

Meine drehfreie Zeit genoß ich in vollen Zügen. Sacha machte mich mit der Welt des Jazz vertraut, diesem Universum begnadeter Künstler, Verrückter, Drogensüchtiger und Alkoholiker, das einen gleichwohl ergriff und die Zeit vergessen ließ. Nächtelang lauschten wir den Großen des Jazz, die im »Blue Note« oder dem »Mars Club« auftraten – Sarah Vaughan, Claude Luter, Henri Crolla, René Worthefer, Miles Davis, Stéphane Grapelli und vielen anderen. Leute, die sich nie zuvor gesehen hatten, improvisierten gemeinsam. Sacha spielte häufig bis tief in die Nacht auf seiner Gitarre und begleitete die Musik spontan. Es war unbeschreiblich.

Wenn mich die Fotografen einmal nicht mit ihren Autos verfolgten, nutzte ich meine freien Nachmittage zu einem Schaufensterbummel. Als ich eines Tages durch die Rue Faubourg Saint-Honoré schlenderte, blieb ich verzückt vor einem Geschäft mit hinreißend schönen Kleidern stehen. Das Schicksal, das es gut mit mir meinte, führte mich so zu »Real«, wo ich mich über zwanzig Jahre lang privat und für meine Filme einkleiden ließ. Hélène und Willy Vager, Arlette und Charles Nastat, Bruder und Schwester und Schwager und Schwägerin, kombinierten hier Geschmack, Persönlichkeit und einen Hauch Verruchtheit zu einer lässigen Eleganz, die meinem Wesen entsprach. Gemeinsam mit ihnen brachte ich Jahre später meine eigene Kollektion unter dem Namen »La Madrague« heraus.

Im Januar 1959 wurde zum ersten Mal »Cinq Colonnes à la Une« ausgestrahlt, ein großer Tag für das Fernsehen und die Zuschauer. Pierre Lazareff, Pierre Desgraupes, Pierre Dumayet und Igor Barrère stellten mit dieser Informationssendung ein neues Konzept vor, das über viele Jahre hinweg sehr erfolgreich war.

Mir wurde die große Ehre zuteil, dieses Ereignis gemeinsam mit einigen anderen live im Studio »Buttes-Chaumont« verfolgen zu dürfen. Papa hatte Lazareff einen kurzen 8-mm-Film überlassen, der mich im Alter von drei oder vier Jahren beim Radfahren in Begleitung eines gleichaltrigen Jungen zeigte. Unser Ausflug endete in einem Weizenfeld, wo der kleine Junge mich erst umstieß und mich dann zu umarmen versuchte, während ich mich lachend und strampelnd zur Wehr setzte. Schon damals war ich also in der Rolle der Verführerin zu sehen, lange bevor mich das Kino dazu gemacht hatte.

France Roche kommentierte dieses kurze, außergewöhnliche Dokument, das man uns leider nie zurückgegeben hat. Anschließend interviewte sie mich. Auf diese Weise hatte ich Anteil an einem historischen Moment der französischen Fernsehgeschichte.

Anfang des Jahres 1959 sprach man erstmals von der »Nouvelle Vague«. Darunter verstand man eine Gruppe junger Regisseure und Schauspieler, die einen neuen filmischen Stil entwickelt hatte.

Obwohl ich erst vierundzwanzig Jahre und somit noch relativ »neu« war, fühlte ich mich zum alten Eisen gehörend. Jean-Luc Godard, François Truffaut und Claude Chabrol machten Filme, die ganz anders waren. Alte Tabus gingen

über Bord, eine Mischung aus Realismus und Unbekümmertheit mit einer Prise Provokation stand hoch im Kurs.
Junge Schauspieler wie Gérard Blain, Jean-Claude Brialy,
Jacques Charrier, Pascale Petit, Juliette Mayniel und Bernadette Laffont waren die Musen dieser neuen Richtung.

Und »Babette« sollte gegen diese überraschende Attacke
in den Krieg ziehen. Dabei gehörte der äußerst talentierte
Regisseur Christian-Jacque ebenfalls bereits zum alten Eisen. Erschwerend kam noch hinzu, daß das Drehbuch, das
man mir zur Begutachtung vorgelegt hatte, sich als Katastrophe erwies. Wie hatte aus der vielversprechenden Idee
zu »Babette«, der kleinen Widerstandskämpferin wider
Willen – deren Verfilmung ich mir reizvoll und amüsant vorstellte –, nur die derart verquere Geschichte einer vulgären
Mata Hari, die mit jedem ins Bett stieg, werden können?
Ich schickte das Skript zurück, nachdem ich quer über jede
Seite mit Rotstift »Scheiße« geschrieben hatte. Auf die letzte
Seite, auf der ich mit meiner Unterschrift meine Zustimmung hätte geben sollen, schrieb ich: »So einen Mist werde
ich *niemals* drehen« und unterzeichnete das Ganze – wütend, verbittert und enttäuscht! Wie hätte ich ahnen können,
daß das Drehbuch so miserabel ausfallen würde?

Ich war in meinem Leben zwar zu allem möglichen bereit, konnte mir aber nicht auch noch meine Dialoge und
Drehbücher selber schreiben. Jeder soll bei seinen Leisten
bleiben.

Es war skandalös.

Raoul Lévy kannte mich gut genug, um zu wissen, daß
ich beim »Nein« bleiben würde, wenn ich einmal nein gesagt
hatte. Andererseits mußte der Film gedreht werden. Alles
war bereit: die Studios gemietet, ein Teil der Darsteller engagiert, die Kulissen fertiggestellt. Da fiel ihm Gérard Oury
ein. Dieser Schauspieler war eine Zeitlang auch als begab-
ter Drehbuch- und Dialogautor tätig, bevor er ein hervor-
ragender Regisseur wurde.

Raoul, Christian und Gérard machten sich ans Drehbuch und arbeiteten Tag und Nacht. Sie modellierten die Figur der »Babette« um, die nun naiv, aber tatkräftig war. Sie

316

achteten darauf, daß die bereits engagierten Schauspieler ebenso wie die Kulissen zur neuen Fassung paßten. Es war eine vorzügliche Flickarbeit, die Nahtstellen waren nicht zu sehen, und der Handlungsfaden hatte auch nicht gelitten, im Gegenteil.

Nachdem ich die neue »Babette« aufmerksam gelesen hatte, gab ich einige Tage später meine Zustimmung. Ich machte allerdings deutlich, daß dies in erster Linie Gérard Ourys Verdienst war. Ohne ihn hätte es diesen Film wahrscheinlich nicht gegeben, zumindest nicht mit mir!

Jetzt fehlte also nur noch mein Partner, der einen jungen, gutaussehenden Leutnant darstellen mußte. In den Studios »Saint-Maurice« hatte ich einen Tag lang Probeaufnahmen mit Pierre, Paul und Jacques – und Jacques Charrier gefiel mir gut. Er gefiel auch Raoul Lévy, Christian-Jacque und Gérard Oury.

Jacques Charrier war der unangefochtene Star des Films »Die sich selbst betrügen« von Carné gewesen, der zum absoluten Kassenschlager wurde. Er verkörperte den neuen Gérard Philipe, romantisch, schön, wohlerzogen und Sohn eines Obersten – was wollte das Publikum mehr erwarten bei der Besetzung eines jungen französischen Offiziers, der in Babette verliebt war?

Und damit nahm das Schicksal seinen Lauf.

Den ganzen Tag lang sah ich Jacques im Studio, redete, probte und aß mit ihm, spielte mit ihm Verliebtsein, und abends, nachdem ich in die Avenue Paul-Doumer zurückgekehrt war, sah ich Sacha, aß und schlief mit Sacha – und träumte dabei von Jacques!

Sämtliche »Schubidus«, Hula-Hoops und andere Schlager- oder Tanzaccessoires jener Zeit, die bei mir zu Hause herumlagen, gingen mir auf die Nerven. Ich lebte erst von dem Moment an, da ich das Studio betrat, bis zum Abend, wenn ich es wieder verließ. Ich hing an Jacques' blauen Augen, lauschte seiner zärtlichen Stimme und spürte seinen anziehenden Körper, der sich in den Liebesszenen an mich schmiegte: Jacques Charrier zähmte mich langsam, aber sicher!

317

Ich war schon immer sehr bodenständig, auch wenn ich den Eindruck erweckte, irrsinnig verliebt zu sein. Der Spatz in der Hand war mir immer lieber als die Taube auf dem Dach. Und damals war eben Sacha derjenige, der mir Sicherheit und Geborgenheit gab, der sein Leben mit mir teilte. Mein Traum, mein Ideal, mein Märchenprinz aber war Jacques. Ich war hin- und hergerissen zwischen diesen Männern, denn beide hatten ihre Vor- und Nachteile.

Die Eigenschaften meines Sternbilds Waage halfen mir sehr: Tagsüber tendierte ich zu Jacques, und nachts gab mir Sacha die Sicherheit, die ich brauchte. Mein Harmoniebedürfnis verbot mir eine übereilte Entscheidung: Schließlich war doch alles gut, so wie es war, und hätte noch eine Ewigkeit so weitergehen können.

Eines Tages eröffnete mir ein freudestrahlender Sacha, der von meiner Schwäche für Jacques nichts ahnte, er werde mit »Schubidu« und all den anderen Liedern eine Frankreich-Tournee machen. Daß ich abends in der Avenue Paul-Doumer allein sein würde, müde und ausgelaugt oder traurig, machte ihm überhaupt nichts aus. Er dachte nur an die Tournee mit seinem ganzen Stab und an den Ruhm. Plötzlich war er in unserer Beziehung der Star mit seinen Verträgen, seinen Musikern, seinem Brain-Trust, seinen Public Relations. Hätte er damals bloß gewußt, daß einzig und allein ich seine PR war. Aber das realisierte er zu spät, als alles oder fast alles den Bach runterging. Andere machten den gleichen Fehler.

Meine Gewißheit in diesem Punkt rührt daher, daß mir das Leben – zum Leidwesen meiner Männer – wiederholt recht gegeben hat. Diejenigen, die mein Leben mit mir geteilt haben, hatten allesamt Erfolgsmomente, ob sie nun Sänger waren, Schauspieler, Playboys, Maler oder Bildhauer. Alle glaubten, ihren Ruhm nur sich selbst zu verdanken, und waren bitter enttäuscht, wenn dieser auf ihren Nachfolger überging und sie der traurigen Wirklichkeit überließ. Sacha nehme ich aus; er konnte durch viel Ausdauer und Fleiß das Ansehen erhalten, das ihm zugefallen war. Doch Ausnahmen bestätigen die Regel, und sein Mut verdient Anerkennung.

Kurzum, Sacha ging auf Tournee, und ich war abends nun einmal gar nicht gern allein.

Alain Carré, mein Komplize, schlug ein kleines Abendessen für Jacques und mich vor. Eine ausgezeichnete Idee! Dabei roch im Haus alles nach Sacha, und die plötzliche Präsenz von Jacques ließ mich das noch stärker spüren. Champagner, Musik, Kerzen und ein knisterndes Kaminfeuer taten ein übriges; unter den beruhigten Blicken von Clown und Guapa schlief ich in Jacques' Armen ein.

Der erste Schritt ist entscheidend, und der war getan – warum also an den folgenden Abenden nicht die nächsten Schritte gehen? Und doch war ich unsicher. Sacha rief mich zu jeder Tages- und Nachtzeit an. Um frei sprechen zu können, ging ich in den Salon, wenn ich mit Jacques im Schlafzimmer war, und umgekehrt. Doch meine Stimme klang nicht natürlich, ich hatte ein schlechtes Gewissen. Mein »Ich liebe dich« war flüchtig dahingesagt, ich fürchtete, Jacques könne mithören.

Eines Tages bestand er darauf, daß ich in seinem Beisein den Hörer abnahm. Er verstand diese lächerliche Komödie nicht und nahm an, ich hätte mich längst von Sacha getrennt. Es geschah mir ganz recht. Ich hatte ihn mehr oder weniger in dem Glauben gelassen; die Situation war extrem gespannt.

Jacques spaßte nicht, er liebte mich, wollte mich heiraten und nicht länger teilen.

Sacha wiederum fand mich seltsam und erklärte sich meine Reaktion damit, daß er mir wohl fehle. Unsere Gespräche kreisten aber mehr um seinen Erfolg als um mich, was mir in diesem Fall recht war. Mein Arrangement hätte zur Not noch lange andauern können, wenn nicht …

Eines Tages schlummerte ich seelenruhig neben Jacques in der Avenue Paul-Doumer, als ich plötzlich hörte, daß der Aufzug im 7. Stock anhielt. Wer mochte wohl um ein Uhr in der Nacht noch kommen? Mit einem Satz war ich an der Schlafzimmertür und verriegelte sie, als ich auch schon die Eingangstür zuschlagen hörte und kurz darauf Sachas Stimme vernahm: »Huhu! Ich bin's, ich wollte dich überraschen!«

Ich war vor Schreck wie versteinert und wußte nicht, was ich tun oder sagen sollte. Ich saß in meinem Schlafzimmer fest wie in einer Falle. Es gab kein Entkommen, außer durch einen Sprung aus dem Fenster.

Der verdutzte Jacques schlüpfte flink in seine Hose und dachte, eine von ihm schon lange herbeigesehnte zünftige Schlägerei werde endlich für klare Verhältnisse sorgen.

Währenddessen rüttelte Sacha auf der anderen Türseite an der Klinke und verstand nicht, warum ich weder öffnete noch etwas sagte.

Mit aller Kraft umklammerte ich den Schlüssel, als könnte ich mich dadurch wie in einem Märchen wegzaubern. Jacques wollte ihn mir entreißen. Durch die Tür hindurch, die jeder auf seiner Seite mit den Fäusten bearbeitete, beschimpften sich die beiden Männer und drohten sich gegenseitig Prügel an. Ich hoffte nur, die Tür würde standhalten. Da ich gegen Jacques nicht ankam und ihm den Schlüssel nicht geben wollte, riß ich das Fenster auf und warf den Schlüssel die sieben Stockwerke hinunter! Adieu, kleiner Schlüssel ...

Ich glaubte in einen Alptraum geraten zu sein, aus dem ich jede Sekunde erwachen könnte. Jacques und ich waren eingesperrt, Sacha brüllte im Flur, die Hunde bellten, ich heulte – es war ein Mordsspektakel!

Schließlich beschwor ich Sacha, sich zu beruhigen und wieder zu gehen; flehte Jacques an, Sacha nicht weiter zu beschimpfen, und erklärte beiden, daß wir momentan nicht zu einer Aussprache zusammenkommen könnten, weil der Schlüssel aus dem Fenster geflogen sei.

Daraufhin verschwand Sacha mit lautem Türenschlagen, und es kehrte wieder Ruhe ein.

Wir waren leichenblaß, wie betäubt, mit unseren Nerven am Ende. Ich hatte Lust, ein Glas Cognac hinunterzustürzen, aber die verfluchte Tür war verschlossen! Wie sollten wir hinauskommen? Uns blieb nur, die Concierge anzuru-

fen. Also rief ich um zwei Uhr morgens Madame Archambaud, meine nette Hausmeisterin, an. Ich bat sie, mit einer
Taschenlampe auf die Straße hinauszugehen und den
Schlafzimmerschlüssel zu suchen, den ich aus Unachtsam-
keit hätte aus dem Fenster fallen lassen.

Sie muß mich für verrückt gehalten haben! Eine Viertelstunde später aber brachte sie uns den Schlüssel und befreite uns endlich.

Zum Bruch mit Sacha kam es gegen meinen Willen, und die
Harmonie, die mir so wichtig ist, wich für einige Tage einem
schwelenden Drama. Da ich die ganze Nacht nicht geschlafen hatte, erschien ich mit geröteten Augen im Studio. Sacha ... Jacques, Jacques ... Sacha – ich verlor den Verstand.
Einer war eifersüchtig, der andere mißtrauisch. Hätte ich
doch bloß einen dritten gefunden!

Nachdem Sacha endgültig ausgezogen war, verspürte
ich plötzlich eine unheimliche Leere und ein Gefühl des
Verlassenseins. Ich war völlig niedergeschlagen.

Jacques, der sich an die berüchtigte Nacht erinnerte, weigerte sich, noch einmal in der Avenue Paul-Doumer zu
übernachten. Er mietete ein jämmerliches, trauriges, häß-
liches, düsteres, schmutziges, möbliertes Appartement und
verkündete, daß wir unsere Liebesnächte von nun an dort
verbringen würden.

Mir blieb die Spucke weg! Wo ich doch meine Wohnung
über alles liebte, meine Gewohnheiten, die Dinge um mich
herum, den süßen Komfort, das Frühstück im Bett mit einer
Rose auf dem Tablett ... Und was würde aus meinen Hunden und Alain und dem Dienstmädchen?

Nach einem ermüdenden Arbeitstag wollte ich doch
nicht in eine Absteige gehen, nur um die Nacht neben einem
Typen zu verbringen, der mir im Grunde den Buckel her-
unterrutschen konnte! Ich saß ganz schön in der Klemme.

Es folgte eine Zeit des Kräftemessens mit Jacques; keiner rückte einen Zentimeter von seinem Standpunkt ab. Es
ging hoch her. Ich bot ihm heimelige und gemütliche
Abende an, die er ausschlug, um mir seinerseits vorzuschla-

gen, im Drugstore zwei Croque-Monsieur und zwei Bier zu kaufen und bei ihm zu kampieren, in der Rue Legendre – was für ein Viertel!

Und dann ließen mich die Fotografen nicht mehr aus den Augen. Seitdem Gerüchte über meine Trennung von Sacha die Runde machten, witterten sie eine neue Romanze zwischen Jacques und mir, so daß wir extrem vorsichtig sein mußten. Also ging ich, wie gehabt, abends allein nach Hause, gefolgt von einer Horde Paparazzi!

Mein Double Maguy wohnte eine Zeitlang bei mir, so daß es weniger trübselig war. Jacques verbrachte seine Nächte damit, mit mir zu telefonieren, reizend, verführerisch, betörend, besitzergreifend, verliebt. Wie charmant er sogar am Telefon sein konnte!

Da er nicht aufgab, wurde ich schwach und verbrachte eine Nacht bei ihm, wobei ich mit Indianerlist vorgehen mußte, um die Kletten von Fotografen abzuhängen.

Es war nicht gerade ein Märchen aus Tausendundeiner Nacht! Aber Jacques war rührend. Er hatte ein Abendessen bei Kerzenschein vorbereitet, auf dem Fußboden, denn einen Tisch gab es nicht. Bettlaken waren zwar vorhanden, aber dafür kein Kopfkissen. Der Badewannenzulauf funktionierte nicht mehr, und aus der Dusche tröpfelte es nur lauwarm – je dünner der Strahl, desto heißer das Wasser. Es gab keine Fensterläden und keine Vorhänge, und ich wälzte mich stundenlang im Bett, bevor ich einschlafen konnte. Das Licht einer Gaslaterne schien mir mitten ins Gesicht, wir befanden uns nämlich im ersten Stock.

Es heißt, eine Frau sei das Spiegelbild dessen, was ein Mann aus ihr macht! Ich frage mich, welches Bild ich wohl am Morgen im Studio abgab; die Mädchen jedenfalls stießen Schreie aus, als sie meine trübe Miene sahen. Ihrer Meinung nach war oder würde ich krank, denn sie glaubten mir nicht, als ich von »meiner Nacht bei Jacques« berichtete.

Das Studenten- und Zigeunerdasein, von dem manche jungen Leute träumen, war mir immer verhaßt. Jacques war zwei Jahre jünger als ich, und ich betrachtete ihn als netten, kleinen Jungen, dem dieser Campingstil behagte.

322

Als ich das Ganze noch zwei- oder dreimal durchgemacht und meinen guten Willen unter Beweis gestellt hatte, aber jedes Mal physisch und psychisch am Ende war, beschloß ich, daß es damit ein Ende haben sollte. Denn das ging mir nun wirklich zu weit: Maguy, mein Double und meine Freundin, führte in der Avenue Paul-Doumer ein fürstliches Leben mit Alain. Dazu gehörten Champagner, nette kleine Abendessen, die das Dienstmädchen servierte, saubere, gebügelte Wäsche, heiße Bäder, ein geordneter Haushalt. Dagegen kam ich, nachdem ich den ganzen Tag gerackert hatte, todmüde in ein Apartment, wo ich das Geschirr vom Vortag spülen, das Bett machen, aufräumen und das Essen zubereiten mußte – auch wenn es sich um Fertiggerichte handelte! Das Bier schwemmte auf, und von den ewigen Croque-Monsieur wurde ich dick. Und Jacques' schmutzige Wäsche war für mich der übelste »Liebestöter« überhaupt. Da mochte ich mir noch so oft sagen, daß ich, wenn ich mir schon die Hände wusch, bei dieser Gelegenheit auch gleich sein T-Shirt, seine Socken und seine Slips ein wenig durchwaschen konnte. Ich konnte das nicht romantisch finden. Wenn es gar nicht anders gegangen wäre, hätte ich mich vielleicht daran gewöhnt, aber ich konnte mir ein angenehmeres Leben leisten. Warum sollte ich mich also für die schlechtere Lösung entscheiden?

Nur weil ein Mann befand, er habe das Sagen?

Allmählich sehnte ich mich nach Sacha zurück. Die Schalen meines Sternzeichens Waage pendelten gefährlich hin und her. Ich wußte, daß ich nur mit den Fingern schnipsen mußte, und Sacha käme zu mir zurück. Andererseits war das nicht »my cup of tea«, wie die Engländer sagen. Aufgewärmtes ist mir zuwider; war eine Liebe erst einmal erloschen, so habe ich sie nie wieder angefacht.

Und schon brachten die Skandalblätter auf den Titelseiten meine neue Liebesgeschichte mit dem Star Nummer eins, der angeblich dies und das und ich weiß nicht was alles noch war. Zwei- oder dreimal hatte man uns im Hauseingang in der Avenue Paul-Doumer oder in seinem Auto aufgelauert, und die Fotos vom Set illustrierten den Rest.

In irgendeiner Zeitschrift erschien ein Foto von Sacha mit eingefallener Miene; ihm wurde die Rolle des verschmähten, verhöhnten Liebhabers zugewiesen, der dennoch Würde wahrte. Jacques dagegen fiel die schöne Rolle des Verführers, des unwiderstehlichen Liebhabers zu. Und ich galt natürlich als Schlampe und niederträchtige Hure, als eine, die sich bedient und wegwirft, als eine Gottesanbeterin, eine männerverschlingende, selbstsüchtige Bestie.

Wenn diese armen Dummköpfe gewußt hätten, daß ich dem Verführer mit kaltem Wasser die Socken wusch und den staubigen Fußboden fegte, statt meine Schamlosigkeiten auszuleben!

Dieses Zerrbild meines wahren Ich, das dem Publikum immer wieder zum Fraß vorgeworfen wurde, machte mich rasend. Ich war keine größere Schlampe als alle anderen auch und habe immer einfach gelebt. »Sie lebt wie alle anderen und ist doch wie niemand sonst«, wie Cocteau einmal feststellte. Aber man gab ein vollkommen falsches Bild von mir wieder, das nur eine Seite der Medaille zeigte.

Die Jagd auf mein Privatleben war also wieder einmal eröffnet und jedes Mittel recht. Ich war erneut zum Freiwild für skrupellose Jäger geworden. Die nichtigste Handlung, die geringste Geste von mir wurden von Berichterstattern wie Philippe Bouvard oder Edgar Schneider ausgespäht, zerpflückt, abfotografiert, in den Schmutz gezogen, scharf kritisiert und verhöhnt.

Eines Tages traf ich vor dem Haus auf Papa, der mir eine Rose mitbrachte. Dies war ein Ritual; er zeigte mir seine Zuneigung, indem er regelmäßig mit ein paar freundlichen Zeilen eine rosarote Rose bei meiner Concierge für mich abgab. Und obwohl ich wußte, daß mir die Fotografen in ihren Autos und in den Eingängen der Gebäude auf der gegenüberliegenden Straßenseite auflauerten, nahm ich mir an jenem Tag die Zeit, Papa zärtlich zu umarmen. Ich bedankte mich für die Rose und lud ihn ein, zu mir heraufzukommen, doch er lehnte ab, da er mich nicht »stören« wolle.

Wenige Tage später erlebte ich eine böse Überraschung:

Ich fand eines der Fotos von Papas Besuch in der Boulevardpresse; der Text dazu lautete etwa folgendermaßen:
»Jetzt begnügt sie sich nicht mehr damit, reihenweise junge
Männer zu verführen, sondern versucht sich auch an Herren fortgeschrittenen Alters, wie das Foto oben zeigt.«

Kalte Wut stieg in mir auf und ein Gefühl furchtbarer
Machtlosigkeit. Was konnte ich nur tun? Eine Gegendar-
stellung verlangen, die eine Woche später erscheinen
würde, wenn alle außer mir die Angelegenheit längst vergessen hätten? Damit würde ich nur Öl ins Feuer gießen, sagte
mein Anwalt.

Oh, wie sehr habe ich mir gewünscht, ein Mann und
kräftig genug zu sein, um diesem nichtsnutzigen Schmierfin-
ken, diesem grobschlächtigen Journalisten, diesem anonymen Feigling das Maul zu stopfen!

Ich kann mich noch erinnern – ich war vielleicht sechzehn
Jahre alt –, daß ein Widerling mit Namen Richard Balducci
Scheußliches über das Privatleben des Schauspielers Georges
Marchal geschrieben hatte. Dieser schnitt den Artikel aus,
stellte sich Balducci am Ausgang des Redaktionsgebäudes
in den Weg und fragte ihn, was er von dem Geschriebenen
halte. Woraufhin der arrogant und selbstgefällig antwortete:
»Das ist doch gut, sehr gut sogar!«

»Sehr gut?« fragte Georges Marchal. »Wenn dieses Ge-
schreibsel so gut ist, dann friß es gefälligst auf!« Und er
zwang Balducci, den Artikel herunterzuschlucken!

Meinen Glückwunsch, Georges Marchal! Sie hatten Gelegenheit, einen Mistkerl zu demütigen, der Sie in den
Dreck gezogen hatte. Ich war aber leider nicht Georges
Marchal und habe oft verflucht, eine Frau zu sein. Durch
diese ständigen Verfolgungen hatte ich keine ruhige Minute
mehr. Ich war ständig auf dem Quivive, fühlte mich gejagt
und traute mich außer zum Drehen nicht mehr aus dem
Haus.

Ich war von allem ausgeschlossen, eine Gefangene meiner selbst – warum nur?

Jacques hatte begriffen, wie die Dinge lagen, und lud

mich nicht mehr ein, bei ihm zu übernachten, denn wir hätten in einer Mausefalle gesessen. Manchmal kam er mitten in der Nacht durch den Hintereingang. Im Morgengrauen machte er sich auf demselben Weg wieder davon – das war praktisch!

Ach, Liebe ist nur schön, wenn man sie offen ausleben kann. Alle diese Schliche und Verschwörungen zerstören irgendwann die besten Absichten und die größte Leidenschaft.

Zu allem Unglück wurde Maguy krank. Am folgenden Sonntag beschloß ich, einen Tag bei ihr in der Klinik zu verbringen, die in der Nähe meiner Wohnung lag. Ich kam gegen Mittag und nahm gemeinsam mit einer Hilfsschwester, die einem Kranken das Tablett mit dem Essen brachte, den Aufzug. Wir waren allein, und der Aufzug zuckelte ungeheuer langsam. Sie sah mich abschätzig an. Ich verspürte eine eigenartige Beklemmung und bekam Angst.

Plötzlich platzte es aus ihr heraus: »Sie sind es doch, Sie Schlampe, Sie Schandweib, Sie hergelaufenes Luder! Sie nehmen armen Frauen wie mir den Mann weg! Ah, am liebsten würde ich Ihnen das Gesicht zerkratzen und Ihnen die Augen ausstechen!« Sie schnappte sich die Gabel und ging auf mich los. Ich schrie und konnte gerade noch meine Arme schützend vor mein Gesicht halten, als die Gabel sich auch schon in meinen Mantelärmel bohrte. Da ich mich nicht traute, ihr mein Gesicht ungeschützt darzubieten, wehrte ich mich mit Fußtritten. Ich spürte ihren Atem in meinem Haar; sie beschimpfte mich weiter, und da die Gabel sich in meinem Ärmel verheddert hatte, versuchte sie mich mit der freien Hand zu kratzen.

Die Fahrt im Aufzug erschien mir wie eine Ewigkeit. Als wir im vierten Stock ankamen, lief ich verstört und eher tot als lebendig aus der Kabine und brach vor den Füßen einer Krankenschwester zusammen, während der Fahrstuhl in den fünften Stock fuhr.

Ich erzählte dem Klinikchef meine Geschichte, zeigte ihm zum Beweis die Gabel und verlangte, daß man diese

Hilfsschwester suchen solle. Ich war mit den Nerven fertig, heulte und schrie, und man mußte mir ein Beruhigungsmittel verabreichen.

Die Frau, die mich im Aufzug tätlich angegriffen hatte, wurde nie gefunden. Meine Beschreibung traf auf keine der Angestellten des Pflegepersonals zu. Sämtliche Essen waren bereits eine Stunde zuvor ausgeteilt worden, und außerdem lagen im fünften Stock nur die OP-Räume und keine Krankenzimmer. Und dennoch ist mir diese furchtbare Geschichte im April 1959 in der Klinik von Passy, Rue Nicolo, zugestoßen.

In »Vie privée« [»Privatleben«] hat Louis Malle diese Szene in abgewandelter Form aufgegriffen; sie trägt sich am frühen Morgen mit einer Putzfrau im Aufzug meines Wohnhauses zu. Die Gabel wurde durch einen Besen ersetzt, aber die Ursache der Aggression blieb die gleiche.

Papa und Maman waren über die Entwicklung der Dinge in meinem Leben entsetzt. Sie waren stets einen Liebhaber zu spät dran. Während sie annahmen, ich sei mit Sacha zusammen, erfuhren sie aus der Zeitung oder beim Tratsch mit der Concierge oder Freunden von Jacques. Allerdings machte der Wechsel sie nicht wirklich unglücklich; Sacha hatte beiden nie gefallen. Maman fand, daß er die Situation zu sehr ausnütze. Jacques hingegen, der die guten Umgangsformen eines Sohnes aus einer gehobenen französischen Familie besaß, betörte sie sofort. »Nimm dir einen Mann aus deiner Straße!« pflegte Maman zu sagen. Sie hatte schon meine Hochzeit mit Vadim bedauert, glaubte mich bei Jean-Louis, der aus bescheidenen Verhältnissen stammte, schlecht aufgehoben und beklagte die abweichende Konfession Sachas, doch an meinem Idyll mit Jacques fand sie auf Anhieb Geschmack. Sie redete nur noch vom Heiraten, aber das kam nicht in Frage.

Dabei fühlte ich mich ausgesprochen unwohl in meiner Haut, so sehr, daß Jacques mich eines Tages – am 22. April 1959 – beiseite nahm und mir sagte, was mir fehle, sei ein

Kind. Er erklärte das sehr ernst, sehr feierlich und bedeutungsvoll.

Ein Kind? Er war wohl verrückt geworden!

Keineswegs. Ein Kind würde mir den nötigen Halt, die Sicherheit und die Liebe geben, die ich so sehr bräuchte. Ich würde ein eigenes Kind haben, das mein Leben wäre, mein Gott, mein Fleisch und Blut, alles andere werde mir dann nur noch lächerlich, dumm und nichtssagend vorkommen. Er, Jacques, liebe mich abgöttisch, er wolle mein Glück, mich zur Frau und ein Kind von mir.

Ich weinte, ich sehnte mich so sehr nach Glück, nach Frieden und Harmonie. Ich träumte von einem behaglichen und normalen Leben. Ich klammerte mich an Jacques. Ich wollte ihm so gerne glauben – und ich glaubte ihm!

An jenem Tag schenkte er mir dieses Kind mit aller Liebe dieser Welt, mit der ganzen Kraft jugendlicher Leidenschaft und Unbekümmertheit.

Als dieser Rausch vorüber und ich wieder bei Sinnen war, machte ich mich von ihm frei und wollte ins Bad stürmen, doch er hielt mich zurück. Meine Reaktion erboste ihn sogar. Ich dagegen hatte wieder einen klaren Kopf, und ich wollte kein Kind. Um Gottes willen, bloß das nicht! Ich schlug um mich wie der Teufel im Weihwasserbecken. Die Gedanken schossen mit hundert Sachen durch meinen Kopf und raubten mir den Verstand. Ich war in der Mitte meines Zyklus, in der kritischen Zeit. Wie furchtbar! Es gelang mir, mich von Jacques zu lösen, aber er war schneller und versperrte mir den Zugang zum Bad. Es war zu spät, ich konnte nichts mehr tun. Ich würde wahnsinnig werden – oder war ich es vielleicht schon?

Mein Leben war ohnehin kompliziert genug. Wenn ich für alles allein sorgen mußte und noch dazu ein Kind hätte, na, dann gute Nacht! Jacques war zwar ein netter Kerl, aber ich verging nicht vor Liebe zu ihm, und man macht nicht einfach ein Kind, bloß weil der Mann nett ist.

Ich machte gute Miene zum bösen Spiel. Ich kreuzte die Finger ganz fest hinter meinem Rücken und versuchte an ein Wunder zu glauben, denn jetzt konnte ich nur noch abwarten.

Wenn ich sage, nur abwarten, so ist dies natürlich ironisch gemeint. Die Dreharbeiten zu »Babette« liefen auf vollen Touren. Für die Außenaufnahmen mußten wir nach Sète in Südfrankreich. Nie zuvor in meinem Leben habe ich mich so halsbrecherisch verhalten – rauf aufs Pferd, rein ins Flugzeug, abgesprungen und aus dem Fallschirm gewickelt, über die Mauer gesprungen, auf dem Bauch gerobbt, der Länge nach hingeschlagen und dergleichen mehr. Ich habe mich nicht geschont. Und wenn ich körperlich fertig war, so dachte ich, mußte der kleine Sproß, den ich vielleicht in meinem Bauch hatte, erst recht die Segel streichen. Ich würde ihn schon kleinkriegen; in diesem Alter ist man nicht sonderlich widerstandsfähig.

Jacques war bezaubernd zu mir. Die Sonne schien, und abends ging ich gern in eines der berühmten Hafenlokale, in denen man Meeresfrüchte ißt und Blick auf die kleinen bunten Fischerboote hat, die wie Spielzeuge aussehen. Jacques nahm mich mit nach Montpellier, um mich seinen Eltern, Oberst Charrier und seiner Gattin, vorzustellen. Ich machte Bekanntschaft mit einer großen Familie, in der eine gewisse Harmonie herrschte und die einen sympathischen Eindruck machte. Mir gegenüber zeigte sie sich allerdings recht zurückhaltend. Ich war gleichzeitig ein skandalumwitterter Star, eine junge Frau aus gutem Hause und Jacques' Filmpartnerin in »Babette«. Von etwas anderem war damals nicht die Rede.

Zurück in Paris, ließ mich die Angst nicht mehr los. Ich nahm mir den Kalender vor, zählte die Tage ab, vorwärts und rückwärts, untersuchte gründlichst alle Anzeichen, doch auch das half nichts.

Wenn ich an meine Panik in jener Zeit zurückdenke, finde ich, daß die Frauen von heute, denen sämtliche Verhütungsmittel zur Verfügung stehen – von der legalen Abtreibung ganz zu schweigen –, ein irrsinniges Glück haben. Da wird die körperliche Liebe zum Vergnügen, zur völligen

Hingabe, einem uneingeschränkten Miteinander der Sinne, der Phantasien, zu einem Gleichklang von Herz und Verstand. Es ist ein Moment, der unendlich dauern muß, das Glück im Reinzustand, die Zärtlichkeit ohne Scham. Die Erfüllung der vollkommenen Vereinigung, die absolute Entspannung. Damals dagegen war alles, was so schön hätte sein können, durch die Angst vor einer ungewollten Schwangerschaft verdorben. Für meinen Geschmack mangelte es der Liebe unter diesen Umständen an Poesie und Menschlichkeit. Heute, da man die wahre Schönheit der Liebe dank der Pille genießen könnte, stellt sich auch der umgekehrte Effekt ein, eben weil man nichts mehr zu befürchten hat. Paare treffen sich zum Gruppensex oder »besorgen es sich« zwischen zwei Kinovorstellungen. Mädchen schenken der Sache überhaupt keine Bedeutung mehr; sie stehen den Männern in nichts mehr nach. Man gibt seinen Körper her, wie man eine Zigarette raucht. Das ist schade! Denn das entbehrt ebenfalls der Poesie und der Menschlichkeit.

Was sollte aus mir werden? Mit Schrecken dachte ich an die traurige Erfahrung meiner letzten Abtreibung. Und im Juli mußte ich »Voulez-vous danser avec moi?« [»Wollen Sie mit mir tanzen?«] drehen. Den Vertrag hatte ich vor mindestens zwei Jahren unterschrieben! Francis Cosne, der Produzent von »Die Pariserin«, plante einen weiteren Film unter der Regie von Michel Boisrond, in dem erneut das Traumpaar Henri Vidal – Brigitte Bardot vereint wäre, das vom Publikum abgöttisch geliebt wurde.

Ich war völlig durcheinander!

Warum jagte mir die Vorstellung, ein Kind zu haben, soviel Angst ein? Auf diese Frage habe ich mein Leben lang keine Antwort finden können. Dabei habe ich sie mir oft gestellt. Ich bin doch wahrhaftig kein Monster! Ich liebe Tiere, ihre Verletzlichkeit, ihre Abhängigkeit, ihre »kindliche« Seite. Gern helfe ich verzweifelten, einsamen und leidenden Geschöpfen. Ich kümmere mich um alte und kranke Menschen und fühle mich für sie verantwortlich. Woher rührt bei mir diese tiefsitzende Ablehnung der Mutterrolle? Vielleicht liegt es daran, daß ich selbst eine solide Stütze benötigte, die ich nicht gefunden hatte, und mich außerstande sah, meinerseits einem Wesen Halt zu geben, das sein ganzes Leben von mir abhängig sein würde.

Jedenfalls herrschte im Studio Panik, als ich den Mädchen mitteilte, daß ich eine Woche »über die Zeit« war. Arme »Babette«, die ich bei all den Ängsten, die ich durchstand, zum Leben erwecken sollte! Und doch mußte dieser heitere Film abgedreht werden.

Also spritzte man mir auf Teufel komm raus »Prostygmine Roche«, ein Mittel, das Wehen auslöst und vorübergehende Verspätungen abstellt und eine Fehlgeburt einleitet, wenn der Fötus schwach ist. All das blieb Jacques verborgen, denn sonst hätte er mich sicherlich umgebracht. Trotz der doppelten Dosis, die mir die Eingeweide zusammenzog und Übelkeit verursachte, tat sich nichts. Bei mir gibt es nun mal keine halben Sachen, und mein Körper setzt sich gegen jeden Angriff zu Wehr.

Ich rief Christine zu Hilfe. Sie war entsetzt, aber sie kannte einen Frauenarzt, der mir vielleicht helfen könnte. In meiner Verzweiflung ging ich zu Maman, denn ich wußte weder aus noch ein. Auch sie empfahl mir einen Frauenarzt, doch nur, damit ich mir Klarheit verschaffte. Alle Aufregung wäre unnötig, solange ich nicht mit Sicherheit wüßte, daß ich schwanger wäre, meinte sie. Wenn ich im Studio fertig war, klapperte ich ohne Jacques' Wissen mehrere Arztpraxen ab, und dort wurde jeder Zweifel ausgeräumt: Ich erwartete ein Kind.

Ich liebte Jacques nicht genug, um mir ein Leben mit ihm vorstellen zu können. Aber ich wollte auf keinen Fall mit ihm brechen, da ich zu große Angst hatte, als ledige Mutter dazustehen, was damals ein Skandal ohnegleichen gewesen wäre. Jacques wußte immer noch nichts, und bevor ich ihm auch nur das Geringste mitteilte, wollte ich nichts unversucht lassen, um die Schwangerschaft abzubrechen.

Nachdem ich trotz meiner Verzweiflung bereits den ganzen Tag lang Komödie gespielt hatte, gab ich mich auch abends heiter und unbeschwert.

Ich ging zu Engel- und Teufelmachern, zu Hebammen, den »weisen Frauen«, an denen nur der Ruf weise war. Ich bot mehr oder weniger anrüchigen Ärzten gigantische Summen. Aber niemand, absolut niemand, wollte das Risiko eingehen, bei Brigitte Bardot, dem überaus illustren Star auf dem Gipfel des internationalen Ruhmes, eine Abtreibung vorzunehmen, die im Fall eines dummen Mißgeschicks die Existenz ruiniert hätte.

Mein langjähriger Freund Jean-Claude Simon, mit dem ich mich in Sevilla bei den Dreharbeiten zu »Ein Weib wie der Satan« so prächtig amüsiert hatte, war mit der Schweizerin Mercédès liiert; sie kannte einen Arzt in Genf, der alles bestens über die Bühne gebracht hätte. Aber wie konnte ich nach Genf fahren, ohne daß Jacques mißtrauisch wurde? In Paris hätte ich einen Unfall haben können – eine Fehlgeburt ist schnell passiert –, aber in Genf? Zwar erzählte ich Jacques, daß Jean-Claude für mich eine Produktionsgesellschaft im Auge hatte, die ich gemeinsam mit einem Schweizer Unternehmen gründen solle, und daß ich dringend dorthin fahren müsse, um über die Details zu verhandeln. Aber aus Angst, ich würde mich über den Tisch ziehen lassen, wollte Jacques mich begleiten. Er hätte mich keinen Moment lang aus den Augen gelassen.

Es war höchste Zeit, daß »Babettes« Krieg zu Ende ging, denn nun begann der meine.

Ich fing an, mich zu übergeben. Von jeder Zigarette wurde mir schlecht, beim Geruch des Make-up mußte ich aufstoßen, bei Küchengerüchen drehte sich mir der Magen um.

Jacques war außer sich vor Freude, als er die wunderbare Neuigkeit erfuhr. Sein Glück färbte auf mich ab; vielleicht hatte er ja recht. Es war schön, ein Kind zu haben.

Seit jeher stand ich im Widerstreit mit mir selbst; daher auch mein Zögern, meine Entscheidungsnot, meine Ängste in entscheidenden Momenten. Andererseits kann ich sehr energisch sein, ich weiß, was ich im Leben will, weiche keinem Risiko aus. Ein komischer Charakter, mit dem schwer umzugehen ist, sowohl für die anderen als auch für mich selbst. Da ich mich nie wirklich an eine starke Schulter anlehnen konnte, ständig hin- und hergerissen war, brauchte ich in kritischen Situationen immer eine Hand, die sich mir entgegenstreckte, und so ist es auch heute noch.

Bei meiner Hochzeit würde ich meine Hand wieder einmal für den Zusammenhalt »in guten und in schlechten Tagen« reichen, doch ich wußte genau, daß es nicht für immer wäre. Fatalerweise gab ich sie, aufrichtig und betrübt, um meine Ehre zu retten.

Die Ehre, die dem Grauen so ähnlich ist. Die Ehre, die nicht mehr von Bedeutung ist, und dennoch wurde mir meine ganze Kindheit über Ehrgefühl eingebleut. Ein lächerliches, altmodisches Wort, das aber damals noch den Glanz besaß, der dem Untergang, dem Verfall, dem Vergessen vorausgeht: Ehrgefühl, Ehrenlegion, Ehrenwort und der Schwur auf die Ehre – lauter Dinge, die es nicht mehr gibt!

Die wahrhaftige Ehre trägt man – glaube ich – in sich wie eine Religion.

Um die Familienehre zu retten, mußte ich heiraten, und zwar schleunigst! Das war nicht so einfach, denn bei jeder Eheschließung muß das Standesamt zwei Wochen zuvor das Aufgebot durch öffentlichen Aushang bekanntgeben. Das aber hätte die gesamte Weltpresse auf den Plan gerufen und ein höllisches Tohuwabohu, ein heilloses Chaos bedeutet. Also mußten wir uns von der Aufgebotspflicht befreien lassen und absolute Diskretion erbitten.

Jacques und meine Eltern versuchten verzweifelt, die städtischen Behörden in Montpellier, im 16. Arrondissement von Paris, in Saint-Tropez und in Louveciennes zu erweichen. Denn wir mußten an einem Ort heiraten, an dem wir oder unsere Familien ihren Wohnsitz hatten. Schließlich gelang es Papa mit Hilfe von Spenden an die Kommune, das Altenheim, die Vereinigung X und die Schule Y, den Bürgermeister von Louveciennes dafür zu gewinnen.

Und dann hörten wir langsam die Glocken klingen:
Niemand dürfe benachrichtigt werden.
Einverstanden!
Nur die Eltern und sonst niemand!
Selbstverständlich!
Nur nicht am Ort bleiben, sondern erst am Vorabend an-
reisen und in aller Eile heimlich heiraten, am 18. Juni 1959!
Aber selbstverständlich!

In der Zwischenzeit reisten wir nach Saint-Tropez. Ich verließ »La Madrague«, da ich weder die Kraft noch die Nerven hatte, mich in einem Haus aufzuhalten, das mit so vielen
unmittelbaren Erinnerungen verbunden war, die mit meinem gegenwärtigen Leben so wenig zu tun hatten. Wir zogen in das kleine Fischerhaus, das Papa und Maman gehörte.
Zwischen zwei Übelkeitsattacken sah ich Mijanou und
Sacha Distel eng umschlungen in Sachas Kabriolett direkt
an unserer Terrasse vorbeifahren; sie riefen nach uns und
warfen uns Handküsse zu!
Ich war zutiefst angewidert. In Frankreich und sonstwo
gab es schließlich genügend Männer, so daß man nicht darauf angewiesen war, den verflossenen Liebhaber der eigenen Schwester zu verführen. Auch das ist eine Frage der
Ehre! Nie im Leben habe ich einer Freundin und erst recht
nicht meiner Schwester den Liebhaber oder Ehegatten
ausgespannt. Dieser demonstrative Akt machte mich ganz
krank.

Jacques pendelte zwischen Paris und Saint-Tropez hin und
her. Er sollte bald unter der Regie von René Clément in
dem Film »Nur die Sonne war Zeuge« mit Alain Delon und
Marie Laforêt spielen. Es war eine schöne Geschichte, ein
bißchen Spannung, ein bißchen Liebe, die sich auf einem
Boot zwischen Frankreich und Italien ereignete.
Derweil sollte ich unter der Regie von Michel Boisrond
mit Henri Vidal in den Studios La Victorine in Nizza »Wollen Sie mit mir tanzen?« drehen. Was haben Schauspieler

doch bloß für einen schrecklichen Beruf! Jacques und ich würden uns nicht gerade oft sehen. Abends weinte ich allein in meinem Bett in diesem hübschen und gemütlichen Häuschen meiner Eltern. Dada, meine Dada, stand am Herd und versuchte, mir kleine, leckere Gerichte schmackhaft zu machen. Außer Nudeln brachte ich nichts runter.

Mamie, die seit einem Jahr Witwe war und jetzt ganz und gar unter Mamans Obhut stand, nähte und strickte den lieben, langen Tag und befürchtete ständig, daß ich mich erkälten oder irgendwie überanstrengen und auf diese Weise mein Baby verlieren könne. Dank meiner Dummheit würde Mamie Urgroßmutter werden, und sie war mir dafür ewig dankbar. Maman mit ihren siebenundvierzig Jahren würde das Großmutterdasein hingegen einen schönen Schlag versetzen.

Papa wiederum, der »mit einer Rose in der Hand« durchs Leben ging, fand es ausgesprochen nett, einen Enkel zu bekommen, dem er seine Gedichte vorlesen und die Geschichten von »Frau Elster« erzählen könnte. Hellsichtig und klar denkend, wie ich war, sah ich nicht gerade eine rosige Zukunft für mich voraus. Mit einem Kind würde es in der Avenue Paul-Doumer zu klein werden. Wir müßten umziehen – ein Horror! Ich würde ein Kindermädchen brauchen, jemanden, der mich vollständig vertreten könnte. Wo sollte man einen solchen Paradiesvogel auftreiben? Und was würde an seinem freien Tag werden? Während der bevorstehenden Dreharbeiten würde mein Bauch sich langsam runden, man würde es sehen, was sollte ich nur tun? Welchen Arzt sollte ich für die Entbindung nehmen? Wo sollte ich überhaupt entbinden, da mir die Presse der ganzen Welt doch auf den Fersen war? Und vor allem fing mein Leben ja erst an, ich wollte nicht an ein Kind und an einen Mann gekettet sein, den ich nicht genug liebte! Welcher Mann würde mich später noch wollen, mit einem Kind, für das er zu sorgen hätte? Ich war noch nicht einmal verheiratet und dachte bereits an ein anderes Leben mit einem anderen Mann …

Währenddessen nahm Jacques in Paris eine Single mit

vier entzückenden Liebesliedern auf, die er mir von ganzem Herzen widmete. Offenbar brachte ich jeden Mann in meiner Nähe zum Singen; es wurde zu einer beklagenswerten Gewohnheit. Aber dummes Zeug zu trällern bedeutete noch lange nicht, daß man in der Lage war, materiell für ein Kind zu sorgen. Wieder einmal würde ich im Alltag die Konsequenzen dieses unerwünschten Ereignisses auszubaden haben. Was hatte ich dem lieben Gott nur angetan, um eine solche Strafe zu verdienen? Ich hatte ein herrliches Leben gehabt, Männer unglücklich gemacht, ich hatte getan, wonach mir der Sinn stand, war der Gesellschaft gegenüber aufsässig gewesen. Und jetzt bekam ich die Quittung! Und was für eine!

Vom Fenster meines Schlafzimmers im ersten Stock des kleinen Hauses aus hielt ich hinter den leicht geöffneten Läden Ausschau nach den Fotografen, die sich auf der kleinen, gewundenen Rue Miséricorde versteckt hielten. Ich sah sie, wie sie mir auflauerten, hinter einem Auto, einem Garagentor, einer Mauer, an der Straßenecke. Selbst auf dem Dach des gegenüberliegenden Hauses hatten sie sich eingenistet, verborgen hinter der Bougainvillea. All diese Teleobjektive glichen Panzerfäusten, und alle waren auf mich gerichtet, damit auch die kleinste meiner Gesten in aller Welt auf den Titelseiten erscheinen konnte. Ich wagte mich nicht mehr aus dem Haus. Ich wurde depressiv.

Das Wetter war herrlich, ich wäre liebend gern baden gegangen, in der Sonne herumgelaufen, hätte gern all das genossen, was dieses wunderschöne, noch urtümliche Dorf zu bieten hatte. Doch nun saß ich mit meinen vierundzwanzig Jahren in einem Haus hinter geschlossenen Fensterläden und zählte in Gesellschaft von Mamie, Dada und Maman die Stunden an den Fingern ab.

Die Einwohner von Saint-Tropez dagegen sind wunderbare Menschen. Als sie von Maman erfuhren, welcher Verfolgung ich durch die Fotografen ausgesetzt war, taten sie sich zusammen, um sie aus dem Dorf zu vertreiben, allen voran Félix de l'Escale, Félix aus Tahiti, François de l'Esquinade, Gaby, den ich zusammen mit Jicky kennengelernt hatte, der Maurer Augustin, die Nachbarin Marguerite, die unsere Wäsche wusch, die Milchhändlerin, der Fischhändler, der Fischer Marcel und, und, und ... Fast hätte man sie für revoltierende Santons unserer Krippe halten können, die den kleinen Jesus schützen wollten. Ihnen allen danke ich von ganzem Herzen!

Dank dieser wunderbaren Dorfgemeinschaft konnte ich ein einigermaßen normales Leben führen, bis der 17. Juni kam, an dem wir alle nach Louveciennes aufbrachen, in kleinen Grüppchen, um jedes Aufsehen zu vermeiden.

»Morgen ist Hochzeit, heute das Fest, und ich hätt' Lust, meine Hand zurückzuziehen!« So heißt es in einem Chanson.

Das Haus in Louveciennes glich einem großen, ruhigen Bienenstock. Aus Angst, man könnte uns auf der Straße hören, sprachen wir ganz leise. Jacques und meine Eltern, Mamie, Dada, Mijanou, Alain, Clown, Guapa und ich – wir waren vollzählig versammelt.

Früh am Morgen ging Papa zum Standesamt, um nachzusehen, ob alles in Ordnung war. Der Ärmste lief zweihundert Fotografen und Journalisten aus aller Herren Länder in die Arme. Totenbleich und vollkommen am Boden zerstört, kehrte Papa zurück und verkündete uns die Neuigkeit. Der Bürgermeister, dieser Mistkerl, hatte als Gegenleistung für eine nicht unerhebliche Entschädigung zwar auf das Aushängen des Aufgebots verzichtet, die entsprechende Information, von der er außer der Familie als einziger wußte, aber wohl in klingende Münze verwandelt.

Wir standen vor vollendeten Tatsachen. Entweder wir heirateten nicht, oder wir heirateten unter diesen Bedingungen!

Zwischen zwei Gängen ins Bad versuchte ich einen klaren Gedanken zu fassen. Mir war kotzelend zumute, im wörtlichen und im übertragenen Sinne. Die Menschheit ist wirklich vollkommen verdorben! Maman zog mich in ihr Schlafzimmer: »Brigitte, wie wirst du dich entscheiden? Glaubst du, du wirst dieses Theater durchstehen?«

»Nein, Maman, ich bleibe lieber hier, ich kann nicht mehr.« Maman teilte es den anderen mit.

Jacques kam zu mir herauf und war außer sich; ich lag auf Mamans Bett. »Du wirst doch am Tag deiner Hochzeit nicht schon wieder Kaprizen machen! Meine Eltern sind da, ich bin da, alle warten auf dich, das kannst du doch nicht machen, ich liebe dich, ich liebe dich!«

»Ich kann tun und lassen, was ich will, und ich will eben nicht, basta!«

»Brigitte, du mußt lernen, die Dinge durchzustehen, laß dich nicht nur von deinem Instinkt leiten, sei erwachsen, nimm dich zusammen, und mach deine Wünsche wahr!«

»Meine Wünsche?«

Und schon war ich im Bad verschwunden. Den Kopf tief über das Waschbecken gebeugt, dachte ich verzweifelt nach. Wenn ich heute nicht heiratete, würde ich Jacques niemals heiraten; dann würde ich eine ledige Mutter. Dabei wünschte ich mir doch so sehr eine Stütze, einen Mann, einen Ehemann, und nicht nur ein Kind für mich allein … Ich war im zweiten Monat; wenn es mir schon im ersten nicht gelungen war abzutreiben, ging es im zweiten erst recht nicht mehr – also?

Was sein muß, muß sein. Also los!

Armer Papa, der geglaubt hatte, er könne mich an seinem Arm zum Bürgermeister geleiten, ein Privileg, das Boum bei meiner Hochzeit mit Vadim zugefallen war! Eine solche Boxerei hat man noch nicht erlebt. Mit Händen und Füßen mußten wir uns einen Weg durch eine Mauer von Fotografen bahnen.

Sie hatten den Saal gestürmt, waren auf den Tisch gestiegen, hatten alle Stühle und die Sessel für das Brautpaar umgestoßen; sogar die Büste der Marianne lag auf dem Boden. Ich weinte, vergrub mein Gesicht in Jacques' Schulter, der seinen Fehler inzwischen einsah, aber zu spät!

Als Fotos dieser Szene in der Presse erschienen, war in der Bildunterschrift zu lesen, ich hätte Jacques beim traditionellen Jawort an mein Herz gedrückt, bevor die Rührung mich übermannt habe.

Papa wurde sich seiner Autorität als Hauptmann des 155. Gebirgsjägerregiments wieder bewußt, und mit Unterstützung von Oberst Charrier erklärte er, wenn nicht sämtliche Fotografen unverzüglich den Saal verließen, werde es keine Hochzeit geben. Bei dieser Zeremonie handele es sich weder um eine Zirkusvorstellung noch um einen Jahrmarkt, sondern um eine der ernsthaftesten Angelegenheiten überhaupt, und wir hätten ein Recht darauf, sie mit der nötigen Ruhe und dem nötigen Respekt zu vollziehen. Mit Hilfe der herbeigeeilten Gendarmen gelang es ihnen schließlich, die Fotografen ins Nebenzimmer zu drängen. Als sie jedoch die Tür schließen wollten, erinnerte der Bürgermeister daran, daß es sich bei der Eheschließung um eine öffentliche Zeremonie handele und verschlossene Türen somit ausgeschlossen seien. Die Gendarmen machten Türdienst und versperrten die Ausgänge, damit die Fotografen sich nicht erneut auf uns stürzten. In dieser gräßlichen und überhitzten Stimmung, umgeben von den angespannten und angsterfüllten Mienen unserer Eltern, im ständigen Blitzlichtgewitter der Fotografen gaben Jacques und ich uns das Jawort. Tränen standen mir in den Augen, Jacques war grün im Gesicht, und doch waren wir schön, jung, anspruchslos; wir verlangten nicht viel, nur ein wenig Verständnis und Intimität. Doch das war uns verwehrt.

An jenem Tag trug ich ein Kleid von »Real« mit rosafarbenen und weißen Vichy-Karos. Das war der Beginn einer heftigen Modewelle. Dabei hatte ich mich wegen der zarten Farben und der Schlichtheit für dieses Kleid entschieden. Ungewollt kreierte ich am 18. Juni 1959 die Mode der Vichy-Karos, der langen blonden Haare und der Ballerinas.

Der kleine Familienbesitz in Louveciennes, wo Maman ein rustikales Essen im Freien vorbereitet hatte, um das zu feiern, was als »hübsche kleine« Hochzeit geplant war, hatte sich in einen Nebensitz der Vereinten Nationen verwandelt. Fotografen jeder Hautfarbe und Nationalität hatten ihn mit Beschlag belegt. Manche kauerten in den Fensternischen, andere saßen rittlings auf dem Eingangstor oder standen auf den Dächern ihrer Personen- und Lastkraftwagen.

Papa hing am Telefon und rief die Polizei zu Hilfe, während ich unentwegt auf dem stillen Örtchen hing und mir Herz und Seele aus dem Leib kotzte. Diesen Hochzeitstag werde ich bestimmt nie vergessen. Ich hätte lieber ein spätes Mädchen bleiben sollen – Scheißkind!

Unsere Hochzeitsreise bestand aus einer überstürzten Flucht vor den Fotografen und dem vergeblichen Versuch, sie auf dem Bahnsteig des Gare de Lyon in Richtung Saint-Raphaël abzuhängen.

Saint-Tropez war in Aufruhr. Ich war gezwungen, das schöne Haus meiner Eltern zu verlassen und in »La Madrague« Zuflucht zu suchen, wo ein Baum stand, der sich prächtig als Aussichtsturm für Fotografen eignete und fortan »Baum der Mistkerle« genannt wurde.

Jacques und ich, allein mit Alain und den Hunden in »La Madrague«, das war schon etwas anderes als das Schubidu vom Vorjahr. Keine Hausangestellten! Das Haus war kalt, unbewohnt, fremd, ringsum von Teleobjektiven umstellt.

Jean-Claude Simon, der damals noch zu meinen Freunden zählte, riet mir, einen echten Wachhund anzuschaffen. Sicher hatte er recht, und er wußte auch von einem furchterregenden Exemplar in Saint-Raphaël, das er mir schon am nächsten Morgen bringen lassen würde.

Ich war allein zu Hause, als ein Züchter »Kapi« ablieferte. Ich nahm also eine zähnefletschende Kreuzung aus Wolf und Schakal in Empfang, in deren Augen ein beunruhigender gelber Glanz lag. Trotz meiner allgemein bekannten Hundeliebe bekam ich doch »Fracksausen«, wie Boum das nannte. In Anwesenheit des Züchters war nur vom »kleinen Kapi« die Rede; ich kraulte dem Tier den Kopf, zog die Hand allerdings schnell wieder zurück; meine Bekundungen »Ach, wie süß!« wurden nur mit »Grrrr, grrrr, rrrrrwaaa!« beantwortet; Kapi fletschte die Zähne, und seine Augen funkelten gelb. Ich wollte mich als Herrin der Lage zeigen und ergriff Kapis Leine; der beschnüffelte unentwegt sämtliche Stellen, an denen Clown und Guapa, die zum Glück mit Alain unterwegs waren, bereits das Bein gehoben hatten.

Da ich den Züchter nicht ewig bei mir behalten konnte, ohne heftige Vorwürfe meines Mannes zu riskieren, mußte ich ihn irgendwann verabschieden und war dann mit »meinem« Hund allein!

Ich hatte ihm die Leine abgenommen, damit er ungestört

sein »Terrain« erkunden konnte. Als ich in aller Seelenruhe auf die Gästezimmer zusteuerte, die direkt auf das Meer hinausgehen und vom übrigen Haus getrennt sind, hörte ich ein fürchterliches Knurren. Kapi war mir gefolgt und hielt sich sprungbereit mit gebleckten Lefzen und jenem gelben Funkeln in den Augen, das gefährlicher schien denn je! Ich fand gerade noch Zeit, beide Beine unter die Arme zu nehmen und mich im erstbesten Gästezimmer zu verbarrikadieren, als Kapi auch schon das Maul gegen die Fensterscheibe preßte und furchterregend knurrte. Ich war in meiner eigenen Falle gefangen. Ich sagte ihm die zärtlichsten Schmuseworte, die die Herren der Schöpfung sicherlich rasend gemacht hätten, doch »mein Kapi« gab nicht nach und bewies mir zweifelsfrei, daß er ein gefährlicher Wachhund war, der sich mit sanften Worten nicht beschwichtigen ließ. Und er hatte gigantische Hauer. Ich war außer mir vor Angst, und er spürte das.

Später habe ich gelernt, daß man einem Tier niemals offen seine Angst zeigen darf; es spürt das instinktiv und nützt diese Situation aus. Man muß immer als Komplize oder als der Stärkere, der Herr, auftreten und sich Respekt verschaffen.

Damals aber saß ich vorerst in der Klemme, allein in einem Raum mit einem einzigen Ausgang, ohne Telefon, vom Gutdünken eines Wachhundes abhängig, den ich gerade für ein kleines Vermögen erstanden hatte und der mich nun zum Bösewicht erkoren hatte.

Jean-Claude Simon war es, der mich schließlich befreite. Er konnte »La Madrague« ungehindert betreten und versetzte dem Hund einen gehörigen Tritt in den Hintern, so daß er sich jämmerlich verzog. Endlich war ich befreit. Kapi sollte sein ganzes Leben lang all meine Freunde beißen, darunter auch Monsieur Marette, den Postminister, der mir einen Höflichkeitsbesuch abstattete, woraufhin ich seinen Schenkel verarzten mußte!

Diebe hingegen ließ er etliche Male friedlich ihr Werk in »La Madrague« verrichten; vermutlich war er mit sozialistischen Gepflogenheiten aufgewachsen und empfand es als normal, daß jeder ein Stück vom großen Kuchen abbekam.

Während ich die Amateurdompteuse spielte, ging ein journalistischer Wirbelsturm ohnegleichen um die Welt. Meine Hochzeit mit Jacques wurde auf den Titelseiten der internationalen Presse ausgeschlachtet. Kein Feuer ohne Rauch, sagten sich einige Schreiberlinge und ließen durchblicken, daß ein »freudiges« Ereignis bevorstehe. Das reichte, damit hatten auch diejenigen Lunte gerochen, die für meinen nächsten Film zuständig waren.

Der Produzent Francis Cosne übermittelte mir telefonisch seine Glückwünsche und beendete das Gespräch mit der behutsamen Nachfrage, ob auch alles in Ordnung sei und sich nichts geändert habe.

Der Regisseur Michel Boisrond gratulierte mir ebenfalls zu meiner Hochzeit und schloß mit den Worten: »Du wirst uns doch hoffentlich nicht mit einem Baby kommen, du bist zu jung, zu schön, zu gefragt, zu berühmt!«

Selbstverständlich stritt ich es ab, wies diese Unterstellungen weit von mir und erklärte sie für deplaziert.

Neben den Mädchen war Olga meine einzige Vertraute, und sie kaute an den Fingernägeln, denn sie ahnte, daß das alles böse enden würde. In gewisser Weise war es unaufrichtig, derartig frech zu lügen angesichts einer Tatsache, die sich im Laufe der Zeit einfach nicht mehr übersehen lassen würde. Im Spiegel betrachtete ich meinen noch flachen und straffen Bauch, so wie man ein letztes Mal einen lieben Menschen betrachtet, bevor sich der Sargdeckel schließt.

Zuletzt mischten sich die Versicherungen ein. Vor jedem Film war eine gründliche medizinische Untersuchung Pflicht; dazu gehörten auch schriftliche Fragen, deren wahrheitsgemäße Beantwortung wir eidesstattlich versichern mußten. Frauen wurden gefragt: »Besteht eine Schwangerschaft?« und »Wann war die letzte Periode?« Diese übliche Untersuchung ließ ich nicht in der Pariser Praxis meines lieben Doktor Guillaumat machen, sondern bei einem unbekannten und argwöhnischen Arzt in Nizza, der mich über seine Brillengläser hinweg beäugte.

Als ich die erste Frage mit Nein beantwortete, die zweite mit »Vor zwei Wochen« und unterzeichnet hatte, wollte dieser niederträchtige Doktor mich in ein Röhrchen pinkeln lassen, und zwar für den »Häsinnentest« – einen unwiderlegbaren Schwangerschaftsnachweis.

Ich saß in der Klemme und andererseits auch wieder nicht, denn ich konnte überhaupt nicht pinkeln, es wollte mir einfach nicht gelingen! Er wollte mir eine Sonde einführen. Ich brüllte ihn an, daß ich nicht gekommen wäre, um mich auseinandernehmen zu lassen, sondern wegen einer Routineuntersuchung. Das ginge doch wohl zu weit! Ich wisse sehr wohl, daß ich nicht schwanger sei.

Trotzdem mußte ich mich verpflichten, im Labor von Saint-Tropez einen »Häsinnentest« machen zu lassen und ihm das Ergebnis per Eilboten zuzuschicken – sonst gäbe es keinen Versicherungsschutz und somit auch keinen Film.

Wie kompliziert das Leben doch sein kann!

Diese Schwangerschaft zu verheimlichen fiel mir schon schwer genug – Schwangerschaft, allein schon das Wort! Aber lassen wir das.

Jacques kam zurück, er sah nicht gut aus. Morgens nach dem Aufstehen kotzten wir um die Wette, erst er, dann ich. Welch ein Gespann! Kaum hatten wir uns verständigt, stürmten wir beide mit gesenktem Kopf los, der erste hatte die freie Wahl: entweder die Kloschüssel oder das Waschbecken. Es war zu schön! Als ich darüber ins Grübeln geriet, wurde ich stutzig. Bei einem werdenden Vater bleiben Symptome dieser Art in der Regel aus. Er mußte mir etwas verheimlichen. Oder er brütete etwas aus.

Wenn es mir besserging, probierte ich mit Tanine Autre, der Kostümbildnerin des Films »Wollen Sie mit mir tanzen?« die Kleider an, die ich tragen sollte. Sie stammten von »Real« und waren entzückend: grün-weißes Vichy-Karo, schmale Taille oder aber sehr sexy und enganliegend. Ich bat die Schneiderin, mich nicht allzusehr zu schnüren und lieber etwas Spiel zu lassen; dabei schob ich die Augusthitze vor sowie mein Bedürfnis, mich wohl zu fühlen. Ich ließ zwei Reihen Ösen in der Taille anbringen und plusterte mich bei der Anprobe auf.

Aber damit nicht genug, die Produktion rief mich an und verlangte das Ergebnis meines Urintests. Ach, den hatte ich ganz vergessen!

Was glaubten die eigentlich? Daß ich meinen Urin mir nichts dir nichts jedem x-beliebigen aushändigen würde? Kam überhaupt nicht in Frage. Was wollten die denn damit? Diese Pipi-Geschichte mußte ein Ende finden, sie ging mir langsam ernsthaft auf die Nerven.

Da rief Mama Olga an, sehr bedächtig und sehr ernst. Entweder ich würde ins Röhrchen pinkeln, oder es gebe keinen Film.

Sie wußte, daß das eine auf das andere hinauslief, weil ich nun einmal schwanger war und es nicht mehr verheimlichen konnte, aber Mama Olga, aufrichtig bis zuletzt, wollte mit ihrem Flaggschiff untergehen. Wenn ich also unbedingt ins Röhrchen machen mußte, würde ich eben ins Röhrchen machen.

Ich besuchte Dada, die mich wie ihre eigene Tochter liebte.

»Dada, du mußt mir einen kleinen Gefallen tun ...«

»Naturrrlich, Brrrizzi, was immerrr du willst, mein Schatz!«

»Dada, mach bitte Pipi in ein sauberes Marmeladenglas, und gib es mir dann. Dada, ich flehe dich an, frag nicht, es ist sehr wichtig!«

Ich brachte also Dadas Pipi mit dem Etikett »Brigitte Bardot« ins Labor und erkundigte mich, was es mit diesem unheilvollen »Häsinnentest« auf sich hatte. Mir wurde erklärt, daß man einer Häsin etwas von meinem Urin injizieren würde. Wenn deren Eierstöcke sich entzündeten, handele es sich um den Urin einer Schwangeren, anderenfalls sei der Test negativ.

In der Gebühr, die ich zu zahlen hatte, war die Häsin inbegriffen. Ich fragte also, ob man sie ausnahmsweise nach dem Eingriff wieder zusammennähen würde, damit ich sie mit nach Hause nehmen könne. Man sah mich erstaunt an, aber ich war im Recht. Ich ließ keine Häsin für einen idiotischen und obendrein fingierten Test krepieren, der einzig den sadistischen Versicherungsgesellschaften Freude bereitete.

Am nächsten Morgen kam ich mit einem negativen Testergebnis unter dem linken und der Häsin unter dem rechten Arm nach »La Madrague« zurück und war ausgesprochen stolz auf mich.

Da wurde Jacques mit dem Notarztwagen in die Klinik gebracht und wegen einer akuten Blinddarmentzündung operiert. Ich richtete mich in seinem Krankenzimmer ein.

Wir verbrachten eine Flitterwoche in der Klinik und träumten sehnsuchtsvoll von den Gondeln in Venedig und den Kokospalmen auf den Bahamas. Es waren die letzten Tage, die wir gemeinsam verbringen konnten. Kaum war Jacques wieder bei Kräften, mußte er René Clément und Alain Delon hinterherreisen, um »Nur die Sonne war Zeuge« zu drehen. Und ich mußte wieder nach Nizza, um bei bester Laune mit den Dreharbeiten zu »Wollen Sie mit mir tanzen?« zu beginnen.

Die bevorstehende Trennung erschien mir unerträglich. Ich wäre dann allein auf mich gestellt, mein Geheimnis belastete mich, und weitgehend verantwortlich für den Erfolg eines äußerst wichtigen Films; noch dazu fühlte ich mich müde und minderwertig, zumal mein Mann auf einem Schiff unerreichbar für mich sein würde; es würde nicht einmal ein Telefon geben, das uns einander hin und wieder ein wenig näher gebracht hätte. Ich weinte von morgens bis abends und die ganze Nacht hindurch.

Jacques bekam enorme Gewissensbisse. Meine tiefe Verzweiflung rührte ihn, und so annullierte er seinen Vertrag für »Nur die Sonne war Zeuge« unter Hinweis auf seine angegriffene Gesundheit.

Es war ein ungeheures Opfer für ihn.

Er schenkte mir seine Anwesenheit und gab dafür eine

phantastische Rolle auf, die Maurice Ronet, der für ihn einsprang, zum Star machte. Von Jacques erhielt ich die Ver-
götterung, deren jeder Schauspieler so sehr bedarf.

Wir überließen »La Madrague« und Kapi einem italienischen Gärtnerehepaar, Angelo und Anna, die sich ein paar
Stunden pro Tag um alles kümmerten. Alain, Jacques und
ich richteten uns mit Clown und Guapa oberhalb von Cag-
nes ein, wo die Produktionsfirma für die Dauer der Dreharbeiten ein sehr schönes, altes Haus für mich gemietet
hatte, das einem schwulen Antiquitätenhändler gehörte.

Ich hatte schon immer enorme Schwierigkeiten, mich an
einem fremden Ort einzuleben; vor allem, wenn ich dort,
noch bevor ich richtig akklimatisiert war, auf ein Empfangskomitee traf, dem kein internationaler Star entrinnt, der
sich offiziell zu Dreharbeiten einfindet.

Der Produzent Francis Cosne, Mama Olga, der Regisseur Michel Boisrond, meine Maskenbildnerin Dédette,
mein Double Maguy, meine Garderobiere Anna aus Nizza
(Laurence aus Paris war wegen der hohen Reise- und Un-
terhaltskosten nicht engagiert worden), die Kostümbildnerin Tanine Autre, der Antiquitätenhändler und seine kleinen
Liebhaber: Sie alle belegten das Haus mit Beschlag, das
meines hätte sein sollen und nun mehr einem Filmstudio
glich.

Der Platz vor dem Haus war schwarz von Menschen.
Jean André, ein alter Freund, der die Bauten für den Film
machte, hatte zwar Holzzäune als Sichtschutz aufstellen lassen; aber die Leute hatten Löcher hineingebohrt und beobachteten schamlos alles, was sich »bei mir« ereignete. Ganz
zu schweigen von den unvermeidlichen Paparazzi, die auf
den Ästen hockten und um die Wette klickten.

Francis, den ich Fran-Fran getauft hatte (getreu meiner
Manie, die erste Silbe der Vornamen meiner Freunde zu
verdoppeln), Fran-Fran also hatte alles getan, um mir einen
tollen Empfang zu bereiten. Champagner, Lachs, Kaviar,
exotische Früchte – alle außer mir ließen es sich gut schmek-
ken. Mir war wieder einmal schlecht.

An jenem Tag erfuhr ich, daß meine Schwangerschaft

ein offenes Geheimnis war. Die ganze Produktion wußte Bescheid; allerdings war Francis mir unendlich dankbar, daß ich es den Versicherungen verschwiegen hatte, denn nur so konnte er seinen Film drehen oder zumindest damit beginnen. Da ich kurz zuvor geheiratet hatte, konnte ich durchaus während der Dreharbeiten schwanger werden, die Versicherungen müßten in diesem Fall einspringen. Entscheidend war nur, daß die ganze Sache zu Beginn ihre Rechtmäßigkeit hatte, danach könnte er seine Hände in Unschuld waschen. Uff! Ich hatte Verbündete!

Mama Olga hielt mich für verrückt, aber auch für sehr mutig. Mit feuchten Augen drückte sie mich an ihre Brust, hoffend, daß alles gutgehen werde; sie verkündete mir, daß sie einige Tage bei mir bleiben werde, damit ich mich gut einleben und sie mir notfalls unter die Arme greifen könne.

Jacques biß sich auf die Zunge, als er das mitbekam. Er mochte Olga nicht, hielt sie für aufdringlich und war der Meinung, seine Anwesenheit müsse mir reichen.

Ich verließ diese Versammlung von Kletten und machte mich auf, das sehr hübsche, aber übervölkerte Haus allein zu erkunden. Als ich zufällig in die Küche kam, stieß ich fast mit einer Frau zusammen. Sie lächelte mich an, erklärte, sie heiße Moussia und sei dazu da, mich zu verwöhnen und mir dabei zu helfen, das Haus zu führen. Endlich hatte ich den Eindruck, einem aufrichtigen, einfachen, freundlichen, intelligenten und uneigennützigen Wesen gegenüberzustehen. Ich setzte mich zu ihr und fühlte mich wohl.

Im Grunde war ich nur ich selbst, wenn ich mich in Gesellschaft von Menschen befand, die so taten, als wüßten sie nicht, wer ich war. Wir kamen ins Gespräch, ich entspannte mich, wir verstanden uns. Es roch nach Suppe, nach provenzalischen Kräutern, nach frischem Wachs – es roch nach Moussia.

Ich erkannte, leider etwas zu spät, daß ich einen kapitalen Fehler begangen hatte, als ich Jacques von den Dreharbeiten zu »Nur die Sonne war Zeuge« abgehalten und ihn daran gehindert hatte, sein Leben als Mann, als Schauspieler auszuleben und mir ebenbürtig zu sein.

Die Spannungen zwischen ihm und Mama Olga wuchsen. Wir hatten sozusagen keinerlei Intimsphäre mehr. Alain und die Korrespondenz, die Rechnungen, die Bestellungen, Moussia und die Menüs, die Einkäufe, das Essen, das Telefon, der Haushalt, Mama Olga und die Drehbuchprojekte, die Szenenfolge, die Dialogbearbeitungen und so weiter und so fort – Jacques und ich waren erst spät am Abend allein, wenn ich vor Müdigkeit umfiel und er im Vollbesitz seiner Manneskraft endlich ein wenig von seiner Frau haben wollte, die dann einschlief, statt seinem nur natürlichen Verlangen zu entsprechen.

Irgend etwas stimmte nicht. Ich wollte und konnte nicht mehr.

Tagsüber hatte ich eine wirklich schwere Arbeit zu bewältigen; abends mußte ich innerhalb von wenigen Stunden mehr schlecht als recht eine Organisation abwickeln, von der unser ganzer Tagesablauf abhing, oft sogar meine filmische Zukunft. Wenn ich mich zudem noch in ein »Ruhekissen« verwandeln und Liebestollheit heucheln sollte, während ich mich in Wirklichkeit nach einem heißen Bad und vollkommener Entspannung durch Schlaf sehnte, dann war das ein bißchen viel verlangt.

Außerdem: Gebranntes Kind scheut das Feuer. Auch wenn ich nicht mehr unmittelbar bedroht war, hatte ich doch nur einen trüben Blick für alles, was von nah oder fern einem männlichen Attribut ähnelte und mich abschreckte. Es war ein Kreuz!

Jacques verlor die Beherrschung; ich konnte ihn verstehen, doch ich verstand auch mich. Wir sprachen nicht mehr dieselbe Sprache. Wir wurden zu Feinden. Ich ging ihm aus dem Weg und fühlte mich nur noch in Gegenwart Dritter sicher.

Derart war die Stimmung, als Olga, Alain, Moussia, Jacques und ich uns am Vorabend des ersten Drehtags, am 14. Juli 1959, auf der Terrasse einfanden und das herrliche Feuerwerk bewunderten, das die Baie des Anges aufleuchten ließ. Der Champagner floß, man atmete die Düfte der Provence, es war heiß, die Grillen zirpten. Clown und Guapa, vom Lärm in Angst und Schrecken versetzt, hatten sich unter den Liegestühlen verkrochen. Ein schöner Abend! Trotz der Angst vor dem Drehbeginn am nächsten Tag ging es mir beinahe gut.

In diesem beinahe himmlischen Moment verkündete Olga mir, daß Raoul Lévy und Henri-Georges Clouzot mir ab Mai 1960 eine Rolle in »La Vérité« [»Die Wahrheit«] anböten, einem überragenden Film, der aus mir eine ernstzunehmende Schauspielerin machen würde, sozusagen eine Bestätigung meiner Laufbahn.

Ich spürte, wie Jacques sich bei dieser Nachricht verkrampfte.

Olga fuhr fort, sämtliche Vorteile aufzuzählen, die ein solcher Film mit sich brächte. Der Himmel stand in Flammen, Tausende bunter Funken verloren sich auf ewig in der Nacht.

Ich sagte nichts, denn ich spürte das Gewitter aufziehen, das bald auf uns niedergehen sollte. Eigentlich hätte ich Olga um den Hals fallen und ihr sagen wollen, wie sehr ein solches Angebot mich freute; am liebsten wäre ich in die Luft gesprungen, hätte getanzt, gelacht und die ganze Welt umarmt – ich war stolz, so stolz, daß Leute wie Clouzot und Lévy mir noch solches Vertrauen entgegenbrachten.

Jacques stand mit versteinertem Gesicht und geballten Fäusten auf. Er ging auf und ab und wirkte im weißglühenden Schein des Feuerwerks wie eine chinesische Schattenfigur. Plötzlich wandte er sich brüsk an Olga: »Mich könnten Sie vielleicht auch nach meiner Meinung fragen ... Schließlich habe ich bei all den Plänen, die Sie da schmieden, auch noch ein Wörtchen mitzureden, ich bin ihr Mann! Und künftig werde ich entscheiden, welche Filme meine Frau dreht und welche nicht! Und jetzt will ich überhaupt nicht, daß sie einen Film macht, weil sie sich in Zukunft um ihr Baby kümmern muß. Dieser Film ist der letzte, den ich ihr gestatte, da der Vertrag schon unterschrieben war, bevor ich in ihr Leben getreten bin!«

Ich war wie versteinert vor Entsetzen. Wir lebten doch nicht mehr zu Zeiten Balzacs! Wie konnte dieser Kerl, den ich zu allem Überfluß auch noch aushielt, meiner Agentin derartige Dinge sagen, noch dazu vor meinem Sekretär und meinem Dienstmädchen? Es war unerträglich! Vor Zorn ganz stumm, spürte ich eine Hitze in mir aufsteigen, eine gigantische Welle des Zorns überwältigte mich. Am liebsten hätte ich diesen Möchtegern-Macho, der sich so unverschämt in Sachen einmischte, die ihn nichts angingen, umgebracht.

Äußerlich ganz ruhig, entgegnete Olga, sie könne diesen unvermittelten Auftritt bei einer geschäftlichen Unterredung, die nur sie und mich angehe, nicht verstehen.

Da stürzte sich Jacques auf sie, packte sie an der Gurgel und schrie ihr ins Gesicht: »Ich bin ihr Mann, du alte Kupplerin! Ich habe jetzt das Sagen, und ich sage nein, nein und nochmals nein, es ist vorbei mit dem Goldesel, ein für allemal vorbei!«

Alain ging dazwischen und beschwor Jacques, sich zu beruhigen und zusammenzureißen, während Moussia meine Hand ergriff, da sie merkte, daß ich jeden Moment aufspringen wollte.

Tatsächlich fuhr ich wie von einer Tarantel gestochen hoch und versetzte Jacques ein paar schallende Ohrfeigen, die würdig gewesen wären, in die Kinogeschichte Eingang zu finden. Es war der Auftakt zu einem unbeschreiblichen Faustkampf, einer Entladung dessen, was zu lange aufgestaut worden war, eine unkontrollierte und unkontrollierbare Abrechnung, bei der Gesten und Worte jedes zulässige Maß überschritten. Es war ein Kampf bis aufs Messer; einer von uns beiden war zuviel in diesem Haus, auf dieser Welt und mußte für immer verschwinden. Ich haßte ihn, ich haßte mich, weil ich ihn geheiratet hatte und ein Kind von ihm erwartete. Ich wollte sterben, krepieren und ihn für immer verstümmelt und impotent zurücklassen. Ich schlug mein Knie zwischen seine Beine, um zu verletzen, wodurch ich am meisten gedemütigt worden war.

Olga, Alain und Moussia hatten größte Mühe, uns zu trennen.

Ich lag reglos am Boden mit geschwollenem Gesicht und stechenden Schmerzen im Bauch. Wahrscheinlich würde ich eine Fehlgeburt haben!

Olga rief Maman an und sagte, sie solle sofort kommen, es gehe mir sehr schlecht, ich hätte einen Tobsüchtigen geheiratet. Jacques hatte sich zum Glück aus dem Staub gemacht!

Der eilends herbeigeholte Arzt gab mir krampflösende Mittel. Ich wünschte mir nichts lieber als eine Fehlgeburt! Aber ich war so müde, so überdrüssig, so deprimiert und ratlos, daß ich mich denen anvertraute, die sich nach diesem unvergeßlichen Alptraum meiner angenommen hatten.

Natürlich war ich am nächsten Morgen nicht in der Lage zu drehen. Das fing ja gut an! Schon am ersten Tag verursachte ich der Produktion furchtbare Probleme. Dabei war es wirklich nicht meine Schuld gewesen.

Maman traf mit dem »Mistral« ein. Sie reiste grundsätzlich nicht im Flugzeug. Jetzt hatte ich meine beiden Mütter um mich. Ihre Zärtlichkeit und Pflege, die Aufmerksamkeit von Alain und Moussia und die Zuneigung von Clown und Guapa brachten mich schnell wieder auf die Beine.

Ich begann mit den Dreharbeiten, so wie man eine Arznei schluckt, die einen am Leben erhält. Ich war geistesabwesend und abgelenkt. Ich dachte an Jacques und beklagte die Unvereinbarkeit unserer Charaktere. Ich fühlte mich dennoch an ihn gebunden: Er war der Vater des Kindes, das in meinem Leib schlummerte und vermutlich Alpträume hatte.

Ich brauchte ihn! Wo war er? Ich war ohne jede Nachricht!

Meine Mütter rieten mir, mich so schnell wie möglich scheiden zu lassen; sie würden mir schon helfen, das Kind großzuziehen. Jedenfalls könne ich dann selbst über mein Leben bestimmen, meine Entscheidungen eigenständig treffen und meine Zukunft selbst in die Hand nehmen. Anderenfalls säße ich eines Tages da wie Jacques' Mutter, mit vier oder fünf Kindern am Rockzipfel; ich müßte schuften, stünde am Herd und wäre Sklavin einer riesigen Familie, in der er das Sagen hätte.

Bei dieser Vorstellung überkam mich wieder Übelkeit, was in letzter Zeit selten geschehen war.

Sie hatten ja so recht! Warum nur hatte ich geheiratet? Warum? Warum das alles?

Eines Abends rief Jacques mich an. Er war in Paris, hatte versucht, doch noch in dem Film mitzumachen, aber es war zu spät gewesen. Maurice Ronet hatte bereits mit dem Drehen begonnen. Jacques wirkte traurig, verzweifelt und wußte weder ein noch aus. Er erklärte mir, er liebe mich und sei unglücklich!

Mir ging es genauso. Wir beschlossen, uns zu versöhnen.

Maman und Olga wären beinahe in Ohnmacht gefallen, als sie davon erfuhren. Nicht eine Minute würden sie mit Jacques unter demselben Dach verbringen, sollte er zurückkommen! Ich bräuchte nicht mehr auf sie zu zählen, wenn ich mich wie ein Wetterfähnchen verhielte. Ich würde nur in mein Unglück rennen! Offenbar fände ich Geschmack an Dramen und Komplikationen! Die edlen, gekränkten Mütter fuhren sämtliche Geschütze auf.

Jacques kehrte zurück, und meine beiden Mütter räumten das Feld. Ich war glücklich, er auch. Die Stimmung im Haus war heiter, die Hunde waren munter, der Film wurde in ausgezeichneter Stimmung weitergedreht. Alles lief bestens in der besten aller Welten!

Ich erhielt einen Brief von Bernadette Gérome, meinem kleinen Schützling, dessen Werdegang ich schon seit langem verfolgte. Sie kündigte ihre Hochzeit an. Ihr größtes Glück wäre natürlich, mich dabeizuhaben.

Ihr größtes Unglück war, daß sie sich das weiße Brautkleid, von dem jedes junge Mädchen träumt, nicht leisten konnte. Ich rief bei »Pronuptia« in ihrem Wohnort Grenoble an, bürgte für einen unbegrenzten Kredit, damit sie sich das Kleid ihrer Träume kaufen konnte, und schenkte es ihr dann.

Ich verbrachte meine Tage damit, in den Armen von Dario Moreno Rumba zu tanzen. In den Armen von Philippe Nicaud wirbelte ich zu hemmungsloser Rockmusik herum. Und Henri Vidal verführte ich zu Bluesrhythmen, die sehr sexy waren und zu denen ich aufreizend die Hüften wiegte. Ich konnte gar nicht mehr aufhören.

Daß ich im vierten Monat war, machte sich allmählich bemerkbar. Der kleine, flache Bauch hatte sich leicht gewölbt, aber viel spektakulärer veränderten sich meine Brüste. Alle drei Tage mußte die Garderobiere mir den nächstgrößeren Büstenhalter besorgen. Allmählich sah ich aus wie ein Kopfkissen, das in der Mitte zusammengeschnürt war. Mir wurde ein breiter Gürtel um die Taille gelegt, damit sie schön schmal blieb – was nur dazu führte, daß die Speckfalten nach oben und unten gedrückt wurden. Irgendwann bekam ich Angst, ich könnte ein krankes Kind zur Welt bringen, das wegen meiner eingeschnürten Taille einen mißgebildeten Kopf hätte und von meinem Herumgehüpfe, meinen Pirouetten und Verrenkungen traumatisiert wäre.

Sylvia Lopez, die Frau von Francis Lopez, eine atemberaubende Schönheit von fünfundzwanzig Jahren, spielte eine Art Mata Hari, die Geliebte meines Filmmannes Henri Vidal. Ich beneidete sie ein wenig um ihre Schönheit, ihre Erscheinung, ihr Auftreten. Bei einer solchen Konkurrentin hatte ich kein leichtes Spiel. Dabei wirkte sie irgendwie verletzlich und müde. Am rechten Armgelenk hatte sie eine offene, eitrige Wunde, die mit breiten goldenen und silbernen Armreifen vertuscht wurde und ihr Schmerzen verursachte. Furchtbare Gerüchte machten die Runde, es war von Leukämie die Rede.

Eines Tages suchten Raoul Lévy und Clouzot mich unerwartet im Studio auf. Jacques war zum Glück nicht da. Clouzot wollte den August in der »Colombe d'Or« in Saint-Paul-de-Vence verbringen und die Gelegenheit nutzen, mich näher kennenzulernen. Raoul war wie immer lässig, schön und sich selbst und seiner Sache sicher. »Die Wahrheit« werde ihr Meisterstück werden, ich solle die Heldin abgeben, und das wär's!

Clouzot, den ich noch nie zuvor gesehen hatte, machte einen seltsamen Eindruck auf mich. Dieser kleine, spröde Mann hatte zugleich etwas Teuflisches und etwas Rührendes an sich.

Daß ich schwanger war und Jacques ihren Film strikt ablehnte, war ihnen vollkommen schnuppe. Was zählte, war meine Meinung, und sonst gar nichts. Sie gaben mir das Exposé zum Film; in ein paar Tagen wollten sie wiederkommen, um meine Antwort zu hören.

Ich hielt Dynamit in Händen. Dies war die große Chance für mich, einmal in meinem Leben eine Schauspielerin zu sein, eine wirkliche Schauspielerin, die die ganze Bandbreite von der leichten Komödie bis zur tiefgründigen Tragödie ausschöpfen könnte – oder eben nicht. Es lief alles auf eine Auseinandersetzung hinaus. Dazu kam es, als Jacques mich bei der Lektüre des Exposés antraf. Er verbot mir ein für allemal, an einen solchen Film auch nur zu denken, an eine Rolle, mit der ich über ihn, seine Familie und das ungeborene Kind Schande bringen würde; er wolle nicht, daß ich unser gemeinsames, glückliches Leben zerstöre.

Ich ertrage es nicht, wenn man mir sinnlose Befehle erteilt. Das wirkt bei mir wie eine Herausforderung und provoziert die Lust, über das zu siegen, was ich als pure Dummheit bezeichnen möchte. Ich war ein unabhängiger Mensch, ich ging verantwortlich mit mir und meinen Mitmenschen um. Ich hatte das Recht, frei von jedem äußeren Zwang Entscheidungen zu treffen. Die Herrschsucht meines Ehemannes trieb mich zum Wahnsinn. Ich beschloß schließlich, sie zu ignorieren. Doch das war schlimmer als alles andere!

Jacques zerriß das Exposé und befahl Alain, mich am Telefon nie wieder mit Clouzot oder Lévy zu verbinden. Er sperrte mich in mein Schlafzimmer ein, damit ich Zeit zum Nachdenken hätte.

Dieses Zimmer führte auf ein kleines, tiefes Tal hinaus. Unmöglich, aus dem Fenster zu springen, es sei denn, man wollte sich umbringen. Daran dachte ich oft. Der Gedanke zog mich an wie das Ende eines Alptraums, die Aussicht, an einem anderen Ort wieder aufzuwachen. Unendlicher Überdruß machte sich plötzlich in mir breit. Warum mußte ich ständig verzweifelt gegen das Leben ankämpfen, gegen Jacques, gegen mich selbst, meine Schwangerschaft, meine hoffnungslose Einsamkeit, gegen einen Film mit ungewissem Ausgang, mit dem ich mir vielleicht nur Schwierigkeiten einhandelte?

Ich drehte durch. Ich schrie, schlug mit den Fäusten auf meinen Bauch ein, warf mich gegen die Möbel, versuchte, mich zu verletzen und das Wesen, das ich in übertriebener Opferbereitschaft in mir trug, ein für allemal zu töten.

In der Schublade meines Nachttischchens lag »Gardénal«. Der Arzt hatte mir diese Tabletten für den Fall gegeben, daß ich nach allzu anstrengenden Drehtagen nicht schlafen könnte. Ich schluckte den gesamten Inhalt des Röhrchens auf einmal. Wußte ich wirklich, was ich tat? Ich suchte im wahrsten Sinn des Wortes nach der Erlösung, die ich nirgends finden konnte, denn ich war eine Gefangene meiner Berühmtheit, eine Gefangene meines Körpers, meines Gesichts, meines Kindes und meines Ehemannes, und all dem wollte ich entkommen.

Hätte ich dieses Gift nicht zum Teil gleich wieder erbrochen, wäre ich wahrscheinlich nicht mehr am Leben. Eine Woche schwebte ich mit Nierenkoliken zwischen Leben und Tod – die traurige Bilanz meiner Kurzschlußhandlung.

Die Dreharbeiten wurden unterbrochen, die Journalisten hellhörig. Dank der Geistesgegenwart des Produzenten konnte ein Skandal vermieden werden; er erklärte, ich hätte mir bei meinen akrobatischen Tanzeinlagen eine Verstauchung zugezogen.

Jacques war wieder auf und davon.

Dédette, Alain und Moussia saßen Tag und Nacht an meinem Bett. Olga kam angereist. Der gute Doktor Guillaumat erschien wegen der Kontrolluntersuchung für die Versicherung. Alle Aufmerksamkeit war auf mich gerichtet, und dabei wäre ich am liebsten auf immer verschwunden. Manche meiner Leser mögen an dieser Stelle mit den Schultern zucken, mich für dumm, leichtfertig, feige und verwöhnt halten. Andere wiederum, die sensibler sind, werden meine Not von damals vielleicht nachvollziehen können und mich nicht verurteilen.

Während der Film mehr schlecht als recht fortgesetzt und die Szenen mit Sylvia Lopez – der es auch nicht gutging – abgedreht wurden, erholte ich mich wieder, meine Gesundheit blieb aber weiterhin labil.

Maman erkundigte sich täglich nach mir, wollte jedoch nicht das Risiko eingehen, Jacques an meinem Bett anzutreffen, den sie inzwischen regelrecht haßte. Olga brachte mich wieder auf Vordermann und arrangierte ein Treffen mit Clouzot und Lévy. Aus Trotz unterzeichnete ich den Vertrag für »Die Wahrheit«. Ich wußte nicht, ob ich überhaupt noch einmal die Kraft haben würde, einen Film zu machen, aber mit dem Vorsatz konnte ich mir beweisen, daß ich wenigstens noch in der Lage war, eigene Entscheidungen zu treffen.

Ich ermüdete rasch. Sämtliche Szenen, die mich körperlich zu sehr beansprucht hätten, mußten von Maguy gedoubelt werden. Es fiel nicht weiter auf, sie war ein genaues Abbild von mir, nur feingliedriger, schlanker, graziler, da ich ja nun von Tag zu Tag mehr in die Breite ging.

Bernadette Gérome und ihr Mann Bernard besuchten mich im Studio. Ich erblickte ein schüchternes, unauffälliges junges Mädchen, das errötete, ein wahres kleines Reh! Sie war von einer Poesie, einer Sanftmut und einer Dankbarkeit, die mich anrührten. Wie der Schein doch trügen kann! »Brigitte Bardot«, der dieses Mädchen zum ersten Mal in ihrem Leben begegnete, erschien ihm als der Inbegriff von Erfolg, Zufriedenheit und Glück und verkörperte das imposante Dasein eines Filmstars. Dabei stand Bernadette einer physisch und psychisch ausgelaugten Frau gegenüber, weit entfernt von dem klischeehaften Ruhm ihrer Vorstellung. Sie war damals sicher weitaus glücklicher als ich.

Von Zeit zu Zeit traf ich mich mit Clouzot. Er versuchte meine Persönlichkeit besser zu erfassen, um mich richtig leiten zu können. Bei diesen Besuchen fühlte ich mich nicht wohl in meiner Haut. Trotz seines skrofulösen Aussehens gab sich Clouzot vor seinen Darstellerinnen als Don Juan. Nicht eine einzige hat er verschont. Daß ich ein Kind erwartete, entmutigte ihn nicht, im Gegenteil, er fand das äußerst erregend. Er ekelte mich an, und ich hatte alle Mühe, ihn in die Schranken zu weisen. Als er endlich verstanden hatte, verbrachte ich erstaunliche Momente mit ihm. Seine Intelligenz, seine Sensibilität, sein Scharfblick, sein Machiavellismus, sein Sadismus, aber auch seine Verletzlichkeit, seine Einsamkeit und seine Verzweiflung halfen mir, ihn besser zu verstehen und ihn zu schätzen, obwohl ich ihm weiterhin mißtraute. Er war ein negativer Mensch, ständig mit sich und seiner Umwelt im Konflikt. Er verströmte einen eigenartigen Zauber, eine destruktive Kraft.

Die Côte d'Azur, an der sich die Augusturlauber mittlerweile wie zu Hause fühlten, war zu einem Sammelbecken der Vulgarität geworden. Campingplätze, die sich flechtenartig ausbreiteten, verschandelten und verschmutzten die schöne Landschaft. Eine schwitzende Masse, die entweder zuviel oder zuwenig Sonne abbekam, war bis in die letzten Winkel einer Gegend vorgedrungen, die einst der Aristokratie vorbehalten gewesen war, bis die Vorherrschaft der Mittelmäßigkeit sie auf immer verjagt hatte.

Ich träumte vom Bad in Wellen und Sonne. Zu viele Menschen, vor allem am Sonntag, meinem einzigen freien Tag. Die Strände und Schwimmbäder wurden regelrecht gestürmt, und hätte ich auch nur die Nasenspitze gezeigt, es hätte todsicher einen Menschenauflauf gegeben!

Schließlich kam Jacques zurück. Er kehrte gewissermaßen in den ehelichen Hafen zurück, was allerdings nicht die gleiche Begeisterung auslöste wie beim letzten Mal. Ich wußte, daß er wieder auf und davon wäre, sobald ich ihm den Vertragsabschluß für »Die Wahrheit« gestehen würde. In meinen Augen war er nur auf der Durchreise.

Unsere halbherzige Beziehung gab mir keinerlei Kraft, außer vielleicht bei dem einen Mal, als er sonntags ein Boot mietete, um einen Tag lang mit mir aufs Meer hinauszufahren. Mein Bauch sah aus wie eine kleine Boje, an der ich mich festhielt, als ich mich auf dem Wasser treiben ließ, mitten in dieser unermeßlichen, salzigen und verlassenen Weite. Ich tauchte ganz unter, ließ mich dann von der Sonne trocknen und spürte, daß wieder Leben in mein Herz, meinen Körper kam. Wie sehr ich doch die Sonne zum Leben brauche, und wie ich das Meer und seine Geheimnisse liebe!

Ich hing sehr an Moussia und fragte sie, ob sie mein Kindermädchen werden wollte. Sie kannte mich, die turbulente Stimmung im Haus und meine Beziehung zu Jacques. Sie besaß jene aus Weisheit und Fröhlichkeit gespeiste Nachsicht, die slawischen Menschen eigen ist. Sie hätte meine Mutter sein können und könnte sehr gut auch die Mutter meines Kindes sein.

Sie nahm freudig an, worüber ich erleichtert war. Sie und Alain verstanden sich blendend. Es wurde sogar beschlossen, daß Alain an Moussias freiem Tag für sie einspringen werde, da er das Privileg, sich um das Baby zu kümmern, an keinen Fremden abtreten wollte.

Ich war im fünften Monat! Man sah es jetzt eigentlich ziemlich deutlich. Ich hatte keine Taille mehr, man konnte mich nur noch in mittlerer Naheinstellung filmen, oberhalb der »Kostbarkeiten«, wie der großartige Kameramann Louis Née es nannte, ein gewitzter Pariser, der König hinter der Kamera. Um von den »Kostbarkeiten« zu reden: Das waren zwei Geschosse, die dicke Berta und ihre Zwillingsschwester, es war fast anstößig. Kostbarkeiten im Überfluß können eben auch von Nachteil sein.

Für mich war der Film beinahe abgeschlossen. Es wurde auch Zeit. Da erreichte uns eine schreckliche, unfaßbare Nachricht: Sylvia Lopez war an Leukämie gestorben. Kein Arzt, keine Behandlung, nichts hatte ihr helfen können; sie ließ uns in Trauer um ihre Schönheit, ihre Jugend, ihren Lebensmut und ihre Willenskraft zurück. Mir kam unweigerlich der Gedanke, daß eigentlich ich hätte sterben müssen, schließlich hatte ich es mit allen Mitteln versucht!

Abgesehen von der Tragödie an sich, bedeutete dieser Tod eine wirkliche Katastrophe für den Film. Damit ich schneller fertig war, hatte der Regisseur Boisrond einige Szenen mit Sylvia auf später verschoben. Nun mußte man mit einer anderen Schauspielerin wieder von vorn anfangen. Und ich konnte nur noch in Großaufnahme erscheinen.

Ein Teil der Bauten wurde für Aufnahmen mit der Nachfolgerin von Sylvia Lopez aufbewahrt. Der Vertrag unserer Produktionsgesellschaft mit »La Victorine« lief aus. Wir mußten das Studio für einen anderen Film räumen und sämtliche Bauten auf einer einzigen Bühne stapeln. Inzwischen suchte Francis Cosnes verzweifelt nach einer Schauspielerin, die die Rolle aus dem Stand übernehmen konnte. Seine Wahl fiel auf Dawn Addams.

Sämtliche Szenen mit Sylvia wurden mit Dawn im Eilverfahren wiederholt, häufig in Großaufnahme; die Bauten fehlten uns, und mein Bauch beanspruchte zuviel Platz. Im Geiste sah ich Sylvia vor mir, dabei war es Dawn. Henri Vidal und mich hatte dieser plötzliche Tod sehr mitgenommen. Aber so lautet das Gesetz der Unterhaltungsbranche: Was auch passieren mag, die Show muß weitergehen.

Über »La Madrague« reiste ich zurück nach Paris, wo ich mich auf einen Umzug in eine größere Wohnung vorbereitete. Da eröffnete mir meine Nachbarin, daß sie ihr Apartment verkaufen wolle. Welch glückliche Fügung! Eine Wohnung fiel vom Himmel. Ich hätte nur den Flur zu überqueren, um mein Kind zu sehen, das dort mit Moussia wohnen könnte und sowohl bei ihr als auch bei mir zu Hause wäre. Und ich könnte in meiner geliebten Avenue Paul-Doumer bleiben.

Wie alle feinen Leute sollte auch ich in der Clinique du Belvédère entbinden, ein Krankenhaus, das damals bei den Snobs als Nonplusultra galt.

Während ich darauf wartete, richtete ich nach und nach die Wohnung für das Baby ein. Es gab ein Kinderzimmer und einen riesigen, sehr sonnigen Wohnraum mit fünf Fenstern, der Jacques' Büro werden sollte. Das Einrichten machte mir Spaß. Es hat mich immer schon gereizt, aus einer Höhle einen Palast zu machen. Ich glaube, ich habe viele gute Ideen, Geschmack, lustige und praktische Einfälle.

Genau zu dieser Zeit, in der es eigentlich recht friedlich bei uns zuging, wurde Jacques zum Militär einberufen. Die Zeit seiner Zurückstellung war abgelaufen, der Aufschub nicht verlängert worden, und so mußte er seine Einheit in Orange wieder einmal zu einer dreitägigen Musterung aufsuchen. Der Militärdienst dauerte damals zweieinhalb bis drei Jahre – Frankreich befand sich mitten im Algerienkrieg! Ich kannte mich inzwischen aus mit den verschiedenen Formen des Militärdienstes, aus erster und aus zweiter Hand, ich kannte die Dienstvorschriften, ich wußte, mit welchen Tricks man Albumine im Blut vortäuschen konnte, wie dumm Feldwebel waren und wieviel Zeit man beim Militär verlor. Ich wurde zur Antimilitaristin, zur militanten Antimilitaristin sogar!

Was sollte ich drei Jahre lang ohne Jacques anfangen? Und was war mit ihm? Mit seiner Laufbahn als Schauspieler wäre es vorbei, mit seinen fabelhaften Plänen, seinen Projekten als Produzent. Wahrscheinlich würde man ihn in das letzte Kaff versetzen.

Wir lagen uns in den Armen und heulten, aber unsere Tränen rührten nur uns selbst. Die Schlinge der Behörden zog sich allmählich zu, und wie viele andere auch, würde Jacques drei seiner Jugendjahre Frankreich schenken müssen. Er schwor mir, sich für mich als untauglich ausmustern zu lassen, auch wenn es ihn die Gesundheit und den Ruf kosten sollte.

Am 20. September, dem Tag, als »Babette zieht in den Krieg« in die Kinos kam, mußte er fort. Auf den Plakaten war er als forscher Oberleutnant zu sehen. Er wirkte sehr stolz an meiner Seite auf den Pariser Wänden, Litfaßsäulen und den Werbeseiten der Zeitschriften.

Am Abend der Premiere saß ich völlig niedergeschlagen zu Hause, unfähig, den Film der Presse oder den verhaßten geladenen Gästen, ohne die keine große Veranstaltung auskommt, vorzustellen. Raoul Lévy raufte sich verzweifelt die Haare. Weder Jacques noch ich unterstützten ihn beim Filmstart, der immer ein Lotteriespiel ist. Olga erschien und erklärte mir vergeblich, mein Erscheinen bei der Premiere würde den Erfolg zu achtzig Prozent garantieren, trotz meiner geröteten Augen und meines leicht gewölbten Bauches sei ich immer noch sehr schön. Sie hätte genausogut gegen eine Wand sprechen können; ich hörte ihr nicht einmal zu.

Ich mußte an Jacques denken, an seine Verzweiflung, an die eiskalte, kerkerartige Kaserne, in der er nun als kleiner Infanterist steckte und als Prominenter besonders dem Spott der anderen ausgesetzt war. Als mein Ehemann hatte er es zudem sicher doppelt schwer.

»Babette« schlug sich übrigens beachtlich im Krieg und kam beim Publikum gut an; Jacques und ich als Paar, die hervorragenden Schauspielerkollegen – darunter Francis Blanche – und die eigenartigen Seiten eines ironisch dargestellten Krieges zogen die Menschen an.

Jacques dagegen kehrte deprimiert von seinem Wochenende bei der Armee zurück. Nicht eine einzige Ausmusterung erfolgte damals. Selbst Frankreichs schwächlichste Sprößlinge wurden für tauglich erklärt. Man kratzte die letzten Bestände zusammen, mobilisierte den Bodensatz der gesundheitlich Minderbemittelten. Unsere Regimenter mußten bisweilen aussehen wie Heerscharen Rachitiskranker.

Jacques hatte auf seine psychische Angeschlagenheit gesetzt, und die Darstellung nervlicher Überanstrengung, Appetitlosigkeit und allgemeiner Teilnahmslosigkeit hatte ihn nicht einmal allzu große Mühe gekostet. Da man seine körperliche Verfassung jedoch für ausgezeichnet befand, wurde er für tauglich erklärt. Die Seelennöte der jungen Rekruten waren den Militärs einerlei. Mit Unterstützung eines befreundeten Arztes beschloß Jacques, vor seinem endgültigen Dienstantritt seine Gesundheit zu ruinieren, um dem Alptraum eines endlosen und unsinnigen Militärdienstes zu entkommen. Er aß nichts mehr und pumpte sich voll mit Kaffee und »Maxiton«, einem sehr starken Amphetamin. Da er nun nicht mehr schlafen konnte, nahm er Beruhigungs- oder Schlafmittel. Er magerte völlig ab, seine Augen waren schwarzumrandet und rotunterlaufen. Nervlich war er am Ende, und er war ungeheuer schwach. Der Doktor kontrollierte seinen ständig sinkenden Blutdruck.

Ich war entsetzt. Ich lebte neben einem wirklichen Kranken, den diese unmenschliche Gesellschaft krank gemacht hatte, eine Gesellschaft, die nur den eigenen Vorteil kennt. Jacques richtete sich zugrunde und würde vielleicht auf immer seine Gesundheit einbüßen, nur um wegen der Geburt unseres Kindes bei mir zu bleiben. Was für eine Ungerechtigkeit! Warum kann ein Mensch sich nicht frei für Krieg oder Frieden entscheiden? Warum werden jene in den Krieg getrieben, die ihn verabscheuen?

In der Avenue Paul-Doumer lebten wir wie abgekapselt. Natürlich konnten wir auch noch über den Flur gehen und in den paar Quadratmetern der gegenüberliegenden Wohnung unsere Runden drehen. Aber wir wurden verrückt dabei. Wie gut kann ich die Not der Tiere verstehen, die ihr Leben lang in den engen Gehegen der Tierparks eingepfercht sind!

Doktor Laënnec, der mich entbinden sollte, hatte mir empfohlen, täglich eine Stunde mit meinen Hunden im Bois de Boulogne spazierenzugehen. Wie hätte ich daran denken können, da auf der Straße Dutzende Autos voller Fotografen lauerten!

Ich hatte mir braune Kurzhaarperücken kommen lassen. Da ich das Haus nicht mehr verlassen konnte, mußte ich mit ansehen, wie meine Haare dunkel nachwuchsen. Sie hätten dringend nachgebleicht werden müssen. Von da an trug ich Perücken, was sehr hübsch aussah, doch wenn ich sie abends abnahm, pappten meine Haare mit dem kastanienbraunen Ansatz matt und strohig aneinander; ich wirkte schmutzig und ungepflegt. Dabei waren meine langen, dichten Haare mein ganzer Stolz und meine Zierde. Was hatte ich nur daraus gemacht!

364

Eines Tages beschloß ich, mit einer schwarzhaarigen Perücke zu Dessange zu gehen, um meine Haare wieder herrichten zu lassen. Jacques sah mich, als ich fast ausgehfertig war und in Begleitung von Alain das Haus verlassen wollte.

»Wohin gehst du?«

»Zu Dessange, zum Haarebleichen.«

»Das verbiete ich dir!«

»Ich wüßte gern, warum?«

»Weil ich es dir verbiete, basta!«

»Und ich gehe trotzdem!«

Die Ohrfeige saß, bevor ich sie erahnen konnte. Mein Kopf prallte mit aller Wucht gegen den Schrank und hinterließ eine Delle. Ein paar Sekunden war ich ganz benommen und fiel zu Boden. Der Schmerz war unerträglich; zum Glück hatte die Perücke den Stoß ein wenig abgefangen. Ich spürte meine Schläfen so heftig hämmern wie mein Herz. Ich blieb lange zusammengekrümmt liegen und heulte. Ich wollte sterben, ich hatte nicht mehr die Kraft aufzustehen, das Leben, die anderen hatten mich besiegt. Warum, warum nur dieser ewige Kampf gegen alles? Selbst gegen den Menschen, den ich am meisten liebte auf der Welt, den ich gegen alles und jeden verteidigte. Wenn ich nicht einmal mehr zum Friseur gehen durfte, was dann? Ich bekam keinen Menschen mehr zu Gesicht und wurde häßlich, unförmig und ungepflegt.

Alain wartete lange im Auto auf mich, umringt von Fotografen, die ebenfalls auf mich warteten. Schließlich kam er wieder herauf und fand mich vollkommen verstört, gekrümmt wie ein Embryo am Boden liegen, eine Schläfe blau angelaufen und am Rande eines Nervenzusammenbruchs.

Meine rechte Niere war bereits angeschlagen. Da durch den Sturz das Gewicht des Babys darauf drückte, setzten noch am selben Abend furchtbare Schmerzen ein. Der eilends herbeigerufene Arzt befürchtete eine Fehlgeburt, diagnostizierte dann aber eine Nierenkolik. Es war die Hölle; man mußte mir Morphium spritzen.

Ich entdeckte die Wohltaten dieses Wundermittels. Der

Schmerz ließ nach, dann schwebte ich in einem Universum ohnegleichen: Alle Welt war schön, alle Welt war nett!

Selbst Jacques, der sich über mich beugte, schien mir ein wunderbarer Mensch zu sein! Besorgt benetzte Maman meine Lippen behutsam mit Eis. Ich befand mich in einem Taumel grenzenloser Glückseligkeit, was alle anderen, außer mir, beunruhigte.

Es war die erste Kolik einer langen Serie, die erst mit Nicolas' Geburt ein Ende nahm.

Seit jener denkwürdigen Ohrfeige verabscheute ich Jacques. Ich sehnte seine endgültige Abreise zur Armee herbei und wünschte mir, er möge so lange wie möglich dortbleiben und mich in Ruhe lassen. Die Delle im Schrank erinnerte mich an seine Gewalttätigkeit, seine Bösartigkeit, sein dummes autoritäres Gebaren. Ich träumte davon, daß man ihn ebenso erbarmungslos behandeln möge, wie er mich behandelt hatte.

Doch als er fortging und ich sah, wie jämmerlich, schwach und verzweifelt er war, vergaß ich all meine bösen Wünsche und dachte nur noch an sein Martyrium und an mich, die wegen der Grausamkeit und Unerbittlichkeit der Staatsmacht allein gelassen wurde.

Ich bekam immer wieder Nierenkoliken. Da ich allein zu Hause war, rief ich, meist mitten in der Nacht, bei der Assistentin von Doktor Laënnec an. Sie verabreichte mir die wohltuende Morphiumspritze und schlief dann auf dem Sessel neben mir ein, während ich über die herrlichsten Meere trieb. Doktor Laënnec, über die häufigen Koliken und das für das Ungeborene schädliche Morphium sehr beunruhigt, untersuchte mich zu Hause und riet mir zu einer Röntgenaufnahme, um zu prüfen, ob das Kind die richtige Lage hatte. Ich mußte mich also unbedingt zu einem Röntgenarzt begeben, da dieser mit all seinen Gerätschaften nicht zu mir kommen konnte.

Schön und gut, aber ich wurde belagert! Die Fotografen hatten im Bistro und bei den Concierges ringsum ihre Zelte aufgeschlagen und sogar zu Höchstpreisen verschiedene gegenüberliegende Dienstbotenzimmer mit unmittelbarem Blick auf meinen Salon angemietet. Ich lebte mit zugezogenen Vorhängen und mißtraute jedermann. Ich würde meine Wohnung verlassen und mich dem Gegner stellen müssen, aber wie?

Ich verkleidete mich mit einer braunen Perücke und Sonnenbrille als Nana Mouskouri und entschied, daß Alain im Auto vor dem Dienstboteneingang des Nachbargebäudes auf mich warten sollte. Allerdings wußte ich nicht, daß diese Strategie sich dank Trinkgeldern herumgesprochen hatte.

Beherzt trat ich aus dem Eingang der Rue Vital Nr. 28. Von Alain keine Spur. Ich war allein und verwirrt, aber nicht sehr lange. Zwei Fotografen stürzten auf mich zu. Ich hörte das Klicken ihrer Kameras, sie umkreisten mich, drängten mich an die Wand, ich war ihnen ausgeliefert. In meiner Panik stieß ich die Tür auf, aus der ich gerade gekommen war, um die beiden abzuhängen. Aber sie folgten mir und bedrängten mich in dem engen, übelriechenden Eingang, der mit Mülleimern vollgestellt war. Wie ein gehetztes Tier, versuchte ich mich zwischen ihnen und den Abfalltonnen hindurchzuzwängen. Sie trieben mich vor sich her und versperrten mir den Weg, und schließlich stolperte ich in einen riesigen grünen Plastikeimer, der mich mit gähnender Öffnung erwartete. Ich als Schwangere in einer Mülltonne! Auf einen solchen Schnappschuß hatten sie seit Tagen gelauert.

Später erfuhr ich, daß Alain von drei Fotografen mitten auf der Straße gestoppt worden war, was einen Riesenstau verursacht hatte. Durchlaß wurde ihm erst gewährt, nachdem ich umzingelt, erniedrigt und geknipst worden war.

Mit verrutschter Perücke, die Schande ins Gesicht geschrieben, kehrte ich in mein gefährdetes Paradies in der siebten Etage zurück. Das Leben spielte mir ganz offensichtlich übel mit. Trotz meines guten Willens konnte ich nicht länger gegen dieses Schicksal ankämpfen. Ich schluckte sämtliche Schlafmittel, die mir in die Finger kamen. Die von Jacques und die, die der Arzt mir verschrieben hatte.

367

Die Folgen waren verheerend. Die Ärzte lösten einander an meinem Bett ab, ohne daß es ihnen gelungen wäre, mich aus dem Koma zu holen. Und es war unmöglich, mich in eine Klinik oder ein Krankenhaus zu bringen, ohne weltweit die Presse mit Stoff zu versorgen.

In der Zwischenzeit war Jacques, der von all dem nichts wußte, in einem furchtbaren Zustand vom Notarzt ins Militärkrankenhaus Val-de-Grâce eingeliefert worden; er hatte sich die Pulsadern aufgeschnitten.

Meine Stunde hatte noch nicht geschlagen; ich kam wieder zu mir. Dieses Hin und Her zwischen Diesseits und Jenseits kostete mich enorm viel Kraft. Ich war ans Bett gefesselt und starb bei ständigen Nierenkoliken tausend Tode. Kaum war ich aus einem Schlafmittelkoma erwacht, schickte man mich schon wieder in ein Morphium-Nirwana.

In meiner körperlichen und seelischen Not war mir das Morphium eine wertvolle Lebenshilfe. Meine Gemütslage und meine Einsamkeit sorgten dafür, daß meine echten oder falschen Koliken sich immer häufiger wiederholten.

Doktor Laënnec hatte angeordnet, mir kein Morphium mehr zu spritzen, weil es mir und dem Kind schaden würde, und so rief ich mitten in der Nacht bei Jacques' Freund an, um an meine Dosis zu kommen. Dieser freundliche Arzt wußte, was mit mir los war und auf welch radikale Weise Laënnec mir Erleichterung verschafft hatte, so daß er nicht zögerte, mir »Palfium«, »Nockhel« oder andere Morphiumderivate zu verabreichen. Ihm hatte ich noch eine Reihe schöner Träume zu verdanken.

Gegen Mittag wachte ich nur mühsam auf, schleppte mich ins Bad und schaffte es kaum, mich anzuziehen. Alain informierte mich über den Posteingang, der mich nicht die Bohne interessierte.

Gelegentlich veröffentlichten Illustrierten wie »Paris-Match« oder »France-Dimanche« skandalöse Fotos. Jacques war mit einem Teleobjektiv hinter den Gitterstäben seiner Zelle im Val-de-Grâce aufgenommen worden. Er ähnelte einem Tier

33 *Mein 24. Geburtstag in »La Madrague«.*
Mit meiner geliebten Mamie in dem hübschen Haus in
Saint-Tropez, das ich gekauft hatte,
um der Hölle der Popularität zu entfliehen

34 In verschiedenen Filmen sollte ich reiten, was alles andere als ein Vergnügen war, auch wenn es anders aussieht.

35 Um in »Ein Weib wie der Satan« spielen zu können, ließ ich mich in die Geheimnisse des wilden und sinnlichen Flamenco einweihen. Olé!

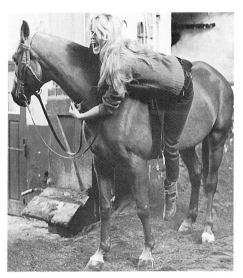

36 Eine unvergeßliche Begegnung mit Jean Cocteau bei einer Operngala. Er sagte von mir: »Sie lebt wie alle anderen und ist doch wie niemand sonst.«

37 *Filmfestspiele von Venedig, September 1958: Strahlend an der Seite von Sacha Distel (rechts) und Raoul Lévy (links), dem glücklichen Produzenten von »Und immer lockt das Weib« und »Mit den Waffen einer Frau«, der den Goldenen Löwen allerdings nicht bekam*

38 *Eine Szene mit Jacques Charrier – diesmal hinter der Kamera!*

39 Zärtliche Augen-
blicke mit Jacques, mei-
nem Partner in »Babette
zieht in den Krieg«, der
am 18. Juni 1959 in
Louveciennes mein
2. Ehemann wurde

40 Jicky

41 Ich in einer neuen,
unerwarteten Rolle bei
der Taufe meines Sohnes
Nicolas, der wenige
Monate zuvor, am 11.
Januar 1960, zur Welt
gekommen war

42 1960, mit Sami
Frey in »Die Wahrheit«.
Mein Lieblingsfilm! Er
gewann mehrere bedeu-
tende Preise und machte
mich endlich zu einer
anerkannten Schau-
spielerin.

43 Italien, 1963. Amouröse Eskapaden bei den Dreharbeiten zu »Die Verachtung« mit dem sensiblen, scheuen und gebildeten Sami, der lange »der Mann meines Lebens« war

44 1963: Dreharbeiten zu »Die Verachtung« von Jean-Luc Godard auf Capri in der Villa von Malaparte

45 *Bei der Taufe meines Patenkinds Camille,
Mijanous Tochter*

46 *Camille 1966, ein richtiger kleiner »Star«, so
unschuldig und so süß, wie sie übrigens noch heute ist*

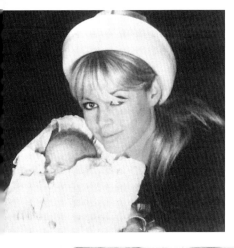

47 *Meine Schwester
Mijanou, die der Garbo
ähnelt, und ihr Ehemann,
der Schauspieler Patrick
Bauchau*

48 *Mein Baby Nicolas, hier schon
drei, wuchs bei seinem Papa Jacques Charrier auf.
Doch wir freuten uns auf unsere gemeinsamen Ferien in Méribel.*

im Zoo. Es war einfach abscheulich! Und dann gab es natürlich Fotos von meinem Kampf gegen die Mülltonnen – erniedrigend!

Ich hatte keinerlei Nachricht von Jacques. Von Zeit zu Zeit rief mich sein Pfleger an, ein ganz netter Bursche, der mir mitteilte, Jacques sei in strenger Untersuchungshaft und in einem furchtbaren Zustand. Das war alles!

Zur selben Zeit, einer der schlimmsten überhaupt, ließ eine Werbeagentur riesige Plakate an Pariser Wände kleben, die ein Mineralwasser mit den Worten »Bébé aime Charrier« [»Baby liebt Charrier« oder »B. B. liebt Charrier«, aber auch »B. B. geht zu weit«] anpriesen. Ja, ein Mineralwasser der Marke Charrier gab es tatsächlich; seit Ewigkeiten schlummerte es verloren und vergessen in den Tiefen Frankreichs, und nun hatte ein rühriger Geschäftsmann es im richtigen Moment wieder an die Oberfläche befördert.

Während die Zeitungen sich über Jacques' Militärdienst in der »Geschlossenen Abteilung« vom Val-de-Grâce die Finger wund schrieben, während weltweit die Presse demütigende Fotos von meinem schwangeren Bauch druckte, spielten die Werbefachleute mit unserer »Liebesgeschichte« und beschmutzten also ganz Frankreich mit dem unanfechtbaren Slogan »Bébé aime Charrier«. Mein damaliger Anwalt Jean-Pierre Le Mée riet mir von einem Prozeß ab. Die Gegenseite verstoße nicht gegen das Recht, meinte er.

Eine Quelle namens Charrier gab es zwar seit Urzeiten, und sie existiert auch heute noch, doch war ihr nur dank des teuflischen Spruchs ein flüchtiger Ruhm beschieden. »Bébé« schrieb sich zwar nicht wie meine berühmten Initialen, doch ich bin nicht sicher, ob die Gegenseite zwangsläufig gewonnen hätte, wenn es zu einem Rechtsstreit gekommen wäre. Wie auch immer: Während »Bébé« auf den Plakatwänden in Paris und in der Provinz Charrier liebte, erwartete B. B. in der Avenue Paul-Doumer Charrier ängstlich und ungeduldig.

Ein Unglück kommt selten allein. Am 2. Dezember, mitten in der Nacht, kam ein Teil der Bevölkerung von Fréjus ums Leben, nachdem der Damm der Talsperre Malpasset gebrochen war. Das gurgelnde, eiskalte Wasser drang in die Häuser und riß alles mit sich fort: Männer, Frauen, Kinder, Tiere, Möbel, Mauern, Autos, Traktoren.

Es war eine Katastrophe ungeahnten Ausmaßes. Die armen Menschen wurden im Schlaf überrascht und zu wehrlosen Opfern. Die Schäden waren enorm; es gab unzählige Tote. Sämtliche Medien, Radio, Fernsehen und Zeitungen, riefen zu Spenden auf. Natürlich wurde auch ich um Hilfe ersucht, und ich wollte von Herzen gern etwas tun.

RTL schickte einen jungen Reporter namens Christian Brincourt zu mir. Ich stellte einen Scheck über eine Million Francs zur Verfügung und bat öffentlich darum, dem verzweifelten Hilfeaufruf Folge zu leisten. Christian Brincourt ist seit dieser Zeit einer meiner treuesten Freunde. Wir haben uns bei dieser Katastrophe kennengelernt und seither etliche andere gemeinsam überstanden.

Dieser Dammbruch wird für mich immer der Höhepunkt des Grauens, der Ungerechtigkeit und der Übermacht der entfesselten Naturgewalten bleiben, denen der Mensch hilflos gegenübersteht.

Am 10. Dezember 1959 weckte mich das Läuten des Telefons. Es war Fran-Fran, der mir mit tonloser Stimme mitteilte, Henri Vidal sei gestorben.

Wie bitte? Ich brüllte in den Hörer, verlor die Nerven, schrie und weinte zugleich, ich wollte es nicht hören. Nicht er, er war zu lebendig, zu fröhlich, zu jung, zu schön. Neiiin! Meine Stimme war zu einem Klagelaut geworden; wie ein jaulender Hund wiederholte ich nur immer wieder »Neiiin!«

Und doch war es so: Henri war in der Nacht im Alter von vierzig Jahren an einem Herzinfarkt gestorben. Das Filmteam von »Wollen Sie mit mir tanzen?« erlitt einen Schicksalsschlag nach dem anderen. Nach dem Tod der jungen und schönen Sylvia Lopez jetzt der des kerngesunden Henri in der Blüte seiner Jahre. Aller guten – oder schlechten – Dinge sind drei, und ich würde die dritte sein, ich würde während meiner Entbindung sterben, o mein Gott!

Ich zog einen Mantel über mein Nachthemd und bat Alain, mich sofort zum Hotel »Lambert« zu fahren, Henris Wohnsitz auf der Ile Saint-Louis. Was kümmerten mich all die albernen Fotografen, die wie die Geier auf ihre Beute lauerten? Mein Freund, mein wunderbarer Partner, war gestorben. Und wenn die Welt untergehen würde, ich mußte zu ihm, auch wenn ich nichts mehr für ihn tun konnte. Dieser Tod erschütterte mich zutiefst; ich war halb wahnsinnig vor Schmerz.

Eine Woche später, am 18. Dezember 1959, kam »Wollen Sie mit mir tanzen?« in die Kinos. Es war ein pompöses Spektakel – fast wie bei einer Beerdigung –, und was da über die Pariser Leinwände flimmerte, erinnerte mich an eine Leichenschau.

Jacques kehrte zurück; statt zur Ehrenlegion hatte er es zur vorläufigen Ausmusterung gebracht. Er war halb verrückt, und ich auch.

Wir zogen aufs Land, um zur Ruhe zu kommen. In Feucherolles gab es eine zauberhafte Herberge, »Le Clos Saint-Antoine«; sie wurde von einer Frau namens Germaine betrieben, die schon so einiges erlebt hatte. Dort lernte ich Doktor Boinet, einen wunderbaren Frauenarzt, kennen, der mich mit seiner schlichten und natürlichen Art ganz für sich einnahm. In seinen Augen war eine Entbindung etwas vollkommen Natürliches; eine werdende Mutter müsse keine Angst haben, im Gegenteil – er begriff die Geburt als umgekehrten Liebesakt. Vortrefflich verstand er es, einer Frau Mut zu machen; er schilderte die Dinge in einem positiven Licht. So beschloß ich, den mondänen Laënnec gegen den einfachen Boinet einzutauschen.

Einen Monat vor der Entbindung wechselte ich den Arzt – großes Geschrei von Maman, Olga und Alain setzte ein. Nur Jacques verstand mich und pflichtete mir bei. Boinet bezog ihn in meinen Übungen für eine schmerzfreie Geburt mit ein und erklärte ihm alles, damit auch er ein Gefühl für die Geburt seines Kindes bekam.

Die Belagerung der Avenue Paul-Doumer war inzwischen schlimmer als die von Alesia. Kein Fenster auf der gegenüberliegenden Straßenseite, aus dem nicht ein Teleobjektiv auf uns gerichtet gewesen wäre. Kein Mensch kam herein oder hinaus, ohne von den Blitzlichtern und dem Gedränge der Fotografen belästigt zu werden. Ich dachte an die Mitbewohner des Hauses! Die Ärmsten, die normalerweise ihre Ruhe hatten, konnten diesem Übergriff auf das Privatleben nicht entkommen. Zum Glück war kein ehebrecherisches Pärchen unter ihnen, das seine sündige Liebe hinter den Mauern eines vornehmen Hauses ausleben wollte, das normalerweise alle Garantien für ein gepflegtes Geheimnis geboten hätte.

Angesichts dieser Invasion von Journalisten aus aller Welt, durch die ich mir ohne Geschrei, Blitzlichtgewitter und andere Greuel am Tage X keinen Weg in die Klinik würde bahnen können, sahen mein Arzt, meine Eltern, mein Mann und ich uns gezwungen, sofort Gegenmaßnahmen zu ergreifen. Wir mußten in der Wohnung gegenüber einen Kreißsaal einrichten. Ich suchte eine entsprechende Firma auf, die etliche Folterinstrumente lieferte, die auch die Inquisition ihrer würdig befunden hätte. Wände und Boden wurden mit weißem Kunststoff verkleidet. In der Mitte thronte ein Entbindungstisch aus Stahl. Da standen Sauerstoff- und Lachgasflaschen samt Manometer, Schläuchen und der gefürchteten Gummimaske sowie Edelstahlbehälter, die kleine, aber scharfe Instrumente enthielten. Ein erschreckendes Sortiment, das dem grausamsten Frankenstein-Film alle Ehre gemacht hätte. Man hatte mir den Zutritt zu der Wohnung untersagt, damit ich keine Furcht bekam. Doch alles Verbotene ist besonders anziehend, und ich ersann jede nur erdenkliche Indianerlist, um durch das kleine Türfenster etwas erspähen zu können; doch auch da stieß ich immer nur auf einen weißen Kunststoffvorhang.

Ich hatte eine Wiege gekauft, eine Wickelkommode, einen Flaschenwärmer und einen englischen Kinderwagen mit großen Rädern zum Spazierenfahren. Babywäsche besaß ich allerdings kaum. Mamie hatte kleine weiße Strampelhöschen gestrickt; ich wünschte mir ausschließlich weiße. Sie schienen sogar für ein Baby zu klein zu sein. Ein Babyausstatter wollte mir die ganze Palette an Wäsche schicken, die Babys in den ersten beiden Jahren so brauchen.

Moussia war eingetroffen, um als Kindermädchen über ihr neues Reich zu herrschen. Clown und Guapa stellten sich Fragen, sie bellten unentwegt. Clown, nervöser als Guapa, sprang jeden an, der von einer Wohnung in die andere wechselte. Ich mußte ihn vorübergehend zu Jacques' Doktor in Pension geben, der ihn sehr mochte. Ich war traurig, daß ich mich von meinem süßen, kleinen Cocker trennen mußte.

Diese Entbindung sollte für mich ganz offensichtlich eine Prüfung werden. Ich betrachtete sie als die Rechnung, die ich für das Leben zu begleichen hatte. Wenn ich sie erst einmal überstanden hätte und wieder ein normaler Mensch wäre, würde ich nicht länger Sklavin dieses Babys sein, das auf so linkische Art und Weise das Leben einer Frau, die darauf gar nicht vorbereitet war, auf den Kopf stellte. Ich war kugelrund geworden, auch wenn ich mein »Schwangerschaftsmieder« so eng wie möglich schnallte. Ich aß nichts mehr und glaubte, so nicht dicker zu werden. Ich wog sechzig Kilo, was mir im Vergleich zu meinen zweiundfünfzig Kilo Normalgewicht als nicht zu übertreffende Fettleibigkeit erschien!

Jacques war abgespannt und depressiv; er sollte an den Nachwehen dessen, was er durchgemacht hatte, sein Lebtag leiden. Wie hätte Boum gesagt: »Eure Taten verfolgen euch ein Leben lang!«

Die Festtage verbrachten wir ohne provenzalische Krippe und ohne Santons. Maman schickte mir einen fertig geschmückten Tannenbaum, damit Weihnachten ganz in ihrem Sinne traditionsgerecht begangen werden konnte. Es riecht nach Tanne – die macht's nicht mehr lange! dachte ich immer, wenn ich daran vorbeiging.

Am 1. Januar 1960 wurden die neuen Francs eingeführt. Beim Ausstellen von Schecks mußte man sich erst noch daran gewöhnen, zwei Nullen wegzulassen. Das sollte schwer genug fallen. Wehe dem, der vergaß, daß eine Million alter zu zehntausend neuen Francs wurde, er bekam es spätestens beim Blick auf sein Bankkonto bitter zu spüren.

Am 10. Januar 1960 saßen Jacques, Guapa und ich abends vor dem Fernseher. Es war Sonntag, und das Mädchen hatte Ausgang. Ich hatte es mir bequem gemacht und verfolgte begeistert eine Übertragung der Oper »Carmen« mit Jane Rhodes in der Titelpartie und dem Orchester unter der Leitung von Roberto Benzi. Es war schon etwas Besonderes, daß »Carmen« nunmehr zum Opernrepertoire gehörte, und ich dachte, wie glücklich Bizet gewesen wäre, so viele Jahre nach seinem Tod endlich Anerkennung zu finden, als ich plötzlich rasende Leibschmerzen bekam. Zusammengekrümmt, kurzatmig, mit trockenem Mund, konnte ich gerade noch Jacques zurufen, daß »es soweit« sei.

»Was ist wie weit?« fragte er. Männer haben zuweilen eine schrecklich lange Leitung!

Während der Torero, der ja gar nicht so siegesgewiß ist, die berühmte Arie schmetterte, wand ich mich in so heftigen Krämpfen, wie ich sie auf Dauer kaum würde ertragen können. Sollte ich das dritte Opfer des Filmunternehmens »Wollen Sie mit mir tanzen?« werden? Mit mir ging es unweigerlich zu Ende.

An sich bin ich überhaupt nicht wehleidig. Ich hatte in meinem Leben schon öfter unerträgliche Schmerzen, die ich immer ausgehalten hatte. Aber was mir nun die Eingeweide zerschnitt und mich in dieser Nacht zwischen zehn Uhr und morgens um zwei buchstäblich zerriß, war weit mehr, als ein Mensch ertragen kann. Ich überließ mich dem Schmerz und brüllte wie ein weidwundes Tier. Die Kontraktionen erfolgten in so kurzen Abständen, daß ich kaum noch Luft bekam. Am liebsten wäre ich aus dem Fenster gesprungen!

Schweißgebadet, mit verklebten Haaren, erbrechend, sabbernd, weinend und schreiend lag ich am Boden, von derartigen Krämpfen geschüttelt, daß ich mich wie jene von Dämonen Besessenen, die erst der Anblick des Kreuzes besänftigt, durch das Zimmer wälzte.

Doktor Boinet bemühte sich, mich schnell und stark hecheln zu lassen, als wäre ich ein kleiner Hund – was ich auch gelernt und oft geübt hatte, aber nicht half. Ein anderes Leben in mir, das stärker war als ich selbst, bemächtigte sich »meines Körpers«, um seiner Bestimmung nachzukommen. Ich war zu einer nutzlosen Hülle geworden, die das ausschlüpfende Insekt verläßt.

Man legte mich auf den eiskalten Entbindungstisch, auf dem man sein Geschlecht wie auf einem Altar darbietet. Ich sah Köpfe, die sich über meine gespreizten Beine beugten. Ausgerechnet ich, die so schamhaft war, wenn es um die Blöße meines Körpers, das Geheimnis meines Geschlechts ging, bot mich nun offen, blutig wie auf einer Schlachtbank, der visuellen Sezierung dieser befremdlichen Unbekannten dar. Eine gewaltige Kraft zwang mich dazu, mich meiner selbst zu entleeren. Schreiend preßte ich meine Eingeweide aus mir heraus. Ein abscheulicher Geruch stieg mir in die Nase, ich bekam keine Luft, die Anästhesiemaske erstickte mich. Da mischte sich teuflisches Glockenläuten mit den Schreien des Neugeborenen; ich sah gelbe und blaue Linien und hörte schwach ein endlos sich wiederholendes Echo; mein Körper fing Feuer aus meiner Mitte heraus. Es war aus. Ich lag im Sterben …

Als ich die Augen wieder aufschlug, war ich erstaunt, nicht mehr den aufs äußerste gespannten Fleischberg meines Bauchs zu sehen. Statt dessen spürte ich etwas Warmes, das ich für eine Wärmflasche aus Gummi hielt. Überall zwischen meinen Beinen brannte es jetzt, der Schmerz, der mich vorher gequält hatte, war vergangen. Meine »Wärm-flasche« bewegte sich sanft auf meinem Bauch, nahm unbe-wußt den ersten Kontakt zum Leben auf.

Als ich wieder bei vollem Bewußtsein war und realisie-ren konnte, daß mein Kind sacht auf mir schwamm, begann ich schreiend zu betteln, man solle es wegnehmen. Neun alptraumhafte Monate hatte ich es mit mir herumgetragen. Ich wollte es nicht sehen!

Man sagte mir, es sei ein Junge.

»Mir egal. Ich will ihn nicht sehen!« Dann kam der Ner-venzusammenbruch.

Das mag zwar alles ungereimt, übertrieben, schwer nachvollziehbar erscheinen. Und doch verweigerte ich mich meinem Kind. Für mich war es so etwas wie ein wuchern-der Tumor, den ich mit meinem angeschwollenen Fleisch genährt hatte, und ich hatte nur auf den segensreichen Au-genblick gewartet, in dem man mich endlich davon befreite. Nun, da der Alptraum seinen Höhepunkt erreicht hatte, sollte ich für die Ursache meines Unglücks auch noch le-benslänglich Verantwortung übernehmen. Unmöglich, lie-ber wollte ich sterben!

Grauenhafte Angstzustände raubten mir nachts den Schlaf. Ein Kind in meinem Leben ging über meine Vorstel-lungskraft, und doch war es da. Ein armes, kleines, unschul-diges Etwas, und schon so schwer mit Vorwürfen, Verant-wortung und Pflichtgefühl belastet, schon in der ersten Nacht verstoßen und von mir durch einen Flur und zwei verriegelte Türen getrennt. Ich mußte ein Scheusal sein!

In der Avenue Paul-Doumer hatte sich eine Menschen-menge zusammengerottet. Hunderte und aber Hunderte Fotografen und Journalisten brachten den Verkehr zum Er-liegen. Die Gaffer, Postboten, Taxi- und Autofahrer gaben ihre Kommentare zu dem berühmtesten Baby des Jahres ab. Meine Concierge, Madame Archambaud, hatte die Ein-gangstür des Gebäudes verschlossen, nachdem sie auf jeder Etage mit dem Besen die vorwitzigsten Fotografen aus ih-ren Verstecken vertrieben hatte. Vor dem Haus schob ein von meinem Vater herbeigerufener Polizist wie für einen Staatschef Wache. Mit Hupkonzerten brachte mir die anonyme Menge, die stolz auf mich war, ihre Glückwünsche entgegen.

Seit dem frühen Morgen wurden Tausende von üppigen und schlichten Blumensträußen abgegeben, von reichen und armen Leuten, die mich mochten. Robert Hossein schickte mir einen entzückenden vergoldeten Käfig, in dem zwei allerliebste Kanarienvögel zwitscherten.

Jacques, sehr bewegt und erschüttert, sah mich mit grenzenloser Dankbarkeit an. Er war selig über die Geburt seines Sohnes, seines sehnlich erwarteten Wunschkindes. Von uns beiden war er derjenige, der den Mutterinstinkt besaß. Er brachte mir das weiße Wollbündel mit dem kleinen schwarzen Krauskopf, der soviel Wirbel verursacht hatte. Ich sollte ihn stillen.

Nein, nein und nochmals nein! Ich würde ihm nicht die Brust geben. Zu dieser unmenschlichen und entstellenden Ammendisziplin ließe ich mich nicht zwingen. Ich erklärte, daß es im Handel mittlerweile der Muttermilch ähnliche Milchsorten gebe, Moussia werde sich schon darum kümmern. Meine riesigen, geschwollenen Brüste schmerzten heftig, die Milch ergoß sich auf mein Nachthemd und die Laken, aber ich wollte partout nichts mehr von mir hergeben, auch wenn ich daran krepieren sollte.

Jacques und ich hatten zwei Vornamen ausgesucht, »Marie« für ein Mädchen, »Nicolas« für einen Jungen. Er machte sich auf den Weg zum Rathaus, um das Kind ins Geburtsregister eintragen zu lassen: »Nicolas Jacques Charrier«, geboren am 11. Januar 1960 um 2.10 Uhr. Es war unmöglich, unbemerkt an der rasenden Menschenmenge, die das Haus belagerte, vorbeizukommen. Es war ein kleiner Aufstand, mindestens tausend Berichterstatter warteten dort. Er wurde von Fotografen bombardiert und von Reportern zum Champagner ins Bistro eingeladen.

Nachdem die Geburt von Nicolas endlich registriert war, kam Jacques mit einem Stoß Zeitungen unter dem Arm nach Hause. Auf allen Titelseiten prangten ähnliche Schlagzeilen: »B. B. jetzt Mama«; »Jacques und Brigitte haben ein Prachtbaby von 3500 Gramm«; »Berühmtestes Baby der Welt heute nacht um 2.10 Uhr geboren«; »Berühmteste und hübscheste Mutter hat einen Sohn zur Welt gebracht« und so weiter.

Glückwunschtelegramme aus aller Welt trafen ein. Alain nahm Anrufe entgegen, holte Blumen herauf, kam bepackt mit Geschenken, Briefen und Botschaften von überall her zurück.

Es war ein Rausch, ein allgemeiner Freudentaumel bei allen, die nicht direkt betroffen waren. Für meine Nächsten war es ein kleines Drama, für mich eine Katastrophe.

Das »Maison des Layettes« schickte mir Kartons mit Babyjäckchen, Strümpfchen und Strampelhöschen. Großzügig und werbewirksam schenkte dieser Babyausstatter jedem Kind, das am selben Tag wie Nicolas in Pariser Kliniken und Krankenhäusern das Licht der Welt erblickt hatte, in meinem Namen eine komplette Säuglingsgarnitur. Durch anonyme Danksagungen erfuhr ich später, daß viele der Babys, die am 11. Januar 1960 in Paris geboren wurden, den Vornamen Nicolas oder Brigitte erhielten.

Jérôme Brière, Direktor der »Unifrance-Film«, den ich seit meinen Anfängen als Filmschauspielerin kannte und zu dem ich großes Vertrauen hatte, gelang es, die Sperren von Polizei, Sekretariat und Familie zu durchbrechen und bis in mein Zimmer vorzudringen. Er war ein alter Kumpel und durfte mich ruhig sehen, einerlei, in welchem Zustand ich war. Und an jenem Tag erlebte er mich weiß Gott in einer schlimmen seelischen und körperlichen Verfassung! Nach den üblichen Glückwunschfloskeln erläuterte er den Grund seines Kommens:

Ich dürfe nicht von Hunderten von Fotografen belagert bleiben. Die Bewohner des Gebäudes hätten sich schon beklagt, und es bestehe Gefahr, daß die Journalisten das Gebäude stürmten, um endlich das Foto des Jahrhunderts zu schießen. Er, Jérôme, biete mir – meine Einwilligung vorausgesetzt – an, eine Fotoserie mit Nicolas, mir und Jacques zu machen. Wir würden gemeinsam die Fotos sichten, die schlechten aussortieren und nur die guten behalten; die würde er überall kostenlos verteilen und mir dadurch Tausende von Fotografen vom Leibe halten, die für die Qualität ihrer Fotos nicht bürgen könnten.

Ich hatte gerade erst entbunden, war geschunden, trug noch die Wundmale an meinem Körper und in meinem intimsten Innern, und nun sollte ich mich fotografieren lassen!

Lange habe ich geweint und das Schicksal verflucht, das mich so erniedrigte.

Maman und Mamie versuchten Jérôme mit allen Mitteln begreiflich zu machen, daß man wenigstens einen oder zwei Tage warten solle. Doch Jérôme war ein Profi. Aktualität bedeutete alles, argumentierte er. Ließe ich mich nicht fotografieren, gäbe es womöglich einen Skandal, gelänge es sicherlich irgendeinem Kerl, sich Zugang zu verschaffen, irgendein Foto zu schießen und auf den Markt zu werfen.

Einige Fotografen hatten schon die Dienstmädchenzimmer in der oberen Etage besetzt. Wenn mein Zimmermädchen Yvonnette wie gewohnt den Mülleimer ausleeren ging, ohne Alain Bescheid zu sagen, damit er sofort hinter ihr die Tür abschloß, konnte es durchaus geschehen, daß sie eindrangen. Diese Belagerung war nicht länger auszuhalten. Der Arzt, die Krankenschwester, Jacques, Papa, Maman, Mamie und Dada kamen und gingen, jeden Augenblick konnte etwas Schlimmes passieren. Also willigte ich wieder einmal ein und akzeptierte Jérômes Vorschlag.

Mit Mamans Hilfe ging ich ins Bad, während Mamie, Yvonnette und Dada mein Zimmer in ein Königinnengemach verwandelten. Ich sprühte Trockenshampoo auf meine verfilzten Haare und bürstete sie gründlich. Da mir der Arzt verboten hatte zu baden, duschte ich heiß, was meinen Körper wohltuend entspannte. Maman holte mir ein entzückendes blaues, spitzenverziertes Seidennachthemd, das meine Brüste überdeutlich abzeichnete, aber sei's drum! Ich schminkte mich, so gut es ging, löste aus den zusammengesteckten Haaren einige zu straffe Strähnen und machte mir eine nachlässig wirkende, aber reizvolle Frisur, aus der in den folgenden Jahren die bekannte »Sauerkrautfrisur« werden sollte.

Von dieser jungen Frau und ihrem Baby schoß Jérôme Hunderte von Fotos, einige davon zusammen mit Jacques. Überall waren Blumen zu sehen, sogar in Blau auf der Bettwäsche. Diese Fotos gingen um die Welt, erschienen auf den Titelseiten aller großen Illustrierten und Tageszeitungen und erfreuten alle, die sie sahen.

Christine Gouze-Renal waren Kinder versagt geblieben. Sie wählte ich als Patin. Sie würde Nicolas ein Gefühl zärtlicher Geborgenheit vermitteln und mich vertreten, wenn ich abwesend wäre, und ihn streng, aber nicht humorlos erziehen.

In der Welt des Journalismus war vermutlich Pierre Lazareff mein eigentlicher Schöpfer. Hatte ich meine ersten Schritte im Film nicht den zahlreichen Titelseiten und Fotos in »Elle« zu verdanken? Ihn wählte ich als Paten. Er würde Nicolas frei von Angst erziehen, ihm Wissen, Mut und eine vielleicht sogar erfolgreiche Lebensphilosophie vermitteln. Weil Pierre Jude war, durfte er Nicolas nicht über das Taufbecken halten, weshalb Alain für ihn eintrat. Immer wieder überrascht mich die katholische Kirche mit ihrem verkappten Rassismus und ihren Verboten. Es fehlt ihr an Großzügigkeit, Nachsicht und Weitblick.

Inzwischen habe ich einen wunderbaren erwachsenen Nicolas, meine Familie, meine Stütze. Ich liebe ihn über alles. Und ich danke dem Himmel für dieses Geschenk. Um nichts in der Welt könnte ich mir heute ein Leben ohne ihn vorstellen – aber damals durchaus!

Durch all die Ereignisse ziemlich mitgenommen, beschlossen Jacques und ich, uns im Gebirge im Schnee zu erholen. Nicolas wußten wir in Moussias und Alains fürsorglicher Obhut, Mamie würde als Urgroßmutter über allem wachen, und Maman würde als Gluckengroßmutter auf die geringste Kleinigkeit achtgeben. Also fuhren wir auf gut Glück Richtung Alpen.

Da wir die großen werbesüchtigen Hotels mieden, landeten wir meistens in einem kleinen Berghotel für Sportbegeisterte. Häufig benutzten wir Sesselbahnen, um es in der Abgeschiedenheit der Berge unter einem hoch aufgetürmten Dach aus Schnee zu finden.

Einmal war es zu spät für uns, um umzukehren, denn die Lifte stellten nachmittags um vier Uhr den Betrieb ein, als wir unseren Irrtum bemerkten: Wir waren unter aufdringliche Bergsteiger geraten. Sie hatten uns zwar erkannt, aber für sie waren wir Leute wie du und ich. Und hast du nicht gesehen, schon haute mir einer auf den Po. Ach, die Bardot, die ist uns doch wurscht! Wir lieben die Berge und pfeifen auf die Bardot! Und – peng! – ein derber Schlag auf den Rücken! Und zuprostend kippten sie sich Fendant und Crépy hinter die Binde. Was kümmerte sie der Charrier und die Bardot! Die Kinder brüllten, und die Erwachsenen schlurften mit ihren derben Schuhen über den Holzboden, redeten laut und lachten anzüglich.

Schüchtern bat ich um ein Zimmer.

»Zimmer gibt's hier nicht! Alle Mann schlafen im Schlafsaal!«

Ich schaute Jacques flehentlich an, wie eine Verurteilte denjenigen ansieht, der sie begnadigen könnte. In jener Nacht haben wir inmitten einer schnarchenden und übelriechenden Bande ausgeharrt, die versessen auf das Pfadfinderleben war. Um acht Uhr morgens ließen wir sie mit ihren Skiausrüstungen, ihren Streitereien und ihrem Gebrüll zurück, stiegen in die erste Kabine und gelangten wieder zu unserem Auto, einer friedlichen Oase.

Dank des Guide Michelin kamen wir nach Cordon zum Chalet »Aux Roches Fleuries«, das Stille, ein schönes Panorama und den friedlichen familiären Rahmen bot, den wir suchten. Unsere Ankunft wurde zu einem Ereignis. Reine, die Wirtin, rannte los, um es ihrer alten Mutter in der Küche mitzuteilen und klatschte in die Hände, um die Postbeamtinnen, die sich zur Erholung in ihrem Hotel aufhielten, zusammenzutrommeln. Unter ihren mitfühlenden und zugleich neugierigen Blicken haben wir uns in einem Zimmer ganz allein für uns gleich zweifach eingeschlossen.

Wir verbrachten herrliche Tage im Hotel »Aux Roches Fleuries«. Wir lernten einfache und liebenswürdige Menschen kennen, die nach dem anfänglichen Staunen alles Erdenkliche unternahmen, um mir einen unbeschwerten und angenehmen Aufenthalt zu bereiten, allen voran Fonce und Jacques Aumont, ein humorvolles und heiteres Paar, das schon zum Inventar gehörte. Sie haben mich ein Leben lang begeistert, und noch heute stehe ich in freundschaftlichem Kontakt zu Jacques, der inzwischen allein ist.

Ich bin danach oft wieder zu Reine gefahren und dort jedesmal herzlich und diskret empfangen worden in der angenehmen familiären Atmosphäre, nach der ich mein Leben lang gesucht habe, ohne sie ein zweites Mal zu finden.

Für dieses Mal mußten wir jedoch abreisen, da Jacques sich mit einem Freund in Chamonix verabredet hatte. Wir landeten ausgerechnet im »Hôtel du Mont-Blanc«, mitten in der Stadt. Ich finde und fand Chamonix abscheulich, diese Stadt im Schnee mit den Verkehrsampeln, dem Dreck in den Straßengräben, den Menschenmassen, den erdrückenden Bergen, die einen umzingeln und einem den Blick und den Atem rauben. Wo waren sie, die Gehöfte von Cordon, die Vieh- und Vogeltränken, die Sägewerke, die so gut nach frisch geschlagenem Holz rochen?

Da mein Fenster nur den Blick auf das gegenüberliegende Gebäude freigab, schloß ich die Fensterläden und legte mich am hellichten Tag ins Bett, fest entschlossen, erst zur Abreise wieder aufzustehen. Um schlafen zu können, schluckte ich einige Schlaftabletten. Als Jacques zurückkam, fand er mich im Delirium. Ein Arzt mußte geholt werden. Die Hotelbesitzerin war wunderbar. Sie sorgte für mich wie für eine Tochter, redete mit mir, beruhigte mich.

Als ich wieder auf den Beinen war, stellte sie mir die bekanntesten Bergführer dieser gnadenlosen Berge vor. Lionel Terray war gerade verunglückt. Seine Frau empfing uns zusammen mit anderen Bergführern. Wir verbrachten einen bewegenden und unvergeßlichen Abend bei einer Fondue Savoyarde. Ich lernte rauhe, aufrechte, gesunde, großzügige, mutige Menschen kennen, die zu leben verstanden. Ich fühlte mich in eine gänzlich andere Welt versetzt, die anziehend und zugleich grausam war. Hier besaß alles noch seine ursprüngliche Bedeutung. Die Frauen akzeptierten ihre Einsamkeit, ihr Witwendasein. Es herrschte das harte Gesetz der Berge. Sie fügten sich, ohne zu resignieren, und folgten der Tradition mit bewundernswerter Gelassenheit. Dabei mußte ich an meine Ausbrüche, meine Ausweichmanöver und meine Schlafmittelvergiftungen denken. Sie dagegen gingen erhobenen Hauptes. Nur die Falten vom vielen Weinen, die wie ein Sonnenkranz um ihre Augen wirkten, waren verräterisch. Die Frauen der Bergführer sind mutige Wesen. Gestärkt durch diese positive Lektion über die Menschlichkeit, fuhr ich nach Saint-Tropez.

Kapi war überglücklich, uns wiederzusehen. In bester Absicht hatte Pilar Fernandez das Haus für uns hergerichtet, das im Winter jedoch kalt war und dessen Garten völlig kahl wirkte. Wie unterschiedlich »La Madrague« je nach Jahreszeit doch sein kann! Im Sommer ist es ein tropisches Paradies mit üppiger Vegetation, die Sonne durchflutet die Räume mit warmem, sanftem Licht. Im Winter dagegen ist es eine Katastrophe. Algen breiten sich im Garten aus, der Gischt verätzt alle Blätter. Die riesigen Räume spenden keine Geborgenheit und keine Wärme. Traurig ist es dann, kalt, naß und trostlos.

Ich beschloß, für Nicolas ein kleines Haus, »La Petite Madrague«, bauen zu lassen. Dazu brauchte ich weder eine Baugenehmigung noch einen Architekten. Ein großer Raum mit einem rustikalen Kamin, ein breites Fenster zum Meer hin, ein kleines Bad, dicke Balken, eine ganz niedrige, der Dachneigung folgende Zimmerdecke, alles weiß gekalkt, das wär's doch!

Ich beauftragte einen Unternehmer und kümmerte mich selbst um die Abmessungen, indem ich mit »großen Schrit-

ten« Maß nahm. Ich legte selbst Hand an, stibitzte den Mau-
rern Wasserwaage und Lot, denn ich wollte schiefe Mauern
haben, die altertümlich aussahen. Sobald ein rechter Winkel
entstanden war, machte ich mich im wahrsten Sinne des
Wortes daran, die Ecke abzurunden. Ich war gut damit beschäftigt und hatte viel Spaß dabei.

Dann ging ich baden; im März war das Wasser noch eiskalt, straffte aber meine noch überdehnte Bauchpartie.

In der Zwischenzeit traf sich Jacques mit Jean Aurel und
Cécil St. Laurent, die einen Film mit ihm planten. Alle drei
sahen sie wie arrogante Nichtstuer aus. Sie tranken viel, redeten viel und arbeiteten wenig. Morgens um elf Uhr machten sie vor ihrem Pastis nicht gerade einen seriösen Eindruck. In Jeans und mit gipsverschmierten Haaren traf ich
mich mit ihnen zum Mittagessen. Später wurde mir klar,
daß sie für die weibliche Rolle ihres zukünftigen Meister-
werks, bei dem Jacques Produzent und jugendlicher Liebhaber sein sollte, mit mir liebäugelten. Leicht angetrunken
erzählten sie mir die Geschichte, die sie je nach Eingebung
weiterspannen, rülpsten und lachten dazwischen. Ich nahm
das Ganze von der heiteren Seite, wußte ich doch, daß ich
erst in zwei Jahren frei wäre. Andererseits wollte ich sie
nicht beleidigen, also hieß ich mit ernster Miene alles gut,
was sie sagten.

Sie nahmen es für bare Münze!

Das wiederum gab Anlaß zu heftigen Auseinandersetzungen zwischen Jacques und mir. »Wie, du machst Filme
mit irgendwelchen Leuten, und wenn ich der Produzent bin,
weigerst du dich?«

»Aber Jacques, du weißt doch genau, daß ich erst in zwei
Jahren frei bin, frag doch Olga.«

»Ach, die schon wieder, von der will ich überhaupt nichts
hören. Dann mußt du deine Verpflichtungen halt sausenlas-
sen und mit mir drehen, sonst ...«

Es endete dramatisch. Jacques ging, knallte die Türen
und ließ mich mitten in der Nacht mit Kapi ganz allein. Mit
seinen beiden Kumpanen ertränkte er seine Enttäuschung

in Alkohol und machte mich schlecht. Dieser Streit um Nichtigkeiten schaffte mich. Wie unangenehm dieser Aufenthalt geworden war! Nur in Gesellschaft der Maurer und des Hundes war ich noch fröhlich. Sobald Jacques auftauchte, verkrampfte ich mich. Ich ließ das Haus ohne mich fertigbauen, gab Kapi in Pilars Obhut und fuhr zurück nach Paris.

Nicolas hatte gerade seine blauen Augen aufgeschlagen. Er ähnelte Colonel Charrier, Jacques' Vater, was mich wütend machte.

Der Alltag vereinnahmte mich wieder mit Rechnungen, Steuerforderungen und allem möglichen Ärger: Das Mädchen wollte kündigen, Alain hatte sich in eine Eintagsfliege von einem Schnulzensänger vernarrt; kurz gesagt, das übliche Empfangskomitee. Nur meine Guapa machte mich froh und glücklich. Clown war von Jacques' Freund vorübergehend aufs Land zu einem Metzger gegeben worden. Anscheinend führte er dort ein Herrenleben, jagte den lieben, langen Tag hinter Hasen her, bekam Schlachtabfälle, nagte an Knochen und fraß wie ein Scheunendrescher.

Da Jacques' Freistellung vom Militär noch nicht endgültig war, mußte er erneut vor der Musterungskommission erscheinen. Deshalb konnte er weder arbeiten noch auftreten, noch auf irgendeine Weise seine Zukunft planen. Da für die neuerliche militärärztliche Untersuchung kein Termin feststand, lebte Jacques ständig unter einem Damoklesschwert. Wir kamen nicht mehr unter Leute, lebten völlig zurückgezogen, und nur Jacques' Arzt ging im Haus ein und aus. Er half Jacques, so gut er konnte.

Raoul Lévy rief mich wieder an. »Die Wahrheit« werde ein ganz außergewöhnlicher Film und viel Aufsehen erregen. Clouzot wolle mit mir über die Besetzung sprechen, denn bisher sei noch kein Schauspieler engagiert worden.

Nachdem sie die Glucke gespielt hatte, nahm Olga wieder ihre Rolle als Staragentin ein und redete vom Business.

Jacques hielt das alles nicht mehr aus und brach zusammen. War es die Eifersucht des Ehemanns, der Neid des

Schauspielers? War es das Gefühl eigenen Unvermögens angesichts eines Menschen, der zutiefst getroffen schien und sich wie Phönix aus der Asche wieder erhob? Jedenfalls bekam er einen richtigen Nervenzusammenbruch. Sein Arzt spritzte ihm intravenös »Calcibronat«, das ihn eine Woche lang in einen komatösen Zustand versetzte. Alsdann riet er mir, so oft wie möglich aufs Land zu fahren, damit Jacques sich in Ruhe erholen könne.

Das war der Gipfel! Neun Monate lang hatte ich ein Kind getragen und unter fürchterlichen Umständen zur Welt gebracht, ich allein bestritt unseren Lebensunterhalt, und nun sollte ich mich auch noch um einen depressiven Ehemann kümmern, der zur Last zu werden drohte. Ich hatte es satt, einfach satt!

Trotzdem nahm ich Jacques unter meine Fittiche und fuhr mit ihm aufs Land. Wir spazierten über die Felder, kehrten in entzückenden Herbergen ein, übernachteten manchmal in Dorfgasthäusern. Wir lebten wie Bruder und Schwester. Nie, niemals in meinem ganzen Leben, hätte ich wieder mit ihm schlafen können. Ich war traumatisiert, für immer frigide. Als ich mit Doktor Boinet darüber sprach, beruhigte er mich damit, daß dies eines Tages bestimmt vorbeigehen werde.

Dédette, die meine Schwangerschaftsphobie kannte, meinte: »Du wirst's vergessen, das ist doch ein hübsches Wehwehchen.« Was du nicht sagst! Noch heute, mehr als dreißig Jahre später, erinnere ich mich an das »hübsche Wehwehchen« als an den fürchterlichsten Schmerz meines Lebens. Ich war ein schönes Mädchen, jung, sexy und alles, aber innerlich eiskalt!

Ich erwog, mir ein Haus auf dem Land zu suchen. Ich spürte das heftige Verlangen, Paris zu entfliehen, wieder Bäume, Gras und Erde vor Augen zu haben. Bei unseren Fahrten besichtigte ich alle möglichen Bauernkaten, Häuser und Anwesen, die Makler in Schaukästen anboten. Ich besichtigte mit Jacques scheußliche Angebote. Guapa rannte begeistert hin und her, schnupperte herum und meldete mir bellend ihre Entdeckungen; sie wurde von Mal zu Mal jünger.

Nicolas' Augen wurden braun! Er blickte mich lächelnd an und freute sich über sein Zauberkunststück. Moussia berichtete mir begeistert, nach der letzten Flasche habe er zwanzig Gramm zugenommen; ich war verblüfft!

Jacques wurde ein weiteres Mal zur Musterung einberufen.

Allein mußte ich für eine Familie, ein Haus, ein ganzes Unternehmen sorgen. Alain ließ mich im Stich. Sein Herz und seine Gedanken waren eindeutig nur bei seinem Sänger. Das hatte mir gerade noch gefehlt! Yvonnette war gegangen, hatte mich mit ständig wechselnden lahmen Dienstmädchen allein gelassen, denen man Feuer unterm Hintern machen mußte, ja, ab ins Feuer mit ihnen! Zum Glück war die stets hilfsbereite Moussia da, um auszuhelfen.

In dieser etwas wirren Zeit teilte mir Christine Gouze-Renal mit, daß »Ein Weib wie der Satan« in Lissabon gestartet werden sollte. Wie Staatschefs hatte man uns offiziell eingeladen. Die portugiesische Regierung stellte mir einen Ordnungsdienst, Motorradstreifen und Leibwächter zur Verfügung. Ich war zwar nicht besonders stolz auf diesen Film, doch allein die Vorstellung, für achtundvierzig Stunden auf andere Gedanken zu kommen, lockte mich.

Bei »Real« fand ich ein prächtiges Kleid, ein wunderschönes Reisekostüm, und mit Jacques im rechten, Christine und ihrem Mann Roger Hanin im linken Arm, flog ich nach Lissabon ab.

An dem Tag war meine Flugangst besonders groß und löste eine Blutung aus, die der einer Nachgeburt entsprach. Wir hatten mit allem gerechnet, nur damit nicht!

Es war fürchterlich! Man legte mich in die Kabine der Stewardessen. Sämtliche Kleenextücher und Wattebäuschchen wurden herbeigeholt, um den beängstigenden Blutfluß, der denkbar ungelegen kam, einzudämmen. Ich hatte Blutflecken auf dem Rock und der Jacke; wie sollte ich so bloß vor die Presse, die Honoratioren und Fotografen treten?

Als ich mich erhob, fühlte ich, daß mein Leben zwischen meinen Beinen zerrann. Ich stand kurz vor einer Ohnmacht. Damit der Blutfleck nicht zu sehen war, drehte ich meinen Rock nach vorn und verdeckte ihn mit einem großen Halstuch, das Christine mir geliehen hatte. Jacques hängte mir sein Jackett über, um den Fleck auf meinem Rücken zu bedecken. Mit großem Pomp landete ich in Lissabon, wo uns das Gedudel eines Orchesters, der Vorsitzende des Stadtrats, mein Filmpartner Antonio Vilar und eine jubelnde Menge empfingen.

Wie Staatschefs vorn und hinten von je vier motorisierten Polizisten eskortiert, fuhren wir so schnell wie eben möglich in unser Hotel.

Wäre ich nicht in diesem jämmerlichen Zustand gewesen, hätte ich diesen außergewöhnlichen Empfang sicher zu schätzen gewußt. Ich saß auf Roger Hanins Jackett, um die Polster des Mercedes 600 nicht zu beschmutzen, der uns durch die großartige, mir unbekannte Landschaft Portugals fuhr. Kaum im Hotel, gab's schon wieder Formalitäten und nicht enden wollende Reden, Portwein zur Begrüßung, Musik, Folkloretänze. Ich, inzwischen mit dem Halstuch hinten und dem Schminkkoffer vorn, bemühte mich, interessiert zu erscheinen, war in Wahrheit aber nur darauf bedacht, mich endlich hinzulegen. Ich war erschöpft, ausgehöhlt, verständlicherweise und dennoch zu Unrecht beschämt.

Das mir vom Hotel zur Verfügung gestellte Appartement war luxuriös. Mein riesiges Schlafzimmer war wunderschön ausgestattet, der Wohnraum der englischen Königin würdig. Darüber hinaus gab es ein weiteres Schlafzimmer für Roger Hanin und Christine, das ebenso hübsch wie meines war, und überall Blumen, Früchte und Geschenke.

Als wir endlich allein waren, sank ich auf mein Bett und verlangte an der Rezeption einen Arzt.

»Was für einen Arzt, Madame?«

»Einen Gynäkologen, aber schnell!«

Die Presse erfuhr von diesem Anruf noch vor dem Arzt! Als der in Begleitung der gesamten Hotelbelegschaft eingetroffen war und meinen Fall untersucht hatte – nachdem er

alle hinausgeschickt hatte –, gab er mir den äußerst ernstge-
meinten Rat, achtundvierzig Stunden das Bett zu hüten und
mich nicht von der Stelle zu rühren. Er gab mir Spritzen,
um die Blutung zum Stillstand zu bringen, Beruhigungs-
spritzen und noch allerlei anderes Zeug, das mich vollkommen groggy machte.

Aber am selben Abend sollte die Premiere sein!

Die niedergeschlagene Christine versuchte mich auf-
zumuntern und mich wieder auf die Beine zu stellen. Mit
Jacques versuchte sie sogar, mir mein Abendkleid überzu-
ziehen; schlapp, wie ich war, konnte ich mich nicht auf den
Beinen halten und blutete unablässig weiter.

Die Premiere von »Ein Weib wie der Satan« fand dennoch mit mir statt. Ich saß in meiner blumengeschmückten
Loge und fühlte mich nicht besonders. Es gab ein Souper in
sehr elegantem Rahmen, bei dem sich der Adel und die
Crème de la crème Portugals mir zu Ehren trafen. Eine
ganze Stadt feierte mich, erwartete mich, erhob das Glas,
um mich und den Film zu rühmen, und das war die beste
Therapie. Studenten säumten meinen Weg und legten zu
meinem Ehrengeleit ihre Umhänge auf den Boden, eine
grandiose, bewegende und zugleich triumphale Geste.

16

Meine Stunde der »Wahrheit« nahte.

Ich machte Probeaufnahmen mit mehreren jungen Schauspielern, wurde wieder mit dem Studio und all dem Getue vertraut, verhalf den jungen Männern, die vor Lampenfieber wie versteinert waren, zu ihrer Chance. Clouzot ließ mich einen ganzen Tag lang mit Jean-Paul Belmondo, Hugues Aufray, Gérard Blain, Marc Michel, Jean-Pierre Cassel und Sami Frey immer dieselbe Szene spielen.

Es war eine Liebesszene. Ich umarmte alle, bekam dabei ihre panische Angst, ihren Schweiß, ihr Lampenfieber zu spüren. Ich sagte jedem dieselben Worte mit derselben Überzeugung, und jeder antwortete mit der ihm eigenen Note. Nur ich blieb immer dieselbe.

Jean-Paul Belmondo war zu sehr von sich überzeugt, auch wenn sein Herz mir heftig entgegenschlug. Gérard Blain war kleiner als ich. Jean-Pierre Cassel paßte nicht zu mir. Hugues Aufray war zu ängstlich, ich dachte schon, er würde in meinen Armen die Besinnung verlieren. Marc Michel war nicht ausdrucksstark genug, er war zu »durchschnittlich«, selbst wenn man das Lampenfieber berücksichtigte. Nur Sami Frey war so, wie er sein sollte, fern und nah, zärtlich und rauh, verliebt und nüchtern. Er wurde mit Charles Vanel, Paul Meurisse, Louis Seigner, Marie-José Nat und Jacqueline Porel für »Die Wahrheit« engagiert.

Als ich wieder nach Hause kam, teilte der Doktor mir mit, Jacques befinde sich in einer Privatklinik irgendwo in der Nähe von Paris, nachdem man ihn endgültig als untauglich für den Dienst mit der Waffe erklärt habe. Das bedeutete Sieg und Niederlage zugleich.

Der liebestolle Alain war schon lange nicht mehr gekommen. Die Post stapelte sich, das Mädchen hatte nichts getan, einzig Moussia, stets verläßlich, war auf dem Posten und hütete Nicolas.

Ich war abgespannt, müde, träumte von einem anderen Leben mit einem starken Mann, der wirklich da ist und die Dinge in die Hand nimmt; ich konnte einfach nicht mehr.

Ich suchte mit Jeanine Autre Kostüme aus und machte Fotoproben mit Armand Thirard. Am 2. Mai 1960 drehte ich unter der Regie von Clouzot die erste Szene in den Studios »Joinville«. Am Abend besuchte ich Jacques in der Klinik. Er war vollkommen verstört. Ich weinte über uns, über ihn wie über mich.

Als ich nach Hause kam, mußte ich mich um Nicolas' geronnene Milch, Alains Liebschaften und die Kündigung des Mädchens kümmern. Ich brauchte verdammt viel Energie, um das alles zu ertragen.

Jacques kam nach Hause, mußte aber noch viele Tage lang das Bett hüten.

Schauspielerin bei Tag, Krankenschwester bei Nacht, das war mein Pensum.

Eines Abends rief Lazareff mich an: »Meine kleine Brigitte, haben Sie etwas gegen die Enthüllungen Ihres Privatsekretärs einzuwenden?«

»????«

»Aber Brigitte, seien Sie doch vernünftig. Sind Sie mit der Veröffentlichung der Memoiren Ihres Sekretärs einverstanden?«

»Pierre, ich versichere Ihnen, ich weiß von nichts. Ich verstehe rein gar nichts.«

»Aber Brigitte, er hat seine Memoiren für fünfzig Millionen alter Francs an ›France-Dimanche‹ verkauft. Da ich dort Chefredakteur bin und wir einander freundschaftlich verbunden sind, wollte ich Ihre Meinung dazu hören.«

Der Boden unter meinen Füßen geriet ins Wanken. Was? Alain, mein Vertrauter, der einzige, auf den ich zählte, hatte einer Zeitung für fünfzig Millionen Intimes über meine Seelenzustände, mein bewegtes Leben, meine Geheimnisse ausgeplaudert? Das war doch nicht möglich!

»Ich danke Ihnen, Pierre, ich wußte nichts davon, es muß sich um einen Irrtum handeln. Ich rufe Sie morgen an, wenn ich das geklärt habe.«

Es war spät am Abend. Sofort rief ich meinen Anwalt, Maître Jean-Pierre Le Mée, an: »Jean-Pierre, ich habe soeben von Lazareff erfahren, daß Alain seine Memoiren an ›France-Dimanche‹ verkauft hat. Ist sowas möglich?«

»Ja, Brigitte, ein Sekretär ist nicht an ein Dienstgeheimnis gebunden.«

»Ich kann es nicht glauben! Welche Rechtsmittel haben wir?«

»Keine, liebe Brigitte, außer gütlich Zeile um Zeile der sogenannten Memoiren durchzugehen.«

Ich war niedergeschmettert! Wie hatte Alain nur so etwas tun können? Ich mußte träumen, das gab's doch nicht! Es war schon auffallend, wie Alain sich seit seiner Liebschaft mit diesem dämlichen Sänger verändert hatte. Ich hatte keine Telefonnummer, unter der ich ihn hätte erreichen können. Die ganze Nacht tat ich kein Auge zu und wartete, bis er kam.

Das waren Augenblicke, wo ich Jacques gebraucht hätte, um mich mit ihm zu besprechen; er aber schlief fest, von den Spritzen seines Arztes ermattet. Wieder einmal mußte ich allein mit einem Schicksalsschlag, diesem unverzeihlichen Verrat, fertig werden.

Als ich um 9 Uhr in der Diele stand, hörte ich den Fahrstuhl und gleich darauf den Schlüssel im Schlüsselloch. Herein trat Alain. Er hatte sich in Schale geworfen und lächelte. Als er meine finstere Miene sah, blieb er wie angewurzelt stehen.

»Brigitte, was ist denn los?«

»Alain, sagen Sie mir klipp und klar, haben Sie Ihre Memoiren an ›France-Dimanche‹ verkauft, ja oder nein?«

Er wurde kreidebleich. Ihm fehlte sowohl der Mut, mir ins Gesicht zu lügen, als auch, die Wahrheit zuzugeben.

»Brigitte, wovon sprechen Sie? Ich verstehe Sie nicht.«

»Alain, Sie verstehen sehr genau. Haben Sie mein Privatleben für fünfzig Millionen an ›France-Dimanche‹ verkauft, ja oder nein?«

»Brigitte, ich begreife nicht! Was haben Sie bloß heute?« Er war schneeweiß.

»Alain, Pierre Lazareff, der Pate von Nicolas, hat mir alles erzählt. Ich verlange, daß Sie mir sagen, ob das stimmt oder nicht.«

»Ach! … Pierre Lazareff hat Sie angerufen? … Aber ich habe doch mit dem Redakteur Max Corre verhandelt, und der hat mir absolute Verschwiegenheit zugesichert.«

»Es stimmt also?«

»Aber was sagen Sie denn da? Ich habe ›France-Dimanche‹ einen harmlosen, kleinen Artikel angeboten, den Max Corre mir abgekauft hat, das ist alles!«

»Alain, sagen Sie mir nun endlich, haben Sie Ihre Memoiren als Sekretär von B. B. für fünfzig Millionen an ›France-Dimanche‹ verkauft, ja oder nein?«

»Ja, Brigitte, aber das ist nicht meine Schuld. Mein Freund hat mich dazu gezwungen mit der Drohung, mich sonst zu verlassen. Ich liebe ihn. Ich bin ja so unglücklich!«

»Geben Sie mir den Hausschlüssel, Alain!«

Er gab ihn mir.

Ich befahl ihm, augenblicklich zu gehen und die Tür für immer hinter sich zu schließen.

Mein Verlangen nach Gerechtigkeit und Redlichkeit hat mich manches Mal in dramatische Situationen gebracht. Alain hatte ich aus meinem Leben gestrichen, weil er mich gemein verraten hatte. Ich war nun allein mit einem Baby, einem kranken Mann, der Hausarbeit ohne die Hilfe eines Dienstmädchens, dem Erfolgszwang bei den Dreharbeiten. Eine Situation, die schon für einen normalen Menschen schwer, für mich ganz und gar nicht zu bewältigen war.

Ich rief Maman zu Hilfe. »Franpart«, die Verlagsgruppe von »Elle«, »France-Soir«, »France-Dimanche« und »Ici-Paris«, deren oberster Chef Lazareff war, und mein Anwalt, Maître Le Mée, trafen eine Vereinbarung. Lazareff, Max

Corre, Redakteur bei »France-Dimanche«, mein Anwalt und ich sollten den Text von Alain Carré lesen. Alles Unwahre, einerlei ob Wörter, Sätze oder ganze Darstellungen, sollte unbedingt gestrichen werden. Doch hinderte sie nichts daran, diese Memoiren zu veröffentlichen, die für ihre Leser angeblich so hochinteressant waren und für die sie so viel Geld bezahlt hatten.

Voller Abscheu dachte ich daran, daß außer Alain Carré auch Lazareff, der Pate meines Sohnes, für eine solche Gemeinheit verantwortlich war.

Am Abend nach meinen Dreharbeiten fand ich im Wohnzimmer der Avenue Paul-Doumer meinen Lektürezirkel vor. Max Corre las laut vor. Ich vernahm so Wahres, so erschreckend Wahres, daß ich am liebsten »Skandalös!« geschrien hätte. Ich hielt mich jedoch zurück, weil ich wußte, daß nur Lügen ausgeschlossen werden durften. Auch den allerschlimmsten Verrat mußte ich mir gefallen lassen. Ein kleiner Zettel, die flüchtig hingekritzelte Mitteilung an Alain, daß ich im Bois de Boulogne um den See spazierengehe, depressiv sei, und hoffe, mich nicht hineinzustürzen, war vom Original fotokopiert worden. Es kam alles vor, es ging alles durch.

Ich bin von Natur aus schamhaft. Wenn ich meinen Körper in Filmen entblößte, so war das stets durch die Handlung gerechtfertigt. Ich zeigte mit meinem Körper nur eine schöne Hülle, warum nicht? Meine Seele dagegen habe ich nie gezeigt. Ich habe nie mehr von mir enthüllt, als ich wollte. Daher habe ich bei meiner Entbindung doppelt gelitten. Meine Intimität preiszugeben, selbst für einen so natürlichen Vorgang, kam mir äußerst schamlos vor. Dem Publikum mit meinen geheimsten Gedanken ausgeliefert zu sein, für ein paar Piepen bloßgestellt zu werden erschien mir als die schlimmste Ungerechtigkeit, der schlimmste Verrat. Und doch mußte ich das ertragen. Einige Monate lang erschienen Woche für Woche Sensationsartikel. Die Welt ergötzte sich an meinen Angstvorstellungen, unseren Streitigkeiten, meiner Entbindung, meiner ablehnenden Haltung gegenüber der Mutterschaft, an der Höhe meiner Steuern, an meiner Post, meinen Seelenzuständen, meinen vertuschten Selbstmordversuchen.

Während dieser Zeit hielt ich mich bei den Dreharbeiten wie ein tapferer kleiner Zinnsoldat, wenngleich ich zur Zielscheibe für den Klatsch der Statisten, die Spötteleien der Maskenbildner, der Chauffeure, der Garderobieren wurde.

Eines Tages kam Jean-Claude Simon mit drei Fotos in der Hand in meine Garderobe. Auf ihnen sah man eine wundervolle Trauerweide, eine reizende Bauernkate und einen kleinen Teich. Das Haus stand in Bazoches bei Montfort-l'Amaury zum Verkauf.

Am folgenden Sonntag besichtigte ich es mit ihm. Es war mein Traum: ein ehemaliger Schafstall mit Strohdach, einem hügeligen Gelände mit hundertjährigen Bäumen und einer Wasserstelle. Ich kaufte es sofort. Gern wäre ich gleich dort geblieben, aber ich mußte wieder ins Filmstudio zurück. Ich sagte der Kate »Auf Wiedersehen« mit der festen Absicht, dort Zuflucht zu suchen, sobald es mir möglich wäre.

Meine Beziehung zu Jacques war unerträglich geworden. Er erholte sich von einer mehr oder weniger eingebildeten Krankheit; ich war aktiv und voll mit den Dreharbeiten beschäftigt. Morgens ging ich müde und deprimiert von dem jämmerlichen Leben, das ich zu Hause führte, ins Studio. Meine Mädchen bauten mich zwar moralisch auf, aber Clouzot zog mich wieder runter, damit ich den richtigen Ton traf.

Clouzot war ein Despot. Er wollte mich für sich allein und verfügte uneingeschränkt über mich. Wenn er wollte, daß ich weinte, mußte ich weinen. Verlangte er, daß ich schallend lachte, mußte ich sofort reagieren. Für einen Schauspieler gibt es jedoch nichts Schwierigeres, als auf Kommando zu weinen oder zu lachen.

Eines Tages mußte ich eine besonders dramatische Szene spielen. Clouzot nahm mich beiseite, erzählte mir in leisem Ton traurige und schreckliche Dinge, bemüht, mich zu Tränen zu rühren. Dann ließ er von mir ab, damit ich

404

mich sammeln konnte. Auf dem Set herrschte Totenstille. Alle warteten auf meine Tränen. Ich legte die Hände vors Gesicht und stellte mir vor, wie unglücklich ich wäre, wenn ich meine Eltern verlöre. Zwischen den Fingern hindurch konnte ich sehen, wie die Bühnenarbeiter auf die Uhr schauten; jemand hustete. Plötzlich wurde mir bewußt, wie lächerlich die Situation war; ich brach in lautes Lachen aus und konnte nicht mehr aufhören.

Bestürzung beim Team.

Clouzot kam wutschnaubend auf mich zu und verabreichte mir zwei schallende Ohrfeigen. Ohne zu zögern, gab ich ihm sofort zwei Ohrfeigen zurück. Er war perplex. Das hatte sich noch niemand geleistet. Aufgebracht, zutiefst gekränkt und vor Zeugen gedemütigt, trat er mir mit den Absätzen auf die Zehen. Ich war barfuß, schrie auf und begann vor Schmerzen zu weinen. Er rief sofort »Kamera ab!«, um die willkommenen Tränen auszunutzen. Obgleich humpelnd, verließ ich die Szene wie eine beleidigte Königin und ließ einen Gerichtsdiener in meine Garderobe kommen.

Der stellte offiziell den jämmerlichen Zustand fest, in den Clouzot meine kleinen Zehen versetzt hatte, und ich fuhr nach Hause, nicht ohne die Filmproduzenten davon zu unterrichten, daß ich erst wiederkommen würde, wenn meine Zehen geheilt seien und Clouzot sich bei mir entschuldigt habe.

Ein anderes Mal drehten wir eine Selbstmordszene. Ich sollte eine Frau darstellen, die Barbiturate geschluckt hatte und sich schwer atmend im Bett wälzte. Das war mir leider nur allzu vertraut … Ich mimte den Dämmerzustand so natürlich wie möglich, dachte ich jedenfalls, doch Clouzot war nicht zufrieden. Wir hatten bereits den ganzen Tag gefilmt, alle waren kaputt, auf dem Set herrschte drückende Hitze. Clouzot wollte, daß ich schwitzte und sabberte, er ließ mir Schaum in die Mundwinkel und Glyzerinwasser auf die Stirn spritzen. Ich hatte Kopfschmerzen, war die ständige Wiederholung der Einstellung leid und bat um ein Glas Wasser und zwei Aspirin. Clouzot sagte, er habe welche dabei; ich schluckte die beiden weißen Tabletten, die er mir reichte. Danach fühlte ich mich merkwürdig, wie betäubt, meine Augenlider wurden tonnenschwer, meine Ohren waren wie mit Watte verstopft. Zwei Bühnenarbeiter mußten mich nach Hause bringen. Erschreckt benachrichtigte Dédette Maman, daß Clouzot mich unter Drogen gesetzt habe, indem er mir statt dem erbetenen Aspirin zwei starke Schlaftabletten verabreicht habe. Ich wachte erst nach achtundvierzig Stunden wieder auf. Die Szene war jedoch im Kasten und so realistisch, wie sie lebensnaher nicht hätte sein können.

Wutentbrannt nahm Papa sich Clouzot vor und drohte ihm mit einem Gerichtsverfahren. Raoul Lévy mußte Papa schriftlich mitteilen, daß solch ein Mißbrauch nicht mehr vorkommen werde. Das gab einen hübschen Wirbel. Typisch Clouzot, der vor nichts zurückschreckte, wenn es ihm darum ging, sein Ziel zu erreichen.

Sami Frey wirkte schrecklich einschüchternd auf mich. Er war sehr reserviert und verschlossen, betrachtete alles aus einer gewissen Distanz, mit leichtem Spott, wenn nicht gar mit Ironie. In den Drehpausen zog er sich zurück, las Brecht und sprach wenig. Er war ein echter Schauspieler. Mit Wonne probte er eine Szene unzählige Male, stets bemüht, sich zu verbessern. Das genaue Gegenteil von mir! Wiederholungen ödeten mich an, ich konnte nur im Moment der Aufnahme mein Bestes geben. Warum sich bei einer Probe überanstrengen? Das hatte für mich keinen Sinn.

Sami war einfach nur höflich zu mir; ich glaube, er flüchtete vor der Extravaganz, die mir anhaftete. Ich wußte von ihm nur, daß er mit Pascale Audret zusammenlebte. Er war wirklich äußerst reserviert. Diese etwas abgehobene Gleichgültigkeit irritierte mich. Es störte mich, daß der Mann, mit dem ich außergewöhnlich leidenschaftliche Szenen zu spielen hatte und der rasend in mich verliebt sein sollte, kein freundschaftlicheres Verhältnis zu mir fand. Er betrachtete mich wohl als dümmliche Diva, hielt mich vielleicht für häßlich oder gar abstoßend. Wenn er mich umarmte, fühlte ich, wie mir die Röte ins Gesicht stieg. In den zärtlichen Szenen wurde sein Blick so überaus sanft; und was er zu mir sagte, klang so natürlich, daß ich ihm nur zu gern glauben wollte. Wenn Clouzot dann »Klappe!« rief, zerplatzte plötzlich die Traumwelt, in die ich mich hatte entführen lassen. Wenn die Szene zu Ende war, ruhte mein Kopf ein bißchen zu lange auf seiner Schulter. Ich kam ihm immer näher, aber er näherte sich mir nicht.

Einmal war ich sehr bedrückt. Eine heftige Auseinandersetzung mit Jacques hatte mir zugesetzt. Sami und ich warteten hinter einer Trennwand darauf, daß die kleine Lampe als Signal für unseren Auftritt aufleuchtete. Wir waren allein, und jeder war mit sich selbst beschäftigt. Vergeblich versuchte ich, die Tränen zu unterdrücken. Das bemerkte Sami. Er sagte nichts, nahm aber meine Hand, drückte sie ganz fest und ließ sie nicht mehr los. Das tat mir gut, ein starkes Glücksgefühl stieg in mir auf. Seitdem nahm Sami jedesmal, wenn wir allein waren, meine Hand oder drückte mich an sich, und seine Augen sagten mir all das, was er anders nicht zu sagen vermochte.

War das schön, verliebt zu sein! Wie sich das Leben veränderte!

Das zärtliche Geheimnis mit Sami ließ mein Gesicht, mein ganzes Wesen strahlen. Ich versuchte, für ihn mein Bestes zu geben, fand Proben nicht mehr langweilig, konnte meinen Text Wort für Wort, zügelte meine Launen und vermied unnötige Aufregungen. Clouzot konnte es gar nicht fassen, ich war fast gefügig. Meine Mädchen witterten etwas und zogen sich diskret zurück, wenn Sami sich näherte. Abends hielt der Chauffeur der Produktionsgesellschaft einige Meter hinter der Studioausfahrt, wo Samis Wagen auf mich wartete.

Wir wollten unsere junge Liebesbeziehung mit Rücksicht auf Jacques und Pascale geheimhalten, auch um das Gerede zu vermeiden, das alles in den Dreck zieht und den Klatschkolumnisten der Boulevardpresse unweigerlich zu Ohren kommen würde. Sami entdeckte allmählich, daß ich ganz anders war, als er sich vorgestellt hatte. Unsere verhaltene Schüchternheit hatte es uns nicht leicht gemacht. Mit sehr viel Zartgefühl öffnete sich jeder dem anderen. Wir hatten Zeit, wir würden uns Zeit nehmen und uns für alle Zeit lieben.

Meine Rückkehr in die Avenue Paul-Doumer fiel mir jedesmal schwer. Dort gab es nur Probleme. Maman hatte die schicke Madame Malavalon als »Sekretärin« für mich geworben, eine ihrer Bekannten und Gattin eines pensionierten Marineoffiziers, die zum ersten Mal in ihrem Leben Arbeit annahm. Und was für eine Arbeit sie erwartete! Die Post, die sich seit zwei Monaten gestapelt hatte, war aufzuarbeiten, darunter auch pornographische Briefe und Rechnungen, die selbst einem Finanzminister einen kalten Schrecken eingejagt hätten. Diese charmante und diskrete ältere Dame kam aus dem Erröten nicht mehr heraus und gestand mir, in wenigen Monaten Sekretariat bei mir habe sie mehr gelernt als in dreißig Ehejahren.

Aufgebracht vom Schicksal Caryl Chessmans, verfaßte ich mit Madame Mala einen Brief an Präsident Eisenhower und bat um seine Begnadigung. Der Amerikaner Caryl Chessman wurde ohne stichhaltige Beweise wegen Vergewaltigung angeklagt und zum Tode verurteilt. Er saß seit 1948 im Gefängnis und hatte genug Zeit für ein Revisionsverfahren gefunden. In einem Buch hatte er von seinem Abenteuer berichtet. Die Vollstreckung seines Todesurteils, die mehrfach verschoben worden war, sollte nun, im Frühjahr 1960, durchgesetzt werden.

Alles das erinnerte mich an den tragischen Tod der Rosenbergs einige Jahre zuvor. Die Amerikaner führten sich wirklich wie Barbaren auf und verhielten sich so unmenschlich, wie es einem Volk nicht ansteht, das als junge Nation Führungsansprüche erhob und die verstaubten Traditionen der europäischen Vorfahren abschütteln wollte.

Aus dem Weißen Haus erhielt ich die Antwort, ich möge mich mit einem Gnadengesuch für Chessman an den Gouverneur des Staates Washington wenden. Ich kam nicht mehr dazu, einen neuen Brief zu schreiben, denn Caryl

Chessman wurde wenige Tage später in der Gaskammer hingerichtet.

Als ich einige Jahre später Susan Hayward in dem wundervollen Film »Ich will leben« in der Gaskammer enden sah, mußte ich unweigerlich an Caryl Chessman denken, der zwölf Jahre nach seiner Festnahme ohne stichhaltige Beweise für seine Schuld hingerichtet worden war.

Schande über euch Menschen, die ihr zu solchen Fehlentscheidungen, solchen Grausamkeiten, solchen Ungerechtigkeiten fähig seid!

Moussia berichtete mir, daß Nicolas zusehends größer und vernünftiger wurde, erlaubte mir aber nie, ihn auf den Arm zu nehmen. Wegen der Mikroben und der Viren! Alle diese winzigen Krankheitskeime lauerten ihrer Meinung nach nur darauf, sich auf das arme Baby zu stürzen. Mit Rufen wie »Vorsicht, Krankheiten!« hielt sie mich von ihm fern. Da mein Mutterinstinkt ohnehin nicht sonderlich entwickelt war, genügte das, um mich abzuschrecken.

Guapa schenkte mir als einzige echte Zärtlichkeit, Wärme und spontane Zuwendung, die ich so sehr brauchte. Wenn Jacques sah, wie ich meine Hündin liebkoste, machte er unpassende Anspielungen und befand, daß solche Liebe meinem Sohn zustünde. Aber Guapa scherte sich einen Teufel um Mikroben, Viren, Krankheiten; ich konnte mit ihr kuscheln, mich an ihrer Wärme, ihrem Körper und ihren Augen weiden, ohne daß jemand dazwischenging.

Sami mietete in der Nähe des Parc Monceau eine Einzimmerwohnung in einem dunklen, traurigen, schmutzigen Erdgeschoß. Wie scheußlich doch Wohnungen in Paris sein können! Es war aber für uns die einzige Möglichkeit, in Ruhe allein zu sein, fernab von jener Welt, die wir so gern mieden. Wir hörten Rodrigos »Concierto de Aranjuez«, Bachs Konzert für zwei Violinen, Mozarts Klarinettenkonzert und Sinfonien von Dvořák; die Musik hüllte uns ein, schob die traurigen, grauen Mauern des Alltags ein Stück weiter hinaus.

Sami war ein einzigartiger Mensch, ein Vulkan an Zärtlichkeit, ein tiefgründiger See. Er war und bleibt der Mann meines Lebens, dem ich leider zehn Jahre zu früh begegnet bin.

Im August fuhr Sami mit Pascale Audret für einige Tage in die Ferien. Wir begannen die Gerichtsszenen zu drehen, in denen er nicht mehr auftrat, weil ich ihn getötet hatte.

Diese Szenen waren äußerst quälend für mich. Clouzot versetzte mich jeden Morgen in die entsprechende seelische Verfassung, indem er mir das Leben in seinen trostlosesten, ungerechtesten und grausamsten Aspekten schilderte. Ich drehte ungeschminkt, die Haare straff nach hinten zu einem kleinen, unvorteilhaften Dutt gekämmt, in einem engen, schäbigen Kostüm. Ich saß auf der Anklagebank, denn ich hatte meinen Liebhaber getötet, war allein, hatte alle gegen mich, stieß mich an dem Unverständnis der Bourgeois, das von ihrem guten Gewissen herrührte. Meine Anwälte, Charles Vanel und Jacqueline Porel, versuchten auf nüchterne und intelligente Weise, meinen Kopf zu retten, und hatten es mit einem gefürchteten Staatsanwalt zu tun, den Paul Meurisse darstellte.

Die Szenerie wirkte deprimierend auf mich. Draußen schien die Sonne, der August ließ an Ferien denken, an Horizonte, Sand und Sonnenbäder. Der Schwurgerichtssaal dagegen, den man in den Studios nachgebildet hatte, war stickig, es roch nach Schweiß, heißem Gummi und Zigarettenrauch. Aus dem Spiel wurde für mich allmählich Ernst. Es kam mir vor, als würde mir persönlich der Prozeß gemacht. Man sprach von meinem schlechten Ruf, meinem skandalösen und leichten Leben, meinem gänzlich fehlenden Moralbewußtsein. Dieses ausschweifende Leben, in dem ich die Liebhaber wie die Hemden wechselte, konnte sich ebensogut auf Brigitte Bardot wie auf Dominique Marceau, die Person im Film, beziehen. Man zeigte mit Fingern auf mich, klagte mich an und wollte mich vernichten.

Clouzot spitzte die Situation täglich zu und zog eine enge Parallele zwischen meinem Leben und dem meiner Filmfigur. Schließlich hatte auch ich Mann und Kind im Stich gelassen, und auch mich hatte mein Liebhaber, wenn auch nur vorübergehend, verlassen. Ich war der Inbegriff der Verkommenheit, von allen verachtet, allein, immerzu allein. Völlig deprimiert und ständig mit tränenfeuchten Augen, ging ich den Leidensweg dieser ambivalenten Situation. Ich hatte einen sehr langen, sehr bewegenden und aufrichtigen Monolog zu sprechen. Es sollten meine letzten Worte, mein letzter Ausbruch, meine letzte Hoffnung sein, die Geschworenen zu rühren.

Im Gerichtssaal hielten sich viele Statisten auf, das Gericht war mit Geschworenen, Anwälten, Polizei und Gerichtsdienern vollständig versammelt. Man lauerte darauf, daß ich etwas falsch machte. Wahrscheinlich würde man diese Szene an die zehn Mal wiederholen müssen; ich würde mich versprechen, ins Stottern geraten, meinen Text vergessen. All die erfahrenen Schauspieler betrachteten mich mit spöttischem Blick wie den Dompteur, den der Löwe gleich fressen wird.

Clouzot kam zu mir und meinte, ich könne meinen Text zwar haargenau, aber wenn ich mich verspräche, sei das nicht weiter schlimm, ich solle dann einfach weitermachen, improvisieren, aus dem Bauch heraus meine eigenen Worte hervorbringen. Er drückte mir fest beide Hände und sagte, dies sei die Bravourszene des Films; ich müsse die Mannschaft in Bann schlagen, mit meiner Aufrichtigkeit die Technik der anderen in den Schatten stellen und die Kritik dieser Dummköpfe, die mich anstarrten, Lügen strafen.

Vanel drehte sich kurz vor dem »Kamera ab!« um und wünschte mir ganz zärtlich »Toi, toi, toi!«; er mochte mich und wünschte mir, daß ich so gut wäre, wie ich seiner Einschätzung nach sein konnte. Es herrschte Totenstille. »Kamera ab!«, »Achtung, Aufnahme!«

Ich wartete ein paar Sekunden, schaute sie mir an, jene, die mich dafür verurteilten, daß ich zu leben wagte. Dann erhob ich die Stimme. Heiser, rauh, kräftig sagte ich, was ich ihnen, ihnen allen, zu sagen hatte. Meine Kraft kam aus tiefster Seele, ich vibrierte, spielte um meinen Kopf, um mein Leben, meine Freiheit. Ich weinte, schluchzte, erstickt von den Tränen, aber ich hielt bis zum Ende durch, fiel auf meinen Sitz zurück, hielt mir den Kopf mit den Händen, gepackt von echter Verzweiflung.

Es herrschte einen Augenblick Stille, dann rief Clouzot »Klappe!«, und der ganze Gerichtssaal klatschte Beifall. Die Statisten weinten, die Richter waren ergriffen, die Geschworenen beeindruckt. Das war einer der bewegendsten Augenblicke meines Lebens. Ich war ausgepumpt, am Ende, aber es war mir gelungen. Ich hatte gewonnen.

Man wiederholte die Szene natürlich nicht. Clouzot war zufrieden, Vanel war stolz auf mich, Dédette weinte in ihre Puderquaste. Die Bühnenarbeiter sagten: »Weißt du, du hast eingeschlagen wie eine Bombe, und dabei sind wir einiges gewöhnt!«

Wenn ich auch Dominique Marceaus Kopf nicht retten konnte, mein Ruf als Schauspielerin war gerettet.

Dabei bin ich nie Schauspielerin gewesen. Entweder war mir der Text gleichgültig, und ich spulte ihn einfach ab, wie's gerade kam, oder ich ging vollkommen auf in dem, was ich spielte, wagte mich sogar bis an die Grenze der Selbstzerstörung, immer in dem Glauben, es gehe ums Ganze. Ich bin nie in die Haut einer Person geschlüpft, sondern habe die Filmfiguren immer in mich hineinversetzt. Das ist ein großer, bedeutender Unterschied.

Dann stand mir noch die Selbstmordszene von Dominique Marceau in ihrer Zelle im Gefängnis von Petite Roquette bevor. In ihr erreichte meine Verzweiflung ihren Höhepunkt. Clouzot hielt mich bewußt in einem Zustand totaler Depression. Das Leben habe keinen Sinn, erzählte er mir, alle Menschen seien Scheusale, die Menschheit restlos verdorben, nur im Tod könne man Frieden finden, den ersehnten Frieden. Ich sollte den Spiegel meiner Puderdose zerschlagen und mir mit einer Scherbe die Pulsadern aufschneiden. Aufgelöst, ausgezehrt, am Rande des Wahnsinns, mit schweißverklebten Haaren und tiefen Ringen unter den Augen mußte ich fest auf die Schlagader meines linken Handgelenks drücken, während ich den Gummiball zusammenpreßte, in dem der rote Farbstoff war, der sich über meinen Unterarm ergoß. Ich fühlte die klebrige, lauwarme Flüssigkeit. Als ich vermutete, ich hätte mich tatsächlich verletzt, schossen mir die Tränen in die Augen, die erst nach und nach versiegten, und am Ende der Szene lag nur noch mein ausgezehrter Körper auf dem Strohsack.

In diesem total deprimierten Zustand sah ich Sami wieder. Er hatte mit Pascale Audret Schluß gemacht, ihre Ferien waren die Hölle gewesen. Bei seiner Rückkehr hatte er die Einberufung für Ende September vorgefunden. Auf den Tag genau ein Jahr später als Jacques. Richtig, er war ja auch ein Jahr jünger. Mein Gott, warum verfolgte mich dieser verhaßte Militärdienst derart? Etwa als Strafe dafür, daß ich unwillkürlich immer jüngere Männer wählte?

Jacques hatte das Haus mehr oder weniger verlassen, er kam und ging ohne jede Erklärung. Im übrigen fragte ich ihn auch nicht danach. Ich nehme an, er überprüfte insgeheim, wie ich mich gegenüber Moussia, Madame Malavalon und dem Dienstmädchen verhielt.

Dany, mein Double in »Die Wahrheit«, lebte in einer sehr schönen Wohnung am Boulevard Saint-Germain, genau über dem berühmten Lokal »Rhumerie Martiniquaise«. Sie bot mir und Sami freundlicherweise ihre Wohnung an, damit wir uns ungestört treffen konnten, ohne befürchten zu müssen, daß Jacques auftauchte.

Eines Abends fuhren wir vom Studio direkt zu Dany und waren nicht wenig überrascht, Jacques vor dem Eingangstor zu sehen, der auf uns wartete. Zur Begrüßung verpaßte er Sami einen Kinnhaken. Plötzlich tauchten rund zehn Fotografen wie aus dem Nichts auf und schossen unaufhörlich Bilder von dieser Szene. Jacques packte mich am Arm und ließ nicht locker. Sami zerrte an meinem anderen Arm und versuchte, mich zum Auto zu ziehen. Ich wurde zwischen den beiden Männern hin und her gerissen, den Fotografen ausgeliefert, die nach Herzenslust fotografierten. Meine Umhängetasche fiel zu Boden, Jacques hob sie auf. Ich nahm die Gelegenheit wahr, Hals über Kopf zum Wagen zu rennen, und ließ meine Tasche mit meinen Papieren, meinem Geld und Samis Briefen zurück. Jacques verfolgte uns und schlug noch durch das offene Autofenster auf Sami ein. Es hagelte Blitze aus den Fotoapparaten, die Meute versperrte uns den Weg. Samis Auge war blutunterlaufen; es galt, höllisch aufzupassen, um keinen der skandallüsternen Gaffer anzufahren, die sich gegen das Auto drückten. Wir fuhren einfach geradeaus. Die kühle Nachtluft peitschte uns ins Gesicht und tat uns gut.

Sami hielt weit draußen auf dem Land und wischte sich das Gesicht mit einem alten Lappen fürs Auto ab. Wir waren entsetzt und fassungslos. Wir sprachen kein Wort. Bilder von Würdelosigkeit, die uns nur allzu gegenwärtig waren, schossen durch unsere Köpfe!

Schließlich landeten wir zu vorgerückter Nachtstunde bei Yves Robert und Danièle Delorme. In ihrer Mühle auf dem Land empfingen sie uns mit offenen Armen, versorgten uns, gaben uns zu essen und Quartier.

Sami und ich dachten nur noch ans Sterben! Nur der Tod konnte unser Helfer sein. Wir hatten genug von der Gesellschaft, der Bürokratie, den guten Sitten, von allem. Mit Hilfe unterschiedlich starker Schlaftabletten flüchteten wir uns in ein Paradies des Vergessens. Wir liebten uns verzweifelt und fanden keinen Platz in einer Gesellschaft, die uns ablehnte.

Sami mußte wieder zur Armee. Er versprach mir hoch und heilig, sich umzubringen, sollte es ihm nicht gelingen, vom Militärdienst freigestellt zu werden. Ich schwor ihm meinerseits zu sterben, um mit ihm vereint zu sein.

In der Avenue Paul-Doumer alleingelassen, schlief ich viel, um dem Alltag zu entrinnen. Maman, die über meinen depressiven Zustand entsetzt war, plante eine Luftveränderung für mich. Sie vereinbarte mit Mercédès, der Freundin von Jean-Claude Simon, daß wir beide nach Menton in ein abgelegenes Haus zogen, das uns Freunde von Mercédès zur Verfügung stellten. Dort würde ich Ruhe finden. Kein Telefon, kein Dienstmädchen. Nur ein alter, schwerhöriger

Gärtner kam einmal am Tag vorbei. Ich ließ alles widerspruchslos mit mir geschehen, aß nicht mehr, reagierte auf nichts, wollte nicht einmal das Meer sehen, war der Sonne gram, blieb in meinem Bett und wartete, daß die Stunden vergingen.

Am 28. September war mein Geburtstag. Mercédès kam aus dem Dorf ohne Post zurück; keine Nachricht von Sami im Postfach, das auf ihren Namen lautete. Weil ich so traurig war, hatte sie bei Freunden, die ein paar Kilometer entfernt wohnten, ein kleines Abendessen arrangiert. Mit leerem Blick, versunken in meinen Weltschmerz, ließ ich den Tag an mir vorüberziehen, an dem ich sechsundzwanzig wurde. Die Zikaden gaben mir ein Ständchen, die Sonne schien noch warm, die kleinen, wildwachsenden, duftenden Büsche der Garrigue trennten mich von dieser Gesellschaft, die ich haßte. Gegen sechs Uhr abends schenkte Mercédès uns Champagner ein und stieß mit mir auf »einen fröhlichen Geburtstag« an. Meine Tränen flossen ins Glas und begannen zu perlen. Ich wollte lieber allein sein und nicht zum Essen mitgehen. Mercédès, der die ungehörige Absage unangenehm war, fühlte sich in einer Zwickmühle. Da wir kein Telefon im Haus hatten, konnte man Nachrichten nur persönlich überbringen. Wenn sie mich allein ließe, hätte sie ein schlechtes Gewissen, meinte Mercédès. Ich beschwor sie hinzugehen. Ich könne schließlich gut allein bleiben, dieser Tag sei wie jeder andere. Sie solle meinen Geburtstag ruhig fröhlich mit ihren Freunden feiern, ohne mich. Ich wolle niemanden sehen, sei müde und würde mich schlafen legen.

Als sie gegangen war, trank ich den Champagner aus und nahm mit jedem Schluck eine Tablette »Imménoctal«, bis die ganze Schachtel leer war. Ich war fest entschlossen, zu sterben und diesem unerträglichen Leben, für das ich nicht taugte, zu entkommen. Ich trat hinaus; die Nacht war lau. In der rechten Hand hielt ich die Rasierklinge, mit der ich mir die Pulsadern aufschneiden wollte. Ich ging ziellos in die Dunkelheit hinein und blieb bei einem Schafstall stehen. Die Schafe rochen gut und blökten leise. Ich setzte mich auf den Boden und drückte mit aller Kraft die Stahlklinge in meine beiden Handgelenke, erst in das eine, dann in das andere. Es tat kein bißchen weh. Das Blut floß in Strömen aus meinen Adern. Ich streckte mich auf dem Boden aus und schaute inmitten der Schafe zu den Sternen hinauf. Ich war gelöst, ich würde in dieser Erde vergehen, die ich immer geliebt hatte.

Von ihrem Gewissen geplagt, eilte Mercédès, nachdem sie rasch ein Glas mit den Freunden getrunken hatte, nach Hause zurück. Als sie mich nicht fand, rief sie mich, ging in den Garten und suchte auch dort vergeblich nach mir. Äußerst besorgt eilte sie zu den nächsten Nachbarn und fragte, ob niemand eine junge, blonde Frau gesehen habe. Dann brachte sie die ganze Familie auf Trab, und man suchte die nächste Umgebung mit Taschenlampen nach mir ab. Als sie mich fanden, atmete ich noch schwach. Ich lag in einem tiefen Koma, war mit Blut und Erde besudelt.

Im Krankenhaus Saint-François von Nizza kam ich nach achtundvierzig Stunden wieder zu Bewußtsein. Man hatte mich zur Wiederbelebung mit Armen und Beinen auf dem Tisch festgebunden, mein Körper war über und über mit Schläuchen versehen; der Augenblick, in dem ich das Bewußtsein wiedererlangte, wurde mir zur Qual. Man hatte mich in diesem aseptischen Saal allein gelassen, niemand konnte mein schwaches Stöhnen hören. Meine Rückkehr in die Welt war ein Alptraum.

Die Ärzte hielten mich für verrückt und übergaben mich den Psychiatern. Man legte mir eine Zwangsjacke an, obwohl ich völlig geschwächt war. Man machte von meinem Kopf Röntgenaufnahmen und Elektroenzephalogramme. Immer noch an meinen Leidenstisch geschnallt und wundgescheuert, versuchte ich um mich zu schlagen, damit die Krämpfe und die Schmerzen an den aufgescheuerten Stellen des ruhiggestellten Körpers nachließen.

Erst der Besuch von Maman beendete die Torturen. Ich bekam ein Zimmer, ein Bett, eine beinahe menschliche Behandlung. Man schloß mich allerdings ein, und das Fenster war vergittert. Da ich zu schwach zum Aufstehen und eine Gefangene der Dauerinfusionen war, die bald den linken,

416

bald den rechten Arm lahmlegten, fragte ich mich, warum man so viele Vorsichtsmaßnahmen traf, um einen Ausbruch zu verhindern. Meine Handgelenke waren mit Gaze und Binden bandagiert.

Nur Maman durfte mich besuchen. Stundenlang sprachen wir kein Wort. Ich wußte, wie weh ich ihr getan hatte, aber ich war zu traurig, um mich dafür zu entschuldigen.

Ich hatte also meinen Tod, das Fortschweben, meine Befreiung verfehlt. Wegen meines Selbsttötungsversuchs wurde ich ohne mildernde Umstände bestraft, eingesperrt und wie eine Verrückte behandelt. Der Psychiater stellte mir regelmäßig hochnotpeinliche Fragen zu meiner Tat. Ich begriff schnell, daß die Erlösung einzig darin bestehen konnte, ihm beizupflichten, sonst müßte ich womöglich lebenslänglich bleiben.

Ich erfuhr auch, daß das Krankenhaus seit meiner Ankunft von Fotografen belagert war und man mich eingeschlossen hatte, damit es nicht zu unerlaubten Fotos kam. Bei den Krankenschwestern standen »France-Dimanche« und »Ici-Paris«, deren Titelseiten meinen Selbstmordversuch in Großbuchstaben auswalzten, hoch im Kurs. Ich wurde zum Gespött der Leute, weil ich die Unverschämtheit besessen hatte, nicht zu sterben. In was für einer Welt befand ich mich bloß?

Ich habe immer gewußt, daß die Menschheit grausam, boshaft, ungerecht, arglistig, unmenschlich ist; deshalb wollte ich sie ja ernsthaft verlassen und zog ihr eine gesündere Form des Verfalls, den Tod, vor. Der Verfall, der mir verwehrt worden war, wirkte sich auf eine andere Art auf mein ganzes Dasein aus. Dieses Leben würde mich durch die, mit denen ich es teilte, allmählich, ganz sanft, mit den zunehmenden Tagen, Tränen und Enttäuschungen umbringen.

Raoul Lévy und Francis Cosne kamen Maman zu Hilfe, um mich dort herauszuholen. Sie waren meine Filmproduzenten, vor allem aber zeigten sie in den kritischsten Augenblicken Verantwortungsbewußtsein. An Fran-Frans Arm verließ ich diese Hölle, wie immer in der Schußlinie von Fotografen aus aller Welt, und konnte mich nur mühsam auf den Beinen halten. Raoul Lévy fuhr Maman und mich nach Saint-Tropez, wo meine lange und überwachte Rekonvaleszenz beginnen sollte. In dem kleinen Haus in der Rue Miséricorde schlief ich mit Maman in ihrem Bett, denn sie wollte mich keine Minute aus den Augen lassen, aus lauter Angst, ich könnte rückfällig werden.

Man hat mir immer gesagt, daß Ertrunkene, wenn sie den Grund berühren, automatisch wieder auftauchen. Nachdem ich den allertiefsten Grund berührt hatte, würde ich wieder an die Oberfläche kommen, das war unvermeidlich. Doch zunächst schwamm ich noch im Trüben.

Maman, die das Alleinsein fürchterlich fand, lud sich Freundinnen ein. Schlagartig war das Haus voll mit lauter charmanten, etwas oberflächlichen Frauen, die mir mit Vogelstimmen zuzwitscherten, das Leben sei schön, man solle sich nicht mit Problemen belasten; Schmuck, Liebhaber, Reisen und Kulturelles seien das einzige, worüber sie sich Gedanken machten, sie seien glücklich, zum Friseur gehen zu können, reiche Männer zu haben und so fort.

Ich lebte in einer anderen Welt und war fest entschlossen, niemals dazuzugehören. Obendrein waren alle diese Damen auch noch sehr aufdringlich und nahmen mir Maman weg. Ihretwegen fühlte ich mich wieder allein. Sie öffneten die Post und kommentierten Briefe, die an mich gerichtet waren. Eines Tages lasen sie mit lauten Bemerkungen einen anonymen Brief vor, in dem die Absenderin bedauerte, daß mein Selbstmord mißglückt sei; andernfalls hätte es eine Schlampe weniger auf der Erde gegeben; für das nächste Mal riet sie mir, aus der siebten Etage zu springen, das wäre eine sichere Methode; und wenn ich mich in der Zwischenzeit etwas um mein Kind kümmerte, hätte ich weniger Zeit, mich als Nutte zu betätigen. Ich hörte aus einiger Entfernung ihr Lachen und ihre Bemerkungen. Ich war am Boden zerstört, diese anonymen Briefe verletzten mich zutiefst. Warum konnte ich nicht tot sein? Das hätte allen gut gepaßt. Die lange Strecke, die ich bis zum Ende dieses Hürdenlaufs noch zurückzulegen hätte, erschien mir unerträglich.

Ich erstickte allmählich zwischen Maman, ihrem Bett,

ihren Freundinnen und deren läppischem Gerede. Die Fotografen bewegten sich offen und frei im ganzen Ort und warteten ab. Wieder einmal war ich gefangen.

Jean-Claude Simon kam und überbrachte mir einen Brief von Sami, der in einem Landhaus in der Nähe von Paris auf mich wartete. Er war ausgemustert worden, was ihn physisch und psychisch stark mitgenommen hatte. Noch am selben Abend fuhr ich mit Jean-Claude im Auto weg, ungeachtet des Jammerns von Maman und des Geschreis ihrer Freundinnen.

Marceline Lenoir, Samis Agentin, hatte das abseits gelegene alte Haus gemietet, damit wir uns unbemerkt wiedersehen konnten. Eine rührende Szene! Sami, bis auf die Knochen abgemagert, hielt sich kaum auf den Beinen, und ich trat ihm mit verbundenen Handgelenken und verstörter Miene gegenüber. Als wir uns umarmten, hatten wir Angst, einander zu zerbrechen.

Marceline und Jean-Claude überließen uns ganz uns selbst, nachdem sie Vorräte besorgt und uns ans Herz gelegt hatten, nie, auch nicht ein einziges Mal, hinauszugehen, damit kein Mensch auf der Welt erführe, daß wir uns im Haus aufhielten.

Es gab kein Telefon, bis ins nächste Dorf waren es vier Kilometer. Sami und ich erholten uns dort hinter verschlossenen Türen bei Kaminfeuer, klassischer Musik und unserer Liebe. Wir fanden unsere eigene Welt wieder, die sich von jener der Lebenden wie von jener der Toten so sehr unterschied. Als die eingekauften Vorräte aufgebraucht waren, kochten wir uns einen Babybrei. Alles, was uns beide nicht betraf, lag uns vollkommen fern.

Das Konzert für zwei Violinen von Bach hüllte uns ein, das Feuer spendete uns Licht. Sami erzählte mir aus seiner Jugend: Eines Tages im Jahre 1941, als er noch ganz klein, etwa drei oder vier Jahre alt, war – seine Mutter schnitt in der Rue des Rosiers in Paris gerade Stoffe zu –, hörte er ein Geräusch auf der Treppe. Seine Mutter versteckte ihn unter einem Berg von Stoffen und erklärte ihm, dies sei ein neues

Spiel; er dürfe sich nicht rühren, nicht sprechen, bis sie ihm sage, das Spiel sei vorbei. Er hörte ein heftiges Pochen an der Tür, dann seltsame Stimmen und das Stampfen von Stiefeln. Da er glaubte, dies gehöre zum Spiel, bewegte er sich nicht. Er hörte, daß seine Mutter die Tür öffnete und sagte:»Warten Sie, ich hole nur meinen Mantel, ich bin ganz allein hier, ich komme sofort!« Dann hörte er einige Möbelstücke umfallen, dann wieder die fremden Stimmen, die Stiefel, die über den Holzboden donnerten, die Tür, die ins Schloß fiel, verhallende Schritte auf der Treppe, dann nichts mehr. Sami schlief ein.

Als er erwachte, war es Nacht, er hatte Hunger, das Spiel langweilte ihn allmählich. Er kroch aus seinem Versteck und rief nach seiner Mutter. Weil er sie nicht fand, öffnete er die Wohnungstür. Allein auf dem Treppenabsatz, begann er zu weinen, bis ihn schließlich eine Nachbarin fand. Weder Vater noch Mutter hat er je wiedergesehen. Sie waren nach Auschwitz deportiert worden.

Seine Kindheit verbrachte er bald hier, bald dort – bei verschiedenen Nachbarn, entfernten Cousins, bei Bauern, deren Kühe er hütete. Gelegentlich ging er zur Schule, wurde katholisch getauft, von mancherlei Leuten ausgenutzt. Er verbarg seine semitische Herkunft unter einem Mantel von Komplexen und mied die Menschen wie ein kleines, wildes Tier, verängstigt, heimatlos, verstoßen.

Ich nahm wahr, wie er mir sein Herz öffnete; er, der keine Zärtlichkeit, keine Nestwärme erfahren hatte und sich jetzt mit mir vor dieser Welt versteckte, die ihn nicht akzeptierte.

Wie unerbittlich doch das Schicksal gewisse Menschen verfolgt!

Später, als ich Jerzy Kosinskis Romane »Der bemalte Vogel« und »Aus den Feuern« las, dachte ich an Sami, der auch polnischer Jude und in gewisser Weise ebenso verdammt war.

Marceline besuchte uns. Sie brachte mir einen Brief von Olga und Sami einen Vertrag. Plötzlich brach wieder das Dasein der anderen in unser behütetes Leben ein. Ich hatte zwar alle vergessen, sie mich jedoch nicht. Ein bißchen ärgerlich darüber, keine Nachricht von mir erhalten zu haben, erinnerte mich Olga nicht nur behutsam an ihre Existenz, sondern auch an die eines unterzeichneten Vertrages mit Francis Cosne für den Film »La Bride sur le Cou« [»In Freiheit dressiert«], der im Januar unter der Regie von Jean Aurel gedreht werden sollte, und an die dringliche Nachsynchronisation von »Die Wahrheit«.

Aurel, den ich auf Drängen Jacques' in Saint-Tropez getroffen hatte, hatte ich vollkommen vergessen! Mein Gott, Jacques würde doch hoffentlich nicht als Produzent und Darsteller fungieren! Warum hatte ich mich nur auf diese Geschichte eingelassen? Um des lieben Friedens willen!

Tja, was ich vorfinden würde, war Krieg. Ich mußte wieder nach Paris, in die Gesellschaft, in die Avenue Paul-Doumer zurück.

Nach anderthalb Monaten Abwesenheit wirkte das Haus fremd und befremdend. Nicolas ging es besser, Moussia war fürsorglich und vollkommen. Madame Malavalon führte schlecht und recht all diese Leutchen und hatte das Geld weitgehend aufgebraucht, das ich ihr dagelassen hatte. Guapa empfing mich mit rührendem Freudengebell.

Alles nahm seinen üblichen Lauf. Rechnungen, Steuern, ein kaputter Staubsauger, ein tropfendes Bidet, Nachbarn, die sich über das Hin und Her zwischen den beiden Wohnungen beklagten, Nebenkosten, die erhöht worden waren, Briefe, die bereits vor Monaten hätten unterschrieben werden müssen, mein Haus in Bazoches, in das eingebrochen worden war, noch bevor ich einen Fuß hineinsetzen konnte, Jacques, der die Scheidung verlangte, »La Madrague«, wo dies und jenes anlag, und so weiter und so fort. Ich hatte nicht übel Lust, alles für immer hinzuschmeißen.

Warum nur diese schlechten Neuigkeiten und nichts Erfreuliches, nichts Lustiges, nichts Positives, nie und niemals?

Sami wohnte bei Marceline Lenoir in Neuilly. Mit Guapa verbrachte ich dort meine Nächte; ich tauchte bei ihm unter und ließ mich von Liebe überschwemmen bis zum nächsten Morgen.

Eines Abends, als ich nach dem Synchronisieren von »Die Wahrheit« nach Hause kam, war Jicky da. Er kam mir vor wie ein Kater, der um den heißen Brei herumstrich. Schließlich traute er sich zu fragen, ob ich noch immer die strohgedeckte Bauernkate in Bazoches besäße und er dort ein paar Tage mit einem jungen Mädchen, in das er sich wahnsinnig verliebt habe, verbringen dürfe. Ich gab ihm die Schlüssel.

Am 2. November 1960 kam »Die Wahrheit« in die Pariser Kinosäle. Selbstverständlich war ich wieder einmal nicht bei der Premiere. Dennoch wurde der Film ein riesiger Erfolg. So schrieb Jean de Baroncelli in »Le Monde«: »Brigitte Bardot ist endlich ganz sie selbst. Clouzot macht eine andere aus ihr. Während sie anfangs noch getreu ihrem Image als das flatterhafte, schmollende, verwöhnte Kind erschien, verwandelte sie sich auf der Anklagebank in eine richtige Frau. Dort ist sie wirklich eine andere: durch ihre Stimme, ihren Blick, diesen plötzlich unscheinbaren Körper. Als sie schreiend ihre Liebe und die Liebe dessen, den sie getötet hat, bekennt, ist sie erschütternd. Und nachts, im Gefängnis, dieser Blick eines gehetzten Tiers in dem Moment, als sie zu der Spiegelscherbe greift, dieser Blick tut weh. Welchen Anteil hat der Regisseur an dieser Metamorphose? Schwer zu sagen, aber sicher ist er maßgeblich.«

Hatte ich um den Preis meines Lebens endlich die Weihen einer Schauspielerin errungen? Ehrlich gesagt, es kam mir viel mehr darauf an, glaubhaft, echt, ganz ich selbst zu sein, einerlei ob vernichtet oder siegreich, als eine »Schauspielerin« zu sein, die ich nie war.

Der Film hatte einen Riesenerfolg und ist für mich bis heute einer meiner gelungensten. Er wurde bei zahlreichen internationalen Festspielen ausgezeichnet, und ich fand im Ausland mehrfach als beste Darstellerin des Jahres Anerkennung. Das freut einen ja doch!

Als Mala und ich die Post durchgingen, fiel uns ein erschütternder Brief in die Hände. Ein junger Behinderter, achtzehn Jahre alt, fotografiert in einem Rollstuhl, bat mich zu Weihnachten um ein Akkordeon, die einzige Möglichkeit, ihm seinen Traum zu erfüllen, denn seine Familie sei zu arm, es ihm zu kaufen. Manche Briefe gehen mir zu Herzen, auch die von Bernadette hatten mich gerührt. Ich empfand tiefe Freude, als ich mein Herz für sie sprechen lassen konnte, und dieser Brief übte eine ähnliche Wirkung auf mich aus.

Mala und ich gingen folglich in ganz Paris auf die Suche nach einem Akkordeon. Wie überrascht waren wir jedoch, als wir den Preis hörten. Ein gutes, neues Akkordeon kostete zwanzig- bis dreißigtausend, der Akkordeonkasten zwischen fünf- und siebentausend Francs. Das warf mich um. Ich telefonierte mit meinem Freund Jean-Max Rivière, der von Beruf Musiker ist, und bat ihn, etwas Gutes zu einem vernünftigen Preis für mich aufzutreiben. Ein paar Tage später kreuzte er mit einem gebrauchten Akkordeon auf. Es war so gut wie neu, nur der Kasten leicht verkratzt, beides für fünftausend Francs. Da weder er noch Mala, noch ich dieses Instrument spielen konnten, mußte ich mich blind darauf verlassen, daß es gut funktionierte.

Freudestrahlend schickte ich dem jungen Behinderten das in Weihnachtspapier verpackte Akkordeon mit einem kurzen Begleittext, in dem ich ihm alles nur erdenkliche Glück wünschte.

Die Antwort war ein Schlag ins Gesicht. Wie ich mit meiner ganzen Knete die Frechheit besitzen könne, ihm ein gebrauchtes Akkordeon zu schicken! Um das wiedergutzumachen, brauche ich seiner Mutter nur eine *neue* Waschmaschine zu schicken. Zudem sei er nicht behindert; er habe sich nur in einem Rollstuhl fotografieren lassen, um zu überprüfen, ob ich tatsächlich so geizig sei, wie man in den Zeitungen lesen könne. Er habe mich hübsch hereingelegt und sich von meinem Geiz überzeugt; jetzt warte er nur noch auf die Waschmaschine.

Das war ein fürchterlicher Schock für mich. Da ich noch geschwächt und depressiv war, kamen mir angesichts solcher Gemeinheit die Tränen. Angewidert von der ganzen Menschheit und vom Leben, wandte ich mich zärtlich Nicolas zu und bereitete sein erstes Weihnachtsfest vor. Leider hatte Jacques *seinen* Sohn mit Beschlag belegt, ich traf ihn zu jeder Tages- und Nachtzeit am Bett des Kindes. Zu matt, auch noch diese Art der Konfrontation durchzustehen, ging ich immer seltener zu Nicolas und bat Moussia, mir Bescheid zu sagen, wenn die Luft rein sei.

Dieses zerrissene Dasein zwischen Nicolas, Sami und meiner Wohnung war nicht gerade förderlich für mein Gleichgewicht. Es gab in der Avenue Paul-Doumer kein Familienleben, und wenn Mala gegangen war, war das Appartement still und leer. Nur Guapa, die kleine, warme Kugel, wärmte mir das Herz.

Dadurch, daß Nicolas und ich in zwei verschiedenen Wohnungen wohnten, entstand zwangsläufig ein Graben zwischen uns.

Im Januar begann ich die Arbeit an »In Freiheit dressiert« mit Michel Subor als Partner. Ich wollte so gern »eine andere« sein, daß ich mir die Haare in meiner Naturfarbe kastanienbraun färben ließ, was den Produzenten Jacques Roitfeld und Francis Cosne ganz und gar nicht gefiel. Der Film war ein einziger Blödsinn.

Ich hatte gerade eine sehr schlimme Depression überstanden, und mir war wurscht, was daraus würde. Es half mir irgendwie, auf andere Gedanken zu kommen.

Der Regisseur Jean Aurel hielt sich für genial. Ich suchte seine Genialität vergeblich. Er war von jener zögerlichen Nachgiebigkeit und Selbstzufriedenheit, die sich bei einem Unternehmer, denn das ist ein Regisseur, ganz übel auswirkt. Abends, wenn er die abgedrehten Streifen vom Vortag sichtete, die zum Verzweifeln flach waren, hörten wir ihn vor Entzücken schallend lachen, denn er hielt jede Einstellung für ein Jahrhundertmeisterwerk.

Jicky, mehr und mehr in Anne verliebt, hielt sich mit ihr in Bazoches verborgen. Von ihrer ersten Nacht in dem fremden, unbewohnten Haus hatte er mir humorvoll und bestürzt zugleich berichtet. Die Ankunft war wundervoll gewesen, ein einsames, strohgedecktes und eiskaltes Haus, das von einer einzigen Lichtquelle, einem riesigen Holzfeuer, gewärmt und beleuchtet wurde. Wie romantisch! Aber Liebe und kaltes Wasser sind reichlich wenig. Als es einmal kein Wasser gab, nahm Jicky einen Eimer und holte in finsterster Nacht Wasser von der Wasserstelle La Cressonnière. Er fiel hinein und kam durchnäßt und durchgefroren mit dem Eimer in der Hand zurück. Dann bekamen sie Hunger. Ich hatte nur wenige Konserven für den Notfall liefern lassen. Sie fanden den »Vorratsschrank«, einen armseligen Küchenschrank, halb leer. In ihm wetteiferten zwei Büchsen Bohneneintopf, zwei Büchsen Sardinen und drei Pakete Nudeln miteinander. Die beiden entschieden sich für den Eintopf, aber die weißen Bohnen und die Würste waren nicht mehr taufrisch. Danach waren sie die ganze Nacht krank. Jicky mußte fünfmal hintereinander zur Wasserstelle laufen, um Nachschub zu holen, denn ein Eimer Wasser reichte nicht aus. Er holte sich zusätzlich zur Kolik, die beide einen Tag und eine Nacht lang quälte, einen gepfefferten Schnupfen.

Seitdem hat Jicky Wasser und Elektrizität wieder in Gang gebracht. Einen der Räume, der ihnen gleichsam als Hausmeisterloge diente, hat er sehr gemütlich eingerichtet. Dort schliefen, aßen und liebten sie sich, und dorthin luden sie Sami und mich an einem Sonntag ein.

Es war mitten im Winter, und das Land, das ich in so schöner Erinnerung hatte, wirkte öde und trist. Das Haus, das im Mai, als ich es kaufte, von Kletterrosen überwuchert war, machte den Eindruck einer alten Dame, deren Hutschleier mit all seinen Blättern und Blüten die tiefen Furchen der Haut nicht mehr verbergen konnte. Ich war verzweifelt und wagte kaum hineinzugehen, aus lauter Angst vor dem, was mich an Ausbesserungs- und Aufräumarbeiten erwartete.

Als ich die kleine Stalltür, die in der Mitte waagerecht geteilt war, aufstieß, war ich entzückt. Jicky hatte ein Wunder vollbracht. Die wenigen Möbel waren hübsch und einladend angeordnet; es gab ein großes Bett und einen gewachsten Bauerntisch, der mit verschiedenen Salaten, Flaschen, Gläsern und Kerzen gastlich gedeckt war. Ein mächtiges Feuer loderte im Kamin. Es roch nach Glück, nach »Cassis«, diesem Haus, das mir so gut gefallen hatte, und nach Jicky, der als einziger mit nichts ein Haus zum Leben zu erwecken verstand.

Ich machte Annes Bekanntschaft, eine reizende, kleine Person mit dem eigenwilligen Aussehen der Mädchen ferner Inseln. Sie ließ sich verwöhnen, fand es ganz normal, daß Jicky an alles dachte, alles übernahm. Wie recht sie hatte, diese herrliche Zeit zu genießen, die einer alltäglichen sozialen Bindung vorausgeht!

Dieser Tag tat uns gut, und da auch ich mich um nichts kümmern mußte, genoß ich ihn ausgiebig. Ich beschloß, Bazoches nicht wieder zu verkaufen, und bat Jicky, meine Sonntage dort verbringen zu dürfen. War das gut, ins eigene Haus zu kommen und gleichzeitig wie bei Freunden empfangen zu werden, den Augenblick unbeschwert genießen zu können, wo mich doch so viel Verantwortung beinahe erdrückte!

Der Film, zu dessen Dreharbeiten ich jeweils montags zurückkehrte, drohte der größte Reinfall des Jahrhunderts zu werden. Eines Tages bat ich die Produzenten in meine Garderobe und erklärte ihnen rundweg: »Ich höre auf!«

»Die Wahrheit« war gerade in die Kinos gekommen – ein Meisterwerk. Ich war darin als gestandene »Schauspielerin« anerkannt worden, und auch meine schärfsten Kritiker mußten mir Lob zugestehen.

Nach all der Mühe, die mich das gekostet hatte, wollte ich dies alles doch nicht für einen monumentalen Mist aufs Spiel setzen, der mich ermüdete, belämmerte und zu Tode langweilte. Ich lief Gefahr, mir eine spektakuläre Schadensersatzklage einzuhandeln, was übrigens auch geschah, indem ich zwei Lösungen anbot: Entweder ich höre Knall und Fall auf zu drehen, oder ein anderer Regisseur muß her. Mir war klar, daß ich bei den Produzenten offene Türen einrannte, denn sie waren entsetzt über die Wendung, die der

Film nahm. Es kam ihnen äußerst gelegen, daß ich die Verantwortung für die Ablösung von Jean Aurel übernahm. Eine Laune mehr oder weniger, was bedeutete das schon bei meinem Ruf!

Es war schwierig, einen Ersatzmann zu finden. Der Verband der Regisseure ist sehr solidarisch, keiner der »Guten« wollte den Platz eines entlassenen Kollegen einnehmen, auch wenn die Entscheidung auf dessen gänzlicher Unfähigkeit beruhte.

Vadim zeigte sich bereit, uns aus dieser äußerst ernsten und heiklen Lage zu befreien, aus Freundschaft zu Francis Cosne, aus Liebe zu mir, und weil er Jean Aurel zutiefst verachtete.

Es gibt nichts Schwierigeres, als bereits begonnene Dreharbeiten zu übernehmen. Vadim mußte das Drehbuch auf seine Art umarbeiten, einen neuen Dialogschreiber, Claude Brulé, engagieren, die abgedrehten Filmsequenzen sichten, wenigstens einen Teil davon behalten, damit nicht drei Wochen Arbeit im Mülleimer landeten. Diese ganze Flickschusterei war zehnmal mühsamer als eine Neuschöpfung.

Während dieser Zeit wurde ich zu einem Versöhnungstermin mit Jacques vor Gericht geladen. Die Richter mußten verrückt sein, wenn sie glaubten, daß ich mich mit Jacques versöhnen würde! Da wir uns einig waren, uns scheiden zu lassen, würden wir uns wohl kaum im Versöhnungsbüro in die Arme sinken.

Wie traurig und deprimierend diese ganzen Formalitäten sind! In Begleitung unserer Anwälte, ohne uns auch nur einmal anzusehen, nur mit leiser Stimme redend, stellten wir fest, daß wir uns fremder als Fremde geworden waren. Dabei hatten wir doch auch schöne, leidenschaftliche gemeinsame Augenblicke erlebt; wir hatten ein Kind, und wir hatten uns einmal zärtlich geliebt. All diese schönen Bilder aus dem Buch, das wir nun zuschlugen, verschwanden bei der Aufzählung der Momente des Scheiterns, der Trauer, der Enttäuschungen und der Verständnislosigkeit.

Als ich die übliche Frage »Wollen Sie wirklich die Scheidung?« mit »Ja« beantwortete, dachte ich unwillkürlich an mein »Ja« bei der Hochzeit. Welch ein Hohn! Ich verließ den Gerichtssaal in trüber Stimmung.

Mamie war ständig bei Nicolas. Sie liebte ihren Urenkel heiß und innig und konnte stundenlang mit ihm auf dem Fußboden herumkrabbeln. Er war gerade ein Jahr alt geworden. Sein Geburtstag war im engsten Familienkreis gefeiert worden, sogar Jacques hatte an diesem Ereignis teilgenommen. Es gab einen Kuchen mit einer Kerze darauf. Der Kuchen interessierte Nicolas nicht die Bohne, die Flamme dafür um so mehr.

Immer wenn er mich kommen sah, fing er an zu schreien. Ich war bestürzt. Mamie nannte ihn »mein kleiner Schatz« und nahm ihn stets in Schutz.

Moussia hatte das Gefühl, er gehöre ihr, und sie verbannte mich aus ihrem Reich. Sie hielt mir vor, daß mein Anblick ihn in Schrecken versetze. Das war ja heiter! Ich fragte mich wirklich, was ich da zu suchen hatte, und ging mit hängendem Kopf zu Guapa.

Die Arbeit mit Vadim an »In Freiheit dressiert« begann wieder. Die Außenaufnahmen drehten wir in Villard-de-Lans. Etwas Schnee und eine Atmosphäre wie beim Wintersport würden die Handlung aufpeppen.

Da ich Sami in Paris zurückgelassen hatte, war ich mieser Laune und wußte nicht, was ich in meinem Hotelzimmer mit den staubigen Vorhängen und den gelackten Möbeln anfangen sollte. Das Ambiente war noch scheußlicher als in Cortina d'Ampezzo, und das will etwas heißen. Schmutziger Schnee hinter schmutzigen Scheiben. Das frühe Aufstehen um halb sieben Uhr morgens und das Schminken um acht Uhr bei elektrischem Licht ließen mich fahl aussehen, wenn wir um neun Uhr im ersten eisigen und frostigen Morgenlicht zu drehen begannen. Die Kälte ließ meine Gesichtszüge erstarren, rötete meine Nase und gab meinem Teint einen grünlichen Schimmer. Angesichts vor Kälte steifer Puderquasten, gefrorener Schminkstifte und eiskalten rosa Wangenpuders versagte Dédettes ganzes Talent.

Ein jeder war mit seiner Freundin da. Vadim zog eine kleine Brünette von siebzehn Jahren hinter sich her, die wie ich angezogen und frisiert war. Sie hieß Catherine Deneuve und wirkte manchmal zum Verzweifeln dumm.

Eines Tages fuhren wir zum Drehen zur »Moucherotte«, einer einsamen Berghütte, zu der man nur mit der Seilbahn gelangte. Dort oben in dem Adlerhorst, abgeschirmt vor Autos, Straßen und der gesamten Zivilisation, gab es noch unverfälschte Natur, die in meinen Augen schön und rein war.

Das Hotel, ganz aus Holz und doch äußerst komfortabel, mit einem riesigen Kamin und Sofasitzen aus Ziegenleder, hatte genau das, was man im Gebirge anzutreffen hofft. Die Sonne schien; es war ein angenehmes, entspanntes Arbeiten. Gegen drei Uhr nachmittags trieb der Wind dicke Wolken vor sich her. In der Hoffnung, daß die Sonne wieder hervorkommen werde, saßen wir vor großen Gläsern Glühwein und warteten ab. Aber je später es wurde, desto mehr nahm der Wind zu, um so schwärzer wurden die Wolken. Bei den Dreharbeiten hat niemand das Recht, den Arbeitsplatz vor Tagesablauf zu verlassen, auch wenn es anfängt zu regnen oder zu schneien, denn die Produzenten hoffen immer auf den kleinen Sonnenstrahl, mit dem die Einstellung abgedreht werden kann. Das endete damit, daß uns der Hoteldirektor mit devoten Verbeugungen und zu seinem allergrößten Bedauern erklärte, daß die Schwebebahn bei diesem Sturm aus den Seilen zu springen drohe und deshalb nicht in Betrieb genommen werden könne, als man uns um sechs Uhr abends verkündete, wir könnten gehen. Wir saßen fest. Nur ich hatte immer solches Pech. Was war das auch für ein blödes Hotel mit einem Lift, der beim leisesten Windhauch nicht mehr fuhr? Wutschnaubend beschloß ich, zu Fuß in mein Hotel zurückzukehren, da ich Platzangst bekam und es nicht ertrug, mich als Gefangene zu fühlen, ganz gleich wo. Kaum war ich draußen, machte ich auch schon auf dem Absatz kehrt. Ein Schneesturm, der der großrussischen Steppe alle Ehre gemacht hätte, peitschte heftig gegen Scheiben und Türen. Man sah die Hand vor Augen nicht. Die Telefonverbindungen waren unterbrochen, der Wind heulte in den Tannen eine Schreckensbotschaft, und Dracula war gewiß nicht weit weg. Da mußte man wohl klein beigeben.

Für die Frauen wurden die wenigen Zimmer hergerichtet; die anderen, Techniker und Bühnenarbeiter, bekamen Feldbetten und Schlafsäcke. Urplötzlich fiel der Strom aus, nur das Kaminfeuer und einige Kerzen gaben uns Licht. Man servierte ein Käsefondue für fünfzig Personen. Das Ganze ähnelte allmählich einem Abenteuer von Jules Verne.

Mir mißfiel sehr, daß ich keine Zahnbürste dabei hatte und Sami nicht telefonisch benachrichtigen konnte, der bestimmt die ganze Nacht über in meinem Hotel anrief und sich fragen mußte, warum ich nicht erreichbar war. Ich würde ihm noch so hoch und heilig beteuern können, daß ich oben auf der »Moucherotte« festgesessen hatte; er würde mir niemals glauben.

Dany, Dédette und ich hatten uns in einem hübschen kleinen Zimmer einquartiert, doch weil wir noch gar keine Lust zu schlafen verspürten, gingen wir zu den anderen in den Empfangssaal hinunter, der wie ein Flüchtlingslager aussah.

Vadim und Serge Marquand spielten Schach, mit Michel Subor als Kiebitz, während Catherine jammerte, sie habe kein Nachthemd dabei. Claude Brasseur, der im Film die Rolle des Kameraden von Michel Subor spielte, führte einer jungen, etwas pummeligen Statistin, die ihre Haare wie ein griechischer Hirte trug und Mireille Darc hieß, Kartenkunststücke vor. Francis Cosne, traurig wie ein Cockerspaniel, ließ sie nicht aus den Augen. William Sivel, Toningenieur fast aller meiner Filme, ein häßlicher, aber außerordentlich sympathischer, lebhafter und großherziger Mann, erzählte von der »gelben Kreuzfahrt«, ein Abenteuer, das er uns schon hundertmal geboten hatte, zu dem er aber immer Neues hinzudichtete und das Robert Lefèvre, den diskreten, bescheidenen, höchst talentierten Kameramann, zum Lachen brachte. Die Bühnenarbeiter spielten Karten und schummelten dabei.

Ich kannte sie alle, sah sie aber jetzt mit anderen Augen. Allmählich wurde es in dieser vom Schicksal erzwungenen Nacht lustig. Draußen tobte das Unwetter, drinnen beleuchteten Feuer und Kerzen unsere Spiele, unser Lachen, unsere Mienen, als wir »Ambassadeurs« spielten, wobei es darauf ankommt, der eigenen Mannschaft einen Satz, einen Film- oder Buchtitel ohne Worte, nur mit Hilfe von Gesten, Mimik und Pantomime verständlich zu machen, was gewöhnlich gewaltige Lachsalven auslöst. Es gab »die Guten« und »die Schlechten«; die einen kapierten sofort, und die Bekloppten verstanden nur Bahnhof. Claude Brasseur, Vadim und Serge Marquand waren »Spitze«. Ich zählte mit Dédette, dem Skriptgirl, Francis Cosne und Michel Subor zu den »Guten«, und dann gab es noch einen Haufen »Schlechter«, darunter Catherine Deneuve, Mireille Darc und Dany, die linkisch und unbeholfen waren, ohne jegliches Vorstellungsvermögen!

Ich habe eine wunderbare Erinnerung an jene Nacht in der »Moucherotte« und mir fest vorgenommen, dort eines Tages meine Ferien zu verbringen.

Der Film wurde in Paris im Atelier fertiggestellt. Ich tanzte halbnackt, vermutlich, damit er sich teurer verkaufen ließ; Vadim hatte für Michel Subor einen Traum erfunden und damit ein Alibi für alles Unwirkliche geschaffen.

Die Realität holte mich am Abend wieder ein. Sie hieß Sami, Nicolas, Moussia, Mala, Guapa. Die Avenue Paul-Doumer wirkte wie ein von seinem Kapitän verlassenes Schiff. Ich beschloß, meine Zelte mitsamt Sami wieder dort aufzuschlagen. Schließlich lebte ich in Scheidung, verlangte weder Unterhalt noch Alimente, lebte mit Jacques von Tisch und Bett getrennt, und es war mein gutes Recht, den Mann, den ich liebte, in mein Bett zu holen.

Es war nicht leicht, Sami zu zähmen. Er gehört zu jener Sorte Männer, die nicht von einer Frau abhängen wollen, obwohl sie sie heiß und innig lieben.

Ich mußte die gesamte Wohnung umräumen. Aus dem Salon wurde das Schlafzimmer mit einem Doppelbett in der Ecke und vielen Kissen darauf; mein Schlafzimmer wurde für Nicolas und Moussia zurechtgemacht; nur das kleine Büro blieb weiterhin Malas Reich. Es ergab sich eine Art Luxuscamping, aber immerhin war alles ausgewechselt, wie Sami es gewünscht hatte, der nur unter dieser Bedingung bei mir hatte einziehen wollen. Die Wohnung auf der anderen Flurseite wurde möbliert vermietet. Alles war verändert, was Sami zur Bedingung gemacht hatte, um bei mir einzuziehen.

Christine Gouze-Renal, die mich besuchte, fand die »Veränderung« merkwürdig. Im Wohnzimmer zu schlafen erschien ihr unsinnig; solch eine Hausmeisterloge, in der man zugleich schlief, aß und Freunde empfing, war in ihren Augen der reine Unsinn, da die Wohnung andere praktische Möglichkeiten bot. Als die »Perle«, eine Schmutzliese mit Brille, uns den Champagner brachte, die Flasche unter dem linken Arm und zwei Baguettebrote in der rechten Hand, war Christines Entrüstung nicht mehr zu übertreffen.

»Wie kannst ausgerechnet du, Brigitte, eine solche Bedienung dulden?«

»Aber Cricrou, wie soll ich es ihr beibringen, ich habe keine Zeit, sie wird das nicht verstehen und kündigen.«

»Nun, meine Liebe, du bist ein Filmstar, bei dir muß die Bedienung stilvoll sein. Du mußt ein Ehepaar einstellen!«

»Ein Ehepaar?«

»Ja, sie als Köchin und ihn als Butler, der sich auch um dein Auto kümmert und so weiter!«

»Aber mein Dienstbotenzimmer ist ein Witz, und es hat nur ein Einzelbett.«

»Macht nichts, gleich morgen lasse ich dir ein Doppelbett liefern, und du tust mir den Gefallen und läßt dich bedienen, wie sich's gehört.«

Gesagt, getan. Dienstbotenehepaare defilierten in meiner Wohnung. Mala traf die Vorauswahl. Sie stellten unglaubliche Ansprüche, gingen mit verächtlicher Miene weg, nachdem sie gesehen hatten, wie klein das Dienstbotenzimmer, wie kümmerlich das Waschbecken war, einziges Anzeichen eines ansonsten fehlenden Hygienekomforts. Schließlich entschied ich mich für ein italienisches Paar. Ich war überglücklich, seine Sprache zu sprechen, und leckte mir schon die Finger bei dem Gedanken an die Pastasciutta-Gerichte, die es uns zubereiten würde. Doch die Wohnung war für eine luxuriöse Bedienung nicht eingerichtet. Teller, Schüsseln, Champagnerkühler, Tischdecken, Jacken für den Butler, schwarze Kittel und weiße Servierschürzchen, Staubwedel, Besen, Mixer, Schäler für dies, Mörser für das – d. h., eine ganze Ausrüstung mußte besorgt werden, mit der wir nicht wußten, wohin.

Ich machte einen Kleiderschrank frei, um alle diese Haushaltsutensilien unterzubringen, wußte nun aber nicht, wohin mit meinen Kleidern und Pullovern, die ich schließlich in einen Weidenkorb stopfte.

Am Morgen wurden Sami und ich vom Geklapper in der Küche, von den endlosen italienischen Tiraden unseres Ehepaars geweckt, das, in der angrenzenden Küche eingesperrt, ungeduldig darauf wartete, daß wir aufstanden, um endlich mit den »Hausarbeiten« beginnen zu können.

Ich mußte unser »Wohn-Schlafzimmer« verlassen, um ins Bad zu kommen, das der Küche genau gegenüber lag. Regelmäßig traf ich auf meinen Butler, der mich in meiner spärlichen Bekleidung mit lüsternem Blick verfolgte, während seine dicke Matrone ihm aus der Küche Schimpfwörter an den Kopf warf. Es war nicht auszuhalten!

Ich lud Christine zum Tee ein, der nach allen Regeln der Kunst serviert wurde: Teewagen mit Spitzendeckchen, Tassen, silberner Kanne, Petits fours und allem Drum und Dran. Der Typ in Habachtstellung hinter seinem Teewagen, darum bemüht, es uns an nichts fehlen zu lassen, verhinderte, daß wir auch nur ein einziges privates Wort wechselten. Mit auf dem Rücken verschränkten Armen und in seiner weißen Weste von verhaltener Eleganz verfolgte er unsere Unterhaltung.

Ich war einem Nervenzusammenbruch nahe, Christine

433

dagegen begeistert. Das war genau der Lebensstil, der meinem Rang entsprach, meinte sie.

Es ist schon recht komisch, daß die Schwägerin von François Mitterrand, dem höchstrangigen Sozialisten Frankreichs, auf eine makellose Bedienung Wert legte, während ich, die ich politisch immer rechts gestanden habe, mich einen feuchten Kehricht darum scherte.

Am nächsten Tag entließ ich die Italiener. Es war mir lieber, den ganzen Kram selbst zu machen, als auf meine Privatsphäre verzichten zu müssen. Das ganze Küchenzeug, das so viel Platz einnahm, kam in den Keller, und meine Kleider kamen wieder in meinen geliebten Schrank.

Jedesmal, wenn Sami und ich ausgingen, verließen wir das Haus über den Dienstboteneingang, um Jacques nicht über den Weg zu laufen. Das unerhörte Mißgeschick wollte es aber, daß Jacques, wenn er Nicolas besuchen kam, auch diesen Eingang wählte, um uns nicht zu begegnen. Ergebnis: Wir liefen uns genau in die Arme.

Im März des Jahres 1961 fuhr ich an den Wochenenden häufiger nach Bazoches zu Jicky und Anne – die kleine Kate aus dem 18. Jahrhundert war eine Oase der Ruhe und der Annehmlichkeit.

Nach der Plackerei einer Woche trafen Sami und ich samstags zum Abendessen ein. Es duftete nach Eintopf, Landluft, Holzfeuer, nach einem unbewohnten, etwas muffigen Zimmer, das man für uns noch schnell gelüftet und geheizt hatte. Wir schliefen in einem Bett mit eisigen Laken und einem Bettwärmer voller Kohlenglut, den Jicky kurz vor unserem Zubettgehen hineinlegte. Wir lebten wie in früheren Zeiten ohne Komfort, aber mit einer Herzlichkeit im Umgang, die neuzeitliche Bequemlichkeiten aufwog.

Es lag Schnee, alles war weiß und vereist, und ich erzählte abends am Feuer sehnsüchtig von »La Moucherotte«.

Wir beschlossen, wegen der Luftveränderung schon am nächsten Morgen hinzufahren. Jicky steuerte mein Renault-Kabriolett, dessen Verdeck hermetisch dicht war. In seinem Wagen reisten Anne und Macha, die weiße Katze, die in Bazoches lebt, seit Jean-Paul Steiger, ein junger Tierfreund, der bereits mit zwölf Jahren seinen Kampf zum Schutz der Tiere aufgenommen hatte, sie mir geschenkt hat. Macha war noch eine ganz kleine Katze gewesen, als er sie eines Tages halbtot in einem Graben im Bois de Boulogne gefunden hatte. Im Simca Océane folgten Sami und ich mit Guapa.

Damals gab es noch keine Autobahn. Die Straßen waren spiegelglatt. Abends stiegen wir in einem Hotel in Bourg-en-Bresse ab. Formulare waren auszufüllen. Niemand hatte mich erkannt. Sami trug »Camillo Guapa, spanischer Tänzer« ein, und Jicky schrieb seinen richtigen Namen, Ghislain

Dussart, fügte aber bei Beruf »Seiltänzer« hinzu. Wir freuten uns über unseren gelungenen Streich.

Ganz schön überrascht waren wir allerdings, als wir morgens im Lokalblatt, das auf unserem Frühstückstablett lag, lasen:»Brigitte Bardot übernachtete inkognito in Bourgen-Bresse in Begleitung des bekannten Tänzers Camillo Guapa und des berühmten Seiltänzers Dussart.« Es gab wirklich keine Möglichkeit, dieser dummen, aufdringlichen Presse zu entkommen, die völlig unbekannte Namen rühmte, nur weil sie mit meinem zusammen erwähnt worden waren. »Der berühmte Seiltänzer Dussart« blieb uns für immer in Erinnerung. Jicky hob den Zeitungsartikel auf und rahmte ihn ein, allzu stolz darauf, als »Seiltänzer« anerkannt worden zu sein, wo ihm doch bereits schwindelte, wenn er nur eine Hängebrücke überqueren mußte.

Als wir endlich vor »La Moucherotte« waren, ließen wir unsere Wagen stehen und nahmen Katze, Hund und Gepäckstücke in den bewußten Lift. Oben gab es eine Riesenfreude. Es war schön, es war ruhig. Wir waren die einzigen Gäste, ganz ungestört, ein Paradies. Anne und ich legten leidenschaftlich gern Patiencen zu zweit. Schon saßen wir dazu an einem Tisch, während Sami und Jicky sich um das Gepäck und die Tiere kümmerten.

Am nächsten Morgen gab es ein böses Erwachen. Ein Schneesturm setzte uns auf unbestimmte Zeit in diesem Adlerhorst fest. Dasselbe Spiel wie letztes Mal. Der Lift war wieder nicht zu benutzen, der Lastenaufzug außer Betrieb; wir saßen in der Falle, ich stand kurz vor einem Nervenzusammenbruch. Nie ist ein Hotelbesitzer so beschimpft worden wie von mir an jenem Tag. Ich zählte sämtliche Tiernamen auf, war außer mir und konnte diese neuerliche »Festnahme« absolut nicht ertragen. Sollte man diese »Moucherotte« doch als Gefängnis führen, aber nicht als Hotel, in dem für das Eingesperrtsein teuer bezahlt werden mußte. Dahinter steckte bestimmt Absicht, um die Gäste so lange wie möglich festzuhalten und zu schröpfen! Ich war so ärgerlich, daß ich sofort die Rechnung für die Nacht beglich und beschloß, zu Fuß abzusteigen. Wer mich liebt, mir nach!

Guapa lief als erste hinter mir her, dann Sami mit den Koffern. Anne folgte weiter hinten; mit ihren kleinen, hochhackigen Schuhen und ihrer Chaneltasche konnte sie nicht so schnell gehen. Jicky wiederum, mit der Katze Macha unter dem Pullover, deren Kopf aus dem Halsausschnitt herausschaute, mit Reisetaschen in beiden Händen, legte die halbe Strecke auf dem Hosenboden zurück.

Mindestens zwei bis drei Stunden brauchten wir, bis wir unten waren. Jicky blutete, denn die Katze hatte sich bei jedem seiner Stürze in sein Fleisch gekrallt. Die Koffer trieben wir mit groben Fußtritten vor uns her; sie rutschten ganz von allein den Berg hinunter. Schnee und Schweiß hatten uns durchnäßt, wir sahen kaum noch wie menschliche Wesen aus.

Die erstbeste Kneipe erschien uns wie eine Oase. Jicky zog sich in der Toilette nackt aus und wusch sich von oben bis unten. Ich bestellte Champagner, um uns nach all den Aufregungen ein bißchen fröhlich zu stimmen. Aber das Schicksal war offensichtlich gegen uns, statt Champagner gab es nur Bier, den Champagner der rückständigen Bergbevölkerung, Guapa trank Wasser und Macha Milch.

Noch am selben Abend machten wir uns auf den Heimweg nach Bazoches. Wir fuhren die Nacht durch, um einer erneuten Notiz der lokalen Presse über die Anwesenheit »des berühmten Seiltänzers Dussart« und des nicht minder berühmten »Tänzers Camillo Guapa« zu entgehen.

Die kleine Kate ruhte unter einer dicken Schneedecke. Alles war still und schön. Ich fragte mich, was mich bloß auf die Idee gebracht hatte, anderswo zu suchen, was ich hier besaß. Vermutlich der Mangel an Weisheit!

Für Politik habe ich mich nie besonders interessiert. Für de Gaulle aber hegte ich eine fast kindliche Bewunderung. Dieser Mann übte auf das französische Volk eine beruhigende Wirkung aus. Er war unser Chef, ein wenig unser Vater, und dank seiner Erfahrung und seiner Fähigkeit, klug und entschlossen zu regieren, konnten wir uns vertrauensvoll auf ihn verlassen. Er hatte den Mut, Algerien in die Unabhängigkeit zu entlassen, was manch einem nicht gefiel! F.L.N. [die für die Autonomie Algeriens eintretende Front de Libération Nationale] und O.A.S. [die gegen die Autonomie Algeriens kämpfende Organisation de l'Armée Secrète], all diese Initialen, von denen die Rede war, beeindruckten mich nicht übermäßig.

Der Ernst der Lage wurde mir erst an einem Aprilabend auf dem Weg von Bazoches nach Paris bewußt, als Dutzende von Panzern die Brücke von Saint-Cloud blockierten. Demnach herrschte Krieg! Das erinnerte mich an meine Kindheit. Nur auf Umwegen kam ich zur Avenue Paul-Doumer. Die Nachrichten in Rundfunk und Fernsehen waren äußerst pessimistisch. In Paris braute sich etwas zusammen.

Ich beschloß, mit Nicolas, Moussia, Sami und Dédette sofort nach Saint-Tropez aufzubrechen. Dort gab es zumindest weder Panzer noch Kriegsschiffe, alles schien normal. Es war Frühlingsanfang, »La Madrague« bekam mit jedem Tag etwas mehr von ihrem tropischen Flair. Es würde sich dort angenehm leben lassen mit Kapi, der glücklich war, mich wiederzusehen, und mit Guapa, die glücklich war, ihren Liebhaber wiederzuhaben.

Aber ich wurde wieder reichlich mit alltäglichen Problemen konfrontiert. Moussia war beleidigt, weil ich sie mit Nicolas in den Gästezimmern untergebracht hatte, die direkt aufs Meer hinausgingen. Sie fand sie nicht komfortabel genug und feucht; der arme Kleine würde sich den Tod holen. Also durfte Nicolas, eingehüllt wie eine Zwiebel, nicht einmal die Nase nach draußen stecken. Selbst bei herrlichstem Sonnenschein verbrachte er seine Tage im Bett, eingemummelt in Decken. Ich war stinkwütend. Was für eine Art, ein Kind großzuziehen!

Sami aß nicht gern. Für ihn waren Mahlzeiten ein notwendiges Übel, kein Vergnügen. Er sperrte sich in unserem Schlafzimmer ein und ernährte sich von »Milical«, Diätkeksen für Frauen, die zu Körperfülle neigen. Somit saß

Dédette allein am Tisch mit ihrem Schmorbraten, den selbst Moussia nicht mochte, weil sie ihn zu fett und zu gehaltvoll für Nicolas fand. Ich lief von einem zum anderen und versuchte zu vermitteln, indem ich hier ein bißchen probierte, dort lobende Worte sprach, das eine nicht besonders mochte, das andere ganz toll fand, während mich im Grunde alles nicht die Bohne interessierte.

Ich überließ Sami seinen metaphysischen Problemen, Dédette ihrem Herd, Moussia ihren Forderungen und ging aus dem Haus, um anderswo ein wenig Frohsinn und Wärme zu finden.

Am noch ausgestorbenen Hafen roch es nach Jod und nassem Holz, die Möwen kreischten und umkreisten die kleinen Fischerboote, die mit ihrem Fang heimkehrten. François de l'Esquinade und Félix de l'Escale schlürften genüßlich einen Pastis in der Sonne. Sie sprachen im warmen Tonfall der Mittelmeeranrainer, fanden mich schön und brachten mich mit ihren urtümlichen Geschichten zum Lachen. Roger Urbini war der Partner von François, ein Italiener mit einer Lebensfreude und einem Humor, die den banalsten Augenblick in ein Fest verwandelten. Sie quatschten die Touristen mit »Maman« oder »Papa« an, was jedes Mal neue komische Situationen heraufbeschwor. Oder sie griffen sich die erstbeste Frau, um sie im Hafen zum Cha-Cha-Cha herumzuschwenken. In ihrer Gesellschaft verging die Zeit wie im Fluge, und ich amüsierte mich. Wie lange hatte ich nicht mehr gelacht? Ich schleppte eine traurige Last mit mir herum, die meine Tage trübte und mich nur noch die negative Seite des Lebens sehen ließ.

Ich war sechsundzwanzig Jahre alt, wie durch ein Wunder noch am Leben, hatte aber letzten Endes wenig davon. Ich verspürte plötzlich die Lust, alles nicht Faßbare und Belastende, das mich daran hinderte, mein kostbarstes Gut, meine Jugend, zu genießen, einfach abzuschütteln.

Durch den Einfluß meines Sternzeichens Waage selten im Gleichgewicht, falle ich blitzschnell von einem Extrem ins andere. Zum Teufel mit Samis Pessimismus, Dédettes kulinarischen Wunderwerken, Moussias verkniffener Miene und dem Gejammer von Nicolas! Ich ließ mich von der gesunden Freude meiner Freunde mitreißen und berauschte mich an Freiheit, Tanz, Lachen und Gin Tonic. Sie faßten mich um die Taille, ihre Augen spiegelten ein Bild von mir wider, das mir Mut machte. François war ganz besonders zärtlich und zuvorkommend. Schließlich hatte ich doch wohl das Recht, mein Leben wenigstens ein bißchen zu genießen!

Meine Ausflüge von »La Madrague« änderten jedoch nichts an der verfahrenen Situation. Sami beschloß, nach Paris zu fahren, um ein Stück von Brecht vorzubereiten, das er im »Studio des Champs-Elysées« spielen sollte. Ich nutzte die Gelegenheit, Moussia, Nicolas und Odette mit nach Hause zu schicken.

Christine und Roger Hanin lösten sie ab. Das Haus wurde wieder so, wie ich es liebte. François wurde mein ständiger Begleiter. Er verstand sich bestens mit Christine, die er oft zum Lachen brachte, und mit Roger, mit dem er um die Wette komische Geschichten erzählte, wobei Roger den Akzent von Bab el Oued und François den Marseiller Tonfall imitierte.

Getragen von einem wohligen Glücksgefühl, kümmerte ich mich um nichts mehr. François entlastete mich von allem. Das Abendessen, das er zuzubereiten pflegte, war vorzüglich, und seine Abendgesellschaften waren geschmackvoll gestaltet. Das Wetter war schön, ich vergaß Sami und seine moralische Tortur in den Armen von François, der sechzehn Jahre älter war als ich und mir endlich die starke Schulter bot, die ich schon immer herbeigesehnt hatte.

Nach dem Abendessen fuhren wir alle zur »Esquinade«, dem Nachtlokal, das François und Roger Urbini gemeinsam führten und das schöne Abende in Saint-Tropez garantierte. Dort tanzten, tranken, lachten und flirteten wir bis in den Morgen hinein. Christine war begeistert, mich so in Form zu sehen.

Im Juni sollte ich in dem von ihr produzierten Film »Vie

privée« [»Privatleben«] unter der Regie von Louis Malle spielen. Mein Leben sollte darin nacherzählt und – wie im Kino üblich – romantisiert werden. Der Erfolg dieser Produktion war für Christine sehr wichtig, da sie damit so etwas wie ihr Meisterstück als Produzentin abliefern wollte. »Die Wahrheit« erhob mich in den Rang einer wirklichen Schauspielerin, einer Tragödin. Andererseits beschädigte »In Freiheit dressiert« diesen Glorienschein durch sein banales Mittelmaß.

Christine hielt bedeutende Trümpfe in der Hand – Marcello Mastroianni zum Beispiel, den großen italienischen Star, der der Filmmann meiner Träume werden sollte. In der Zwischenzeit hatte ich einen Vertrag abgeschlossen, der mich in einer der Episoden der »Amours célèbres« [»Galante Liebesgeschichten«] unter der Regie von Michel Boisrond in der Rolle der Agnes Bernauer mit Alain Delon zusammenbrachte.

Ich vertraute Kapi und »La Madrague« Jicky und Anne an, verfluchte erneut mein verflixtes Schauspielerleben, das mich ständig zwang, im angenehmsten Augenblick mein Haus zu verlassen, um genug Geld für mein Hundeleben zu verdienen. Bei Einbruch der Nacht fuhren wir im Auto los, Christine und Roger vorneweg in ihrem amerikanischen Kabriolett; François und ich folgten mit Guapa in seinem Jaguar. Die Fahrt war traumhaft schön. In Avignon hielten wir, um zu Abend zu essen. Im Radio gab es einen besonders mitreißenden Cha-Cha-Cha. Wir parkten unsere Wagen so, daß die Autoradios Stereoklang lieferten, und tanzten alle vier auf dem Platz unter den amüsierten Blicken der Gäste. Es war warm, alles war bestens, und wir hatten richtig Spaß. Wenn man mich erkannte, dann bemerkte ich es nicht, was mein Vergnügen steigerte. Die übrige Fahrt verlief ähnlich. Mädchen, koste die Situation aus, und genieße das Leben!

In Paris trennte ich mich vor der Avenue Paul-Doumer nur ungern von François. Auch ihm fiel der Abschied nicht leicht. Die Urlaubsliebschaften sind die schönsten, wie es in einem Chanson heißt. Ich war wieder bei Sami, den Brechts Stück »Im Dickicht der Städte« fesselte. Er sprach von nichts anderem als von diesem Meisterwerk, das Antoine Bourseiller im »Studio des Champs-Elysées« inszenierte und in dem er die Hauptrolle spielte. Ich hörte nur mit einem Ohr zu und dachte daran, daß ich jetzt gern einen Tee mit Milch hätte, um mich vom vielen Champagner zu erholen, den wir auf jeder der Reiseetappen hinuntergestürzt hatten.

Nicolas schrie, als er mich sah. Moussia mummelte ihn ein aus Angst, er könne wieder Angina bekommen. Mala legte mir den üblichen Stapel vor, der aus Rechnungen, Ärgernissen, Sorgen und Problemen bestand, die sich seit meiner Abreise angesammelt hatten.

Die neue »Perle« hatte den Blick einer Kuh, die einen Zug vorbeifahren sieht. Nur gut, daß Christine nicht da war, die mich bestimmt veranlaßt hätte, sie mit dem Zug abdampfen zu lassen, was für eine dumme Kuh allerhand gewesen wäre.

Sehnsüchtig dachte ich an die Cha-Cha-Chas, an die Nächte in der »Esquinade«, an die Augen von François mit den faltigen Tränensäcken, die an einen Cockerspaniel erinnerten, der mich so zärtlich, humorvoll oder verliebt angesehen hatte. Ich mußte mich beeilen. Agnes Bernauer mit Alain Delon in »Galante Liebesgeschichten« wartete auf mich.

Tanine Autré, meine treue Kostümbildnerin, hatte zwar alle meine Maße weitergegeben, ich mußte aber mindestens einmal diese wunderbaren, mittelalterlichen Kleider anprobieren. Georges Wakhevitch hatte die Bühnenbilder und die Kostüme entworfen. Er war so begabt, daß ich seine Skizzen wie auch jene von »Ein Weib wie der Satan« behielt, die ich noch heute eingerahmt zu Hause aufbewahre und schätze.

Meine Dreharbeiten dauerten eine Woche, da ich in diesem Film nur für eine der vier Episoden vorgesehen war. Neben mir spielten außer Alain Delon in den Hauptrollen Pierre Brasseur, Jean-Claude Brialy, Suzanne Flon, Michel Etcheverry und Jacques Dumesnil. In den übrigen Episoden waren Jean-Paul Belmondo, Dany Robin, Philippe Noiret, Simone Signoret, Pierre Vaneck, François Maistre, Edwige Feuillère, Annie Girardot und Marie Laforêt zu sehen.

Es ist immer schwieriger, sich in einem kurzen Auftritt im Wettbewerb mit anderen, die einem völlig unbekannt sind, zu behaupten, als die einzige Hauptrolle zu spielen, in der man zwar länger eingesetzt ist, sich aber gewisse Schwächen erlauben kann.

Am ersten Drehtag erschien ich etwas aufgeregt in den Filmstudios. Ich rannte mit offenen Haaren, schwarzer Sonnenbrille und Handtasche – wie üblich etwas verspätet – in die Halle hinein und prallte mit jemandem zusammen.

»Verzeihung!« Ich wäre fast in Ohnmacht gefallen. Es war Jean-Louis, ich hatte ihn seit unserer Trennung nicht mehr gesehen.

»Wie geht's dir?«

»Es geht mir gut.«

»Spielst du hier in einem Film?«

»Ja.«

»Na dann, auf Wiedersehen!«

»Ja, auf Wiedersehen ...«

Ich dachte an die Worte »auf Wiedersehen, dich wiedersehen, sich wiedersehen, uns wiedersehen«, und das reimte sich zu sehr auf »wieder gehen« und »nie mehr sehen«.

Ich stieg die Treppe hoch wie eine Schlafwandlerin. Ich hatte ihn so sehr geliebt und liebte ihn noch immer, hatte es ihm aber nicht sagen können, denn ich war zu bewegt und zu sehr in Eile gewesen, er übrigens auch. Zudem sah ich mit meiner schwarzen Brille und ungeschminkt so häßlich aus. Das war im Mai 1961. Ich habe ihn nie, nie wiedergesehen.

Erschüttert betrat ich meine Garderobe und fand sie voller Blumen: vom Regisseur, vom Produzenten, von meinem Partner, von Dédette eine kleine Rose im Schminkglas und so weiter.

»Ich habe Jean-Louis getroffen.«

»!!!«

»Ich bin völlig durcheinander und muß ihm blöd vorgekommen sein, denn ich hab' ihm nur belangloses Zeug gesagt.«

Meine Mädchen waren sprachlos über mein Verhalten. Ich sollte mit Delon drehen, lebte mit Sami Frey zusammen und dachte doch nur an Jean-Louis!

Da Delon mich maßlos nervte – man muß schon sagen, daß er sich damals widerwärtig verhielt, nicht im geringsten auf seine Partnerin achtete, sondern nur darauf bedacht war, mit seinen blauen Augen verführerisch zu wirken –, schaute ich hinter ihn und begegnete violetten Augen, einem prächtigen Männerkopf, einem herrlichen Körper, die zu Pierre Massimi gehörten, der die Rolle seines Stallmeisters spielte. Da Alain mir in den Liebesszenen niemals in die Augen, sondern in das auf meinen Rücken gerichtete Spotlight schaute, damit das Blau seiner Augen besser zur Geltung kam, machte ich's genauso und schaute hinter Alain leidenschaftlich in die Augen von Pierre Massimi, der meine Blicke erwiderte. Es war einfach toll! Delon machte seine Liebeserklärung einem Projektor, ich seinem Stallmeister. Soll sich noch jemand wundern, daß diese Episode schlecht ausfiel. Hätte man die Rolle mit Pierre Massimi statt mit Delon besetzt, wäre die Szene glaubwürdiger geworden. Hätte man an meine Stelle eine Laterne gesetzt, wäre auch das glaubwürdig gewesen.

Die Mischung Delon-Bardot wirkte flach. Schade, denn ich halte Alain Delon heute für einen der schönsten und glaubwürdigsten französischen Schauspieler, der am ehesten einen Gabin oder andere Größen ersetzen kann. Sein Talent ist nicht zu leugnen, sein Äußeres und sein Charakter haben sich entwickelt, er ist härter und schöner geworden. Wenn ich an die jungen Hauptdarsteller von heute denke, danke ich dem Himmel, daß ich nicht mehr beim Film bin.

Nachdem ich »Galante Liebesgeschichten« abgedreht hatte, packte ich meinen Koffer für Genf, wo wir mit »Privatleben« beginnen sollten. Obwohl ich Reisen scheußlich finde, verbrachte ich mein Leben damit, mich von denen zu verabschieden, die ich liebte, in Flugzeuge zu steigen und mich zu entwurzeln.

Die kluge Christine hatte liebenswürdigerweise am See ein prächtiges Haus für uns gemietet, das Peter Notz gehörte, dem »Nußnougatherrn«, wie wir ihn nannten, obwohl er mit der berühmten Marke »Nuts« nichts zu tun hatte. Er war ein Schweizer Playboy mit der in jeder Hinsicht gebotenen Langsamkeit.

Louis Malle war früher der Liebhaber meiner Schwester Mijanou gewesen und hatte sich, noch ganz warm, eben erst aus den Armen von Jeanne Moreau gelöst, zu deren Liebhabern er in »Die Liebenden« gehört hatte, jenem Film, mit dem er mich 1958 bei den Festspielen von Venedig um eine Nasenlänge geschlagen hatte. Ich befand mich auf bekanntem Terrain. Louis Malle war kalt und dennoch voller Zärtlichkeit. Er schämte sich, seine Gefühle zu zeigen, und versteckte sie unter einem Schutzpanzer, der ihn unverwundbar machte.

Anfangs verstand ich mich nicht besonders gut mit ihm. Ich reagierte aufbrausend, spontan, offen, frank und frei, stieß jedoch auf einen bedächtigen, methodisch vorgehenden Menschen, der jede Improvisation, jeden Schwung abschnitt, der erwog, abwog und aufs neue erwog. Es war nicht einfach. Louis Malle und ich waren in puncto Lust und Laune zu verschieden.

Abends kehrte ich mit Christine in unsere prächtige Villa zurück und weinte. Ich hatte schon genug, noch bevor ich begonnen hatte. Dieser Kerl war das Gegenteil von einem Regisseur, wie ich ihn gebraucht hätte; meine Leistung würde wieder einmal hundsmiserabel sein.

Da bescherte mir Christine eine Überraschung. Als ich nämlich eines Abends wieder einmal entmutigt zurückkam, fand ich jemanden im Wohnzimmer. Es war François. Mit ihm kehrten Lebensfreude und Spaß zurück; die Cockerspanielaugen, die mich schön fanden, die Wärme von Saint-Tropez, die Scherze, und mit dem Arm, der mich umfaßte, das Gefühl der Sicherheit.

Ach, François, was war das für ein Glück für mich, dich an jenem Abend wiederzutreffen! Das Haus war wunderschön, was ich vorher nicht bemerkt hatte; ich entdeckte, wie lieblich der See zu meinen Füßen lag, wie schön der Vollmond über unseren Köpfen leuchtete.

Da aber im Leben nichts unkompliziert ist, nahm ich Samis Anruf in Christines Zimmer an. Ich betrog euch alle beide zugleich, wenn auch ohne jede Spur von Bosheit, denn ich wollte einfach nur glücklich sein. Ein heikles Glück, aber immerhin Glück!

Am Abend darauf drehte ich bei Dunkelheit mit Mastroianni, Ursula Kübler und Dirk Sanders in einem der alten Viertel von Genf. Wir sollten mit Freßpaketen bewaffnet aus einer Pizzeria kommen und zu einem Picknick mit Freunden gehen. Mitten in der Einstellung, die wir drehten, rauschte plötzlich ein Geranientopf haarscharf an meinem Kopf vorbei. Danach bombardierte man uns unter lautem Gezeter mit Tomaten, alten Obstkisten und mit Wasserkübeln. Es folgten Beschimpfungen wie »Zurück nach Frankreich mit der Nutte!«, »Soll sie doch zu Hause ihre Schweinereien machen!«, »Laß die Schweiz in Frieden!«, »Krepieren soll sie!«, »Müll zu Müll!«, »Sperrt sie in ein Bordell und die Kamera gleich dazu!« und dergleichen mehr.

Ich brauchte ein paar Minuten, um zu begreifen, daß diese freundlichen Aufforderungen an mich gerichtet waren. Während noch allerlei Wurfgeschosse an meinem Kopf vorbeizischten, zog mich eine Hand ins Dunkel weit hinter die Kamera zurück, dorthin, wo die Schaulustigen in Trauben zusammenstanden, um zu »glotzen«.

Es war François. Ich wurde in ein Auto verfrachtet und kam erst wieder in der Stille von »La Crique«, unserem Haus am Seeufer, zu mir. Ich begriff nicht, was ich mir hatte zuschulden kommen lassen. Ich tat doch nur meine Arbeit und sonst nichts. Beinahe wäre ich ums Leben gekommen. Weshalb richtete sich solch ein Haß gegen mich? Warum nannten sie mich Nutte? Um mich in die Flucht zu schlagen und mir die Lebenslust zu nehmen?

Meine allzu schwachen Nerven versagten erneut. Am

446

Rande des Sees, am Rande einer Krise, am Rande der Verzweiflung brach ich in Tränen aus.

Christine kam völlig entsetzt, Louis Malle ebenfalls, mordsmäßig erschreckt. Ich war zutiefst verletzt. Was hatte ich diesen Menschen nur getan, daß sie mich so haßten? Ich war ich, nichts weiter. Ich verstellte mich nicht, spielte keine andere Rolle als mich selbst, ich bluffte nicht!

Man verpaßte mir Tabletten zur Beruhigung und Zäpfchen zum Einschlafen, die der herbeigerufene Arzt mir mit Wollust zwischen die Pobacken drückte. Mein weltweit als Sexualsymbol anerkannter Hintern war selbst für einen Schweizer Doktor, der langsam von Begriff war, alles andere als ein Auffangbecken für Spritzen. Dennoch erholte ich mich wie immer schnell von dem Schock.

Es folgte die Rückkehr nach Paris, wo wir die Innenaufnahmen in den Studios »Saint-Maurice« drehten. Es war ein warmer und schöner Juli, und ich dachte sehnsüchtig an »La Madrague«, ans Meer, an die Sonnenuntergänge. Aufstehen um acht, Abfahrt zum Studio um neun, Ankunft um zehn Uhr – Schminke auflegen, Kleider anlegen, Schwätzchen einlegen, drei Angelpunkte des Drehtags, bis man mittags um zwölf für die Dreharbeiten bereit war. Ende der Dreharbeiten um neunzehn Uhr dreißig, Rückkehr nach Hause zwanzig Uhr dreißig. Täglich zwölf Stunden meines Lebens für einen Film! Immer kam ich müde und erschöpft nach Hause. Was für ein Leben! Und darum beneidete man mich auch noch. Ich arbeitete für das »Filmtheater«. Unterdessen badeten alle die Pos, die keinem Sexsymbol gehörten, in der Sonne, schwammen im Salzwasser, was ich so gern tat, und ließen sich in den Ferien lieben. Ach, Ferien! Ich dagegen hatte »Theater« beim Film: Mir blieben Ferien versagt. Zwölf Arbeitsstunden täglich, auch samstags, und als einziger Trost erging es mir im Monat August ebenso – für Skandal-Stars gibt es eben keine Sommerferien.

In »Privatleben« verkörperte ich mich selbst, ohne es wahrhaft zu sein. Manchmal packte mich eine tiefe Scham, wenn ich ein dramatisches Ereignis meines Leben darstellen mußte. Alles, was die Zeitungen an Altbekanntem und Skandalösem bereits irgendwann einmal oberflächlich verbraten hatten, wurde hier wieder aufgewärmt. Nichts zeigte die Hintergründe, das Labile, die tiefe Verzweiflung.

Als eine der letzten Szenen, die in Paris gedreht wurden, blieb die Rekonstruktion der gräßlichen Szene in einem Fahrstuhl der Klinik von Passy in der Avenue d'Eylau. Eine Putzfrau, die sich morgens gegen sechs Uhr mit mir im Fahrstuhl befindet und mit Besen und Schaufeln bewaffnet ist, versucht, mir die Augen auszukratzen, und schimpft mich eine Schlampe und Nutte, nachdem sie mich erkannt hat. Hart. Ganz schön hart!

Ich war glücklich, wieder bei Sami zu sein. Das mag verrückt erscheinen, aber er gehörte zu mir. François war nur noch eine wundervolle, unverzichtbare Erinnerung an eine gewisse »Form« des Daseins.

Sami sollte mit Mylène Demongeot einen Film an der Côte d'Azur drehen, während ich im August in Spoleto »Privatleben« beenden mußte. Kaum waren wir zusammen, hieß es schon wieder, sich zu trennen. Ist es da ein Wunder, daß Schauspielerpaare nur kurze Zeit zusammenbleiben?

Dann wieder Koffer packen, wieder ins Auto, ins Flugzeug! Ziel: Spoleto in Italien, eine wundervolle Kleinstadt mit teilweise erhaltener Stadtmauer in der Provinz Perugia, noch ganz wie im 17. Jahrhundert. Dort gibt es wie in allen alten Städten einen zentralen Platz, umgeben von hohen Häusern – ein bißchen ähneln sie den Fischerhäusern in Saint-Tropez. Eines davon gehörte einem Freund von Louis Malle, Gian Carlo Menotti, der es uns für die Dauer der Dreharbeiten zur Verfügung stellte.

Louis Malle hatte das Erdgeschoß und die erste Etage bezogen. Christine und ich mußten uns die zweite Etage teilen. Ganz oben gab es eine kleine, mit römischen Dachziegeln gedeckte und von Bougainvilleen bewachsene Terrasse. Es war wunderschön! Ich schlief im Wohnzimmer und überließ das Schlafzimmer Christine. Das Bad teilten wir uns.

448

In der unteren Etage hatte Louis Malle (für die engsten Vertrauten »Loulou«) viele seiner zahlreichen Freunde, seine Frauen oder – je nachdem, wie man es nahm – Verlobten untergebracht. Das ging uns nichts an. Dort herrschte ein endloses Tohuwabohu, das bis zur Terrasse vordrang und in unserer Etage eine unerfreuliche Zwischenstation einlegte – der Lärm störte uns, aber von den Festen blieben wir ausgeschlossen.

Ich war in diesem hübschen Haus eingesperrt und traute mich nicht vor die Tür, die Tag und Nacht von Paparazzi umlagert war. Ich hätte mich gern von der Lebensfreude Loulous und seiner Freunde anstecken lassen. Eines Abends gingen Christine und ich auf die Terrasse hinauf. Dort trafen wir Gitarristen, Antoine Roblot, einen Busenfreund Louis Malles, Claude Davy, den Pressebeauftragten beim Film, Marcello Mastroianni, den Drehbuchautor Jean-Paul Rappeneau und eine wunderschöne, sehr zurückhaltende Frau, die erkennbar »die Frau des Tages« war. Es gab Nudeln, wie ich sie mag, und ich hatte Hunger. Am Himmel funkelten die Sterne, es war angenehm warm, und ich fühlte mich fast glücklich, als auf den Dächern ringsum plötzlich ein tausendfaches Blitzlichtgewitter ausbrach.

Es war eine Kriegserklärung, der Beginn eines kalten, erbarmungslosen Krieges, und wir hatten keine Waffen, um uns zu verteidigen. Die Blitzlichter zuckten wie bei einem abendlichem Wetterleuchten. Louis Malle bat mich sehr höflich, aber bestimmt, nach unten zu gehen.

Ich wurde in meine Einsamkeit zurückgeschickt, denn ich war die Ursache der Störung. Ich verdarb alles durch meine Anwesenheit, und dabei verhielt ich mich taktvoll und unauffällig. Ich konnte das Haus nicht verlassen, war umzingelt; die anderen gingen in eine nette Trattoria, um Pasta asciutta zu essen und Chianti zu trinken, während ich hinter doppelten Vorhängen und dreifach verriegelten Türen auf der zweiten Etage des Hauses von Gian Carlo Menotti meinen Ärger und ein kaltes Hühnerbein hinunterwürgte.

Diese Anekdote brachte Louis Malle auf die Idee für

das Ende des Films. Eingesperrt bei zugezogenen Vorhängen, verbringe ich meine Zeit mehr schlecht als recht in »unserem« Schlafzimmer, öffne die Tür nur dem sehr guten Freund Antoine Roblot. Mastroianni führt Regie bei Kleists »Käthchen von Heilbronn«, das auf der Piazza von Spoleto aufgeführt werden soll, die ich im Film ebenso wie im wirklichen Leben nicht betreten darf. Weil ich am Werk des Mannes, den ich liebe, unbedingt teilhaben will, schleiche ich mich am Abend der Premiere auf die Dächer hinauf, um zuzuschauen. Antoine Roblot, unser beider Freund und Fotograf, sieht mich und blendet mich mit seinem Blitzlicht so, daß ich vor Schreck das Gleichgewicht verliere. In einer langen Sequenz, die von der wundervollen Musik des Requiems von Verdi untermalt ist, falle ich langsam in einen nicht endenden Abgrund. Für die Filmheldin war das, nach Meinung einiger, der einzige Ausweg. Es war auch mein persönlicher.

Es war merkwürdig, eine Wahrheit zu entdecken, der ich endgültig entfliehen wollte. Der Tod war mir vertraut, ich hatte ihn herbeigerufen und gestreift, er hatte mich verzaubert und mir zugleich Angst eingejagt und erschien mir als der einzige Weg, meinen Problemen, meinen Ängsten, meinem Leben zu entkommen. Wie sah mein Leben denn aus? Eine einzige Abfolge von Skandalen, Liebhabern und Filmen. Nur der Tod konnte mir den inneren Frieden geben, den ich so sehr brauchte. Lange Zeit habe ich das geglaubt. Ich ging nicht aus, ohne ein Röhrchen Schlaftabletten mitzunehmen, und wußte genau, daß ich sie im »Falle eines Unglücks« einnehmen konnte. Das machte mich stark. Sollte ich es nicht mehr aushalten können, kannte ich meinen Fluchtweg.

Sehr viel später, nach manch verpaßtem Fluchtweg, habe ich eine völlig andere Lebensweise gefunden, die mir ermöglicht, mein Dasein dadurch zu ertragen, daß ich mein Leben in den Dienst des Kampfes gegen ein unermeßliches Elend, nämlich das Elend der Tiere, stelle. Doch davon später mehr.

Zunächst war ich noch Gefangene in Spoleto. Es ist ein hartes Los, eingekerkert zu sein, wenn man nur das Verbrechen begangen hat, berühmt zu sein.

Roger Hanin war zu Christine gekommen, Louis Malle und seine Verlobte turtelten. Ich war einsam und saß traurig auf dem Wohnzimmersofa.

Sonntags war drehfrei. Das war der Tag des Herrn, der Ruhetag, mein Angsttag. An den anderen Tagen arbeitete ich, traf Leute, wurde natürlich auch fotografiert, aber schließlich bezahlte man mich dafür. Auch wenn mich das ins Schwitzen brachte, mich anödete und es mir bis oben stand, so repräsentierte ich doch etwas; ich drehte einen Film und hatte diese Leute folglich auszuhalten.

Aber am Sonntag! Alle fuhren an einen See zum Baden, außer mir. Ich konnte nur kriechend auf die Terrasse gelangen, wo ich mich an einer Mauer flach ausstreckte und ein wenig sonnte. Ich verging vor Hitze und Hunger. Da ich allein in dem großen Haus war, duschte ich kalt, steckte die Nase in den Kühlschrank und knabberte an einem eiskalten Nudelgratin. Die Zeit wollte einfach nicht vergehen.

Als ich es eines Sonntags nicht mehr aushielt, beschloß ich, in Begleitung von Roger Hanin und Christine an den See zu fahren, um zu baden, zu entspannen und endlich wie die anderen zu leben. Ich verkleidete mich mit Kopftuch, Christines Brille, einem alten Umschlagtuch und einem alten Rock als italienisches Dienstmädchen. Niemand bemerkte, wie ich aus dem Haus ging, noch wie ich ins Auto stieg. Ich hielt mich geduckt und war außer mir vor Freude. Frei, frei, endlich frei, sah ich einem freien Sonntag entgegen.

Am See warf ich alle meine Verkleidungsstücke ab und streckte mich im Bikini auf dem kühlen Rasen aus. Roger, Christine und ich, wir waren glücklich; sie, weil sie verliebt waren, und ich, weil ich meine Ruhe hatte. Ich badete. Sie badeten. Ich trocknete mich gerade am Ufer ab, als ich ein Boot kommen hörte. In meinem Glückszustand begriff ich nicht sofort, was vorging. Es handelte sich um ein Überfallkommando von Paparazzi, das landete und uns im Nu überrannt hatte.

Man trat mich mit Füßen; ich schrie. Roger Hanin versuchte, drei Kerlen die Schnauze zu polieren, die auf Christine herumtrampelten. Ich war allein und mußte mir selbst helfen. Es war fürchterlich. Mit einem Ruck sprang ich hoch und stieß dabei zwei Fotografen, die auf mir herumgetrampelt hatten, in den See. Dann griff ich blindlings nach dem Riemen eines Fotoapparates und schleuderte ihn wie ein Geschoß in alle Richtungen um mich; ich traf Gesichter, Arme, Hände, Schädel, Beine ... und beförderte noch einen Fotografen ins Wasser, der mit mehreren Kameras behängt war. Es gab ein heilloses Durcheinander. Aber außerhalb der Reichweite meiner Schleuder arbeiteten derweil die Teleobjektive weiter. Roger war mit einem anderen Fotografen, mit dem er sich prügelte, ins Wasser gefallen, Christine schrie an der Uferböschung. Ich dachte nur an Flucht.

Es war schauderhaft! Wir waren eingekesselt, man machte Treibjagd auf uns und hinderte uns daran, ins Auto zu steigen. Ich war ihre Beute, sie verfolgten mich, warfen mich zu Boden, trampelten auf mir herum, sie taten mir Gewalt an, bespuckten mich und verpaßten mir Fußtritte ins Gesicht. Ich verteidigte mich mit aller Kraft, mit Fäusten, Füßen und Knien und fiel schließlich erschöpft zu Boden, das Gesicht nach unten.

Aber auch davon habe ich mich wieder erholt.

Christine rief Olga, Olga rief Sami an. Sami kam und teilte das Gefängnis mit mir, das mit ihm zur Liebeshöhle wurde. Wir haben nichts von Spoleto gesehen und wie Blinde das Läuten der Glocken und den Stundenschlag wahrgenommen, den Schrei der Schwalben bei Sonnenuntergang, den Lärm der Menschenmenge vor Menottis Haustür, die Stille der Nacht, das Erwachen der Zikaden und der Grillen.

Mein Leidensweg endete mit dem Monat August. Eines Morgens um vier Uhr verließ ich mit Sami bei Sonnenaufgang, als die Menschen noch schliefen und das Recht zu leben für alle gleich zu sein schien, im Auto Spoleto – wie ein verfolgtes wildes Tier.

Die Fahrt durch Italien kam mir wie eine neuerliche, unüberwindliche Prüfung vor. Ich war mit den Nerven fertig. Überall sah ich Teleobjektive, die auf mich gerichtet waren. Unmöglich, auch nur irgendwo zum Essen oder für eine Erfrischung anzuhalten. Eine laut johlende, schwitzende, neugierige, träge Menschenmenge drängte sich überall auf. Ich fühlte mich belauert und erkannt, sobald das Auto die Fahrt verlangsamte. Als wir es nicht mehr aushielten, nahmen wir den Weg durch die Schweiz. In Briggydans übernachteten wir in einem kleinen Chalet auf der Alm, wo nur Kühe uns mit ihren großen, sanften Augen ansahen und ihre Glocken zum Zeichen der Freundschaft ertönen ließen.

Gern wäre ich ein Leben lang in diesem kleinen Paradies der Frische geblieben, bei den Bergwiesen, übersät mit Wildblumen, wo man bei andächtigem Lauschen die Stille hören konnte, die Holzwände nach Harz dufteten, das Federbett an einen dicken, weichen Bauch erinnerte und der Käse so frisch war, daß er noch nach Kuh oder Schaf roch.

Als wir in Saint-Tropez ankamen, waren dort zu meiner Freude Kapi, Guapa, Jicky und Anne, die ihre Ferien an der Küste verbrachten. Doch auch mein Haus war von Teleobjektiven umstellt. Sie waren überall, auf den Booten, die davor ankerten, auf den Bäumen ringsum. Mich packte wieder die Angst. Man belauerte, fotografierte und sezierte jede meiner Gesten. Ich konnte einfach nicht mehr. Ich hatte meinen Pflichtteil an Fotos, Filmen, Interviews geliefert, brauchte ein bißchen Entspannung, ein bißchen Ruhe – und das wurde mir verwehrt.

Vor einem knappen Jahr hatte ich sterben wollen, um dem allem zu entgehen, und nun befand ich mich wieder am selben Punkt, gehetzt wie Freiwild, aufgeschreckt durch die geringste Bewegung eines Blattes, beim leisesten Geräusch auf der Flucht, wie ein Tier die Witterung aufnehmend von allem, was auch nur von fern an einen Fotoapparat erinnerte. Meine Nerven waren zum Zerreißen gespannt. Ich traute mich nicht mehr aus meinem Zimmer, lebte völlig abgeschieden, ging nicht aus, weder zum Essen noch in Nacht-lokale. Ich bekam wieder Depressionen.

Eines Tages, als ich mich in einem geschützten Winkel zwischen Portal und Ponton sonnte, sah ich eine groteske Amerikanerin heranschwimmen, die eine Holzkiste vor sich her schob. Ich hielt diese Frau für eine Amerikanerin, weil sie mit einer bunten Plastikbadekappe ausstaffiert war, die sämtliche Blumen der Schöpfung trug, und nur Amerikane-rinnen in einem solch lächerlichen Aufzug zu baden wagen. Jicky machte mich lachend auf sie aufmerksam. Anne und Sami schliefen in der Sonne. Ich duckte mich noch mehr in die Mauerecke und fragte mich, warum die gute Frau wohl mit einer Kiste direkt auf uns zu schwamm. Die Hunde schlugen wütend an, und plötzlich stand die Amerikanerin auf, holte in Sekundenschnelle eine Kamera aus der Kiste und schoß mit einem ultraprofessionellen Objektiv aus nächster Nähe Fotos von mir.

Zu spät! Ich war in der Falle, in meinem eigenen Schlupf-winkel gefangen, in der Mauerecke eingeklemmt. Jicky war blitzschnell als Schutzschild zwischen sie und mich gesprun-gen und beschimpfte sie bereits hinlänglich; als diese Person ihre lächerliche Badekappe lüftete, erkannten wir Georges Kalaédites, einen der meistgefürchteten Fotografen der Skandalblätter.

Er hatte seine Arbeit mit teuflischer Erfindungsgabe er-ledigt. Er und Jicky lachten wie verrückt, sie fanden die Idee wohl sehr komisch. Ich aber konnte nicht darüber la-chen. Wieder einmal hatte man mich wie ein wildes Tier in eine Ecke fotogehetzt, man gönnte mir keine Entspannung. Daraus wurde ein grausames Spiel. Gewonnen hatte der, dem es gelang, ein belangloses Foto von einem armen Mäd-chen, das in einer verborgenen Ecke eines wundervollen Hauses kauerte, zu Höchstpreisen zu verkaufen.

Was hatte ich dem lieben Gott bloß getan, daß er mich so bestrafte? Dasselbe müssen sich die armen Tiere fragen, die auf Safaris getötet oder lebend gefangen werden, damit die Zoos weiterhin existieren. Was haben sie dem lieben Gott getan? Mit ihrem Leben oder ihrer lebenslänglichen Gefangenschaft zahlen sie den Menschen Tribut. Es ist schändlich, Tiere auf einen solchen Leidensweg zu schicken, nur weil ihr einziges Verbrechen darin besteht, selten, wild und frei zu sein.

Ließen mich die Fotografen in Ruhe, so bedrängte mich das Publikum. Die Leute kletterten auf die Umzäunung, reckten ihre Köpfe über das Portal, kamen direkt übers Meer herein, pflanzten sich vor dem Bootssteg auf und rührten sich stundenlang nicht mehr vom Fleck. Sogar bis auf das Dach von »La Madrague« haben es einige geschafft.

Wie oft habe ich kurz vor einem Nervenzusammenbruch die Polizei gerufen? In meinem Bad, in meinem Wohnzimmer, auf der Hollywoodschaukel, im Garten oder schlichtweg in den Liegestühlen am Ufer habe ich sie vorgefunden.

»Der Strand gehört schließlich allen!« antworteten mir diese Idioten, wenn ich sie anbrüllte, sie sollten abhauen.

»Der Strand vielleicht, ihr Dummköpfe, aber nicht meine Badewanne, nicht mein Sofa und auch nicht meine Gartenmöbel! Verschwindet, ihr Saubande!«

»Komm schnell, Robert (oder Marcel), hier wohnen lauter Affen«, riefen sie sich zu, und die Idioten verschwanden erst, nachdem ich ihnen einen Tritt in den Hintern verpaßt, sie mit Wasser bespritzt oder mit einem Besen verprügelt hatte. Ich brauche nicht zu erwähnen, in welcher Verfassung ich nach solchen Auseinandersetzungen war. Die Polizei ging Streife, um mich zu beschützen.

Einmal, als Jicky nachmittags das Portal öffnete, um etwas zu besorgen, wartete bereits ein riesengroßer Bus voller deutscher Touristen auf der anderen Straßenseite. Jicky hatte die Situation noch nicht erfaßt, da wurde er auch schon bestürmt.

»Ach so, ça ouvre um 14 Uhr 30, on attende seit une heure la Besichtigung de la maisonne de Brigitte Bardot.«

Jicky, völlig überrumpelt, hatte irrsinnige Mühe, sie am Eindringen zu hindern. Er schloß das Portal ganz schnell und versuchte dann sich einen Reim darauf zu machen. Angeblich handelte es sich um eine vom Club Méditerranée organisierte Führung mit ordentlichen Eintrittskarten, auf denen das Clubemblem aufgedruckt war. Wutentbrannt rief Jicky beim Club Méditerranée an und beschwerte sich. Man erklärte ihm, leider habe man ihnen einen Block mit Besucherabschnitten gestohlen. Der betreffende Spitzbube sei untergetaucht, nachdem er die Billetts für einen Besuch von »La Madrague« zu unverschämt hohen Preisen an einen Bus mit deutschen Touristen verkauft habe.

Ein anderes Mal tummelten sich die Schülerinnen eines Pensionats auf dem benachbarten Strand. Sie stiegen auf die Bäume, steckten ihre Nase überall hinein und riefen in affektiertem Ton: »Wir möchten sie sehen, wir möchten sie so gern sehen. Ach! Könnten wir sie doch nur einmal sehen!«

Jicky, den die dauernden Überfälle zur Verzweiflung brachten, antwortete ihnen: »Wollt ihr sie wirklich sehen?«

»Oh ja, wir wollen sie sehen, wir wollen sie sehen!«

Da zog Jicky seine Badehose runter, hängte die Fahne raus und rief ihnen zu: »So, jetzt habt ihr sie gesehen, nun bringt mich nicht noch auf hundertachtzig; verpißt euch, ihr blöden Zicken!«

Eines Tages, als ich völlig fertig war, beschloß ich, meine Verteidigung, so gut ich konnte, selbst in die Hand zu nehmen. Ich nahm Knallfrösche aus einem Kasten und schleuderte sie nacheinander überall dorthin, wo ich einen Schatten, einen Fotoapparat, eine Nase, einen Kopf oder einen Arm erspähte. Das war äußerst wirksam. Ein Knallfrosch hört sich nämlich genau wie ein Gewehrschuß an. Aber diese Kriegsführung verlor für mich bald ihren Reiz. Ich hatte »La Madrague« schließlich nicht gekauft, um hier die Belagerung von Korinth nachzuspielen.

Jicky, der meinte, Sport, ganz gleich welcher, sei ein gutes Mittel gegen Depressionen, veranlaßte Anne, mir ihre Wasserskikünste vorzuführen. Ich war fasziniert. Wie konnte diese kleine Person sich bloß auf dem Monoski halten? Sie fuhren vom Steg ab, und sie erhob sich wie eine Meerjungfrau aus dem Wasser, so daß ich meinen Augen nicht traute.

Ich wollte es ihr gleichtun. Mein großer Fehler ist, daß ich immer ebenso gut sein will wie die anderen, wenn nicht besser. Gegen zwanzig Uhr, als die Bucht endlich menschenleer war, bekam ich zu spüren, wie schwierig es ist, mit dem Monoski aus dem Wasser herauszukommen. Jicky gab mir zwei Skier. Ich schrie, meine Beine waren auseinandergerissen, und ich brachte nur die Skispitzen aus dem Wasser und tauchte mit dem Kopf ganz unter. In zwanzig Zentimeter tiefem Wasser hob man mich unter den Achseln an, das Boot fuhr los, und meine Skier gingen auseinander. Trotz meiner tänzerischen Elastizität bekam mir das nicht, ich drehte mich im Wasser im Kreis, traf mit einem Ski immer wieder meinen Kopf, was mich in einen seltsamen Abgrund beförderte.

Ich war fuchsteufelswild. Anne hatte ja schließlich den ganzen Sommer zum Üben gehabt, während ich arbeitete, aber trotzdem! Wenn sie es mit einem Ski schaffte, dann mußte mir das auch gelingen. Die Bucht von Canoubiers bekam so viele Flüche zu hören wie nie zuvor. Jicky titulierte mich als »blöde Versagerin«, während er das Boot steuerte. Ich versuchte, meinen Ski unten im Wasser nicht zu verlieren, und schimpfte darüber, wie er einen Skiläufer zieht, über seine Lehrmethode, über ihn, seine Familie, seine Abstammung, seine Nachkommen. Kurz gesagt, wir fluchten wie die Meerkutscher.

Für mich war es eine qualvolle Prüfung, die meinen Stolz verletzte. In dieser Zeit dachte ich weder an Teleobjektive noch an Fotografen, was Jicky ja bezweckt hatte. Ich setzte alles dran, auf dem Monoski groß rauszukommen. Was ich an Wasser geschluckt und welche Gemeinheiten ich auf Jicky losgelassen habe! Und erst seine Antworten! Und dann, nach einer Woche der Übung, stand ich auf einmal hinter dem Boot und erschrak dermaßen, daß ich alles losließ.

Am nächsten Tag ging alles von vorne los; ich brüllte die gewohnten Flüche, doch dann stand ich wieder!

Diesmal ließ ich nicht los. Ich fuhr die ganze Bucht entlang, stand zwar steif, aber immerhin aufrecht auf meinem

Monoski in der Spur. An den folgenden Tagen lernte ich, aus der Spur des Bootes zu kreuzen, war dabei aber so steif, daß ich reichlich oft ins Wasser fiel. Als ich schließlich gelernt hatte, in die Knie zu gehen, wenn ich eine Welle schnitt, konnte ich von rechts nach links und umgekehrt kreuzen wie Anne. Das war ein echter Freudentag.

Ich kehrte zurück nach Paris und verfluchte dabei das Schicksal und den Film, den ich schon in den ersten Tagen des Jahres 1962 drehen sollte: »Le repos du guerrier« [»Das Ruhekissen«]. Sami trat zu dieser Zeit in den »Studios des Champs-Elysées« in Brechts »Im Dickicht der Städte« auf. Ich war bei der Premiere nicht dabei, ging aber öfter hin, um ihn zu besuchen und ihm aus den Kulissen oder von der Vorderbühne, wenn sie an dem Abend leer war, zu applaudieren.

Und dann passierte mir etwas Unglaubliches. Ich erhielt von der Geheimorganisation »Organisation de l'Armée Secrète«, O.A.S., einen Brief folgenden Inhalts:

»Es kommt der Tag, an dem alle Franzosen von Dünkirchen bis Tamanrasset vereint wieder Freude am Leben haben werden.‹

Dieses Zitat aus der Rede, die Armeegeneral Raoul Salan, Oberbefehlshaber der O.A.S., am 21. September 1961 über Radio-France hielt, faßt den Kampf zusammen, den wir gegen den Machtanspruch von Monsieur de Gaulle führen, die letzte Etappe vor der Übernahme des Landes durch die Kommunisten.

Die O.A.S. ist Frankreichs letzte Chance. Als Bollwerk gegen den Kollektivismus kämpft sie an mehreren Fronten: gegen die Staatsmacht, die Kommunisten und die F.L.N. Ihre Stärke wächst von Tag zu Tag, aber es müssen große Opfer gebracht werden; täglich bezahlen Männer mit ihrem Leben dafür.

Die Aufgabe ist schwer. Wir brauchen die Unterstützung aller Franzosen.

Die O.A.S. hat in Anbetracht Ihrer Situation folgendes

beschlossen: Sie, Filmschauspielerin, Tochter des Louis Bardot, Geschäftsführer einer Gesellschaft, werden zur Zahlung einer Summe von 50000 Francs verpflichtet. Später werden Sie Hinweise zu den Zahlungsmodalitäten für diese Summe erhalten. Jedoch müssen Sie sich gleich nach Empfang dieses Schreibens bereithalten, diese Summe jedweder Person auszuhändigen, die Sie im Namen von Herrn Jean Francat aufsucht.

Andererseits teilen wir Ihnen mit:

1) Diese Summe wird verbucht und Ihnen sobald als möglich zurückerstattet.

2) Bei Verweigerung dieses Befehls greifen Spezialeinheiten der O.A.S. ein.

Für den Armeegeneral Raoul Salan, Oberbefehlshaber der O.A.S., im Auftrag von J. Lenoir, Chef der Finanzabteilung, am 12. November 1961.«

Ich war starr vor Schreck. Man forderte Lösegeld von mir! Ich kriegte Bauchschmerzen. Ich wußte nicht mehr aus noch ein. Die Gefahr war groß. Auf Françoise Giroud und Michel Droit hatte man bereits einen Sprengstoffanschlag verübt, weil sie Salans Appell nicht gefolgt waren. Ich fragte meine Eltern um Rat.

Es war ein Drama, eine Katastrophe. Papa rief zu meinem Schutz sofort die Polizei an. Maman ließ über einen ihrer Freunde, Jacques Coutant (alias Roger La Ferté – für Freunde von Kreuzworträtseln), für Nicolas einen falschen Paß ausstellen und verfrachtete den Kleinen mit Moussia in die Schweiz. Das löste mein Problem jedoch nicht. Ich war sage und schreibe allein in der Avenue Paul-Doumer mit dem Damoklesschwert eines möglichen Sprengstoffanschlags. Die von Papa alarmierte Polizei erteilte uns eine freundliche Abfuhr. Sie werde von ähnlichen Bitten überschwemmt. Man solle sich an einen privaten Sicherheitsdienst wenden.

Inzwischen zitterte die gesamte Avenue Paul-Doumer vor Angst. Einfach den Kopf einzuziehen war noch nie meine Art gewesen. Ich entschloß mich wieder einmal zum Kampf. Philippe Grumbach, der Mann von Lilou Marquand, einer engen Freundin Vadims, war Chefredakteur beim Nachrichtenmagazin »L'Express«. Ihn rief ich an, erklärte ihm meine Lage und bat ihn, mir in seiner Zeitung zwei Seiten für eine Antwort in Form eines offenen Briefes an Salan und seine Organisation zur Verfügung zu stellen. Er willigte ein, was zu jener Zeit einen gewissen Mut bewies. Bravo. Und so lautete meine Antwort:

»Sehr geehrter Herr Chefredakteur, anbei der Brief, den ich soeben von der O.A.S. erhalten habe. Ich schicke ihn Ihnen zu, damit Sie ihn auf die wirksamste Art im Rahmen Ihres Kampfes gegen diese Organisation verwenden können.

Gleichzeitig teile ich Ihnen mit, daß ich über meine Anwälte bei Gericht wegen versuchter Erpressung und Nötigung Klage eingereicht habe. Ich bin in der Tat überzeugt, daß die Urheber und Ideenlieferanten dieser Art von Briefen sehr schnell außer Gefecht gesetzt werden, wenn sie überall eine deutliche, öffentliche Absage von denen erfahren, die sie durch ihre Drohungen und Attentate zu terrorisieren versuchen.

Ich jedenfalls wehre den Anfängen, denn ich will nicht in einem Naziland leben.

Mit vorzüglicher Hochachtung, Brigitte Bardot«.

Kommentar im ›L'Express‹:

»Die O.A.S. hat Brigitte Bardot geschrieben. Der Brief ist im Postamt in der Rue Crozatier abgestempelt worden, von dem aus die meisten Flugblätter und mit ›Salan‹ unterschriebenen Briefe abgegangen sind. Bei dem nachstehenden Text handelt es sich, mit Ausnahme von zwei Schreibmaschinenzeilen, die den Namen des Opfers der Erpressung und die verlangte Summe betreffen, um eine Vervielfältigung. Mehrere Personen haben bereits gleichlautende Schreiben erhalten. Sie alle haben Schweigen bewahrt. Einige haben bezahlt, andere zögern noch.

Brigitte Bardot hat an ›L'Express‹ geschrieben. Gleichzeitig haben diese Woche ihre Rechtsanwälte, die Herren Jean-Pierre Le Mée und Robert Badinter, Klage beim Präsidenten des Untersuchungsgerichtes eingereicht. Das ist die erste Klage wegen versuchter Erpressung in Einheit mit einer Geldforderung, die bei Gericht gegen die O.A.S. eingegangen ist.

L'Express.«

Ich war immer eine Einzelkämpferin, wobei ich manchmal große Risiken einging. Dieser offene Antwortbrief an die O.A.S. gehörte dazu. Letzten Endes brachte ich nur mich, und zwar mich allein, in Gefahr. Nicolas war mit Moussia sicher in der Schweiz aufgehoben, Sami für einige Tage untergetaucht, so lange, bis sich alles beruhigt hatte. Papa und Maman lebten von der Avenue Paul-Doumer Nr. 71 zu weit weg, um Splitter einer Bombe abzubekommen. Währenddessen saß ich im siebten Stock, war verängstigt und wußte nicht mehr, wen ich noch um Hilfe bitten könnte.

Ein gewisser Joël Le Tac, ein Ehemaliger von »Paris-Match« und Kumpel Vadims, leitete einen privaten Sicherheitsdienst. Er schickte mir zwei Flics in Zivil, einen für die Eingangstreppe, den anderen für den Dienstboteneingang. Dreimal am Tag lösten sie sich ab. Dreimal acht macht vierundzwanzig. Sie sollten mich rund um die Uhr bewachen. Alle acht Stunden zahlte ich für beide Wachen ein Vermögen. Aber mein Leben war mir schließlich soviel wert.

Ich erhielt zu jener Zeit viele Geschenke zugestellt, besonders in der Vorweihnachtszeit. Die Concierge hatte Anweisung, den Wächter vom siebten Stock, der vor der Wohnungstür postiert war, zu holen, wenn Päckchen oder Briefe kamen. Er öffnete alles draußen auf dem Trottoir und händigte, was ihm ungefährlich erschien, Madame Archambaud aus, die es mir heraufbrachte. Eines Tages nahm die Concierge ein Päckchen in Empfang, das tickte. Sofort brach Panik aus. Jeder dachte, es müsse sich eine Bombe darin befinden, die meine Wohnung in die Luft sprengen sollte. Der Wächter wurde benachrichtigt. Er entfernte sich ein Stück weit in der Avenue, um das Paket vorsichtig zu öffnen. Nicht wenig überrascht war er, als er eine sehr hübsche Schweizer Uhr vor sich sah, die mir ein Verehrer aus Lausanne geschickt hatte.

Ein anderes Mal fuhr meine Flurnachbarin, eine alte Engländerin, Typ unauffällige Eleganz, im Fahrstuhl, als man ihr plötzlich eine Pistole unter die Nase hielt. Beschwerde beim Hausverwalter! Das war zwar beruhigend, aber nicht wirksam.

Claude Bolling und Jean-Max Rivière bedrängten mich, ihre Chansons zu singen. Was Erpressung anging, so war ich bestens bedient. Aber die beiden traten so entschieden auf, daß sie meine Schüchternheit außer Gefecht setzten.

Am Abend hörte ich erstaunt, wie Jean-Max für mich »La Madrague« sang. Wie gut er doch die Worte gewählt hatte, die mein Haus beschrieben und mein Bedauern über das Ende der Ferien widerspiegelten: »Gepackt in Koffer aus Karton sind die Ferien, und traurig ist's, wenn man an die Zeit der Sonne und der Chansons denkt. Der Mistral gewöhnt sich an, in die Segel zu fahren, aber am meisten fehlt er mir in den zerzausten Haaren.«

Jean-Max war ein Magier der Worte, der Gitarre, der Freundschaft. Bolling war zudem in puncto Orchestrierung ein As. Ich wurde vor ein Mikrofon gestellt und leierte meinen Text zu einer herrlichen Musik herunter. Von Tag zu Tag wurde mein Vortrag etwas gesangähnlicher und musikalischer; die falschen Töne verschwanden in dem Maße, in dem ich mit zunehmender Respektlosigkeit die krankhafte Schüchternheit meines unseligen Charakters überwand. Erst ein Jahr später machte ich von diesem sagenhaften Lied eine Aufnahme nach allen Regeln der Technik.

Es gab auch das Chanson »Faite pour dormir« [»Zum Schlafen geboren«], ein schwieriges Lied über meine Liebesbeziehungen zu einem Katzenfisch auf dem Meeresgrund, der den Platz meiner allzu oft abwesenden Liebhaber eingenommen hatte. Das Singen machte mir Freude.

Ich präsentierte den Fernsehzuschauern unter der Leitung von François Chatel ein schüchternes »Bonne année, Brigitte« [»Ein glückliches neues Jahr, Brigitte«], ein Geschenk zum neuen Jahr. Es war das erste Mal in meinem Leben, daß ich sang und tanzte. Es handelte sich um ein echtes Geschenk, denn ich verzichtete auf jegliche Gage. Dieser Auftritt in der Fernsehsendung wirkte erholsam auf mich;

wäre ich dafür bezahlt worden, so hätte ich ihn als Arbeit empfunden. Chatel fühlte sich von mir eingeschüchtert und ich mich von ihm.

In diesen vorweihnachtlichen Tagen, die wegen all der tragikomischen Ereignisse so turbulent verliefen, erhielt ich einen ganz besonderen, erschütternden Brief. Eine alte, alleinstehende Dame hatte ihn aus dem Krankenhaus von Lariboisière geschickt, wo sie ihre letzten Tage mit Kehlkopfkrebs zubrachte. Ohne mich zu kennen, hatte sie mich als Erbin ihrer Zuneigung gewählt und ihren Verlobungsring auf ein Blatt Papier geklebt, ihr einziges Wertstück.

Ich war zu Tränen gerührt. Der Brief in violetter Tinte war stilistisch gekonnt abgefaßt; sie erbat nichts von mir, klagte nicht, trug ihr Schicksal mit viel Würde, legte allerdings großen Wert darauf, daß dieser mit so vielen Erinnerungen verbundene Ring nicht irgendwo abblieb. Sollte ich ihn annehmen, könne sie unbesorgt sterben.

Mala und ich waren erschüttert. Da ich noch unter dem Schock der Geschichte mit dem Akkordeon für den angeblich Behinderten stand, ließ ich Mala bei dem behandelnden Krankenhausarzt anfragen, ob diese Geschichte auch tatsächlich stimmte. Leider war es so. Ich zögerte keinen Augenblick, kaufte ein tragbares Fernsehgerät, einen fertig geschmückten Weihnachtsbaum, Schokolade, einen Morgenrock aus Pyrenäenwolle, Champagner und war am nächsten Tag mit Hilfe von Mala und dem Chauffeur der Filmproduktion, den ich bei solch eiligen Dingen immer zu Hilfe rief, mit all den Geschenken im Krankenhaus Lariboisière.

Meine Ankunft machte Furore. Niemand hatte damit gerechnet, Brigitte Bardot, wie sie leibt und lebt, auftauchen zu sehen, bepackt wie ein Esel mit Geschenken für Madame Suzon Penière, die sterbenskranke Patientin von Zimmer 218. In Begleitung des gesamten Pflegepersonals der Station klopfte ich an und trat ein. Das kleine Persönchen dort sah mich, bekam einen Schluckauf und fiel vor lauter Gemütsbewegung in Ohnmacht.

Das führte zu einem unvorstellbaren Durcheinander; der eilig herbeigerufene Arzt brachte schnell alles in Ordnung, wobei er mir riet, in Zukunft derartige Schocks bei solch kranken Personen zu vermeiden. Er dankte mir dafür, daß ich Madame Suzon durch meinen Besuch eine Hoffnung auf Heilung bringe, die er nicht mehr für möglich halte.

Mein kleines Suzonmäuschen weinte vor Freude. Man hatte ihr die Stimmbänder herausoperiert, so daß sie nicht mehr sprechen konnte. Aber ihre Augen sprachen viel deutlicher als alle Reden der Welt. Sie ergriff meine Hand, sah ihren Ring, den ich von nun an niemals mehr ablegen würde, und schenkte mir durch ihren Blick ihr Leben, ihre Liebe, ihre grenzenlose Zärtlichkeit.

Sie war damals 64 Jahre alt und 155 Zentimeter groß. Ich habe ihr geholfen, wieder gesund zu werden, Lariboisière zu verlassen und wieder in ihrem kleinen Mauseloch in La Ferté-sous-Jouarre zu leben. In den zwanzig Jahren, die sie nach dieser ersten Begegnung voller gegenseitiger Zuneigung noch gelebt hat, war ich allein ihre ganze Familie, ihre einzige Stütze, ihre einzige Hoffnung.

Ich habe Suzon geliebt, als wäre sie ein Teil von mir gewesen. Diese kleine, intelligente, mutige, weitblickende Frau, die manchmal bissig und manchmal sogar unberechenbar sein konnte, brachte mir Glück, war meine erste Adoptivgroßmutter. Während meine Verwandten mich nach und nach verließen, wurde Suzon für mich eine hilfreiche und kluge Ratgeberin.

Man schrieb das Jahr 1962. Jean-Paul Steiger, mein junger Tierfreund, hatte sich als Schlachter in den Schlachthäusern von La Villette verdingt. Er rief mich jeden Tag an, um mir von seinem Ekel, seinem Grauen über das, was er dort sah, zu berichten. Er hatte heimlich erschütternde Fotos von den Schlachttieren gemacht, die auf unmenschliche Weise geopfert wurden. Jean-Paul war damals zwanzig Jahre alt und mußte schon verdammt mutig sein, um eine solche Aufgabe zu übernehmen, deren Ziel darin bestand, Dokumente über ungesetzliche Aktivitäten in die Hand zu bekommen, mit deren Hilfe man die Greuel in französischen Schlachthöfen anprangern konnte.

Bereits zu dieser Zeit waren Tiere für mich ein Grund zu leben, ich wußte es nur noch nicht. Nur mein Herz sprach. Ich hatte keinerlei Rechtskenntnisse, mir war unklar, was man tun konnte und was nicht. Ich bedauerte aus tiefster Seele, daß für das Wohlbehagen des Menschen Tag für Tag so viele versteckte Scheußlichkeiten geschahen.

Als Jean-Paul mir eines Abends im Januar 1962 in der Avenue Paul-Doumer seine Fotos zeigte und von seinem Ekel nach drei Wochen Schlachthof berichtete, war ich außer mir. Wie konnten Menschen nur einem derartigen Umgang mit Tieren zustimmen, ihn dulden und sogar gutheißen? Was tat die Regierung? Sie war blind, wie gewöhnlich.

Ich wurde krank. Krank vor Entsetzen, krank vor Ohnmacht, krank vor Mitgefühl für die Tiere. Sofort gab ich dem Dienstmädchen die strikte Anweisung: »Ich will kein Fleisch mehr, niemals mehr Fleisch, zu keiner Mahlzeit. Niemals! Haben Sie verstanden? Weder für Sie noch für mich!«

Beim Anblick eines Fotos, das ein kleines Kalb mit gebrochenen Beinen und durchschnittener Kehle zeigte, das schlimmer noch als im finstersten Mittelalter auf einer Folterbank in seinem Blute lag, mußte ich weinen. Da niemand auf der Welt den Mut oder die Mittel aufbrachte, auf dieses abscheuliche, blutige Gemetzel aufmerksam zu machen, wollte ich es tun!

Jean-Paul und ich trafen uns mit Madame Gilardoni, die soeben das Hilfswerk für Schlachttiere O.A.B.A. gegründet hatte. Ich begegnete einer Frau mit einem Pferdegesicht ohne jede Spur von Herz. Sie musterte mich nicht gerade nachsichtig, vermutlich weil sie annahm, ich wolle die Unternehmung werbewirksam für mich nutzen, die sie selbst gern für sich genutzt und durchgeführt hätte. Wer aber hätte Jean-Paul Steiger Gehör und wer Mutter Gilardoni Beachtung geschenkt? Dagegen war mein Name zum Glück ein »Sesam-öffne-dich« für alle Türen.

Ich wußte nur, was mein Herz und was Jean-Paul mir immer wieder sagten, und setzte alles auf eine Karte. Ich bat Pierre Desgraupes, einen der drei Pierres, die der Fernsehsendereihe »Cinq Colonnes à la Une« zu ihrem guten Ruf verhalfen, mir in ihrer berühmten Sendung Raum für einen Beitrag über die Schlachthöfe zur Verfügung zu stellen.

Wie schwierig es doch manchmal ist, sich verständlich zu machen! Auf meine Anfrage reagierten die drei Pierres mit Erstaunen. In ihrer Sendung wollten sie mich schon gern haben, doch befanden sie, daß ich als Sexsymbol schlecht zu einem solch kruden Filmbericht passe.

Da die Leute sich damals für ein Interview, einen Fernsehauftritt oder ähnliches um mich rissen und ich stets alles, aber auch alles ablehnte, akzeptierten sie schließlich meine Bedingungen.

So stellte ich mich, unterstützt von Jean-Paul Steiger und dem Veterinärmediziner Triau, Guapas Tierarzt, am 9. Januar 1962 in der Live-Sendung »Cinq Colonnes à la Une« drei Schlachtern aus Schlachthöfen.

Das Thema war schwierig und hatte nichts »Glamouröses«. Ich verabschiedete mich mit Tränen in den Augen, hatte aber dem Fernsehpublikum klargemacht, daß Fleisch nicht aus den Gemüsegärten kommt, daß jedes Beefsteak den abscheulichen Tod eines unschuldigen, gemarterten Tieres bedeutet. Pierre Desgraupes entblödete sich nicht, mich zu fragen, ob ich mit diesem Auftritt Werbung für mich machen wollte.

Diese Sendung nahm mich schwer mit. Ich saß gleichgültigen Metzgern gegenüber und war gezwungen, gefühlsmäßig Argumente zu entkräften, die ausschließlich vom finanziellen Erfolg dieses oder jenes industriellen Schlachtunternehmens bestimmt waren. Angeekelt ging ich nach Hause. Unterwegs dachte ich nur an das Leben dieser armen Tiere, die für den Profit von abgefeimten Fleischhändlern geopfert wurden, die nur vom Tod en gros der liebenswürdigen und unschuldigen Tiere leben.

Ich konnte eine Woche lang weder schlafen noch irgend etwas essen. Francis Cosne, der Produzent von »Das Ruhekissen«, dessen Dreharbeiten am 5. Februar beginnen sollten, war stark beunruhigt. Ich lehnte Kostümproben, Schminkversuche und andere Lappalien, die mir vollkommen schnuppe waren, ab. Ich drehte mich in der Avenue Paul-Doumer im Kreise bei dem Versuch, eine Lösung für das brennende Problem zu finden.

Schließlich ließ ich auf Anraten von Jean-Paul durch Mala, meine treue Sekretärin, darum bitten, beim Innenminister Roger Frey vorsprechen zu dürfen.

Meine Leibwächter standen immer noch Posten auf den beiden Treppenfluren in der Avenue Paul-Doumer. Jeder Tag bedeutete Angst, jede Nacht eine Prüfung.

Inzwischen hatte die O.A.S. Papa einen Brief zugeschickt, in dem sie androhte, mein Gesicht schlicht und einfach mit Säure zu entstellen, wenn ich die geforderten fünfzigtausend Francs nicht bezahlte. Meine Eltern sagten mir nichts davon. Sie verständigten sich mit meinem Anwalt Jean-Pierre Le Mée darauf, für mich bei der Polizei Personenschutz zu beantragen.

Das erwies sich als verlorene Liebesmüh. Polizei und Regierung hatten Wichtigeres zu tun, als eine kleine Französin zu beschützen, die mit Säure- und Sprengstoffanschlägen bedroht wurde, weil sie sich weigerte, auf eine verwerfliche Erpressung einzugehen, die gegen die Politik des Staatschefs gerichtet war, den sie aus freiem Entschluß gewählt hatte. Auch wenn diese kleine Französin Frankreich damals ebenso viel an Devisen einbrachte wie der große Renault-Konzern, mußte sie doch ganz allein für ihr Tun und Überleben aufkommen.

Das habe ich übrigens immer so gehalten. Man soll mir deshalb nicht mit Politik kommen, denn dann erhält man von mir lächelnd die Antwort, daß alle Politiker korrupt sind und ich zu keinem von ihnen Vertrauen habe; daß jeder nur in seine eigene Tasche wirtschaftet und nichts für andere tut; daß alle politischen Posten nur als Sprungbrett zum Ruhme derer dienen, die sie bekleiden. Ich finde es traurig, daß die verliehene Macht so selten Resultate zeitigt, so selten Positives bewirkt. Wenn ich Minister verschiedener Regierungen gebeten habe, etwas gegen die Leiden der Tiere, die mir nahegehen, zu unternehmen, bin ich immer auf völliges Unverständnis, auf taube Ohren, auf geschwollene Sätze gestoßen wie: »In Anbetracht der gegenwärtigen Konjunktur erscheint es mir äußerst schwierig, von einer althergebrachten und üblichen Methode abzuweichen.«

Geht doch zum Teufel, ihr Minister, Staatssekretäre und übrigen Schmarotzer, ihr Mistkerle und Regierungslaffen!

Frankreich erstickt, da es eingeschnürt wird. Dafür ist allein die politische Klasse verantwortlich. Ich verachte zutiefst jegliche Verwaltung. Je höher die Position eines Beamten ist, desto größer meine Verachtung, denn in der Bibel heißt es: »Gebet, so wird euch gegeben werden.« Ich habe niemanden jemals um etwas für mich gebeten. Ich habe es für die Tiere erbeten, und es ist mir oft genug abgeschlagen worden. Warum, mein Gott, warum nur?

Aber kommen wir wieder auf die Schlachthäuser zurück. Roger Frey fand sich zu einem Interview im Innenministerium an der Place Bauveau in Paris bereit. Natürlich hatte ich Jean-Paul unterrichtet und ihn gebeten, von Mutter Gilardoni, der Präsidentin des Hilfswerks für Schlachttiere, einige Musterstücke der Bolzenschußgeräte zur Betäubung des Großviehs auszuleihen. Eine solche Pistole – mit der ein Bolzen in den Schädel geschossen wird, um die Nervenzentren zu lähmen – erspart den Tieren zumeist den langsamen Todeskampf durch Ausbluten bei vollem Bewußtsein.

Man muß wissen, daß das Fleisch nur dann genießbar ist, wenn das geschlachtete Tier vollkommen ausgeblutet ist. Aus diesem Grund muß das Herz bis zum letzten Augenblick schlagen. Das Tier darf folglich nicht einfach getötet werden, es muß seinen Tod vielmehr so lange erleiden, bis es bei vollem Bewußtsein seinen letzten Blutstropfen von sich gegeben hat. Gegen diese unmenschliche Einstellung kämpfte ich an. Ich wollte erreichen, daß man jedem Tier dieses schreckliche Leiden erspart, indem man es per Bolzenschuß bewußtlos macht, damit sein Herz alles Blut aus dem großen Körper herauspumpen kann, ohne daß es etwas von der würdelosen Wirklichkeit mitbekommt. Bisher töteten die Schlachter die Tiere einzig und allein durch einen Schlag mit dem Knüppel auf den Kopf. Dieses Verfahren hatte man zu einem sehr erheiternden Spiel erhoben und sogar Wettschlachten veranstaltet. Ab vier Uhr morgens stellten die Herren Schlachter nach einem hilfreichen Schluck Rotwein ihre Stärke und ihre Männlichkeit unter Beweis, indem sie wahllos Keulenschläge auf Mäuler, Augen und Ohren der Ochsen, Kühe, Schafe und Ziegen austeilten. Unerträgliche Verletzungen entstanden dadurch; Augen spritzten aus den Höhlen, Schädel klafften auseinander, die Tiere brüllten in unermeßlichem Schmerz. Was machte das schon, da sie ja in jedem Fall sterben würden: »Na los, ran, kleiner Louis, hau zu, damit du Muskeln bekommst!« Das Blut lief über die Menschen und vermischte sich mit den Rotweinflecken. Manchmal weckte der Blutgeruch die niedrigsten sexuellen Instinkte in ihnen. Man machte sich an eine Ziege ran, die bei durchschnittener Kehle von Todeskrämpfen geschüttelt wurde, oder bediente sich der sanften Zunge des Kälbchens, das langsam dahinstarb, erstickt von dem warmen Blutstrom, der durch seine Kehle strömte. Deshalb hat für mich der Einsatz von Bolzenschußgeräten beim Schlachten etwas mit Menschenwürde zu tun.

An einem eiskalten Januarabend 1962 zog ich daher allein mit drei Bolzenschußgeräten in meiner Vuittontasche, die das Gewicht eines toten Esels hatte, zum verabredeten Treffen mit Roger Frey. Zuvor hatte ich mir lange ein Foto angeschaut, das ein armes Pferd mit gebrochenen Beinen auf dem Quai von Marseille in seinem Blut zeigte. Nach einer grauenhaften Reise aus Griechenland hatte sein jämmerlicher Zustand dazu geführt, daß es nicht einmal bis zum Schlachthaus mitgenommen wurde, man hatte es der Einfachheit halber gleich auf dem Quai niedergemetzelt. Bei dem Foto kamen mir die Tränen, und ich schwor bei dem armen Pferd, alles zu tun, um es zu rächen.

So gelangte ich allein, verschüchtert, bestürzt, mit meiner

Tasche voller Bolzenschußgeräte ins Innenministerium. Ein eleganter, beeindruckender Amtsdiener ließ mich im Vorzimmer Platz nehmen. Ich kam mir wie ein Dummchen vor. Zwei Männer in Zivil patrouillierten mit strengem Blick vor mir auf und ab. Ich bekam einen Schrecken. Wir waren mitten in der Zeit der O.A.S., und ich ging mit einer Tasche voller Bolzenschußgeräte ins Innenministerium. Ich würde damit nicht durchkommen.

Einer der Männer, mißtrauisch geworden, wollte mich denn auch durchsuchen. Das war die Regel, wenn man zum Minister vorgelassen werden wollte. Ich sträubte mich. Wie könne man es wagen, mich so zu beleidigen? Wußte er überhaupt, wer ich war?

Auch wenn ich der Papst gewesen wäre, er wollte auf jeden Fall wissen, was sich in der Tasche zu meinen Füßen befand. Ich hatte schlechte Karten. Wo mir wenigstens einmal mein berühmter Name hätte von Nutzen sein können, mußte ich ausgerechnet an Kerle geraten, die offenbar nie ins Kino gingen, selten die Klatschblätter lasen und mich wie eine Terroristin behandelten.

Zum Glück öffnete Roger Frey bei all dem Getöse die Tür zu seinem Büro und empfing mich mit offenen Armen. Er lachte über die komische Szene, ich dagegen kein bißchen, denn ich dachte an die Greuel und wußte doch, daß die Bolzenschußgeräte, die meiner Ansicht nach die Regierung gesetzlich vorschreiben sollte, dazu dienten, die Schlachttiere zu töten.

An diesem Tag erfuhr ich, daß ein Lächeln bei einem Minister manchmal wirksamer ist als alle Tränen der Welt. Allerdings erschien mir dieses Lächeln, während ich die Todeswerkzeuge zeigte, fehl am Platz. Ich unterdrückte die Tränen meiner Verzweiflung, lächelte und versuchte mich derselben Sprache zu bedienen wie mein Gesprächspartner, der die Macht verkörperte.

Er war mehr an meiner Filmkarriere interessiert als an dem Anlaß, der mich zu ihm führte. Wir frotzelten über tausend Belanglosigkeiten, aber ich kam immer wieder auf das Problem zurück, das mir so sehr am Herzen lag. Ich muß ihn ganz gewaltig aufgebracht haben. Was hat ein Minister denn mit dem Leiden Tausender Tiere zu tun?

Er versprach mir immerhin, sich mit diesem schwierigen Problem zu befassen, sobald die Bedrohung durch die O.A.S. nicht mehr seine gesamte Zeit in Anspruch nähme.

Ich nutzte die Gelegenheit, ihm zu erzählen, daß ich von dieser Organisation erpreßt worden war und wie wenig Schutz ich seitens der Regierung erfahren hatte.

Das erheiterte ihn sehr; ich sei wohl das einzige stolze Opfer, meinte er. Ah! Frankreich solle sich ein Beispiel an mir nehmen.

Als ich meine Besuchszeit ausgeschöpft hatte, ließ ich die drei Bolzenschußgeräte auf dem Schreibtisch des Ministers zurück und ging. Erst zehn Jahre später sollten Apparate dieser Art in allen Schlachthäusern des Landes akzeptiert und eingesetzt werden.

Nach solchen Bemühungen wurde mir klar, wie nutzlos, bedeutungslos und wirkungslos ich war. Was nützte mir schon mein Ruf in aller Welt, wenn es mir nicht einmal gelang, die Zusage für einen sanfteren Tod der Tiere in den Schlachthöfen zu erreichen? Ich verlangte schließlich nichts Unmögliches, sondern nur etwas, um das man gar nicht erst hätte bitten müssen, das vielmehr schon längst ohne mein Zutun hätte geschehen müssen.

Sehr viel später begegnete ich Marguerite Yourcenar, dem ersten weiblichen Mitglied der »Académie Française«. Sie gestand mir, Vegetarierin zu sein, denn, so sagte sie mir: »Ich möchte nicht den Todeskampf verdauen.«

Es ist schwer, ja unmöglich, weiterhin Fleisch zu essen, wenn man weiß, was in den Schlachthäusern geschieht. Auch ich habe auf den Verzehr von Fleisch verzichtet, obwohl mir ein Entrecôte mit Kräutern der Provence immer gut geschmeckt hatte. Aber der Appetit verwandelt sich in Ekel, wenn sich zwischen meine Augen und den Teller das Horrorbild schiebt. Ich verlange von niemandem, Vegetarier zu werden, nur sollte man an diese Zeilen denken und versuchen den Konsum von Fleisch zu reduzieren, das von toxischen Stoffen verseucht ist, die durch das Leiden und die Angst des Tieres vor einem grauenhaften Tod entstehen.

Die Menschen ernähren sich schlecht, was zu ernsthaften Störungen des Verdauungsapparates führen kann. Maman, die viel Fleisch aß, ist mit sechsundsechzig Jahren an Darmkrebs gestorben, der zum großen Teil auf eine Entzündung zurückzuführen ist, die man der ständigen Zufuhr tierischer Nahrung zuschreibt. »Kadavernahrung« sagen uns die weisen Hindus, auf die niemand mehr hört.

Nachdem ich meine Mission zunächst erfüllt hatte, bereitete ich mich darauf vor, für drei Monate in ein kinoklösterliches Leben einzutreten, um unter der Regie von Vadim mit Robert Hossein als Partner in »Das Ruhekissen« zu spielen. Dieser bekannte Roman von Christiane Rochefort hatte wegen seiner sprachlichen und moralischen Freizügigkeit weltweit Schlagzeilen gemacht und Empörung bei jenen ausgelöst, die sich gern genauso verhalten hätten, sich aber nicht trauten. Und davon gab es viele. Die Tatsache, daß ich Geneviève Le Theil darstellte, würde noch viel von der schwarzen Tinte und Druckerschwärze fließen lassen, bei deren Berührung man sich die Finger schmutzig macht.

Was würde man wieder alles erzählen? Ich war das alles wirklich leid. Ich war gezwungen, diesen Film zu drehen, zu dem ich mich vor fast zwei Jahren vertraglich verpflichtet hatte. Aber in zwei Jahren geschieht allerhand. Was man damals gern gemacht hätte, kann einem inzwischen unerträglich erscheinen. Das war der Fall. Ich mochte Vadim jedoch gern, wollte ihm die Arbeit und das Leben nicht schwer machen, aber mit dem Herzen war ich nicht, nicht mehr dabei.

Zum Glück hatte ich für die Zeit nach »Das Ruhekissen« keinen Vertrag mehr abgeschlossen und beschloß, daß dies mein letzter Film sein sollte. »Das Ruhekissen für Brigitte« sollte für eine lange Zeit mein wertvollstes Projekt werden. Dieser Entschluß schien mir unumstößlich, und ich verkündete ihn jedem, der ihn hören wollte. Ich stand noch völlig unter dem Eindruck der höllischen Schlachthäuser, war deprimiert und von der gesamten Menschheit angeekelt.

49 *Mexiko, 1965, bei den Dreharbeiten
zu »Viva Maria«. Ich hatte eine kleine Ente adoptiert,
die mir stets folgte. Das ganze Team hänselte mich und
drohte, sie in den Kochtopf zu werfen.*

50 *Papa Pilou machte mir die große Freude, mir nach Mexiko nachzureisen. Gemeinsam wurden wir vor der großen Pyramide von Tajín verewigt.*

51 *Sommer 1965: Ich als »Negerin« mit Bob bei einem großen Maskenball in »La Madrague«*

52 *Mit Anne Dussart und einem Gast.*
Bin ich nun die Linke oder die Rechte?

54 *O doch – das bin ich!*

53 *Mit Henri-Georges Clouzot, meinem*
strengen Regisseur von »Die Wahrheit«, der sich
bei dem Fest ebenfalls vergnügen wollte.

55 *28. September 1965 – und wieder ein Jahr älter! Mit Jeanne Moreau und Bob Zagury im Restaurant »La Bonne Fontaine«, das von meiner Freundin Picolette geführt wurde*

56 *Im Beverly-Hills-Hotel in Hollywood begegnete ich den größten amerikanischen Stars. Hier fasziniert Paul Newman mich mit seinen blauen Augen.*

57 *Dezember 1965: Allein vor der Meute internationaler Journalisten bei einer Pressekonferenz zur Premiere von »Viva Maria«. Dank Humor und Schlagfertigkeit kam ich noch einmal heil davon*

58 Februar 1966 in Méribel.
Starruhm verpflichtet! Also hatte
ich mir einen Rolls geleistet
und machte mich gründlich mit
der Mechanik vertraut.

59 Liebe auf den ersten Blick auf
beiden Seiten und ein Rosenregen
über »La Madrague« führten dazu,
daß der deutsche Playboy und
Multimillionär Gunter Sachs am
14. Juli 1966 mein Ehemann wurde.
Ein echter Seigneur!

60 Gut Rechenau, Sommer 1966. Um Gunter und seiner Familie zu gefallen, legte ich mir einen neuen, bayrischen Look zu.

61 Adoptionstag im Tierheim von Gennevilliers. Entsetzt und empört über das Leiden der Tiere, nahm ich auf der Stelle fünf Hündinnen und zehn Katzen mit, die in Bazoches leben sollten.

62 Ich wollte nie in Gunters luxuriöser Wohnung in der Avenue Foch leben. Ich blieb also mit meiner Hündin Guapa in der Avenue Paul-Doumer Nr. 71.

63 Juni 1967: Gunter stellte mich gern dem ganzen Jet-set vor. Doch ich blieb so, wie ich war, schlicht und barfuß, selbst im todschicken Pariser »Maxim's.«

64 *Mit Serge in dem Clip für »Bonnie
and Clyde«. Serge schuf in der Bardot-Show ein neues
Bild von mir und leitete mich meisterlich
an. Ich war seine Muse, seine Inspiration. Serge und ich,
wir waren ein tolles Gespann.
Wir waren ganz wir selbst.*

Mir kam es darauf an, Bilanz zu ziehen, ein bißchen für mich allein zu sein. Dieses ganze Leben schien mir allzu nichtssagend, oberflächlich und nutzlos. Ich hatte von einer unerbittlichen Wahrheit Kenntnis erhalten und sollte nun in einer Komödie spielen, die mir grotesk erschien. Der Kontrast war zu groß.

Jedesmal, wenn ich jemanden in der Studiokantine ein Beefsteak mit Pommes frites bestellen hörte, machte ich ihm eine Szene. Dieses Bild des Tieres auf dem Teller verdarb mir jedes Essen. Abends kehrte ich enttäuscht, müde, trübsinnig und schweigsam nach Hause zurück. Ich begegnete Sami, der just in dem Moment zum Theater aufbrach, wenn ich eintraf. Unwillkürlich mußte ich an die Geschichte von der Putzfrau denken, die mit einem Nachtwächter verheiratet ist.

Was war mein Leben? Ein Nichts. Ich erlebte das Leben nur durch den Film, lebte nur in den Rollen, die ich darstellte, und durch den Namen, den ich vertrat. Was sonst? Ich begann, das Leben derer zu beneiden, die mir nahestanden.

Dédette, meine Maskenbildnerin, führte zu der Zeit noch eine vorbildliche Ehe mit Pierre. Sie war glücklich, lächelte, plante Diners bei sich oder Freunden, ging in die großen Warenhäuser, ins »Printemps« oder in die »Galeries Lafayette«.

Dany, mein Double, verheiratet mit Marc, wohnte über der »Rhumerie Martiniquaise« am Boulevard Saint-Germain, hatte ständig ihre Freunde um sich, ging aus, machte Einkäufe, besuchte Restaurants und Kinos.

Mala, meine Sekretärin, gab als Frau eines pensionierten Marineoffiziers Bridgeabende oder Cocktailpartys, erstand ihre Garderobe bei den kleinen der großen Couturiers im Ausverkauf, hatte Zeit, Mut und auch die Lust dazu.

Olga, meine Agentin, führte ein großes Haus, empfing beliebte Schauspieler und Regisseure; ihr Mann Vjeko Primuz kümmerte sich um alles Materielle und ließ ihr freie Hand, diejenigen zusammenzubringen, deren Namen einem Film die größten Erfolgschancen eintragen würden.

Anne und mein Freund Jicky, der Maler und Fotograf, waren ein vorbildliches und glückliches Bohemienpaar, das fest verwurzelt war und jeden Abend ein offenes Haus hatte und Freunde zum Karten- oder Botschafterspiel oder auch nur zum Plaudern empfing.

Alle diese mir so nahestehenden Leute, die ein bißchen von meiner Person, meiner Arbeit und von der Tatsache lebten, Anteil an meinen Filmverträgen zu haben, waren glücklich oder abends wenigstens zu zweit zu Hause, wo sie gemeinsam nachdachten, redeten, Spaß hatten oder auch stritten.

Und ich, der Kopf dieses ganzen Gebäudes, blieb allein mit meiner Angst vor der O.A.S. und hatte zur Gesellschaft nur die bewaffneten Schergen auf den beiden Treppenabsätzen der Avenue Paul-Doumer, die ich bezahlte.

Weil ich mich mit allem im Leben immer allein herumschlagen mußte, beschloß ich, mir zum Jahresende ein schönes Geschenk zu leisten. Am besten wird man noch von sich selbst bedient. Ich hatte den Film »Letztes Jahr in Marienbad« von Alain Resnais gesehen und sehr gut gefunden. Delphine Seyrig trat darin in einem hinreißenden Kleid von Chanel auf, das mir zehnmal mehr in die Augen stach als die »Numéro 5«. Ich beschloß, mir das gleiche Kleid zu verschaffen, und ging zum Modehaus Chanel, wo mich Mademoiselle Coco Chanel höchstpersönlich empfing.

Ganz verschüchtert in diesem Heiligtum, dessen oberste Etage dieser außergewöhnlich schöpferischen Frau vorbehalten war, lernte ich eine zugängliche, menschliche, charmante Person von natürlicher Eleganz kennen. Coco Chanel sprach mit Empörung vom körperlichen Sichgehenlassen und wie sie sich dafür einsetze, daß Frauen ein ganzes Leben lang äußerst gepflegt und so verführerisch wie möglich blieben. Pantoffeln, Bademäntel und Morgenröcke fand sie scheußlich, sofern sie nicht ganz besonders elegant waren. Sie erklärte mir, eine Frau müsse in jedem Augenblick, zu jeder Tages- und Nachtzeit, makellos und schön sein.

Ich schämte mich ein bißchen für mich. Dabei hatte ich mich extra für sie schön gemacht. Ich erzählte ihr von meinem Wunsch, das gleiche Kleid wie Delphine Seyrig zu besitzen. Sie ließ meine Maße nehmen und schenkte mir das Kleid. Danke, Mademoiselle Chanel, für dieses unvergeßliche Geschenk!

Im Februar 1962 traf ich Roger Vadim für »Das Ruhekissen« in den Filmstudios »Billancourt« wieder und auch den Krieger, dessen »Kissen« ich mimen sollte, Robert Hossein.

Diesen Film mochte ich nicht besonders. Die Rolle einer spießigen Frau, die sich wegen der schönen Augen dieses »Kriegers« Renaud aufgibt, paßte einfach nicht zu mir. Und den spielte ausgerechnet Robert Hossein, der so wenig kriegerisch ist, daß er beim geringsten Faust-, Hitz-, Stunden- oder gar Herzschlag gleich die Beherrschung verlor. Ein Paar, das nicht zusammenpaßte, eine glanzlose Darbietung, ein gefriergetrockneter Film, dem der große Atem, das Format und der Kick fehlten.

Eine bessere Erinnerung dagegen habe ich an Florenz im Frühling, an das Hotel, ein ehemaliges Kloster mit einer unvergeßlichen Sicht auf den Ponte Vecchio. Die reizenden Zimmer waren alle mit einem Himmelbett ausgestattet. Ich geriet ins Träumen, wenn ich abends in der Toskana voller Jasmin, Brunnen und Zypressen den Mauerseglern lauschte, die in den klaren Himmel schwärmten.

Florenz habe ich kreuz und quer und auch lang und breit erkundet. Ich sah Huren, die übrigens hübsch waren, das muß ich zugeben, und die die Filmtechniker in die Labyrinthe der Hotelflure lockten, aus denen sie frühmorgens noch ausgewrungener herauskamen als Wäsche aus der Waschmaschine. Ich sah die Goldschmiede auf dem Ponte Vecchio, genauso wie im Mittelalter – meine Lieblingsepoche –. Ich sah Michelangelos David-Statue und verstand, was Homosexualität bedeutet. Und ich sah die Landschaften der Renaissance-Maler, die Zypressen, den Horizont, das frische und dunkle Grün, das die Naiven aufgenommen und die zeitgenössischen Künstler lächerlich gemacht haben. Ich sah die Blumenkaskaden und die Kaskaden von Wasser, die sich über die Hügel ergossen. Ich habe Nudeln in allen denkbaren Formen entdeckt, zu denen man Weine in sämtlichen Farben kredenzte. Ich sah die Paparazzi, die mich sahen und sahen, bis uns allen davon übel wurde.

Nur das Glück habe ich nicht gesehen. Anscheinend trägt man es in sich. So gesehen, muß ich leer gewesen sein.

Danach kehrte ich nach Paris zurück, und zwar in die »Studios Boulogne«, zu den Bühnenbildern, jenen täuschenden Bauten, die »nur drei Seiten« haben, da Kamera und Filmcrew die vierte Seite einnehmen – Vortäuschung von Liebe, Vortäuschung von Leben, alles nur Täuschung.

Wie bei mir zu Hause! Ich war wieder bei Sami, der andere Theater- oder Filmabenteuer erlebt hatte. Unwillkürlich vergrößerte sich der Graben zwischen uns, trotz der Aufrichtigkeit und der Stärke der Leidenschaft, die wir füreinander empfanden. Es war zum Verzweifeln, daß wir uns der Arbeit wegen so weit voneinander entfernten und es so schwer fiel, sich an einem gemeinsamen Punkt wieder zu treffen.

»La Madrague« lockte. Der Sommer in Saint-Tropez – damals noch erträglich – war eine Wohltat für ein erschöpftes Paar. Wieder einmal fuhren wir mit Guapa auf der Nationalstraße 7. Hübsch anzusehen, wie sich die Landschaft im Laufe der Autofahrt veränderte. Platanen lösten die Kastanienbäume ab, Pinien die Platanen, und dann die Düfte, vor allem die Düfte!

Obwohl die Pförtnerleute nichts taugten und die Dinge hätten besser laufen können, war »La Madrague« magisch – das Meer, das unten gegen das Haus schlug, das Jod, die Algen, der Vollmond, die Sonne, die Wärme, die »Sabri«, ein Motorboot, das ich nach den ersten Silben unserer Vornamen getauft hatte, das am Bootssteg nach der Pfeife der kleinen Wellen tanzte.

Ein wahrer Traum, der auch diejenigen wieder zusammenbringt, die sich sehr weit entfernt haben, der die Verantwortlichen allerdings viel kostet, nicht nur in materieller, sondern auch in ideeller Hinsicht.

Ein Haus ist ein Symbol, wie ein Kind, wie der Reichtum des Herzens und der Erinnerungen; es muß unterhalten werden, sonst zerfällt es. Und ich mußte mit einem lecken Heizungsrohr oder einem kaputten Kühlschrank ganz allein fertig werden. Ich war, bin und werde für meine Häuser stets eine »ledige Mutter« bleiben, die für deren Überleben wirklich verantwortlich ist. Die anderen sind leider gegangen, ich bin geblieben.

Trotzdem habe ich Sami vor allen anderen geliebt, und dies beruhte auf Gegenseitigkeit. Er symbolisiert für mich noch immer eine tiefe und zerstörerische Liebe, wie alles, was zu absolut ist. Wir gehören beide dem Sternzeichen Waage an, und unsere Unausgewogenheit riß uns wechselseitig in Stimmungstiefs-Abgründe, in denen wir uns verloren, auch wenn wir uns verzweifelt aneinander klammerten. Wegen unseres hochentwickelten Feingefühls und unserer geistigen Klarheit fühlten wir uns ewig bei lebendigem Leib gehäutet. Wir gingen wenig aus und lebten zurückgezogen, um möglichst viel von dem anderen zu haben und unsere Beziehung auf Vorrat zu genießen, damit wir den Gedanken besser ertragen konnten, daß Dreharbeiten, eine Tournee oder eine berufliche Verpflichtung uns erneut trennen würden. Im Haus erklang klassische Musik, die herrliche Musik Bachs, Mozarts, Rodrigos, Vivaldis und Haydns. Mit Sami habe ich das Adagio aus Mozarts Klarinettenkonzert entdeckt. Nur Jicky und Anne, die in »La Petite Madrague« untergebracht waren, durften unsere Zweisamkeit stören.

Am 5. August sonnte ich mich, vor den indiskreten Blicken der Neugierigen geschützt, die den Bootssteg besetzt hielten. Da hörte ich eine Nachricht, die die ganze Welt erschüttern sollte: Marilyn Monroe hatte sich umgebracht.

Ich war entsetzt. Wie war diese Frau in eine solche Verzweiflung geraten? Ebenso stechende wie trübe Erinnerungen stürzten auf mich ein. Sie also auch! Aber warum nur? Sie hatte den Tod gefunden, ich meinen verfehlt. Welch seltsame Macht treibt uns nur dazu, uns selbst zu zerstören? Dabei gelten wir doch in aller Augen als außergewöhnliche

Wesen, die sämtliche Trümpfe besitzen, um das Glück zu finden. Das stimmt vermutlich nicht, denn leider haben sich seitdem viele berühmte Frauen umgebracht, darunter Romy Schneider, Estella Blain, Marie-Hélène Arnaud, Jean Seberg, Jacqueline Huet.

Arme, kleine Marilyn mit dem Blick eines verlorenen Kindes, so zerbrechlich und rein! Sie hinterläßt eine Lücke und wird immer eine Lücke hinterlassen, obwohl man sie häufig auf grobe und entwürdigende Weise nachzuahmen versucht.

Im Herbst jenes Jahres äußerte Edith Piaf über Christine Gouze-Renal den Wunsch, mich zu treffen. Ich bewunderte diese Frau, das Symbol eines volkstümlichen Frankreichs und die Fürsprecherin, das Sprachrohr einer großen Nation, deren Farben sie dank ihres ewig kleinen schwarzen Kleides und ihres hervorragenden Talents unzweifelhaft besonders hervorhob. Und sie wollte mich sehen! Vor Überraschung konnte ich mich kaum beruhigen. Warum ausgerechnet mich?

Sie lud mich zum Abendessen in ihre Wohnung am Boulevard Lannes ein, in der sie mit ihrem Mann Théo Sarapo lebte. Ich ging hin. Ich weiß nicht genau, warum, jedenfalls nicht aus Neugier oder Mitleid. Ich fand nur den Schatten ihres Schattens vor, wie Jacques Brel gesagt hätte. Sie war bereits sehr krank, furchtbar abgemagert und halb kahl. Sie trug einen wollenen Hausmantel und wirkte etwas abwesend, obwohl sie geistig voll und ganz präsent war. Er, über den man soviel Schlechtes verbreitet hatte, schien sie zu lieben. Aus Théo Sarapo war für sie »Tora Sapo« geworden.

Das Abendessen wurde zur Qual. Obwohl ein Oberkellner uns stilvoll bediente und die Gerichte verlockend aussahen, raubte der Verfall dieses mumifizierten Idols mir den Appetit.

Nichts in der eiskalten Wohnung strahlte Wärme aus, was verheerend auf mich wirkte. Da es an Atmosphäre und Dekoration fehlte, stach ein riesiges schwarzes Klavier im Salon besonders hervor. Sessel, mehr oder weniger im Stil von Louis XV. oder Louis XVI., verliehen dem Appartement einen konventionellen Anstrich.

Zehn Jahre später zog ich selbst auf den Boulevard Lannes, und zwar genau in Ediths Nachbarhaus. Sieben Jahre lang habe ich täglich im Vorbeigehen die Gedenktafel gesehen, die die Passanten daran erinnerte, daß Edith Piaf dort gewohnt hatte und auch gestorben war.

In meiner Erinnerung bleibt sie eine erschöpfte, vernichtete Frau, vermutlich unverstanden und gewiß unerträglich. Der Ruhm eröffnet jenen Wesen, die er bevorzugt beschenkt, bisweilen Höhen und Tiefen.

Mir fallen die Strophen eines Chansons ein, das man in meiner Jugendzeit summte und die gut zu ihr passen: »Wo sind all meine Geliebten, alle, die mich so geliebt haben?« Diese Frau mit dem erfüllten Leben war sich selbst, der Krankheit, der Verzweiflung ... überlassen. Im Tod stand ihr nur ein Mann zur Seite. Dieser Mann, Théo Sarapo, der kurze Zeit nach ihr bei einem Unfall starb, hat soviel Sarkasmus über sich ergehen lassen müssen! Die Menschheit ist wirklich abscheulich.

Ich hatte mich entschlossen, für die Dauer eines Sabbatjahres keinen Film mehr zu drehen, doch irgendwie war ich wie programmiert. Daß ich keinen Terminen hinterherhetzen und keine Arbeit mehr erledigen mußte, gefiel mir eine Zeitlang. Doch dann langweilte ich mich.

Nicolas und Moussia waren endlich in die Avenue Paul-Doumer zurückgekehrt, aber die Trennung des drei Jahre alten Kindes von seinem Zuhause hatte unsere Beziehung nicht verbessert. Da ich nicht gerade ein geduldiges Naturell besitze, regte ich mich desto mehr auf, je mehr es schrie. Es kam so weit, daß ich mich nicht einmal traute, es zu umarmen, und dennoch hätte ich das Kind gebraucht. Aber man muß wissen, was mir damals verborgen war: Es hatte mich nötig – und nicht umgekehrt.

Sami hatte sich ganz in Brechts »Im Dickicht der Städte« vertieft und verkehrte in einer Gesellschaft, aus der ich als Star ausgeschlossen war. Jean-Max Rivière und Claude

Bolling lockten mich mit neuen Chansons. Ich traf auch einen Komponisten, der für mich »L'appareil à sou« geschrieben hatte und Serge Gainsbourg hieß ...

Ich erinnere mich an Olivier Despax, der einem sympathischen Alain Delon ähnelte und mit mir ein Schmalzlied aus seiner Feder singen wollte. Von Oliviers Charme und Schönheit angezogen, stimmte ich wie schon so oft zu, noch eine Fernsehsendung zu machen, mit der ich den Zuschauern ein gutes neues Jahr wünschen wollte.

Es machte mir großen Spaß zu singen, zu tanzen, alle und jeden zu umarmen. Ich sang etwas von Gainsbourg und Jean-Max Rivière, tanzte folkloristische Tänze Lateinamerikas. Ich umarmte Olivier Despax und gelangte auf diese Weise von 1962 ins Jahr 1963.

Das Nichtstun begann mich zu belasten, trotz der herrlichen Zeit in Méribel mit seinen zauberhaften kleinen Chalets und den leeren Pisten, das damals noch ein geschütztes Dorf mit sauberem Schnee war und noch keinen Tourismus kannte. Zum Glück, denn wenn ich versuchsweise auf den Brettern stand, wurde ich zu einer Gefahr für die Öffentlichkeit, da ich nicht bremsen konnte und daher geradewegs auf alles losfuhr, was sich bewegte.

Am 24. Februar 1963 teilten Mijanou und Patrick Bauchau, ein herrlicher Gregory Peck, halb Schweizer, halb belgischer Abstammung, mir per Telegramm die Geburt ihrer Tochter Camille mit. Ich freute und sorgte mich. Mijanou war mehr ein Künstlertyp, menschenscheu; ihr Mann unternahm erste Gehversuche im intellektuellen Kino der Avantgarde. Wären sie in der Lage, dieses kleine Mädchen großzuziehen? Ich wußte aus Erfahrung, daß die Erziehung eines Kindes zuweilen eine anstrengende Pflicht ist, die mir schwerfiel. Aber im Chalet in Méribel wurde gefeiert, die kleine Camille war auf die Welt gekommen, ich hielt bereits für sie nach einem Kinderwagen Ausschau.

Meinem Schwager Patrick Bauchau hatte ich es zu verdanken, daß ich Anfang des Jahres Jean-Luc Godard und seinen Hut traf. Er lebte wie ein Antipode zu meiner Welt und meinen Vorstellungen. Als ich ihn bei mir zu Hause empfing, wechselten wir keine drei Worte miteinander. Er versteinerte mich. Ich muß ihn wohl terrorisiert haben. Von seinem Vorhaben war er dennoch nicht abzubringen. Er wollte unbedingt »Le Mépris« [»Die Verachtung«] mit mir drehen.

Lange zögerte ich. Diese Sorte schmieriger Intellektueller, die mit der Linken liebäugeln, bringt mich auf die Palme. Godard war die Galionsfigur der »Nouvelle Vague«, ich der klassische Star par excellence. Welch unpassende Paarung! Alberto Moravias Buch hatte ich sehr gemocht und wußte, daß es durch die Regie und nicht originalgetreue Dialoge verfälscht werden würde. Dennoch sagte ich zu, als müßte ich mir selbst etwas beweisen, wohl wissend, daß ich dabei viel zu verlieren und alles zu gewinnen hatte.

Ich ließ Guapa und Nicolas in Moussias Obhut zurück und machte mich Anfang April mit Dédette, Dany, Jicky und Anne nach Sperlonga auf, in ein kleines süditalienisches Dorf, wo die Dreharbeiten beginnen sollten. Zu meinem Schrecken waren meine Partner Michel Piccoli und Jack Palance, ein amerikanischer Schauspieler, der wie ein Affe aussah und kein einziges Wort Französisch sprach.

Abreisen, Ortswechsel, Hotels habe ich noch nie gemocht. Sobald ich nicht mehr zu Hause bin, fühle ich mich fehl am Platz. Unbekanntes ist mir ein Horror. Die Truppe, die mich umgab, meine Vertrauten, ständig dieselben, beruhigten mich durch ihre Anwesenheit, aber mich von Sami trennen zu müssen, tat mir weh. Ich konnte mir nicht vorstellen, alleine zu schlafen.

Ich geriet in ein äußerst schlichtes Hotel ohne jede Atmosphäre, wie in allen Hotels, in denen ein Zimmer dem anderen gleicht. Godard, mit Hut, Sonnenbrille und weichem Händedruck, murmelte ein paar Begrüßungsworte. Ich hatte den Moralischen, Angst, Lampenfieber, wollte nach Hause.

Als auf meinem Zimmer das Telefon klingelte, fuhr ich hoch. Raf Vallone meldete sich. Er war in Sperlonga und lud mich zum Essen ein. Ja, einverstanden, welche Freude!

Ich machte mich flink zurecht und eilte die Treppe hinunter, damit ich niemandem Rechenschaft geben mußte. Doch ich hatte Pech und stieß in der Eingangshalle auf Jicky, Anne, Dédette und Dany.

»Wo willst du denn hin?«

»Man verheimlicht uns wohl was?«

»Hast du dich für ein Abendessen mit uns so herausgeputzt?«

»Gehst du aus? Allein? Mit wem?«

Trotz des Kreuzverhörs blieb ich stumm und ging hinaus zu Raf, der etwas entfernt in seinem Wagen auf mich wartete. Ich verbrachte einen bezaubernden Abend und kehrte zeitig zurück, da die Dreharbeiten am nächsten Tag um sieben Uhr morgens beginnen sollten.

Als ich die Tür zu meinem Zimmer aufschloß, glaubte ich zuerst, mich in der Nummer geirrt zu haben. Leer, mein Zimmer war leer! Kein Bett, keine Koffer, keine Möbel, keine Lampe, rein gar nichts mehr. Was sollte dieser Scherz! Es war Mitternacht, im Hotel war es mucksmäuschenstill und niemand mehr am Empfang. An einer Wand meines Zimmers hing nur das Foto eines Affen mit der Widmung eines Verliebten, das von Jack Palance signiert war. Ich wurde wahnsinnig, wo sollte ich schlafen? Wer war der Idiot, der meine Möbel und alle anderen Gegenstände, meine Kosmetiksachen inbegriffen, abtransportiert hatte?

Schließlich legte ich mich in die Badewanne, meine zusammengerollte Hose diente als Kopfkissen. In jener Nacht tat ich kein Auge zu und verdammte die Filmerei, Außenaufnahmen, Reisen, alle möglichen Teams und die Dummköpfe, die sich solch lächerlichen Schwachsinn einfallen ließen.

Am nächsten Morgen war ich so schlechtgelaunt wie nur was. Odette kam, um mich zu schminken, und stieß spitze Schreie aus, als sie sah, daß aus meinem Zimmer eine Wüstenei geworden war. Ich ging zum Drehort, als müßte ich zur Schlachtbank. Natürlich wußte niemand etwas, aber Jicky hatte den Schalk in den Augen. Denn er hatte mir mit Piccolis Hilfe diesen Streich gespielt.

Was Jack Palance betraf, der blickte mich mitfühlend an. Außer auf dem Foto des Affen, dessen Widmung mich all seiner Liebe versicherte, hatte ich ihn noch nie zuvor gesehen. Aber mir ging ein Licht auf, als er ein Foto von mir mit einem Herzen und einer von Jicky gefälschten Signatur aus der Tasche zog.

Von diesem Tag an lösten sich Gags und Streiche während der Dreharbeiten unablässig ab. In Capri wurde unser bezauberndes Hotel zum Schauplatz all dessen, was einem einfallen kann, angefangen vom Eimer Wasser auf der Tür, einer Stolperschnur im Zimmer, zusammenklappenden Betten und dergleichen mehr.

In Rom hatte ich den Palazzo Vecchiarelli gemietet, eine prunkvolle Unterkunft in unmittelbarer Nachbarschaft der Engelsburg, genau einem Priesterseminar gegenüber. Uns stand ein ganzes Brimborium an Hauspersonal zur Verfügung, darunter ein äußerst stilsicherer Oberkellner namens Bruno, der mit weißen Handschuhen servierte.

Das Hauspersonal verbeugte sich vor mir und teilte mir mit, daß die Signora Contessa, die Eigentümerin, für gewöhnlich dort zu Mittag speise, den Kaffee dagegen drüben einnehme und den Aperitif da ... Ich war außerstande, in diesem steifen und luxuriösen Rokokozwinger zu leben. Ich beschloß, mich in meinem Schlafzimmer und einem Nebenraum einzurichten, einer Art Vorzimmer der Signora Comtessa, in dem glücklicherweise ein Speiseaufzug endete, der direkt aus der Küche kam.

Dédette, Dany, Christine, meine Pressebeauftragte, Jicky und Anne teilten sich den übrigen Palazzo, dessen Räume mit den gewundenen Karyatiden und den schweren Vorhängen aus Damastbrokat an die luxuriösen Bordelle zu Beginn unseres Jahrhunderts erinnerten. Wir provozierten einen kleinen Skandal, als wir erklärten, daß wir nunmehr unsere Mahlzeiten auf zwei oder drei Bridgetischen im Vorzimmer einnehmen würden. In jenem Augenblick spürte ich die Verachtung.

Wie in zahlreichen alten Häusern der antiken Stadt führte dieses Vorzimmer auf eine sehr schöne Terrasse mit

Blumenkübeln. Direkt vis-à-vis lag die Terrasse der Priester, die sich schnell in eine Beobachtungsplattform für die gesamte römische Presse verwandelt hatte. Ständig waren Teleobjektive wie Panzerfäuste auf uns gerichtet, was uns bald dazu zwang, uns auf allen vieren vorwärtszubewegen. Diese Fortbewegungsart wurde zum Reflex. Alle, die mein Zimmer durchquerten, taten dies ausnahmslos kriechend, um nur ja nicht zur Zielscheibe der Fotografen zu werden.

Bruno, der Haushofmeister, bewegte sich als einziger stoisch in aufrechter Haltung mit weißen Handschuhen und entsetzter Miene. Ich bin mir sicher, daß er für immer und ewig von der Filmwelt eine abschätzige Meinung hat. Auf der Terrasse dasselbe Schauspiel. Man mußte robben und hinter den Geranientöpfen in Deckung gehen.

Eines Tages kam Maman zu Besuch. Sie reagierte nicht viel anders als Bruno und nahm an, wir seien wohl etwas derangiert. Um ihr zu beweisen, daß man uns wirklich ständig verfolgte, hielt ich auf einem Stock eine meiner Perükken in die Höhe. Sogleich war ein Stakkato des Klickens zu vernehmen, Blitzlichter flammten auf, die gesamte feindliche Batterie feuerte.

Als Anekdote macht sich das zwar gut, aber in Wirklichkeit war es alles andere als lustig. Doch trotz der ständigen Belagerung haben wir uns in diesem alten, finsteren römischen Palazzo nicht schlecht amüsiert.

Eines Abends wollten wir nicht auf Bruno warten, der eine Ewigkeit brauchte, um den Tisch abzudecken. Also verfrachteten wir – husch, husch – alles in den Speiseaufzug, das Kristall aus Murano, das im Stil des 18. Jahrhunderts verzierte Porzellan, das gravierte, ziselierte Silberbesteck, das Tischtuch und die Servietten. Dann vernahmen wir ein lautes Gerumse. Der Speiseaufzug hatte unter der Last nachgegeben und war bis in die Küche hinuntergedonnert. Welch ein Drama! Aber wir haben uns kaputtgelacht.

Nach diesem üblen Streich, durch den wir unser restliches Ansehen verspielt hatten, gewährte Bruno uns nie wieder das Privileg seiner weißen Handschuhe, was in seinen Augen der Ausdruck tiefster Verachtung gewesen sein muß.

Maman und Papa wollte ich unbedingt das berühmte Restaurant »Hostaria dell' Orso« zeigen. Doch es war mir unmöglich, meine Festung zu verlassen, ohne einen kleinen Bürgerkrieg zu provozieren: Konvois knatternder Vespas, Sturmangriffe der Paparazzi und Neugierigen. Kurzum: Es verdarb mir für gewöhnlich die Lust, einen Fuß vor die Tür zu setzen. Also ersann ich eine List. Eine Freundin Mamans, die in etwa meinem Äußeren entsprach, verkleidete sich als Brigitte Bardot. Mit dunkler Sonnenbrille, blonder Perücke, in meinem Mantel, der bereits aus den veröffentlichten Fotos bekannt war, stieg sie in den Mercedes 600, der zu meiner Verfügung stand. Der Fahrer rollte aus dem Hof des Palazzo und zog einen Rattenschwanz kreischender Idioten hinter sich her, die seit Stunden gewartet hatten. Ich dagegen nahm mit Maman und Papa ein Taxi. Wir benahmen uns wie Touristen und verbrachten einen netten Abend.

Zwischen zwei Lachnummern im Palazzo der Signora Contessa gab es trotzdem noch die Dreharbeiten, und die waren weniger lustig.

Piccoli, Jicky und ich verstanden uns prächtig darauf, jedermann einen Streich zu spielen, doch Godard legte seinen Ernst und seinen Hut nie ab. Weder von dem einem noch von dem anderen mochte er sich trennen. Was Jack Palance betrifft, so wird er sich wohl noch heute fragen, was er in diesem Film verloren hatte.

Eines Tages wies Godard mich an, mich mit dem Rücken zur Kamera geradewegs von ihr zu entfernen. Ich probte diese Szene, aber es klappte nicht. Und warum nicht? Weil ich mich nicht so bewegte wie Anna Karina! Das war der Gipfel! Ich sollte Anna Karina kopieren, das hatte mir ja gerade noch gefehlt! Mindestens zwanzigmal hintereinander drehten wir diesen Gang. Schließlich sagte ich ihm, er solle Anna Karina engagieren und mich in Frieden lassen.

Bei den Dreharbeiten zu diesem Film lief ich jedenfalls nicht Gefahr, mich in einen meiner Partner zu verlieben. Michel Piccoli, den ich sehr verehre, der aber nicht mein Typ ist, trug zudem ständig einen Hut auf dem Kopf, sogar wenn er badete. Das war eben die »Nouvelle Vague«! Und der arme Palance war eine Katastrophe.

Godard mit Hut murmelte unverständliche Worte in seinen Bart, immer an der Grenze zu »du kannst mich mal«. Übrigens brauchte man sich nicht zu beeilen, der See stand schließlich nicht in Flammen.

Als ich in einer Szene – lässig an den Türrahmen gelehnt, während Piccoli in der Badewanne hockte – Schimpfwörter aufzählen mußte, sollte ich sie so eintönig und teilnahmslos daherbeten wie den Rosenkranz. Vielleicht überkam Anna Karina ja solch ruhiger Zorn! Wer weiß.

In Capri drehten wir im Haus der Schriftstellers Curzio Malaparte. Es war eine Art roter, in den Fels gehauener venezianischer Bunker, ein eiskalter, surrealistischer Adlerhorst mit einer außergewöhnlichen Aussicht auf das Meer. Die tobenden Wellen brachen sich wild zu unseren Füßen. In dieser verrückten und grandiosen Kulisse entwickelte Godard durch Vermittlung von Fritz Lang seine Vorstellung von einer barocken »Odyssee«. Im gesamten Film war ich mir stets etwas fremd. Jedenfalls habe ich nichts von meinem Innersten gegeben und mich damit begnügt, wie ein Objekt die Anweisungen Godards umzusetzen.

Jacques Rozier filmte das »Drum und Dran« der Dreharbeiten: die Paparazzi, die bisweilen häßlichen Italiener, die mich beschimpften oder obszöne Gesten zeigten, Godards Ängste, seine Widersprüche, sein Zögern. All das hatte einen riesigen Erfolg, den ich noch immer nicht nachvollziehen kann.

Als Sami mich abholen kam, mußten wir an einem stürmischen Tag im allerneuesten Motorboot des Produzenten Carlo Ponti von der Insel flüchten. Ich bin nie dorthin zurückgekehrt. Für mich ist das Kapitel Capri abgeschlossen. Ich hatte dort Aufenthaltsverbot.

Zurück blieben Erinnerungen an eine Periode voller Fröhlichkeit, Leben, Freunde, eine Art Ferienende, das mir die Lust am Leben, am Lachen wiedergegeben hatte, so daß ich mit meinen achtundzwanzig Jahren das Treiben um mich herum in vollen Zügen genoß.

Ich erinnere mich auch an das berühmte Haus von Axel Munthe, Autor des unvergeßlichen Werks »Das Buch von San Michele«. Ich stieß auf die hundert Stufen, die die alte »Maria Porta lettere« hinaufstieg, um zu dieser wunderlichen Zitadelle zu gelangen, die aus dem römischen Gestein in den Weinbergen erbaut worden war und in der jede Mauer, jede Ecke die Züge der Geschichte und die Überbleibsel einer fernen Zivilisation trug. Ich habe die Sphingen gesehen, die aus tiefen Grotten aufgestiegen sind. Ich habe den unendlichen Ausblick gesehen, nicht aber jene Bauern, die Axel Munthe seinerzeit halfen, seinen Palast aus tausendundeiner Welle zu erbauen. Sie hatten sich in Touristen aus aller Welt verwandelt. Schönheit, Geheimnis und Eleganz dieses Bauwerks hatten sich plötzlich verflüchtigt. Ich hasse die Touristen, die Träume zerstören, diese gierigen Kannibalen, die Bilder verschlingen, diese Vampire der Seele.

Als wir eines Tages in dem herrlichen Mercedes 600 der Produktionsgesellschaft nach Neapel zurückfuhren, entdeckte ich verwundert in einem Weizenfeld einen dorischen Tempel von magischer Schönheit. Wir hielten an. Sami genoß endlich ein stilles Italien ohne Fotografenmeute. Ich fühlte mich ebenfalls erleichtert, daß ich von der Folter des unablässigen Beschusses durch die Fotografen befreit war. Auch Jicky hatte die Waffen gestreckt. Der Fahrer klärte uns auf, daß wir in Paestum seien. Mir war nach Einkehr zumute, und zwar hier, gleich in der Nähe dieses legendären Tempels, der aus einem Ozean goldener Weizenähren aufgetaucht war. Das Dorf war häßlich. Wir fanden ein schäbiges Hotel und – was blieb uns anderes übrig? – mieteten uns dort ein.

Decken und Wände des Zimmers, das Sami und ich teilten, waren spinatgrün gestrichen. Die einzige Zierde, eine sehr fahle Neonlampe, vermittelte uns den Eindruck, wir bewegten uns in einem Aquarium.

Zuerst bemühten wir uns, das Zimmer etwas freundlicher zu gestalten. Und los ging's, ich rückte das Bett, ein fürchterliches Gestell, weiter nach rechts, den wackligen Tisch nach links, ich stieg auf einen Stuhl und versuchte verzweifelt, eines meiner Tücher mit rosafarbenen und roten Blumen um die Neonlampe zu wickeln. Es half alles nichts. Man kommt dem Horror nicht so schnell mit so geringen Mitteln bei.

Ich wollte und konnte die Nacht nicht in einem Aquarium verbringen. Ich wollte weiterfahren, auch wenn ich den Tempel, den wir ursprünglich am nächsten Tag besichtigen wollten, verpassen würde. Ich war erschöpft, ich knurrte. Jicky, Anne, Dédette und Sami waren meiner überdrüssig, ein Drama bahnte sich an. Schließlich versprach Sami mir, daß wir die Neonlampe nicht anmachen würden. Also ging die Suche nach Kerzen los. Allerdings sprach niemand außer mir ein einziges Wort Italienisch. Mit Händen und Füßen versuchte Jicky der Hotelbesitzerin klarzumachen, daß wir gerne eine »bougie«, eine Wachskerze, hätten. Zwischen zwei inständigen Bitten, Erklärungen und mimischen Darbietungen wurde die arme Frau, die uns nicht verstand, mit sämtlichen Vogelnamen bedacht. Da das französische Wort für Kerze genauso klingt wie das italienische für »Lüge«, glaubte sie, daß Jicky sie als Lügnerin bezeichnete. Sie war vollkommen verwirrt. Schließlich erhielten wir eine »candela«, und ich verbrachte die Nacht mit dem Kopf unter dem Bettuch, damit ich die düstere Umgebung nicht wahrnahm, in der meine Alpträume schwebten.

Im Sommer 1963 begegnete ich Bob Zagury, einem Freund Jickys. Das Leben, der Frohsinn und die Sorglosigkeit Brasiliens nahmen »La Madrague« in Besitz. Geschwind hatten der Bossa Nova und Jorge Bens Gitarre Vivaldis Violinen vom Plattenspieler verdrängt. Bob tanzte wie ein Gott, er hatte einen samtigen Blick, weiße Zähne und einen hungrigen Mund …

Zu lange von meinen Problemen und Zweifeln bedrängt, barst ich plötzlich und ließ die Lebenskraft überschäumen, die in mir schlummerte. Das Haus füllte sich mit Freunden, es wurde ununterbrochen gefeiert, ich spielte zusammen mit den Brasilianern Gitarre, tanzte in Bobs Armen. Zum Teufel mit den Lästermäulern und dem Geschwätz der Klatschtanten! Das war mir völlig schnuppe, und ich zeigte mich allzu offen.

Die Nachricht von der neuen Romanze verbreitete sich wie ein Lauffeuer und füllte die Titelseiten der Skandalblätter. Sami, der sich in Paris aufhielt, erfuhr aus der Presse davon.

Es war ein Drama. Ich wollte immer alles gleichzeitig haben, den Spatz in der Hand und die Taube auf dem Dach. Ich mochte Bob sehr, mit ihm erlebte ich Unbekümmertheit und eine oberflächliche, doch wohltuende Fröhlichkeit. Er bot mir Geborgenheit. Aber Sami wollte ich um keinen Preis verlieren. Ich wollte beide.

Mein Unvermögen, mich zu entscheiden, hat mir immer böse Streiche gespielt. Indem ich alles behalten wollte, verlor ich alles. Es gab verzweifelte heimliche Zusammenkünfte mit Jicky und Anne; ich wollte von ihnen wissen, was sie an meiner Stelle tun würden, so als könnten sie für mich entscheiden. Sobald ich mich für einen von beiden entschieden hatte, schwitzte ich Blut und Wasser, wenn ich an die Qualitäten des anderen und an die Erinnerungen dachte, die uns verbanden. Ich sublimierte; und verzehrte mich.

Wie unausstehlich ich war!

Ich versicherte Sami am Telefon, daß ich ihn über alles liebte und ihn am nächsten Tag treffen wolle; ich würde ihn nie mehr verlassen, er sei meine große Liebe, mein Gewissen, mein Halt, meine verzweifelte Hoffnung, mein Leben, mein Tod, die Zeit, die Unendlichkeit.

Ich weinte und verfluchte mich, weil ich fähig war, ihn zu hintergehen, ich kam mir schmutzig und abstoßend vor. Ich versetzte den Bossa-Nova-Schallplatten auf dem Boden einen Fußtritt, eilte zur »Petite Madrague«, wo Jicky und Anne mich verdutzt anblickten, als ich tränenüberströmt hereinstürzte und ihnen mit der Reisetasche in der Hand erklärte, daß ich vorhätte, das Haus abzuschließen und das

nächste Flugzeug zu nehmen, um mit Sami zusammenzusein.

Sie hatten mit mir schon Schlimmeres erlebt und würden
noch Schlimmeres erleben ... Sie blieben ganz ruhig, überließen mich meiner Krise und gingen weiter ihren Beschäftigungen nach.

Mittlerweile war Bob eingetroffen, heiter, charmant, verliebt, zärtlich und unwiderstehlich. Er trank meine Tränen
und sprach beruhigend auf mich ein. Er werde mich nach
Brasilien mitnehmen und für mich Orte entdecken, die so
unverfälscht und wild seien wie ich, er werde mich nie verlassen. Selbst wenn ich in Kamtschatka drehen müsse,
werde er mich begleiten. Ich sei sein kleines, zartes und einziges Mädchen, er wolle mich glücklich sehen, Tränen stün-
den mir schlecht, die Freude sei meine Schönheit. Er
wärmte mir Körper und Herz.

Ich stellte meine Reisetasche weg und machte mich für
Bob schön. Jicky und Anne saßen trinkend am Bootssteg
und warteten auf uns. Wir zogen los, um bis tief in die Nacht
hinein zu essen, zu tanzen und zu lachen. Sami vergaß ich
darüber.

Ich fühlte mich bei Bob so wohl, er kümmerte sich um alles, ich brauchte mich nur treiben zu lassen, das tat mir gut.
Und dann besaß er soviel Charme, konnte so viele Dinge,
die ich mochte, er umgarnte mich. Er war ein positiver
Mensch.

Dieser Zirkus dauerte nicht lange. Eines Tages konnte
ich Sami nicht mehr telefonisch erreichen. Er hatte die Wohnung in der Avenue Paul-Doumer mit unbekanntem Ziel
verlassen. In dem Augenblick wurde mir wirklich bewußt,
daß unsere Trennung unausweichlich war. Es tat mir sehr
weh, denn ich liebte ihn sehr. Auf einmal war ich böse auf
Bob. Ich machte ihn für die Qualen verantwortlich, die ich
Sami zugefügt hatte. Ich bekam Gewissensbisse. Ich versuchte bei Bob all das zu finden, was mich bei Sami bezau-
bert hatte. Ich fand natürlich nichts davon. Da fing er an,
mich aufzuregen.

Ich hielt ihn für oberflächlich, einen Gigolo, einen mon-

500

dänen Tänzer, professionellen Pokerspieler, einen Glücks-
ritter, einen Coverboy für Zahnpastareklame. Doch ich sah
mich vor, daß ich ihn nicht ganz vergraulte, denn ansonsten
wäre ich allein, und das konnte ich weder ertragen noch
wollte ich es darauf ankommen lassen.

Bob tauchte mit seinem Rasierzeug und seinem Eau de
toilette auf. Dann mit ein paar Kleidern zum Wechseln.
Dann mit einer Reisetasche. Dann mit einem Riesenkoffer.
Im Kleiderschrank, in dem noch Samis Duft schwebte,
hingen nun Bobs Sachen. Bobs Zigarren füllten die Aschen-
becher, Bobs Freunde das Haus. Ich lachte gequält.

Diese charmanten Leute, die ich anfangs willkommen
geheißen hatte, entpuppten sich schließlich als gewöhnlich
und aufdringlich.

In was für Schwierigkeiten hatte ich mich da mit Bob gestürzt, den ich letzten Endes überhaupt nicht kannte? Er
kannte mich übrigens auch nicht, hatte mich nur in den gemeinsam verbrachten Ferientagen erlebt, aber alles andere,
alles andere ... meine Arbeit, meine Verpflichtungen, mein
Landhaus in Bazoches, mein Dienstmädchen – mein
Dienstmädchen, was würde das wohl dazu sagen? Normalerweise ist es schon schwer genug, ein gutes Dienstmädchen zu finden, wenn man sich aber bei jedem neuen Liebhaber nach einem neuen Dienstmädchen umschauen muß,
dann nimmt der Schlamassel gar kein Ende.

Obwohl ich regelrecht Lust verspürte, »La Madrague« zu
verkaufen und mit dem Filmen aufzuhören, fühlte ich mich
in einem Räderwerk gefangen, aus dem nicht leicht zu entkommen ist. Nach diesen paar Monaten Faustkampf gegen
die Menge von Saint-Tropez, wo ich eigentlich »verdiente
Erholung« gesucht hatte, fand ich mich mit Bob in Paris und
Bazoches wieder, ganz glücklich und um ein Jahr älter geworden.

Einige Monate zuvor hatte ich in Méribel »Une ravissante
Idiote« [»Die Verführerin«] gelesen und die Geschichte spa-
ßig gefunden. Sie war eigentlich eher dümmlich, doch ich

entflammte damals schnell für irgendwas und irgendwen. Da ich eines Tages leichthin gemeint hatte, das Buch sei ganz bezaubernd, schlugen sich alle Produzenten, die mit mir zusammenarbeiteten, um die Filmrechte und um mich. Die Filmproduktion Belles-Rives konnte den Happen ergattern. Anthony Perkins, der mein Partner werden sollte, war damals in jeder Hinsicht der Schwarm aller Frauen, so wie Roch Voisine heute.

Und erneut war ich in ein Filmabenteuer geraten, das nichts Berauschendes an sich hatte. Obwohl der Moderegisseur Edouard Molinaro sein ganzes Talent entfaltete, Anthony Perkins seinen ganzen Charme aufbot und ich den gewünschten dümmlichen, aber zufälligerweise entzückenden Ausdruck hatte, zähle ich diesen Film zu meinen Jugendsünden und verbuche ihn unter der Rubrik »Ich hätte mir besser das Bein brechen sollen«.

Als ich in London von zweihundertfünfzig Journalisten erwartet wurde, einer aufgeregter als der andere, begann ich mich nach Capri zurückzusehnen, nach den Paparazzi und den wahrlich unerträglichen Italienern. Nie hätte ich mir träumen lassen, daß »selfcontrol« sich in solchem Ausmaß in Hysterie verwandeln konnte. Meine Herren Engländer, euer Phlegma ist eine aussterbende Tugend!

Von einer kreischenden Menschenmenge herumgestoßen, aufgesogen und getreten, glaubte ich sterben zu müssen. Bob, dem solche Erfahrungen erspart geblieben waren, stellte sich nun ernsthaft Fragen. Er liebte die Stille, das Inkognito, die Ruhe!

Es ist nicht leicht, der Gefährte, Ehemann oder Liebhaber eines Stars zu sein. Rückblickend bedaure ich die Männer, die mich geliebt haben, weil sie diese belastenden und zerstörerischen Aggressionen miterleben mußten, die so fern von dem lagen, was das Leben sie gelehrt hatte. Sie mußten über eine große Leidenschaft und eine unermeßliche Geduld verfügen, um solch eine Prüfung durchzustehen.

Übrigens war diese Zweischneidigkeit meiner Existenz der Grund für meine Labilität, für all die Trennungen, die

502

Dramen und Unbeständigkeiten, die meinen Lebensweg pflastern. In meinem tiefsten Innern war ich wild, zerbrechlich, schüchtern, äußerst sensibel, treu oder wenigstens bestrebt, es zu sein, doch vor allem verletzlich. Mein Privatleben, wenn es so etwas je gegeben hat, war sehr einfach und von großer Vertrautheit zu dem Mann erfüllt, den ich liebte. Ich sehnte mich danach, behütet, beruhigt, getröstet, liebkost und von all den anderen abgeschirmt zu werden, die ich immer gefürchtet habe und die mir so übel mitgespielt haben.

Die öffentliche Meinung, die mit Vorliebe einen Aspekt meines Lebens herausstellte, stilisierte mich zum Sexsymbol, das laufend Männer vernascht, zur Raubkatze, die nach Fleisch und Schandtaten giert, zum Schrecken aller Ehefrauen. Eigentlich hätte ich über dieses Stereotyp lachen sollen, doch ich weinte darüber, weil es so weit von dem entfernt ist, wie ich wirklich bin.

Dieses Sexsymbol also suchte Anfang Oktober 1963 London heim. Das Hotel, in dem die Pressekonferenz stattfinden sollte, wurde im Sturm genommen, die Menschen kreischten, stießen alles um, eine Welle der Panik kam auf, als wäre über Großbritannien die Sintflut niedergegangen. Die Sintflut, das war ich.

Es ist alles andere als einfach, plötzlich wie die Sintflut über die Welt zu kommen, wenn man gerade das Flugzeug verlassen hat, in dem man wie gewöhnlich Flugangst hatte, sich nicht einmal ansatzweise zurechtmachen konnte, die Frisur nicht richtig sitzt, das Kleid zerknittert ist und man sich danach sehnt, zu Hause mit Guapa am Ofen zu hocken. Es ist schwer, das Blitzlichtgewitter und das Kreuzverhör stoisch zu ertragen, wenn man unter fünfhundert Menschen geschleudert wird, die einen hetzen, durchbohren und in die Enge treiben, noch dazu auf englisch.

In dieser Situation muß man schlagfertig auf ihr Spiel eingehen, Kopf hoch, Brust heraus; ein Funken Unverschämtheit – nur nicht zuviel! – kann nicht schaden, der massive Einsatz von Charme und Schmollmund auch nicht;

direkte Fragen überhören, ausweichend antworten und sich selbst nicht allzu ernst nehmen. Dieses Register beherrschte ich gut. Es war ein Spiel. Ich lieferte ihnen etwas für ihr Geld und gewann ein wenig Schonung.

Trotz aller Bemühungen der Produktionsgesellschaft erwies es sich als unmöglich, auf den Straßen von London zu drehen. Daher wurden sie im Filmstudio »Boulogne« nachgebaut, wo wir wenigstens unsere Ruhe hatten.

Nachdem Bob und ich, als Opa und Oma verkleidet, das Hotel durch den Lieferanteneingang verlassen hatten, konnte ich einen kurzen Einkaufsbummel machen, mir einen Burberry, einen Dudelsack und meinen Traumwagen kaufen, einen handgefertigten Morgan, die Kopie eines alten Bugatti, ein Luxusspielzeug, das in Frankreich nicht zu bekommen war und erst in einem Jahr geliefert werden konnte … und das auch nur, weil ich es war!

Mama Olga war bei der Reise, den Dreharbeiten, beim Einkaufsbummel und an den Abenden mit von der Partie. Sie behütete mich wie eine Tochter, war jedoch mit der Auswahl meiner Liebhaber, meiner Frisuren oder der Restaurants nicht immer einverstanden. Als Agentin berühmter Frauen, die wie Edwige Feuillère und Michèle Morgan zur Schickeria gehörten, hatte sie mit mir allerhand durchzumachen, und dennoch akzeptierte sie mich stets so, wie ich bin, auch wenn ihr manchmal die Haare zu Berge standen.

Die Rückkehr nach Paris war alles andere als lustig. Wie erwartet kündigte mein Dienstmädchen mir mit einer Frist von acht Tagen. Zwar hatte ich eine Sekretärin, die meine erkrankte Mala vertrat, aber diese Frau »von Welt«, die meine Post öffnete, um sich die Monatsenden zu versüßen, scheute davor zurück, mich zu stören, und wußte nicht, wohin sie sich wenden oder wie sie mich unterrichten sollte. Sie wußte vielleicht gerade, wie ich hieß.

Ich brachte es nie über mich, mich bedienen zu lassen, selbst damals nicht, als es noch etwas bedeutete. Ich traute mich nicht, einfach Befehle zu erteilen, sondern verpackte sie vorsichtig in Seidenpapier: »Wären Sie so freundlich, dieses oder jenes zu tun.« Auch wenn ich die Dienstmädchen erst eine halbe Stunde kannte, habe ich sie umarmt, ihnen mein Leid und meine Freude anvertraut.

Weil ich weder ein geduldiges noch nachsichtiges, noch tolerantes Naturell besitze, konnte ich mich über lächerliche Kleinigkeiten plötzlich fürchterlich aufregen. Dann flog mir die Schürze an den Kopf, und ich blieb allein zurück; sogleich bedauerte ich meine Überreaktion, und mir wurde meine Abhängigkeit bewußt. Mein Personal hat mich stets unnachsichtig beurteilt. Es respektierte mich nicht und genierte sich nie, mir die Meinung zu sagen, was zu einer merkwürdigen Beziehung führte. Meine Dienstmädchen haben mich terrorisiert.

Diesmal wurde der Vorwand angeführt, daß man bisher in »bürgerlichen« Häusern gearbeitet habe, wo der »Monsieur« während ihrer Dienstzeit stets derselbe geblieben sei; einen neuen »Monsieur« als Dienstherrn könne sie nicht ertragen.

Ich heulte. Diese Frau hatte ja recht, ich hätte Sami nie verlassen dürfen, aber ich konnte ihm wohl kaum sagen, er solle zurückkommen. Dazu war es jetzt zu spät, denn schließlich hatte er ein neues Mädchen; soviel hatte ich der Presse entnommen und war darüber krank vor Eifersucht geworden. Und außerdem kittet man keine Beziehung von Menschen, die seit Monaten getrennt leben, nur um sein Dienstmädchen zu behalten.

Ich rief Maman zu Hilfe, Mamie, meine Dada, alle Heiligen im Paradies. Und da trat Madame Renée in mein Leben, die fünfzehn Jahre lang bei mir geblieben ist.

Renée Marie wurde zur stillen und diskreten Zeugin zahlreicher Ereignisse meines Lebens. Sie wirkte eher wie die Haushälterin eines Pfarrers als die Gouvernante eines Stars. Endlich hatte ich jemanden, dem ich voll und ganz vertrauen und dem ich die Barke des Haushalts selbst dann überlassen konnte, wenn der Kapitän wechselte (und in den fünfzehn Jahren hat sie einige kennengelernt ...). Sie blieb immer treu auf ihrem Posten.

Bob war ein sehr verläßlicher Mann, der Ordnung in das Durcheinander meines Alltags brachte und für mich eine Sekretärin fand, die dieser Bezeichnung würdig war und ebenfalls mehr als fünfzehn Jahre lang das Leben mit mir teilte.

Bob besaß keinen festen Beruf, sondern dilettierte zwischen Brasilien und der übrigen Welt, spielte Poker und paffte Zigarillos von Davidoff. Allerdings respektierten ihn alle. Es war diese Gediegenheit, die er ausstrahlte, die mich vermutlich verzaubert hat, weil sie mir das Gefühl der Geborgenheit gab.

Auf meine Eltern wirkte er ganz anders: Was ist das bloß für ein Abenteurer? Ein Gigolo, ein Angeber, der zudem noch berufsmäßig Poker spielt! Eine Schande für die Familie!

Zum Glück hatte Mijanou einen jungen Mann aus sehr gutem Hause geheiratet, der kultiviert und wohlerzogen war; das hob das Ansehen des Zweiges »Louis« innerhalb der Familie Bardot ein wenig.

Jedenfalls waren meine Leistungen auf dem Gebiet des Films und der Liebe alles andere als hoch angesehen, und vor Papa und Maman war ich nicht gerade stolz auf mich.

Wie auch immer, am 11. Oktober 1963 hielt ich mich mit Bob, meinen Freundinnen Picolette und Lina Brasseur in ihrem leeren Restaurant in Saint-Tropez auf, als das Fernsehen zugleich den Tod von Edith Piaf und Jean Cocteau meldete. Diese Nachricht schockierte uns. Wir erstarrten, konnten es nicht fassen. Wie war es möglich, daß diese beiden ruhmreichen Namen, illustre Träger eines unvergleichlichen künstlerischen Erbes, an ein und demselben Tag gemeinsam den Weg in die Unsterblichkeit antraten? Damals wußte ich noch nicht, daß sie unersetzlich waren und unersetzbar bleiben würden, trotz der angestrengten Versuche all jener, die verzweifelt danach trachteten, die Lücke zu füllen.

Ich hatte das Privileg, ihnen begegnet zu sein, und erinnerte mich daran, während ich ihren Tod widerstrebend zur Kenntnis nahm, daß ich ein Glied einer Kette war, die ich verlängern wollte, indem ich von ihnen sprach, sie nicht vergaß. Ich wollte dafür sorgen, daß jene, die nach mir kamen, die innere Stimme der beiden vernahmen. Leider wurde meine Stimme von zuviel Unsinn und Lärm übertönt. Das Gute, das nicht lärmt, wird nicht vernommen. Aber ich trage die beiden in mir, und solange ich lebe, werden sie während meiner unsicheren Reise auf dieser Erde überdauern.

Ebenfalls im Oktober 1963 machte der Bürgermeister mit den verschmitzten Augen, Achille Peretti, im Rathaus von Neuilly unter unseren gerührten Blicken und bei ausgelassener Heiterkeit aus Anne de Miollis Madame Ghislain Hector Nestor Jean Baptiste Auguste Dussart. Die Vornamen seiner Vorfahren kann man sich halt nicht aussuchen.

Hochzeiten, ob die eigenen oder die der anderen, habe ich immer sehr gemocht. Die schönsten Tage meines Lebens waren die meiner Hochzeit, auch wenn die Ehe später in eine Katastrophe mündete. Jedes Mal, wenn ich frisch verliebt war, hätte ich am liebsten sofort geheiratet, einfach weil heiraten bedeutet, sich jemandem vollständig zu schenken, auch wenn es schließlich nicht ewig währt. Besser, man schenkt sich eine gewisse Zeit ganz, als daß man sich immer nur verleiht.

Bob hatte sich schnell in meine Welt eingefunden. Samstag abends nach dem Drehen holte er mich im Studio ab, und wir fuhren mit Jicky, Anne und anderen Freunden nach Bazoches. Das Haus war etwas umgebaut worden, ich hatte mir im Apfelspeicher, der einem umgekehrten Schiffsrumpf glich, ein Schlafzimmer einrichten lassen. Eine kleine Wendeltreppe zu finden, die den Zugang ermöglichte, stellte sich als schwierig heraus. Schließlich schenkte mir der Bühnenausstatter des Films »Les Dimanches de Ville d'Avray« die schöne Holztreppe der Mühle. Und dann gab es inzwischen auch Zentralheizung im Haus! Aber es befand sich immer noch ein wenig im Zustand des Umbaus. Trotzdem amüsierten wir uns gut, sämtliche Tische im Haus wurden fürs Pokerspielen in Beschlag genommen. Der Filz und die Jetons

507

wurden nur für die Mahlzeiten weggeräumt, die ebenfalls alles andere als traurig ausfielen, wenn jeder seine Spezialität servierte. Die Garage war zu einem Pförtnerhäuschen geworden, und Suzanne nahm uns fortan die Fronarbeit im Haushalt, den Abwasch und die Einkäufe ab. Ihr Mann versuchte, dem Garten ein weniger anarchisches Aussehen zu verleihen, aber mich haben die wild wachsenden Pflanzen eigentlich nie gestört.

Anne, die seit geraumer Zeit schwanger war, freute sich, daß sie nicht mehr im Wohnraum kampieren mußte. Aus meinem ehemaligen Schlafzimmer im Erdgeschoß, ganz mit rosafarbenen Tapeten von »Jouy« ausgeschlagen, war das Gästezimmer geworden. Bob und ich hatten vor, zwischen Küche und Eßzimmer die Trennwand zu entfernen, damit ein großzügigerer Raum entstand. Das bedeutete, daß gleichzeitig aus dem Wohnzimmer eine Küche werden müßte. Kurzum, herrliche Projekte, aber welch ein Durcheinander stand uns bevor!

Ich habe immer eine heilige Scheu vor Arbeiten gehabt, die ein wohnliches, gemütliches Haus voll kleiner Dinge, an denen man hängt, in eine wüste, schmutzige Baustelle verwandeln, wo die Pflanzen mit Mörtel verklebt, die Wände beschädigt und häßliche Betonsteine wie für einen Atomschutzkeller aufgestapelt werden.

Als wir uns an jenem Wochenende vom 22. November 1963 in Bazoches den Kopf zerbrachen, während der Fernseher lief, erfuhren wir, daß John F. Kennedy von einem Attentäter getötet worden war. Es fiel uns schwer, das zu glauben, es zu akzeptieren. Es war ein Alptraum. Der Tod, live übertragen, von Dutzenden Kameras für immer auf Tausenden von Fotos festgehalten.

Seit ich das Appartement in der Avenue Paul-Doumer gekauft hatte, sah ich gerne hinab auf das kleine herrschaftliche Haus genau unter dem Fenster meines Zimmers. Es besaß einen kleinen Garten, Bäume, Vögel; es war romantisch, still, beruhigend und raubte mir nicht den herrlichen Blick auf die Dächer von Paris. Ich hatte kein Gegenüber, und die Sonne flutete ins Zimmer bis an mein Bett. Deshalb war es eine Katastrophe, als ich eines Tages unter meinen Briefen das Schreiben eines Immobilienmaklers vorfand, der mitteilte, daß dieses kleine Haus abgerissen werden und einem Luxusgebäude weichen solle. Den letzten Stock inklusive Terrasse bot er mir sogleich zum Kauf. Ein gutes Geschäft, so stellte er es dar. Ich war ganz außer mir vor Zorn.

Welch eine Frechheit, welch eine Schande, ein solch hübsches Haus abzureißen, nur um tonnenweise Beton aufeinanderzuschichten und Kaninchenställe in Luxusausführung zu errichten, die mir die Aussicht verbauen und die Sonne rauben würden. Und dann auch noch zu wagen, mir diesen Dreck anzudrehen! Innerlich kochte ich vor Wut. Und zwar mit Recht, denn die Baustelle würde mir mit ihrem Lärm, Staub und Anblick das Leben in meinem hübschen, kleinen Appartement unerträglich machen. Ich würde die Fensterläden und die Fenster hermetisch geschlossen halten, mir Ohropax in die Ohren und eine Wäscheklammer auf die Nase stecken müssen.

Bob nahm das zum Anlaß, schnell eine Reise nach Rio vorzubereiten. Nie im Leben hatte ich jenseits des Atlantiks gearbeitet. Ich war also tatsächlich gezwungen, meine Wurzeln, meine Gewohnheiten, alles, was mir das Gefühl der Geborgenheit verschaffte, aufzugeben. Adieu, Arbeit, Trubel, Moussia, Guapa, Maman, Avenue Paul-Doumer, Alltag, Nicolas!

Wie ein Christoph Kolumbus des 20. Jahrhunderts ging ich an einem Abend im Januar 1964 mit Reiseziel Rio de Janeiro an Bord einer »Caravelle«.

Da ich nie gerne von dem Mann abhängig war, mit dem ich zusammenlebte, und da ich mich im Fall einer Panik nur schlecht ertragen konnte, nahm ich Jérôme und Christine Brière mit, er Direktor von Unifrance-Film, und sie Pressebeauftragte bei all meinen Filmen. Man kann ja nie wissen! Die Reise war lang, und da ich wußte, daß ein Empfangskomitee sämtlicher Fotografen Brasiliens mich am nächsten

Tag bei der Ankunft erwartete, ich also hübsch zurechtgemacht und fotogen sein mußte, hatte ich mir eine braune
Kurzhaarperücke besorgt, die im Gegensatz zu meiner langen Mähne auf einem vierzehnstündigen Flug nicht durcheinander zu geraten drohte.

Niemand kann dieses ewige Zurschaustellen nachempf-
finden, das einen so erschöpft, weil es widernatürlich ist.

Kurzum, als ich in Rio verzweifelt und müde aus dem
Flugzeug stieg, geriet ich von der klimatisierten Luft in eine
Dunstglocke aus flüssigem Blei, wobei meine Perücke mir
zusätzlich wie eine Pelzmütze einheizte. Ich glaubte, vor lauter Hitze in Ohnmacht zu fallen, als das Blitzlichtgewitter
über mir zusammenschlug, die Fragen sich überstürzten
und die Menschen mich anblickten, ohne mich wirklich
wiederzuerkennen mit dem braunen Haar.

Von einer heulenden Meute motorisierter Fotografen
verfolgt, rettete ich mich benommen in die Diele des Appartements, das Bob in der Avenida Copacabana bewohnte.
Dort stieß ich auf die Clique seiner Freunde und deren bra-
silianische Freundinnen, die Wohnraum und Miete mit ihm
teilten. Die ganze Bande sprach nur portugiesisch. Ich war
verloren, traurig und müde. Ich hielt mich an Jérôme und
Christine, denn ich wußte weder aus noch ein. Ich wollte
wieder weg, nichts wie weg.

Das Schlafzimmer ging auf einen düsteren Hof. Wir alle
teilten uns das Bad. Die Möbel waren schmutzig, der Teppichboden ekelhaft, die Wandfarbe blätterte ab. Dafür bot
der Wohnraum eine herrliche Aussicht auf die Bucht und
auf den Corcovado, was mir so wurscht war wie nur was.
Beinahe eine Woche saß ich an diesem langweiligen Ort fest
wie eine Gefangene. Unten auf der Straße belagerte das
täglich wachsende Heer der Journalisten, Fotografen und
Neugierigen das Haus. Es war unmöglich auszugehen, ohne
erdrückt zu werden.

Jérôme und Christine, die im »Copacabana Palace«
wohnten, waren meine einzigen Besucher. Sie kapitulierten
schließlich, nachdem sie angerempelt und sogar als Geiseln
genommen worden waren.

510

Ich war am Rande der Verzweiflung, am Ende mit den Nerven. Gefangen in dieser Hütte, verbrachte ich meine Tage mit Weinen und meine Nächte damit, Bob anzumaulen und ihn zu bitten, mich nach Frankreich zurückzubringen.

Es war einfach zuviel, ich konnte nicht mehr. Ich haßte diese verdammten Reisen, diese verdammten Journalisten und dieses verdammte Appartement. Ich mußte mir eine Strategie einfallen lassen, um meine Freiheit zurückzuerobern.

Jérôme und Christine, die nicht vergaßen, daß sie Pressebeauftragte waren, organisierten eine große Pressekonferenz in ihrem Hotel. Ich war aufgebracht, völlig außer mir. Wie denn, man wollte mich auch noch all diesen Geiern zum Fraß hinwerfen, obwohl ich mich eigentlich nur hatte erholen, ein mir unbekanntes Land bereisen wollen?

Den Preis für meine Freiheit mußte ich teuer bezahlen. Ich spürte stärker als je zuvor, daß die Last des Ruhms mich erdrückte. Mir reichte es wirklich, aber ich konnte dem allen nicht entkommen.

Aufgedonnert und frisch geschminkt, mußte ich mich trotz meiner Verzweiflung erneut den Grimassen, dem Lächeln und dem dämlichen und überflüssigen Frage–Antwort–Spiel stellen. Mich in den Hüften wiegen, sexy aussehen und so fort – getreu meinem Etikett: blond und unvorstellbar frech.

Während ich in den Schlagzeilen der Zeitungen, des Fernsehens und des ganzen Zirkus auftauchte, reisten Bob und ich ohne Pauken und Trompeten nach Buzios ab. Wir luden einen kleinen VW-Käfer mit Reis, Lampenöl, Insektenvernichtungsmittel, Faroffa (Maismehl), Büchern, Zeitungen, meiner Gitarre, Konservendosen aller Art und Flaschen mit Mineralwasser voll.

In Buzios gab es nämlich nichts. Weder Strom noch Telefon, noch Kühlschrank, noch fließendes Wasser. Nur Meer, Himmel, ein süßes Hüttchen, goldgelbe Sandstrände, soweit das Auge reichte, und ein paar farbenfrohe Boote, mit denen die Einheimischen zum Fischen hinausfuhren.

Und dort habe ich endlich das echte Brasilien entdeckt – und echten Frieden. Niemand kannte mich, niemand konnte mich wiedererkennen. Übergangslos war ich aus der Hölle der menschlichen Zivilisation in das noch erhalten gebliebene Paradies geraten. Ich füge dieses »noch« ein, denn nach meinem Aufenthalt verwandelte sich dieser Ort in ein brasilianisches Saint-Tropez. Man könnte annehmen, ich würde eine Form systematischer Zerstörung verbreiten. Doch ich will nicht vorgreifen und die unvergeßliche Erinnerung an ein kleines Paradies bewahren, in dem ich barfuß herumlief mit einer Katze im Gefolge, die ich Moumoune taufte, verzaubert von Kolibris, Flammentulpen, Bougainvilleen, der transparenten Farbe eines schäumenden und prickelnden Meeres, das wie himmelfarbener Champagner aussah, an dem ich mich berauschte.

Abends unter dem Moskitonetz, das über dem Bett herabhing wie ein Brautschleier und mich vor den fürchterlichen Insekten schützte, las ich Simone de Beauvoirs »Das zweite Geschlecht«. Das klingt paradox, aber so war's.

Man kann sich die Orte zum Bücherlesen nicht immer aussuchen. Es kommt darauf an, Bücher zu lesen, zu verstehen oder abzulehnen, vor allem aber sie zu kennen. Sie helfen uns, unserem Leben und Denken eine Richtung zu geben.

Vielleicht habe ich in dieser ursprünglichen, natürlichen und wahren Welt die schönsten Stunden, ja die schönsten Tage meines Lebens verbracht. Ich muß lächeln, wenn ich bedenke, daß alle Welt glaubt, sie müsse einen roten Teppich für mich ausrollen, mir die meinem Ruhm entsprechenden Ehren erweisen, all diese lächerlichen Affektiertheiten, die mir zuwider sind, weil ich die Einfachheit liebe und nur nach der Wahrheit strebe.

Alles hat ein Ende. Leider mußten wir in die moderne Zivilisation zurück, den Traum gegen die Wirklichkeit eintauschen, zu den Flughäfen, in die Gesellschaft, nach Paris und den beruflichen Verpflichtungen zurückkehren.

Mama Olga erwartete mich voller Ungeduld. Sie hatte

lange nichts mehr von mir gehört und mich nicht erreichen können; die Lage war dramatisch. Man bot mir goldene Schlösser für zwei Drehtage – einen kurzen Auftritt in einem amerikanischen Film, dessen Stars James Stewart und ein zehnjähriger Junge sein sollten. Es war die Geschichte dieses Jungen, der nach mir verrückt war, ständig an die »geliebte Brigitte« schrieb und seinen Vater schließlich so inständig anflehte, daß er mich in meinem Landhaus besuchen durfte. Der Film sollte »Dear Brigitte« [»Geliebte Brigitte«] heißen; wir mußten schnell antworten, damit ein amerikanisches Team in Paris mit mir drehen konnte.

Ich nahm das Angebot an.

Vom Leben in der Wildnis wurde ich in die amerikanische Geziertheit geschleudert. Die Amerikaner haben ein eigentümliches Bild von mir. Mein Haus, im Studio nachgebaut, fiel dermaßen luxuriös aus, daß es mit mir ebensowenig zu tun hatte wie die weißen und gepuderten Zwergpudel mit meiner Tierwelt. James Stewart war ein bewundernswerter Roboter, eine fehlerfreie Maschine, die bei jeder Einstellung dieselben Gesten und dieselben Worte wiederholte und jede Persönlichkeit, jede Leidenschaft vermissen ließ. Er kam mir fade vor und ohne Grazie. Mäßig, äußerst mäßig. Wie ärgerlich! Schlimmer als Balladur.

Noch ganz gesättigt von der Sonne, vom süßen Nichtstun, noch eingelullt vom schleifenden und sinnlichen Akzent der Sprache Brasiliens, nahm ich Chansons für eine Schallplatte auf. Eines der schönsten hieß »Maria Ninguen«, ein brasilianisches Erfolgslied, ein langsamer Bossa Nova, den zu singen mir ziemlich schwerfiel, da ich überhaupt kein Portugiesisch spreche. Bob hatte mir die Wörter in Lautschrift aufgemalt. Von dem, was ich sang, verstand ich kein einziges Wort, aber ich sang es voller Überzeugung. Wenn ich mir diese Platte heute gelegentlich wieder anhöre, so finde ich, daß ich mich gut aus der Affäre gezogen habe. Ich habe in Französisch, Englisch, Spanisch und Portugiesisch gesungen, bin also eine viersprachige Sängerin. Das soll mir erst einmal jemand nachmachen!

Im Juni 1964 richtete Josephine Baker einen dramatischen Appell an die Öffentlichkeit, um »Les Milandes« zu retten, den Sitz ihres Kinderhilfswerks im Périgord, wo sie Kinder aller Rassen aufgenommen hatte. Die tiefe Verzweiflung dieser außergewöhnlichen Frau erschütterte mich, denn sie hatte in unvergeßlicher Weise eine traumhafte Epoche geprägt. Sie war ein Symbol der Schönheit, der Herzensgüte, der Lebensfreude, der exotischen Schmalzlieder, aber ebenso leidenschaftlich bestrebt, zu teilen und in biblischer Brüderlichkeit alle Rassen, alle Schwachen, alle Reinen dieser Welt zu adoptieren, einander näherzubringen und zu retten. Und daß ihr Lebenswerk der »Regenbogenkinder« nun bedroht war, das war zu ungerecht. Ich kam ihr sofort zu Hilfe und schickte ihr einen dicken Scheck.

Unterdessen brütete Louis Malle über einem revolutionären Projekt. Den großen und mit Produktionsmitteln üppig ausgerüsteten Ausstattungsfilm »Viva Maria« wollte er zusammen mit Jeanne Moreau und mir in Mexiko drehen.

Mama Olga bedeutete mir, dies sei die Chance meines Lebens, jetzt könne ich endlich der ganzen Welt beweisen, daß ich mehr als nur hübsch aussähe und anders sein könne als das stereotype Bild, das in den Zeitungsredaktionen herumgeisterte. Ich müsse die Herausforderung annehmen, mich mit der Vorstellung anfreunden, daß Jeanne Moreau meine Partnerin sei, und in der Publikumsgunst zu ihr aufholen.

Die Entscheidung fiel mir schwer. Ich hatte noch nie Sinn für Konkurrenzkämpfe, denn ich mochte nicht verlieren. Wenn schon, dann durfte ich mir keine Blöße geben, und ich riskierte einiges. Meine Nonchalance, eine gewisse Faulheit, eine Form der Leichtigkeit, die bei mir manchmal die Oberhand gewinnt, stritten mit dem Verlangen, zu gewinnen und zu beweisen, wie vielseitig ich wirklich war, in der verrückten Hoffnung, mich nicht vom großen Talent und der Persönlichkeit Jeanne Moreaus beherrschen zu lassen. Und noch dazu sollte in Mexiko gedreht werden! Mein

Gott, das bedeutete schon wieder eine Trennung, unbekannte Orte, eine neue Prüfung.

Schließlich sagte ich zu, zur großen Erleichterung aller, die an meinen Lippen hingen und auf eine Antwort warteten.

Ich suchte das Weite, Richtung »La Madrague«; mit Moussia, Nicolas und Guapa unter dem Arm, und mit Bob, versteht sich. Ich vergaß alles, die Schallplatte, die im Herbst herauskommen, und die Dreharbeiten, die Anfang des kommenden Jahres beginnen sollten. All das lag so weit weg, so weit, daß ich meine Verpflichtungen vergaß und wie gewöhnlich von einem Tag in den anderen lebte.

In jenem Jahr ergaben sich, wie bereits in den Jahren zuvor, Probleme mit meinen Pförtnern. Diese Leute, die dafür bezahlt werden, daß sie das ganze Jahr über nichts tun, und in komfortablen und luxuriösen Verhältnissen leben, suchen das Weite, sobald die Herrschaft anreist, weil das ihr faules Leben durcheinanderbringt. Das ist etwas, was mich zum Heulen brachte und mir das Leben versauerte.

Am 28. September 1964 wurde ich dreißig Jahre alt. Das war ein Ereignis! Ich wollte meinen Ohren nicht trauen, man verbannte mich in die Sippe der reifen Frauen wie zu Balzacs Zeiten. Für mich hatte sich nichts geändert. Im Spiegel hielt ich Ausschau nach irreparablen Spuren, die das Alter hätte hinterlassen müssen. Ich konnte nichts Schreckliches ausmachen.

Die Illustrierte »Paris Match« schickte mir einen ihrer berühmtesten Reporter und ihren besten Fotografen. Ich wurde ausgequetscht, unter die Lupe genommen, in allen Posen fotografiert. Die Weltpresse bemächtigte sich des Ereignisses: »B. B. wird dreißig!« Es hörte sich an wie ein kleiner Skandal, wie Majestätsbeleidigung. Das »sex kitten«, das Sexsymbol, das die Männer vernaschte, die furchtbare Kratzbürste alterte ...

Während für diese Nachricht in der internationalen Presse viel Druckerschwärze floß, trank ich im Kreise meiner Nächsten friedlich Champagner in einem hübschen Restaurant, das meine Freundin Picolette in Gassin führte und in dem ich mich sehr wohl fühlte. Als Geschenk, als einziges und schönstes, erhielt ich einen kleinen Esel namens Cornichon. Da ich nach erheblichen Schwierigkeiten endlich recht annehmbare Pförtnersleute gefunden hatte, packten wir die Ferien in »Koffer aus Karton«, und Bob führte mich »in den Herbst, zurück in die Stadt im Regen, meinen Kummer teilte ich mit keinem, er blieb mein Freund«, wie es in meinem tollen Chanson »La Madrague« heißt, was meinen Gemütszustand treffend illustrierte.

Wieder zurück in meinem Pariser Appartement, wandelte ich unentschlossen herum; ich fühlte mich nicht wohl in meiner Haut. Nicolas und Moussia waren bei Jacques geblieben. Ich mußte für mehrere Monate weg, und da war das Kind bei seinem Vater besser aufgehoben als in einer leeren Wohnung. Das war mir klar, und dennoch verspürte ich ein merkwürdiges Gefühl angesichts dieses leeren Appartements auf der anderen Seite des Treppenabsatzes. Ich fühlte mich »kring-krong«.

Bob verschwand nächtelang zum quasi berufsmäßigen Pokerspiel und kam frühmorgens heim, je nach Glück entweder die Taschen voller Geld oder total abgebrannt. Da ich nicht allein einschlafen konnte, schmiegte ich mich im Bett an meine kleine Hündin Guapa.

Außerdem mußte ich ermüdende Kostümproben für »Viva Maria« über mich ergehen lassen. Daneben lernte ich die Melodien und Texte der Chansons, die ich zusammen mit Jeanne singen sollte.

Dann traf ich »sie«, und zwar in der Rue du Cirque (Nomen est omen), wo sie mit ihrer Agentin Micheline Rozan wohnte, einer charmanten Frau und großen Rivalin von Mama Olga, die auch dabei war. Wir tauschten höflich Allgemeinplätze aus und versicherten uns unserer gegenseitigen, allerdings flüchtigen Freundschaft – eine klassische oberflächliche Begegnung zweier heiliger Monster, die miteinander rivalisierten, jedoch äußerst wohlerzogen waren.

Ich fand Jeanne einfach, aber auch hochkultiviert; warmherzig, aber auch hart; verführerisch, aber auch furchterregend – ganz so, wie ich sie mir vorgestellt hatte mit ihrer ungewöhnlichen Verführungskunst, die ihren stahlharten Charakter nur unzureichend kaschierte. Ich hielt sie nicht für schön, sonder – weit schlimmer – für gefährlich.

Wir probten unser Lied, indem wir uns wie junge Mädchen um die Taille hielten. Meine Stimme versagte, die ihre blühte auf. Sie lächelte mich freundlich an.

Ich verstand, warum die Männer verrückt nach ihr waren.

In meiner Post, die meinen Schreibtisch stets überflutete, fand ich eines Tages den verzweifelten Brief eines kleinen Mädchens, das ein Lämmchen mit der Flasche großgezogen hatte. Aus dem Lämmchen war ein großes Schaf geworden, das Nénette hieß, obwohl es sich um einen Bock handelte, und bald geschlachtet werden sollte. Ich rief dieses entzückende Mädchen an, sie solle mir Nénette sofort nach Bazoches schicken.

Gesagt, getan. Nénette landete eines Morgens im Herbst in ihrer neuen Unterkunft, einem kleinen Schafstall mit einem Strohdach inmitten herrlicher und grüner Kräuterwiesen. Ich habe dieses entzückende Schaf, das zahmer war als der treueste Hund, von ganzem Herzen geliebt. Durch dieses Schaf habe ich begriffen, was die Sanftmut und Treue der Tiere bedeutet.

Da der arme Nénette sich allein langweilte, ließ ich aus Saint-Tropez den kleinen Esel kommen, den ich zu meinem dreißigsten Geburtstag erhalten hatte. Von da an waren Nénette und Cornichon unzertrennlich.

Da ich für eine längere Zeit außer Landes ging, schlug Bob vor, Weihnachten in Brasilien zu verbringen, bevor wir nach Mexiko weiterreisten. Ich überlegte hin und her. Warum eigentlich nicht? Doch diesmal fuhr ich nicht in Urlaub. Das Modehaus »Real«, das mich von Kopf bis Fuß einkleidete, hatte mir eine fürstliche Garderobe geschenkt. Ich war Lady Bri höchstpersönlich. Für jeden Geschmack, für jede Gelegenheit war etwas dabei. Ich besaß eine beeindruckende Menge Koffer mit einer beeindruckenden Menge Kleidern. Im übrigen war ich selbst von all diesen sperrigen Klamotten beeindruckt, die allerdings für meine bevorstehenden Verpflichtungen unverzichtbar waren.

Guapa machte eine traurige Miene, sie spürte, daß ich verreisen würde, und legte sich trauernd auf die neuen Kleider in meinem Koffer, woraus ich sie vertrieb, indem ich sie brüllte, sie sei schlecht erzogen. Ich selbst war nicht viel besser erzogen, denn ich beschimpfte jedermann, ich war auf hundertachtzig; dieser ganze Trubel strapazierte meine Nerven, ich wollte viel lieber zu Hause bei meiner Guapa bleiben.

Mit jeder Reise war ich gezwungen, mich von meinen Wurzeln zu trennen, und daran bin ich teilweise zerbrochen. Es wurde beschlossen, daß während meiner Abwesenheit in Bazoches die erheblichen, aber unerläßlichen Umbauarbeiten zu einem wohnlichen und komfortablen Haus vorgenommen werden sollten. Am letzten Wochenende räumten wir auf und um, leerten alle Zimmer und verwandelten meine kleine, warme und friedliche Strohhütte in ein verlassenes und ödes Haus. Ich litt mit meinem Heim. Zudem ging damals, in den ersten Dezembertagen, ein feiner, kalter Nieselregen nieder, der dieser Szenerie ein unheilvolles Aussehen verlieh. Nachdem ich mich von Cornichon und Nénette verabschiedet hatte, die sich in ihrem warmen Stall von meiner Melancholie unberührt zeigten, schlich ich mich davon.

Danach hieß es, sich von all meinen Liebsten zu verabschieden: von Papa, Maman, Mamie, Dada und Guapa, die ich Madame Renée anvertraute. Was sein mußte, das mußte sein. In Begleitung meiner zehn Koffer, umgeben von Bob und Jicky, der als persönlicher Fotograf des Stars verpflichtet worden war, flog ich nach Rio ab.

Dieses Mal hatte ich keine Perücke aufgesetzt, ich akzeptierte meine Rolle, ich reiste an die Front.

Der kleine Abstecher nach Brasilien gefiel mir. Ich traf die fröhlichen Gefährten Bobs wieder und das nach wie vor schmutzige, doch inzwischen vertraute Appartement; die liebe, dicke schwarzhäutige Penia, die philosophische Mutter dieser ganzen verrückten Bande. Jorge Ben, der unumstrittene König des Bossa Nova, spielte mir zu meinem Vergnügen etwas auf der Gitarre vor. Wir tranken »Cachasse«. Ich klapperte die Antiquitätenläden auf der Suche nach Souvenirs ab, kaufte kleine, bunte Holzstatuetten der Muttergottes und brach unter dem Gewicht der Geschenke, Hüte, Körbe und bunten Hängematten fast zusammen. Ich stieß auf Straßen, die für den Autoverkehr gesperrt waren, weil die Sambaschulen für den Karneval probten.

Der bekannte Schlager »Brigitte Bardot, Bardot, Brigitte bejo, bejo ...« war an allen Straßenecken zu hören, Männer und Frauen, die mich erkannten, warfen mir Kußhände zu und riefen: »Oh Brizzi, Brizzi, me gusta tu voze«, was soviel bedeutet wie »wir lieben dich«.

Am liebsten hätte ich mit ihnen getanzt, mich unter diese bunte, fröhliche Menge gemischt und mich ihrer explodierenden Lebensfreude überlassen. Die Brasilianer waren wunderbar.

Manchmal, wenn ich nachdenke, was durchaus gelegentlich geschieht, schwant mir, daß ich das wahre Glück und ein grundlegendes Gleichgewicht gefunden hätte, wenn ich in einem Wohnwagen hätte leben können, der *mein* Haus gewesen wäre; als Zigeunerin, wild und frei, die barfuß geht und Gitarre spielt, mit meinen heulenden, bellenden, glücklichen Hunden, und an der Seite eines Mannes, der singt, tanzt und mich liebt; Freude auf dem Weg verbreitend, auf dem gerastet wird, wenn uns danach zumute ist, getragen vom Rhythmus der Jahreszeiten, der Pferde, der Liebe; bereit, sich die Zeit zum Lachen, Träumen und Lieben zu nehmen. Eine Zeit des Glücks!

An einem denkwürdigen Abend wurde ich zu einer Macumba-Versammlung eingeladen. Brasilianer sind äußerst abergläubisch. Traditionell flehen sie die verschiedenen heidnischen Götter, die sich in ihrer kindlichen Vorstellung mit unserem christlichen Gott und den Heiligen im Paradies vermischen, um Gnade an. So kam es, daß wir hin und wieder vom fünften Stock auf den Strand von Copacabana hinunterblicken konnten, der nachts mit kleinen Kerzenlichtern übersät war. Ihr winziges und zugleich riesiges Flackern vermählte sich mit dem Funkeln der Sterne und verschmolz zu einer Ewigkeit aus Gebet, Hoffnung, Wünschen oder Leiden.

Eine Macumba-Zeremonie ist eine äußerst geheime Geisterbeschwörung. Diese Rituale an der Grenze zum Diabolischen jagen mir Angst ein. Ich habe lieber mit Gott als mit dem Teufel zu tun. Andererseits bin ich stets gespalten und war auch neugierig.

Mehrere Freunde nahmen mich mit, nur mich allein, da Bob keinen Zutritt hatte, weil er zu »bodenständig« sei. Ich fühlte mich sehr unwohl in meiner Haut. In völliger Stille erreichten wir über eine wackelige Treppe einen dunklen Flur, der zu einer winzigen Tür führte. Nach dem vereinbarten Klopfzeichen hieß uns ein Schatten eintreten, hielt mich aber sofort an. Erst mußte ich eine Zeremonie des Händeauflegens mit unverständlichen Formeln, Segnung der Kerzen und das Bespritzen mit Weihwasser, das vielleicht keines war und mich mitten ins Gesicht traf, über mich ergehen lassen.

Jeder von uns durchlief dieselbe Prozedur. Schließlich geriet ich in einen kleinen Raum voller Menschen, die Gebete murmelten. In der Mitte auf dem Boden lag eine Frau, in die ein Dämon gefahren war. Sie wand sich, kreischte, wirkte anstößig und wie geopfert ... Ein vollständiger Ritus an der Grenze des Erträglichen lief vor meinen Augen ab. Einige hielten Kruzifixe hoch, andere furchteinflößende, seltsame Statuetten, die Abbilder des verantwortlichen Gottes darstellen sollten. Ich wurde den Eindruck nicht los, einem Opfer beizuwohnen, ich kam um vor Hitze, ich erstickte. Ich wollte fort, nichts als fort aus dieser schrecklich ungesunden Atmosphäre. Ich fühlte mich wirklich elend; meine Freunde verstanden mich, und trotz des Skandals, den mein Weggang provozierte, verließ ich diese Stätte.

Draußen auf dem Gehweg mußte ich mich hinlegen, konnte endlich durchatmen, meine Lungen und meine

Seele reinigen. Ein Klingeln ertönte in meinen Ohren, merkwürdige Insekten flogen dicht an meinen Augen vorüber, und ich fiel in Ohnmacht.

Um diesen Alptraum auszulöschen, luden unser Freund Denis Albanese und seine Frau Dolores uns am folgenden Tag zu einer Bootsfahrt zu den verlorenen, wilden und unberührten Inseln von Angra dos Reis ein. Ihr Segelboot war klein, und zu acht teilten wir uns fröhlich die einzige Kabine an Bord. Dann zog ich es vor, auf der Brücke zu schlafen. Bei der geringsten Bootsbewegung hörte ich, in meine Decke eingewickelt, die Ankerkette knirschen; ich blickte auf den Mast, der wie ein Zeigefinger auf die Sterne deutete, die sich von jenen aus meiner Kindheit so sehr unterschieden, da hier das Kreuz des Südens den Polarstern ersetzte. Hin und wieder erfüllte der Schrei fremder Tiere die nächtliche Stille, doch ich schlief glücklich ein. Nur mit den plötzlichen Attacken der Mücken hatte ich nicht gerechnet.

Rette sich, wer kann! Schiff klar zum Gefecht! Halbnackt rannte ich schreiend in die Kombüse und weckte die übrige Mannschaft. Ich war eine einzige Wunde, mein angeschwollener Kopf brachte sie zum Lachen, und ich war wütend.

Wir erlebten eine unvergeßliche Zeit, die wir wie Robinson Crusoe zwischen unberührtem Land, klarem Himmel und lauem Meer verbrachten. Am Ende war ich durch Sonnenbrand, Insektenstiche und Meersalz, das Haut und Haare angegriffen hatte, kaum noch wiederzuerkennen und glich eher einem Irokesen als einem Star. Was würden meine Maskenbildnerin und der Kameramann dazu wohl sagen? Schließlich sagte Bob, es sei an der Zeit, nach Buzios zurückzukehren, damit mir wenigstens ein paar Tage Zeit bleibe, um mein ursprüngliches Aussehen wieder anzunehmen, bevor ich die anstrengenden Dreharbeiten anging, die mich erwarteten.

Die Weihnachtstage verbrachten wir in Buzios bei Ramon Avellaneda, dem argentinischen Konsul in Brasilien, und seiner Frau Marcella. Das Haus, noch kleiner als jenes, das Bob und ich beim letzten Mal gemietet hatten, war noch im Besitz der einheimischen Fischer. Es gab kein Bad, wir lebten dort wie die Wilden in Gesellschaft von Hühnern, schwarzen Ferkeln, Ziegen und Schafen.

Ramon, ein schöner, sanfter und aufregend verführerischer Mann, lehrte mich mit einer wahren Engelsgeduld stundenlang den Bossa-Nova-Rhythmus auf der Gitarre. Seine Augen und seine Stimme waren samtig.

Nachdem wir am Weihnachtsabend eine Palme mit Kugeln, Girlanden und eingepackten Weihnachtsmännern geschmückt und uns Kleinigkeiten als Geschenke in die Schuhe gestopft hatten, gingen wir statt zur Weihnachtsmette alle zum Baden.

Ich erinnere mich mit Befremden an dieses einzigartige Weihnachtsfest, das nicht so war »wie alle anderen«, vor allem wegen der Hitze und der Stimmung, die allem, was man symbolisch mit Weihnachten verbindet, diametral entgegengesetzt waren. Einige Tage später war aus 1964 das Jahr 1965 geworden, ohne daß es mir bewußt geworden war.

In Rio fand ich Jicky wieder, meine Koffer, meine Papiere, meinen Status, die Fotografen und mein Schicksal.

Ich flog weiter nach Mexiko in Begleitung des ganzen Tamtams, das meinem Rang entsprach. Der Flug war lang und ermüdend. Es gab schrecklich viele Zwischenstopps, jede Landung und jeder Start machten mich krank.

Als wir in Perus Hauptstadt Lima gelandet waren, bat ich die Stewardeß inständig, im Flugzeug bleiben zu dürfen und nicht den übrigen Passagieren folgen zu müssen. Es war wahnsinnig schwül, und eine Menschenmenge erwartete mich unten an der Rolltreppe, darunter ein untersetzter Mann mit Schlitzaugen von rein indianischer Abstammung, dem es gelang, bis zu mir vorzudringen. Er brabbelte in einer mir unverständlichen Sprache und unterstrich sie mit großen Gesten. Ich begriff gar nichts. Schließlich erklärte jemand, er sei der Bürgermeister oder wenigstens ein sehr wichtiger einheimischer Abgeordneter, der mir ein Souvenir von Peru überreichen wolle; und ich brauchte nur zu sagen, was ich mir wünsche, er werde es dann sofort holen lassen.

Ich war gerührt. Selten kommt es vor, daß man mir ohne jegliche Gegenleistung etwas schenkt. Dieser Mann, der ganz von meiner Starlaune abhing, schien von unserer Begegnung tief beeindruckt.

Ich ließ den Landeanflug noch einmal Revue passieren, die fast staubartige Farbe der ausgetrockneten Erde, das weite unbebaute Land – ein sagenumwobenes Reich, das den Eindruck vermittelte, auf dem Mond zu sein, und dachte: »Das also ist Peru.« Ich bat den Mann um eine Handvoll Erde, peruanische Erde.

Er schaute mich verständnislos an, wandte sich ungläubig erst zu den einen, dann zu den anderen: »Tierra? Porqué?«

Er mußte mich für verrückt halten.

Ich sah, wie er die Gangway hinuntereilte und rief: »Ella quiere un poco de tierra, a dònde vamos a buscarla?«

Sie mußten diese Erde tatsächlich suchen, fernab von der Betonpiste des Flughafens und der Souvenirläden, wo nur Puppen, Halbedelsteine und einheimische Folkloreartikel zu finden waren. Schwitzend und atemlos, einem Schlaganfall nahe, kam er mit einer kleinen Tüte peruanischer Erde wieder.

Ich besitze dieses einmalige, verrückte Souvenir immer noch. Ich betrachte es manchmal und träume von dem unbekannten, fernen Land, aus dem ich an einem Tag im Januar 1965 ein bißchen Erde mitgenommen habe.

Der nächste Zwischenhalt war in der kolumbianischen Hauptstadt Bogotá. Der Flughafen liegt in eindrucksvoller Höhe von zweitausendsechshundert Metern. Die Luft war schneidend kalt und dünn. Leute aus einer anderen Welt; asiatisch aussehende Indios mit zerknitterter, zerfurchter Haut; Gestalten wie aus »Tim und Struppi« – in bunte Tücher gekleidet, mit steifen, schwarzen Hüten. Würdevolle, arme Menschen, die den Touristen stumm und rein mechanisch wertlose Souvenirs anboten, wie abgestumpft von der Furcht, man könne ablehnen.

Die Landung in Mexiko City war ein Wahnsinn, aber ich war darauf gefaßt. Es war dunkle Nacht, doch die Scheinwerfer, die Blitzlichter und alle übrigen Lichter beleuchteten mich taghell. Die Direktoren der Produktion, verschiedene Assistenten, selbst Louis Malle persönlich warteten unten an der Rolltreppe. Man hatte einen roten Teppich bis zum Flughafengebäude ausgerollt, zu dem ich unter höllisch ungewohnten musikalischen Mißklängen beidseitig von »Mariachis« eskortiert wurde. Es herrschte ein Gedränge wie beim Jüngsten Gericht.

Jicky schoß, oben auf der fahrbaren Treppe stehend, unvergeßliche Fotos von diesem Ereignis, weshalb er sich nicht – wie ein Teil der Journalisten und Fotografen – durch die Menge zwängen mußte. Auch wenn man auf das Schlimmste gefaßt ist, so gibt es Augenblicke im Leben, in denen niemand, auch beim besten Willen nicht, das Unmögliche geben kann. Ich aber mußte über mich selbst hinauswachsen und mich heftig zusammenreißen in diesem ständigen Trubel, der unbarmherzig an meinen labilen Nerven zerrte. Von diesen Erfahrungen, die manchmal nicht zu ertragen waren, rührt mein Erschrecken vor der Menschenmenge her und ebenso mein Bedürfnis, zurückgezogen zu leben.

Im Hotel »Luma«, der ersten Etappe dieses langen Abenteuers, erwarteten mich Dédette, ihr Sohn Jean-Pierre, mein Friseur und einige bekannte Personen, darunter Mama Olga, an die ich mich verzweifelt klammerte. Eine prachtvolle, unpersönliche Suite voller exotischer Früchte und stark duftender Blumen, die mit unzähligen Satinschleifen gebunden waren, konnte mein Gefühl von Fremdsein und die Verzweiflung nicht verscheuchen.

Was hatte ich bloß dort verloren? Was nur? Ich könnte nie und nimmer an diesem Ort leben, war verloren, entwurzelt, mit den Nerven am Ende. Ich weinte, wollte nach Hause, würde eine Konventionalstrafe bezahlen …

Und all die Koffer standen in den Zimmern herum wie Figuren auf einem Schachbrett, deren Dame ich war. Arme Dame! Schachmatt? Ja.

Panik bemächtigte sich meiner. Die Gesichter meiner Crew wurden länger. In meiner Nähe flüsterte man mit Verschwörermiene. Ich wollte sofort – auf der Stelle! – weg und flehte Dédette an. Bob versuchte mir gut zuzureden und schuf etwas Abstand zwischen den reizenden Leuten und mir.

Ich wollte allein sein, meine Ruhe haben. Bob gab mir ein gut gefülltes Glas »Banana Daiquiri« und bestellte ein kleines Abendessen. Ich nahm ein wohltuendes Bad und schlief bald ganz tief. Ich hatte nicht einmal mehr den Vorschlag gemacht, die Möbel umzustellen …

Die Dreharbeiten begannen erst einige Tage später. Zuerst mußten wir uns mit allen Schauspielern und Technikern bekanntmachen, Frisuren, Schminke und Kostüme in den Studios von Mexiko City ausprobieren, mit einem Wort, uns aneinander, an das Klima und die ungewohnte Höhe von zweitausendzweihundert[und]fünfzig Metern gewöhnen, die uns manchmal das Atmen erschwerte.

Außer einigen Franzosen wie Paulette Dubost, die während dieser ganzen Filmarbeit, die mich sehr mitnahm, durch ihre verläßliche, nette Art und ihre Unterstützung unvergessen bleiben, waren die meisten Mitwirkenden Mexikaner. Gregor von Rezzori, der deutsche Schauspieler, der in dem Film »Privatleben« meinen Schwiegervater gespielt hatte, war ebenfalls ein reizender und verläßlicher Mitstreiter.

In Mexiko City machten wir nur kurz Station. Unser eigentliches Hauptquartier schlugen wir in Cuernavaca auf, wo man für mich eine herrliche Hazienda gemietet hatte. Ich hatte von Mexiko noch nichts gesehen, außer auf den täglichen Pendelfahrten zwischen Hotel und Filmstudio. Glücklicherweise hatte ich meine Koffer nicht ausgepackt, packte sie übrigens auch nicht alle aus, und etwas später gingen sie mit einem Freund ungeöffnet nach Paris zurück. Von dieser überflüssigen Last befreit, lernte ich, mit wenig Gepäck auszukommen. Wenn ich später auf Reisen ging, ganz gleich wohin, nahm ich nur noch eine Reisetasche mit dem Allernötigsten mit.

Der unentbehrlichen Pressekonferenz konnten Jeanne und ich nicht entgehen, und so stellten wir uns wie immer lächelnd, zuckersüß und niedlich. Jeder schärfte die Krallen und zeigte Samtpfötchen.

Wie zwei Raubkatzen belauerten wir beide uns in dieser Phase gegenseitig. Louis Malle, unser Dompteur, versteckte die Peitsche hinter seinen Komplimenten, die er klug und diplomatisch geschickt verteilte. Kurz gesagt, alles lief zum besten in der besten aller Welten …

Ich entdeckte mit Entzücken das Land, eine verblüffende Welt. In Cuernavaca verliebte ich mich in die prächtige, einfache Hazienda, die ich bezog. Sie lag mitten in einem Dorf, umgeben von dicken, pflanzenüberwucherten Steinmauern, hoch oben wie ein Adlerhorst. Durch ein riesiges, schmiedeeisernes Tor gelangte man in eine urtümlich gepflasterte Gasse mit Bronzeringen zu beiden Seiten, an denen man die Pferde anband. Den von Blumen, Avocadobäumen, Flammentulpen, Hibisken, Bananenstauden und Orangenbäumen förmlich überwucherten Patio umgab ein altes Kolonialhaus mit beeindruckend starken Mauern. Mir fiel auf, daß die Fenster nur einfache Öffnungen waren, vor die man dicke Vorhänge zog. Keine Scheiben, keine Türen, alles frei und offen.

Es war herrlich, vom Schwimmbad aus die Vulkane Popocatepetl und La Mujer Adormentada zu betrachten, die sich aneinanderschmiegten.

Ich machte Bekanntschaft mit Mariquita und ihrer Tochter Maria, zwei wundervollen Indiofrauen, deren schwarze, eingeölte Zöpfe bis an die Taille reichten. Sie standen mir als Bedienung zur Verfügung und entpuppten sich als die einzig tatkräftigen, freundlichen, ehrlichen, opferbereiten und treuen Personen, die ich in meinem Leben je kennengelernt habe. Ihnen verdanke ich, daß mein Aufenthalt in puncto Versorgung ganz sorgenfrei blieb. Ob für mich allein, mit Bob zusammen oder für den Empfang von fünfzehn Personen, stets hatten die beiden alles hervorragend vorbereitet, und das bei gleichbleibend guter Laune. Das muß besonders betont werden.

Ich habe schon immer gern gelesen. Ohne Bücher kann ich nicht sein, sie sind meine zweite Haut, ein Mittel, um in den Traum, in die Illusion zu flüchten. Unter dem Überflüssigen in meinem Gepäck befand sich auch die Reihe der »Angélique«-Romane, in deren Verfilmung zu spielen ich mich geweigert hatte, ohne je hineingeschaut zu haben. Das hat mir später ganz schön leid getan und sollte mich lehren, was es heißt, vorschnell und in Unkenntnis der Fakten zu urteilen. Ein Charakterfehler, den ich mein Leben lang nicht losgeworden bin; diese Mischung aus Bequemlichkeit, Gleichgültigkeit und Nonchalance hat mir manch üblen Streich gespielt.

Während Jeanne Moreau ihren Text paukte, ihre Spielszenen probte und tagtäglich einen Stein auf den anderen setzte, um ihren Part noch besser und professioneller spielen zu können, stürzte ich mich blindlings in die fesselnden Abenteuer dieser außergewöhnlichen Angélique, die übrigens von Michèle Mercier ausgezeichnet dargestellt worden ist. Hut ab! Bravo!

Louis Malle, Jeanne Moreau und ich wohnten in märchenhaften Häusern, wurden mit Rat und Tat bestens unterstützt. Jeder von uns war auf seinen Vorteil bedacht und versuchte mit allerlei Tricks, sich den anderen gegenüber ins beste Licht zu rücken.

Bei Louis waren alle Männer bewaffnet. Sie schossen auf Zielscheiben, auf Flaschen oder in die Luft, je nachdem, was es auf mexikanische Art zu feiern gab. Der Drehbuchautor Jean-Claude Carrière war ebenfalls ein passionierter Schütze.

Bei Jeanne trank man Champagner und genoß weiße Trüffeln, die in feinziselierten Silberschalen serviert wurden. Sie hatte sie in ihrem Gepäck aus Paris mitgebracht, und ihre persönliche Kammerzofe bediente sie. Pierre Cardin schickte ihr regelmäßig die schönsten Kleider aus seiner neuesten Kollektion.

Bei mir lachte und tanzte man zur Musik der Mariachis bis spät in die Nacht. Ich war unter Freunden, spielte Gitarre, Karten, und der Pareo war mein einziges Kleidungsstück. Alain und Nathalie Delon haben unser Bohemienleben einige Tage lang geteilt.

An einem denkwürdigen Tag Ende Januar begannen die Dreharbeiten. Alle zunächst ein wenig unsicher, piano, piano, nur keine Aufregung. Die klimatisierten Wohnmobile, die uns als Garderoben dienten, dazu alle anderen Fahrzeuge, die Lastwagen mit Generatoren und Feldküche, belagerten den kleinen Dorfplatz.

Wie eine Armee und so zerstörerisch wie ein Heuschrek-kenschwarm fielen wir in das kleine, friedliche Dorf Cuautla ein und okkupierten es. Die einheimischen Peones, ohnehin von der Hitze schlapp, waren am Ende dieses anstrengenden Tages erschlagen von dem Gebrüll, widersprüchlichen Befehlen auf spanisch, französisch und englisch in allen Tonlagen, und von allen möglichen Leuten.

Das war der erste Schritt auf einem langen Marsch mit sehr vielen Fallstricken, der Beginn eines erbitterten Kampfes zwischen zwei schnurrenden Tigerinnen, zwei großen Stars, die den noch ausstehenden Kampf um die Führungsrolle, auf dessen Ausgang die ganze Welt gespannt wartete, anpeilten.

Die Vertreter der internationalen Presse, lästig wie gewöhnlich, aber unverzichtbar bei jeder Superproduktion, nahmen aus nächster Nähe eine verführerisch schmachtende Jeanne und eine schelmisch und sexy wirkende Brigitte unter Beschuß. Und das war nur der erste Tag. Hundertfünfzig weitere sollten folgen, beinahe ein halbes Jahr!

Jeden Morgen um sieben Uhr verließ ich mein Haus. Oft wählten wir unwegsame Pisten, die Wagen wirbelten solche Staubwolken auf, daß wir uns wie Zorro Tücher vor die Nase binden mußten. Dank dieser Dreharbeiten habe ich unzugängliche, vollkommen unberührte Orte kennengelernt, die noch kein Tourist je betreten hatte. Voller Staunen entdeckte ich das reine und harte Herz einer edlen und grausamen Kultur, die sich von den amerikanisierten und stereotypen Bildern des Acapulco der Werbeprospekte unterschied. Märchenhafte Landschaften, riesige Wüsten mit bedrohlichen Riesenkakteen, überwältigende Kontraste zwischen Trockenzonen, überwucherten Feuchtgebieten und ewigem Schnee. Und über allem thronte der ewig drohende Popocatépetl, der gelassen Rauchwölkchen ausstieß wie ein weiser und gestrenger Großvater.

Hinter dieser wuchernden Natur verbargen sich Armut, Hunger und Tod. Wie viele überfahrene Hunde, Kadaver von Pferden, Eseln und verhungerten Tieren habe ich an den Straßenrändern liegen sehen? Wie oft waren Geier, Raben, Raubvögel dabei, als einzige die Müllbeseitung zu übernehmen und in wenigen Tagen das stinkende, von Würmern und Fliegen übersäte Aas zu beseitigen?

Und dann all die stolzen, aber armen Bauern, all die Indiofrauen, die barfuß und in Lumpen, doch in königlicher Haltung schwerste Lasten auf dem Kopf trugen. Und die Scharen von Kindern voller Ungeziefer, die den einzigen Raum ihrer aus Lehmwänden und gestampftem Lehmboden bestehenden Hütte mit Ferkeln, Hühnern, Ziegen, Eseln und Hunden teilen mußten.

Auf den Fahrten zwischen den Drehorten und meinem Domizil nahm ich regelmäßig alle Reste an Brot, Reis, Gemüse und Fleisch mit und verteilte sie bei jeder der trostlosen Begegnungen. Ich konnte nie genug tun. Selbst sonntags – damals unser einziger Ruhetag, der uns wie der kürzeste Tag der Woche vorkam – suchte ich manchmal die einsamen, abgelegenen Winkel auf und blieb bei einem bis auf Haut und Knochen abgemagerten Hund stehen, der beim bloßen Anblick eines Menschen in tödlicher Angst mit eingezogenem Schwanz davonrannte. Entfernte ich mich, nachdem ich die Essenreste auf den Boden gelegt hatte, näherte sich das mißtrauische, aber neugierige Tier wieder und schlang im Eiltempo die kärgliche Ration hinunter.

Ich besuchte auch einige notleidende Peones, die ebenso mittellos, ausgehungert und mißtrauisch waren wie die Hunde. Ich brachte ihnen Kondensmilch, Reis und Schokolade. Nach einiger Zeit war ich akzeptiert, und die Landarbeiter warteten auf mich, ohne im geringsten zu ahnen, wer ich war.

Wenn ich nicht zu müde war, nutzte ich manchmal die Gelegenheit, die Mondpyramide und die Sonnenpyramide in Teotihuacán zu besichtigen. Diese Begegnungen mit außergewöhnlichen Zeugen einer geschichtsträchtigen Vergangenheit, die mich faszinierte, verewigte Jicky in herrlichen Fotos, die mich immer wieder ins Träumen bringen.

Ich stellte mir die Riten, die gefürchteten heidnischen Feste vor, die in diesen Tempeln von magischer Kraft und Schönheit stattgefunden haben. Die Überreste der vorzeitlichen Kulturen beeindruckten mich sehr. Stundenlang habe ich nur geschaut, die Steine berührt, ihr Geheimnis, ihre Geschichte zu ergründen versucht. Es ist das Mysteriöse, das mich an ihnen fasziniert und anzieht, das Grandiose.

Gottlob gab es in Mexiko keine Paparazzi, und so war es mir vergönnt, alles, was ich während der kurzen freien Zeit besichtigen konnte, in ziemlicher Ruhe anzusehen.

Von allen Ländern der Erde, die ich besucht habe, hat mir Mexiko am besten gefallen. Mexiko möchte ich wiedersehen, ich habe es in nachhaltiger und bester Erinnerung. Ein ganzes Leben würde ich brauchen, um dieses Land mit seinen zahlreichen Facetten, seinen überraschenden Kontrasten, seinem verzaubernden Charme gründlich kennenzulernen. Es ist mir, als hätte ich es nur gerade mit einem Blick gestreift, obwohl ich mich fast sechs Monate lang dort aufgehalten und seine verborgensten Orte bis auf den Grund zu erkunden versucht habe.

Eines Tages zum Beispiel drehten wir nicht weit von Cuernavaca an einem angeblich gefährlichen, abseits im Gebirge liegenden Platz, dessen Name mir entfallen ist. Es hieß, dort würden einmal im Jahr Menschen geopfert. Der Ort war wild, einsam, die unwegsamen Pisten dorthin ähnelten ausgetrockneten Flußbetten. Im Vorbeifahren zeigte mir der (bewaffnete) Fahrer einen riesigen, flachen Stein, der am Rande einer steil abfallenden Bergspitze einen gähnenden Abgrund überragte. Dort spielte »es« sich angeblich ab; mich schauderte.

Es muß erwähnt werden, daß die Menschen der Gegend Galgengesichter hatten. Sie warfen uns finstere Blicke zu, alle Männer trugen Macheten am Gürtel.

Paradoxerweise drehten wir ausgerechnet in dieser eher angespannten Atmosphäre eine der ausgelassensten Sequenzen des Films, die Ballszene. Wieder eine der Verrücktheiten dieses Berufs. Warum wählte man für eine Nachtszene, in der nichts Außergewöhnliches zu sehen war, ausgerechnet diesen gefährlichen Ort? Noch dazu, wenn man weiß, daß der Platz nicht einmal von der Polizei betreten wird, kein Tourist sich je dort hingetraut hat, daß es dort

Menschenopfer geben soll und wir unterwegs womöglich einen Hinterhalt riskierten.

Wenn Sie diese Fragen richtig beantworten können, bekommen Sie nächste Woche als ersten Preis ein Abonnement von »Tele Mexiko«!

Während Jeanne in George Hamiltons Armen die einzigen Liebesszenen des Films drehte, die sie, wie es schien, sorfältig außerhalb des Sets geprobt hatte, eilte ich zu den schwimmenden Gärten nach Xochimilco, dem mexikanischen Venedig, wo blumengeschmückte und buntbemalte Barken auf schattigen Kanälen dahinglitten, begleitet von der Musik der Mariachi-Kapellen, die von den Ausflugslokalen mal von hier, mal von dort herüberwehte. Es war eine wunderliche Sinfonie, eine Ton- und Lichtschau von volkstümlicher Poesie, die zwar für Touristen gemacht war und sich dennoch einen künstlerischen und archaischen Anstrich bewahrt hatte. Ich konnte mich nicht sattsehen, sammelte unvergeßliche Erinnerungen. Das war das Leben.

Der endlose Film langweilte mich allmählich, dabei war ich noch längst nicht am Ende der Strapazen angelangt.

Eines Tages, als ich auf einem Stein saß und schon sehr lange auf das Ende der Aufnahme wartete – die Warterei ging mir schon auf den Keks –, bekam ich einen Mordsschrecken. Einer der mexikanischen Bühnenarbeiter, den wir wegen seines Schnurrbartes Bigotes nannten, rannte gestikulierend auf mich zu.

»Peligro, peligro«, rief er, packte mich am Arm und riß mich brutal hoch. Unter dem Stein, auf dem ich gesessen hatte, wimmelte es von Skorpionen. Der derzeit berühmteste Popo war gerade noch einmal davongekommen.

Jeanne und ich waren ständig von einer aufdringlichen Expertengruppe umringt: unsere Maskenbildnerinnen, Friseure, Garderobieren, Agenten, Pressebeauftragten, Fotografen, unsere kleinen oder großen Freunde, eine ganze Heerschar von oft unerträglichen Anhängern, die sich nur für »ihre« Schauspielerin einsetzten. Wir waren beide zu ihrer Sache geworden, und sie kämpften verbissen dafür, die »ihre« zum Nachteil der anderen herauszustellen. Wenn wir eine gemeinsame Szene drehten, flüsterten uns unsere jeweiligen Maskenbildnerinnen – wie die Betreuer der Boxer beim Ringkampf – schon nach den ersten Proben beim Nasepudern zu, wie wir unser Spiel oder unsere Gesten verbessern könnten. Louis Malle führte zwar Regie, aber die Feinheiten unserer Darbietung stammten von unseren Maskenbildnerinnen, die uns während der gesamten Filmarbeit vor manchen Fehlern bewahren konnten, weil sie uns sehr gut kannten.

Im Krieg sind alle Mittel erlaubt. In puncto Alter und Aussehen befand ich mich Jeanne gegenüber im Vorteil. Ich war jünger, hübscher, besser gebaut, wußte mich zu bewegen und besaß eine angeborene Spontaneität, die mir half, die Mängel, die meine Faulheit und Ungeniertheit mit sich brachten, auszugleichen.

Jeanne nutzte ihren scharfen Intellekt, ihr Talent als erfahrene Schauspielerin und ihr schonungsloses, unwiderstehliches Verführungsspiel. Sie verstand es bestens, ihren Vorteil aus einer Situation zu ziehen, indem sie ihre Trümpfe mit professionellem Kalkül ins rechte Licht rückte. Auch brachte sie ins Spiel, daß sie während der Dreharbeiten zu »Die Liebenden« mit Louis eine stürmische Liebesbeziehung gehabt hatte.

Obwohl Louis auch für mich etwas Zärtlichkeit empfunden hatte, als er mit mir an »Privatleben« arbeitete, hatte ich doch nicht entfernt die Bedeutung in seinem Leben wie Jeanne. Jedenfalls stand Louis kurz davor, Anne Marie, eine wundervolle, unverdorbene, eigenwillige, gewandte und unnachgiebige Frau, zu heiraten, was jeder Zweideutigkeit ein Ende setzte.

Die größten Fotografen aller berühmten Zeitungen der Welt kreuzten an unseren Drehorten auf. Alle wünschten Exklusivsitzungen, in unseren Häusern gemachte Porträts, Reportagen aus dem Privatleben. Jeder bemühte sich, noch etwas mehr als der andere zu bekommen; es war zu einer

Art Wetteinsatz wie beim Pferderennen geworden, was ich strikt ablehnte. Ich hatte schon die Nase voll von den langen Arbeitstagen, an denen ich von früh bis spät agierte, geschminkt, gut frisiert, geschnürt, fein angezogen, in Stiefeln mit Hut. Ausgepumpt und übermüdet, wollte ich wenigstens am Sonntag ausschlafen, entspannen, baden, meine Zeit vertrödeln oder etwas besichtigen. Man sollte mich bloß in Frieden lassen!

Und siehe da, eines Tages kam Mama Olga direkt aus Paris, wütend einen Stoß Zeitungen mit Jeanne auf der Titelseite schwenkend, in denen man auf englisch, französisch, deutsch, italienisch und sogar japanisch nur von ihr sprach.

Mamma mia, mir blieb das Herz stehen!

Daraufhin redete Olga ernsthaft auf mich ein und meinte, Jeanne werde mir die Schau stehlen. Sie habe in Paris die Filmmuster gesehen, Jeanne steche mich aus, erscheine vorteilhafter und verstehe es, aus ihrer Rolle und der Liebesszene mit George Hamilton Kapital zu schlagen. Ich brächte sie nur noch mehr zur Geltung.

Mamma mia, mir stockte das Blut!

Das war ganz nach meinem Geschmack. Jeanne, das schlaue Luder, hatte die Gelegenheiten beim Schopfe gepackt und sich öffentlich präsentiert; sie hatte einen Trumpf ausgespielt und war im Vorteil, doch die Partie war noch nicht beendet. Ich mußte gewinnen! Es wurde gemunkelt, Jeanne verführe die Fotografen derart heftig, daß einer von ihnen nachts sein Toupet in ihrem Bett verloren habe, das ihm am nächsten Tag von ihrem Zimmermädchen zum Drehort gebracht wurde. Schön und gut, aber wenn man mit jedem ins Bett steigen mußte, dann war das zum einen überhaupt nicht mein Stil, und zum andern würde Bob es ganz sicher nicht hinnehmen. Ich war ziemlich verärgert.

Von diesem Tag an war es für mich Ehrensache, die Wette zu gewinnen, die ich mit mir selbst abgeschlossen hatte, als ich den Vertrag zu diesem Film unterzeichnete. Wenn Jeanne die erste Runde gewonnen hatte, würde ich im Endspiel abräumen, wie beim Poker. Meine Sorglosigkeit war in Siegeswillen umgeschlagen, mein Ehrgeiz und mein Stolz bestimmten mein Handeln und verzehnfachten meine Kräfte. Sie sollten schon sehen, was sie geboten bekämen, diese Toupet-Fotografen! Und sie sahen es. Und die ganze Welt sah es und sieht es noch.

Ich habe jede Menge Fotos von mir machen lassen, abends, morgens um fünf Uhr, noch kaum wach, sonntags. Ich habe meine Tore weit geöffnet, mich in frecher, perverser, lächelnder oder schmollender Pose aus sämtlichen Winkeln und in allen Fummeln gezeigt. Ich spielte Gitarre, sang für die Fotografen, tanzte provozierend lasziv. Ich habe sie reichlich entlohnt.

Beim Drehen verzog ich wegen Kleinigkeiten keine Miene mehr. Ich kletterte auf einen fahrenden Zug, sprang von Waggon zu Waggon. Ich hätte auf die Schnauze fallen können und hatte zwar Angst, aber ich tat's. Ich watete durch einen dreckigen, schlammigen, schwarzen Bach mit lauter Blutegeln, Taschenkrebsen und verfaulten Lianen. Das Wasser reichte mir bis zum Hals, ich hätte mich beinahe übergeben und hatte Angst, mich in dieser abscheulichen Kloake zu bewegen, aber ich tat's. In Tecolutla mußte ich bei einer Flußmündung im Golf von Mexiko baden, wo es Haie gab, während die Bühnenarbeiter ringsherum die Trommel schlugen, um sie zu verjagen. Einer verlor ein Bein dabei. Auch wenn ich zu Tode erschreckt war, ich tat's.

Mama Olga, die selig war über die Wendung, schenkte mir zu Ostern zwei entzückende Entenküken, die noch ganz hellgelb und flaumig, ganz zart und hilflos waren. Nun hatte ich zu der Zeit bereits eine kleine Hündin angenommen, die ich zufällig auf einem meiner vielen Ausflüge gefunden hatte. Diese kleine »Gringa« hatte mich gerührt, weil sie lieber zu mir ins Auto stieg, als den Knochen zu fressen, den ich ihr hingelegt hatte. So hatte ich sie behalten und verhätschelte sie. Sie liebte mich über alles, behielt aber in ihrem Unterbewußtsein den wilden, grausamen Instinkt ihrer armseligen Herkunft bei. Das Drama begann, als mir eines der beiden Entchen, die ich an mich drückte, aus den Händen schlüpfte und auf den Rasen fiel. Es wurde augenblicklich von Gringa geschnappt und zerfetzt. Bei dem Versuch, es zu retten, war das andere entwischt. Da gab es nur noch verzweifeltes Geschrei und Tränen. Doch Gringa in ihrer Gier auf die kleine, blutige Beute hatte das andere gar nicht bemerkt. Sie bekam eine gehörige Tracht Prügel, wurde in mein Zimmer eingeschlossen, während wir den winzigen Balg beweinten und vergeblich nach der kleinen verschwundenen Schwester suchten. Die gesamte Belegschaft des Hauses durchforstete auf allen vieren die äußersten Winkel des Anwesens. Das Entchen hatte sich in Luft aufgelöst. Mariquita fand es schließlich spät abends, als sie die Küche ausfegen wollte, zusammengekauert und zitternd unter dem Staubwedel unten im Besenschrank. Von diesem Zeitpunkt an betrachtete dieses niedliche, zarte, winzige Ding mich als seine Mutter.

Wir trennten uns nie, es schlief im Bett in meinem Arm; ich nahm es an alle Drehorte mit. Es aß am Tisch mit mir, badete im Schwimmbad oder im Meer, folgte mir – schlimmer als ein Hund – auf Schritt und Tritt und piepste kläglich, sobald ich es beim Drehen einer Filmszene für drei Minuten allein lassen mußte, was dem Tontechniker ernsthafte Schwierigkeiten bereitete. Vor dem Kommando »Kamera ab!« vergewisserte sich Louis Malle, daß meine Ente weit genug entfernt war und von einem austauschbaren »Enten-Babysitter« liebkost wurde, der mich aber in ihrem kleinen, wundervollen Herzen nie ganz ersetzte.

Bei solchen Erlebnissen wurde mir immer bewußter, wie sehr ich die Tiere liebte, die meine Liebe erwiderten, eine ausschließliche Liebe, ohne Kompromisse, in restlosem Vertrauen. Ich war die Hüterin ihres Lebens.

Was habe ich nicht alles wegen meiner Ente zu hören bekommen! Einige kamen, um zu sehen, ob sie bereits rund genug für den Topf war, andere spielten auf Luxuspudel, Windhunde, Perserkatzen oder Geparden an, die häufig das Privileg hätten, das Leben eines Stars zu teilen. Irrtum! Bei mir war es eben eine Ente, also schert euch zum Teufel, ihr brutalen Kerle! Finger weg von meinem Tier, dummer Stier!

Als wir Cuernavaca endgültig verließen und zu weit entfernten Orten aufbrachen, wo man andere Filmsequenzen drehen wollte, ließ ich Gringa bei Mariquita, nahm aber meine Ente mit. Wir durchquerten gemeinsam riesige Trockengebiete auf dem Weg nach San Miguel de Allende und Guanajuato, einem merkwürdigen Ort, in dem die Toten als Touristenattraktion herhalten müssen. Da der Erdboden in diesem Gebiet die Kadaver in jenem beklagenswerten Zustand konserviert, in dem man sie vorgefunden hatte, wurden die Friedhöfe zu makabren unterirdischen Ausstellungen, in denen all die schrecklich zugerichteten sterblichen Hüllen in Schaukästen als Mumien auf sensationslüsterne Besucher warteten. Ich setzte keinen Fuß dorthin, aber Postkarten, Plakate, Faltblätter und Naschwerk in Form von Schädeln oder Schienbeinknochen lieferten mir Stoff genug für nächtliche Alpträume.

Papa war nach Mexiko gekommen und entdeckte gemeinsam mit mir – und ebenso begeistert wie ich – die unermeßlichen Schätze, die das Land uns bot. Ich glaube, mit der Einladung nach Mexiko habe ich Papa eines der schönsten Geschenke seines Lebens gemacht. Dieser gebildete, interessierte und für Schönheit und Geschichte äußerst empfängliche Mann las mir aus den Reiseführern, die er immer mit sich trug, historische Erläuterungen zu den Monumenten vor, die wir gerade besichtigten. So hat Jicky uns als echte Touristen vor der märchenhaften Pyramide von El Tajín mit den dreihundertvierundsechzig Nischen verewigt.

Alsdann brach das gesamte Team, müde von vier Monaten Dreharbeit, nach Tecolutla auf – trotz seiner günstigen Lage am Golf von Mexiko ein Ort mit unerbittlich heißen Temperaturen –, während Papa am 24. April 1965 in Camerone das Denkmal für die Helden der Fremdenlegion mit seinem Besuch beehrte.

In Tecolutla beschränkte sich der Komfort auf ein Minimum. Hotels gab es nicht, nur ein einfaches Motel, dessen Wände eine warme, schmutzige Feuchtigkeit ausschwitzten und dessen Zimmertüren, die auf den einzigen Flur führten, mit Lamellen versehen waren, damit die stickige Luft zirkulieren konnte. Ein ächzender, von unzähligen toten Insekten verklebter Ventilator verquirlte seinen widerlichen, heißen Odem. Ein vor Schmutz starrendes Waschbecken in einer Ecke, ein Schrank voller Kakerlaken – ich brach in Tränen aus.

Bei der geringsten Bewegung schwitzte ich wahre Rinnsale, meine Haare, meine Kleider klebten von Feuchtigkeit und Schweiß. Es gab kein Telefon. Alles roch modrig und nach einem Gemisch aus Erde und Salz des Ozeans. Dessen schmutzige Wellen brachen sich einige Meter hinter den Kokospalmen, die diesen seltsamen, schäbigen Ort umgaben, und ließen schillernde Gischttröpfchen aufsteigen. Wir mußten uns die Zähne mit Coca-Cola putzen, durften vor allem kein Wasser trinken und mußten uns selbst beim Duschen vorsehen.

Kurz gesagt, ich beschloß, sofort abzureisen. Es kam nicht in Frage, daß ich unter solchen Bedingungen drehte, zumal es sich zu meinem Pech gerade hier um die Guerillakämpfe handelte, die zu meinen wichtigsten Szenen gehörten. Jeanne mußte nur gelegentlich auftreten.

Das war die Höhe! Ich lag mit meiner Ente im Arm auf den klebrigen, schmierigen Laken dessen, was mein Bett hätte sein sollen, und ließ alle Ermutigungen von Papa, Odette, Bob und Jicky an mir abprallen. Eingehüllt von der ungesunden Feuchtigkeit, überall Getier, Skorpione, konnte ich kaum atmen. Raus, nichts wie nach draußen! Aber da war's noch schlimmer, geradezu schleimig.

Und doch mußte ich mich fügen, was einer Hinrichtung gleichkam.

Die Vorbereitungen für die Aufnahmen am nächsten Tag gerieten zur Kapitalstrafe. Schminken war unmöglich, alles schmolz dahin. Kämmen ging auch nicht, alles war verklebt. Das Anziehen war ein Drama, ich erstickte in dem Wollrock, der Bluse mit Halsschleife und den Schnürstiefeln, die mir bis zum Knie reichten. Da das exotische Ungeziefer gefährlich werden konnte, mußte man meine Beine mit einem starken Insektenmittel besprühen; Hitze und Schweiß trugen das ihre dazu bei, daß meine Beine und Oberschenkel tagelang brannten. Ich war in einem jämmerlichen Zustand.

Louis Malle hatte sich einen Eisbeutel auf den Kopf gelegt und den Hut darüber gestülpt. Der hatte es gut!

Die gesamte Mannschaft bekam »Montezumas Rache« zu spüren. Auch mich erwischte es. Wir waren alle sterbenskrank. Sogar meine Ente hatte Koliken.

Jeanne mußte mit gefährlich niedrigem Blutdruck mehrere Tage das Bett hüten. Der mexikanische Arzt, der die Dreharbeiten begleitete, war Tag und Nacht im Einsatz. Die einzigen Nahrungsmittel, die wir vorgesetzt bekamen, waren Krabben und Vanilleeis – Papantla, die Hauptstadt der Vanille, lag in der Nähe.

Das richtete einen schönen Schaden an!

Adieu, Silbergeschirr und weiße Trüffel, adieu, Schöntun, Schau und Imagepflege. Wir saßen alle im selben Boot, kämpften in dieser Hölle ums Überleben und ließen aus verschiedenen Gründen Masken und Hosen runter. Wir gaben uns so, wie wir waren! Das war alles andere als nett!

In dieser für eine internationale Superproduktion eher ungewöhnlichen Atmosphäre fanden wir vor unseren indiskreten Türen ein aus Brotteig gefertigtes Maiglöckchen. Es war der 1. Mai, und Paulette Dubost hatte die kleinen Glöckchen in stundenlanger Arbeit geformt und in Blätter eingehüllt, die sie hie und da gepflückt hatte.

Es mag lächerlich erscheinen, dieser Erinnerung soviel Bedeutung beizumessen, aber für mich spiegelte dieses kleine, künstliche Maiglöckchen, symbolisch gesprochen, nicht nur einen Eindruck von etwas Frischem wider, sondern eher etwas von der Herzensgröße einer wunderbaren, feinfühligen Frau, die selbst eine unvergängliche Frische besaß.

Auf die Idee mußte man erst einmal kommen, und man mußte sie umsetzen. Mich haben einfache Gesten, die von

Herzen kommen, stets stark berührt. In meinen Augen sind das die einzig wahren Werte im Leben.

Seither hat man mir Tausende mehr oder weniger zurechtgemachte Maiglöckchen geschenkt: wildwachsende oder gezüchtete, als Strauß oder einzeln, mit oder ohne Schleifen, mit oder ohne Wurzeln. Erinnern werde ich mich aber immer an dieses symbolische Maiglöckchen, das Paulette Dubost mir an jenem 1. Mai 1965 schenkte. Dies als kurze Hommage an eine außergewöhnliche Frau.

In dieser erdrückenden Hitze erreichte ich schließlich erschöpft das Ende meiner Dreharbeiten. Nachdem ich Festungen eingenommen, feindliche Armeen besiegt und mich mit größtem Aufwand der Maschinengewehre der Gegenseite bemächtigt hatte, konnte ich endlich zu zivilisierteren Ufern aufbrechen.

Ich hatte mehr als genug. Alles hing mir zum Halse heraus: der Mangel an Komfort, dieser Dschungel, diese grünen, undurchdringlichen Lianenlandschaften, die moosüberwucherten Schlupfwinkel giftiger Insekten und Schlangen, Riesenspinnen und Skorpione, dieses ganze krabbelnde, bedrohliche Getier, dem ich nur durch ein Wunder entkommen war.

Die nächste Etappe war kurz. Danach erwartete mich die »Entlassung« in die Freiheit!

Als ich mit meiner Ente aufkreuzte, betrachtete mich der ziemlich eingebildete Hoteldirektor unwirsch. Im Garten gab es eine Art kleinen Zoos, in dem Flamingos, Enten, Gänse, Ibisse und allerlei Federvieh versuchten, in einer Gemeinschaft zu leben, die ungewöhnlich für sie war. Ich wußte ganz genau, daß ich mit der Ente nicht wieder abreisen konnte. Ich mußte dringend für ein paar Tage nach Mexiko City zurück. Und da das Flugzeug danach in New York Zwischenstopp machte, war das Mitnehmen von Pflanzen und Tieren verboten. Paulette Dubost und Dédette rieten mir, mein Entchen eine Nacht lang zu den anderen Tieren zu geben.

Ich war verzweifelt. Wir hatten uns noch nie getrennt, es

kannte und liebte nur mich, folgte mir auf Schritt und Tritt oder wartete artig auf mich. Blutenden Herzens gab ich es für eine Nacht zum ersten Mal hinter Gitter; es war verloren zwischen den anderen, die ihm doch so fremd waren. Es weinte und rief mich, an das Drahtnetz gepreßt, das zum ersten Mal sein Leben einengte.

In der Nacht tat ich kein Auge zu vor lauter Kummer und Gewissensbissen, ich vermißte das wunderbare Tierchen.

Bob war wütend und machte mir fast eine Eifersuchtsszene. Er jedenfalls habe es satt, sein Bett und seine Frau mit dieser Ente zu teilen, die überall hinkacke; ich müsse mich entscheiden, entweder die Ente oder er!

Wäre es möglich gewesen, ich hätte keine Sekunde gezögert, Bob in den Hühnerstall zu stecken, um mit der Ente wegzufahren. Leider haben die Menschen jedoch gewisse Vorschriften erlassen, gegen die man selbst dann nicht verstoßen kann, wenn man Brigitte Bardot heißt.

Anderntags fand ich meine Ente vollkommen gerupft, aber noch lebend wieder. Sie hatte die Aggression aller anderen, die »Taufe« des Neulings, über sich ergehen lassen müssen, da sie zu schwach war, sich zu verteidigen. Sie verstand die neuen Lebensumstände nicht. Nachdem ich ihr eine Jodtinktur verpaßt, sie geküßt und gehätschelt hatte, mußte ich schweren Herzens zum Drehort.

So hielt ich es eine ganze Woche lang und versorgte ihre und meine Wunden. Dann kam der endgültige Abschied.

Nach einem kleinen Umweg über Taxco, eine ehemalige Silbermine, wo selbst das Chorgestühl der Basilika mit Silber ausgeschlagen ist und man sein Geld für Reproduktionen von Werken der Maya oder Azteken ausgibt, kehrte ich nach Mexiko City zurück. Ich fand noch Zeit, das großartige anthropologische Museum, das schönste der Welt, zu besuchen. Mit seinen Modellen in Naturgröße, seinen vorgeschichtlichen Fundstücken und seinen außergewöhnlichen Rekonstruktionen von Menschen, halb Affe, halb Homo sapiens, versetzt es den Besucher um Jahrtausende zurück. Ich war vollkommen gebannt von diesen Alltagsszenen, die trotz Erstarrung voller Leben waren. Ich rief Paulette Dubost an, die mir versicherte, daß meine Ente sich gut eingelebt habe, dann flog ich nach Frankreich zurück.

Bei meiner Ankunft erschien mir alles eng, armselig, kleinlich und mittelmäßig. Ich kam aus einer großen, weitgespannten, endlosen Welt und war nun eingeengt in diesem winzigen Paris, in dieser erstickenden Avenue Paul-Doumer, geknebelt von der französischen Mentalität, die in ihrer Kleinlichkeit und Begrenztheit so anders ist als die mit Verrücktheit gepaarte Großmut derer, die ich verlassen hatte und von denen ich noch ganz eingenommen war. Meine Guapa begrüßte mich mit einem Freudentaumel, sie tanzte für mich auf ihren kleinen Pfoten, Ausdruck all des Glücks, das ihr Herz darüber empfand, mich wiederzuhaben, sie bellte und schluchzte so gut wie die bekanntesten Mariachi-Kapellen.

Ich eilte nach Bazoches und fand alles verändert. Nachdem die von den Umbauten geschlagenen Wunden vernarbt waren, sah das Haus so großartig aus, als hätte man es mit dem Zauberstab verwandelt. Und das Schwimmbad sah genauso aus wie das in Cuernavaca, von dem ich einen Plan und Fotos geschickt hatte. Wenn ich die Augen halb schloß, hätte ich mir einbilden können, wieder dort zu sein.

Ich hatte auch einen kleinen Teich in einer sumpfigen Wiese ausheben lassen, der das Landschaftsbild völlig veränderte, weil die Quellen nun trockengelegt und das Gelände entwässert war. Mit seinem flachen Nachen erschien er mir, wenn ich die Augen fast ganz schloß, wie die schwimmenden Gärten von Xochimilco.

Ich dachte an meine kleine Ente, die hier so glücklich gewesen wäre, wenn ich sie hätte mitnehmen dürfen. Eine schreckliche Sehnsucht erfaßte meine Seele, die weder Cornichon noch Nénette zu vertreiben vermochten.

Die Wiedereingewöhnung fiel mir schwer, weil mir unerwartet neue Verantwortung zuwuchs.

Jacques hatte beschlossen, Nicolas endgültig seiner Schwester Evelyne zu überlassen. Als Mutter vieler Kinder war sie viel besser als ich in der Lage, dem Kind in der Nähe von Montpellier in einer gesunden, nicht verseuchten Umgebung eine ausgewogene Erziehung zu geben. Ich überlegte lange, bevor ich dieser weitreichenden und unwiderruflichen Entscheidung zustimmte. Hatte ich das Recht, mich der väterlichen Autorität zu widersetzen? Hatte ich wirklich Lust, Zeit und Geduld, drei Viertel meines Lebens der Erziehung meines Sohnes zu widmen?

Natürlich hätte ich ihn Maman anvertrauen können, die bereits ganz die Erziehung der kleinen Camille übernommen hatte. Aber das käme für Nicolas aufs gleiche heraus, ob Maman oder seine Tante Evelyne, er hätte jedenfalls nicht mich, seine Mutter. Was für eine Mutter? Eine in ihrem Verhalten noch jugendliche Frau, unausgeglichen und unfähig, sich ernsthaft um ein Kind zu kümmern. Dabei hätte ich es gern getan. Aber im Grunde genommen wußte ich, daß ich es nicht konnte.

Wenn ein Dienstmädchen kündigt, weil sie nicht mehr weiß, wen sie als »Herrn« im Hause ansprechen soll, so ist das eine Sache. Wenn aber ein Kind für sein Leben geschädigt wird, weil seine Mutter ihre Liebhaber – je nach Jahreszeit und seelischer Verfassung, nach Zwistigkeiten oder neuen Begegnungen – wie ihre Hemden wechselt, dann ist das etwas anderes und äußerst ernst zu nehmen. Also willigte ich ziemlich ratlos in diese nahezu endgültige Trennung ein, die mir mein einziges Kind nahm und damit zugleich das Glück, das jeder über seine Nachkommen empfindet.

Heute bin ich nicht mehr davon überzeugt, daß Jacques' Lösung die beste war. Nicolas ist zutiefst verletzt, und unser gegenseitiges Verhältnis wird immer unter dem Mangel an geheimem Einverständnis, gemeinsamer Alltagserfahrung und intensiver Kenntnis des anderen leiden, wenn es auch mit all den Jahren enger geworden ist. Die Gemeinsamkeiten und das Miteinander verbinden letztlich zwei Menschen; Blutsbande schaffen lediglich die Grundvoraussetzungen, reichen aber für die magische Alchemie nicht aus, die die Menschen verbindet und zusammenschweißt.

Ich leiste öffentlich Abbitte.

Ich stehe heute zu meinem Teil der Verantwortung für diesen Mißerfolg.

In jener Zeit kündigte man meinen Eltern die großartige Mietwohnung in der Rue de la Pompe Nr. 1, nachdem sie dreiundzwanzig Jahre lang treu und brav einen fürstlichen Mietzins gezahlt hatten. Es herrschte helle Aufregung.

Ich eilte zu dem Makler, der mir Pläne vorgelegt und vorgeschlagen hatte, die Wohnung mit Terrasse auf der obersten Etage des Gebäudes, das wie ein Pilz vor meinem Schlafzimmerfenster aus dem Boden geschossen war, zu einem unschlagbaren Preis zu kaufen. Wenn schon jemand Einblick in mein Privatleben haben sollte, dann zog ich meine Eltern vor.

Doch schade, die Wohnung war längst verkauft. Aber im fünften Stock war noch eine tolle Wohnung ohne Terrasse mit Blick auf den Garten frei, allerdings zu einem exorbitanten Preis. Einerlei! Da der Friede und die Ruhe meiner Eltern mir über alles gingen, kaufte ich das Appartement, zumal diese Nähe uns gegenseitige Sicherheit gab und wir uns gewiß wieder näherkommen würden. Die Familie gruppierte sich um die Avenue Paul-Doumer.

Meine Mamie war nach Boums Tod aus der Rue Raynouard in eine Erdgeschoßwohnung der Avenue Paul-Doumer umgezogen, meinem Haus genau gegenüber. Wir brauchten nur die Straße zu überqueren, wenn wir uns treffen wollten; es war wie ein kleines Dorf, das wir uns eingerichtet hatten. Und getratscht wurde nicht weniger als in einem Weiler auch. Meine Großmutter verbrachte ihre Tage damit, hinter ihren Voilegardinen mein Kommen und Gehen zu verfolgen und zu belauern, aber sie hatte mich gern, und ihre Bemerkungen betrafen nur mein langes Schlafen und meine späte Heimkehr, die meiner Gesundheit schadeten.

Schlimmer als Mamies späte Berufung zur Concierge für alles mögliche war die Gesundheit meiner Dada, die seit dreißig Jahren ihren Dienst versah und nun besorgniserregende Anzeichen von Erschöpfung zeigte. Mamie betrachtete meine Dada als ihre Sklavin. Dada durfte jede Arbeit auferlegt werden, erledigte den ganzen Krempel und hatte nur das Recht, den Mund zu halten.

Als ich sie besuchte und Mamie uns gerade den Rücken gekehrt hatte, zeigte Dada mir weinend ihre Hände mit den schrecklich verformten Gelenken, die wie Krebszangen aussahen. Sie beklagte sich nicht, hatte aber schreckliche Schmerzen. Durch diese Entstellung, eine Arthrose und Folgeerscheinung ihres Arbeitslebens, wurde sie ungeschickt. Sie zerdepperte viel, und Mamie beschimpfte sie unentwegt als »Rompitutto« und zog die Kosten für die zerschlagenen Gegenstände von ihrem kargen Lohn ab.

Ich war erschüttert. Dada hätte in den Ruhestand gehen sollen. Sie wurde in diesem Jahr fünfundsechzig Jahre alt und war von Mamie abhängig, denn sie besaß nichts und hatte keinerlei Rente zu erwarten. Dada besaß weder Ersparnisse noch eine Versicherung, die ihr den verdienten und dringenden Ruhestand hätten garantieren können.

Ich eilte wieder zu dem Makler. Als er mich kommen sah, grinste er von einem Ohr zum anderen. Er habe noch ein paar schöne Wohnungen mit Blick auf den Garten und dies und das. Seine Begeisterung ließ nach, als ich vom Kauf eines Einzimmerappartements zur Unterbringung des Personals sprach. Nun denn! Er konnte gerade noch eines anbieten, und ich kaufte es. Heimlich möblierte ich es, schlicht, aber hübsch, auch mit einem Fernseher. Das fiel mir nicht schwer. Ich nahm Dinge von mir aus der Avenue Paul-Doumer, überquerte die Rue Vital zur Dienstbotenseite hin und richtete ein, was Dadas Reich werden sollte.

Als ich Dada, überglücklich vor Freude, bei der Hand nahm und ihr zeigte, was ich ihr schenkte, indem ich ihr die Schlüssel in die Hand drückte, fing sie an zu weinen. Ich war enttäuscht. Dieser Frau, die sich immer für andere aufgeopfert hatte, kam die Tatsache, daß sie niemanden mehr bedienen mußte und Zeit zu leben haben sollte, wie ein unerträgliches Unglück vor. Doch allmählich gewöhnte sich meine Dada an die neue Lage, während Mamie alle Mühe hatte, einen Ersatz-Prügelknaben zu finden. Wie bei alten Eheleuten, die sich bald liebevoll, bald haßerfüllt ertragen, überlebten beide ihre Trennung nicht sehr lange.

Während ich mich mit vollem Einsatz und den besten Absichten bemühte, alle negativen Geschehnisse zu beheben, brach immer wieder ein neues Ereignis über mich herein, das mich – wie einen überforderten Bernhardiner – erneut zwang, zu Hilfe zu eilen.

So erfuhr ich eines Tages, daß meine alte Gouvernante La Big, die ich seit vielen Jahren aus den Augen verloren hatte, in großer Armut in der Rue Legendre lebte und im Sterben lag. Ich suchte sie sofort auf und fand sie mit hohem Fieber in einem dreckigen Loch, nahm sie mit zu mir und quartierte sie in die leerstehende Wohnung von Moussia und Nicolas ein. Sie lebte noch lange Jahre in meiner Nähe und verschied im Oktober 1972 im Alter von dreiundachtzig Jahren in meinen Armen.

Bei all den Rettungsaktionen für alte Damen in Not habe ich meine Tapompon, meine Tante Pompon, Mamies Schwester, vergessen, eine ungewöhnlich mutige Frau von ungewöhnlicher Willenskraft, der das Schicksal übel mitgespielt hatte. Seit dem Tod ihres Sohnes Jean Marchal lebte sie zurückgezogen in einer ungesunden Erdgeschoßwohnung der Rue Madame, fern von uns allen, die ihrem Dasein Sinn verliehen. Ich rannte zum dritten Mal zu dem Makler in der Rue Vital. Diesmal glaubte er wirklich, ich wolle ihn zum Narren halten, als ich ihn um eine Zweizimmerwohnung mit Küche und Bad für meine Tante Pompon bat. Eine Wohnung war übrig, und ich kaufte sie. Nun freuten sich alle in der Familie, endlich zusammen zu sein, und ich behütete alle von meiner siebten Etage aus. Es wurde Zeit, daß ich mich ein bißchen erholte, bevor im September die Nachsynchronisation von »Viva Maria« im Studio auf mich zukam.

Jicky und Anne erwarteten mich in »La Madrague« und, o Wunder, ich begegnete noch denselben Hausmeistern vom Vorjahr. Nicht zu fassen.

Mein Hund Kapi, der alle meine Freunde biß und die Einbrecher verschonte, begrüßte mich auf seine Art, indem er mir vor Wiedersehensfreude fast die halbe Hand abriß. Während meiner Abwesenheit war er gehegt und gepflegt worden und schien weniger aggressiv zu sein.

Dank der neuen, spitzenbewehrten Mauern, die mein Grundstück nunmehr von den Nachbarstränden trennten, hoffte ich, in diesem Sommer weniger aufreibende Ferien als bisher verbringen zu können. Bei der Küstenverwaltung hatte ich viele Anträge eingereicht und gedienert, um eine teuer bezahlte Ausnahmebewilligung zu erwirken, die mir gestattete, bis etwa zehn Meter ins Meer hineinreichende Eisengitter zu errichten.

Noch immer, dreißig Jahre später, wird über diese Mauern, die seinerzeit von der Presse als Thema aufgegriffen wurden, viel geschrieben und geredet. Ohne ihren Schutz wäre ich seit langem gezwungen gewesen, mich von »La Madrague« zu trennen. Danke, ihr Mauern!

Jicky, Anne und ihr ein Jahr alter Sohn Emmanuel wohnten noch immer in »La Petite Madrague«. Dieser einzige Raum wurde für sie etwas eng, da er Jicky auch als Atelier diente, in dem er malte und seine Arbeiten – Bilder, Zeichnungen und Skizzen – aufbewahrte. Als sie mir mitteilten, daß sie bald in ein Haus in Grimaud ziehen würden, war ich sehr betroffen.

Jicky war meine Stütze, mein Prellbock, mein Ratgeber, mein Freund, mein Bruder und Anne meine einzige Freundin, meine Vertraute, meine Schwester. Was würde ohne sie aus mir werden?

Gewiß, es gab Bob, aber das war nicht dasselbe. Er langweilte mich allmählich mit seinem Poker, seinem Tiefseetauchen, seinen weißen Zähnen und seinem hungrigen Mund.

An welcher Schulter sollte ich mich ausweinen, wenn ich mich mit Bob stritt? Und wenn die Nervensägen aus aller Herren Länder wieder in »La Madrague« eindringen würden, um meine Unterhöschen, meine Kopfkissenbezüge oder meine Büstenhalter von der Wäscheleine zu klauen, wer würde sie schnappen, ihnen die Fresse polieren oder die Leviten lesen? Bestimmt nicht das stocktaube Hausmeisterpaar. Sicher auch nicht Kapi oder gar Bob, der immer und ewig müde war. Erst kürzlich hatte Jicky mich vor einem hübschen Skandal bewahrt, indem er einen flüchtigen Sträfling, den die gesamte Polizei Frankreichs suchte, um vier Uhr morgens in »La Madrague« erwischte, wo er sich versteckt hielt. Und das nur, weil ich, gutmütig wie immer, auf die Not dieses armen Kerls reagiert hatte, der aus dem Gefängnis auf der Ile de Ré meinen Rat erbat, wie er Gitarrespielen lernen könne. Mit einem netten Begleitbrief hatte ich ihm eine »Gitarrenschule« geschickt. Mir nichts, dir nichts war er dann bei einem Gefangenentransport von Ré nach La Rochelle ausgebrochen.

Mein Brief war in die Hände der Polizei geraten, die unter den entsetzten und mißbilligenden Blicken meiner Sekretärin, die mir daraufhin beinahe gekündigt hätte, in der Avenue Paul-Doumer eine Hausdurchsuchung vornahm. Meine Sekretärin war es nicht gewöhnt, bei Komplizen von Zuchthäuslern zu arbeiten. Ich erfuhr erst später davon. Denn mein Sträfling hatte sich nicht in die Avenue Paul-Doumer, sondern nach »La Madrague« geflüchtet. Und während ich noch in aller Ruhe schlief, hatte Jicky mir große Scherereien erspart, indem er dem armen Kerl – sanft, aber entschieden – gut zugeredet, ihn nach Saint-Tropez verfrachtet, ihm dort fünfhundert Francs in die Hand gedrückt und ihn an einen hilfsbereiten Freund in Marseille verwiesen hatte. Uff!

Um mir die bittere Pille ihres Abschieds von »La Madrague« etwas zu versüßen, schlugen Jicky und Anne vor, ein Kostüm- und Maskenfest zu veranstalten, bei dem keiner den andern erkennen sollte. Ich war von der Idee hingerissen; sobald es ums Amüsieren und Tanzen geht, vergesse ich alles andere. Wir luden sämtliche Freunde ein, was schon ziemlich viele waren, und empfahlen ihnen, ihre Verkleidung geheimzuhalten, damit die Überraschung auch gelang. Mit Verschwörermiene bewahrte jeder Stillschweigen und blieb für sich, und wehe den Spionen …

Auf der Suche nach einer einfachen Verkleidung, die mich vollkommen verwandeln sollte, zerbrach ich mir den Kopf. Während der heißen Jahreszeit kam es nicht in Frage, sich unter einem Haufen Klimbim zu verstecken. Da hatte ich eine geniale Idee, aber ich benötigte Annes Unterstützung. Unsere Gesichter waren der Form nach ähnlich: kleine Nase, großer Mund und vorspringende Backenknochen. Wir würden uns das Gesicht schwarz schminken, zwei schwarze, gleiche Perücken von Dessange aufsetzen, wo ich sie auch erhielt mit der Bitte, sorgsam damit umzugehen … Ich schmückte die Perücken mit vielen kleinen bunten Knoten, dazu wollten wir schwarze Tanztrikots anziehen, die von Kopf bis Fuß reichten, und um das Ganze aufzuhellen, fertigte ich zwei identische Baströckchen an; mit Halsketten und Armbändern vervollständigten wir diese wunderbare Verkleidung. Am Abend des Festes sahen wir uns zum Verwechseln ähnlich, so daß Jicky und Bob lange brauchten, ehe sie herausgefunden hatten, welche von uns beiden zu wem gehörte.

Ein toller Erfolg! Wir haben uns gekringelt vor Lachen an diesem Abend. Zuerst tanzte ich mit Clouzot, der als Pirat verkleidet war, verschwand unter irgendeinem Vorwand und schickte Anne an meiner Stelle zu ihm, ohne daß er es bemerkte. So ging es lustig weiter. Bis zu dem Moment, wo unerwartet, aber mit offenen Armen empfangen, Dionne Warwick, als Dionne Warwick verkleidet, am Arm von Sacha Distel als Sacha Distel auftauchte. Als man ihr Brigitte Bardot, unkenntlich als Negerin verkleidet, vorstellte, meinte sie, man führe sie an der Nase herum, und wurde stinkwütend. Als kurz darauf Anne erschien, war es gleich ein doppelter Skandal. Man hatte sie gleich zweimal an der Nase herumgeführt!

Ich gab nur wenige Feste. Dieses aber bleibt mir unvergeßlich. Wir amüsierten uns mit geringsten Mitteln und waren gesund, ganz anders als das, was man heute zu sehen bekommt. Wir kannten keine Drogen, kein Haschisch, keine Orgien und all diese Dekadenz, die inzwischen Teil unseres traurigen Alltags geworden ist.

Der Morgen nach einem Fest ist für jeden strapaziös. Die Blumen hatten gelitten und auch der übrige Garten, der zu einem riesigen Mülleimer geworden war, und nicht zuletzt meine Hausmeisterin, die seltsam aussah, wie sie sich mit beiden Händen den Mund zuhielt. Sie hatte ihr Gebiß verloren. Schon waren wir auf allen vieren am Boden, um danach zu suchen, und haben uns dabei schief gelacht. Es war aber nicht zu finden.

Ein Topf mit Punsch war noch übriggeblieben, und wir beschlossen, ihn zum Mittagessen zu leeren. Als wir den Punsch fast ausgetrunken hatten, was fanden wir da auf dem Boden des Topfes? Angelinas Gebiß! Seither trinke ich keinen Punsch mehr.

Dabei hätte ich ihn doch so nötig gehabt, um die Nachsynchronisation von »Viva Maria« zu ertragen.

Es ist mir zuwider, in einem schlecht belüfteten, dunklen Studio, das an eine Gruft erinnert, Worte zu wiederholen, die ich unter freiem Himmel – in eine Handlung eingebettet – in der Eingebung eines Augenblicks gesprochen habe, die längst vergangen und vergessen sind. Selbst die Seufzer müssen nachsynchronisiert werden. Immer wieder erscheint mit schlechter O-Ton-Qualität in einer Filmschleife dasselbe Bild, darunter erscheinen als Untertitel die aufzunehmenden Worte, die – wie aus der Pistole geschossen – gesprochen werden müssen, sobald das Startsignal erfolgt. Setzt man auch nur einen Tick zu früh oder zu spät ein, sind die Worte schon nicht mehr lippensynchron. Hinter dem Aufnahmemikrofon kommt man sich wie ein Blödian vor, wenn man bis zur Erschöpfung wie ein Papagei stets denselben Satz im richtigen Tonfall – zornig, boshaft oder entschieden – wiederholen muß.

Ich bewundere alle Schauspieler grenzenlos, zu deren Beruf es gehört, fremdsprachige Filme zu synchronisieren. Es fällt mir schon schwer genug, mich selbst nachzusynchronisieren; aber wie anstrengend muß es erst sein, Elisabeth Taylor oder John Wayne zu synchronisieren, nicht wissend, worum es geht, und dennoch Gefühle oder gar Leidenschaft rüberzubringen. Ich ziehe meinen Hut ganz tief vor ihnen, weil sie außerdem noch so verborgen bleiben wie die Studios, in denen sie arbeiten, und ihr Ruhm sich darin erschöpft, den Stars ihre Stimmen zu leihen.

Bei der Nachsynchronisation gab es aber auch lustige Augenblicke, zum Beispiel den, wo man mich atemlos und schweißgebadet oben auf einem Hügel ankommen sieht, mein Gewehr mit ausgestrecktem Arm herumschwenkend und im O-Ton vor mich hin brabbelnd: »Ich hab' genug von diesem Scheißberuf, mir ist irre heiß, ihr geht mir alle auf den Senkel!« Dieser Dialog hatte nicht etwa im Drehbuch gestanden, er war allein meiner momentanen Eingebung entsprungen. Tatsächlich mußte ich auf Louis Malles Geheiß sagen: »Endlich haben wir sie erwischt, wir haben sie gefaßt. Es lebe die Revolution!« Wie man sieht, ist die Nachsynchronisation manchmal unverzichtbar.

Dann brachte man mir schonend bei, daß ich »Viva Maria« bei der offiziellen Premiere in New York und Los Angeles vorstellen sollte. Auch das noch! Das war unmöglich. Ich wollte nicht dorthin, hatte endlich meine Ruhe gefunden und keine beruflichen Verpflichtungen. Ich wollte in Frieden gelassen werden. Sollte man Jeanne Moreau darum bitten.

Aber die war verhindert!

Ich war noch nie in den Vereinigten Staaten gewesen, auch wenn die Amerikaner mich berühmt gemacht hatten. Wieder eine unüberwindliche Prüfung, und doch mußte ich mich fügen. Das Modehaus »Real« kleidete mich fürstlich ein. Seine beiden Direktricen, Hélène Vager und Arlette Nastat, waren meine Freundinnen geworden und setzten alles in Bewegung, damit – wie in La Fontaines Fabel – mein Gefieder meinem Gesang entsprach. Ich sollte Aufsehen erregen. Zunächst etwas aprikosenfarbener Seidenkrepp, so eng anliegend, daß man mein Muttermal unter der rechten Brust bemerken konnte, dann ein Teil aus Satin, bestickt mit

tausend glitzernden Straßsteinchen, mit einem schwindelerregenden Rückendekolleté, das bis an meine Pospalte
reichte. All das war recht anstrengend. Ich fühlte mich nur in
Jeans, Stiefeln, einem alten Pullover und wehender Mähne
wohl. Meine Abneigung gegen dieses lächerliche, oberflächliche Herausputzen ist schon merkwürdig. Dabei lieben andere Frauen gerade das, allen voran Maman, die außer sich
geriet vor Entzücken.

Kurzum, am 16. Dezember 1965 flog ich in einer Maschine
der Air France, die danach auf den Namen »Viva Maria« getauft wurde, nach New York, gemeinsam mit einer ansehnlichen Expertengruppe: Bob, Jicky, Hélène Vager, meiner
Couturière, Dédette, meiner Maskenbildnerin, Jean Pierre,
meinem Coiffeur, Olga, Louis Malle, François Reichenbach, einem Heer von Public-Relations-Leuten, einer Menge
Fotografen und Journalisten, die die Ehre hatten, mich auf
»meinem« Flug zu begleiten. Man hatte mich perfekt ausstaffiert, angekleidet, manikü't, geschminkt, frisiert (hm,
hm) und beschuht. Alles erschien mir derart unwirklich, daß
ich das Gefühl hatte, mich selbst zu doubeln.

Die Reise bestand nur aus einer ständigen Abfolge von
Interviews, Fotos, Champagner und Trinksprüchen. Ich
war gleichzeitig erschöpft und überdreht. Unser Flugzeug
flog mit der Sonne, so daß es keine Nacht für uns gab. Ich
wagte nicht zu dösen, aus Angst, man würde mich dabei fotografieren, meine Frisur könne darunter leiden und meine
Schminke verlaufen.

Die Ankunft in New York war sehr beeindruckend. Während das ganze Drum und Dran für meinen Ausstieg organisiert wurde, mußte ich im Flugzeug bleiben. François
Reichenbach sollte auf der gesamten Reise all meine Reaktionen und alles Unvorhergesehene filmen. Ich war angespannt, nervös. Eine riesige Menschenmenge erwartete
mich. Sehnsüchtig dachte ich an meine Landung in Peru, an
die Erde jenes magischen Landes. Doch das war weit entfernt. Ich hatte Angst.

Dann hieß es aussteigen, und ich stieg aus. Oben auf der Gangway lieferte ich mich ihnen aus wie ein Stier, der sich in die Arena begibt – Blitzlichtgewitter, blinkende Teleobjektive, Fragen, lautes Jubelgeschrei. Langsam stieg ich die Stufen hinunter, als wäre ich im »Casino« von Paris.

Polizisten versuchten die Menge zurückzuhalten; man schnappte nach mir, stieß und zog mich hin und her, überall waren Lichter, überall Hände, überall Leute, ich wurde erdrückt, erstickt, gepeinigt. Ich lächelte, ich mußte unbedingt lächeln, stark sein, durchhalten, du lieber Gott!

Ich wurde in einen riesigen Saal geschwemmt, in dem ich wieder zur Besinnung kam. Man stellte mir diesen und jenen vor, und ich lächelte jedesmal. Mein Haarknoten hatte das Gewühl nicht gut überstanden und hing jämmerlich herunter. Ich nahm die Gelegenheit wahr, auch noch die letzten Haarnadeln herauszuziehen und meine wirren Haare vollends zu befreien. Was sollten schließlich die Konventionen? Es hätte nicht viel gefehlt, und ich hätte meine Schuhe ausgezogen ...

Erst in diesem Moment wurde mir bewußt, daß man mich zu einer regelrechten Pressekonferenz erwartete. Ein riesiger Tisch mit vielen Mikrofonen, ein Plakat von »Viva Maria« an der Wand, jede Menge Journalisten, Fernsehkameras, Fotografen. Verloren suchte ich nach Dédette, die ich jedoch in dem Gedränge nicht entdecken konnte. Sie hätte mir die Nase vor diesem Auftritt neu pudern sollen. Schüchtern bat ich darum, mich im »restroom« entspannen zu dürfen, aber dazu war keine Zeit, alles war soweit. Man geleitete mich umgehend auf das Podium, wo Louis Malle, der nach dieser anstrengenden Reise auch nicht gerade den Helden spielte, mich erwartete.

Ein Mann zu meiner Rechten wurde mir vorgestellt. Es war Pierre Salinger, ehemals »public relations manager« im Weißen Haus unter John F. Kennedy. Er stand uns mit seinem Wissen, seinem Humor, seiner Erfahrung und seiner Intelligenz zur Verfügung.

In den härtesten und schwierigsten Momenten meines Lebens rede ich mit mir selbst, berate mich und gebe mir

Kommandos. In dem Augenblick sagte ich mir: »Liebe Bri, du mußt das Bild abgeben, das sie von dir erwarten, mußt anmaßend, sexy, selbstsicher, spöttisch, schelmisch, lasterhaft und unverfroren sein.«

Von den vielen Fragen, die mir gestellt wurden und die ich schlagfertig, knapp und gewitzt bald auf französisch, bald auf englisch beantwortete, erinnere ich mich nur an die impertinentesten:

»Was haben Sie für Ihren ersten Film eingenommen?«

»Ein Aspirin.«

»Welches war der schönste Tag in Ihrem Leben?«

»Eine Nacht.«

»Wer ist der dümmste Mensch, den Sie je getroffen haben?

»Sie, weil Sie mir eine so dumme Frage gestellt haben.«

»Was ist Ihr Lieblingsfilm?«

»Der nächste.«

»Was ist Ihr liebster Schmuck?

»Die Schönheit, weil man die nicht kaufen kann.«

»Was möchten Sie später im Leben mal tun?«

»Nichtstun.«

»Was denken Sie über freie Liebe?«

»Ich denke niemals, wenn ich liebe.«

»Was nehmen Sie zum Einschlafen?«

»Die Arme meines Liebhabers.« (Auf diese Frage hatte Marilyn Monroe einmal die unvergeßliche Antwort gegeben: »Chanel Numéro 5«.)

»Was reizt Sie am meisten an einem Mann?«

»Seine Frau.«

»Worauf führen Sie Ihren Ruhm zurück?«

Ich stand auf, rief »Look« und verschwand schleunigst.

Ich wurde in einen prächtigen zwölfsitzigen Lincoln mit durchsichtigem Verdeck verfrachtet, in die überfüllte Halle des Hotels »Plaza« geleitet und fand mich schließlich in einer Königs-, Kaiser-, Präsidentensuite mit mindestens sieben Räumen wieder.

Ich vergoß keine Tränen darüber; ich war baff.

Ich reagierte nur noch rein mechanisch und hätte stundenlang so weitermachen können. Ich hielt meine Nerven im Zaum, die zum Zerreißen gespannt waren.

Mama Olga nahm unentwegt Anrufe entgegen, Dédette packte ihre Schminkutensilien in meinem Ankleidezimmer aus, während Hélène Vager meine kostbare Garderobe auf alle verfügbaren Kleiderbügel hängte und Jicky diese exklusiven intimen Augenblicke eines Stars mit der Kamera verewigte.

Intime Augenblicke! Es war zum Totlachen. Ich wußte nicht einmal, wo Bob geblieben war. Bei aller Geschäftigkeit, die mir galt, saß ich einsam in einer Ecke und rauchte teilnahmslos und geistesabwesend eine Zigarette.

Reichenbach filmte ununterbrochen. Er war sehr begabt; zwar warf er fünfundneunzig Prozent des belichteten Materials weg, aber die verbliebenen fünf Prozent waren einzigartig.

Pierre Salinger brachte frischen Wind in die Suite. Er hatte das »gewisse Etwas« derjenigen Amerikaner, die weder Cowboyhüte tragen noch wie Donald Duck näseln; seine Wärme, seine einfache Art und die magische Eigenschaft der Unverkrampftheit nahmen mich für ihn ein. Für ihn stand »todsicher« fest, daß ich dank meines Humors die Herzen der Journalisten gewonnen hatte; alles würde glattgehen, und im übrigen werde dieser Erfolg mit Champagner gefeiert!

Am nächsten Tag konnte ich das Hotel, das von einer Horde sensationslüsterner Journalisten belagert wurde, nicht verlassen. Während fast alle meine Freunde New York kreuz und quer erkundeten, wanderte ich in meinen sieben Räumen auf und ab und hatte es über. Meine Türen wurden von Polizisten in Zivil bewacht, niemand konnte hinein oder heraus, ohne sich auszuweisen.

Bei einem »intimen« Abendessen für zwölf Personen, das ich bestellt hatte, servierte uns der Oberkellner gerade einen »cheese-cake«, den ich so gerne aß, als ein Arbeiter im Blaumann hereinmarschierte, eine Werkzeugtasche unter dem Arm, eine Trittleiter über der Schulter. Die Hoteldirektion habe ihn beauftragt, die Elektroinstallationen zu überprüfen. Wir beendeten unser Dinner, unterhielten uns über alles mögliche – über die Presse im allgemeinen und die Zeitungen vom Tage im besonderen, die mehr oder weniger lobend von der Pressekonferenz vom Vorabend berichtet hatten – und versuchten gleichzeitig, im Fernsehen jene Reportagen mitzubekommen, in denen ich zu sehen war. Wir benahmen uns alle ganz ungezwungen, während der gute Mann auf dem Boden herumkroch oder auf der Leiter immerzu nach dem Defekt in den elektrischen Leitungen fahndete.

Am nächsten Tag fanden wir in einem der größten Klatschblätter New Yorks detaillierte Schilderungen unserer abendlichen Gesellschaft und unserer Unterhaltung. Der Elektriker war einer der bekanntesten und meistgefürchteten Journalisten der örtlichen Sensationspresse gewesen.

Der Tag »X« war da. Erstmalig sollte ich in einem der märchenhaftesten Kinos am Broadway, dem »Astor Theatre«, auftreten. Immerzu läutete das Telefon. Alle Journalisten erkundigten sich nach Schnitt und Farbe meines Abendkleides, jeder wollte ein Exklusivinterview.

Mein Herz pochte vor Aufregung. Seit dem Morgen lief ich mit Lockenwicklern umher, die mir Jean-Pierre verpaßt hatte, in der Hoffnung, meine widerspenstige Mähne so zu bändigen. Aus dem Fenster blickte ich auf diese fremde, befremdende Stadt, von der ich nichts wußte; diese Stadt, die ich erst noch erobern mußte und in der ich mir wie eine Gefangene meiner selbst vorkam.

Genau um achtzehn Uhr begann man, mich herzurichten. Ich war eine Barbiepuppe in den Händen der Schöpfer meiner Schönheit. Ich hasse es, wenn man an mir herumfummelt, mein Gesicht und meine Haare mustert. Ich kenne meine Unvollkommenheiten und hätte mich lieber selbst in aller Ruhe geschminkt, frisiert und angezogen. Aber statt dessen gab jeder seine Meinung ab: Ich hätte zuviel Schwarz um die Augen, dafür fehle es an Lippenstift; meine Haare seien zu lang und nicht genügend gelockt, ein Knoten sei eleganter – ich müsse doch anständig und tadellos aussehen! Nein, ich müsse sexy wirken, so als käme ich gerade aus dem Bett.

Schließlich warf ich wütend alle hinaus und versuchte, den Tränen nahe, mich so zu schminken und zu frisieren, wie es mir gefiel. Ich schlüpfte in mein glitzerndes Kleid, betete zu Gott, daß es trotz der leichten Stoffqualität und des tiefen Dekolletés halten möge; es brauchte nur jemand auf meine Schleppe zu treten, und schon würde ich vor allen Leuten nackt dastehen. Nun, man würde ja sehen.

Ein Spalier von Polizisten sollte mich beim Verlassen des Hotels schützen, bis ich in dem funkelnden Lincoln Platz genommen hatte, der für mich bereitstand. Die Menge der Fans und Fotografen durchbrach die Abschirmung, als ich mich mit entblößten Brüsten in den Wagen warf. Jemand hatte – wie befürchtet – auf meine Schleppe getreten. Das fing ja gut an!

Einige besonders begeisterte Fans riefen mir zu: »Bridget, I want to make love with you!« und »Bridget, you are my star, my love, I want to die for you!«

Das war wirklich nicht der richtige Augenblick für Erklärungen dieser Art. Zwischen der Vierundvierzigsten Straße und dem Broadway war die Menge so angewachsen, daß wir trotz des großen Aufgebots an Polizisten und Sicherheitskräften, das einem Staatschef zur Ehre gereicht hätte, große Mühe hatten, das »Astor Theatre« zu erreichen.

Louis Malle, Pierre Salinger und andere halfen mir aus dem Wagen. Den dicht an dicht stehenden Polizisten gelang es nicht, das Meer brüllender Menschen zurückzuhalten. Ich dachte an mein Kleid, das jeden Moment reißen konnte. Plötzlich wurden wir von der überbordenden Menschenflut förmlich weggespült, vom Boden hochgehoben und hin und her geschaukelt.

Ich bekam einen Schlag mitten ins Gesicht. Dann flammte drei Zentimeter neben meinem rechten Auge ein Blitzlicht auf und verursachte eine Netzhautablösung. Halb blind, betäubt, hinkend und verstört, erreichte ich, an Louis Malle geklammert, schließlich die Vorhalle. Ich ließ mich in den erstbesten Sessel fallen.

An diesem Abend gab es zahlreiche Verletzte, und das Sirenengeheul der Krankenwagen untermalte auf merkwürdige Art die Filmdialoge. Mir blieb neben der grauenhaften Erinnerung an diese Premiere eine irreversible Schädigung meines einzigen sehtüchtigen Auges und die Erkenntnis, daß dieses Land nichts für mich ist.

Achtundvierzig Stunden lang trug ich eine schwarze Klappe über meinem rechten Auge und sah damit aus wie ein Pirat. Da mein linkes Auge von Geburt an nur ein Zehntel der Sehkraft besitzt, tappte ich beinahe blind umher; ich konnte weder lesen noch schreiben, noch sonst etwas tun, während in meiner Umgebung die Reisevorbereitungen für Los Angeles auf Hochtouren liefen.

Vor meinem unversehrten Auge schwenkte man die Fotos der Titelseiten, begeisterte Artikel über mich, verhalten aggressive Kritik am Film – ich sah nur trüben Nebel, und mir war im übrigen alles völlig egal.

Der Arzt hatte mir ausdrücklich geraten, eine Sonnenbrille zu tragen und einen weiteren Zwischenfall dieser Art unbedingt zu vermeiden, da er eine fatale Beeinträchtigung meines Sehvermögens zur Folge haben würde. Hinter meinen großen, schwarzen Brillengläsern hätte man Ray Charles vermuten können. Resigniert und erschöpft flog ich mit dem gleichen Tamtam und demselben Troß nach Los Angeles, wo das Spiel von vorne losging.

Im »Beverly Hills Hotel« hatte man schon ganz andere Dinge erlebt, da war ich mittendrin in der Welt der Stars; wir begegneten den größten Berühmtheiten, die mit Lockenwicklern im Haar im Warenhaus einkauften oder im Nachthemd ihren aprikosenfarbenen Pudel Gassi führten.

Meine Ankunft erregte mäßiges Aufsehen. Es wurden alle Vorsichtsmaßnahmen getroffen, um Fotografen und ihr gefährliches Blitzlichtgewitter fernzuhalten.

Am Premierenabend wirkte ich in meinem hautengen, fleischfarbenen Kleid wie nackt; mit meinen langen, gezähmten und gelockten Haaren à la Veronika Lake sah ich wie eine amerikanische Filmdiva aus. Man bat mich auf ein Podium, wo ich Fragen beantworten sollte, den Fotografen zwar ausgesetzt, von der Menschenmenge jedoch getrennt. Ich kam mit heiler Haut davon, und alle waren begeistert!

Ich setzte wieder meine schwarze Brille auf und beschloß, mich so schnell wie möglich aus dem Staub zu machen.

Von diesen unsinnigen Reisen sind mir nur Erinnerungen an prächtige Hotelsuiten geblieben, in denen ich eingesperrt war. Ich kenne weder New York noch Los Angeles. Hunderte von Leuten, die mir vorgestellt wurden, sind spurlos untergegangen in einem farblosen, formlosen, geruchlosen Nebel des Vergessens wie Tausende von Filmstatisten in einer Riesenschau, bei der ich die »leading lady« war.

Anne war Jicky gefolgt, eine der wenigen großen Reisen, an denen sie teilnahm. Die beiden hatten gar keine Lust, auf schnellstem Wege nach Frankreich zurückzukehren, und wollten mich zu einem kleinen Umweg über Puerto Rico überreden: Es sei einen Tag vor Heilig Abend und ein paradiesischer Gedanke, das Fest im Hotel »Dorado Beach« statt im grauen Alltag von Paris zu verbringen!

Bob, der die Tropen, Sonne, Meer, Farniente und Kokospalmen über alles liebte, war sofort einverstanden, Hélène Vager auch. Ihre Rolle als Starcouturière war beendet, sie träumte davon, mich nur noch halbnackt, in Bikini und Pareo, zu sehen.

Die lebhafte Erinnerung an die »West Side Story«, an die Tanzeinlagen und an George Chakiris überzeugten mich schließlich. Alles wäre besser, als hier in dieser künstlichen Welt, diesem verstaubten und kitschigen Luxus von Los Angeles zu vergammeln. Mir stand der Sinn nach echter Natur, mit einem echten Strand, echtem Sand, echtem Wind, echtem Jodgeruch, echtem Wellenrauschen; ich konnte die Plastikpflanzen, die Klimaanlage, den Kunstrasen, die Desinfektionsmittel und die schmalzigen amerikanischen Melodien, die uns vom Klo bis zum Fahrstuhl, von der Bar bis zum Schwimmbad ständig berieselten, nicht mehr ertragen.

Nun galt es, den Rattenschwanz der Pressefotografen, der Fans, der unliebsamen Freunde, die sich bestimmt an unsere Rockschöße hängen würden, loszuwerden. Wir faßten den Plan, offiziell unter unseren richtigen Namen nach New York zu fliegen, während Jicky heimlich fünf Tickets auf falschen Namen für Puerto Rico besorgte.

Während die Fotografenmeute das Flugzeug nach New York belagerte, schlugen wir mit Pierre Salingers Hilfe einen anderen Weg ein, um nach Puerto Rico zu fliegen.

Ich war glücklich, fühlte mich endlich frei! Ich war mit Kopftuch und Sonnenbrille ausstaffiert und sah unmöglich aus. Hätte man mir einen Besen in die Hand gedrückt und mich gefragt, wieviel ich für eine Stunde Putzen nehme, so hätte es mich nicht im geringsten gewundert. Das war eben der Preis für die Freiheit. Ich war entwischt!

Vielleicht rührt mein unbändiges Bedürfnis nach Freiheit – die ich nicht nur mir, sondern ganz besonders auch den anderen wünsche – von diesen traumatischen Erlebnissen her, ein Bedürfnis, das mich nie verlassen hat. Die anderen, das sind insbesondere die Tiere, die zu meinem zweiten Ich geworden sind. Ihre wie auch immer geartete Gefangenhaltung erschüttert und empört mich und treibt mich zu heftigen Reaktionen.

Ein puertoricanisches Taxi fuhr uns kreuz und quer über die Insel, bevor es uns im »Dorado Beach« absetzte. Das Elend auf dieser Insel, die Armut, die schwierigen Lebensbedingungen, der Schmutz, die Hitze, immer wieder der Gestank, sprangen ins Auge, in die Nase. Übergangslos war ich aus einer keimfreien Umgebung in eine feuchte, armselige, unerträgliche Kloake geraten, um mich nur Augenblicke später in den Kulissen einer Superproduktion in Technicolor für internationale Milliardäre wiederzufinden, in der alles, selbst die Blätter der Bäume, in »Erdbeer-Pistazie« angestrichen war; auch die kleinen Elektroautos, mit denen das schwarze

Personal – in »Erdbeer-Pistazie« uniformiert – von Bungalow zu Bungalow fuhr, waren so gehalten. Ich wollte trotz Klimaanlage die in »Erdbeer-Pistazie« gestrichenen Fenster öffnen – es ging nicht. Meer und Strand waren nur zehn Meter entfert, aber ich konnte alles nur durch riesige, hermetisch geschlossene Fenster betrachten und keimfreie, geruchlose Luft einatmen. Auch das noch! Es war nicht zum Aushalten.

Eine heftige Nervenkrise ließ mich in Tränen ausbrechen. Wo war es, das unverfälschte Leben? Ich wollte davonlaufen, zu Fuß, irgendwie, Hauptsache wieder einen Halt finden: mein Haus, meine Tiere, mein Land, meine Heimat, Maman – zu Hilfe!

Hier würde ich keine Minute länger bleiben; auf der Stelle sollte man ein Taxi rufen; ich wollte weg, weg, nichts wie weg! Das gehörte zu meinen Launen.

Ich ließ Jicky, Anne und Hélène einfach im Stich und reiste ab, begleitet von Bob, der soviel Taktgefühl und Freundlichkeit besaß, mich in meinem depressiven und überreizten Zustand nicht allein zu lassen. Nach der Rückfahrt über die Insel erwischten wir mit knapper Not das Flugzeug nach New York und bekamen dort Anschluß nach Paris.

Uff! Ich war gerettet.

Es war Heilig Abend. In dem gespenstisch leeren Flugzeug befanden sich Pierre Salinger und seine Frau Nicole, eine reizende Französin. Sie wollten Neujahr bei Freunden in Paris verbringen und planten, sich endgültig in der Seinemetropole niederzulassen. Um Mitternacht, der Geburtsstunde des kleinen Jesu, stellte ich meine Schuhe auf den Gang. Man servierte uns ein wunderbares Souper mit Champagner. Und am nächsten Morgen fand ich bei der Ankunft in Orly allerhand kleine Geschenke in meinen Schuhen. Danke, Air France, für dieses unvergeßliche Weihnachtsfest über den Wolken!

Während sämtliche Zeitungen in Frankreich auf der ersten Seite meine amerikanischen Abenteuer enthüllten, genoß ich die Ruhe der Avenue Paul-Doumer, die zärtliche Guapa, die liebevolle Maman, die mir zu meiner großen Überraschung einen wunderschönen Weihnachtsbaum geschmückt hatte, der mich mit seinen blinkenden Lichtern in einen tiefen Schlaf wiegte, in den ich mich gleich nach meiner Rückkehr flüchtete.

In Bazoches stürzte ich mich dann in das Jahr 1966, in die Arme von Bob, Jicky und Anne, die endlich wieder da waren, und in die von Papa und Maman, die ausnahmsweise Silvester mit uns feierten. Um Mitternacht ging ich zum Schafstall, um Cornichon und Nénette zu umarmen; es roch wunderbar nach Stroh, Schafkötteln und den Ausdünstungen ihrer warmen Körper – es fehlte nicht viel, daß ich dort geschlafen hätte.

Einige Tage später bat mich Alain Delon inständig am Telefon, seinen Hund Charly aufzunehmen, einen prächtigen Schäferhund, den ich schon in Mexiko erlebt hatte, als er noch ein Welpe war. Das arme Tier litt nach dem fast vierundzwanzigstündigen Aufenthalt im Frachtraum des Flugzeugs an einem schweren Trauma. Es reagierte nicht mehr normal, und Alain spielte bereits mit dem Gedanken, es einschläfern zu lassen.

Das brachte mich gegen ihn auf. Wie konnte man sich so einfach der Verantwortung entziehen? Ich schnauzte Alain an und beschloß auf der Stelle, Charly zu adoptieren. Meine entzückende kleine Wohnung in der Avenue Paul-Doumer mit ihren zahlreichen Stufen war Guapas Reich. Charly mußte sich ihr unterordnen.

Charly und ich verstanden uns ausgezeichnet, es war auf beiden Seiten Liebe auf den ersten Blick. Ich hatte noch nie einen Schäferhund gehabt und würde nach ihm auch keinen mehr wollen. Er wich nicht von meiner Seite, folgte mir auf Schritt und Tritt, schlief am Fußende meines Bettes, leistete mir beim Essen Gesellschaft – weit eifersüchtiger als alle meine Liebhaber zusammen.

Guapa zog ein langes Gesicht. Bob auch. Dieser Hund, dem Zuwendung gefehlt hatte, zeigte ein unersättliches Bedürfnis nach Zärtlichkeit. Vermutlich hatte er nur Fußtritte bekommen, daher sein als anormal bezeichnetes Verhalten. Nun, da ich ihm das gab, was er brauchte, wurde er sehr anhänglich, zuweilen etwas zu aufdringlich und bald zu groß für die Wohnung. Gingen Charly und ich aus, wagte sich niemand in meine Nähe. Er zog einen Bannkreis um mich herum, das war beruhigend, ganz toll.

Guapa und er fuhren mit uns nach Bazoches. Cornichon versetzte ihm ein paar Tritte. Das war seine Art, Eifersucht zu zeigen. Nénette verkroch sich mißtrauisch hinter Cornichon.

Nach der Rückkehr aus den Staaten wurde mir endlich mein toller »Morgan« geliefert: englischgrün, zweitürig, ein einzeln gefertigtes Kabrio, das nach Leder und Rosenholz duftete. Ich freute mich wie eine Schneekönigin.

Niemand außer mir hatte das Recht, ihn zu fahren. Wenn wir nach Bazoches fuhren, durften Charly und Guapa auf den schmalen Platz schlüpfen, der die hintere Sitzbank ersetzte, und Bob durfte auf den Beifahrersitz. Das Geräusch des Motors war einzigartig; dafür mußten unsere Hinterteile leiden.

Damals, in der guten alten Zeit, brauchte man Autos nicht abzuschließen. Zum Glück, denn mein Morgan hatte keine Schlösser. Und wenn man einen Wagen über Nacht draußen stehenließ, mußte man keinen Diebstahl oder Vandalismus fürchten. Mein Morgan verbrachte ruhige Nächte vor der Avenue Paul-Doumer Nr. 71, häufig im Halteverbot an der Bushaltestelle, ein stets freier Platz. In jenen glücklichen Zeiten gab es weder Politessen noch Parkuhren, und die Polizeibeamten drückten bei meinem rotzfrechen Kommissarston oft ein Auge zu. Dieser Morgan war mein Steckenpferd, meine Leidenschaft, einer meiner Spleens. Aber für komfortables Reisen war es nicht das ideale Fahrzeug.

Jeanne Moreau hatte mich mit ihrem Rolls Royce stark beeindruckt. Auch wenn man noch so wenig Snob sein, zwanglos leben und den äußeren Zeichen des Reichtums keine Bedeutung beimessen wollte, beim Anblick eines Rolls, da machten die Leute schon große Augen.

564

Und die sollten ihnen schon bald übergehen. Meine wundervolle Sekretärin Michèle, die mehr als fünfzehn Jahre bei mir blieb, machte nämlich für mich das Geschäft des Jahrhunderts ausfindig: einen Silver Cloud aus erster Hand, grau-metallic, versenkbare Trennscheibe zwischen Fahrer und Fond, eine kleine Bar mit Silberstöpseln auf Kristallflakons, bester Zustand; ein bildschönes Auto der Luxusklasse, das Topniveau, Komfort und so weiter bot, und das alles in allem für zwanzigtausend Francs. Ich fiel auf den Hintern. Ein Rolls für zwanzigtausend Piepen! Ich kaufte ihn sofort.

Die Rolls-Vertretung von Levallois lieferte ihn mir mit gebührender Ehrerbietung. Der neue Wagen wurde hinter meinem Morgan an der Bushaltestelle geparkt, man brachte mir die Schlüssel und die Papiere hinauf, verbeugte sich tief, als ich durch Michèle den Scheck überreichen ließ, und ging.

Ich schaute mir das Gefährt hinter dem Morgan an und fragte mich, wie er sich wohl fahren ließ und wo ich ihn parken sollte. Ich fackelte nicht lange, rief Maman, Papa, Mamie, Dada, La Big und meine Tante Pompon an, packte die ganze vor Bewunderung sprachlose Gesellschaft in den Rolls, setzte mich ans Steuer und fuhr extrem vorsichtig einmal um den Häuserblock.

Ich war stolz, aber etwas unsicher.

Danach mußte aber Papa den Wagen parken, denn mich schreckte die gewaltige Größe im Vergleich zum Morgan. Später gewöhnte ich mich daran, ihn zu fahren, was manchen Unfall um mich herum provozierte. Die Leute, die verblüfft waren, wenn sie mich am Steuer des Rolls erkannten, bauten Auffahrunfälle, während ich unbeeindruckt meine Fahrt fortsetzte und zu meiner diebischen Freude weitere Zusammenstöße auslöste.

Aber angesichts der vielen Strafzettel, die das Auto mich kostete, verwandelte sich meine Freude in Wut. Wenn die Polizei auch bei meinem kleinen Morgan ein Auge zudrückte, den riesigen Rolls im Halteverbot der Bushaltestelle zu übersehen war kaum möglich. Ich hatte weder Garage noch Parkplatz. In kurzer Zeit hatten die Ausgaben für Strafmandate die Höhe des Kaufpreises erreicht.

Weil ich endlich frei war und ohne Filmvertrag oder jede andere Verpflichtung leben konnte, wie es mir gefiel – ich hatte mein Teil getan –, mietete ich ein Chalet in Méribel. Damals konnte man noch in letzter Minute buchen.

Dieser Ort gefiel mir ausgezeichnet; allein der Name hatte etwas Sinnliches, Fruchtiges, und zudem bot das kleine, noch unberührte Dorf denjenigen, die es zu schätzen wußten, die Schönheit einer einzigartigen Umgebung. Schneebedeckte, hohe Gipfel überragten friedlich sanftere Hänge, die uns kurvenreiche, aber gefahrlose Abfahrten ermöglichten.

Damals war der Schnee sauber, die Luft rein.

Damals liebte ich Méribel.

Bepackt mit allem Notwendigen, fuhren Madame Renée, Charly, Bob, Guapa und ich in dem schönen Rolls los, um mit Jicky, Anne, ihrem Sohn, den Freunden von Bob, Jean-Max Rivière, seiner Frau Francine, Spielkarten, Zigarren, Skiern und dem ganzen Drum und Dran dort Quartier zu beziehen. Guapa blieb artig im Chalet bei Madame Renée, aber Charly lief mir stets hinterher.

Da ich nicht gerade ein Skias war, saß ich häufiger auf dem Hinterteil im Schnee. Ausgerechnet in dieser unvorteilhaften Position lernte ich Valéry Giscard d'Estaing kennen.

Als er mich in meiner mißlichen Lage erblickte und mich von meinem Hund bedroht glaubte, kam er angeschossen und stürzte. Charly stürmte auf ihn zu und biß ihm in die Waden. Kurzum, wir lagen beide, die vier Skier in die Luft gestreckt. So stellten wir uns gegenseitig vor und lachten uns dabei halbtot.

Mein Chalet war nicht weit entfernt, und da die Waden von Monsieur ziemlich ramponiert waren, schlug ich vor, ihm bei mir Erste Hilfe zu leisten. Ich habe wegen der Hunde in meinem Leben oft das Privileg genossen, mich mit einem in Jodtinktur getränkten Wattebausch über die im all-

566

gemeinen verborgenen Partien der größten Politiker zu beugen. Nach dem Postminister, Monsieur Marette, dessen Pobacken ich mit Jodtinktur bepinselt hatte, noch bevor ich sein Gesicht zu sehen bekam, bot mir nun unser ehemaliger Finanzminister die Blöße seiner Beine, obwohl ich ihn gerade erst kennengelernt hatte.

So begann meine Freundschaft mit Valéry Giscard d'Estaing, die weit über die Zeit hinaus hielt, in der ich mich für ihn bei seiner Wahl 1974 einsetzte. Ihm ist es zu verdanken, daß 1977, zum Zeitpunkt meines schwierigen Kreuzzuges in Kanada, in Frankreich die Einfuhr der Felle von Robbenbabys verboten wurde. Ebenso habe ich ihm zu verdanken, daß es mir 1980 gelang, die skandalösen Experimente von Lyon-Bron zu stoppen, bei denen lebende Tiere, insbesondere Paviane, bei vollem Bewußtsein an einen Sitz gefesselt in schwindelerregendem Tempo gegen eine Steinmauer geschleudert wurden. Sie platzten regelrecht, wurden zermalmt in einer blutigen Explosion zertrümmerter Gliedmaßen, herausspritzender Hirne, während die nächsten ohnmächtig diesem grauenerregenden Gemetzel beiwohnen mußten. Und das alles, um die Wirksamkeit von Sicherheitsgurten zu testen. Eine Schande!

Unsere Freundschaft zerbrach schließlich an meiner kompromißlosen Haltung den Jägern gegenüber. Aber ich will nicht vorgreifen.

Nun, Valéry floh häufig aus dem häßlichen, snobistischen Courchevel, wo er sich gewiß für gutes Geld langweilte, und mischte sich in meinem kleinen Chalet von Méribel unters Volk. Wir spielten abends mit Jonny Halliday, Sylvie Vartan, Jean-Jacques Debout, Chantal Goya und dem Fotografen von »Paris-Match«, François Gragnon, »Ambassadeurs«, dieses heitere Spiel, bei dem die eigene Mannschaft den aufgeschriebenen Satz der Gegenmannschaft ohne Erläuterungen erraten muß. Wir scherzten nicht, wir nahmen es ernst. Die Zeit wurde von einem Schiedsrichter gemessen, wir genierten uns nicht, die groteskesten Stellungen einzunehmen, falls nötig auch obszöne Gesten zu machen oder äußerst komische Grimassen zu schneiden, um vor dem

Gegner die entscheidenden Sekunden für unseren Sieg herauszuschinden.

Und so kam es, daß Valéry, der in unsere kleine Bande aufgenommen werden wollte, eines Abends beschloß, mitzuspielen. Und auch noch in meiner Mannschaft! Das war mir nicht gerade recht, mit ihm würde ich verlieren.

Als er den Satz las, den er pantomimisch darstellen sollte, kratzte er sich am Kopf, blickte unsicher um sich und stürzte in die Küche, wo Madame Renée gerade den Boden wischte, bevor sie schlafen ging.

Was machte er bloß? Wir verloren kostbare Minuten durch ihn!

Auf einem Besen reitend, tauchte er wieder auf; das tropfnasse Scheuertuch auf dem Kopf, fing er an, durch den Salon zu reiten mit Luftsprüngen und Grimassen, die uns noch zehn Jahre später Alpträume bereiteten. Das Ergebnis war ein unbändiges Gelächter, alle gerieten außer Rand und Band. François Gragnon raufte sich die Haare, kaute an den Fingernägeln, trampelte mit den Füßen, hielt sich den Kopf und bedauerte unendlich, seinen Fotoapparat nicht dabei zu haben; der Schnappschuß seines Lebens ging ihm durch die Lappen.

Valéry Giscard d'Estaing hatte uns die »Hexenjagd« dargeboten.

Papas Gedichte wurden von der Académie Française preisgekrönt, ein fröhliches Ereignis in der Familie. Mein Dichter-Vater hatte schon einige Jahre zuvor den Band »Vers en vrac« mit sehr hübschen Gedichten auf eigene Rechnung drucken lassen. Papa, ein äußerst charmanter und humorvoller Mensch, brachte in seiner romantischen und galanten Art seine Liebesabenteuer, seinen Aufruhr, seine Eindrücke und seine Gefühle talentiert zu Papier. Er war äußerst empfänglich für die Schönheit von Frauen, entbrannte bald für die Augen der einen, bald für das Gesicht einer anderen oder den Körper einer dritten.

Im Bann all dieser »Hübschen«, wie er sie nannte, las er meiner Mutter seine noch heißen Liebeserklärungen vor. Je nach Stimmung gratulierte Maman ihm aufrichtig dazu – sie hatten das Stadium der Eifersucht schon lange hinter sich –, oder sie jagte ihn aus Wut über die vertane Zeit einfach zum Teufel.

Papa ging mit einer Rose in der Hand durch das Leben und schrieb noch viele andere Gedichte, die ebenfalls kleine Meisterwerke waren, auch wenn die Académie Française ihnen keinen Preis zuerkannte.

Ich hatte Zeit, mich um meine alten Damen zu kümmern, lief von einer zur anderen mit allerhand Süßigkeiten, hörte ihnen zu, wenn sie von ihren kleinen Wehwehchen erzählten, und versuchte mit ganzem Herzen Abhilfe zu schaffen.

Es ist reichlich über die Männer in meinem Leben geredet worden. Die Titelseiten vieler Zeitungen waren voll davon, wobei man alles daransetzte, schwierige oder durch das ewige Schnüffeln der Journalisten schwierig gemachte Beziehungen in Skandale zu verwandeln. Man könnte aber auch von den alten Damen in meinem Leben sprechen. Sie waren ebenso wichtig wie die Männer, wenn nicht wichtiger, denn sie stimmten mich heiter, liebten mich beständig, und ich fand Halt bei ihnen, wenn der Boden unter meinen Füßen ins Wanken geriet.

Während François Reichenbach mich mit Hilfe von Bob und Olga dazu überreden wollte, zum Jahresende eine musikalische Fernsehshow zu machen, schlug mir Serge Bourguignon, der gerade einen großen Erfolg mit »Dimanches de Ville d'Avray« gelandet hatte, einen faden Film mit dem vorläufigen Titel »Deux semaines en septembre« [»Zwei Wochen im September«] vor; die Außenaufnahmen sollten in Schottland gedreht werden, und als mein Partner war Laurent Terzieff vorgesehen.

»Vielleicht, vielleicht auch nicht«, war alles, was mir dazu einfiel. Ich war schließlich frei!

Aber meine geliebte Freiheit paßte niemandem. Mein ganzes Leben lang war ich stets die Milchkuh, die alle, die davon lebten, in Gefahr brachte, wenn sie nichts mehr produzierte. Daran hat sich bis heute, kurz vor meinem sechzigsten Geburtstag, nichts geändert.

Bob hatte sich in den Kopf gesetzt, mit Reichenbach diese berühmte »Show« zu produzieren, die auch heute bisweilen noch ausgestrahlt wird. Da er jedoch nicht einen Sou besaß, um ein Produktionsunternehmen aufzuziehen, bat er mich, ihm die erforderlichen zwanzigtausend Francs »vorzuschießen«. Trotz meines – unzutreffenden – Rufs, knauserig zu sein, tat ich ihm den Gefallen, um ihm eine Freude zu machen – und damit er mir nicht länger in den Ohren läge.

Dieser Bourguignon machte mir keinen soliden Eindruck, der Braten schmeckte mir nicht. Ich hatte nämlich gerade das Buch »Die Forelle« von Roger Vailland gelesen, das mich begeistert hatte und von Joseph Losey verfilmt werden sollte. Dieses Projekt interessierte mich mehr, ich zog schon damals Fisch vor! Doch leider fiel »Die Forelle« dann ins Wasser, und ich unterschrieb doch bei Bourguignon, aber erst nachdem ich das Drehbuch verbessert und ihm den neuen Titel »A cœur joie« [»Zwei Wochen im September/Drei Tage einer neuen Liebe«] – auf den ich ziemlich stolz war – verpaßt hatte. Auf den fertigen Film war ich allerdings weniger stolz. Doch noch war es nicht soweit.

In jener Zeit riefen Freunde, die ich vergessen oder aus den Augen verloren hatte, plötzlich wieder an und nannten mich »unseren Star«.

»Hallo! Wie geht's unserem Star?«

»Hat unser Star Zeit, mich nach Bazoches einzuladen?«

»Ist unser Star guter Dinge? Hat er gut geschlafen? Ist er glücklich?«

Ich fuhr einen Rolls Royce, hatte einen nicht unbedeutenden Erfolg in »Viva Maria« zu verzeichnen, man riß sich um mich, ich war in jenen Jahren auf dem Höhepunkt meiner Schönheit und meines Ruhms. Aber das war mir nicht bewußt.

Bewußt war mir hingegen, daß der arme Charly in den vier Wänden der Avenue Paul-Doumer unglücklich war. Es zerriß mir das Herz. Außerdem ging alles unweigerlich zu

Bruch, was sich auf seiner Höhe befand, wenn er mit dem Schwanz wedelte. Da er in Bazoches unbeschwert leben konnte, beschloß ich, ihn am folgenden Wochenende meinem Hausmeisterpaar anzuvertrauen und ihm ein freies Leben auf dem Land zu ermöglichen. Zwar fiel uns beiden die Trennung nicht ganz leicht, das noch ganz von meinem Duft erfüllte Haus war ihm jedoch vertraut, und das Hausmeisterpaar, das ihn sehr mochte, war genauestens instruiert, wie sie ihn verwöhnen und welche Lieblingsspeisen sie ihm geben sollten.

Drei Tage ging alles bestens, und ich entspannte mich allmählich, als die Katastrophe geschah. Bob fiel die unangenehme Aufgabe zu, mir mitzuteilen, daß Charly meine arme Nénette halb aufgefressen hatte. Nénette, mein süßes Schaf, das im letzten Moment vor dem Schlachthof gerettet worden war, hatte nun einen abscheulichen Tod gefunden durch diesen wunderbaren Hund, der immer so sanft, so gehorsam und so nett gewesen war. Ich weinte hemmungslos, verfluchte mich, fühlte mich allein verantwortlich für diesen blutigen Todeskampf.

Ich hätte mich nie von Charly trennen dürfen, er lebte nur durch mich. Er hatte das arme Schaf offenbar stundenlang attackiert, bis es schließlich erschöpft zu Boden ging und bei lebendigem Leibe gefressen wurde.

Dieses Drama brachte mich zu der grundlegenden Erkenntnis, daß niemand seinem Schicksal zu entgehen vermag. Das hat sich leider wiederholt bestätigt. Trotz meiner Zuwendung konnte ich Nénette nur vorübergehend davor bewahren; das galt auch für Charly, den ich niemals wiedergesehen habe und den ich auch niemals hätte wiedersehen mögen. Alain Delon holte ihn aus Bazoches ab. Ich weiß nicht, was aus ihm geworden ist. Ich trage zum großen Teil Verantwortung für das Geschehen und fühle mich noch immer schuldig. »Man bleibt stets für das verantwortlich, was man sich vertraut gemacht hat«, schrieb Antoine de Saint-Exupéry.

Die Leiden, die das Leben uns auferlegt und die zum Tode führen, empfinde ich als empörend und unerträglich. Ganz gleich, um welche Art Tod es sich handelt, ob es um Tiere oder menschliche Wesen geht, ich habe mein ganzes Leben gegen »ihn« gekämpft, habe Unmengen an Energie aufgebracht, um das unvermeidliche Ende hinauszuzögern und Tage, Stunden oder Minuten zu gewinnen.

Ich hasse den Tod! Er ist mir zuwider, macht mir angst; er ist unabwendbar, der große Gewinner. Denn was auch immer man unternimmt, vor ihm gibt es kein Entrinnen. Gewisse Leute, die sich für unsterblich halten, sollten darüber nachdenken.

Und wenn ich ihn selbst zuweilen suchte – trotz des großen Grauens, das »er« mir einflößt –, so geschah es aus einer momentanen Schwäche heraus; in meiner verzweifelten Abscheu vor diesen vergeblichen und ermüdenden Kämpfen kapitulierte ich, eine übereilte Geste der Huldigung, die er zurückgewiesen hat. Gegner, die sich gegenseitig respektieren, können gegenüber dem Besiegten Gnade walten lassen.

Seit meiner schrecklichen Begegnung mit dem Tod habe ich noch manches und sehr viel Schlimmeres erleben müssen.

Durch einen ebenso ungeheuerlichen wie seltsamen Zufall habe ich alle wichtigen Menschen in meinem Leben, alle nahen Verwandten, die mir die liebsten waren, in den Tod begleitet und ihre Hand bis zum letzten Atemzug gehalten. Jedes Mal ist ein Teil meiner selbst mitgegangen und ihnen dorthin gefolgt, wo sie jetzt sind.

Auch das Leben meiner Tiere verteidige ich mit Zähnen und Klauen gegen diese grausame Macht des Leids. Sie können mich erst verlassen, nachdem ich Himmel und Hölle in Bewegung gesetzt, um jeden Fußbreit gekämpft habe. Und ich gebe den Kampf auch lange nach ihrem Ableben nicht auf. Stets versuche ich, noch ihrem erstarrten Körper meinen Atem und die Wärme meiner Arme einzuflößen.

21

Es ging mir nicht besonders gut Ende Mai 1966. Bob war keine große Hilfe in »seiner« neuen Funktion als »Produzent« mit seinen Zigarren, seinem Poker, seinen Terminen!

Ich hatte Lust, nach Saint-Tropez zu fahren, denn damals wollte ich nie wieder einen Fuß nach Bazoches setzen.

Philippe d'Exea, einer derjenigen, die sich plötzlich meiner erinnerten und mich »unseren Star« nannten, der mir dann aber lange Zeit wirkliche Freundschaft entgegenbrachte, hatte den Einfall, mich mit dem Rolls nach Saint-Tropez zu fahren. Philippe, der über die Jahre hin zu meinem Zwillingsbruder avancierte, war ein Spaßvogel, ein eingefleischter Junggeselle, ein Abenteurer und halber Aussteiger, vor allem aber ein mittelloser Aristokrat alter Herkunft und obendrein schön. Philippe kannte alle Welt. Philippe scherte sich einen feuchten Kehricht um alles. Philippe hatte nie einen Sou in der Tasche, lebte aber wie ein Grandseigneur.

Serge Bourguignon, der unbedingt mit mir über »Zwei Wochen im September«, über die Dialoge, den Plot und so weiter sprechen mußte, was mich nicht die Bohne interessierte, und Bobs Schwester May, die ihm mit Perücke sehr ähnlich sah, hefteten sich auf unsere Spuren. May, die vergeblich nach einem Liebhaber Ausschau hielt, sollte mir bei der Gelegenheit als Anstandswauwau dienen.

Ich hielt Guapa im Arm, und Philippe saß am Steuer des Rolls und lenkte ihn über diese wunderbare Nationalstraße Nr. 7, gefolgt von Serge Bourguignon und May. Wenn ich mich nach langer Abwesenheit wieder nach »La Madrague« aufmachte, war mir stets etwas bang zumute; diesmal insbesondere deshalb, weil die zuverlässigen Hausmeister des Vorjahres aus Gesundheitsgründen gekündigt hatten

573

und Michèle, mein »Sekretärinnenwunder«, ein anderes Ehepaar eingestellt hatte, das ich noch nicht kannte und das noch nicht mit meinen Gewohnheiten und Eigenarten vertraut war. Alles, was ich über sie wußte, war, daß sie Monsieur und Madame »Quatreuil« [Vieraugen] hießen, für die Hüter eines Anwesens ein toller Name.

Philippes Lebenslust verscheuchte meine Melancholie. Die schönsten klassischen Werke erfüllten den Rolls in Stereo, vor allem Tschaikowskys erstes Klavierkonzert; dann waren es wieder die Beatles mit ihrem unvergleichlichen Sound oder die Rolling Stones, die uns die Fahrt auf der ruhigen Strecke verkürzten. Wir rasteten in kleinen Bistros, so daß wir ohne große Anstrengung die Provence mit ihrer singenden Sprache und den einzigartigen Düften erreichten.

Philippe ist nie mein Liebhaber gewesen. Er war viel mehr, er war mein Vertrauter, mein Bruder, meine Zuflucht.

Wenn ich beim Schreiben danach trachte, mein Dasein so ehrlich wie möglich noch einmal nachzuleben und all die Erinnerungen ungeschönt preiszugeben, die mich angesichts des leeren Blatts Papiers bestürmen, ohne daß ich Aufzeichnungen zu Hilfe nehmen müßte, nur meiner ungewöhnlichen Gabe vertrauend, auch die kleinsten Einzelheiten der Vergangenheit im Gedächtnis zu behalten, dann komme ich mir vor wie ein spuckender Geysir. Ich öffne ein Ventil und gebe endlich alles Wesentliche aus meiner Intimsphäre preis, die so oft verletzt, benutzt und entstellt wurde. All diese Blicke durch das Schlüsselloch, diese auf meine Seele gerichteten Teleobjektive, diese um des schnöden Mammons willen verfaßten Deutungen meines Innersten haben mich beschädigt und beschmutzt.

Wenn ich schmutzig bin, dann kommt es ganz allein mir zu, es mutig zu bekennen; wenn ich sauber bin, dann ist das allein mein Glück oder Pech. Ich habe genug davon, daß irgendein Pierre, Paul oder Jacques mich auseinandernimmt, ohne mich zu kennen, und der Welt ein falsches Bild von mir liefert, das mich in den Dreck zieht. Ganz wichtig ist mir dieser Einschub, damit ich hier klarstellen kann, daß damals gewisse Leute vorgaben, andere Beziehungen zu mir zu haben, als die, die uns wirklich verbanden. Und von der Sorte gab es mehrere! Ganz zu schweigen von denen, die mit Verschwörermiene vorgaben, sie seien meine Liebhaber gewesen, lediglich ihre Diskretion verbiete ihnen zu ... Arme Irre, denen ich gerade mal eben die Hand gereicht hatte, aber just dabei fotografiert wurde!

Um meine Erzählung wieder aufzunehmen: Wir kamen also, wie man in Afrika sagt, um die Zeit nach Saint-Tropez, zu der die Tiere zur Tränke gehen. Ich hatte keine Lust, nach »La Madrague« zu fahren, und schlug vor, direkt Gassin anzusteuern und dort im Restaurant meiner Freundinnen Picolette und Lina – der Exfrau von Pierre Brasseur – zu Abend zu essen.

Die »Bonne Fontaine« war so etwas wie meine zweite »La Madrague«. Dort fühlte ich mich wie zu Hause, mußte mich jedoch um nichts kümmern; ich genoß das Leben, ließ mich von den beiden Frauen, die sehr wichtig für mich waren, wie eine Schwester willkommen heißen, bedienen, verwöhnen und lieben.

An jenem Abend war die »Bonne Fontaine« gut besucht. Picolette und Lina führten uns zu einem kleinen, neben der Bar versteckten Tisch, an dem wir alle vier Platz nahmen. Wir waren nicht gerade in Höchstform nach der langen Fahrt.

Ich ging mir die Hände waschen und meine Haare zurechtmachen, bevor wir den köstlichen Champagner genossen, den sie uns einschenkten, damit wir uns erholten. Ich rief auch in »La Madrague« an, um mitzuteilen, daß wir bald kämen und man die Betten in den Gästezimmern beziehen solle.

Genau in diesem Augenblick entdeckte ich Gunter Sachs.

Er saß an einem Tisch mit lauter tollen Mädchen und sehr hübschen jungen Männern. Die kleine Gesellschaft lachte, trank, amüsierte sich und flirtete.

Der Zufall wollte es, daß an einem anderen Tisch mein Schwager Patrick Bauchau, Mijanous Mann, saß. Er war in ein Gespräch vertieft mit einem jungen Typen, dem Regisseur seines Films, der in Saint-Tropez spielte. Ein Film, dessen Titel im Stil von »Die Sammlerin« ebenso unbemerkt blieb wie ein Brief bei der Post, den man nicht als Einschreiben verschickt.

Statt Leinwandrekorde zu brechen, brach Patrick die Herzen der Frauen. Deshalb war Mijanou gegangen, um das ihre in Griechenland zu kitten, und studierte nun bei ihrem Freund Embirocos die verschiedenen Arten, mit denen Eros die Herzen zusammenflickt, eine Masche rechts, eine Masche links, nach den nützlichen Geboten der Schwestern aus der Rue Lubeck, bei denen sie Griechisch und Latein studiert hatte.

Gunter schaute immer zu mir herüber.

Ich fand ihn wunderbar.

Dabei hatte ich ihn schon einmal getroffen, doch ich wußte nur noch, daß er vor ein paar Jahren das hübsche Haus von Maman in La Miséricorde gemietet und in einem miserablen Zustand wieder verlassen hatte. Maman war im übrigen nach dieser bedauerlichen Erfahrung in ein richtig solides Haus umgezogen, ein wunderschönes Landhaus mit dem Namen »La Pierre Plantée«, umgeben von Weinfeldern, Feigen- und Maulbeerbäumen, und hütete sich künftig, es zu vermieten.

Ausgerechnet Philippe stiftete die explosive Begegnung zweier geheiligter Monster. Gunter verließ seinen Tisch, die Freunde und Covergirls und setzte sich zu uns, das Whiskyglas in der Hand, den stahlblauen Blick unverwandt auf mich gerichtet. Eine seltsame, faszinierende Kraft ging von ihm aus.

Ein echter Seigneur!

Seine graumelierten Schläfen, seine tollen, widerspenstigen und etwas zu langen Haare, sein energisches, gebräuntes Gesicht, seine riesige Statur und sein undefinierbarer Akzent, den er ausspielte, indem er sich in einem äußerst gewandten und gesuchten Französisch ausdrückte, ließen schnell alle Vorbehalte schmelzen, die ich noch hätte haben können.

65 *Ende 1967: Auf dem Höhepunkt meines Erfolges nahm ich »Harley Davidson« auf, den von Serge komponierten Song, der mich international zu einem Sexsymbol machte.*

66 *Ja, das bin ich...*
    als Charlie!

67 + 68 *Wie eine Königin, umgeben von meinen Amazonen Sveeva, Monique, Carole und Gloria, empfange ich bei meinem ausgelassenen Fest vom 7. Juli 1968 in »La Madrague« Gäste und Freunde.*

70 *Ich wollte
Frankreich verkörpern.
Und tat's.*

71 Herbst 1968:
Empfang von Prinzessin
Margaret bei der
Londoner Premiere des
amerikanischen Western
»Shalako« mit Sean
Connery

72 Unerschütter-
lich und resigniert bei
einer Premiere mit
Rolls und Paparazzi.
Patrick, mein neuer
Kavalier, wünschte, daß
mein Lebenswandel
dem Status eines Stars
entsprach.

73 Avoriaz 1970, vor einem malerischen, an eine Höhle erinnernden Hotel, einem riesigen Bienenstock. Eine unvergeßliche Begegnung mit dem Exsträfling und kompromißlosen Haudegen Papillon

74 17. April 1970, als Vorsitzende der 37. Gala der »Union des Artistes« mit Jean-Paul Belmondo und Jean-Pierre Cassel, meinem Partner in »L'Ours et la Poupée«. Patrick scheint sich tödlich zu langweilen!

75 1971, Courchevel. Christian versucht, mich meine Vergangenheit vergessen zu machen.

76 *31. März 1971: Vor 30 000 Zuschauern gab ich im Trikoloren-Look das Startzeichen für das Fußballmatch Frankreich gegen Brasilien im Parc des Princes. Fußballkönig Pelé stellte mir seine Mannschaft vor.*

Es war auf beiden Seiten Liebe auf den ersten Blick.

Picolette, Lina, Philippe, Patrick und die anderen mußten an jenem Abend stumm mitansehen, wie sich der berühmte Sturm der Leidenschaft entfesselte.

Ich war wie hypnotisiert. Ich hatte schon etliche Männer kennengelernt, hatte geliebt, Leidenschaften erlebt, doch an diesem Abend hob ich ab, von Gunter getragen, in eine märchenhafte Welt, die ich nie zuvor kennengelernt hatte und die ich auch später nie wieder erleben sollte. Die Nacht gehörte uns. Meine Müdigkeit war verflogen, und ich wäre ihm bis ans Ende der Welt gefolgt, zu dem er mich später tatsächlich mitnahm. Doch zunächst beschlossen wir, ins »Papagayo« tanzen zu gehen. Er hatte den gleichen Rolls wie ich! Gleiche Form, gleiche Farbe, alles gleich.

Welch ein merkwürdiger Zufall! Wir liebten uns mit den gleichen Waffen. Er fuhr seinen, ich ergriff das Steuerrad meines Wagens. Wir fuhren Seite an Seite wie zwei Herrscher in ihren Staatskarosse. Philippe, den ich auf den Beifahrersitz verbannt hatte, begriff nicht, was vorging. Warum wolle ich bloß selbst fahren, obwohl er doch dazu da sei? Bourguignon und May hielten mich tatsächlich für verrückt. Im übrigen hielt die ganze Welt mich für verrückt, und das mit gewissem Recht. Der verrückteste Abschnitt meines Lebens, die extravaganteste Zeit meines Daseins begann. Die unwahrscheinlichsten Momente des Glücks und Zeiten des tiefsten Kummers.

Wir trafen in »La Madrague« ein, als anständige Leute bereits auf dem Weg zur Arbeit waren. Die »Quatreuils« sahen uns schief an. Nur Kapi, immer auf Wachtposten, gebärdete sich wild vor Freude, während Guapa in ihr Körbchen schlüpfte, um endlich zu schlafen.

Ich bestellte Tee und Toasts für alle. Wir waren zu aufgedreht, um schlafen zu können, und lümmelten uns alle mehr oder minder der Länge nach auf dem Bett meines Schlafzimmers, mein Schwager Patrick, Philippe, Bourguignon und May. Als Madame Quatreuil das Tablett brachte, aufgeregter als eine brütende Glucke, der man die Eier weggenommen hat, fragte sie mit einem Blick auf die Männer, die sich auf meinem Bett flezten: »Madame, wen soll ich mit ›Monsieur‹ anreden?«

»Niemanden«, entgegnete ich, »Monsieur ist noch nicht da.«

Ich sah Gunter wieder.

Wir feierten die Hochzeit meines Amphorentauchers Gérard mit Monique am Strand von Pampelonne. Die Braut sah reizend aus in ihrem weißen Bikini, mit einem Kranz aus Orangenblüten und einem Tüllschleier im Haar. Ich kam in meinem Motorboot mit einem Leierkasten, der schöne nostalgische Melodien spielte, während Gunter im Frack, einen Riesenstrauß in der Hand, einen triumphalen Auftritt auf einem Monoski hatte, gezogen von seinem Super-Ariston.

Dann regneten aus einem Hubschrauber rote Rosen auf »La Madrague«!

Dann folgte ein unvergeßlicher Abend im »Pirate« von Menton, wo Zigeunerorchester bis zum Morgengrauen für uns aufspielten, während der Champagner in Strömen floß.

Dann unsere Ankunft, barfuß, im Casino von Monte Carlo, wo Gunter alles auf die Vierzehn setzte und dreimal in Folge gewann.

Dann die Vollmondnacht, in der Gunter im Smoking mit einem schwarzen, rotgefütterten Cape, das ihm die Flügel eines Raubvogels verlieh, mich, allein in seinem Super-Ariston, am Bootssteg von »La Madrague« abholte, so daß ich bis Tagesanbruch der Spur des Mondes auf dem Meer folgen konnte.

Dann war da die »Steelband«, die auf einem Motorboot spielte, während ich im Fahrwasser eines zweiten, von Gunter gesteuerten Bootes zum Klang jener wilden Rhythmen auf einem Monoski auf den Wellen tanzte und nur so übers Meer dahinflog.

Und dann erschien Bob!

Ich hatte Mühe, wieder auf den Boden der Realität zurückzukehren. Bob mit seiner Zigarre, seinen zu unterzeichnenden Verträgen, seine Freunde Jean-Max Rivière und dessen Frau Françine im Schlepptau. Bob mit seinem Projekt einer Fernsehshow unter der Regie von Reichenbach, mit seinen Entwürfen für neue Chansons. Bob, der gescheiterte Geschäftsmann, der meilenweit von meiner neuen Welt entfernt war und erst recht weit entfernt von jedem Verdacht ...

Philippe brachte Gunter dazu, einige Tage lang nicht aufzukreuzen. Das war eine harte Prüfung. Es fiel ihm schwer, er scharrte mit den Füßen wie ein Wildpferd, während ich mich ohne ihn zu Tode langweilte, verkümmerte wie eine Blume ohne Sonne.

Mir blieben drei Tage, um mein Problem zu regeln. Am Abend des dritten Tages würde Gunter die ganze Nacht lang allein in der »Bonne Fontaine« bei Picolette auf mich warten. Käme ich nicht, hätte ich mich gegen ihn entschieden. Er würde mich nie wiedersehen.

Bob schien sich für den Sommer bei mir einzurichten. Ganz gelassen packte er sämtliche Klamotten aus, ohne Streß, zufrieden, daß seine Geschäfte einen guten Verlauf nahmen.

Jean-Max sang mir dummes Zeug vor, das mich einen feuchten Kehricht interessierte.

Nur Francine mit ihrem weiblichen Instinkt witterte etwas. Ich vertraute mich ihr an. Ich bat sie inständig, mir dabei behilflich zu sein, Bob vor diesem schicksalhaften Tag zur Abreise zu bewegen.

Bob präsentierte mir einen Vertrag zur Unterschrift, den ich nicht einmal las. Noch heute, dreißig Jahre danach, bin ich durch lächerliche Klauseln an Händen und Füßen gebunden und werde für eine weltweite, unbefristete Verwertung der Rechte mit einem Apfel und einem Ei bezahlt. Aber um Bob loszuwerden, hätte ich damals unbesehen alles unterschrieben. Es war ein fürstliches Abschiedsgeschenk.

Ich rief Reichenbach an und teilte ihm mit, daß ich den Vertrag unterschrieben habe und Bob dringend die Dreharbeiten mit ihm vorbereiten müsse, ich könne dagegen erst kommen, wenn meine beruflichen Verpflichtungen es erlaubten, also erst nach dem Film mit Bourguignon.

Es war schwierig, Bob davon zu überzeugen, daß er noch am selben Sonntag abend nach Paris zurückkehren, Sonne, Strand und das Dolcefarniente verlassen müsse. Aber entweder ist man Produzent, oder man ist es nicht. Er stieg ins Flugzeug und kam nie wieder zurück.

Warum habe ich eigentlich nicht mit Bob gesprochen? Vielleicht aus Feigheit, aus Furcht vor einem Skandal, einem Drama, vielleicht auch aus dieser panischen Angst heraus, den Spatz in der Hand wegen einer ungewissen Taube in der Zukunft fallenzulassen, aus Furcht vor dem Alleinsein, davor, mich zwischen zwei Stühle zu setzen.

Wie auch immer, ich durfte keine Minute verlieren. Mit Francines Hilfe durchforstete ich meinen Kleiderschrank. Was sollte ich zum Abendessen nur anziehen? Mini war Mode, Mini – gerade den Po bedeckend. Ich fand endlich einen kleinen Fetzen, figurbetont, sexy, allerliebst, der genau richtig war. Aber Francine meinte, kürzer wäre besser. Und schon waren wir auf der Suche nach einem Nähkasten, Nadel und Faden. Wir mühten uns ab mit dem Saum.

Ich probierte an, Mist, man sah meinen Slip!

Also trennten wir den Saum schnell wieder auf.

Unterdessen verrann die Zeit. Im Eiltempo schminkte ich mir noch Augen und Mund. Nach der Fahrt im Kabrio hätte ich auf jeden Fall eine Windstoßfrisur. Ich besprühte mich mit »Heure Bleue«, streichelte Kapi und Guapa, und auf ging's zum großen Abenteuer!

Es war eines der wenigen Abendessen, bei dem Gunter und ich allein waren. An jenem Abend schenkte er mir drei Armbänder und drei blau-weiß-rote Eheringe mit Saphiren, Diamanten und Rubinen von Cartier, die ich in der Zeit unserer leidenschaftlichen Liebe ständig trug. Picolette und Lina wurden die bewegten Zeugen einer vorschnellen, aber dennoch tiefreichenden Verbindung.

In derselben Nacht bat Gunter mich in »La Madrague« um meine Hand.

Von da an schwebte ich auf einer kleinen Wolke im siebten Himmel, während Gunter die Planung unserer Zukunft in die Hand nahm.

In der von ihm gemieteten Villa »La Capilla« machte die Ankündigung unserer Heirat Furore. Die zahlreichen Angestellten redeten mich unterwürfig mit »Madame« an, während der Sekretär Samir, Faktotum und Gunters rechte Hand, en gros Tickets für den Heimflug der Covergirls kaufte, die sich in dem ständigen Durcheinander aus Vuitton-Koffern und Pendelfahrten zwischen dem Flughafen von Nizza und »La Capilla« zusehends verflüchtigten. Übrig blieben nur noch die unverzichtbaren Vertrauten, das heißt etwa zwölf Personen. Ich mußte mich daran gewöhnen, ständig all jene um mich zu haben, die ich »die verdammten Seelen Gunters« nannte: Serge Marquand, Gérard Leclery, Jean-Jacques Manigaud, Samir Sibaï, Michel Faure, Peter Notz, Christian Janville und so weiter, dazu deren Schätzchen oder Ehefrauen.

Um mit meinem Hofstaat nicht hintanzustehen, brachte ich in »La Madrague« die Freundinnen unter, die ich zufällig wiedergetroffen hatte, tolle Frauen, alleinstehend oder – bei dem liederlichen Leben, zu dem ich sie verführte – bald wieder kurz davor: Carole, die Rothaarige, Sveeva, die Brünette, Gloria, die Chilenin, Francine, die Blonde, und Philippe, der begeisterte Wächter dieses unerwarteten Harems.

Mit seinem ausgeprägten Sinn für Werbung verwandelte Gunter jede Stunde unserer Tage in Fototermine. Die allergrößten Fotografen verewigten in blendenden Fotos die märchenhafte Begegnung eines Filmstars mit einem internationalen Playboy.

Schließlich sollten die Armen träumen dürfen!

Und ich stieg ein in diesen Höllenzug, von einer seltsamen, ungewohnten Kraft getragen. Manchmal beunruhigte mich dieser ganze Trubel, diese permanente Aufregung, dieser unaufhörliche Exhibitionismus, doch andererseits war ich mir der Außergewöhnlichkeit jeder Minute, ja Sekunde bewußt und sog all diese einzigartigen und seltenen Ereignisse, meine zukünftigen Erinnerungen, in mich auf.

Gunter hatte entschieden, daß unsere Hochzeit am 14. Juli in Las Vegas stattfinden sollte.

In Las Vegas? Ich verzog das Gesicht. Und am 14. Juli? Lieber Gott, warum bloß?

Dabei träumte ich von einem kleinen Rathaus auf dem Land, und den 14. Juli, den französischen Nationalfeiertag, konnte ich nicht ausstehen. Aber Gunter hatte so entschieden. Die Vorbereitungen sollten in strikter Verschwiegenheit getroffen werden, und die Bombe erst am Tag »X« hochgehen. Ich war das Symbol Frankreichs, trug am Finger und am Arm die Farben der Flagge meines Landes, also mußte ich entsprechend handeln.

Es gab keine Zeit mehr zu verlieren. Samir, der Sekretär, kümmerte sich um die Beschaffung der notwendigen Papiere, während Gunter mit Ted Kennedy die feierliche Amtshandlung bei dem Standesbeamten organisierte, der unsere Ehe schließen sollte, und die Unterkünfte für unsere Aufenthalte oder Zwischenstopps sowie die Privatjets zu unserem Transport reservierte. Ich kam aus dem Staunen nicht mehr heraus, als ich sah, wie rigoros diese deutsche Organisation funktionierte, die nichts dem Zufall überließ. Alles war bis ins kleinste geregelt und terminiert. Angesichts des näherrückenden, ebenso wichtigen wie unerwarteten Ereignisses geriet ich in Panik.

Noch einmal eine Reise in die Vereinigten Staaten, in eine mir völlig fremde Umgebung, einem Mann ausgeliefert, den ich im Grunde nicht kannte, ohne irgend etwas Vertrautes, an das ich mich hätte halten können! Ich war drauf und dran, einen Rückzieher zu machen.

Solange ich noch in Saint-Tropez war und »La Madrague«, meine Freundinnen, Guapa, meine Eltern hatte, konnte ich großtun, konnte keiner mir etwas anhaben. Aber am anderen Ende der Welt, was würde da aus mir werden? Und dann konnte ich mir nicht vorstellen, fern von allen meinen Lieben auch noch zu heiraten.

Gunter kannte kein Zurück, bei keiner Entscheidung, für ihn gab es immer nur vorwärts oder verrecken.

Übrigens hatte er beschlossen, Serge Marquand, Gérard Leclery, Peter Notz, Philippe d'Exea und einen jungen englischen Kameramann mitzunehmen. Jeder von ihnen hatte eine genau bestimmte Aufgabe zu erfüllen. Serge Marquand sollte, assistiert von dem jungen Engländer, filmen, Philippe alle Fotos machen, Peter Notz sponsern, Gérard inszenieren und Gunter heiraten.

Plötzlich erschien mir die deutsche Romantik weit weg, sehr fern. Vorübergehend hatte ich den schrecklichen Eindruck, erneut in die unerbittlichen Zwänge einer Superproduktion geraten zu sein, in der ich selbst die Rolle der Brigitte Bardot spielte. Ich war wohl nur müde und verscheuchte schnell diese negative Vision.

»La Madrague« und Guapa überließ ich meinen hübschen Amazonen, die eifersüchtig mit ansehen mußten, wie ich, auf mysteriöse Weise von sechs Playboys umgeben, nach Paris abflog.

Ich entdeckte das prunkvolle Appartement, das Gunter in der Avenue Foch besaß: überall Fotos von tollen Frauen, die ihn umschlangen; Parfumwolken und Reizwäsche, die nicht von mir stammten. Es wäre doch wohl das mindeste gewesen, das alles vor meiner Ankunft feinfühlig verschwinden zu lassen! Der vorgetäuschte Luxus mit falschem Marmor aus Stuck, einem falschen Kamin mit elektrischer Glut, die vorgetäuschte Bibliothek mit den prächtigen Lederbänden, die nicht etwa die Geheimnisse auch nur eines einzigen wundervollen Buches enthielten, sondern eine Bar kaschierten, bestürzten mich. Es roch auf sieben Meilen nach Einrichtungshaus.

Ich war glücklich, als ich nach Hause in die Avenue Paul-Doumer fahren konnte. Madame Renée sah mich ohne Vorwarnung aufkreuzen, hatte kaum Zeit, mich wahrzunehmen, da war ich schon wieder weg.

Ich hatte zuvor »Real« zu Hilfe gerufen. Wie immer fand ich unter den zweihundert Kleidern in meinen Schränken nichts Passendes anzuziehen. Immerhin sollte ich heiraten! Ich brauchte etwas Hübsches, Neues, Elegantes, das nicht allzu verrückt ausfiel. Man lieferte mir einen ganzen Karton voller Kleider mit Pompons, Rüschen hier, Schleifchen dort. Ich suchte mir das schlichteste aus. Es war lila, ich blond und gebräunt – das würde gehen!

Am 13. Juli begaben wir uns – jeder in seinem eigenen Rolls – zum Flughafen Orly. Philippe fuhr mich, Gunter den Hofstaat seiner Freunde. Wir trugen uns unter falschem Namen in die Passagierliste ein: er als Monsieur Schar, ich als Madame Bordat.

Flugreisen habe ich nie gemocht, und dennoch stieß ich einen Seufzer der Erleichterung aus, als ich mich in der ersten Klasse des Jets niederließ, der uns binnen vierzehn Stunden nach Los Angeles bringen sollte. Wir bräuchten uns nicht mehr von der Stelle zu bewegen, und ich würde mich vielleicht etwas ausruhen können.

Ich hatte die außergewöhnliche Vitalität meines Märchenprinzen unterschätzt, der unermüdlich – ständig ein Glas Whisky in der Hand – Pläne über die Route unserer Hochzeitsreise schmiedete. Ich versuchte etwas Schlaf zu finden, während er über unterschiedliche Vorschläge abstimmen ließ: Mexiko, Tahiti und die Marquesas-Inseln.

Meine Stimme, auch wenn sie schläfrig war, zählte doppelt. Zwischen Mexiko und Tahiti kam es zu einer Stichwahl. Ich entschied zwischen zwei Gähnanfällen, daß wir beide Ziele ins Auge fassen sollten, denn schließlich war ich diejenige, auf die es ankam.

Wie immer bei wichtigen Angelegenheiten nannte Gunter mich »Ma Dame« und kündigte mir – wobei er mich siezte – mit der für ihn typischen Noblesse an, daß wir einige Tage in Acapulco verbringen und danach einen Abstecher zu den paradiesischen Tuamotu-Inseln machen würden, die mir so sehr ähnelten. Ich war fasziniert und schlief darüber ein. Dennoch erinnere ich mich deutlich an das Brummen der Motoren, das sich in meinem Halbschlaf in mitreißende Melodien verwandelte, die unablässig den Refrain des aktuellen Sommerhits wiederholten:

»Ich heirate morgen, ron ron ron,
das ist das Fest meines Lebens, ron ron ron,
sieh da, ich hab' schon Lust, ron ron ron,
meine Hand zurückzuziehen, ron ron ron.«

Ich träumte meinen Traum mit dem Kopf an Gunters Schulter. Ich war glücklich!

Rabenschwarze Nacht war's, als wir in Los Angeles landeten, in dieser endlosen Stadt, die sich dehnt wie ein Tag ohne Brot. Monsieur Schar und Madame Bordat wurden »schon wieder« von einer Menge Fotografen erwartet. Ich dachte daran, daß ich diesen Flughafen auf dem Weg in das teuflische Paradies Puerto Rico erst vor nicht allzu langer Zeit als Putzfrau verkleidet verlassen hatte und nun ganz unvermutet wieder da war. Hätte mir jemand im Dezember des Vorjahres gesagt, daß ich sechs Monate später in diesem Land heiraten würde, ich hätte diesen Typen einen armen Irren genannt. Man sollte nie vorschnell etwas beschwören.

Inzwischen wurde Gunter in der Flughafenhalle von der Presse bestürmt. Er versuchte, all diesen Schnüfflern einen Bären aufzubinden. Er machte ihnen weis, daß wir einen Bungalow im »Beverly Hills Hotel« gemietet hätten (was zwar stimmte, aber erst für den darauffolgenden Tag), daß wir von Saint-Tropez gekommen seien, um unseren idyllischen Traum in einem anderen Traumland weiterzuträumen! Abseits auf einer anderen Piste warteten bereits die beiden Learjets von Ted Kennedy auf uns, die uns direkt nach Las Vegas bringen sollten. Kurzum, Gunter wickelte die amerikanische Presse um den Finger, um mich zu schützen – er war der Mann in meinem Leben, der mich am meisten zu schützen versuchte, obwohl er extrem publicitysüchtig war. Auf jede Frage, die man mir an jenem Abend stellte, antwortete ich bloß: »Fragen Sie Gunter.« Ich war's leid, hatte genug davon, bis über beide Ohren.

Im Berufsleben muß man bestimmte Prüfungen in Kauf nehmen, aber nicht im Privatleben. Ich wußte jedoch nie, wo das eine anfing und das andere aufhörte. Das war das Drama meines Lebens.

Aber man darf den Sinn für Humor nie verlieren. Nachdem wir die Presse abgehängt hatten, die sich zu unserem Empfang zum »Beverly Hills Hotel« auf den Weg machte, flogen wir in den beiden Jets, die Ted Kennedy uns zur Verfügung gestellt hatte, nach Las Vegas. In unserem Jet erwartete mich ein riesiger Strauß weißer Rosen.

Genau fünfunddreißig Minuten später landeten wir in Las Vegas. Dort standen zwei schwarze Cadillacs bereit, die uns zum Rathaus brachten, wo wir unsere Heiratserlaubnis abholen konnten. Nicht ein Journalist war zu sehen. Es war der 13. Juli, genau eine Viertelstunde vor Mitternacht. Gerade Zeit genug, zum Standesbeamten, einem reizenden Menschen, zu gehen, der uns ein Zimmer zur Verfügung stellte, wo wir uns endlich frisch machen, umziehen, küssen, anschauen und unter vier Augen ewige Liebe versprechen konnten, als bereits der 14. Juli angebrochen war und wir in den Trauungssaal gingen.

Ich war sehr ergriffen. Gunter auch, wie trunken vor Glück und Müdigkeit, wie in einem Traum. Unsere blasierten Nichtstuer, unsere Kumpel, die unsere Trauzeugen und wenigstens einmal ernst und gut gekleidet waren, hatten ebenfalls Herzklopfen. Der Standesbeamte spielte auch nicht gerade den Helden. Man spürte, wie bewegt er war, als er mich in Englisch fragte, ob ich Gunter Sachs zum Ehemann nehmen wolle.

Ich antwortete »Yes« – mir zitterten die Knie –, er verbesserte »I do«.

Gunter antwortete ebenfalls »I do« – ich war Madame Gunter Sachs –, es war 1 Uhr 30 in der Frühe am 14. Juli 1966. Er war Deutscher, ich Französin, wir hatten in Englisch auf amerikanischem Boden geheiratet.

Gunter bat den Standesbeamten, die Zeremonie zu wiederholen, damit Philippe sie auf Fotos und Marquand sie mit der Kamera verewigen konnten. Das wunderte mich ein bißchen. Aber das waren erst die Anfänge eines Staunens, aus dem ich nicht wieder herauskommen sollte.

Benommen, erschöpft, sterbensglücklich, lebensglücklich, Hand in Hand mit meinem Mann, meinem Geliebten, meinem Gebieter, ihm folgend, wohin er mich führte, ging ich durch Las Vegas by night, geblendet von den Millionen Lichtpunkten der Leuchtreklamen von Casinos, Spielsälen, Hotels, Restaurants, die die Nacht dieser amerikanischen Stadt wie Tausende künstlicher, phantastischer Sonnen hell erleuchteten.

594

Las Vegas fand ich scheußlich.

Im Hotel »Tropicana«, einem dieser amerikanischen Kästen, in denen alles künstlich ist, nahmen wir unser erstes Essen als Ehepaar in Gesellschaft unserer Freunde ein, die zwischen den Spielautomaten, Roulettetischen, Croupiers, Lichtern und Jackpots verlorengingen. Selbst in den »Pipirooms« waren Spielautomaten! Es war schier unmöglich, der Versuchung zu widerstehen. Unsere blasierten Nichtstuer mußten ihre Taschen umdrehen.

Seit mehr als achtundvierzig Stunden hatte ich kein Bett gesehen. Um vier Uhr morgens schliefen Gunter und ich eng umschlungen, berauscht vom Glück, aber erschöpft, in dem Zimmer ein, das der Standesbeamte uns zur Verfügung gestellt hatte.

Eine Flutwelle schwappte am Morgen des 14. Juli über die ganze Welt. Wir waren das Thema auf den Titelseiten der Zeitungen. Politische Meldungen kamen unter »Ferner liefen«. Es gab sogar eine Karikatur, die Staatspräsident De Gaulle und Bundeskanzler Ludwig Erhard als unsere Trauzeugen zeigte. »Paris-Match« und »Jours de France« widmeten uns eine Sonderausgabe und erwiesen uns die Ehre, einen Monat lang nur von uns zu sprechen, während Radiosender, Fernsehanstalten, internationale Wochen- und Tageszeitungen, – »Time«, »Life«, »Newsweek«, »La Stampa«, »Der Spiegel« und so weiter – die ganze Welt mit Berichten über unsere Verbindung bis zum Überdruß eindeckten.

Papa, Maman und meine Sekretärin Michèle erfuhren die Neuigkeit aus der Presse. Bob auch. Und viele andere. Während wir schliefen, regte sich alle Welt auf, staunte, begeisterte oder empörte sich. Ich, die französischste aller Französinnen, hatte es gewagt, einen Deutschen zu heiraten. Welche Schande!

Andere, die sehr gut in Mathematik waren, hatten herausgefunden, daß ich alle sieben Jahre heiratete. 1952: Vadim, 1959: Charrier, 1966: Sachs. Sie konnten 1973 kaum erwarten.

Die beiden Learjets von Ted Kennedy brachten uns zum Bungalow Number one des »Beverly Hills Hotel« in Los

Angeles, wo ich den Tag verschlief, während Gunter Besuche der örtlichen Honoratioren empfing und auch Vadim.
Glückwunschtelegramme in allen Sprachen trafen zuhauf
von überall her ein, auch von Staatschefs und zahlreichen
Ministern.

Am Abend lud Danny Kaye uns zu sich zum Essen ein.
Ich erinnere mich an ihn als an einen etwas schüchternen,
zerstreuten Mann, der mit seiner Schürze vor seinem Bar-
becue stand, dann den Tisch deckte und uns bediente, als
würde er uns seit langem kennen; er bot uns Cocktails an,
allein in seinem großen Haus aus weißem Marmor, hoff-
nungslos allein in seinem kalten und leblosen Luxus mit seinem Image als Star.

Auch damals habe ich nichts von Los Angeles gesehen. Un-
deutlich erinnere ich mich an jenen gewaltigen Sunset Boulevard, über den wir zum Flughafen gelangten, an makellose, fast identische Rasenflächen, unpersönliche typische
Villen, die wie Soldaten in Uniform kilometerlang für uns
Ehrenspalier standen. Hinter diesen Mauern mußten Elisabeth Taylor, John Wayne, Marlon Brando, Paul Newman,
Rita Hayworth, Ava Gardner, Frank Sinatra und viele andere bekannte Stars ebenso allein und ebenso verzweifelt
leben wie Danny Kaye.

Ein seltsames und bizarres Land, diese Vereinigten Staaten, die ich jedesmal erleichtert wieder verließ.

Wir flogen nach Tahiti. Ich war die glücklichste, seligste aller
Frauen und so klug, dieses Glück zu genießen und so intensiv
zu erleben, wie es nur besonderen Augenblicken vorbehalten ist, denn die Seltenheit bezahlt man mit Flüchtigkeit. Obwohl mir weder das Fliegen noch das Reisen überhaupt lag,
umrundete ich in achtundvierzig Stunden die Erde.

Die Ankunft in Tahiti auf dem Flughafen von Papeete
war traumhaft. Einige Vahinés – so nennt man die Frauen
auf Tahiti –, so braun wie dunkler Kandis, schmückten uns
mit Tiaré-Blumenketten, es roch nach Vanille und der ver-
botenen Frucht. Ich sog die köstliche, wilde Luft in vollen

Zügen ein, diesen exotischen und ganz seltenen Duft von einem Ende der Welt, das ich mit Entzücken entdeckte, während halbnackte Tänzer und Musikanten uns mit leidenschaftlichen Tamourétänzen bezauberten. Verrückt vor Freude, barfuß, endlich in meinem Element, frei, Blumen in den Haaren und Festtagsstimmung im Herzen, wurde ich blonde Sirene von meinen Mitmenschen, die mich hochleben ließen, wie eine heidnische Königin empfangen.

Maître Lejeune, der ehrenwerteste Notar der Insel, hatte uns sein »faré« und auch sein Dienstmädchen zur Verfügung gestellt, eine Tahitianerin, die immer »fiou« war und die ich deshalb kaum sah. Denn wenn man dort »fiou« ist – also zugleich müde, schlecht drauf, einen Kater oder Liebeskummer hat –, dann arbeitet man nicht. Deshalb ruht man sich auf Tahiti unentwegt aus.

Während die Lagune abends die Färbung des orangefarbenen Dämmerlichts annahm, nahm Gunter mich in die Arme und Philippe Fotos auf. Gunter war schön, er trug den Pareo ebenso ungezwungen wie den Smoking, er versetzte mich in Erstaunen durch seine schnelle Anpassungsgabe, seinen Sinn für Humor, seine Intelligenz und Bildung. Ich war verliebt, schrecklich verliebt, fasziniert, hypnotisiert, vor allem aber stolz, sehr stolz auf ihn und stolz darauf, seine Frau zu sein.

Meine leidenschaftlichen Gefühle erschienen mir unabänderlich und immerwährend, nicht der Abnutzung durch die Zeit ausgesetzt und von menschlichem Mittelmaß weit entfernt, wie durch eine höhere Macht auf magische Weise in göttliche Sphären erhoben.

Der Gouverneur gab uns zu Ehren einen prachtvollen Empfang. Mindestens fünfhundert Personen saßen inmitten von Kokospalmen, Flammentulpen, Hibisken und Orchideen an der Tafel. Im Schein von Fackeln, die im feinen, weißen Sand steckten, der unter meinen nackten Füßen sanft nachgab, wanden sich die schönsten Tamourétänzerinnen sinnlich zu einer lasziven, rhythmischen Musik, die mein Blut in Wallung brachte.

Beim Empfang begegnete ich Tila Bréau, der Schwiegermutter von Sacha Distel. Diese junge, wunderschöne Tahitianerin hatte Francine Distels Vater geheiratet. An Sachas Stelle hätte ich die Schwiegermutter geheiratet, doch so, wie ich ihn kenne, galt sein persönliches Interesse eher der Erbin als der zufälligen Gefährtin eines Milliardärs.

Tila lud uns auf einen Abend und eine Nacht in ihr »faré« ein. Das Bett mit einem schaumgleichen Baldachin aus weißen Moskitonetzen und Spitzenlaken, einem gestrandeten Geisterschiff ähnlich, hüllte uns in unendlicher Sanftheit ein. Die kleinen, flüsternden Wellen, die über den Sand schwappten, und die Sternschnuppen wurden zu Komplizen einer Nacht, die der schönste Tag meines Lebens wurde.

Der stets unternehmungslustige Gunter beschloß, für einen oder zwei Tage nach Bora-Bora zu fahren. Und ehe wir uns versahen, befanden wir uns mit unseren Koffern, unseren blasierten Nichtstuern und all ihren Kameras und Fotoapparaten im Wasserflugzeug, das die Verbindung zwischen den Inseln herstellte. Da Bora-Bora über keine Landepiste verfügte, mußten wir auf dem Meer aussteigen. Ein spaßiges Unternehmen! Man mußte ins Wasser springen, auch wenn es nur einen Meter tief war. Wir selber, das ging ja noch an, aber was wurde aus dem Gepäck?

Bis zur Taille im Wasser, mußten wir mehrfach zwischen der Maschine und dem Ufer hin- und herpendeln, um alle Koffer auf dem Kopf an den Strand zu tragen, ein Strand, so wüst wie die Wüste Gobi.

Eine der Kameras fiel ins Wasser. Ein Drama!

Alle schrien auf. Gunter war wild vor Wut, ich entdeckte jählings eine neue Facette meines Prinzen, der nichts Charmantes mehr an sich hatte.

Mir fiel plötzlich ein, daß Maman mir einmal gesagt hatte, einen Menschen lerne man am besten kennen, wenn man mit ihm verreise. Ihrer Meinung nach sollten die Hochzeitsreisen vor dem Ereignis und nicht erst hinterher gemacht werden. Ich merkte, daß sie recht hatte.

Als wir auf dem immer noch leeren Strand wie überlebende Boatpeople endlich auf dem Trockenen saßen, eingerahmt von unseren teuren Vuitton-Koffern – was äußerst paradox aussah –, sahen wir das Wasserflugzeug davonfliegen. Gunter ging ständig auf und ab; er wartete ungeduldig darauf, daß das einzige Bungalow-Hotel der Insel, das ein deutscher Landsmann leitete – ein weiteres Paradoxon –, uns wie verabredet zur vereinbarten Stunde das bestellte Boot schickte, das uns auf die andere Seite der Insel bringen sollte.

Es war genau halb eins.

Wir waren ausgelassen, lachten über die pittoreske Situation, in der wir uns befanden, über das Abenteuer, das wir im wahrsten Sinne des Wortes als Vergessene erlebten, irgendwo auf der Insel Bora-Bora, auf einem Strand, der selbst von der Welt vergessen war. Es war schrecklich heiß, es gab nicht eine Kokospalme weit und breit, die Schatten hätte spenden können, so daß ich mir schließlich Schutz gegen die Sonne verschaffte, indem ich die Koffer aufeinanderstapelte. Als die Minuten und schließlich die Stunden vergingen, ohne daß ein Boot in Sicht gewesen wäre, wurde aus Albernheit allmählich Angst. Wir griffen wieder zu den Koffern und beschlossen zu erkunden, ob nicht irgendein Lebewesen im Inselinnern zu finden wäre. Doch je weiter wir in den dichten Dschungel vordrangen, desto unwahrscheinlicher wurde es leider, daß wir unserem Retter begegneten.

Und doch begegneten wir ihm in einem vorsintflutlichen Töff-Töff von Barkasse, als wir am Ufer eines Meeresarms, der zu einem brackigen Fluß geworden war, Halt machten. Der alte Fischer nahm uns auf mit unseren Vuitton-Koffern, unseren Kameras und Fotoapparaten, die auf seinen Netzen und alten Klamotten gestapelt wurden. Erschöpft, von der Sonne verbrannt, ausgehungert, verdurstend, sahen wir zu, wie er seine Zwiebel und seinen Brotkanten aß und genüßlich seinen Most trank, bis ich es nicht mehr aushielt und mit Wonne sein frugales Mahl teilte und Gunter und die anderen es sofort mir gleichtaten.

Ob Milliardär oder nicht, eine Zwiebel mit Brot, das schmeckt!

Unsere Ankunft als Überlebende eines Schiffbruchs erregte bei den amerikanischen Gästen des Bungalow-Hotels großes Aufsehen. Der Besitzer, ein Deutsch-Boraboraner, verbeugte sich bei der Begrüßung immer wieder mit »Herr Sachs, Frau Sachs«, während Gunter ihm »Sie großes Arschloch! Kolossal dämlich!« und so weiter zuwarf. Die deutsche Organisation war schiefgelaufen, der Sand von Bora-Bora war in das Getriebe geraten.

Die Dinge regelten sich schneller, als ich es mir gewünscht hätte. Gunter fand durch seinen Landsmann wieder zur Sprache seiner Vorfahren, der Landsmann durch Gunter zu seinen fernen Wurzeln, den fest verankerten teutonischen Ursprüngen, zurück.

Die beiden wurden unzertrennlich. Sie spielten Schach, tranken Whisky und Bier, redeten sehr laut in dieser gutturalen, wilden und keinen Widerspruch duldenden Sprache, von der ich nie etwas verstanden habe, trotz meiner verzweifelten Anstrengungen, sie zu erlernen. Selbst die bekannte Sprachenschule Berlitz, die ich später zu Hilfe rief, konnte mir mit ihrer besten Mitarbeitern und intensiven täglichen Privatstunden nicht mehr beibringen als »Guten Tag« und »Grüß Gott«.

Kurz gesagt, ich irrte verflixt allein durch diese paradiesische Welt, hielt mich an Phi-Phi, der auch herumirrte, sich aber nicht auf Hochzeitsreise befand.

Da habe ich verstanden, daß Gunter ein Mann war, der Kumpel und Traditionen brauchte, und in seinem Leben die Frauen nur das schmückende, aber künstliche Beiwerk einer oberflächlichen Theaterinszenierung waren, aus der er nicht das Wesentliche seiner Existenz bezog. Ein harter Schlag für eine Jungvermählte!

Auf Bora-Bora gibt es außer lieben, zärtlich sein, schmusen und Händchen halten beim Spazierengehen nichts zu tun, was einen begeistern könnte. Zum Glück wurde Gunter dieser lärmenden Freundschaft mit den endlosen Schachpartien schnell überdrüssig und beschloß, wieder abzureisen.

Kaum waren wir wieder in Papeete, da bekam Gunter Lust, das berühmte Tubuai-Atoll zu besuchen, laut Larousse das schönste Polynesiens.

Maître Lejeune stellte uns sein einmotoriges Privatflugzeug und seinen Sohn, einen Amateurpiloten, zur Verfügung. Ich bekam wirklich Todesangst in diesem kleinen knatternden Vogel, der vermutlich verschmutzte Zündkerzen hatte und uns durchrüttelte wie Salat in einer Salatschleuder.

Kaum waren wir unserem Folterwerkzeug entsprungen, da verteilte auch schon ein Einheimischer Sturzhelme, wie Bergarbeiter sie tragen, damit wir uns vor den Kokosnüssen schützten, die uns womöglich aus dreißig Meter Höhe auf den Kopf fallen und uns erschlagen könnten.

Mit unseren Koffern folgten wir dem guten Mann zu Fuß durch den Irrgarten dieser Kokosplantage, die mit ihren Wurfgeschossen unentwegt auf uns feuerte. Dauernd machte es »bing« und »bang«, was uns zu tänzerischen Sprüngen in alle Richtungen veranlaßte. Zum Glück hatte ich nur eine kleine »Stadttasche« mitgenommen, die sich als »Atolltasche« entpuppte, so daß ich keine Koffer schleppen mußte.

Von Mücken geplagt und mit blutigen Füßen, kamen wir endlich zu einem winzigen Weiler, der alles in allem aus vier Holzbaracken auf Pfählen bestand.

Man ließ uns in unsere Behausung hinein. Maman! Ein einziger Raum, ohne Wasser, ohne elektrisches Licht, ohne Küche, nur ein paar Matten auf dem Boden, die uns vermutlich als Lager dienen sollten. Fassungslos standen wir zu siebt da. Da ich mir ständig Ohrfeigen verpassen mußte, um die Mücken zu verjagen, waren meine Wangen feuerrot. Mit meinem Sturzhelm, meinen blutenden Füßen und der Miene, die ich zog, hätte ich unschwer einen Wettbewerb für Schießbudenfiguren gewonnen.

Die anderen sahen nicht viel besser aus. Ich denke, zu Gunters Statur hätte eine preußische Pickelhaube besser gepaßt als jener platte Eßnapf, der ihm als Kopfbedeckung diente. Unter solch armseligen Bedingungen gemeinsam zu nächtigen konnte das Bild, das wir voneinander so behutsam wie möglich aufzubauen versuchten, nur trüben. Ich schlug vor, sofort wieder abzureisen.

Mein Vorschlag wurde einstimmig angenommen. Wir flohen, legten den Weg in entgegengesetzter Richtung zurück und taten alles, um so schnell wie möglich diesen Ort übler Erinnerung auf immer zu verlassen.

Daraufhin beschloß Gunter, der diese Gegend leid war, in der er nicht mehr den Playboy und auch nicht den Milliardär spielen konnte, unsere Flitterwochen in Acapulco fortzusetzen, wo er eine traumhafte Hazienda gemietet hatte.

Die »Villa Vera« gehörte einem Milliardär; wir wurden dort vorbildlich in unvorstellbarem Luxus aufgenommen, mit Skorpionen zuhauf, Vogelspinnen in allen Blumenbeeten und Schlangen in unseren Badezimmern.

Das war Mexiko mit seinen Vor- und Nachteilen!

Man macht viel Aufhebens von Acapulco, woran ich wirklich nichts Besonderes entdecken konnte. Es war Mexiko mit amerikanischer Soße! Da ich dank »Viva Maria« das verborgene, wahre Mexiko kennengelernt hatte, fand ich Acapulco duftlos und fade – eher nichtssagend.

Aber dort gab es ein Casino und hübschhäßliche Restaurants, schnelle Boote, Nachtlokale, internationale Milliardäre, den unerläßlichen Jet-set und Vittorio Emmanuele von Italien und seine derzeitige Verlobte Marina Doria, Gunters ehemalige Geliebte.

Ich wurde übergangslos wieder in ein mondänes Leben versetzt, das ich mit der Zwischenlandung auf Tahiti vergessen hatte. Ich wurde von den Fotografen bestürmt, von den Journalisten belästigt, von dem kaum merklichen, dafür aber beharrlichen Eindruck gestreßt, daß es zwischen meinem Mann und mir zu einem Bruch gekommen war. Ich verlor ihn, wir redeten nicht mehr miteinander. Er geriet wieder in den Strudel einer Welt, die ich mied.

Es kam mir zu Ohren, daß er mich aufgrund einer Wette unter Freunden geheiratet habe. Da ich Gunters Leidenschaft für das Spiel und das Risiko kannte, konnte das durchaus zutreffen. Es machte mich krank – ich litt, war verloren, empört – ich sprach mit Philippe darüber, meinem einzigen Verbündeten, meinem einzigen Freund in der totalen Verwirrung. Seine Besorgnis bestätigte nur meine Zweifel. Er riet mir sogar, nach Reno zu fliegen und mich in drei Minuten scheiden zu lassen. Dann wäre ein für alle Mal Schluß mit dem Gerede.

Ich weinte. Ich liebte Gunter, wollte ihn nicht verlieren, mich nicht verlieren. Leider begriff ich zu spät, daß ich ihn verlor, gerade weil ich ihn zu sehr liebte. Erst als ich ihn, wütend über seine Gleichgültigkeit, betrog, erinnerte er sich an mich und versuchte mich zurückzugewinnen … zu spät, viel zu spät.

Es herrschte eine düstere, leicht mißmutige Stimmung bei der Rückkehr nach Paris – Müdigkeit, Mißtrauen und Enttäuschung trugen dazu bei. Gunter wollte, daß ich mich in der Avenue Foch einquartiere, aber das kam für mich nicht in Frage. Ich riet ihm, klar Schiff zu machen, Schränke und Bilderrahmen von Spuren früherer weiblicher Anwesenheit zu befreien, danach könne man vielleicht daran denken. Unser Aufenthalt Anfang August in Paris war jedenfalls nur von kurzer Dauer, denn wir fuhren alle nach Saint-Tropez. Im Grunde hatte ich nicht einen, sondern sechs Männer geheiratet. Der Rattenschwanz dieser sechs, die ständig um uns herumscharwenzelten, erschien mir plötzlich restlos fehl am Platz, lächerlich und störend. Sie gingen mir auf die Nerven mit ihrem Getue, ihrer Scheinheiligkeit, ich wollte nicht dauernd Höflinge um mich haben. Vermutlich bin ich die einzige Frau auf der Welt, die eine Hochzeitsreise zu siebt gemacht hat! Und in Saint-Tropez fiel dann die ganze Gunterclique in »La Madrague« ein. Meine Amazonen mußten sich von nun an mit einem kleineren Bereich zufriedengeben, um den unentbehrlichen Kumpeln meines Mannes Platz zu machen. Mein Hausmeisterpaar mußte Blitzbesuche beim Zahnarzt absolvieren und sich mit schnellhärtendem Kleber ihre Zahnprothesen ein für alle Mal festzementieren lassen. Gunter hätte es nie und nimmer ertragen, so etwas in seiner Kaffeetasse zu finden.

Der Herrenfahrer von Gunters Hotel kreuzte auch noch mit Gunters Rolls auf, der im Garten neben meinem geparkt werden mußte. Und auch Gunters versiertes Zimmermädchen, eine Spanierin, mußte untergebracht werden. Sie schaute mit unverhohlener Geringschätzung in meine Kleiderschränke und fragte sich, wo sie plötzlich gelandet war, zumal ihr jetzt nur ein für ungewisse Zeit locker geführtes Ferienhaus zur Verfügung stand. Und dann war da noch Gunters Wäsche mit seinem Wappen und Monogramm, sein weißes Porzellangeschirr und seine Kristallgläser (er konnte den Bordeaux nur aus Stielgläsern trinken) – und seine Ausziehtische für die unvermeidlichen Bankette mit mindestens zwanzig Personen abends im Garten …

Kurz gesagt, das Haus, das ich so liebte, war zu einer vollgestopften, überfüllten Festung geworden, das Leben war ein anderes geworden. Guapa verkroch sich unter den Sesseln, Kapi bekam heftige Zahnschmerzen, nachdem er alle Welt in den Hintern gebissen hatte. Es herrschte ein beständiger Rummel, ein Tohuwabohu; es war Starparade, es war alles, nur nicht mehr mein Haus, mein Leben, meine geliebte Atmosphäre, meine ländliche Einfachheit. Sogar der Schuppen hinten im Garten, in dem der Gärtner seine Geräte aufbewahrte, wurde in ein Gästezimmer umfunktioniert, das für den Zweck denkbar ungeeignet war. Später habe ich ihn zu einem reizenden Häuschen umbauen lassen, das leider ständig leersteht. Einige schliefen sogar in Gunters Motorboot, das neben meinem am Bootssteg vertäut war.

Das Telefon klingelte ununterbrochen. Herrn Gunter Sachs bitte und nochmal Herrn Gunter Sachs und wieder Herrn Gunter Sachs! Ich hatte keine Sekretärin in »La Madrague«, und damals gab es noch keine Anrufbeantworter. Meine Hausmeisterin Angelina, deren Zähne nun poliert und zementiert waren, konnte die Telefonvermittlung nun ohne Lispeln und Spucken übernehmen.

Meine Eltern gaben ein Abendessen in der »Pierre Plantée«, bei dem ich ihnen endlich meinen Mann Gunter vorstellte. Sie kannten ihn zwar bereits als ehemaligen Mieter und Kaputtmacher Gunter, doch in Gesellschaft ging man charmant miteinander um; Papa, der fließend deutsch spricht, unterhielt sich nach Herzenslust. Maman war entzückt von der neuen Wendung, die mein Leben nahm, wenn auch ein bißchen enttäuscht, daß sie meine Hochzeit erst den Zeitungen entnommen hatte, aber sehr stolz, daß sie jetzt einen Schwiegersohn hatte, der weder Jude noch verrückt, noch Kommunist war. Gewiß, er war Deutscher, aber das war für sie kein unüberwindlicher Makel; wir hatten das gleiche Niveau, die gleiche Erziehung, das war für sie vorrangig.

Am 13. August fuhr Gunter nach Paris, nachdem er mir fadenscheinige Erklärungen gegeben hatte, es sei wegen einer geschäftlichen Besprechung mit seinem deutschen Vertrauensmann, es gebe ganz dringende Angelegenheiten zu regeln und dies und das. Ich konnte ihn in allen Tonlagen – von ganz sanft bis heftig aufbrausend – daran erinnern, daß unsere Ehe am folgenden Tag einen Monat alt wurde; er gab nicht nach. Er gab niemals nach.

Den 14. August verbrachte ich also allein mit meinen Gedanken; ich blickte aufs Meer hinaus, das von Ausflugsbooten belagert war, hörte das Rufen und Geschrei der vulgären Leute, die glauben, sich im Urlaub alles erlauben zu können und das weite Meer mit ihren Exkrementen verseuchten und mit ihren schlechten Manieren die Stille stören.

Mich widern diese Augusturlauber an, ich hasse diese Zeit des Jahres.

Am Abend versuchte ich erfolglos, Gunter telefonisch in Paris zu erreichen. Philippe beschloß, mich zum Essen und zum Tanz nach Sainte-Maxime zu François Patrice mitzunehmen. Wir fuhren mit den Amazonen im Motorboot weg und ließen Gunters Kumpel ausschwärmen, wohin sie wollten.

Ich dachte sehnsüchtig an die Vollmondnächte, in denen Gunter, als Dracula verkleidet, auf der silbernen Mondspur des Meeres dahinfuhr und mir ewige Liebe schwor. Ich tat so, als amüsierte ich mich, aß kaum, trank viel und versuchte unaufhörlich, Gunter telefonisch zu erreichen, immer ohne Erfolg.

Das konnte nicht normal sein. Man sollte mir bloß nicht erzählen, daß er abends arbeitete! Zudem war ich nicht so naiv zu glauben, daß es in Paris am 15. August, einem Feiertag, ein Arbeitstreffen gab! Und dann fragte mich auch noch alle Welt, warum Gunter einen Monat nach unserem Hochzeitstag nicht bei mir war.

Philippe machte es auf die lustige Tour und meinte, daß alle sich irrten; ich hätte ihn geheiratet, und wir feierten gemeinsam unseren Hochzeitstag, worauf er mich sanft hochzog, um mit mir einen Slowfox zu tanzen.

Ich war sauer. Als wir nach weiteren, fruchtlosen Versuchen zu telefonieren wieder in »La Madrague« waren, beschloß ich, gemeinsam mit Philippe in strengster Verschwiegenheit die Sieben-Uhr-Maschine von Nizza nach Paris zu nehmen.

Wir waren um halb neun Uhr in Paris, nahmen am Flughafen ein Taxi und landeten gegen neun Uhr in der Avenue Foch Nr. 32. Ich läutete, denn ich besaß keinen Schlüssel. Ich hatte diese Wohnung nur ein Mal betreten, die von Rechts wegen auch mir gehörte, mir aber fremder war als die fremdeste aller fremden Wohnungen.

Der Butler öffnete uns. Als er mich sah, fing er an, irgend etwas zu stammeln. Ich schob ihn beiseite und ging, von Phi-Phi gefolgt, zu Gunters Schlafzimmer, da ich mich glücklicherweise an den Weg dorthin erinnerte.

Leer! Es war aufregend leer; das am Abend zuvor aufgedeckte Bett war unberührt. Im Bad nicht die geringste Spur eines Toilettenartikels, weder Rasierapparat noch Zahnbürste, noch irgendein Eau de toilette.

Der nach meinem Überraschungsangriff rasch geweckte Samir, der libanesische Privatsekretär, begann, nicht weniger eigenartig, ebenfalls Unverständliches zu reden, was, weiß ich nicht mehr.

Ich hörte nicht hin, wiederholte nur wie ein Leitmotiv:

»Wo ist Gunter? – Wo ist Gunter? – Wo ist Gunter?« Dann setzten wir, Phi-Phi und ich, uns in den Empfangssalon und warteten wie beim Zahnarzt, daß wir drankamen.

Um zehn Uhr hörte ich, wie der Schlüssel in der Eingangstür herumgedreht wurde, und rührte mich nicht. Gunter kam, strubbelig, mit der Toilettentasche unter dem Arm herein; ein wichtiges Detail, das ihn aus meiner Sicht endgültig überführte. Er verwickelte sich in widersprüchliche Erklärungen, kam angeblich von einer Geschäftsbesprechung sehr früh morgens. (Ach ja, am 15. August, mit der Zahnbürste unter dem Arm!)

Und was war mit dem Bett? Niemand hatte darin geschlafen!

Aber gewiß doch, der Butler hatte es gleich nach seinem Aufstehen gemacht.

Ach was! Seit wann macht man am frühen Morgen ein Bett für die Nacht zurecht und deckt die Decke auf, wo man am Tag doch üblicherweise eine Tagesdecke und Kissen auflegt?!

Ich feixte, und er verwickelte sich in seinem Lügengestrüpp. Ich machte kurzen Prozeß und verließ Gunter, den Sekretär, den Butler, die Wohnung, die Avenue Foch und Paris ebenso schnell, wie ich gekommen war.

Philippe stieg mit mir in die Mittagsmaschine, um 13.30 Uhr waren wir in Nizza und um 14.30 Uhr in »La Madrague«. Der Alptraum hatte zwar nur einige Stunden gedauert, aber er sollte unser kurzes gemeinsames Leben wie ein hartnäckiger, sich ausbreitender Schmutzfleck verdunkeln.

Ich fühlte tief in mir den nicht mehr zu kittenden Riß, empfand einen unverzeihlichen Verrat. Empörung und Kummer mündeten in eine Art ungestüme Verzweiflung. Ich war zum Spielball höllischer Machenschaften geworden, man hatte mich auf grausame Weise zum Narren gehalten, hatte Mißbrauch mit mir getrieben. Ich war der Spieleinsatz einer schäbigen Wette, das Opfer einer schamlosen, schmutzigen Burleske geworden, auf immer beschädigt.

Ich bekam nicht einmal die Genugtuung, mich an den Gunterschen Eindringlingen in »La Madrague« rächen zu können, indem ich sie an die frische Luft setzte, denn das deutsche Telefon, schneller als ein Buschtelefon, hatte einwandfrei funktioniert. Alle waren bereits bestens darüber informiert, daß ich mich meinem Ehemann gegenüber unverschämt verhalten und ihn, der unschuldig war, zu Unrecht des Ehebruchs beschuldigt hatte ... Alle Freunde Gunters, seine Bediensteten, der ganze Troß, standen abmarschbereit, die Befehle waren erteilt, die Trennung war unvermeidlich!

Phi-Phi mit seinem ätzenden Sarkasmus erinnerte mich spaßeshalber daran, daß er mir geraten habe, zwecks Scheidung Reno aufzusuchen, was etliche Probleme vermieden hätte.

Meine Amazonen, die meine Ehe nie ernst genommen hatten, machten alles noch schlimmer. Ich hätte ein wundervolles Abenteuer erlebt, meinten sie, einen Wachtraum, der sich in einen Alptraum verwandelt habe. Ich müsse nun aufwachen und ertragen, daß dieses etwas grausame Erwachen mich auf den Boden der Realität zurückbringe.

Im Augenblick war ich noch Madame Gunter Sachs, und so schnell gab ich nicht auf. Ich war viel zu erschüttert, um zu reagieren, aber ich würde mich unerbittlich, blutig rächen, das schwor ich mir, und ich hielt Wort!

Gunter schwebte im Hubschrauber in Saint-Tropez ein, warf erst seine Koffer ins Wasser, sprang dann hinterher und versuchte, die Scherben zu kitten. Man solle doch aus einer Mücke keinen Elefanten machen, solle das prächtige Bild eines außergewöhnlichen Paares abgeben, wir gehörten doch zur Herrenrasse und müßten uns entsprechend verhalten. Ich sei auf bedauerliche Art von Philippe beeinflußt worden.

Der wurde auf der Stelle aus meiner Umgebung vertrieben und verkrachte sich endgültig mit Gunter.

Gunter fuhr fort, Saint-Tropez im August werde unerträglich. Wir hätten Ruhe nötig, weit weg von diesem ganzen Zirkus, um zueinander zu finden. Er werde auf sein Gut »Rechenau« in Bayern fahren und lade mich ein mitzukommen, damit er mich seiner Familie, insbesondere seiner

Mutter, vorstellen könne. Er schlug mir vor, Papa und zwei meiner Amazonen einzuladen, damit ich mich nicht allzu fremd fühlen würde.

Gunters Charme verfehlte seine Wirkung wieder nicht. Betrogen hin, betrogen her, ich gab nach, und in euphorischer Stimmung flogen wir von Nizza nach München. Wir landeten in einem neblig-feuchten Land, das Ludwig II. von Bayern so geliebt und das ihn letztlich in den Wahnsinn getrieben hatte.

Ich fand mich in der Herberge »Zum weißen Rössl« wieder und entdeckte dieses reizende Chalet mit Blumen vor den Fenstern, gemütlichen Zimmern, Kachelöfen und einem Empfangsraum, der bedauerlicherweise mit ausgestopften Jagdtrophäen aller Tiergattungen vollgehängt war. Mich schauderte beim Anblick dieser beklagenswerten Rehe, Wildschweine, Zehnender und Raubvögel, die mich mit ihren Glasaugen anstarrten und von mir forderten, sie zu rächen, was man ihnen unmöglich abschlagen konnte.

Demnach war Gunter also Jäger?

Ich machte einen Skandal, das war eine Unverschämtheit von ihm! Er besaß tatsächlich die Frechheit, mir auf seinem bayrischen Besitz einen Friedhof mit ausgestopften Tiere zu zeigen!

Die Ankunft seiner Frau Mutter dämpfte vorübergehend meine Empörung. Man hätte sie für die leibhaftige Sängerin Bianca Castafiore aus der Comic-Serie »Tim und Struppi« halten können. So stellte ich mir Gunter im Rock vor, eine alternde Walküre, eine eindrucksvolle Schwiegermutter. Ich würde in ihrem Schoß sicher nicht jene Zärtlichkeit bekommen, die ich bei ihrem Sohn so sehr vermißte. Sie musterte mich mit strengem Blick und sagte auf deutsch ein paar Worte zu Gunter.

Ich registrierte, daß er in Gegenwart dieser imposanten, autoritären Mutter plötzlich wieder zum kleinen Jungen wurde, der, wie bei einem Fehler ertappt, zu stammeln anfing. Sie sprach kein Französisch, daher wechselten wir ein paar höfliche Floskeln auf englisch – mehr hatten wir uns nicht zu sagen. Später erfuhr ich, daß sie Gunter vorgeworfen hatte, ihr seine Braut nicht in bayrischer Tracht vorgestellt zu haben.

Bereits am nächsten Tag fertigte eine Schneiderin mir in Rekordzeit die passende Aufmachung nach Maß, ein kleines, besticktes weißes Mieder, das unter einem Trägerrock getragen wurde, einen Spitzenunterrock zu Russenstiefeln. Meine Begleiterinnen bekamen die gleiche Uniform verpaßt, und Gunter erschien zum Abendessen in einer kurzen Lederhose mit Tiroler Kniestrümpfen und Schuhen und Jägerhut mit Federbusch.

Wir sahen grotesk aus, aber Tradition verpflichtet!

Nur Papa blieb in Anbetracht seines Alters und des Respekts, den man seiner Eleganz zollte, von solcher Maskerade verschont.

Ganz früh, als die Nebelschwaden sich noch nicht verzogen hatten, brach Gunter mit seinem Verwalter zur Inspektion des Gutes auf, während ich in einem Lodencape mit Papa einen ganz kleinen Teil des riesigen Gebietes, das »Die Rechenau« umfaßt, zu erkunden versuchte. Wir begegneten Bauern, die tief den Hut vor uns zogen, blieben manchmal vor einem blumengeschmückten Bauernhaus stehen, das über und über mit naiven Szenen bemalt war und wie aus einem Bilderbogen wirkte, tranken ein Bier in einem Wirtshaus wie aus einer Operette.

Ich war stark beeindruckt von dieser neuen Welt, die so weit von jener entfernt war, die ich vor kurzem verlassen hatte. Diese Ruhe, Heiterkeit, diese unveränderlichen, geachteten Traditionen, diese Muße zu leben. Hier war Gunter nicht mehr der internationale und oberflächliche Playboy, der die Gazetten füllte. Er war der Chef, der von seinen Untergebenen geachtete Herr, der Eigentümer von mehreren hundert Hektar Land, der Erbe eines kolossalen Vermögens – und mit dem Titel Frau Sachs umwehte auch mich der Nimbus dieser Macht.

Brigitte Bardot war vergessen.

Papa übersetzte mir die freundlichen Bemerkungen, mit denen diese netten Leute mir ihre tiefe Hochachtung zu bekunden suchten. Ich fühlte mich wirklich als Ausländerin und bedauerte heftig, nicht spontan an den Gesprächen, am Lachen und der spürbaren Freude teilnehmen zu können. Papa war glücklich und stolz, er hatte mich ganz für sich allein, und ich brauchte ihn. Auf einmal waren wir uns ganz nah, wie die Glieder einer Familienkette, die ebenfalls überaus traditionell und stark war. Wir kamen auf unsere lothringische Herkunft zu sprechen, auf Ligny-en-Barrois, die Wiege der Familie, wo er mit seinen Brüdern aufgewachsen war, von denen nur noch drei lebten. Ich merkte, wie uns das Heimweh packte, und teilte sein Bedauern, daß diese Wurzeln nicht bewahrt werden konnten, die heute auf immer verloren, aber in unserer Erinnerung dennoch so lebendig sind.

Mama Olga setzte den friedvollen Tagen der Besinnung ein jähes Ende. Knall und Fall wurde ich durch einen Anruf, der mir keine Wahl ließ, wieder in die stressige Welt des Showbusineß, des Films und der beruflichen Verpflichtungen hineingestoßen.

Die Dreharbeiten zu Bourguignons »Zwei Wochen im September« sollten wie geplant um den 10. September in Schottland beginnen. Man erwartete mich zur Auswahl und Anprobe von Kostümen und zu letzten dringenden Einzelentscheidungen. Andererseits sagte Olga mir auch, Joseph Losey habe achtundvierzig Stunden lang in Saint-Tropez auf mich gewartet, um mit mir über den Film »Die Forelle« zu sprechen, in dem ich so gern spielen wollte. Er sei mit der Forelle und seiner Enttäuschung unter dem Arm wieder abgereist – angesichts meiner Leichtfertigkeit und meines fehlenden Berufsethos seien meine Aussichten, den Fisch doch noch zu angeln, so gut wie aussichtslos.

Gunter veranstaltete am Tag vor unserer Abreise ein Fest. Es gab ein Feuerwerk, eine Gruppe von Jodlern, die sich auf die Pobacken schlugen und »Jodel ju ju judl« schrien. Angesehene Persönlichkeiten waren eingeladen, und das Bier floß in Strömen. Ich war passend zur Herberge »Zum weißen Rössl« angezogen. Ich hatte mich an diese Atmosphäre aus vergangenen Zeiten gewöhnt, die ich, ohne es zu ahnen, für immer verließ.

KAPITEL

22

Ich fand gerade noch die Zeit, nach »La Madrague« zurückzukehren, das Haus abzuschließen, Maman zu umarmen
und ihr Papa zurückzugeben, Guapa unter den Arm zu nehmen, Kapi den Hausmeistern anzuvertrauen; und schon
war ich wieder in der Avenue Paul-Doumer.

Aber wo war bloß Gunter abgeblieben? Er war verschwunden, wer weiß wohin. Ich hatte nicht die Zeit, mir
allzu viele Fragen zu stellen.

Im Wirbel des überstürzten Aufbruchs hatte ich die beiden Amazonen mitgenommen, außerdem noch Monique,
die junge Braut im weißen Bikini vom Strand von Pampelonne. Ich übernahm die moralische Verantwortung für
diese vorübergehende Trennung und gelobte ihrem Ehemann mit heiligen Schwüren, daß seine Frau keinerlei Gefahren ausgesetzt sei; sie werde schnell wieder zu ihm zurückkommen und ihre Beziehung nach der gegenseitigen
Entbehrung um so gefestigter sein. Ohne es zu wollen, be-
schleunigte ich ein galoppierendes Scheidungsverfahren,
das mein eigenes um Kopfeslänge schlug.

Zuvor nahm ich Monique in der Avenue Paul-Doumer
auf, und da sie blond, groß und gut gewachsen war, ließ ich
sie als mein Double in »Zwei Wochen im September« engagieren. Damit Sveeva nicht eifersüchtig werden konnte,
wurde sie als meine persönliche Fotografin engagiert, sie
machte sehr schöne Aufnahmen, wenn sie nicht gerade vergaß, die Schutzkappe vom Objektiv zu nehmen. Carole bekam einen Vertrag für eine kleine Rolle.

Guapa mußte ich in den Armen von Madame Renée zurücklassen, ich konnte sie unmöglich mitnehmen, da die
englische Quarantäne sechs Monate dauerte.

Meine alten Damen hatten Besuch von der frischgebackenen Madame Sachs bekommen, waren hellauf begeistert von meiner märchenhaften Hochzeit und bedauerten nur, daß ich ohne meinen Mann gekommen war. Sie hofften sehr, diesen außergewöhnlichen Mann, den sie traumhaft fanden, eines Tages bei sich zu sehen.

Ach, ihr kleinen Großmütter, wenn ihr wüßtet, wie gern auch ich diesen Mann gesehen hätte, der zwar mein Ehemann, aber nie anwesend war!

Ich sah Gunter erst am Tag vor meiner Abreise nach Schottland wieder. Er war sehr beschäftigt und in Begleitung des Herrn Schwring, eines kleinen Mannes mit Brille, den er mir als seinen ersten und wichtigsten Mitarbeiter vorstellte. Wir trafen uns in der Avenue Foch, wo ich zu spät zu einem ersten und allerletzten Abendessen eintraf. In diesem immer noch so fremden Appartement fühlte ich mich unbehaglich. Der Sekretär Samir spielte perfekt die Rolle der Hausfrau, die mir hätte zufallen müssen. Die Fotos mit den blonden Miezen, die Gunter umgarnten, thronten immer noch am angestammten Platz im Wohnzimmer. Die schwarze Spitzenunterwäsche mit der Duftnote, die nicht zu mir gehörte, hing noch immer im Bad. Ich fragte mich, was ich überhaupt dort verloren hatte.

Nachdem ich bei diesem unpersönlichen Essen in diesem unpersönlichen Eßzimmer von einem unpersönlichen Butler bedient worden war und in Gegenwart des unpersönlichen Sekretärs und des Geschäftsmanns ein unpersönliches Essen eingenommen hatte, versuchte ich vor meiner Abreise, fünf Minuten mit Gunter allein zu sein.

Leider war es unmöglich, ein persönliches Wort zu sprechen. Anrufe aus München und von sonstwoher störten uns ständig. Gunter machte einen vagen Versuch, mich über Nacht dazubehalten. Ich hatte noch nie in der Wohnung übernachtet, sollte am nächsten Tag frühmorgens nach Schottland aufbrechen, und er mußte mittags unbedingt in München sein. Ich fuhr zum Übernachten in die Avenue Paul-Doumer, zugleich erleichtert und verzweifelt.

Tief in meinem Innern machte sich ein seltsames Gefühl der Bitterkeit, der Hilflosigkeit und der Niederlage breit.

In dieser Stimmung fuhr ich in meinem Rolls über die Straßen Frankreichs und Englands in das unbekannte, ferne Schottland, wo ich wieder einmal meine Rolle als Schauspielerin, Star und sagenumwobene Person spielen mußte.

Phi-Phi, bestens gelaunt wie immer und obendrein froh, mich diesem »blöden« Gunter entführt zu haben, versuchte mich mehr schlecht als recht auf andere Gedanken zu bringen. Die kleine Reise durch neue, wundervolle Landstriche werde mich wieder aufmöbeln. Der Klang des Autoradios sei gut, meine Amazonen reizend, die Sonne scheine, alles liefe bestens in der bestmöglichen aller Welten!

Wir durchquerten London und fuhren kilometerweit über das Land mit vielen Pferden, Schafen, kleinen Bauernhäusern, Dörfern aus rotem Backstein, in denen wie in alter Zeit zahlreiche Schilder baumelten, die auf Pubs verwiesen. Ihre grünen und gelben Butzenscheiben, den Böden von Weinflaschen ähnlich, erinnerten an die Epoche von Charles Dickens.

Ich hatte vergessen, daß es diese schönen nördlichen Landschaften gab, ihre weichen Formen taten mir gut, beruhigten und belebten mich. Als wir nach Schottland kamen, brach die Nacht herein; ich hatte gerade noch Zeit, die Veränderung wahrzunehmen; die Landschaft wurde kahler, abweisender, die Hügel verwandelten sich in Berge, die Ziegelhäuser in dunkle Natursteinbauten. Sogar die Straße veränderte sich, wurde steiler. Der Halbmond beleuchtete eine öde Landschaft. Obwohl es nicht einmal zwanzig Uhr war, trafen wir keinen Menschen, der uns hätte Auskunft geben oder bewirten können.

Wir fuhren durch Edinburgh. Über die Küstenstraße erreichten wir schließlich Dirleton, ein kleines, zauberhaftes Fischerdorf. Das einzige Hotel am Ort, das randvolle »Open Arms«, machte seinem Namen alle Ehre und empfing uns mit offenen Armen. Es ist mir als freundliches Cottage in guter Erinnerung. In der winzigen, aber gemütlichen Eingangshalle brannte wie in einem Privathaus ein gastliches Holzfeuer, um das ein paar Journalisten mit einem Glas

Glenmorangie (ein goldgelber Maltwhisky) saßen. Mit ihnen diskutierten mein geliebter Produzent Francis Cosne, Mama Olga, Dédette, Serge Bourguignon und Laurent Terzieff in einer überaus freundlichen und gelösten Atmosphäre, deren Wärme mich unverhofft einhüllte und mir guttat.

In meinem Zimmer, in dessen Kamin ebenfalls ein munteres Holzfeuer knisterte, wartete ein Telegramm von Gunter. Er hatte an mich gedacht und sich die Mühe gemacht, mir zu telegrafieren, was wollte ich mehr? Ich war beinahe gücklich.

Wenn ich mich an diese Dreharbeiten zu erinnern suche, so fallen mir weder freudige noch sentimentale Ereignisse ein. Doch in einem Winkel meines Herzens bewahre ich zauberhafte Bilder eines kleinen Fischerhafens irgendwo in diesem kargen Schottland. Ich erinnere mich auch an die Granitschlösser, von feuchten, eiskalten Schatten auf ewig umfangen, deren arthritische und bedrohliche Zugbrücken uns am Tag passieren ließen, um in der Nacht besser ihre immerwährenden Legenden preisgeben zu können. Bin ich selbst nicht für einige Sekunden zu einem Trugbild geworden, wenn man mich auf einem der Fotos in diesem weißen Kleid, das meinen Körper wie ein hauchdünnes Leichentuch einhüllt, mit wehenden Haaren leicht und luftig über die legendäre Brücke zwischen Leben und Tod schreiten sieht?

Ich glaube an das Übernatürliche, ich glaube an das Unglaubliche, ich glaube vor allem, daß gewisse Orte unauslöschlich geprägt sind von einer Kraft der Vergangenheit, die sich an besonderen, behüteten Plätzen geballt und eingeschlossen erhalten hat. Diese Orte sind so etwas wie Grabstätten verlorener, umherirrender Seelen – nachirdische Sozialfürsorge, Rehabilitationszentren jenseits des Grabes.

Ich hatte auch das Vergnügen, James Robertson-Justice wiederzusehen, diesen phantastischen Shakespeare-Darsteller, der im Film »Das Ruhekissen« Katov verkörperte.

Eine urwüchsige Gestalt auf der Bühne wie im Leben, ein außergewöhnlich präsenter, korpulenter Mann schottischer Abstammung, der mir in der Rolle des Schloßbesitzers McClintock erneut das Stichwort geben mußte. Wir spielten offenbar immer nur in mittelmäßigen Filmen zusammen. Was soll's!

Er zeigte und erklärte mir sein Land, wobei er in seinem gutturalen und schottisch gefärbten Englisch das »R« stark rollte. Er trug Kilt und Bart wie kein anderer, zechte tüchtig, mit flackerndem, aber klarem Blick, großzügiger Gestik und überschäumend vor Lebenslust. Er führte mich in die Kunst der Falknerei ein, bei der man sich zum Jagen eines abgerichteten Falkens bedient, den man auf einem Spezialhandschuh der linken Hand trägt und dem man bis zum Jagdbeginn durch eine Lederklappe die Sicht nimmt. Dieser kleine, außergewöhnliche Vogel mit den durchdringenden, grausamen Augen gehorchte den Befehlen seines Herrn und ließ sich wie ein zahmes Kätzchen handhaben, doch sobald man seine Augenklappe entfernte, wurde er wieder zu dem präzisen und unerbittlichen Raubvogel, der die ausgemachte Beute grausam treffsicher und bedingungslos verfolgte, doch auf ein Zeichen seines Herrn dann wieder gehorsam beim Menschen niederließ.

Ich schwankte zwischen Empörung und Bewunderung, bedauerte zugleich den Falken und die Beute, beide gleichermaßen Opfer des Menschen, die Sklaven eines Herrn, der die ungeheuren Fähigkeiten für sich nutzte, die die Natur dem einen im Überlebenskampf gegen den anderen mitgegeben hat. Ich brauche nicht zu betonen, daß mir dieses Schauspiel nur um des Ruhmes willen vorgeführt wurde und der Falke an diesem Tag keine Beute schlug.

Inzwischen hat uns James Robertson-Justice leider verlassen. Seine Seele wird zu den Türmen und Wehrgängen der zauberhaftesten Schlösser seines heimatlichen Schottland zurückgekehrt sein. Ich höre ihn von hier aus, wie er beim Gelage lacht, mehr oder minder schlüpfrige Lieder aus seinem unerschöpflichen Repertoire singt; ich sehe ihn als Schalk herumgeistern, das Karussell der traurigen Seelen anschieben und die dummen Touristen in Schrecken versetzen!

Von Gunter war ich ohne Nachricht und dem Verzweifeln nahe, trotz meiner unverdrossenen Bemühungen, ihn zu erreichen. Ich hing am Telefon wie eine Napfschnecke am Felsen, als ich ihn eines Morgens mit seinem Sekretär Samir ankommen sah, ohne Vorankündigung. Ein Hubschrauber hatte sie direkt vor dem Hoteleingang abgesetzt.

Da ich arbeiten mußte, sah ich ihn kaum. Ich war aus dem Gleichgewicht gebracht, erledigte die Dreharbeiten im Eiltempo und dachte nur daran, ihn zwischen zwei Einstellungen zu treffen. Sein unerwarteter Besuch brachte mich und die ganze Mannschaft aus dem Konzept. Als der Tag endlich zur Neige ging und ich für ihn frei war, erklärte er mir, daß er noch am selben Abend zurückfliegen müsse.

Das war eine kleine Kostprobe des Lebens, das ich mit ihm führte. In zwei Jahren Ehe habe ich ihn alles in allem wohl drei volle Monate gesehen.

Bei einem Kurzaufenthalt in London, wo ich im Zoo drehen und das Unglück des Gorillas mit ansehen mußte, der in Gefangenschaft verrückt geworden war, konnte ich einen kleinen Schimpansen trösten, der sich an mich wie an seine Mutter klammerte. Ich wurde zur ohnmächtigen Zeugin all dieses Elends (das ich später mit aller Energie bekämpfte), und schon kehrten wir nach Paris zurück.

Dort gab es Komplikationen.

Da es Gunter gegen den Strich ging, daß ich weiterhin in der Avenue Paul-Doumer wohnte, mußte ich mir Ausreden einfallen lassen und alle möglichen Listen ersinnen, um nicht während der Dreharbeiten in die Avenue Foch umziehen zu müssen, wo ich doch von meinen Gewohnheiten abhing, mich mit meinem Regisseur treffen mußte, abends so müde war und so weiter. Dennoch mußte ich eine oder zwei Nächte in der Woche dort verbringen, ein paar Toilettenartikel, einen oder zwei Pullover und Hosen, zwei Slips und einen Büstenhalter dort parat halten.

Die Nächte bei Gunter waren eine Qual.

Ich fuhr vom Studio zuerst nach Hause zu Guapa, Madame Renée, Monique, La Big und trank ein Glas Champagner mit ihnen. Gern hätte ich mich dann nach getaner Arbeit entspannt und die Zeit vertrödelt, stundenlang in der Badewanne gelegen, meine geliebte Musik dazu gehört, Kerzen angezündet, in der Wohnung den Duft von Meeresalgenextrakt von »Guerlain«, Weihrauch oder Sandelholz verbreitet ... Aber nein, kaum war ich zu Hause, rief schon Samir an. Der Chauffeur werde mich im Rolls abholen, es gebe ein Diner mit fünfzehn Personen, darunter Salvador Dali, Guy und Marie-Hélène de Rothschild und so weiter. Ich mußte mich wieder zurechtmachen, mich erneut schminken, kämmen, anziehen.

Gunter sah mich gern im strengen, schwarzen Smoking, was mir wenigstens die Qual mit den Kleidern und dem ganzen Tralala ersparte. Er wollte mich auch mit offenen langen Haaren sehen, so daß ich sie weder aufstecken noch Lockenwickler eindrehen mußte. Diese überaus mondänen Abendgesellschaften, bei denen ich eine undefinierbare Rolle spielte, waren nicht immer ganz uninteressant. Aber sie kamen mir ungelegen.

Gunter konnte unentwegt tolle Anekdoten erzählen und kannte sich in gewissen Bereichen der Kultur sehr gut aus, besonders in der Malerei, und dort vornehmlich im Surrealismus, bei den großen Romantikern oder der zeitgenössischen Kunst, die ich scheußlich fand. Bei ihm sah man die zerbrochenen Violinen von Arman neben den alptraumartigen Gesichtern von Francis Bacon, dem seltsamen Kosmos von René Magritte, dem irren Surrealismus von Dali und den katzenartigen Frauen von Leonor Fini. Eine Farbenexplosion von Mathieu wetteiferte mit dem monochromen Blau von Yves Klein, während eine Skizze von Picasso auf dem Kaminsims neben einem Objekt von César, einem Plastikeimer, aus dem eine Mixtur aus erstarrtem Polystyrol herauslief, alles in den Schatten stellte.

Diese moderne Kunst machte mich ratlos. Außer Arman, Magritte und Dali empfand ich alles als gigantischen Schwindel und scheute mich nicht, es zu sagen.

An meinem Geburtstag hatte Gunter eine Feier geplant, aber ich wünschte mir nur ein Essen zu zweit, ein Tête-à-tête-für Verliebte, und setzte es nach stürmischen Diskussionen auch durch. Beim Klang der Balalaika und der Zigeunergeigen feierte ich in einem russischen Restaurant allein mit meinem Mann, zum letzten Mal in meinem Leben, diesen ersten Geburtstag als Madame Sachs. Währenddessen ließen uns all seine Freunde und meine Freundinnen in der Avenue Foch hochleben.

Bei dieser Gelegenheit lernte Monique Samir kennen und wechselte im Handumdrehen aus der Avenue Paul-Doumer in die Avenue Foch. Ein toller Coup! Ich schlief weiterhin in der Avenue Paul-Doumer, während Monique als bestens eingespieltes Double mich in der Avenue Foch vertrat und dort offiziell als Madame Samir fungierte und ihr Mann mich mit Anrufen aus Saint-Tropez traktierte und mir einen wüsten Skandal androhte, falls seine Frau nicht unverzüglich zu ihm zurückkomme. Man braucht kein Star zu sein, um in die Klatschspalten zu geraten.

In den Studios »Billancourt«, wo die Dreharbeiten zu »Zwei Wochen im September« endlos weitergingen, sah ich Jean-Paul Steiger wieder, den jungen Mann, der unermüdlich für die Tierwelt und speziell für den Tierschutz kämpfte.

Was er mir erzählte, war so entsetzlich, daß ich es kaum glauben konnte. In einem alten, unbeschreiblich verkommenen und dreckigen Schuppen in Gennevilliers mit dem einladenden Namen »Au Bon Accueil« vegetierten und krepierten Hunderte von vergessenen Hunden und Katzen völlig verwahrlost in schier unerträglichem Elend. Er rief mich zu Hilfe – beschwor mich, etwas zu unternehmen, damit dem Verrecken in dieser gräßlichen Bruchbude ein Ende gesetzt werde. Ich konnte nachts nicht mehr schlafen, die beschriebenen Bilder verfolgten mich; ich war erschüttert von diesem zutiefst ungerechten Leid und stellte mir all diese kleinen Mäuler und Schnäuzchen hinter den dicken Gitterstäben vor – eingesperrt, bestraft und verurteilt.

Mein Entschluß war schnell gefaßt. Am nächsten Sonntag würde ich nach Gennevilliers fahren. Presse, Radio, Fernsehen sollten kommen, meine Anwesenheit sollte schließlich zu etwas nutze sein.

Gunter erklärte mich für verrückt.

Phi-Phi begleitete mich im Rolls. Es war das erste Mal in meinem Leben, daß ich mit der S.P.A., dem Tierschutzverein, vor Ort zusammenarbeitete.

Großer Gott, in welches Elend, in welchen Morast, in welches Todeslager hatte ich mich da begeben? In feuchten und finsteren Verliesen versuchten Dutzende räudiger, kranker, wenn nicht gar sterbender Hunde mit Blicken, Pfoten und Gejaule Aufmerksamkeit zu wecken, um dieser Hölle, dem unausweichlichen Tod zu entkommen. Ich heulte mit ihnen.

Am liebsten hätte ich sie alle mitgenommen und aus dieser stinkenden Müllhalde herausgeholt. Ich machte meiner Empörung in Presseerklärungen Luft und versuchte, von diesen räudigen Hunden so viele wie möglich auf den Arm zu nehmen, damit die wenigen Neugierigen, die sich um mich drängten, sich ihrer erbarmten. Ich hätte alles getan, um den Tieren zu helfen. Aber ich wußte mir selbst nicht mehr zu helfen, wußte nicht mehr, was ich tun konnte. Ich flehte die Leute an. Doch die wollten nur ein Autogramm von mir. Die Hunde waren ihnen scheißegal, sie wollten ein Andenken an mich.

Auf der Krankenstation sah ich das Allerschlimmste. Übereinandergestapelte Käfige in einem feuchten und kalten Raum. In jedem Käfig ein kranker Hund, der schon keine Reaktion mehr zeigte – schon anderswo war. Für zwei der elendsten, die am nächsten Tag eingeschläfert werden sollten, übernahm ich die Pflegekosten. Eine kleine fuchsrote Hündin, der die Stoßstange eines Lastwagens den Rücken aufgerissen hatte, war nur noch ein einziges Eiterbündel. Ihr stummes Leiden tat mir in der Seele weh.

Ein Schäferhundmischling mit fahlem Fell, dessen gebrochenes Hinterteil ihn für immer zum Krüppel machte, konnte sich in seinem viel zu engen Käfig nicht rühren. Der Tierarzt versicherte mir, daß er diese beiden Hunde bei entsprechender Versorgung, die wegen fehlender Mittel bisher nicht möglich sei, retten und mir binnen acht Tagen aushändigen könne. Ich taufte sie »Foutue« [verloren] und »Bonheur« [Glück] und stellte einen Scheck aus.

Plötzlich gelang es einer kleinen Hündin, ihre Käfigtür zu öffnen. Sie fiel mir buchstäblich in die Arme – und ich, ohne zu wissen, was ich tat, ohne nachzudenken, drückte sie fest an mein Herz: Ich taufte sie »Patapon«. Hinzu kam eine schwarze »Barbichue«, eine scheue und aufgeregte »Barbara«, eine schöne, goldene »Diane«, ein Boxermischling, und die schwarz-weiße, süße – ich weiß nicht was – »Bijoufix«. Bevor ich überhaupt Zeit hatte, Luft zu schnappen, saß ich bereits mit fünf Hündinnen in meinem Rolls.

Eine Art Kellerverschlag diente als Katzenbehausung, widerlich und eisig; resigniert, hustend und krank hockten da in Erwartung des Todes rund fünfzig magere, ausgehungerte, von aller Welt vergessene Katzen. Alle, die auf mich zukamen und sich an mich drängten, habe ich genommen. Es waren zehn. Dann versprach ich, am folgenden Sonntag wiederzukommen und diesen widerwärtigen Ort zu leeren.

Mit meinen zehn Katern oder Katzen und den fünf Hündinnen war der Rolls randvoll besetzt. Wir fuhren direkt nach Bazoches. Unterwegs kletterten uns die Katzen in unserer rollenden Arche Noah auf den Kopf, lauter lebende Pelzkappen, wogegen die Hündinnen und der Hund sich so klein wie möglich machten, aus Angst, in die Hölle zurückbefördert zu werden. Ein kurioser Kontrast, dieser luxuriöse Rolls als Käfig für struppige und dreckige Bastarde, die aber so zärtlich, so glücklich, so vertrauensvoll waren.

Unsere Ankunft in Bazoches glich einem Volksfest. Ich ließ alle kunterbunt hinauspurzeln. Es war ein einziges beglücktes Blaffen, wildes Herumrennen, Freudentaumel, Trunkensein nach wiedergewonnener Freiheit. Die Katzen hatten nichts Eiligeres zu tun, als auf den erstbesten Baum zu klettern. Keines der Tiere hielt für möglich, was es sah, was es hörte. Ich auch nicht: Fasziniert starrte ich auf das Glück, das ich aus tiefstem Herzen mit ihnen teilte.

Die Hausmeister zeigten sich weniger begeistert, auf sie kam zusätzliche Arbeit zu. Mit einer Gehaltszulage erkaufte ich mir die Gewißheit, daß sie sich auch nach unserer Abfahrt gut um die Tiere kümmern würden. Fulbert, den Hund, den Phi-Phi adoptiert hatte und zehn Jahre lang nicht mehr aus den Augen ließ, nahmen wir mit; die anderen heulten und winselten, sie wollten mich schon nicht mehr weglassen. Ich nahm sie in den Arm, hätschelte und tätschelte sie, versprach ihnen, am Sonntag darauf wiederzukommen, wenn sie nur recht brav und artig seien.

Der Rolls stank nach nassem Hundefell, von anderen scharfen und ekelerregenden Gerüchen ganz zu schweigen, die auch in unseren Kleidern hingen. Doch was bedeutete das schon? Ich fühlte mich innerlich wie besänftigt.

Zu Hause beschnupperte Guapa mich und spielte die Beleidigte.

Unterstützt von Jean-Michel François, einem jungen Kolumnisten von »Jours de France«, der mich um eine Kampagne gegen das Aussetzen und Einschläfern von Tieren gebeten hatte, redete ich die ganze Woche über auf die Techniker, Schauspieler, Bühnenbildner und Produzenten meines Films, aber auch auf die der Nachbarstudios ein, einen Hund zu adoptieren. Gleiches unternahm ich in der Kantine beim Koch, dem Mädchen hinter der Theke, den Gästen und den Journalisten, kurzum, bei allen, die mir über den Weg liefen: Was gab es schon Wichtigeres auf der Welt als unseren Kreuzzug?

Wenn meine Szenen an die Reihe kamen, mußten die Regieassistenten mich immer suchen. Wenn sie mich wie durch ein Wunder im Nachbarstudio aufgespürt hatten, wo ich gerade die Werbetrommel rührte, konnte ich fuchsteufelswild werden. Da hatte ich beinahe wieder einen Hund untergebracht, und nun verpatzten sie mir alles, nur damit ich meinen blöden Text herunterleiern ging, der natürlich noch

nicht saß und mir im übrigen schnuppe war. Auf meine Anregung hin schickte der Tierschutzverein einen kleinen Lie-
ferwagen zu den Studios mit einer kompletten Auswahl in
puncto Größe, Rasse und Farbe. Den ganzen Tag lang
führte ich die Tiere überall vor, unterstützt von Jean-Michel
und Dédette, meiner Maskenbildnerin. Mit Ausnahme von
zwei Hunden habe ich alle untergebracht. Zugegeben, diese
beiden waren zwar die bravsten, aber auch die reizlosesten:
Sie sahen aus wie Würste auf Pfoten.

Jean-Max Rivière, der Komponist des Chansons »La
Madrague«, verfiel auf die glorreiche Idee, mir genau an
diesem Tag von Reichenbachs Show zu erzählen. Eine
Hand wäscht die andere: Entweder er adoptierte »Strapon-
tin«, oder ich stellte mich taub.

Als wir uns abends die abgedrehten Streifen vom Vortag ansahen, schleifte ich den häßlichsten Hund immer
noch mit mir herum: eine Art kleiner, pummeliger Foxter-
rier mit einer Veranlagung zum Kläffer, der gerne die Zähne
fletschte und übler roch als ein ganzes Rudel zusammen. Ich
hatte ihn mit »Heure Bleue« besprengt, wodurch er jedoch
noch widerlicher stank. Im Projektionsraum wurde ich aus-
gebuht.

Der Hund begann zu jaulen und ich zu heulen. Es war
acht Uhr abends – ich konnte dieses arme Tier doch nicht
allein im Wagen des Tierschutzvereins in die Hölle zurück-
schicken. Der Koproduzent Bertrand Javal, ein reizender
Mann mit einem großen Herzen, übernahm ihn schließlich,
um mir eine Freude zu machen, wobei ihn meine Verwirrung mehr gerührt haben dürfte als der Hund. Da ihm kein
Name einfiel, schlug ich ihm »Radis« vor.

Bertrand und Radis verbrachten fünfzehn glückliche
Jahre miteinander. Nie sah man den einen ohne den anderen. Und als Radis seinen irdischen Lebenslauf vollendet
und Bertrand verlassen hatte, um ins Paradies heimzukeh-
ren, brauchte dieser fast ein Jahr, um seinen Kummer zu
überwinden.

Am Sonntag fuhr ich wie versprochen wieder nach Gennevilliers, diesmal lässig in Jeans; so konnte ich die Käfige genauer inspizieren und mir von den unsäglichen Haftbedingungen der Tiere ein genaueres Bild machen.

Ich besuchte meine beiden Schützlinge Foutue und Bonheur, schmuste mit ihnen, teilte Kekse und zärtliche Worte aus. Bonheur war in einen Käfig verlegt worden, in dem er sich aufrichten konnte. Foutues Rücken war eine einzige Eiterbeule. Ich machte mir Sorgen, aber der Tierarzt beteuerte, nach der Verabreichung von Antibiotika werde es ihr in ein paar Tagen besser gehen. Die Leitung des Tierschutzverbandes überschüttete mich mit Glückwünschen und Dank. Nach dem Medienspektakel, das Jean-Paul Steiger und Jean-Michel François inszeniert hatten, entschlossen sich viele Leute, ein Tier zu adoptieren.

Ich schaute ihnen nach, wenn sie am Ende ihrer Schnur zu der neuen Familie dahintrotteten, die ihnen ein Heim bieten wollte ... doch für wie lange? Aber die Hauptsache war, daß sie erst einmal aus diesem Sterbehaus herauskamen.

Auch die Katzen versuchte ich unterzubringen. Bei Veranstaltungen dieser Art werden die Katzen immer vergessen. Die werden schon allein fertig, brauchen uns nicht, denkt man. Falsch, ganz falsch!

An jenem Tag waren Marie-José Neuville und ihr Mann Gérard Herzog – Bruder des von mir heißgeliebten, berühmten Maurice, was für ein Mann! – dabei, die sich damals sehr für den Tierschutz engagierten. Mit ihrer Unterstützung, aber auch der vieler anderer, die entsetzt waren über Frankreichs populärstes und wohl verkommenstes Tierheim, verpflichteten wir die Leitung des Tierschutzverbandes, schleunigst über eine neue Struktur, ein neues Heim und eine neue Organisation nachzudenken, die dem Ruf und dem Image des Verbandes gerecht würden.

An jenem Sonntag wurde der moralische Grundstein für das jetzige Tierheim gelegt, das zwar auch ein düsteres Gefängnis ist, aber mit dem vorigen nichts mehr gemein hat.

Ein paar Tage später teilte mir der Tierarzt telefonisch

mit, Foutue sei an den Folgen einer nicht zu bezwingenden Blutvergiftung gestorben. Bonheur hingegen könne jetzt zu mir kommen, wenngleich er lebenslang humpeln würde. Er sagte noch, die Namen, die man den Tieren gebe, solle man sich reiflich überlegen – sie können Hoffnungsträger oder Unheilkünder sein.

Ich beweinte im stillen den Tod dieses armen kleinen Wesens, das in meiner Nähe so glücklich hätte sein können und nun lautlos, lieblos verendet war in Eiter und Leid. Sofort ließ ich Bonheur abholen. Mit Michèle fuhr er schnurstracks nach »La Madrague«, wo er fünfzehn Jahre lebte, hinkend, aber glücklich, kahl, aber bekannt und respektiert als »Talleyrand«, der Hund der Bardot.

Am 14. November des Jahres 1966 wurde Gunter vierunddreißig. Er organisierte in der Avenue Foch ein traumhaftes Kostümfest unter dem Motto »Dracula«. Selbst das zur Verstärkung angeforderte Aushilfspersonal erschien in Smoking, Umhang und mit imposanten Hauern.

Es war ein grandioses Fest! Die ausschließlich von fünfarmigen Leuchtern erhellte Wohnung wirkte geheimnisumwoben, bei den Klängen des Zigeunerorchesters schluchzten die Romantiker und sangen die Nostalgiker. Die Damen waren schön, die Herren elegant. Gunter als Dracula hielt sich für das personifizierte Böse.

Da ich keine Zeit gehabt hatte, mir ein Kostüm zu suchen, trug ich ein enganliegendes, fleischfarbenes Ballett-Trikot aus Nylon, das ich mit Algenmotiven hatte besticken lassen. Das bis zum Po herabfallende künstliche Perückenhaar verdeckte diskret meine Sirenen-Nacktheit. Zwei blutige Bißspuren prangten an meinem Hals, und ein üppiges, schwarzes Mousseline-Cape, das ich im Kostümfundus der Studios »Billancourt« aufgestöbert hatte, flatterte hinter mir her wie ein Schatten.

Alles diente dazu, die Legende unsterblich zu machen …

Als der Film endlich fertig war, konnte ich all denen etwas Zeit widmen, die ich liebte und die ich vorübergehend vernachlässigt hatte: meinen Eltern, meinen alten Damen, Bazoches, meinen Hündchen, meinen Kätzchen, meinem Cornichon!

Mit Olga konnte ich die Termine für Reichenbachs Bardot-Show definitiv auf Ende nächsten Jahres festlegen. Bob hatte ich noch nicht wiedergesehen und verspürte auch nicht die geringste Lust dazu.

Ich brauchte ein Sabbatjahr – ohne jeglichen Zwang. Mal schlief ich in der Avenue Paul-Doumer, mal in der Avenue Foch, wohin ich Guapa, meine arme Guapa, manchmal mitnahm. Sie kam sich dort nicht nur völlig verloren vor, sie paßte überhaupt nicht dorthin. Gunter sah sie scheel an, seiner Vorstellung nach hätte ich mich eher mit afghanischen Windhunden umgeben müssen, mit eleganten, rassigen Wesen, die meine Grazie und meine Schönheit betonten.

Entweder Guapa und ich oder keine von beiden! Ein deutliches, entschiedenes Wort.

Monique waltete als Priesterin in der Avenue Foch. Ihre Liaison mit Samir hatten ihr blitzartig zu Lässigkeit, Eleganz und dem siegesgewissen Auftreten einer Dame von Welt verholfen. Die kleine Provinzlerin aus Saint-Tropez, die schüchterne Tochter des Doktors, die Frau des Fischers und Antiquitätenhändlers, hatte sich in ein prachtvolles Traumgeschöpf verwandelt. Was nur beweist, daß die Frauen durchaus der Abglanz dessen sind, was die Männer aus ihnen machen. Ihr und unserer wachsenden Komplizenschaft war es zu verdanken, daß meine Aufenthalte in der Avenue Foch angenehmer, entspannter und einfacher wurden.

Dann traf ich endlich den wieder, der – ob nah oder fern – für immer mein treuer Freund bleiben sollte, den, der es besser als jeder andere verstand, mich anzuziehen, zu drapieren, auszustaffieren, zu verkleiden, zu entblößen, zu sexifizieren, zu schmücken und zu verunsichern: den einzigen, den einmaligen, den unersetzlichen und nie ersetzten Jean Bouquin.

Ach, Jean, mein Komplize! Diese prachtvollen Stoffe, die er mir um den Leib wickelte, Zierde der Göttinnen, hauch-

627

zarte Seiden, hautenge Hüllen, nur von einem Faden zusammengehalten, deren knappe Nähte bei der geringsten Belastung aufplatzten, die mich aber in Glanz, in Goldschimmer, in Myrte und Sandelholz hüllten. Jean putzte mich heraus mit Wickelkleidern, indischen »Mini-Maxis«, afghanischen Ketten, Hosenröcken, mit ineinanderfließenden und herben Farbtönen. Er war der Erfinder jener extravaganten Hippie-Mode, die ich mit Wonne trug, die jahrelang meine zweite Haut war und die in allen tonangebenden Modeblättern jetzt wieder im Vordergrund steht.

Wie weit dieser geniale Mann allen voraus war! Die damalige Mode – seine Mode – rückte die Frauen ins rechte Licht, ins Rampenlicht. Wenn ich mir die grotesken Defilees unserer heutigen sogenannten Couturiers ansehe, komme ich zu dem Schluß, daß es seit jenen märchenhaften Sixties nur abwärts gegangen ist.

Man kann sich ja totlachen bei einigen dieser Schwulen-Kollektionen. Wie gern würde ich meine Concierge mal in solch einem Fummel sehen oder mich selbst mit meinen sechzig Jahren! Das wäre eine solche Katastrophe, daß ich lieber an Jean Bouquin zurückdenke.

Weihnachten rückte näher. Gunter wollte das Fest in Gstaad verbringen – mir wäre Méribel lieber gewesen. Wir fuhren also nach Gstaad, mieteten aber für Februar ein Chalet in Méribel. Mitsamt Gepäck zwängten Guapa, Monique, Samir, Gunter und ich uns in den Rolls.

In Pully bei Lausanne machten wir Zwischenstation. Ich entdeckte das entzückende Pilzhaus am See, »La petite Bazoches«, Gunters offiziellen Wohnsitz. Sogleich stieg er in meiner Achtung: Häuser sind nämlich ein Spiegel ihrer Bewohner. Dieses heimelige und warme Nest enthüllte mir eine Facette meines Mannes, die ich an ihm noch nicht kannte. Etwas Verschwiegenes, Schlichtes, so gar nicht Prahlerisches. Anstelle eines traditionellen Türklopfers fand ich eine riesige Bärentatze vor. Die Höhle eines Bären, genau das war's. Von nun an nannte ich Gunter »Planti«, Abkürzung von »plantigrade«, Sohlengänger.

Unsere nächste Station war Gruyère, dieses kleine mittelalterliche Dorf, wo auf dem taschentuchgroßen Platz gegenüber der Märchen-Kirche das Zwergenhaus stand, winzig wie ein Puppenhaus, eine unglaubliche Miniatur, meisterliche Architektur, Modellausgabe eines Lebens.

Dann endlich Gstaad, das entzückende Postkartendorf, in das eine Menge bunt zusammengewürfelter Berühmtheiten eingefallen war. Das Chalet von Peter Notz beherbergte in den mit luxuriös ausgemalten Holztäfelungen versehenen Räumen eine Vielzahl hochberühmter Gäste. Allein der Gedanke, in diesem Rahmen Weihnachten und Neujahr zu feiern, ließ mich zu Eis erstarren. Wo blieb das Familiäre bei diesem internationalen Gotha-Festival? Wo war das Jesuskind in der Krippe, das meine Kindheit geprägt hatte? Wo und für wen wären die kleinen Geschenke in den Stiefelchen vor dem Kamin, inmitten von Tannenzweigen und Orangen?

Mich überkam Trübsal.

Gunter, der Ski laufen konnte wie ein junger Gott, zog frühmorgens los und kam erst spätabends zurück. Ich ging mit Monique und Guapa spazieren. Die Zeit verstrich, das Jahr ging zu Ende, um Mitternacht küßte ich Guapa und Gunter im Vertrauen auf ein schönes neues Jahr, trotz allen Wirbels um uns herum.

In jener Nacht sah ich Rehe ganz nah ans Chalet herankommen; sie fraßen das für sie vorbereitete Heu. Prost Neujahr, ihr süßen, schönen Rehlein – mögen die Jäger euch verschonen. Das war mein innigster Wunsch.

Ja, ich wünschte mir ein schönes Jahr 1967, doch kaum waren wir daheim, verkündeten mir die Hausmeister von Bazoches, die scheue Barbara habe eines Morgens tot im Garten gelegen. Mir blieb nichts anderes übrig, als diese grausame Wahrheit hinzunehmen. Die glücklichen anderen Hündinnen streunten angeblich ein wenig zu heftig herum. Sie sprangen über den Zaun und strolchten durch die Felder, zum großen Ärger der Bauern, die sich schon fuchsteufelswild und bedrohlich gebärdeten.

Ob Barbara vergiftet wurde? Ich erfuhr es nie, beschloß aber, die Überlebenden zu ihrem eigenen Schutz in einen Pferch einzuschließen, um zu verhindern, daß sie zu unschuldigen Zielscheiben für die Spitzbuben der Gegend wurden.

Manchmal, wenn ich die unausrottbare Bosheit der Menschen sehe, die den Anflug von Paradies, den zu erschaffen ich mich bemühe, systematisch zerstören, wenn ich das unbarmherzige Wüten im gefährdeten Lebensraum derer betrachte, die ihrem Schicksal, ihrem programmierten Tod nicht entkommen können, befallen mich dumpfe innere Auflehnung, unermeßliche Verzweiflung, ein Gefühl der Ohnmacht. Mein ganzes Leben wird in Frage gestellt, meine Brust schwillt vor lauter unterdrückten Schluchzern, aus meinen Augen und meinem Herzen quillen trockene, aber brennende Tränen.

Langsam aber sicher begann ich die Menschen wegen ihrer Unmenschlichkeit zu hassen. Wieso verweigert man nicht nur Hunden und Katzen, sondern Tieren im allgemeinen das Recht auf ein Leben in Freiheit? Welches Recht, welches ungerechtfertigte Vorrecht erlaubt es, sie einfach abzuschlachten, wenn sie fröhlich durchs Feld des Nachbarn strolchen?

Als ich an jenem Tag vor dem kleinen Leichnam meiner Barbara stand, schwor ich mir, alles daranzusetzen, sie zu rächen, sie alle zu rächen. Aber wie? Ich wußte es nicht, doch in mir ballte sich dumpf eine solche Kraft zusammen, daß sie unweigerlich eines Tages zum Ausbruch kommen mußte.

Die Zukunft bewies mir, daß mein Instinkt mich nicht getäuscht hatte. Alle Hündinnen, die ich aus dem Tierheim geholt hatte und denen in meiner Nähe ein Leben in Liebe verheißen war, wurden von Jägern massakriert. Und zwar in kürzester Frist.

Gunter kam und ging, war abwesend, unauffindbar, noch bevor wir nach Méribel fuhren. Ich verbrachte viel Zeit in Bazoches. Meine Amazonen, Monique, Samir und ich machten in Begleitung von Cornichon und der ganzen Meute kilometerlange Wanderungen.

Witzig, diese Prozession der Tiere, die über die feuchten Äcker galoppierten, überall herumschnüffelten, während Cornichon die Spitze hielt, ab und zu einen Hundert-Meter-Sprint einlegte und seiner Lebensfreude mit stürmischem Ausschlagen und verwegenem »Iah« Ausdruck verlieh. Manchmal lief eine Katze, die neugieriger war als die anderen, ein Stück Weges mit, kehrte dann aber heimlich um und lief zurück zu ihrem weichen, warmen Kissen. Mit Dreck und Mist an den Schuhen, erschöpft, aber glücklich, kehrten wir heim. Eine heiße Tasse Tee, Holzfeuer im Kamin, die Hündinnen zu unseren Füßen – das war doch Glück! Wenn Gunter mir die Freude machte, mein Landleben zu teilen, dann trug Samir den »Château Margaux« und die Kristallgläser mit der passenden Tischwäsche auf. Sofort wurden die Hündinnen aus dem Zimmer verbannt, die Katzen blieben wohlweislich in der Küche, damit sie das weiße Tischtuch nicht mit ihren Pfotenabdrücken beschmutzten.

Eines Tages rief Jean-Paul Steiger mich an. Er habe zwei armselige Ziegen in letzter Sekunde vor dem Schlachthof gerettet. Ob ich sie in Bazoches aufnehmen könnte?

Sie wurden herrliche Gefährtinnen von Cornichon. Und ich entdeckte die Schlauheit und den Schalk der Ziegen, dieser verkannten Tiere, die so treu sind wie Hunde und alles verstehen. Ich wußte gar nicht, daß sie geschlachtet und ebenso verkauft wurden wie Schafe – wie weit reicht eigentlich die unersättliche Freßlust der Menschen?

Diese Ziegen, die trächtig eintrafen, gebaren kurz darauf zwei Zicklein, lebende und sanfte Plüschtierchen, die wie Menschenbabys schrien und mich mit ihrer Grazie, ihrem Zutrauen, aber auch ihrer Zerbrechlichkeit immer wieder von neuem entzückten. Wenn man bedenkt, daß ihnen mitleidlos die Kehle durchgeschnitten wird, damit man sie so jung wie möglich essen kann, diese verängstigten, schutzlosen Wesen, die weinen, uns Barbaren um Mitleid anflehen, dann kann ich an der Menschheit nur noch verzweifeln.

Das erinnert mich an die unglaubliche Geschichte von dem Mann, der vor einem Salatteller sitzt und lauthals nach Fleisch verlangt und dem eine lebende Taube mitsamt einem Messer serviert wird. Wenn jeder von uns das Tier, dessen Fleisch er verzehrt, erst einmal eigenhändig zu töten hätte, gäbe es bereits Millionen von Vegetariern.

Irgend etwas sträubte sich in mir gegen die geplante Reise nach Méribel. Es fiel mir schwer, meine Menagerie in Bazoches zu verlassen, und außerdem war alles nicht mehr ganz so wie früher, seit ich mit Gunter zusammenlebte. Wie würde er sich in diesem kleinen Dorf fühlen, fern der mondänen und aristokratischen Welt, in der er sich zu bewegen pflegte?

Obwohl Samir das Zimmermädchen Margaret mit Wäsche, Gläsern, Kellerinhalt, Kaviar schickte und ich Madame Renée, Guapa und meine mit guten Vorsätzen und eleganten Kleidern prall gefüllten Koffer mitnahm, unterschied Méribel sich doch meilenweit von Gstaad oder Sankt Moritz – zum Glück für mich.

Natürlich fanden sich Gunters Freunde im Chalet ein: Jean-Noël Grinda und seine Frau Florence, Gérard Leclery, Samir und Monique. Eine Woche lang ging alles gut. Dann begann Gunter sich zu mopsen; ihm fehlte der Glanz in unserer Hütte!

Johnny Halliday und Sylvie Vartan kamen zum Abendessen – sie hatten ein paar Monate vorher ein Kind bekommen. Sogleich wollte Gunter auch ein »Schmusepüppchen« haben – im Klartext: »Madame, ich wünsche, daß Sie mir ein Kind schenken.«

Das fehlte mir gerade noch! Ich und brüten – kam gar nicht in Frage!

Verhütungsmittel gab es damals noch nicht. Nur der Dauerlauf zum Badezimmer und die Knaus-Ogino-Methode verhalfen uns zu einer relativen Sicherheit. Ich hatte ständig die Nase im Kalender, zählte die ersten sieben Tage ab, dann totale Abstinenz, dann die letzte Woche, freigegeben zum Lieben. Die Zeit der Liebe war mathematisch vorprogrammiert, davon hing alles ab, das Schlimmste und das Schönste, je nach Blickwinkel.

Eher wäre ich ins Kloster gegangen und hätte ein ewiges Keuschheitsgelübde abgelegt, als daß ich noch einmal durch die Hölle gegangen wäre, die ich bei der Geburt von Nicolas kennengelernt hatte.

Da die Vorstellung, mich in eine brütende Glucke zu verwandeln, in mir wenig Begeisterung weckte, beschloß Gunter, erst einmal nach Sankt Moritz zu fahren, um mir Zeit zu lassen, über die möglichen Konsequenzen meiner Weigerung nachzudenken.

So war ich plötzlich allein in Méribel. Da Samir, Monique, Madame Renée und Margaret mir auch nicht helfen konnten, nahm ich Guapa in den Arm und heulte eine Weile, eine lange Weile. Diese Erpressung zur Mutterschaft ist empörend!

Mag auch die Ehe bei einer dümmlichen und unbedachten Wette als Gewinn herausspringen, so darf das aus der Vereinigung zweier Menschen entstandene Kind doch nie und nimmer mit so einem üblen Hasardspiel in Verbindung gebracht werden. Urplötzlich hatte sich das Chalet in ein finsteres Loch verwandelt.

Ich beschloß, für einen Abend nach Courchevel zu fahren, zu meiner Freundin Jacqueline Veyssière, und in ihrem Club Saint-Nicolas die herzliche und fröhliche Stimmung zu genießen, die sie, wo immer sie sich aufhielt, zu verbreiten wußte. Dort traf ich Jean Bouquin und seine Frau Simone. Sie hatten für die Saison eine Boutique eröffnet, wie immer äußerst exzentrisch; ihre Gegenwart tat mir gut. Ich tanzte allein, provokant (aber zu provozieren gab es nichts), ich trank zuviel Champagner und versuchte inmitten all dieser Paare zu vergessen, daß ich mich doch eigentlich um Gunter hätte ringeln und winden müssen.

Gunter kam nicht wieder.

Da der Monat Februar zum Glück nur 28 Tage zählt, packte ich mit Erleichterung schleunigst all unsere Habe zusammen, auch das Personal, und verteilte alles auf die Avenue Foch und die Avenue Paul-Doumer.

Kaum angekommen, hielt mir Mama Olga ein ihrer Meinung nach »großartiges« Projekt vor die Nase, eine Episode aus den »Unheimlichen Geschichten« von Edgar Allan Poe unter der Regie von Louis Malle, mit Alain Delon als Partner und Rom im Frühsommer als Drehort. Das werde mich nur wenig Zeit kosten, mir viel einbringen und die prekäre Lage meines Schätzwertes als Star etwas verbessern.

Ich unterschrieb – warum sollte ich untätig herumsitzen, wenn ich doch ständig allein war und hinter einem Mann herjagte, der sich immer wieder in Luft auflöste?

Gunter fand die Idee großartig, als ich ihm die Neuigkeit mitteilte. Rom war eine Stadt, die ihn faszinierte. Im Handumdrehen hatte er für drei Monate das schönste Anwesen der Via Appia Antica angemietet.

Bis dahin lösten Empfänge, Abend- und Mittagessen sich fortlaufend ab. Dank Gunter lernte ich phantastische Persönlichkeiten kennen: Dali, César, Georges und Claude Pompidou, Guy und Marie-Hélène de Rothschild, Dado und Nancy Ruspoli, die von Bismarcks, den Schah von Persien und Kaiserin Farah Dibah, Fürst Rainier und Prinzessin Gracia Patricia von Monaco und sogar General de Gaulle. Gunter war auf alles neugierig, stets begierig, jemanden kennenzulernen, zu treffen und zu entdecken. Unersättlich, wenn es um etwas Neues, etwas Außergewöhnliches ging. Leidenschaftlich erforschte er das Leben in all seinen Facetten, in seinen Geheimnissen. Im Gegensatz zu mir, die ich mich verletzlich und verloren fühlte, sobald ich mich über die Schwelle meines verschwiegenen und privaten Lebensraums hinauswagte. In seinem Kielwasser entdeckte ich eine mir unbekannte Welt, die mich bereicherte und befähigte, eine Wahl zu treffen, mich zu entfalten, meinen geistigen Horizont und meine Einstellung den Dingen und Menschen gegenüber zu erweitern.

Zu jener Zeit entdeckte Gunter seine Kinoleidenschaft.

Ihm schwebte eine extravagante Regie, ein wahnwitziger Surrealismus und eine auf die Spitze getriebene Erotik vor. Ich war natürlich der Dreh- und Angelpunkt seiner Hirngespinste, seiner Phantasmagorien. Er wollte mit mir »den« Film meines Lebens drehen. Noch keiner habe mich richtig eingesetzt, er werde meinem Talent blitzartig zum Durchbruch verhelfen, meine Schönheit, all meine Trümpfe ausspielen. Perplex hörte ich mir all diese Geschichten an, die mit weit ausholenden Gesten und Sätzen voller rollender »Rs« ohne Punkt und Komma wild durcheinanderpurzelnd dargeboten wurden. Gott bewahre mich vor diesem neuen Spleen meines Mannes!

Gerade erst hatte er mit Gérard Leclery in Kenia einen absolut belanglosen Dokumentarfilm über Wildtiere gedreht, und bisher hatte sich noch kein Verleiher dafür interessiert. Zwei Jahre lang moderte dieser Film im Keller der Avenue Foch schon vor sich hin, doch nun beschloß Gunter, ihn außerhalb des Wettbewerbs beim nächsten Festival in Cannes im Mai vorzuführen, und wenn ich diese Soiree mit meiner Anwesenheit aufwertete, wäre die einmütige Zustimmung der Organisatoren so gut wie sicher.

Das kam überhaupt nicht in Frage! Seit Jahren hatte ich mich nicht mehr in Cannes blicken lassen, ich haßte dieses Drunter und Drüber, ich würde nicht einmal hingehen, wenn einer meiner Filme im Wettbewerb wäre, und um seinen beschissenen Film zu präsentieren, würde ich meine Meinung ganz bestimmt nicht ändern.

»Madame«, entgegnete Gunter, »wenn Sie dazu nicht bereit sind, lasse ich mich scheiden!«

»Dann lassen Sie sich scheiden, Monsieur.« Empört knallte ich die Tür hinter mir zu und wartete ab.

Ich war endgültig in die Avenue Paul-Doumer zurückgezogen und hatte mein früheres Leben wiederaufgenommen. Vergeblich wartete ich auf Nachricht von Gunter oder die Ankündigung unserer Scheidung. Nichts.

Ich sah Phi-Phi wieder, der sich inzwischen leidenschaftlich in Sveeva verliebt hatte. Meine Amazonen waren eben unwiderstehlich; das einzige, ihnen allen gemeinsame Problem war nur, daß sie verheiratet waren.

Gloria, meine aufsehenerregende Chilenin, meine indianische Schönheit, hatte Gérard Klein geheiratet und war rundum glücklich. Nur Carole verkörperte weiterhin die reine und uneinnehmbare Festung des kompromißlosen Zölibats.

Jicky und Anne hatten einen zweiten Sohn bekommen: Pierre-Laurent. Durch ihre – der meinen diametral entgegengesetzten – Lebensweise hatte sich ein kleiner Graben zwischen uns aufgetan. Doch unsere Freundschaft nahm dabei niemals Schaden.

Eines Abends klingelte das Telefon. Monique nahm ab, weil ich beschäftigt war. Es meldete sich Valéry Giscard d'Estaing. Ich hörte Moniques dunkle Stimme gurren. Oh! Ah! O ja! O nein! Als es mir zuviel wurde, schnappte ich mir den Hörer.

Valéry säuselte, er müsse unbedingt die Frau zu dieser Stimme kennenlernen, die ihn hypnotisiere. Ich schlug ihm vor, doch gleich am nächsten Tag auf ein Gläschen vorbeizukommen; er packte die Gelegenheit beim Schopf.

Das Pech wollte es, daß Monique mir mitteilte, sie müsse Paris verlassen und könne leider nicht dabei sein, obwohl sie diese bedeutende Persönlichkeit liebend gern getroffen hätte.

Jetzt saß ich schön in der Patsche! Ich mußte Ersatz für diese Monique finden. Aber wen? Plötzlich kam mir ein teuflischer Einfall. Ich rief Claude Deffe an, einen engen Freund Sacha Distels, den ich gut kannte, der absolut nicht schwul, aber für einen Ulk jederzeit bereit war, sich als Frau zu verkleiden. Ich erzählte ihm die Geschichte. Er bog sich vor Lachen. Ich stellte ihm meine Perücken, meine Strumpfhosen, meine Miniröcke zur Verfügung, nur mit den Schuhen (ich trug Größe siebenunddreißig und er grazile dreiundvierzig) haperte es. Wir machten aus, daß er sich am nächsten Tag gegen achtzehn Uhr bei mir umziehen sollte. Ich lud ein paar Freunde ein, damit es natürlicher und lustiger zuging, und weihte auch sie in den Streich ein, den ich Giscard zu spielen gedachte.

Zeugen waren Jacky Schmil, ein ausländischer Journalist, witzig, amüsant, humorvoll und mir gegenüber liebevoll, Claude Deffes Bruder Christian, künstlerischer Direktor der Plattenfirma »CBS«, Carole und Sveeva, meine verfügbaren Amazonen, sowie Phi-Phi d'Exea.

Madame Renée hatte ich eingeschärft, sie solle Giscard d'Estaing gleich nach dem Klingeln nach oben in den Salon begleiten – ich hatte eine Maisonette-Wohnung –, sich aber bloß nichts anmerken lassen. Alles war bestens organisiert.

Ich hatte alle Lichter gelöscht, es brannten nur Kerzen und ein Holzfeuer, dazu Räucherstäbchen. Schummrige Atmosphäre. Claude schminkte sich, puderte sich, verwandelte sich in meinem Ankleidezimmer. Überall lag etwas, hier eine Perücke, dort Kleider, ein heilloses Durcheinander, und das bei mir, die ich doch eher pingelig bin. Na ja, man hat ja nicht alle Tage was zu lachen!

Ich wählte einen schwarzen Minirock, eine blonde Lockenperücke, einen langärmeligen, schwarzen Baumwollfummel und Schaftstiefel, um den beabsichtigten Sexy-Look zu vollenden. Dann warteten meine Freunde und ich im Halbdunkel des Salons mit einer Flasche Champagner auf den großen Augenblick.

Giscard erschien, geleitet von Madame Renée. Die üblichen Freundlichkeiten und Komplimente. Doch wo blieb Monique? Er brauchte nicht lange zu warten, ein Klingeln kündete ihr Eintreffen an. Mir blieb das Herz stehen, als ich Claudes Silhouette in der schummrigen Tür des Salons auftauchen sah. Er hatte, unter uns gesagt, etwas krumme Beine, als hätte er sie zum Trocknen über ein Faß gehängt! Aber was soll's!

Ich stellte all meinen Freunden diese »Monique« vor, die mit dunkler Stimme und schrecklich krummen Beinen daherkam. Aber was soll's!

Mit formvollendeter Eleganz küßte Valéry ihr die Hand, doch sein Blick blieb merkwürdig lange darauf haften.

Dann erklärte er ohne weitere Umschweife, er müsse nun leider gehen, seine Arbeit, seine Verpflichtungen und dieses und jenes.

Wir könnten doch gemeinsam zu Abend essen, schlug ich vor, aber er machte sich auffallend hastig aus dem Staub.

Nachdem er gegangen war, versuchten wir, uns auf seinen überhasteten Aufbruch einen Reim zu machen. Als ich Claudes Hände und seine behaarten Finger sah, begriff ich schlagartig Valérys Reaktion. Ich weiß, daß diese einmalige Anekdote von einem Minister, der einem als Frau verkleideten Mann die Hand küßt, in die Annalen einer Epoche eingehen wird, in der noch alles möglich war, vor allem bei mir.

Immerhin ist Valéry nicht darauf hereingefallen, und es dauerte Monate, bevor er mir verziehen hatte.

Und als er dann Präsident einer Republik geworden war, die ich mit meiner Büste als Marianne verkörperte, erteilte er mir Absolution für meine Frechheit und unterstützte meine Kampagne zur Rettung der Robbenbabys. Danke, Valéry, für Ihre Nachsicht, und vor allem danke für Ihre nationale Unterstützung in diesem schwierigen und bis heute nicht gewonnenen Kampf!

Wegen der Fernsehshow, deren Aufzeichnung am Ende des Jahres anstand, mußte ich auch Bob wiedersehen.

Das ging mir ans Herz. Ich hätte ihn nie verlassen sollen … Er war umwerfend nett, trug mir nichts nach und bedauerte nur, daß ich nicht so glücklich war, wie ich hätte sein sollen.

Und da flennte ich auch schon in seinen Armen. Und um mich nicht allein zu lassen, tauchte er mitsamt Phi-Phi, dem Hund Fulbert, Sveeva, Carole und Jean-Michel François zum Wochenende in Bazoches auf. Wir spielten Poker, führten die Hunde aus, streichelten die Katzen, kraulten Cornichon, die neckischen Ziegen und ihre Plüschbabys. Es ging fröhlich und unbeschwert zu wie früher.

Als ich gerade nach Paris zurückfahren wollte, war an meiner Türklinke ein dickes schwarz-weißes Hündchen ohne jegliche Kennmarke angebunden. Ein armes, dickes Kerlchen, das irgendwelche skrupellose Idioten ausgesetzt hatten. Er blickte so zutraulich, so zärtlich, so verloren drein. Ich nannte ihn »Prosper« und nahm ihn sofort auf. Er blieb bis 1983 bei mir in »La Madrague«. Er war der Inbegriff von Sanftmut, Treue und Güte.

Um eine anarchische Vermehrung zu verhindern, mußte ich die Rüden und die Hündinnen trennen. Die heute übliche Sterilisation gehörte damals noch nicht zu den elementaren Vorsichtsmaßnahmen.

Man hatte beschlossen, daß die berühmtesten Chansonkomponisten der Zeit mir Lieder auf den Leib schreiben würden, die ich in der Bardot-Show singen oder zu denen ich tanzen sollte. So kamen Gérard Lenorman, François Bernheim, Serge Gainsbourg, Claude Bolling, Gérard Bourgeois, Nino Ferrer und andere ins Spiel. Ich hörte mir Arbeitsproben auf Tonkassetten an und wußte sofort, ob das zu mir paßte oder nicht. Ohne zu zögern traf ich meine Auswahl.

Olga bot mir eine Rolle in einem amerikanischen Film an, der Anfang 1968 in Südspanien gedreht werden sollte, und zwar mit Sean Connery als Partner. Eine Art Western aus der Zeit um 1880 unter der Regie von Edward Dmytryk und mit einer tollen Besetzungsliste, allerdings in englischer Sprache.

Ich jagte sie zum Teufel. Auf Französisch zu drehen fand ich schon zum Kotzen, und dann erst auf Englisch, das kam überhaupt nicht in Frage!

Aber Mama Olga nahm es mir nicht krumm und legte das Projekt vorerst auf Eis. Obwohl wir beide das gleiche Sternzeichen Waage haben, ist Olga das genaue Gegenteil von mir: geduldig und diplomatisch.

Von Maman erhielt ich regelmäßig Nachricht über Nicolas. Sein Vater hatte für ihn in Montfort-l'Amaury ein Haus gemietet, wo er mit Moussia lebte.

Das war doch der Gipfel! Montfort-l'Amaury ist nur vier Kilometer von Bazoches entfernt, warum mußte Jacques mir so etwas antun? Ich rief ihn an.

Er reagierte gnadenlos. Nicolas brauche ein ruhiges, geregeltes Leben, fern von diesem grotesken Zirkus, zu dem ich mein Leben gemacht hätte: ohne jede Ordnung, empörend.

Ich hängte wortlos ein.

Welch ein Idiot, dieser erbarmungslose, bourgeoise Kerl, der – kleinlich bis zum Umfallen – mit fadenscheinigen Ausreden einer Mutter den Sohn vorenthält!

Zugegeben, ich hatte meine Macken, aber Heuchelei gehörte nicht dazu.

Ich lebte von einem Tag auf den anderen, so wie das Leben mich vor sich hertrieb. Allein, aber verantwortlich, steuerte ich meinen Kahn und bemühte mich in guten wie in schlechten Zeiten, ihn in den nächsten Hafen zu bringen.

Ich fuhr zu Nicolas. Der Besuch artete zu einer Katastrophe aus. Das Kind war mir ebenso fremd wie ich ihm. Seine kleine Welt stieß mich zurück, schloß mich aus. Ich begriff es und mußte mich mit Tränen in den Augen dieser grausamen Tatsache fügen. Ein Kind läßt sich ebensowenig zähmen wie ein kleines Tier; es braucht Zeit sowie Geduld und Nachsicht, und mit keiner dieser beiden Eigenschaften konnte ich aufwarten. Mein impulsives Temperament verlangt nach der sofortigen Erfüllung des geringsten meiner Wünsche. Das hat mir das Leben zwar sehr erschwert, trug mir aber auch viele Erfolge ein. Mit mir feilscht man nicht, man verschiebt nicht auf den Sankt-Nimmerleins-Tag, was man sofort erledigen kann und muß. Laschheit, Ausflüchte und sterile Überlegungen finde ich abscheulich. Ich bin unerbittlich mir selbst und anderen gegenüber – erbarmungslos. Andererseits kann ich unendlich träge sein, wenn keine Dringlichkeit vorliegt. Dann hänge ich den Träumen nach, in ihrem unwirklichen und fernen Nebel.

Da fällt mir ein, daß Gunter mich einmal mit einem prachtvollen Segelboot verglichen hat, das in all seiner Schönheit und Kraft mit schlaffen Segeln auf der Stelle treibt, weil der Wind fehlt, der sie hätte blähen müssen. Diesen Antrieb, diese Kraft, die ich brauche, um allen Hindernissen zum Trotz vorwärtszustürmen, finde ich in einem anderen Menschen. Nimmt man mir diese Unterstützung, die ich zum Leben brauche, so erlösche ich wie eine Kerze, der man den Sauerstoff nimmt.

Diese Abhängigkeit ist meine Achillesferse.

Und zu jener Zeit befand ich mich in einem Zustand völliger Orientierungslosigkeit, wußte nicht, woran und an wen ich mich halten konnte, meine Niedergeschlagenheit blockierte plötzlich und unwiderruflich jegliche Initiative. Gunter schaute ab und zu in der Avenue Foch vorbei – wie ich von Monique erfuhr –, aber ich erhielt keinerlei Nachricht, blies Trübsal und kam mir allmählich selbst abhanden.

Allerlei Männer machten mir demonstrativ den Hof, auch Gunters beste Freunde, was ich empörend fand, und einige der Komponisten, mit denen ich probte, was ich abstoßend fand. Ich bin nämlich, ohne es zu wollen, von Natur aus treu.

All diese Kerle ohne Saft und Kraft waren nur jämmerliche Kopien jenes außergewöhnlichen Mannes, dem ich verfallen war.

Ich wußte, daß Gunter mich betrog. Aber mußte ich es ihm deswegen mit gleicher Münze heimzahlen, wenn ich gar keine Lust dazu hatte, es wie einen Gifttrank runterwürgen, mich selbst in den Schmutz ziehen, nur um mich zu rächen? Nein! Ich hing viel zu sehr an ihm, war viel zu verliebt in ihn und zu integer, um mich zu etwas zu zwingen, was mir zuwider war.

Als Gunter mich nach etlichen Wochen des Wartens endlich anrief und ohne das geringste Einlenken mir die Entscheidung in die Hände legte, erklärte ich mich bereit, am Abschlußabend des Festivals seinen Film »Batouk« vorzustellen; andernfalls wäre es endgültig aus gewesen.

Und wieder war es die große Liebe, diese romantische Liebe, ein unvergeßlicher Abend im russischen Nachtklub »Raspoutine« – mit allem Drum und Dran.

Es stellte sich die ewige Frage, was ich bei der Soiree in Cannes tragen sollte. Gunter bestellte eine ganze Delegation von »Dior« in die Avenue Foch, die transparente und unwirkliche Abendkleider vorstellten, in denen ich wie verkleidet aussah. Ich rannte zu Bouquin, der mir im Handumdrehen einen schwarzen Smoking und eine höchst romantische Spitzenbluse machte – das war perfekt, das war mein Stil.

Und schon bald versuchte ich, mir in Begleitung des absolut nicht überzeugten Gunter an jenem berühmten Galaabend in Cannes einen Weg zu bahnen durch diese hysterische Menschenmenge, die ich leider allzugut kannte. Ich wurde hin und her geschoben, schier erstickt, aber ich lächelte, ja, lächelte immerzu. Jean-Claude Sauer, einer der größten Fotografen von »Paris Match«, wurde an jenem Abend von der Menge zerquetscht; es gab weitere Verletzte, und die völlig überforderte Polizei wurde erdrückt unter dem Wahnsinnsgewicht dieser Menschenbrandung, die sich ungebremst an den Stufen des alten Filmpalastes von Cannes brach. Das war im Mai 1967.

Gunter war kreidebleich; ich glaube, er hatte fürchterliche Angst und begriff plötzlich, wenn auch etwas spät, warum ich mich anfangs geweigert hatte.

»Batouk« erregte keine Begeisterungsstürme. Auf der Bühne überreichte ich Michel Simon die Ich-weiß-nicht-was-Medaille, die er gewiß verdient hatte. Dies war mein letzter offizieller Auftritt.

Ah, wie sehr ich Italien liebe! Wir fuhren nach Rom, Guapa
war wie immer dabei. Wie glücklich war ich, wieder dort zu
sein, in der herrlichen Via Appia Antica, der ehemaligen
Römerstraße, die Rom mit dem Hafen Ostia verband. Das
alte Pflaster, die Ruinen, die typischen und anheimelnden
Trattorien und diese prachtvollen Bauten! Die Zypressen,
die weiten, weiten Wiesen! Wie schön das ist, wie kostbar
und rar.

Das Haus war so, wie ich es liebe: schön und herrlich
bequem! Es gab elegante Dienstboten, die sehr diskret auftraten. Samir und Monique hatten alles vorbereitet – ein
Traum!

Doch sehr bald schon hielten all diese blasierten Nichts-
tuer, Gunters verdammte Seelen, Einzug in dieses friedliche
und heitere Universum, das sich in eine Ferienkolonie für
Milliardäre verwandelte. Mir wurde gestattet, ein paar meiner Amazonen einzuladen. Während ich mit Louis Malle
den bevorstehenden Drehablauf der ersten Episode zu den
»Unheimlichen Geschichten« besprach, ließ Gunter zwei
Drehbuchschreiber einfliegen, einen Amerikaner und den
Franzosen Gérard Brach, um den berühmten Film, der »der
Film« meines Lebens werden und mich zum Star der Stars
machen sollte, zu Papier zu bringen.

Während ich Alain Delon empfing, der in der Episode
»William Wilson« von Louis Malle die Paraderolle mit mir
zu teilen hatte, erträumte sich Gunter für »seinen« Film amerikanische Spitzenstars: Gregory Peck, Burt Lancaster,
Charlton Heston, Paul Newman und so weiter.

Louis Malle, Alain Delon und ich nahmen uns neben
Gunters Starbesetzung fast wie arme Schlucker aus. Nichts
regt mich mehr auf, als plötzlich Verachtung zu empfinden

für Menschen, die ihre Grenzen überschreiten. So erging es mir nun mit Gunter und seiner filmischen Hochstapelei.

Man stülpte mir im neuen Film eine riesige pechschwarze Perücke über, die wie eine napoleonische Husarenkappe meinem Gesicht eine Art scheußlichen Wurmfortsatz aufzwang. Ich habe mich immer gefragt, warum Louis Malle mich so entstellen mußte. Das gehört wohl mit zum Berufsrisiko.

Meine Drehtage verbrachte ich im Kreise junger Offiziere beim Pokern gegen Alain Delon und gewann unverschämt hoch, bis das Glück sich wendete und die versammelte Mannschaft sich in Spott und Frechheiten erging, während ich meine Schulden beglich, indem ich die Peitsche ertrug. Das alles war ziemlich uninteressant, und ich langweilte mich gewaltig. Es war mein zweiter Streifen, den ich mit Alain drehte.

Der erste lag Jahre zurück. Es war die Agnes-Bernauer-Episode in »Galante Liebesgeschichten« gewesen und ebenfalls ein Flop, die Mischung Delon–Bardot zündete einfach nicht. Auch unsere sonstigen Beziehungen gelangten nie über das Stadium der Höflichkeit hinaus, Herzlichkeit oder Komplizentum stellte sich nicht ein. Ihm war nur die richtige Ausleuchtung seines Gesichts und seiner berühmten blauen Augen wichtig, wie hätte er sich da für jene interessieren können, die zwar vor ihm stand, aber doch nur ein Schatten unter all den anderen war?

Alain ist ein schöner Mann! Gewiß. Aber auch die Louis-Seize-Kommode in meinem Salon ist schön. Zwischen mir und Alain bestehen keine engeren Bindungen als zwischen mir und meiner Kommode! Es ist nichts in diesem Gesicht, in diesen Augen, was einen anrühren, einen anziehen oder doch irgendwie an Wahrhaftigkeit, an Gefühl, an Leidenschaft glauben lassen könnte. Alain ist kalt, äußerst egozentrisch; um sich zu erwärmen, ist ihm nichts besseres eingefallen, als Werbespots für Pelze zu machen. In dieser Hinsicht paßt er gut zu Sophia Loren.

Mein Verhältnis zu Gunter verschlechterte sich zusehends. Wenn ich nach den Dreharbeiten in das schöne Haus an der Via Appia Antica zurückkam, brodelte es dort von Projekten, absurden Superproduktionen, und jeder der anwesenden Höflinge gab seinen Senf, seine Idee, seine Version dazu. Einfach grotesk!

Ich ertrug dies bis zu dem Tag, als Gunter Mama Olga kommen lassen wollte, um den verbindlichen Vertrag zu unterschreiben, der es ihnen mit Hilfe meines Namens erlaubt hätte, ihr konfuses, auf tönernen Füßen stehendes Phantasiegebilde aufzubauen. Ich hatte mich schon genug entblößt, als ich mich gezwungenermaßen bereit erklärt hatte, seinem nichtssagenden Dokumentarfilm beim Festival von Cannes auf die Sprünge zu helfen. Aber meinen Namen, meinen Bekanntheitsgrad, mein Image würde ich keinesfalls in den Dienst der Hirngespinste eines Playboys stellen, der sich auf Teufel komm raus als Regisseur betätigen wollte. Ich hatte die Nase voll von dieser ganzen Idiotensippschaft, den Speichelleckern, einer schlimmer als der andere, die sich in Champagner- oder Whiskyseligkeit wie Weltverbesserer vorkamen.

Am 27. Juni erfuhr ich vom Tod Françoise Dorléacs. Ich war erschüttert, konnte das tragische Ende dieser so schönen, so jungen Frau nicht fassen. Bei lebendigem Leibe war sie in ihrem Auto verbrannt, aus dem sie sich nicht mehr zu befreien vermochte; gemeinsam mit ihrem kleinen Hund war sie einem unerbittlichen, tragischen Geschick ausgeliefert. Ich hatte sie nicht persönlich kennengelernt, mußte aber weinen beim Gedanken an diesen ungerechten Tod – inständig dachte ich an sie. Sie hatte das Zeug zum Star gehabt, Bildung, Talent und Persönlichkeit besessen, um ganz nach oben zu kommen. Doch vor allem stellte ich mir die grauenvolle Angst bei diesem entsetzlichen Todeskampf vor.

Ihre Schwester Catherine Deneuve, von gleichem Blut, gleicher Herkunft, griff nach dem Stern, der sie am Firmament der Unvergeßlichen leitete. In meinen Augen sind beide eine denkwürdige Symbiose eingegangen.

Ich dachte nur daran, diesem Universum voller Fallstricke zu entfliehen, in dem ich lebte. Meine Weigerung, irgend etwas zu unterschreiben, wirkte sich aus wie der Funke im Pulverfaß. Gunter und seine Clique erklärten mir wieder den Krieg.

Ich befand mich in Quarantäne, hockte mit Guapa auf den Stufen der Treppe, spielte für mich allein Gitarre, während all diese Herren »arbeiteten«, indem sie Los Angeles, New York, die erfolgreichsten Agenten der populärsten Stars anriefen und unentwegt meinen Namen zitierten.

Ich rief Louis Malle zu Hilfe. Der Produktionsleiter Pierre, ein gutaussehender und charmanter junger Mann, fuhr nach Paris zurück. Er konnte mich und Guapa mitnehmen. Ich ergriff die Gelegenheit beim Schopf, sprang mit Guapa und einem Beutel unter dem Arm in ein Taxi und entkam unbemerkt: Niemand hatte mich gesehen. Ich war einfach verschwunden, wie weggezaubert.

Die Fahrt im Auto war lang und anstrengend. Aber Pierre wärmte mir das Herz. Aufgerieben von allem, was ich erlebt und durchgemacht hatte, fand ich in seinen Armen und in seiner Zärtlichkeit die Linderung meiner Schmerzen, den Balsam für meine Seele.

Er war der Beginn einer dumpfen Rache, die schon lange in mir geschwelt hatte, die ich aber immer wieder hinausgeschoben hatte.

In der Avenue Paul-Doumer hagelte es Anfragen von Gunter; er machte sich Sorgen, verstand nichts und stellte sich Fragen. Sollte er sich nur weiter fragen! Leicht desorientiert, das gebe ich zu, versuchte ich, im Kreise meiner Tiere in Bazoches Klarheit zu gewinnen. Allein igelte ich mich in dieser herrlichen, stillen Landschaft ein, zur großen Freude aller Tiere: der Hündinnen, die nun endlich ihr liederliches Leben wiederaufnehmen durften, meiner Katzen, die sich an mich kuscheln konnten, meiner großen und kleinen Ziegen und meines Cornichon. Unter den Tieren findet man sein Gleichgewicht wieder. Welch unvergleichliches Glück!

Mama Olga, entsetzt über die Aussichten eines Films mit

Gunter, ließ mich schleunigst den Vertrag für »Shalako« als Partnerin von Sean Connery unterzeichnen.

Am 13. Juli abends sah ich dann Gunter in der Avenue Paul-Doumer wieder. Das war ein trauriger Jahrestag, eine betrübliche Bilanz eines Ehejahres!

Wir machten schließlich doch gute Miene zum bösen Spiel und versuchten, einen Abend in gekünstelter Freude bei Kerzenschein und Dom Pérignon zu verbringen. Wie beschädigt unsere Beziehung war, ermaß ich voller Verzweiflung; bitter schmeckte die nostalgische Erinnerung an diese verrückte Reise nach Las Vegas, an diese wilde Leidenschaft, Motiv für die wahnwitzigsten Entschlüsse, unser unbezwingbares und unkontrollierbares gegenseitiges Begehren – und das war knapp ein Jahr her.

Bei mir war alles immer Leidenschaft. Leidenschaften sind kurz, flüchtig, halten dem Lauf der Zeit nicht stand und preschen zu schnell vorwärts, weil sie zerstörerisch, irrwitzig sind, und was bleibt, ist das Gefühl von Bitterkeit und Trostlosigkeit.

Also floh ich; mein Leben war eine einzige Flucht in den einzigen, wenn auch nicht friedvollen Hafen: »La Madrague«!

Gunter fuhr mir nach, auf einer von Gérard Leclery angeheuerten Yacht, auf der ich mehr oder minder freiwillig ein paar Tage in der Bucht von Antibes zubringen mußte, inmitten einer johlenden Urlaubermenge, die uns am Schlafen, Baden, ja, am Leben hinderte. Ich hatte wirklich die Schnauze voll, da half auch die Gesellschaft von Dado Ruspoli und seiner Frau Nancy, von Odile Rubirosa und vielen anderen nicht. Erst als ich wieder in meinem Haus war, fühlte ich mich glücklich, obwohl Gunter sich nur kurz blicken ließ. Er mußte hierhin und dorthin, ich hielt die Mitte und kümmerte mich um meine Hunde – trotz des Menschengewimmels, des Lärms, der Hitze und meines Kummers.

Der September kam, und mit ihm Bob und Reichenbach. Ich mußte meinen Vertrag erfüllen. Die Aufnahmen begannen in »La Madrague« mit dem Chanson »La Madrague«, danach jagte man mich für »Le Soleil« am Strand von Pampelonne mit einem Gleitschirm in die Lüfte, ungeachtet meiner Schreie, als meine Füße vom Sand abhoben. Ich war einem Herzanfall nahe. Daraufhin sprang Heidi, ein herrliches Double, bei den Totalen für mich ein.

Meinen dreiunddreißigsten Geburtstag feierte ich inmitten von Gitarren und Zigeunern; einen Abend lang war ich die Königin ihres Königs Manitas de Plata.

Reichenbach filmte diesen einmaligen Abend mir zu Ehren im himmlischen Anwesen von Debarge am Strand von Pampelonne, mit seinem Meer- und Süßwasserschwimmbecken, seinen Holzbungalows im New-Orleans-Stil und der bunten Menge, die das Bild abrundete.

Gunter war nicht dabei. Er hatte mir ein Telegramm geschickt.

Nachdem die Außenaufnahmen an der Côte d'Azur beendet waren, blieb mir gerade noch Zeit, meine Sachen zusammenzupacken, meinen Hunden Lebewohl zu sagen bis zum nächsten Frühling, »La Madrague« den Hausmeistern anzuvertrauen, Guapa unter den Arm zu klemmen, in der Avenue Paul-Doumer einen Zwischenstopp einzulegen; und schon fand ich mich in London wieder, wo ich in parodistischer Abwandlung eines Beatles-Songs im Nebel vor den unerschütterlichen Gardisten am Buckingham-Palast »Le Diable est anglais« [»Der Teufel ist Engländer«] sang, ein Chanson, das ich schon einmal in London auf englisch aufgenommen hatte und das trotz meiner Bemühungen weder in England noch in Frankreich erfolgreich war.

Kaum nach Paris zurückgekehrt, ging es in den Fernsehstudios von Boulogne übergangslos weiter. Als Ersatz für Reichenbach sollte Eddy Matalon diese heikle Regie zu Ende bringen. Ich geriet allmählich ernsthaft in Panik bei soviel Dilettantismus, keiner war für irgend etwas verantwortlich, für mich gab es weder Maskenbildnerin noch Garderobiere, ich mußte allein zurechtkommen mit eigenen Kleidern und eigener Schminke, auch Friseure brauchte ich angeblich keine.

Ich war drauf und dran, alles hinzuschmeißen, als ich einen Anruf von Serge Gainsbourg erhielt. Er redete wenig und sehr leise: Er wolle mich treffen, um mir ganz allein ein paar seiner Chansons vorzuspielen, die er eigens für mich komponiert habe. Ob ich ein Klavier besitze?

Ja.

Er kam zu mir in die Avenue Paul-Doumer. Ich war ebenso eingeschüchtert wie er. Eigenartig, daß schüchterne Menschen sich gegenseitig Schrecken einflößen können. Er setzte sich ans Klavier und spielte mir »Harley Davidson« vor. Da ich nie im Leben Motorrad gefahren war, verblüffte mich dieses Chanson. Ich sagte es ihm.

Er lächelte bitter und traurig und gestand mir, auch er habe noch nie im Leben ein Auto oder ein Motorrad gefahren, aber deswegen könne er doch auf seine Weise darüber reden.

Ich traute mich nicht, in seiner Gegenwart zu singen; irgend etwas in seiner Art, mich anzusehen, blockierte mich. Eine Art verhaltene Frechheit, eine Art Erwartungshaltung mit einer Spur unterwürfiger Überheblichkeit, merkwürdige Kontraste, ein schalkhafter Blick in einem überaus traurigen Gesicht, ein eisiger Humor und Tränen in den Augen.

Schüchtern begann ich zu trällern »Je n'ai besoin de personne en Harley Davidson« [»Auf der Harley Davidson habe ich niemanden nötig«], doch die Wörter blieben mir im Halse stecken, ich sang falsch, gurgelte diesen frechen Text, wie man bei der Letzten Ölung ein Pater Noster herunterleiert. Er bat um Champagner.

»Hab' ich immer da!«

»Dann trinken wir doch erst einmal ein Glas. Hoffentlich ist es Dom Pérignon, Don Ruinard oder Cristal Roederer?«

»Nein, ich habe nur Moët & Chandon!«

»Macht nichts, morgen kriegen Sie eine Kiste Dom Pérignon.«

Wir leerten eine Flasche, und dann sang ich »Harley Davidson« frech und sinnlich. Er war zufrieden. Ich auch.

Am nächsten Morgen bekam ich die Kiste Dom Pérignon. Er kam mehrmals zur Probe – das Eis war gebrochen. Im Laufe der Tage tranken wir die Kiste Champagner leer, die durch eine neue ersetzt wurde.

Die Aufnahme des Chansons »Harley Davidson« fand eines Abends spät in den »Barclay«-Studios statt, Avenue de Friedland. Gloria, meine chilenische Amazone, war mit ihrem Mann Gérard Klein dabei. Als ich die beiden so einträchtig beisammen sah, erwachte in mir die Sehnsucht nach Liebe. Und als wir nach der Aufnahme alle vier zum Essen gingen, griff ich unter dem Tisch flüchtig nach Serges Hand.

Ich hatte ein elementares Bedürfnis nach Liebe, wollte begehrt werden, wollte mit Leib und Seele einem Mann gehören, den ich liebte, respektierte, bewunderte.

Meine Hand in der seinen löste bei uns beiden urplötzlich einen Schock aus, der uns auf immer und ewig zusammenschweißte wie ein anhaltender und unkontrollierbarer Stromschlag. Wir wollten verschmelzen durch eine magische und so seltene Alchimie, unendlich verschämt schamlos. Seine Augen tauchten in die meinen und tauchten nicht mehr auf; wir waren allein auf der Welt! Allein auf der Welt! Allein auf der Welt!

Gloria berichtete mir später, sie sei gegangen, ohne daß wir es bemerkt hätten, sie verstehe auch nicht recht, was da vorgegangen sei, die Spannung habe so ansteckend und explosiv gewirkt.

Von dieser Minute an, die Jahrhunderte dauerte und noch andauert, verließ ich Serge nicht mehr, der mich nie verließ.

Amour fou – eine Liebe, wie man sie sich erträumt –, eine Liebe, die wir nie vergessen werden, die auch den anderen in Erinnerung bleiben wird.

Es ist ja auch heute noch so, daß im Zusammenhang mit Gainsbourg sofort Bardot genannt wird, trotz all der Frauen, die bestimmte Etappen in seinem Leben markierten, und trotz all der Männer, die mein Leben geteilt haben. Von diesem Tag, dieser Nacht, diesem Augenblick an, zählte in meinem Leben niemand, kein anderer Mann mehr für mich als er. Er war meine Liebe, er gab mir das Leben zurück, er machte mich schön, ich war seine Muse.

Was bedeutete noch Gunter, als Ehemann wertlos, Marionette des Showbusineß, von dem ich nichts mehr hörte. Serge zog zu mir in die Avenue Paul-Doumer, ohne etwas befürchten zu müssen, denn da ich keine Schlüssel zur Avenue Foch besaß, hatte Gunter auch keine zur Avenue Paul-Doumer!

Nächtelang komponierte er Wunderwerke auf meinem alten »Pleyel«. Eines Morgens spielte er mir sein Lied der Liebe vor: »Je t'aime, moi non plus.«

Er weinte, ich auch, das Klavier auch. Madame Renée war im siebten Himmel, Guapa hüpfte umher wie ein junges Mädchen, die Wohnung quoll über von Blumen, Champagner, Musik und Glück. Dank Serges Talent wurde die Fernsehshow ein Erfolg und ist es noch immer. Er managte die gesamte Inszenierung. Unter all meinen Kleidern wählte er diejenigen aus, die mir am besten standen, oder ließ mich halbnackt auftreten; er führte und beriet mich. Er war es auch, der bei der Aufnahme von »Oh qu'il est vilain« [»Oh, was ist er für ein gräßlicher Kerl«], das Jean-Max Rivière aus lächerlicher Eifersucht komponiert hatte, trotz der heiklen Situation mit Intelligenz und Talent alles steuerte, doch dieses Chanson hatte keinerlei Erfolg.

Eines Nachts hörte ich Serge klimpern und klimpern, wobei er gewöhnlich eine Zigarette nach der anderen rauchte – ich schlief ein. Am nächsten Tag sang er mir seine Komposition »Bonnie and Clyde« vor. Das war 1967 – Warren Beatty und Faye Dunaway hatten in dem gleichnamigen Film gerade Triumphe gefeiert. Mit diesem außergewöhnlichen Chanson, das Serge in jener Nacht komponierte, sollten auch wir einen feiern.

Nach den Dreharbeiten gingen wir viel aus. Für ihn machte ich mich rasend schön. Wir versteckten uns nicht, im Gegenteil, fast exhibitionistisch stellten wir unsere Liebe zur Schau. Régine wußte ein Lied davon zu singen. Nächtelang tanzten wir engumschlungen in ihrem Club. Da Serge der Meinung war, nichts sei zu schön für mich, führte er mich ins »Maxim's« und ins »Raspoutine«, wo er alle paar Minuten den Zigeunern 500-Franc-Scheine zusteckte, damit sie die Geigen besonders schön zum Schluchzen brachten und er Tränen in meinen Augen schimmern sah. Trunken von uns selbst, von Champagner und russischer Musik, wankten wir dort heraus, befallen vom gleichen Schicksal, berauscht von den gleichen Harmonien, der gleichen Liebe, verrückt nacheinander.

Als wir spätabends in den »Barclay«-Studios »Je t'aime, moi non plus« aufnahmen, standen wir, einen Meter voneinander entfernt, Hand in Hand, jeder vor einem Mikrophon. Ich schämte mich etwas, meine sehnsuchtsvollen Seufzer und Wonnen bei der Liebe mit Serge hier vor den Studio-Technikern zu mimen, aber schließlich interpretierte ich ja nur eine Situation wie in den Filmen, die ich drehte. Und Serge ermutigte mich durch einen Händedruck, einen komplizenhaften Blick, ein Lächeln, einen Kuß.

Es war gut, es war schön, es war echt – wir waren ein tolles Gespann.

Eines Tages erhielt ich eine Einladung von Monsieur Gunter Sachs zur Feier seines 35. Geburtstags am 14. November 1967 in der Avenue Foch.

Der Himmel stürzte über mir zusammen. Das alles war Lichtjahre von mir entfernt, aber dennoch … Ich besprach es mit Serge, der mir riet hinzugehen, schließlich war ich legal Frau Sachs.

Aber ich ging nicht hin. Schließlich war ich illegal Serges Frau, und ich liebe die Illegalität über alles.

Doch ich traf mich mit Gunter, pflichtgemäß. Es war die Begegnung zweier Titanen, die ihre Kräfte aneinander maßen, ein Rededuell, ein Gardez der Königin, ein Schach dem König!

Vehement warf er mir meine Liaison mit diesem gräßlichen Kerl vor, diesem hergelaufenen Quasimodo, mit dem ich mich überall zur Schau stelle und ihn lächerlich mache;

wenn ich wenigstens etwas Diskretion walten ließe, würde er ja ein Auge zudrücken, aber so sei er gezwungen zu reagieren, er könne sich nicht erlauben, einfach hinzunehmen, daß ... und so weiter.

Ich konterte, daß er mich ja schließlich ständig schamlos betrogen habe und Rache süß sei, folglich ... und so weiter.

Serge war von Natur aus ängstlich, fürchtete ständig, mich zu verlieren. Daß ich immer wieder zu ihm zurückkam, erschien ihm wie ein Wunder. Daß ich mich für ihn entschieden hatte, konnte er kaum begreifen, und so fielen wir einander in die Arme, als wären wir ewig getrennt gewesen, selbst wenn ich nur für ein paar Stunden fortgegangen war. Er kaufte mir einen Ring bei Cartier und steckte ihn mir an den Ringfinger der linken Hand, nachdem ich Gunters Geschenk, die drei blau-weiß-roten Eheringe, abgelegt hatte. So sah meine Art der Scheidung aus.

Die Reichenbach-Show ohne Reichenbach, aber mit Serge, nahm Formen an. Ich sang auf englisch »Everybody loves my baby« und amüsierte mich wie eine Verrückte mit Claude Bolling in den Rollen der Stars von anno 1925; am Drehtag stand Serge hinter der Kamera. Die Tage vergingen in beglückender Unschärfe. Die Show wurde rechtzeitig fertig und konnte wie geplant am Neujahrsabend 1968 gesendet werden.

Die Produktion von »Shalako« brachte sich wieder in Erinnerung, ich erhielt das Drehbuch auf englisch, damit ich die Dialoge lernen konnte. Ich habe es nie gelesen, es war mir viel zu kompliziert, ich verstand kein einziges Wort.

Man bestellte mich zu Kostümproben, die mich nicht interessierten. Mama Olga schleppte ein ganzes Team von Amerikanern an, die stundenlang lauter dummes Geschwätz über den Sinn meiner Rolle, die Bedeutung des Castings von sich gaben und meinten, welch ein Glück ich hätte, unter der Leitung des großen Edward Dmytryk mit Sean Connery zu drehen.

Ich tat so, als würde ich ihnen zuhören, und dachte an was anderes; hin und wieder warf ich »yes, yes« ein und rauchte eine Zigarette, deren blauer Dunst mich zu Serge zurückbrachte.

Was mochte er jetzt tun, während er auf mich wartete? Bestimmt verging er vor Unruhe und rannte im Kreis umher. Die Dreharbeiten sollten im Januar in Almería, in Südspanien, beginnen. Also blieben mir noch zwei Monate!

Zwei gute Nachrichten erhielt ich in diesen regnerischen und grauen letzten Novembertagen. In der »22. Nacht des Films« hatte ich den »Triomphe de la Popularité« bekommen, war also als populärste Schauspielerin des Jahres ausgezeichnet worden. Und vom Elysée-Palast erhielt ich eine Einladung zur »Soirée des Arts et Lettres«, wo Präsident de Gaulle Monsieur Gunter Sachs und Madame Brigitte Bardot zu sehen wünschte.

Das sollte am 7. Dezember sein – und wurde zu einem Problem für mich. Ich habe General de Gaulle immer grenzenlos bewundert und wollte ihn wenigstens einmal in meinem Leben leibhaftig sehen, diesen außergewöhnlichen, unersetzlichen und nie ersetzten Mann, der die Menschen zwar einschüchtern, ja in Schrecken versetzen konnte, der aber in seiner Wirkung genial und unbeirrbar war, als er das orientierungslose Frankreich wieder mit fester Hand in den Griff nahm!

Vor ihm das Debakel. Nach ihm das Chaos! Er hatte es vorausgesehen. Mit ihm wiedergewonnenes Ansehen, neue Kraft, eine zwar strenge, aber würdige und untadelige Regierung, der Aufstieg des neuen Franc. Integere Minister, verläßliche Ratgeber, ein strenges, respektiertes und kompromißloses Staatsoberhaupt, ein echter Präsident einer echten Republik, eine eiserne Faust in einem Samthandschuh – eine einzigartige Persönlichkeit, gefürchtet und respektiert.

Ich denke manchmal, daß ich de Gaulle geliebt habe wie meinen Großvater Boum; beide waren vom selben Schrot und Korn. Alle seine Nachfolger waren ein blasser und schaler Abklatsch, die sich im Laufe der Jahre nur selbst beweihräuchert haben – so lange, bis es mit Frankreich immer weiter bergab ging. Das Angelusläuten, das den Rhythmus der Ernte bestimmte, ist verstummt, die Kirchtürme unserer verlassenen Dörfer wurden durch mehr oder weniger elektrifizierte Minarette ersetzt, von denen die Moslems zum Gebet gerufen werden.

Die Homosexuellen, inzwischen legalisiert, forderten ihren Platz in der Gesellschaft, die Erlaubnis zur Eheschließung und zur Adoption von Kindern.

Drogen sind zu Modeartikeln avanciert, mit deren Hilfe es sich leichter überleben und vergessen läßt. Aids verbreitet sich wie ein unwiderrufliches Verdikt angesichts eines solchen Sittenverfalls. Man krepiert dutzendweise; das Böse geht um, dezimiert und rafft hinweg.

Man appelliert an das Gute im Menschen, an sein Verantwortungsgefühl angesichts dieses Horrors, der nichts und niemanden verschont. Rundfunk und Fernsehen, Hinz und Kunz gründen Vereine, die von einem Staat subventioniert werden, der nicht mehr weiß, wo er die Moneten hernehmen soll, um guten Eindruck zu schinden und Wähler zu gewinnen, während die bestallten Minister angeklagt, dann eingesperrt werden wegen falscher Rechnungslegung, Schiebereien aller Art, Bestechlichkeit und weiterer unvorstellbarer Ehrlosigkeiten.

»Süßes Frankreich, geliebtes Land meiner Kindheit!«

Doch zurück zum Dezember 1967. Ich wollte de Gaulle sehen! Ich mußte mich also mit Gunter treffen, um im Hinblick auf diesen ganz besonderen Termin unseren Zeitplan abzustimmen. Ich erinnere mich, daß wir am Vorabend mit den Pompidous bei den Rothschilds zum Essen eingeladen waren.

Georges Pompidou war ein äußerst intelligenter, amüsanter und humorvoller Mann, der nur ernst nahm, was wirklich ernst zu nehmen war. Der Gedanke, am nächsten Tag de Gaulle vorgestellt zu werden, machte mich so kribbelig, daß ich von nichts anderem mehr redete. Was sollte ich bloß anziehen? Was mußte ich tun? Und so weiter.

Um mich zu beruhigen, improvisierten Georges und

Claude Pompidou nach dem Abendessen eine Generalprobe. Dabei übernahm er die Rolle des Generals, sie jene
von Tante Yvonne. Guy und Marie-Hélène de Rothschild
wiederum stellten Georges und Claude Pompidou dar. Die
übrigen Freunde waren Adjutanten, verschiedene Minister
und der Zeremonienmeister. Es war zum Lachen.

Ich erinnere mich noch, daß Georges meine Hand nahm,
ein paar liebenswürdige Worte zu mir sagte und dann mit
einem leichten Neigen des Kopfes meine Hand zum Nächsten hin dirigierte; genauso bei Gunter. Das war die Gewohnheit des Generals, wenn er eine Unterhaltung ab-
kürzen wollte: Er reichte die Hand derjenigen, die ihn
ehrfürchtig begrüßt hatten, an den Nächsten weiter.

Dann die dramatische Frage: Wie sollte ich mich zu dem
Anlaß kleiden?

Georges Pompidou sagte einfach: »So wie heute, Sie sehen entzückend aus.«

Ich trug jenen berühmten Anzug – halb Zirkus-, halb Mi-
litäruniform –, über den in der Presse dann soviel geschrieben wurde. Noch keine Frau hatte es gewagt, im Elysée-Palast in Hosen zu erscheinen, noch dazu bei einem offiziellen
Empfang – unmöglich!

Und dennoch habe ich es getan.

An jenem 7. Dezember waren die Salons im Elysée-Pa-
last zum Bersten voll. Berühmtheiten, Schauspieler, Tänzer,
Schriftsteller, Maler und Künstler aller Art standen in einer
Schlange, herausgeputzt mit Tressen, Pelzen, aufgestecktem
Haar, Schmuck, Kluck, Puck, Look und so weiter …

Ich folgte neben Gunter, der ebenso eingeschüchtert
war wie ich, dem Lauf dieses seltsamen Flusses durch eine
Louis-quinze-Flügeltür mit vergoldeten Profilleisten und vergoldeten Klinken, die sich wie eine Schleuse nur öffnete, um
einzeln oder paarweise diejenigen hindurchzulassen, deren
Namen der mit Silberketten behängte Zeremonienmeister
aufrief, während ein weiterer im Audienzsaal die Namen
nochmals ankündigte. Dann schloß sich die Tür wieder.
Mehr als eine Stunde lang schoben wir uns so Schritt um
Schritt vorwärts.

Schließlich stand ich vor dieser berühmten Tür, erschöpft von diesem ewigen Auf-der-Stelle-Treten, nervös bei dem Gedanken, von de Gaulle könnte vielleicht nichts mehr übrig sein nach so vielen Stunden des Wartens.

Eine schallende Stimme riß mich aus meinen Träumereien:

»Madame Brigitte Bardot!«

»Monsieur Gunter Sachs!«

Betont aufrecht, stolzgeschwellt, nervöser als auf der Bühne des größten Theaters der Welt, betrat ich den Saal: eine Gruppe offizieller Persönlichkeiten, Militärs in Uniform. Dann hatte ich den Eindruck, Georges Pompidous Blick zu kreuzen, der mir ermutigend zuzwinkerte, und schon stand ich vor dem Präsidenten der Republik, der sich so protokollarisch wie undurchdringlich gab.

»Bonsoir Général«, sagte ich und reichte ihm die Hand. Ein kurzes Schweigen – er musterte mich aufmerksam, betrachtete meinen goldbetreßten Anzug und erwiderte schlagfertig: »Das kann man wohl sagen, Madame.«

An das weitere erinnere ich mich nicht mehr. Ich war fasziniert von seiner Erscheinung, seiner imponierenden Statur. Wie vorausgesagt, reichte er meine Hand an seinen Nachbarn zur Rechten weiter, und das war Pompidou, der protokollgerecht die Form wahrte, mich aber voller Charme anblickte und an seine Frau Claude weiterreichte, die mich und Gunter mit einem wohlverdienten Glas Champagner versorgte.

Einer der Träume meines Lebens war soeben Wirklichkeit geworden. Eine amüsante Vorstellung: der Eiffelturm, de Gaulle und mein Name stehen in der ganzen Welt für Frankreich. Wir bilden eine untrennbare Trilogie, trotz unseres höchst unterschiedlichen Erscheinungsbildes.

Am Ausgang des Elysée-Palastes befragten die Journalisten mich nach meinem Eindruck. »Er ist viel größer als ich«, war meine einzige Antwort. Dieser in meinem wie auch in Gunters Leben einzigartige Empfang ermöglichte uns einen gewissen Dialog, eine gewisse Annäherung. Er empfand mir gegenüber wieder diese Art von Bewunderung, die uns zusammengeführt hatte. Aufgrund meiner Berühmtheit, meiner eleganten Keckheit hatte ich ihn übertrumpft, und das gefiel ihm.

Von neuem war ich hin und her gerissen zwischen zwei Männern, die mir unendlich viel bedeuteten.

Serge suchte nach einer Wohnung. Bisher hatte er in dem Studentenwohnheim am Pont Marie gewohnt, das ausschließlich den Studenten des Showbusineß vorbehalten war. Dort hatte er ein winziges Appartement, in dem ein Flügel thronte, der fast den gesamten Raum einnahm. Eine kleine Villa in der Rue de Verneuil reizte ihn; er nahm mich mit zur Besichtigung und schwor, sie aus Liebe zu mir in einen Palast aus Tausendundeiner Nacht zu verwandeln.

Unterdessen suchte Gunter mich zurückzugewinnen, indem er die Wohnung im ersten Stock der Avenue Foch Nr. 32 kaufte, gleich neben dem seinen, wo wir durch eine Verbindungstür einander näher und gleichzeitig unabhängig sein könnten. Sein Wunsch war natürlich, daß ich so schnell wie möglich aus »meiner« Avenue Paul-Doumer aus- und in diesen seelenlosen, dunklen und tristen Raum einzog, was ich aber sofort verwarf und somit ein neues Ehedrama heraufbeschwor. Aber das Schlimmste sollte erst noch kommen.

Die unmittelbar bevorstehende Veröffentlichung meiner »Je t'aime, moi non plus« betitelten Chansonsammlung wäre um ein Haar zu einem donnernden Scheidungsgrund geworden.

Mama Olga war gewarnt worden, Gunter würde sich von mir trennen und einen weltweiten Skandal inszenieren, wenn diese Platte auf den Markt käme, so daß ich kein Bein mehr auf die Erde bekäme.

Olga, die sich von all solchen Geschichten immer wieder aus der Fassung bringen ließ, warf mir ernsthaft und mit sehr heftigen Worten mein ungehöriges Verhalten, mein mangelndes Gespür für Anstand und Diskretion, mein ungefügtes und undiszipliniertes Leben vor. Kurzum, sie las mir die Leviten wie noch nie zuvor und ließ sich auch durch mein Schluchzen und meine Tränen nicht erweichen. Ich hätte es nicht anders verdient!

Unverzüglich mußte ich einen Brief an die Plattenfirma »Philips« schreiben und darauf bestehen, das provokante Chanson, das meine Privatsphäre beeinträchtigte, durch einen anderen Titel, »Bonnie und Clyde«, zu ersetzen.

Elegant wie immer, akzeptierte auch Gainsbourg, von dem Drama, das unvorhersehbare Ausmaße annahm, in Kenntnis gesetzt, daß die Veröffentlichung von »Je t'aime, moi non plus« auf der Schallplatte, die wenige Tage später auf den Markt kommen sollte, in letzter Minute untersagt wurde. Die Aufnahme mit diesem skandalösen Chanson wurde in den Panzerschränken der Firma Philips begraben. Die geänderte Plattenversion verkaufte sich gut, als sie schließlich auf den Markt kam, aber mit »Je t'aime, moi non plus« hätte sicherlich ein weit größerer Erfolg erzielt werden können.

Am Abend des 1. Januar 1968 flimmerte die Fernsehshow von Reichenbach, Zagury und Matalon in der Bearbeitung von Serge Gainsbourg über die Bildschirme. Sie wurde ein Riesenerfolg. Ich sah sie mir in der Avenue Foch an, wozu Gunter ein paar Freunde eingeladen hatte. Alle waren des Lobes voll, wie schön ich sei, wie gut ich singen könne, selbst Gunter war stolz auf mich. Nur wenn Serge ins Bild kam, breitete sich Unbehagen aus. Man ließ kein gutes Haar an ihm und fand ihn häßlich. Ein gräßlicher Kerl!

Tränen standen mir in den Augen. Seit besagtem Plattenskandal hatte ich Serge nicht mehr gesehen. Wo steckte er? Wahrscheinlich hockte er allein, unglücklich und deprimiert in seinem Studentenloch – mit seinem riesigen Flügel als einzigem Gefährten.

Übermorgen müßte ich nach Almería fliegen, um »Shalako« zu drehen. Gunter hatte beschlossen, mich zu begleiten. Was sollte ich tun? Ich wollte nicht in dieses spanische Almería am Ende der Welt fahren. Ich wollte dieses dämliche »Shalako« nicht mehr drehen. Ich hatte das Drehbuch nicht einmal gelesen und haßte es, bevor ich damit zu tun hatte.

Heulend rief ich Olga an und erklärte ihr, die Konventionalstrafe zahlen und einen Prozeß riskieren zu wollen; ich würde nie im Leben wieder Filme machen; ich sei es leid, dauernd herumzureisen, ich könne nicht mehr, es ginge über meine Kräfte.

Fuchsteufelswild schleuderte sie mir entgegen, sie habe noch nie eine Schauspielerin erlebt, die so unverantwortlich handele. Sie werde mich persönlich hinbringen, mit Gunter, ich hätte einen Vertrag unterschrieben, einen Vorschuß erhalten, die Dreharbeiten begännen in einer Woche, es sei unvorstellbar, einen Rückzieher zu machen, es sei denn, ich läge im Sterben.

Vergeblich mühte ich mich, ihr zu erklären, daß meine Seele im Sterben liege, davon wollte sie nichts hören und hängte ein. Tja! Jetzt war ich bedient!

Während ich in der Avenue Paul-Doumer meine Koffer packte, sah ich Serge wieder. Die ins Vertrauen gezogene Madame Renée erhielt Anweisung, niemandem die Tür zu öffnen. Serge spickte meinen Koffer mit lauter kleinen Liebesbriefchen auf Notenpapier, beidseitig bekritzelt. Guapa war genauso betreten wie wir. Sie spürte meine Abreise, unsere Trauer.

Im letzten Augenblick vor unserem Abschied ritzte ich mir den Zeigefinger der rechten Hand und schrieb mit meinem Blut »Je t'aime«. Er tat dasselbe und schrieb für mich »moi non plus«. Dann verschmolzen unsere Tränen, unsere Hände, unsere Münder, unser Atem.

Und die Tür schloß sich über dieser Trennung, die endgültig sein sollte – was wir damals aber nicht wußten! Weil diese Liebe zerbrochen wurde, war sie so intensiv. Wir erlebten keinen Alltag, keine Gewohnheiten, keine Szenen, die im Laufe der Zeit auch die größte Leidenschaft erkalten lassen. An Serge habe ich nur schöne Erinnerungen, himmlische Augenblicke von Schönheit, Liebe, Humor und Trunkenheit.

660

»Die Zeit, diese große Bildhauerin«, wie es bei Marguerite Yourcenar heißt, hat diesen einzigartigen Augenblick in unser beider Leben nicht zerstört.

Wie eine Verurteilte, neben mir Olga und Gunter, schleifte man mich nach Almería.

»Almería, öde Ebene!«

Monique, meine Komplizin, mein Double und die Gefährtin von Samir, sowie Gloria, meine schöne Chilenin, als »Sekretärin für einen Film«, weil sie ja spanisch sprach, waren auch dabei. Mein blitzblanker, weißgespritzter Rolls mit einem schwarzen, sorgfältig ausgesuchten Chauffeur in weißer Mao-Jacke mit Goldknöpfen erwartete uns am Flughafen von Málaga. Ich wurde wieder zum »Star«, der mit seinem ganzen »Stargefolge« die Halle des Hotels »Aguadulce« betrat.

Kurios, dieses Hotel, das sich mit seinen zwölf Etagen inmitten einer trockenen Wüste in den Himmel reckt. Es war kaum fertiggestellt: Wie Skulpturen aus einer anderen Welt umgaben Betonierraupen mit Stahlkiefern die frisch gepflügten Beete, aus denen nur dünne Stäbe, rostige Markierungszeichen in der Gischt eines entfesselten und steinigen Meeres, emporwuchsen. Dieses Raumschiff-Hotel ließ mich zutiefst frösteln, kaum daß ich einen Fuß hineingesetzt hatte.

In diesem Gefängnis-Hotel mußte ich zwei Monate lang eine Strafe verbüßen, die ich nicht verstand und ablehnte.

Meine Gemächer lagen in der letzten Etage und bestanden aus drei Schlafzimmern, einem Wohnraum und einer riesigen Diele. Alles war scheußlich, modern und seelenlos. Es roch nach frischer Farbe; die Stoffe waren rauh, die Farben fade. Mein Gott, wo waren bloß die hübschen, kleinen, weißgekälkten Hotels, in denen die alten Möbel nach Wachs dufteten und es sich so wunderbar leben ließ? Und wo die blumengeschmückten Patios und ihre gekachelten Springbrunnen?

Neben »Shalako« mitsamt seinen amerikanischen Produzenten, Darstellern und Technikern wurden noch zwei weitere Filme gedreht, deren Protagonisten aus Kunst und Technik ebenfalls in dieser Hotel-Zitadelle logierten. Unter ihnen befand sich Robert Hossein, der mit Michèle Mercier den Western »Friedhof ohne Kreuze« drehte. Ich freute mich, beide zu sehen und französisch sprechen zu hören. Der zweite Film war eine englische Produktion mit Michael Caine und Andrew Birkin; letzterer sollte, ohne es zu wissen, so manches in meinem und Serge Gainsbourgs Leben verändern.

Ich wurde vereinnahmt vom Produzenten Euan Lloyd, seiner Frau, die als »coach« meinen Text mit mir einstudieren sollte. Sean Connery mit Schnurrbart erkannte ich kaum, er war kahl wie ein Knie. Ich begriff erst später, daß er sein unzerstörbares Verführer-Image einem kunstvoll übergestülpten Toupet verdankte, das er beim Drehen trug. Auch Stephen Boyd war da, mein früherer Partner aus »In ihren Augen ist immer Nacht«. Endlich ein bekanntes Gesicht, eine fast vertraute Erscheinung unter all diesen Fremden!

Bei Edward Dmytryk, dem Regisseur, war ich recht kleinlaut; er war hart, kalt und verlangte militärischen Gehorsam. Keine Spur von Charme hatte der Typ! Von Anfang an waren wir einander feindlich gesonnen. Am Schluß war es beinahe Haß.

All dieser Wirbel, diese Sprache, die mir so schwerfiel, diese Welt, die allem entgegenstand, wonach ich suchte, dazu noch die Müdigkeit: kein Wunder, daß ich verzweifelte.

Gunter flog am nächsten Tag zurück, und ich wollte mit. Ich heulte, flehte ihn an, mich mitzunehmen, mich nicht einfach sitzenzulassen, einsam und verloren unter diesen Leuten, die ich nicht ausstehen konnte, in diesem feindlichen Land, in diesem gräßlichen Hotel.

Monique und Gloria versuchten vergebens, mich zu beruhigen – es nutzte nichts.

Mama Olga, die mit Gunter abreisen wollte, setzte vergeblich all ihre Autorität ein, aber ich hatte eine Art Nervenkrise, die ich nicht beherrschen konnte, und weigerte mich, meine Koffer auszupacken. Und wenn sie mich morgen nicht mitnehmen würden, so würde ich das ganze Röhrchen Schlaftabletten schlucken.

Angesichts meiner echten und tiefen Verzweiflung beschlossen sie, zwei Tage länger zu bleiben, um mir Zeit zu geben, mich an meine neue Umgebung zu gewöhnen.

Erschwerend kam hinzu, daß Dédette, meine Dédette, meine seit Jahren treue Maskenbildnerin, aus einem seit langem unterzeichneten Vertrag nicht hatte aussteigen können. Daher hatte sie mir ihren Mann Pierre, ebenfalls Maskenbildner, und ihren Sohn Jean-Pierre als Friseur geschickt. Beide kannte ich zwar gut und mochte sie sehr, sie konnten mir aber Dédette nicht ersetzen, dieses grenzenlose Einverständnis zwischen ihr und mir, das Vertrauen, die in so langen Jahren gemeinsamer Arbeit gewachsene Freundschaft. Schlimmer hätte es nicht kommen können in der schlimmsten aller möglichen Welten!

Achtundvierzig Stunden später – inzwischen beruhigt, bezwungen, unterworfen und wie ein Papagei einen mir völlig unverständlichen englischen Text plappernd, aufgesogen von der Höllenmaschinerie einer internationalen Superproduktion – sah ich Gunter und Olga abreisen.

Da Gunter den Winter in Sankt Moritz verbringen wollte, wobei ihm meine seelische Verfassung völlig schnuppe war, würde ich mich rächen, egal wie, aber rächen würde ich mich! Hätte ich doch nur Serge kommen lassen können, alles wäre so viel einfacher, so anders gewesen. Aber das war unmöglich. Das Hotel war randvoll belegt mit Fotografen, mit Presseleuten, mit all diesem Volk, das auf nichts anderes lauert als auf einen noch so winzigen Skandal.

Ich versuchte Serge anzurufen, aber zu jener Zeit gab es nur zwei oder drei verfügbare Leitungen für zweihundert Personen, und als ich nach endlosem Warten endlich durchkam, hörte ich nur ein schreckliches Sirren, ein nervtötendes Zischen. Ich brüllte in den Hörer, brüllte zusammenhanglose Liebeserklärungen in der Hoffnung, daß er mich hörte, schrie meine Verzweiflung, meine Sehnsucht nach ihm hinaus. Es war unerträglich!

Monique und Gloria kamen sich genauso verloren vor wie ich, daher beschlossen wir trotz der kräftezehrenden Dreharbeiten, etwas auf die Beine zu stellen. Wir standen um sechs Uhr auf, wenn es noch stockfinster war, denn ich mußte geschminkt und frisiert sein, wenn gegen acht Uhr mein Rolls vorfuhr, um mich zu den Drehorten zu bringen, was manchmal eine strapaziöse Stunde Fahrt über holprige Landstraßen bedeutete. Um neun Uhr mußte ich korrekt gekleidet für die Proben bereitstehen. Selten kamen wir vor zwanzig Uhr ins Hotel zurück, hundemüde, dreckig, voll von Staub, ausgetrocknet vom Wind, restlos kaputt nach diesen Tagen intensiver Arbeit.

Erst ein wohltuendes Bad mit viel duftendem Öl, um dem Austrocknen der Haut vorzubeugen. Anschließend ein erfrischender Schluck Champagner – meine Champagner-rechnungen übertrafen um ein Vielfaches die extravagantesten Spleens, die ich mir in meinem Leben leistete –, danach waren wir wieder in Form. Der Salon wurde unser »Nightclub« getauft, vom Plattenspieler dröhnten ohrenbetäubend die neuesten »Hits«, und dann luden wir der Reihe nach alle bekannten und unbekannten Schauspieler ein, den Abend mit uns zu verbringen.

Alle beschwerten sich über den Lärm. Alle fünf Minuten kam der Portier daher und flehte uns auf spanisch an, wir möchten doch den Plattenspieler leiser stellen – ich stellte mich begriffsstutzig, sagte aber »si, si«. Und dann wurde der Abend – zuweilen bis zwei Uhr früh – mit unvermindertem Lärm genauso unverfroren und mit dem gleichen unterdrückten Kummer fortgesetzt.

Eines Tages stand ich nicht wie geplant um sechs Uhr auf – ich war zu kaputt und schlief gleich wieder ein. Um acht Uhr wurde mir mit Bestürzung die entsetzliche Situation bewußt. Pierre, mein Maskenbildner, und Jean-Pierre, mein Friseur, erwarteten mich und traten vor Ungeduld von einem Fuß auf den anderen. Der Rolls und Brahim, mein Chauffeur, kochten. Was für eine Katastrophe!

Ich schminkte mich im Rolls, so gut es ging – bemüht, mir

nicht bei jedem Schlagloch mit den Stiften die Augen aus-
zustechen oder das Make-up nicht in dicken Klecksen auf-
zutragen –, während Jean-Pierre sich an meiner Mähne zu
schaffen machte und meine verfilzten Strähnen zu zähmen
versuchte, die sich als ebenso rebellisch erwiesen wie ich.
Als ich am Drehort eintraf, erwartete mich das komplette
Team in Habachtstellung.

Edward Dmytryks Gesichtsausdruck war eisig; als er
ostentativ auf seine Armbanduhr blickte, war es neun Uhr
dreißig. Ich hatte eine halbe Stunde Verspätung, eine halbe
Stunde lang eine ganze Produktion lahmgelegt. So etwas
konnte man einem Star nicht durchgehen lassen. Das hatte
er noch nie erlebt!

Ich schämte mich dermaßen, daß ich mich am liebsten in
ein Mauseloch verkrochen hätte.

An diesem Tag hatte ich eine Szene mit Stephen Boyd zu
drehen. Er spürte meine Niedergeschlagenheit, nahm mich
zärtlich in die Arme und flüsterte mir beruhigende Worte
ins Ohr, die ich nicht richtig verstand, aber immerhin war es
eine aufmunternde Geste, die ich bitter nötig hatte. Ich
klammerte mich an ihn, in seiner Gegenwart fühlte ich mich
irgendwie beschützt. Ich faßte nach seiner Hand, fiel ihm
um den Hals, suchte seine Gesellschaft und glich einem verlorenen Hund, der sich an einen illusorischen, aber wohltu-
enden Herrn klammert. Prompt wurden wir fotografiert.
Umgehend erschienen diese Fotos weltweit auf den Titelseiten aller Zeitungen.

Fiktiv betrog ich Gunter und zugleich Serge. Welch ein
Durcheinander!

Umgehend erhielt ich Nachricht von meinem Mann. Er
war wütend, und als es in der Leitung gerade einmal nicht
sirrte, fand er genug Zeit, mir die Scheidung anzukün-
digen.

Mittlerweile hatte ich die Nase gestrichen voll von seinen
ewigen Drohungen. Versprechungen, nichts als Versprechungen! Wenn er die Scheidung wollte, sollte er sie doch
endlich einleiten, statt mir damit ständig auf die Nerven zu
gehen. Vor allem befand er sich in diesem Fall auf dem

Holzweg, da Stephen niemals mein Liebhaber war, sondern nur ein zärtlicher und zuvorkommender Freund.

Und außerdem, verdammt noch mal …

Serge ließ mir über einen Fotografen von »France-Soir« einen langen, traurigen Brief zukommen. Er hatte gerade »Initiales BB« komponiert, diese nostalgische Hymne, die auf immer das Bild einer angebeteten Göttin glorifizierte. Bernard Herman, jener Fotograf von »France-Soir«, spielte für uns den Liebesboten und wurde später ein Freund.

Monique, die mit Andrew Birkin poussierte, mir gegenüber aber den Vorteil hatte, daß niemand darüber sprach, wurde eines Tages von ihrem Geliebten gebeten, sich um seine kleine Schwester Jane zu kümmern, die tags darauf, nach einer traurigen, gescheiterten Liebesbeziehung im Alter von achtzehn Jahren, mit ihrem Baby Kate und einem Korb eintreffen sollte.

Diese blutjunge Frau, ein Backfisch mit großen Rehaugen, rührte uns alle. Mit ihrem Baby, von dem sie sich ebensowenig trennte wie von dem Weidenkorb an ihrem Arm, sah sie verloren, scheu und von dem ganzen Drum und Dran verschreckt aus. Unser »Nachtclub« wurde provisorisch in ein Kinderzimmer umgewandelt. Jane hatte eine ganz eigene, sehr rührende Art, alles, Freud wie Leid, spontan zu äußern. Sie war aufrichtig, natürlich, völlig ungekünstelt, voller Charme und schön, schön wie eine kleine Märchenprinzessin. Sie lebte außerhalb der Zeit in ihrer eigenen Welt.

Eines Tages verabschiedete Andrew sich von uns; er reiste mit Schwester Jane, dem Baby und dem Korb nach Paris zurück. Die Fortsetzung ist bekannt. Das hübsche Rehlein begegnete dank jener schicksalhaften Zufälle, die ebenso unvorhersehbar wie unausweichlich sind, dem großen bösen Wolf. Sie liebte ihn – »lui non plus«.

Ich glaubte zu sterben, als ich einige Zeit später eine Aufnahme des Chansons »Je t'aime, moi non plus« von Serge und Jane hörte. Aber es mußte ja so kommen. Ich habe es weder dem einen noch der anderen je übelgenommen. Im Gegenteil, ich haderte mit mir selbst, weil ich manchmal feige war oder mich nicht entschließen konnte, weil ich davon überzeugt war, daß mir alles zustand, und weil ich unbewußt anderen weh getan habe, was mir nun wie ein Pflasterstein aufs Herz fiel.

Gunter fuhr Ski in Sankt Moritz. Es waren die Karnevalsferien. Er rief mich an, ich solle nachkommen, gewisse wichtige Dinge seien zu besprechen. Mit allen Indianerschlichen, die mir als Westernheldin zur Verfügung standen, erreichte ich schließlich, daß die Produktion mir einen fünftägigen Urlaub gewährte. Es war ein echter Parforceritt von Marbella bis Genf per Flug! Gunter holte mich im Porsche ab und fuhr mit mir nach Sankt Moritz. Kaum war ich im Hotel »Palace« gelandet, geriet ich in Panik, wie damals beim Festival von Cannes, wo ich auch so in der Klemme saß. Der ganze Gotha war da! Die Damen mit Bleistiftabsätzen und im Chanelkostüm, die Herren in Anzug und Krawatte, das Ganze zwischen Kronleuchtern mit Gehänge, Stilmöbeln mit vergoldeten Einfassungen und Bronzespiegeln. Ich trauerte meinem kleinen Chalet in Méribel und sogar den netten kleinen Restaurants von Gstaad nach.

Gunters Suite war genauso schaurig dekoriert wie alles übrige. Mich erinnerte es an das »Palace« von Cortina d'Ampezzo. Was finden die Leute bloß an solch einem tristen, noch dazu maßlos teuren Ort?

Ich begriff es noch am selben Abend, als Gunter mich in meinem schwarzen Smoking dem Schah von Persien und Kaiserin Farah Dibah vorstellte. Und wie der Zufall es wollte, erfuhr ich im Laufe unseres charmanten Gesprächs, daß er das gleiche Sternzeichen hatte wie Gunter, nämlich »Skorpion«, und sie »Waage« war wie ich. Stolz auf diese Gemeinsamkeit, waren wir unzertrennlich für den Rest meines kurzen Aufenthalts.

Weniger heiter war das Verhältnis zwischen Gunter und mir. Er sprach nur von der unvermeidbaren Scheidung, seiner lächerlichen Position gegenüber der »Welt«, meinem ungehörigen Verhalten und so weiter und so fort. Kurz zusammengefaßt: Er hatte mich nur herbestellt, um die gehässigen Gerüchte, deren Opfer er war, zu dementieren. Das Opfer war eigentlich ich. Da ich mich in diesem Milliardärsloch zu Tode langweilte und Gunter sowieso nicht sah, weil er den ganzen Tag Ski fuhr im Kreise eines Hofstaats prachtvoller Blondinen, österreichischer oder deutscher Göttinnen in hochmodischen Skianzügen, Abfahrts- und Verführungskünstlerinnen, da ich weiterhin nur abends als Staffage aufzutreten hatte, um diesem mondänen Gotha zu beweisen, daß ich noch in Fleisch und Blut die Ehefrau von Monsieur Sachs war, entschloß ich mich, meinen Aufenthalt abzukürzen, und fuhr einen Tag früher als geplant wieder zu meinem spanischen Loch, zu meinen Amazonen, meiner Arbeit und meinem Hotel, das mir nun vergleichsweise als Paradies auf Erden erschien. Der unveränderte Zustand meiner Beziehung zu Gunter hatte bei mir einen bitteren Nachgeschmack hinterlassen, den ich um jeden Preis loswerden mußte.

Ich geriet außer Rand und Band.

Als wir eines Abends in dem trostlosen und aufgetakelten Hotelrestaurant verzweifelt auf unsere Bestellung warteten, entdeckte ich, allein an einem Tisch, einen hübschen jungen Mann. Er drehte wohl in einer anderen Superproduktion und schien sich tödlich zu langweilen. Sofort schnappte ich mir einen Teewagen, der dem Personal gehörte, kritzelte ein paar Worte auf die Speisekarte, benutzte den Teewagen als Transportmittel und expedierte das Gefährt an seinen Tisch. Er blickte zu mir herüber, lachte und schrieb eine Antwort, die er auf die gleiche Weise zurückschickte. Er war Amerikaner – seinen Namen habe ich vergessen –, seit einer Woche am Ort und flog am nächsten Tag nach Hause.

Hatte ich ein Glück! Endlich mal einer, der nicht so übel aussah! Unsere Art der Kommunikation hatte den ganzen Saal aufgeweckt, der nun neugierig beobachtete, wie es weiterging. Sie dürften sich die Mäuler zerrissen haben, bei meinem Ruf …

Ich winkte ihn an unseren Tisch, er ließ sich nicht lange bitten. Nach dem Essen schlug ich ihm vor, auf ein Gläschen in unseren »Nachtclub« im obersten Stock heraufzukommen. Aber er erklärte, da er früh am Morgen starten müsse, könne er nicht kommen, er müsse seine Koffer packen.

Sein Zimmer, das im zweiten Untergeschoß lag, ging direkt auf den Strand hinaus. Da kam mir eine Idee. Gloria, Monique und ich entrollten sämtliche Klopapierrollen, die wir auftreiben konnten, von seinem Zimmer die ganze Treppe hinauf: eine schier endlose Girlande mit einzelnen Markierungspunkten, ein provisorischer Ariadnefaden zwischen ihm und uns. Was haben wir gelacht – wie alberne Gören! Im zwölften Stock angekommen, waren wir am Ende unserer Kräfte, fanden unseren Streich aber umwerfend toll. Dann gingen wir zu Bett.

Wir waren schon fast eingeschlafen, als wir zu unserem großen Erstaunen erst ein leises, dann ein lauteres Klopfen vernahmen. Das war er, völlig außer Atem, nachdem er die zwölf Etagen, immer vier Stufen auf einmal nehmend, hochgerannt war; erschöpft, aber hocherfreut, nun doch an einer Soiree in unserem Nachtclub teilnehmen zu können, stand er vor uns. Seine Enttäuschung war groß: Wir waren im Bademantel seelenruhig unseren Betten entstiegen.

Wenige Stunden später hatten wir eine Szene zu drehen, die viel Vorbereitung erforderte. Sean und ich zu Pferde, allein in einer von Hügeln eingekesselten Schlucht, wo uns Indianer auf ein Signal hin von oben umzingeln sollten. Damit alle Indianer-Statisten gleichzeitig auftauchten, bedurfte es einer Organisation, die einem tatsächlichen bewaffneten Angriff alle Ehre gemacht hätte. Ein Dutzend mit Walkie-talkies ausgerüstete Assistenten sollten bei Edward Dmytryks Signal »Go« die mindestens hundert indianischen Reiter losschicken. Es war unmöglich, die Szene mehrmals zu wiederholen, zum einen wegen des von der Indianerhorde aufgewirbelten Staubs, zum anderen, weil die Vorbereitungen sehr aufwendig und sehr langwierig waren. Sean und ich mußten also enorm viel proben, damit jeder von uns seine

Bewegungen und seinen Text perfekt beherrschte. Mir war ziemlich mulmig zumute, saß ich doch hoch zu Roß, noch dazu im Amazonensitz.

Gleichzeitig mit uns drehte Robert Hossein ein paar hundert Meter weiter hinter einem kleinen Hügel »Friedhof ohne Kreuze«. Auch er arbeitete mit einem Walkie-talkie, und wir erfuhren leider erst zu spät, daß sein Startsignal ebenfalls »Go« lautete.

Mitten in einer unserer letzten Proben tauchten plötzlich mit Geheul die Indianer auf, auf tänzelnden Pferden ihre Waffen schwingend; wir gerieten in Panik, mein Pferd bäumte sich auf, ich wäre beinahe aus dem Sattel gestürzt. Sean begriff überhaupt nichts mehr, ich auch nicht, und Edward Dmytryk erging es auch nicht viel besser.

Es war die Hölle. Alle brüllten. Die Kamera lief allerdings nicht, denn es sollte ja eine Probe sein. Während wir uns alle in die Haare gerieten, machte Robert Hossein mit seinem Walkie-talkie fröhlich weiter, denn er hatte ja keine Ahnung, daß er auf derselben Frequenz wie Edward Dmytryk sendete und so das Startsignal gegeben hatte, auf das niemand gefaßt gewesen war. Als nach endlosem Palaver der Knackpunkt endlich gefunden war, mußte alles noch mal von vorne gemacht werden, allerdings erst, nachdem man sich vergewissert hatte, daß die Walkie-talkies dieser beiden Superproduktionen nicht mehr auf derselben Wellenlänge sendeten.

Ich hatte es mir zur Gewohnheit gemacht, auf der Rückfahrt vom Drehort immer an bestimmten Stellen haltzumachen, um die ausgehungerten Hunde zu füttern, die uns ständig über den Weg liefen. Mein Chauffeur Brahim sammelte Essensreste, tat sie in einen Karton, und so wurde mein Rolls abends zur rollenden Feldküche. Diese armen, ausgehungerten, von Gott und der Welt vergessenen Hunde warteten schon auf uns. Ich war glücklich, sie ein wenig trösten, streicheln, füttern zu können – auch mit ein paar Zukkerstückchen, die sie allmählich zu schätzen lernten. Sie hatten gute, aber furchterfüllte Augen, und manchmal warteten sie sogar, bis wir abfuhren, und stürzten sich erst dann auf ihr Fressen.

Eines Abends ließ sich eine erbärmlich magere, kleine Hündin von mir streicheln, rührte aber das Futter, das ich vor sie hingelegt hatte, nicht an, sondern kletterte in den Wagen. Ich brachte es nicht fertig, sie wieder rauszusetzen. Sie schmiegte sich an mich, und ihr Blick flehte mich an. Ich behielt sie.

Sie wurde auf den Namen »Hippie« getauft und wich nicht mehr von unserer Seite. Sie schlief reihum in unseren Betten, begleitete uns an den Drehort, ins Restaurant, kurzum: Sie folgte uns wie ein Schatten. In wenigen Tagen schon wurde sie rundlicher und zu einer schönen, wilden Kurzhaarhündin, wie man sie häufig in tropischen Ländern sieht, wo diese Mischlinge gang und gäbe sind. Sie war der Inbegriff der Sanftheit, der Liebe und der Dankbarkeit.

Wenn sie abends neben mir lag, erzählte ich ihr von Bazoches, wo sie Gefährtinnen aus dem Tierheim treffen würde; sie hörte aufmerksam zu. Um ihr den Flug im Frachtraum zu ersparen, sollte sie mit Brahim im Rolls reisen. Dann drückte ich sie ganz, ganz fest an mich, und wir schliefen ein, aneinandergeschweißt durch diese große, wechselseitige Liebe.

Eines Abends fing sie an zu seibern und wand sich in Krämpfen. Gloria und Monique versuchten vergeblich, einen Tierarzt aufzutreiben. Wir machten das ganze Hotel rebellisch, aber es gab keinen Tierarzt in diesem gottverlassenen Winkel Spaniens. Zufällig war France Roche mit einem befreundeten Arzt da, der Staupe diagnostizierte und mir keinerlei Hoffnung ließ. Tatsächlich starb sie zwei Tage später in meinen Armen.

Ich war verzweifelt angesichts meiner Ohnmacht, dieser Ungerechtigkeit. Ich heulte pausenlos und konnte nicht mehr drehen.

Sie wurde zu Füßen des Hotels beerdigt, unter einem kleinen Rasenstück, das die Bagger ausgespart hatten. Ich war so verzweifelt, daß die Produktion gezwungen war, meinen Vertrag abzukürzen und mich nach Frankreich heimzuschicken. Außer Tränen war nichts mehr aus mir rauszuholen.

Gunter, den man verständigt hatte, holte mich ab. Er war sehr nett, wenn auch höchst verwundert darüber, daß der Tod einer Hündin mich in einen solchen Zustand von Leid zu versetzen vermochte.

Um mich auf andere Gedanken zu bringen, heuerte er ein Flugzeug an, ein Privatmaschinchen, das uns in Granada absetzte. Dort besichtigte ich die märchenhaften Gärten der Alhambra. Soviel Schönheit überwältigte mich, brachte mich zum Träumen. Die Düfte waren ebenso raffiniert wie die Architektur. Da mischte sich Orangenblüte mit Jasmin und Reseda, während Dutzende von Springbrunnen in ihrem zarten Mosaikdekor ihre erfrischende und beruhigende Melodie wisperten.

Nach der Qual mit Krankheit und Tod von Hippie war dies ein Augenblick der Ruhe, der Schönheit und Süße, der meine Wunden allmählich vernarben ließ und mich bezauberte.

Abends entdeckten wir die Cuevas, Grotten, in denen einfache, ganz rustikale Restaurants lagen, voller Charme und Lokalkolorit, Kerzenlicht, Petroleumlampen, und das Schmackhafteste auf der Speisekarte waren der Flamenco und die Gitarristen. Was Spanien an Edelstem, Schönstem, aber auch an Urwüchsigstem zu bieten hat, erlebten wir in Granada.

Das Hotel, in dem wir die Nacht verbrachten, war übrigens eines der bescheidensten; ein paar Kakerlaken leisteten uns Gesellschaft, aber zumindest der schmiedeeiserne Balkon und der darunter liegende entzückende Platz hätten einen würdigen und glaubwürdigen Rahmen für Carmen abgegeben. Was will man mehr?

Diese wenigen Stunden der Zweisamkeit, weit weg von allem, brachten Gunter und mich einander wieder näher, wieder etwas zur Besinnung. Ich habe Gunter immer geliebt, wenn er keine großen Auftritte inszenierte, wenn seine unvermeidlichen Höflinge nicht auf jede seiner Gesten, jedes seiner Worte lauerten, um zu applaudieren, zu kommen-

672

tieren oder verklärt zu lachen. Letztlich waren sie es, die uns auseinanderbrachten.

Ich fuhr auf einen Sprung nach Paris, hätschelte Guapa, meine Guapa, die sich vor Freude kaum zu lassen wußte, umarmte meine Eltern und meine Mamie, brachte wieder etwas Leben in die Avenue Paul-Doumer und war auch schon unterwegs nach Bazoches zu meinen Mädchen.

Die armen Kleinen dürften sich während meiner Abwesenheit arg gelangweilt haben. Ich verdächtigte meine Hausmeister, sie nicht sehr gut behandelt zu haben. Die waren so glücklich, mich wiederzusehen. Es war ein echtes Freudenfest, ein Glückstaumel, das Ende einer endlosen Wartezeit, einer Ewigkeit voller Hoffnung! Oh, meine Hündchen, meine liebenswerten und heißgeliebten Freundinnen, meine Komplizinnen, meine Schmusekätzchen, meine zärtlichen Schätzchen!

Die sanfte Diane hatte viel Ähnlichkeit mit Hippie; ich erzählte ihnen die traurige Geschichte dieser kleinen Schwester, die weniger Glück gehabt hatte als sie. Alle hingen an meinen Lippen, die Ohren wie Signalmasten aufgerichtet, die Köpfe geneigt, die Augen voller Gier nach Liebe. Ich wußte noch nicht, daß sie ein ebenso tragisches Geschick wie Hippie erwartete: Alle wurden entweder von Jägern getötet oder mit Strychnin vergiftet.

Die arme Hippie war die erste einer langen und endlosen Reihe von schmerzlichen Verlusten gewesen. Die Narben, die jeder Tod auf meinem Herzen hinterließ, werden niemals verheilen.

Gunter teilte mir mit, er habe für Mai und Juni abermals eine prächtige Villa in der Via Appia Antica in Rom gemietet; er müsse dort an seinem phantastischen Filmprojekt »The dark face of the moon« arbeiten, immer noch das gleiche und so »dark«, daß es nie zustande kam und ewig im Planungsstadium blieb. Was soll's! Es beschäftigte ihn!

Mittlerweile hatte sein Freund Gérard Leclery einen herrlichen Segler, die »Vadura«, gekauft, die Weltumseglung begonnen und uns eingeladen, bei seiner nächsten Zwischenlandung in Beirut an Bord zu kommen und eine Besichtigungskreuzfahrt durch den Nahen Osten mit ihm zu unternehmen. Samir, der treue libanesische Sekretär, sowie Monique und Serge Marquand wären mit von der Partie.

Ich verspürte keine große Lust, wieder auf Reisen zu gehen. Andererseits, was sollte ich Anfang April allein in einem grauen und regnerischen Paris? Ich packte also von neuem meine Koffer, zum großen Erstaunen von Maman, die mich ihren »Durchzug« nannte. Für jemanden, der das Reisen nicht liebte, dürfte ich in der Tat nicht muffig gerochen haben.

Und so starteten wir – »Kutscher, die Peitsche!«, wie Mamie zu sagen pflegte – alle fünf gen Beirut. Im Flugzeug träumte ich wieder von Tausendundeiner Nacht, phantasierte beim Gedanken an wundervolle goldene Paläste, an Patios wie in Granada, würzige Düfte, magische Farben, stellte mir barfüßige, verschleierte Sklaven vor, Männer mit Turban in bestickten Pumphosen, inmitten von Märchenlandschaften.

Das Erwachen war hart, ja grausam! Ich sah nur Hochhäuser aus Beton vom Typ »Sozialer Wohnungsbau«, schmutzig, häßlich und trist. Die meisten waren nicht einmal fertiggestellt und wirkten wie nach einer Naturkatastrophe. Straßen voller Schlaglöcher, fast überall Ausbesserungsarbeiten, klaffende Gräben voller Schlamm; ein ekelerregender Geruch, eine Mischung von erhitztem Öl und leicht säuerlich riechendem menschlichem Schweiß. Mir wurde schwindelig von so viel Häßlichkeit!

Wie hatte die Perle des Nahen Ostens nur zu dieser Stadt verkommen können?

Der Fortschritt läßt sich eben nicht aufhalten! Was für ein Unglück dieser ungehemmte Modernismus doch ist, der alles zerstört und verdirbt, was den Charme einer Region ausmacht! Er zwingt der Architektur und der Kleidung eine Uniformität auf, die schlecht zu den Ländern paßt, deren tausendjährige Traditionen dem Privileg gleichkamen, sich durch überlieferte Gebräuche, die heute endgültig verschwunden sind, von den anderen zu unterscheiden.

Es zerriß mir das Herz – alle meine Herzen – aus tiefstem Herzen.

Da die »Vadura« erst am nächsten Tag in den Hafen einlaufen sollte, war unsere Unterkunft bei einem reichen Libanesen geplant, damit uns eine Nacht im Hotel mit »Pauken und Trompeten« erspart blieb.

Den Namen unseres Gastgebers habe ich vergessen; er war so milliardärsmäßig unpersönlich wie sein von Marmor strotzendes, zum Heulen geschmackloses Haus; auch an den Garten, der mit vielen Kopien antiker Statuen protzte, erinnere ich mich nicht mehr genau; aber da war kein Springbrunnen, der sein süßes Wispern hören ließ, und kein mosaikengeschmückter Patio, der die Intimität eines geschlossenen Gartens bot, wo wie in einem Alkoven Liebe und Sinnlichkeit ineinandergreifen.

Ich armer Tropf! Was hatte ich auf dieser Galeere zu suchen?

Gunter begleitete mich in das für uns bereitgestellte und wie alles übrige luxuriös häßliche Zimmer, erklärte mir jedoch, er müsse nochmals unseren Gastgeber aufsuchen, es dauere nur ein paar Minuten, ich solle mich nicht beunruhigen, er komme sofort wieder. Da stand ich nun – als Fremde bei fremden Leuten – allein in einem riesigen Raum in einer abweisenden, labyrinthischen Villa von Beirut. Ich wußte nicht einmal, wo Monique, Samir und Serge Marquand abgeblieben waren. Ich setzte mich aufs Bett, ohne mich auszuziehen, und wartete kettenrauchend auf Gunter. Da ich nie eine Armbanduhr trug, hatte ich keine Ahnung, wie spät es war und wie lange ich schon wartete. Ich weiß nur, daß viel Zeit verstrich.

Dann packte mich die Angst. Ich öffnete die Zimmertür, um nach jemandem Ausschau zu halten. Eine Treppe führte ausschließlich zu unserem Zimmer. Eine Etage tiefer befand sich ein leerer Flur, der bei jedem meiner Schritte widerhallte. Ich wußte nicht, wo der Ausgang war. Ich preßte meine Nase an ein Fenster und sah nur totale Finsternis. Ich vermochte mich nicht zu orientieren. Wo war ich, wo der Salon, in welchem Stockwerk, in welchem Flügel? Warum diese Stille? Wo waren die anderen, wo war Gunter?

Ich ging wieder ins Zimmer zurück und versuchte, am Telefon einen Freiton zu bekommen. Ich klimperte auf sämtlichen Knöpfen herum, probierte irgendwelche Nummern. Doch da war nichts außer dem Heulton des Haustelefons, immer nur dieser heulende Ton.

Da ich völlig erschöpft war nach diesem Tag, dieser Nacht, dieser Reise, diesem Gefühl von Fremdheit und Verlassenheit, schlug meine Beklemmung um in Kummer und dann in Wut.

Als Gunter endlich erschien, auf seiner Armbanduhr war es fünf, unfähig zu sagen, woher er kam, war ich außer mir und machte ihm eine Szene, die sich gewaschen hatte. Ich entschloß mich, unverzüglich nach Paris zurückzukehren.

Mit Tagesanbruch und dem Eintreffen unserer Freunde beruhigte sich alles wieder. Man konnte schwerlich einen Skandal inszenieren bei Leuten, die einen spontan aufgenommen hatten: Schmutzige Wäsche muß man in den eigenen vier Wänden waschen.

Das Herz war mir schwer, der Kopf leer, und der Magen drückte, als ich an Bord der »Vadura« kletterte. Gunter fühlte sich in seinem Element, konnte seine endlich wiedergefundenen verlorenen Seelen gar nicht genug umarmen und herzen. Das alles erinnerte mich an meine Hochzeitsreise zu siebt! Ich hatte nicht einen Mann allein geheiratet, sondern eine Sippschaft herumscharwenzelnder Playboys, die durch ihre Komplizenschaft enger zusammengeschmiedet waren, als eine Ehe es je vermöchte. In ihren Leben fungierten die Frauen nur als Schachfiguren, als Gegenstände, als Trophäen, aber gewiß nicht als »Frau« im positiven Sinne. Sie suchten sich schöne, junge und vorzugsweise dumme Gefährtinnen aus. Pech für Gunter! Da ich die letztgenannte Qualifikation nicht besaß, fiel ich ihm zunehmend lästig. Er playboyte rundum, und ich stand ihm dabei im Wege.

Ich bin niemals ein Bootsfan gewesen. Das ist ein besonderes Universum, in dem einem dauernd der Boden unter den Füßen weggezogen wird, der Bewegungsspielraum begrenzt, die Gerüche stark und der Komfort eingeschränkt sind. Ich bin von Natur aus erdverbunden. Ich liebe das Meer, wenn ich mich an Land aufhalte, wo mir seine Launen, sein Zorn oder seine trügerischen Ruhe nichts anhaben können.

Freudig wurde der Anker gelichtet, die Sonne schien, alles stand zum besten in der besten aller nur denkbaren Welten. Nach einer Stunde verschleierte sich die Sonne, Wind kam auf, und das riesige Segel blähte sich so gewaltig, daß ein Ruck durch das Schiff ging. Hier mußte etwas hochgezogen, dort etwas heruntergelassen werden, an Bord herrschte große Geschäftigkeit. Dann stiegen die Wellen höher als der Bug. Das Schlingern beeindruckte mich, ich fühlte, wie ich hin und her schwankte, und der Mageninhalt kam mir hoch. Es wurde uns geraten, wieder in die Kabinen zu gehen; das Wasser klatschte nur so auf das Deck.

An Monique und Gérards Freundin geklammert, versuchte ich die Treppe zum Zwischendeck hinunterzuklettern, ohne allzu sehr aus dem Gleichgewicht zu geraten: Das fiel mir sehr schwer. Klaglos begaben wir uns in unsere diversen Kojen. Das immer heftiger herumgestoßene Boot wimmerte im ganzen Rumpf; unheilverkündende Geräusche ließen den Eindruck aufkommen, es breche entzwei, Spind- und Kabinentüren sprangen auf und schlugen gleich darauf mit grausigem Knirschen wieder zu.

Plötzlich ergriff mich eine unkontrollierbare Panik, die düstere Vorahnung eines bevorstehenden Dramas; ich fing an zu brüllen, und im gleichen Moment erfolgte ein ungemein heftiger Schlag, ein ohrenbetäubender Lärm. Ich wurde aus meiner Koje herausgeschleudert, mein Kopf donnerte gegen die Kante der Tür, die in diesem Augenblick zum Glück offenstand. Daher rutschte ich den ganzen Laufgang hinunter und kam erst an der hinteren Wand zum Halt. Vor mir und hinter mir ein bunter Haufen Zeug, Kleidungsstücke, Stühle, Geschirr, Koffer und so weiter. Ich lag zusammengekrümmt am Boden mitten in diesem Wirrwar und war fest davon überzeugt, mein letztes Stündlein habe geschlagen. Blut tropfte aus meinen Haaren, alles tat mir weh, ein gewaltiges Dröhnen und Stöhnen hatte meine Ohren taub gemacht, während das Boot weiterhin höllisch schlingerte und stampfte. Monique rutschte bis zu mir heran, hielt sich die Schulter, und dann kam Gunter auf allen vieren durch den engen Gang herangekrochen, wobei er hin und her glitschte.

Der Mast war gebrochen, das Segel gerissen, der Sturm wütete nach wie vor. Leclery hatte SOS gefunkt und um Hilfe aus Beirut gebeten. Um sicherzugehen, daß er Gehör fand, hatte er durchgegeben, daß ich an Bord sei.

Angetrieben vom Hilfsmotor, einer wahrlich schwachen Hilfe in diesem aufgewühlten Meer, machten wir kehrt. Alle waren mit Wunden und Beulen übersät. Meine Kopfhaut war nur oberflächlich verletzt, blutete aber heftig.

Es war tiefe Nacht, als wir mit einer Eskorte von Rettungsbooten, die uns entgegengefahren waren, wieder in den Hafen von Beirut einliefen. Dort stand ein ganzes Empfangskomitee von Fernsehleuten, Fotografen und Journalisten jeglicher Couleur, die von meiner Anwesenheit an Bord Wind bekommen hatten und sich entzückt und beglückt zeigten über diesen unverhofften Nachrichtenknüller.

Ha, welch ein hübsches Bild ich abgab! In den Haaren klebte geronnenes Blut, mein Gesicht war verschwollen, dreckig, salzverkrustet und ausdruckslos; ich steckte in Lumpen. Ein Horror, dieser »Empfang«!

Wir waren nur knapp dem Tode entgangen, und nun setzten uns auch noch die Kameraleute und die Fragen dieser Blutsauger zu. Aus lauter Verzweiflung hätte ich heulen mögen.

Samir nahm uns alle mit zu seiner Mama, der einzige wirklich friedliche und verschwiegene Hort in diesem Tohuwabohu. Die bedauernswerte Frau, die weiß Gott nicht darauf gefaßt war, daß wir alle bei ihr anlandeten, floß über vor Liebenswürdigkeit und Hilfsbereitschaft, als wir in ihre große und behagliche Wohnung einfielen.

Sie überließ uns ihr Schlafzimmer. Ich erinnere mich noch an dieses Gefühl von Frieden und Geborgenheit, das ich verspürte, als ich mich in dieses breite Bett mit den frischen Laken legte und diese Möbel, diese Nippsächelchen, diese großen Fenster mit den rosafarbenen Seidenvorhängen betrachtete, all dieses Anheimelnde, Süße, und dieser Jasminduft – wie bei meiner Großmutter. Friedlich schlief ich ein, von Engeln beschützt wie im Paradies.

Die Morgenpresse redete nur von unserem »Schiffbruch«, von meiner Anwesenheit in Beirut. Die dazugehörigen Fotos vom »Star«, ein Bild des Jammers, dürften die Erwartungen der Libanesen schwer enttäuscht haben. Samir übersetzte uns all diese arabesken Schlagzeilen, entschlüsselte uns diese Schrift voll kabbalistischer Zeichen in Form kleiner Wellen. Erstaunt entdeckte ich ein Alphabet, das mit dem unsrigen nichts gemein hat. In Mexiko bestehen die Wörter fast ausnahmslos aus xzyxtozc, was wir zwar nicht aussprechen, aber wenigstens optisch erkennen können. Hier aber war ich verloren!

Damals war der Islam noch nicht nach Europa vorgedrungen; die Moslems besaßen noch den Takt, uns nicht ihre häufig barbarischen und archaischen Sitten und Gebräuche aufzuzwingen, ihre Moscheen und dieses ganze häufig blutige und empörende Ritual. Im Gegenteil, sie kopierten uns, versuchten sich zu europäisieren und nach unserem Vorbild zu modernisieren. Das gelang nicht immer, aber ihr Vorgehen war zumindest friedfertig.

Die ziemlich beschädigte »Vadura« mußte für unbestimmte Zeit in Reparatur. Unsere Kreuzfahrt war buchstäblich ins Wasser gefallen. Gunter, dessen mit der Logik germanischer Organisation seit Monaten ausgearbeitete Pläne von diesem Zwischenfall durchkreuzt worden waren, hatte die Orientierung verloren, kaute an den Nägeln, drehte sich mit einem Glas Whisky in der Hand im Kreis und suchte nach einer genialen Idee, die wie ein Funke zünden sollte, damit die ihres Hauptziels beraubte Reise umgehend neu organisiert werden und doch noch gelingen könnte. Plötzlich war er da, der rettende Einfall: Baalbek mußte besichtigt werden, sonnenklar!

Die gunterische Organisation hatte wieder ein neues Ziel im Visier, und der Mechanismus konnte wieder anlaufen: Leihwagen, Reiseroute, dies und jenes. Unterdessen telefonierte ich mit Maman, um sie zu beruhigen, falls die Meldungen über unseren »Schiffbruch« bereits Frankreich erreicht hätten.

Der Touristenausflug nach Baalbek wuchs sich zu einem Folkloreepos aus. Gunter hatte an alles gedacht, nur nicht daran, daß die gesamte Presse und ein Teil der neugierigen Bevölkerung im Korso mit uns fahren würden. Glücklicherweise hatte ich mich für den Fall aller Fälle herausgeputzt, frisiert, geschminkt und hübsch angezogen. Es war spektakulär. Rund fünfzig Wagen folgten uns. Wenn wir uns im Weg irrten, hupten die Journalisten hinter uns, um uns die richtige Richtung zu weisen. Wir liefen nie Gefahr, sie zu verlieren!

Meine Erinnerungen an Baalbek sind verschwommen. Nur die höchsten Säulen, die über die uns bedrängende Menschenmenge hinausragten, sind mir im Gedächtnis geblieben. Ich erinnere mich noch, daß ich die Fotografen, die TV-Kameraleute angefleht habe, doch etwas zurückzutreten, damit ich die Wunderwerke, die Ruinen des Jupiter- und Bacchus-Tempels, bewundern könnte. Es war ein gnadenloses Drängen und Schieben, ein Drunter und Drüber aus einer anderen Welt, ein betrüblicher Reinfall. Blitzlicht und wieder Blitzlicht, ein Blitzlichtgewitter und Tausende von Fotos, immer wieder dieselben, völlig uninteressant.

Wieder einmal versuchte Gunter vergebens, Ordnung herzustellen unter dieser johlenden Meute, die in einer unverständlichen Sprache plärrte, Autogramme forderte, dreckige Papierfetzen und zerbrochene Kulis schwenkte. Wie blöd die Leute doch sein können!

Wie gern hätte ich mir die Stätte mit ihren einzigartigen Anblicken in Ruhe betrachtet, still genossen und eingeprägt, um sie aus den Tiefen des Gedächtnisses wieder hervorholen zu können. Diese märchenhaften, außergewöhnlichen

77 + 78 *»La Madrague« in Saint-Tropez erwarb ich im Mai 1958, um in Ruhe leben zu können. Als das Anwesen weltweit so berühmt geworden war wie ich selbst, zog es Hunderte von Touristen an, die mich zwangen, im Sommer die Flucht zu ergreifen.*

79 *1973. Meine Welpen in »La Madrague«: Pichnou (links), die ich für 50 Francs einem Fremden in Saint-Tropez abgekauft hatte, und die bei meinem Friseur adoptierte Nini (rechts), die erste einer Reihe von Settern*

80 *Sarlat 1973. Dreharbeiten zu »Colinot Trousse-Chemise«. Ich kaufte der Bäuerin das Ziegenbaby ab, um es vor dem Bratspieß zu retten.*

81   Pichnou und meine Ziege Colinette teilten mein Bett, auch wenn der Hoteldirektor nicht gerade begeistert war.

82   Tapompon bläst ihre 86 Geburtstags-kerzen aus! Sie gehört zu den alten Damen, um die ich mich gern kümmere, um etwas Sonnenschein in ihr Leben zu bringen.

83 Mit meinem Schützling Suzon Penière, die 1961 schwer an Krebs erkrankte und mir ihren Verlobungsring vererbte. Zum Glück aber lebte sie noch weitere 20 Jahre, in denen sie mir die Liebe einer Großmutter schenkte.

84 In Méribel mit Madame Renée, meiner treuen Gouvernante, die 15 Jahre an meiner Seite blieb

85 *28. September 1973, mein 59. Geburtstag im »L'Assiette au Beurre«, dem einmaligen Restaurant meines Couturiers und Freundes Jean Bouquin. Daneben Mama Olga, die seit 1955 meine unermüdliche Agentin war*

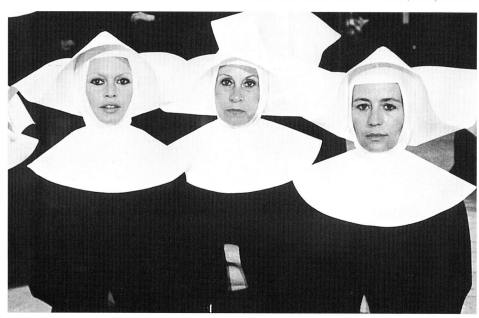

87 *Bazoches-sur-Guyonne. Ich verliebte mich im Mai 1960 spontan in diese Schäferhütte, die ich komplett restaurieren ließ – eine echte Arche Noah, wo ich mit meinen Tieren und meinen wenigen Freunden in Frieden lebe.*

88 *Brigitte in Tunesien*

89 *1973: Die letzte Einstellung meines letzten Films »Colinot Trousse-Chemise« steht symbolisch für mein zukünftiges Leben, das den Tieren gewidmet ist. Filmwelt adieu!*

Es gibt Zeiten, dazu bestimmt, im Leben Erfolg zu haben
es gibt Zeiten, dazu bestimmt, das Leben erfolgreich zu meistern.

La Rochefoucauld (1613–1680)

Orte müßten geschützt werden. Der Anblick derartiger Kulturdenkmäler verleitet zu einer inneren Sammlung.

Dieses ganze Volk war mir zuwider, ich hatte die Nase voll, gestrichen voll.

Wenn ich heute, da ich diese Zeilen niederschreibe, an dieses Erlebnis zurückdenke, komme ich zu dem Schluß, daß ich eigentlich mein Leben lang das Opfer einer der schlimmsten Ausgrenzung – ein Modewort – war, da man mich daran hinderte, ein normales Leben zu führen.

Ich hatte nur noch den einen Wunsch, nach Frankreich zurückzukehren; ich haßte den Libanon, die Stadt Beirut und ihre Bevölkerung, dieses Meer, das Boot.

Am Abend gingen wir in eines der Nobelrestaurants von Beirut essen; eins mußten wir ja schließlich kennenlernen. Der Eingang war wegen der Erdaufschüttungen in der Straße, die – wie die meisten anderen in der Stadt – wegen Tiefbauarbeiten aufgerissen worden war, nur über einen Brettersteg zu erreichen. Alte Abwasserrohre, randvoll mit brackigem Schlamm, waren rundum aufgestapelt und stanken nach Kloake. In diesem Land mußte man unbedingt den Tschador tragen, wenn schon nicht aus religiösen Gründen, dann doch zumindest, um chronische Erstickungsanfälle zu vermeiden.

Abgesehen von dem Bild einer prallen, fetten Pute, die sich unter ihren durchsichtigen Schleiern bog und wand und mit ihren Pobacken voller Cellulitis zum Klang orientalischer Weisen wackelte und zappelte, habe ich nur noch eine verschwommene Vorstellung von diesem Nachtbar-Restaurant, wo alles prall war, einschließlich des Chefs, der Dario Moreno ähnelte.

Inzwischen habe ich Libanesen kennengelernt, die äußerst vornehm, gebildet und charmant sind und das schauerliche Bild, das sich in mir festgesetzt hatte, in ein positives verwandelt haben.

Ich dürfte wieder eine Vorahnung gehabt haben, als ich mich weigerte, diese Kreuzfahrt fortzusetzen, die so dramatisch begonnen hatte. Etliche Wochen später, als die »Vadura« in einer Bucht im Indischen Ozean, irgendwo vor den Malediven, ankerte, wurde sie mitten in der Nacht von blutrünstigen und wilden Piraten überfallen, die, nachdem sie die Mannschaft inklusive Gérard Leclery zusammengeschlagen und geknebelt hatten, seine Freundin vergewaltigten, dem kleinen Langhaardackel, dem süßen Maskottchen und niedlichen Reisebegleiter, die Kehle durchschnitten, das Schiff von oben bis unten plünderten und eine Spur der Verwüstung hinter sich ließen.

Da die gesamte Funkanlage beschädigt, die Motoren zerstört, die Segel zerfetzt, die Trinkwasservorräte geklaut, die Kabinen geplündert worden waren, blieben nur noch ein Wrack und jämmerliche Gestalten zurück, die man rein zufällig ein paar Tage später entdeckte. Gérard Clerys Freundin erholte sich nie wieder von diesem Schock und starb wenige Monate nach dieser Tragödie.

Wie schön, wie beruhigend, wieder in Rom zu sein, in Italien, der Via Appia Antica, nach allem, was ich erlebt hatte. Gunter hatte ein noch viel schöneres Anwesen gemietet als im Jahr zuvor. Es war ein Herrenhaus mit einem angrenzenden kleinen Bauernhof inmitten eines riesigen und herrlichen Parks, mit Gemüsegarten, Hühnerhof, Schafstall und mit einem prachtvollen Blick auf diese einzigartige Landschaft rings um Rom, schöner als alles andere auf der Welt.

So begann für uns der Mai des Jahres 1968. Gunter hatte seinen ganzen Hofstaat versammelt, inklusive der Drehbuchschreiber vom Jahr zuvor und einiger Produzenten. Patrick Bauchau, mein Schwager, der für die Rolle des jugendlichen Liebhabers vorgesehen war, hatte sich mit Mijanou eingefunden. Monique, Samirs Gefährtin, wich mir ebensowenig von der Seite wie Samir Gunter. Die rothaarige Carole kam nach. Wir waren ein bunt zusammengewürfeltes Team, wobei der Clan der Männer völlig anders strukturiert war als jener der Frauen.

Diesem glücklichen Aufenthalt habe ich es zu verdanken, daß ich nicht in die tragischen Ereignisse jenes revolutionären Monats Mai verwickelt wurde, die ein gewisses Bild von Frankreich für immer zerstörten. Mit großer Beklemmung verfolgten wir allerdings aus der Ferne die Entwicklung hin zum drohenden Bürgerkrieg. Alarmierende Nachrichten erhielten wir von Freunden, die uns nachgereist waren, um vorübergehend diesem Frankreich mit seinen Verheerungen zu entfliehen.

Ich rief Maman an, die in Saint-Tropez von dieser Welle der Gewalt verschont blieb. Madame Renée hingegen hatte sich in panischem Schrecken mitsamt meiner Guapa in der Avenue Paul-Doumer verbarrikadiert und traute sich nicht mehr aus dem Haus.

Wir verfolgten am Fernseher alles, was de Gaulle sagte und tat. Wie er dieser Situation standhielt, mehrte nur noch die Bewunderung, die wir alle für ihn hegten. Wenn ich mir jetzt all die Politiker vor Augen führe, die im Kielwasser des »Gaullismus« schwimmen, während ihm doch keiner das Wasser zu reichen vermag, dann trauere ich jenen seligen Zeiten nach, da wir noch einen echten Chef am Ruder hatten, einen Mann, der sich nie etwas vergab, der rechtschaffen war, meilenweit entfernt von den Kasperlefiguren, Wetterfähnchen, Schwätzern, die alle unfähig und opportunistisch sind und im Frühjahr 1995 anstanden und um die Spitzenposition rangelten.

Während Daniel Cohn-Bendit, der Rote Dany, zu Gewalt, zu Sittenlosigkeit und Zerstörung aufrief, hatte sich die Pariser Universität, insbesondere die Sorbonne, in ein riesiges Bordell verwandelt. Man feierte auf der Straße Orgien; Autos brannten; Pflastersteine wurden in den Avenuen ausgegraben und als Wurfgeschosse verwendet; Schaufenster wurden zerschlagen, die Geschäfte geplündert. Die verschreckte Bevölkerung ging in Deckung hinter geschlossenen Fensterläden und verbarrikadierten Türen.

Was für ein trauriges und beschämendes Kapitel der französischen Geschichte!

In diesem Hexenkessel von Politporno war Frankreich im wahrsten Sinne des Wortes mit seinem Latein am Ende. Wer erinnert sich, außer Jacques Brel, denn noch an die lateinische Konjugation »Rosa, rosae, rosam ...« Wer kann erklären, was ein »Dativ« oder was ein »Ablativ« ist? Wer kann übersetzen: »Partibus factis sic locutus est leo«? Wer erinnert sich noch an »Ite missa est«? Sogar die katholische Kirche hat sich der 68er-Mode angepaßt, wirft alle Traditionen über den Haufen: Die Priester sind heutzutage gekleidet wie du und ich, in Jeans, häufig recht dreckig, man duzt Gott, spricht mit ihm französisch, redet ihn mit »Kumpel« an, gibt ihm einen Klaps auf den Hintern und zieht ihn am Bart.

Die Sexwelle kam auf, der Exhibitionismus, die Hemmungslosigkeit von Körper und Seele, der Verlust jeglicher Würde, jeglicher Moral, jeglichen Anstands war die Folge. So vollzog sich der Übergang zum Zeitalter des Zasters, des Sex, der Drogen, der Dekadenz, allesamt Alarmsignale des Sozialismus, der diese Zerstörung vollenden sollte.

Unser Leben in Rom aber war lichtdurchflutet wie die uns umgebende Landschaft. Gunter, beschäftigt und besessen von dem Meisterwerk, das er ausheckte, vernachlässigte mich ein wenig oft, gewiß jedoch nicht leidenschaftlich.

Ganz anders ein junger Produzent, der von mir fasziniert zu sein schien! Da mir etwas langweilig war, erlaubte ich mir den Spaß, ihn zu becircen. Ein gefährliches und nichtssagendes Spiel.

Eines Morgens kündete mir Gunter seine sofortige Abreise zu den Kanarischen Inseln an. Was sollte ich denn dort? Seine obskure Antwort brachte mir auch keine Erleuchtung. Samir flog mit ihm und ließ Monique und mich in der Obhut von Margaret, seiner treuen Haushälterin, zurück, das Auge von Moskau, ein falscher Fuffziger.

Diese überstürzte Abreise kam mir höchst eigenartig vor. Das Haus war voller Freunde, Drehbuchschreiber, Produzenten, Darsteller; der ganze Drohnenschwarm wurde mitten in der genialen schöpferischen Phase Knall auf Fall vom König allein gelassen und einer Arbeiterin anvertraut ...

Egal, Monique und ich nutzten die Gelegenheit, um mit Gunters Porsche nach Rom hineinzufahren; ich am Steuer und hinter uns sämtliche Papagalli, die die Hauptstadt aufzubieten hatte – zu Fuß, zu Pferd, motorisiert. Und dort trafen wir in einem Hotelrestaurant meinen schmachtenden jungen Produzenten und einen seiner Freunde, den deutsch-italienischen Schauspieler Mario Adorf, der Monique mit Blicken verschlang. Da derartige Eskapaden die Paparazzi auf den Plan gerufen hatten, verzichteten wir vorsichtshalber auf unsere Ausflüge nach Rom und ließen die beiden ins Haus kommen, wo sie in der Flut derer, die hier täglich aus und ein gingen, nicht weiter auffielen.

Dieser Produzent besaß weder Geschmack noch Anmut; er war alltäglich, weder schön noch häßlich, aber ich konnte ihn um den Finger wickeln und benützte ihn als Prügelknaben, um mich für Gunters Gleichgültigkeit zu rächen.

Eines Tages dann fiel das Fallbeil, endgültig, tödlich, erbarmungslos. Ich entdeckte Margaret, die mich hinter einer Tür versteckt belauerte, als ich gerade aus meinem und Gunters Schlafzimmer kam. Sie wirkte verlegen, gab vor, Gunter habe sie gebeten, ein paar Kleidungsstücke, die er

vergessen habe, schleunigst zum Flughafen zu bringen, wo
ein Freund wartete, der sie ihm mitbringen könne, und so
weiter und so fort. Während sie sich in ihren vagen Erklärungen verhedderte, versuchte sie, flüchtige und argwöhni-
sche Blicke ins Schlafzimmer zu werfen. Sie brachte mich
auf die Palme, dieses Weibsstück, das sich überall einmischte; wenn mein Mann etwas brauchte, konnte er mich
direkt darum bitten, ohne den Umweg über eine Privatde-
tektivin. Mich hatte er nicht angerufen, wohl aber diese
Idiotin! Ich war wütend und außer mir! Was sollte nun wieder dieses Theater?

Ich verbot ihr ein für allemal, mein Schlafzimmer zu betreten. Wutschnaubend erzählte ich alles Monique, aber sie
lachte nur, wie immer; sie hatte ein glückliches Naturell und
verdrängte, was unangenehm war, um nur das Schöne zu
leben.

Den ganzen Vormittag blieb Margaret unauffindbar; sie
hatte sich in Luft aufgelöst. Als ich in der Küche nach ihr
fragte, wandten sich alle Köpfe ab, alle Augen wichen mir
aus, keiner wußte etwas und wollte vor allem nichts sagen.
Plötzlich tauchte sie wieder auf. Verschlagen und mit honig-
süßem Lächeln überreichte sie mir einen Brief. Er war von
Gunter und bedeutete den endgültigen Bruch, gestützt auf
die präzisen Zeugenaussagen von Margaret. Er könne es
nicht länger hinnehmen, in seinem eigenen Haus, vor seinen
Freunden und Mitarbeitern und Dienstboten, betrogen, lächerlich gemacht und als Hahnrei hingestellt zu werden.

Mir wich das Blut aus dem Körper. Ich glaubte in Ohnmacht zu fallen. Margaret beobachtete mich hinterhältig.
Ich hätte sie ohrfeigen können, diese Schlampe. Ich war wie
vom Donner gerührt.

Gewiß hatte ich Gunter schon einmal betrogen, er hatte
es mir hundertfach heimgezahlt, aber diesmal stimmte es
nicht, absolut nicht, doch daß ich nicht einmal die Gelegenheit bekäme, mich zu rechtfertigen, das spürte ich. Alles um
mich herum geriet ins Wanken, ein Abgrund tat sich auf vor
meinen Füßen. Allmählich wurde mir klar, welchen Preis
ich für meine Unbeständigkeit, meine Oberflächlichkeit,

694

meinen Egoismus und meine Intoleranz zu zahlen hatte. Mir wurde bewußt, wie sehr ich an Gunter hing, wie sehr ich ihn liebte, jetzt, da ich ihn auf immer verlor. Auf eine dumme, so dumme, aber endgültige Art und Weise.

Das ganze Haus stand plötzlich kopf. Alle wußten Bescheid. Jeder gab seinen Senf dazu. Keiner wollte es glauben, man müsse Gunter anrufen, ihm alles erklären, aber keiner wußte, wo er zu erreichen war. In seinem Brief präzisierte er, er werde erst dann zurückkommen, wenn ich mitsamt Eskorte verschwunden sei. Monique saß im gleichen Boot wie ich, Samir hatte ihr auch den Laufpaß gegeben. Sie war am Boden zerstört.

In diesem ganzen Getöse zog ich mich allein in eine Ecke zurück, versuchte mich zu zwicken, denn das konnte ja nur ein Alptraum sein, aus dem ich aufwachen mußte. Es war doch nur eine Posse, die ich da erlebte in diesem fremden Haus unter lauter Fremden. Mijanou und Patrick waren abgereist, und so war ich plötzlich auf mich selbst gestellt und allein. Meine drei blau-weiß-roten Eheringe ringelten sich lächerlich um meinen Ringfinger, fortan Symbole ohne Bedeutung, bar jeglicher Verheißungen, entblößt jeglichen Gefühls, veraltete Zeugen einer Epoche, die unrettbar zu Ende gegangen war. Ich mußte weg, die Flucht ergreifen vor diesem Ort, diesen Menschen, diesen hämischen Kommentaren voller Anspielungen. Der Anschein sprach gegen mich, sprach mich schuldig, dahinter konnte man sich verschanzen.

Ich bemühte mich, meine verwundete Seele so gut wie möglich hinter der Fassade verletzter Eitelkeit zu verbergen. Aber diese Rolle spielte ich nicht sehr überzeugend. Eine wichtige Seite im Buch meines Lebens war da umgeblättert worden. Vor mir lag ein langer und schmerzlicher Tunnel.

Monique hatte Mario Adorf verständigt; er holte uns ab. Ein Freund von ihm besaß eine reizende kleine Wohnung auf Giglio, einer noch fast unbekannten kleinen Insel. Dort würden wir Zwischenstation machen, nachdenken und Beschlüsse fassen können. Mit Sack und Pack zogen wir ab, Sveeva, Carole, Monique und ich.

Wir landeten in einem anderen Zeitalter, in einem urwüchsigen Italien, das vom zerstörerischen Tourismus verschont geblieben war. Kein Auto fuhr auf dieser Insel, nur ein Taxi aus einer anderen Welt für die dringendsten Besorgungen am anderen Ende der Insel. Einige von reizenden Eselchen gezogene Karren, ein paar vorsintflutliche Fahrräder, kein Strom, kein fließendes Wasser. Die am Hafen gelegene Wohnung des Freundes bestand insgesamt nur aus zwei winzigen Zimmern mit drei Betten. Wir waren vier Frauen plus Mario, seinem Freund und einem Liebhaber von Sveeva. Sieben Personen für drei Betten, das wurde knapp. Dazu unser Gepäck, und das war ein ganzer Schwung, der den Eingang zu den Zimmern verbarrikadierte. Ein Flüchtlingscamp, ein Exodus, ein Zigeunerlager! Zum Waschen stand uns ein Steintrog mit einer Pumpe zur Verfügung.

Ich strich von vorneherein die Segel, denn ich konnte diese Promiskuität jetzt nicht mehr ertragen; in Gedanken war ich woanders, mir war elend zumute, ich wußte weder ein noch aus. Ich zog los, um nach etwas Ausschau zu halten, das einem Hotel gleichkäme. Ich mußte allein sein und nachdenken.

Da ich zum Glück gut Italienisch sprach, konnte ich sowohl die Einheimischen verstehen wie mich verständlich machen. Ein Bauer ließ mich auf seinen Eselskarren klettern und fuhr mich ins Herz der Insel zu einer Witwe, die Zimmer vermietete. Wäre ich nicht so traurig gewesen, hätte ich über diese groteske Situation lachen müssen: nach den Privatjets, Rolls und Porsches jetzt ein Eselskarren! Zumindest wußte hier niemand, wer ich war, und ich hatte meinen Frieden.

Die Landschaft war unberührt, großartig und unverfälscht und schön. Es roch gut. Ich mietete »das« Zimmer, einen großen, gekälkten Raum, kühl und karg, mit einem großen, altmodischen Holzbett, zwei Nachttischchen mit Petroleumlampen, einem Waschtisch mit Schüssel, Krug und

Eimer, einem riesigen Kruzifix oberhalb des Fensters, das auf Weinberge und eine farblose und duftende Glyzinienlaube hinausging – wie bei meinen Großmüttern! Ein Traum inmitten des Alptraums!

Im Eselsrhythmus fuhr ich auf dem rumpelnden Wagen zurück, um Zahn- und Haarbürste zu holen. Sveeva und ihr Liebhaber kamen mit mir, da sie Ruhe und Einsamkeit suchten; sie ergriffen die Gelegenheit beim Schopfe, um dem wüsten Durcheinander der »Wohnung« am Hafen zu entfliehen.

Hätte ich ihn doch genießen können, diesen Aufenthalt einer einzigen Nacht in diesem himmlischen Paradies, das allem entsprach, was ich liebe und nach dem ich unaufhörlich gesucht habe! Aber diese Trennung, dieses Weh nagte an mir, und so blieb mir nur eine bittere Erinnerung an Giglio.

Am nächsten Tag machte Sveeva ein paar herrliche Fotos von mir, die zu exorbitanten Preisen heute noch um die Welt gehen, aber von tiefer Nostalgie geprägt sind.

Wir fuhren nach Paris zurück, wo mich der Mut gänzlich verließ. Ich war mir selbst überlassen, verloren, entwurzelt, frei, aber auf Sand gelaufen.

Ich mußte mich organisieren, reagieren, die Zügel wieder in die Hand nehmen. Noch war mein Leben von Luxus, von Geselligkeit, von Überfluß geprägt, von diesem Leben an Gunters Seite, das mit mir selbst so wenig zu tun hatte. Noch eine Zeitlang sollte ich mich auf diesem Gleis weiterbewegen, doch dann stürzte ich brutal in den Abgrund der Einsamkeit.

Ich beschloß, den Sommer in Saint-Tropez zu verbringen. Ich versammelte meine Amazonen, und dann fielen wir mit aller Pracht im weißen, von einem schwarzen Chauffeur gesteuerten Rolls in »La Madrague« ein. Als erstes engagierte ich, zusätzlich zu meinen Hausmeistern und Madame Renée, einen Maître d'hôtel und ein Zimmermädchen. Ich wollte auf großem Fuße leben.

Sofort organisierte ich ein Kostümfest, nur aus Spaß, um

Gunter zu beweisen, daß ich auch ohne ihn im gleichen Rhythmus, im gleichen Takt, mit dem gleichen Schwung weiterlebte.

So wurden fünfhundert Einladungen für den Abend des 7. Juli 1968 verschickt.

Ich organisierte, leitete und plante wie ein Orchesterdirigent und genoß schon im voraus meine Revanche. Aus Paris ließ ich einen Dekorateur kommen, der diesen Abend grandios in Szene setzen sollte. Licht- und Tonspiele, Discjockey, Kapelle, Traîteur, Aushilfspersonal – an alles wurde gedacht und alles bis ins letzte Detail geplant. Am Ende der Auffahrtsallee wurde eine Tribüne aufgebaut. Auf dieser mit Teppichboden ausgelegten Empore sollten ein riesiger »Emmanuelle«-Korbsessel und ein paar weniger auffällige Sessel Platz finden: Dort wollte ich inmitten meiner Amazonen thronen. Von der Eingangstür bis zur Empore lief ein endloser roter Teppich. Exotische und duftende Pflanzen überall, ein Negerjunge mit einem gewaltigen Palmwedel sollte uns Kühlung zufächeln, psychedelische Beleuchtung, vom Klang der Musikkapellen rhythmisch gesteuert – das alles sollte wie durch Zauberhand funktionieren und konnte nur bezaubernd wirken. Ich mietete Chauffeure an, die mit Minimogs zwischen Parkplatz und Eingang von »La Madrague« pendeln sollten, damit die Gäste keine weiten Wege zurücklegen mußten.

Auch die Polizei hatte einiges zu leisten. Polizisten liefen Streife auf den beiden Mauern zur Meeresseite, um ungebetene Gäste abzufangen, und ein regelrechter Ordnungsdienst kontrollierte den Einlaß. Der Garten hatte sich mit Tischen, Stühlen und Bänken in einen Biergarten verwandelt. Buffets, Getränke, Champagner, soviel das Herz begehrte.

Mein Kostüm war schnell fertig: ein schwarzer Lederbikini, schwarze Schaftstiefel, Dolch im Gürtel, meine langen, über die Taille hinabfallenden Haare, eine schwarze Augenmaske, meine Augen. Meine mehr oder weniger bekleideten, verschleierten, parfümierten Amazonen und ich gaben in der Tat ein recht ungewöhnliches Empfangskomitee ab, das im höchsten Grade sexy und irritierend wirkte.

698

Es wurde eine rauschende Nacht! Dieses Fest nahm Ausmaße an, die mich selbst erstaunten. Gunter sollte vor Neid erblassen.

Sogar ein Vierspänner hielt vor meinem Podium; ihm entstiegen Félix de l'Esquinade und seine Freunde, die als »Gebrüder Dalton« verkleidet waren. Ferner erschien eine Horde Tuaregs auf Kamelen – ein tolles Bild! Diese blauen Männer mit der sonnengebräunten Haut und der Glut in den Augen ließen meine Amazonen und mich nicht gleichgültig. Wer waren diese gezähmten Wilden?

Der von seinen Milliarden getragene Darryl Zanuck beeindruckte uns nicht. Lina Brasseur und Picolette hatten einen hübschen Auftritt als »Paul et Virginie«, eskortiert von einem leibhaftigen kleinen Esel, der über und über mit Blumen bepackt war und von Jean Lefebvre geführt wurde. Jicky, Anne und Eddy Barclay waren als verwegene Zigeuner nicht wiederzuerkennen und gaben im Kreise waschechter, gitarrespielender Zigeuner ein prachtvolles Bild ab.

Jede Gruppe machte halt vor unserer Tribüne, stellte sich vor und brachte uns ein Ständchen zum Gruß. Majestätisch thronte ich hoch oben in meinem Korbsessel und traute meinen Augen kaum. Wandte ich den Kopf, erblickte ich meine Amazonen, diese fünf herrlichen, faszinierten und faszinierenden Geschöpfe.

Bewußt hatte ich ein paar Freunde von Gunter eingeladen, damit ihm alles so schnell wie möglich zu Ohren kam.

Reporter der größten Illustrierten der Welt waren ebenfalls anwesend, sorgfältig ausgewählte Fotografen, sogar die »Times« berichtete. Jean-Noël Grinda erschien als Bär und seine Frau Florence als Bärenführerin, Paul Blanchet mit seinem Motorrad, Michèle Mercier als Marquise und ihr Mann als Engel; Marc Doelnitz natürlich als »Frau« und Suzanne Pelet als »Kerl« bildeten mit der gleichen Selbstverständlichkeit ein andersartiges Paar, aber die Zeit solcher »Strich-Queens« war damals zum Glück noch nicht gekommen.

Die sechs Tuaregs hatten unsere Tribüne erklommen und lagerten sich zu unseren Füßen. Sie sahen umwerfend aus, diese Burschen, und kannten sich mit Frauen offensichtlich aus.

Tausend Personen defilierten an diesem Abend in »La Madrague«, aber meine ganze Aufmerksamkeit galt dem Blick der blauen Männer zu meinen Füßen. Sie waren Italiener, unsere Tuaregs, professionelle Playboys, die den Sommer in einer Villa genau gegenüber der meinen verbrachten; sie lag ebenfalls direkt am Wasser und trug den verheißungsvollen Namen »La Brigantine«. Sie hießen Beppe, Gigi, Rodolfo, Enzo, Franco und Cesare.

Und wir Sveeva, Carole, Gloria, Monique, Mijanou und Brigitte.

Mit unseren Armen, unseren Lippen und unseren Herzen leiteten wir eine franko-italienische Entente cordiale ein ... Oh, diese Italiener ...

Nach zweijährigem deutschen Joch ließ ich mich umschlingen von »Sauce bolognaise«, schlecken wie eine »Cassata napolitana«, schlürfen wie einen süßen »Asti spumante«.

Als dieser unvergeßliche Abend zu Ende war, fand ich einen der sechs Tuaregs schnarchend und nackt in meinem Bett, aber es war nicht der »Richtige«, und er wurde nackt hochkantig hinauskatapultiert von den letzten Freunden, die sich an Café-au-lait und Croissants labten, als die Sonne schon hoch stand und die Nacht unwiderruflich vorbei war.

Der »Richtige« war Gigi. Mit ihm verbrachte ich den Sommer, aber zuvor galt es, meinen Garten noch einmal von all den Beschädigungen dieser letzten Fiesta großen Stils zu heilen. Unvorstellbar, was für einen Dreck die »Hautevolee« hinterlassen kann!

Ich gab nie wieder ein Fest, es war mir zu eklig, was wir in den Schilfbüschen, den Geranientöpfen, ja sogar in den Ästen der Feigenbäume alles fanden. Na ja, Schwamm drüber!

Meine Amazonen, die mehr Anstand besaßen, als man hätte annehmen können, blieben ihren fernen Geliebten treu und gewährten dieser Bande italienischer Playboys nicht mehr

700

als eine herzliche Freundschaft. Trotzdem wurde »La Brigantine« zu einer Art Dependance von »La Madrague«. Wir gaben uns Lichtsignale, bevor wir uns mitten auf dem Golf in Motorbooten trafen. Ich am Steuer meiner »Roussalka«, Rodolpho am Steuer seiner »Super Ariston«. Ein fröhliches Treiben, wir waren immer zusammen.

Doch der 14. Juli rückte näher, und den wollte ich nicht in »La Madrague« verbringen. Gunter war noch zu präsent, meine patriotische Eheschließung noch zu quälend, meine Melancholie noch zu unterschwellig.

Bei »Glémot« in Cannes charterte ich eine herrliche Yacht: fünfunddreißig Meter lang, sechs superluxuriöse Kabinen; mit meinen Amazonen wollte ich eine Kreuzfahrt machen von Korsika bis Sardinien, und zwar ganz ohne Männer! Männer an Bord strengstens verboten! Mit Ausnahme von Gigi, denn ich war ja schließlich der Boß!

Am Morgen des 14. Juli, also ehrlich gesagt eher gegen Mittag, enterten wir unseren schwimmenden Palast. Nachdem wir die uns begleitenden Freunde mit Champagner vom Boot verabschiedet hatten und dem Kapitän, nach Gott und Gigi der einzige Mann an Bord, die ihm zufallende immense Verantwortung als »Leib«-Wächter von sechs prachtvollen, reizvollen jungen Frauen, der Legende entstiegenen Undinen, mythenumwobenen Amazonen, die ihm jetzt schon Kopf und Blut in Wallung brachten, bewußt geworden war, verließen wir gemächlich die Bucht von Saint-Tropez, eskortiert von der Flottille unserer Freunde, die uns mit unüberhörbarem Sirenengetön Küsse und Blumen nachwarfen.

Wendige, schalkhafte und verspielte Delphine übernahmen das Geleit und begleiteten uns eine Weile. Wir warfen ihnen Brot und Obst zu, aber unsere faszinierten Blicke schienen ihnen mehr zu bedeuten als das Futter. Dann kreuzten wir Pottwale, die uns die Gunst erwiesen, während unserer Fahrt die schönsten Fontänen in Gang zu setzen, ein stilles und zauberhaftes Wasserfeuerwerk, schön, echt, hinreißend.

Unsere Augen waren noch ganz verträumt, als wir

abends in Saint-Florent auf Korsika einliefen. Dieser großartige kleine Hafen erinnerte mich an meine Kreuzfahrt mit
Gunter, hier hatten wir Leonor Fini, sein surrealistisches
Haus, aber auch Maurice Rheims und sein herrliches Anwesen kennengelernt.

Mir blieb keine Zeit, noch weiter meinen melancho-
lischen Erinnerungen nachzuhängen. Am Quai wurde unsere Yacht neben einem Rennsegler voller schöner junger
Männer, darunter der berühmte Autorennfahrer Jean
Guichet, und auf der anderen Seite neben einer Luxusyacht
von Gianni Agnelli, dem berühmten hinkenden Milliardär
und Besitzer von Fiat, festgemacht.

Der Abend sollte eher stürmisch werden. Abgesehen von
Knallfröschen, Feuerwerkskörpern, bengalischem Leucht-
feuer und anderen SOS- oder Jubelraketen, die diese Nacht
des 14. Juli 1968 erhellten, wurde unsere Yacht nach allen
Regeln der Kunst von den Männern des Rennseglers an
Backbord und dem Charme Gianni Agnellis und seiner
Freunde an Steuerbord gekapert. Der seine Rolle überaus
ernst nehmende Kapitän ließ die SOS-Glocken läuten und
bemühte sich, die Invasion von Backbord abzuwehren,
während der stets sehr elegante und unbeirrbare Maître
d'hôtel den Champagner, die Petits fours und die schmeichelhaften Komplimente von Steuerbord herumreichte. Allmählich bedauerte ich, Gigi mitgenommen zu haben, ein
doch recht blasses Exemplar dieser herrlichen Männer-
rasse, die sich nichts anderes wünschte, als Objekt unserer
Begierde zu sein.

Am Ende dieser denkwürdigen Nacht beschloß der von
Gloria betörte Gianni Agnelli, uns bis Sardinien zu eskortie-
ren, während Carole, die Jean Guichet verführt hatte, uns
den Weg weisen würde.

Eine Armada fuhr gen Sardinien, mit Zwischenstopp in
zahlreichen korsischen Häfen. Ich hatte Karim Aga Khan
ein Telegramm gesandt, um ihm unsere Ankunft anzukündi-
gen. Er antwortete, da er abwesend sei, könne er uns nicht
empfangen, werde aber die nötigen Instruktionen geben,
damit alles bereit sei für meinen Aufenthalt in Sardinien,

auch ein Hubschrauber. Jemand hat einmal gesagt: »Außergewöhnlichen Wesen passieren außergewöhnliche Dinge!!« Ich mußte wohl dazugehören!

In Porto Rotondo an der Costa Smeralda trafen einige meiner Amazonen ihre per Flugzeug gelandeten Liebhaber wieder: Sveeva ihren Alain und Monique ihren Mario.

Wir waren ausgezogen, die Welt zu erobern als freie, moderne, unabhängige Frauen, allen Herausforderungen trotzende Amazonen, und waren letzten Endes froh, unsere Partner wiederzutreffen, oder ertrugen, wie ich, gerne einen kurz vor dem Ablegen in Eile gewählten Liebhaber. Ein unwiderlegbarer Beweis dafür, daß eine Frau, mag sie noch so schön, berühmt, reich und beneidet sein, nicht dafür geschaffen ist, allein zu leben. Wer das Gegenteil behauptet, befindet sich auf dem Holzweg.

Die Rückfahrt war weniger glanzvoll als die Anreise. Ein Wahnsinnssturm drehte uns den Magen um. Der entfesselte Mistral trieb unsere Yacht vor sich her wie einen Flaschenkorken. Agnelli, der den Sturm vorausgeahnt hatte, war in Sardinien vor Anker geblieben. Der Autorennfahrer und seine prachtvolle Mannschaft hatten es vorgezogen, sich vom Wind treiben zu lassen, und trieben genau in die entgegengesetzte Richtung.

Um den Schaden zu begrenzen, nahm unser Kapitän Kurs auf Monte Carlo, den nächstgelegenen Festlandpunkt.

Wie eine Horde wahnsinniger Ratten flohen wir vom Schiff und landeten in einem Zustand fortgeschrittenen Verfalls im »Hôtel de Paris«.

Glorie und Niedergang der 68er-Amazonen.

Zwischen zwei Schluckaufs rief ich »La Madrague« an: Brahim, der schwarze Chauffeur, solle uns so schnell wie möglich im weißen Rolls abholen.

Der Monat August wurde lang. Eher unabsichtlich führte ich die Welt hinters Licht. Alain Delon, der »La piscine« [»Der Swimmingpool«] drehen sollte, suchte händeringend ein Haus als Drehort und ein weiteres für sich selbst. Er bat mich, ihn ein paar Tage zu beherbergen, damit er den

August in Saint-Tropez verbringen könne, ohne in die Fänge sämtlicher Journalisten zu geraten.

Zu jener Zeit schien er in den »Marcovic«-Skandal verwickelt zu sein, aber wir waren Freunde, und das war mir wichtiger.

Mein Haus war besetzt mit mehr oder minder unverheirateten Amazonen; ich mußte für Alain einen ruhigen Platz finden, wo er sich wohl fühlen konnte.

Der einzige leere Raum war ein ehemaliger Schuppen für Gartengeräte, den ich notdürftig als Gästezimmer hergerichtet hatte, der aber einen direkten Zugang zum Strand besaß.

Mit Chauffeur und Rolls ließ ich Alain am Flughafen in Nizza abholen. Der Empfang fiel sehr »chic«, sehr »stargemäß« aus; die Ankunft in »La Madrague« dagegen schon etwas rustikaler, und als er seine »Suite« sah, zögerte er leicht. Ich auch!

Aber daß die Dusche sich draußen befand, das Klo mehr oder weniger verstopft und das Waschbecken ein Spülstein war und es kein warmes Wasser gab – was bedeutete das schon? Es war schließlich August, Meer und Sonne überfluteten beinahe dieses kleine, so herrlich unzeitgemäße Haus, dieses kleine, geschützte Versteck, dieses entzückende kleine, von der Menge und der Zivilisation abgeschiedene Nest.

Alain mit seiner Reisetasche von Vuitton und seinen Vorurteilen nahm Besitz von seinem winzigen Anwesen. Wenige Stunden genügten, und dieses neue Universum wurde ihm lieb und wichtiger als jede andere Versuchung.

Am Abend gingen wir in die »Pizzeria Romana« essen. Er wollte nicht mitkommen und zog es vor, den in »La Madrague« einzigartigen Sonnenuntergang zu betrachten und die Mahlzeit mit meinem Hausmeisterehepaar zu teilen.

Als ich am frühen Morgen zurückkam, fand ich auf meinem Kopfkissen einige Zeilen von Alain, die ungefähr dies besagten: »Wie kannst Du nur Dein Leben, Deine Stunden, Deine Minuten weiterhin mit so stupiden Menschen vergeuden, obwohl sich vor Deinem Herzen eine solch unverfälschte, einzigartige, pulsierende und majestätische Pracht ausbreitet? Ich genieße und speichere sie für Dich. Alain.«

Es war die Zeit, da Alain Delons Leben massiv ins Wanken geraten war. Er hatte sich gerade von seiner Frau Nathalie getrennt und Mireille Darc noch nicht kennengelernt. Außerdem sollte er den Film »Der Swimmingpool« mit Romy Schneider drehen, die in seinem Herzen vermutlich noch sehr präsent war. Dies alles brachte ihn etwas aus dem Gleichgewicht, selbst wenn er wie immer tapfer seinen Mann stand.

Ich war ebenso orientierungslos wie er. Wir hätten ein Stück Weges gemeinsam gehen können, wie uns ja auch der Zufall hier zusammengeführt hatte. Wir hätten uns lieben, unsere Zweifel, unsere Vorlieben, unsere Verzweiflung, auch unsere Ermattung einbringen können in diesen Augenblick. Wir hätten uns gegenseitig stützen, helfen, beraten, zerreißen und über uns hinauswachsen können. Doch nichts dergleichen geschah.

Ich verbrachte meine Nächte und Tage wie bisher mit Gigi, während Alain allein in seiner Hütte an meinem Strand schlief und lebte.

Ich ließ wie bisher die Schönheiten meines Hauses, die Sonnenuntergänge, den Gesang der Nachtigallen bei Einbruch der Dunkelheit unbeachtet und stürzte mich in nichtssagende Restaurants, ins Nachtleben, in die Betäubung durch Oberflächlichkeit, während Alain im Rhythmus der anbrandenden kleinen Wellen, des Windes, der Sonne, des Schnurrens der Katzen, der Eukalyptusdüfte und des heiseren Schreis der Möwen lernte, mit seinem Schmerz zu leben.

Wie zwei Parallelen, die an einem bestimmten Punkt im Raum zusammenlaufen müssen, um sich für immer zu trennen, kamen wir uns in jenem Sommer sehr nahe, ohne einander wirklich wahrzunehmen. Schade, vielleicht …

Der Sommer ging allmählich zu Ende. Anfang September entfleuchte Gigi in andere Arme, zu anderen Festen, anderen Horizonten. Meine Amazonen zerstreuten sich in alle

Winde. Nur Sveeva blieb bei mir, die wegen ihres verheirateten und leicht jähzornigen Geliebten an Liebeskummer litt, während ihr eigener Mann doch geduldig und ewig ihrer Rückkehr harrte.

Ich fühlte mich urplötzlich völlig verlassen. Die Wirklichkeit stand mir in all ihrer Grausamkeit vor Augen und rammte mir den Pfahl der Einsamkeit ins Herz. Ich lag allein in meinem Zimmer und heulte. Sveeva hockte allein in »La Petite Madrague« und heulte. Gemeinsam heulten wir vor unserem Champagner im leeren und stillen Salon.

Da rief Florence Grinda an und bat mich, vorübergehend zwei Freunde von ihr zu beherbergen, zwei schöne junge Männer, die sie nicht länger aufnehmen könne, weil sie umgehend nach Paris zurück müsse.

So zogen Christopher und Patrick in den Schlafsaal im Erdgeschoß ein. Jung waren sie in der Tat mit ihren dreiundzwanzig Jahren und prachtvolle Kerle dazu. Ich hörte auf zu heulen. Sveeva ebenfalls.

Sie benahmen sich völlig ungeniert, betrachteten das Haus als Hotel, schenkten uns nicht die geringste Beachtung, benutzten die Autos, den Kühlschrank, den Fernseher, das Boot, das Telefon, nur uns nicht. In ihren Augen existierten wir nicht, man hätte sie für schwul halten können.

Eines schönen Tages war ich es leid und machte eine bissige Bemerkung. Schlagartig schien ich zu existieren: Sie nahmen mich wahr, blickten mich an und redeten mit mir. Schlagartig beschlossen Sveeva, Christopher, Patrick und ich, einträchtig die Nachsaison zu nutzen. Das sah dann so aus, daß ich die Zeche in den Restaurants und alles andere zahlte, wie ich ja auch sämtliche Kosten trug für meinen Rolls und mein Motorboot, mit denen wir ständig herumjagten. Gunter und das herrliche Leben, das er mir geboten hatte – wie weit lag das alles zurück! Mit dreiunddreißig Jahren hielt ich also in allen Ehren zwei Gigolos aus, die zehn Jahre jünger waren als ich.

Sveeva, ätherisch wie immer, ließ sich von den Ereignissen treiben. Sie schien abwesend und besorgt. Später erfuhr ich, daß sie schwanger war.

Da wir mit diesen prachtvollen Kerlen ständig ausgingen, hielt man sie natürlich bald für unsere Liebhaber. Aber niemand konnte sagen, wer zu wem gehörte, da keiner zu jemandem gehörte. Die Frauen beneideten Sveeva und mich. Man suchte herauszufinden, wer die jungen Burschen waren, fragte uns, ob wir glücklich seien, und lächelte dabei vielsagend.

Weit gefehlt! Abends ging jeder in seine eigene Koje. Es war schon fast beleidigend.

Teuer, sehr teuer bezahlte ich in jeder Hinsicht mein Unabhängigkeits- und Freiheitsstreben. Doch da ich gelernt hatte, daß es immer besser ist, lieber Neid als Mitleid zu erregen, sollten die Leute ruhig für optimal halten, was in Wirklichkeit katastrophal war.

Guapa, die ich diesen Sommer arg vernachlässigt hatte, war bei mir, mit all ihrer Wärme und Zärtlichkeit, die einzige Gefährtin meiner schlaflosen Nächte.

Olga rief an und wollte wissen, warum ich so zögerte, nach Paris zurückzukommen. Ich beherbergte zwei hübsche junge Männer, habe man ihr gesagt. Ob das stimme? Wer sie seien? Ob ich für Gunter schon Ersatz gefunden hätte?

Klar, daß sie bereits das ewige Geschwätz um meine Person genoß. Sie kam dabei auf ihre Kosten!

Sie schlug mir vor, am 28. September, also an meinem Geburtstag, der Weltpremiere von »Shalako« in Hamburg beizuwohnen. Ich solle darüber nachdenken und sie so schnell wie möglich zurückrufen.

Sveeva fand das Vorhaben amüsant, Christopher war es schnuppe, aber Patrick schien zum ersten Mal zu wissen, was er wollte. Er bot sich als Begleiter an, falls ich eine Eskorte benötige. Ich war sprachlos.

Da kam Florence Grinda zurück. Und auch Philippe d'Exéa, den ich eine Ewigkeit nicht mehr gesehen hatte, tauchte plötzlich auf. Er hatte einen neuen Job als Werbebeauftragter für eine noch völlig öde Bahamainsel, die er unbedingt bevölkern mußte, da seine Provision von seinen

Verkaufserfolgen abhing. Das Haus war wieder von Leben erfüllt und ich auch.

Florence erschien in Begleitung eines jungen, gutaussehenden Deutschen namens Jürgen, der in Hamburg wohnte. Er erbot sich, anläßlich der Filmpremiere und meines Geburtstags ein großes Fest bei den von Bismarcks zu organisieren. Gleichzeitig lud Phi-Phi uns zu einem völlig kostenlosen, idyllischen Aufenthalt in »Great-Harbour-Cay« ein: Allein meine Anwesenheit würde schon genügen, die ganze Welt dorthin zu locken.

Während die Pläne immer konkreter wurden, machte ich »La Madrague« allmählich winterfest und bemühte mich, meine beiden Schönlinge loszuwerden. Christopher nahm es gelassen hin, doch Patrick stellte sich taub. Mit seiner üblichen Gleichgültigkeit schien er sich mir an die Fersen heften zu wollen. Ein komischer Kerl. Langsam irritierte er mich wirklich.

Ich war dieses angeberische, verantwortungslose Schmarotzerverhalten schließlich leid und verlangte Erklärungen für sein seltsames Gehabe als Gigolo.

Und da antwortete er doch tatsächlich völlig selbstsicher, wenn es mir recht sei, bekäme ich die Antwort am gleichen Abend im Bett!

Nach mir die Sintflut, ich war niemandem Rechenschaft schuldig und empfing ihn mit »offenen Laken«. Doch entgegen all meinen Erwartungen schlief er brav neben mir ein. Und das Erwachen war ebenso abstinent. Jetzt blieb mir wirklich die Spucke weg.

Ich war nie versessen auf Sex, absolut nicht, liebevolle Zärtlichkeiten waren mir immer wichtiger als diese ermüdenden akrobatischen Übungen, diese Verrenkungen, die häufig nur Muskelkater und Erschöpfung und nichts wirklich Besonderes bewirken. Liebkosungen sind doch etwas viel Schöneres als dieses Wetteifern und Demonstrieren männlicher Potenz, das ich albern finde.

Doch in diesem Fall begann ich mir Fragen zu stellen. War ich schon so alt und reizlos? Dabei war ich erst dreiunddreißig, fast vierunddreißig, um ehrlich zu sein. Aber ich war doch noch jung, schön, begehrenswert, knackig, von aller Welt umschwärmt. Was war los?

Er mußte schwul sein.

Er machte es sich zur Gewohnheit, neben mir einzuschlafen, ohne mich zu berühren. Ich machte es mir zur Gewohnheit, mich daran zu gewöhnen.

In dieser merkwürdigen Paarung kehrte ich nach Paris zurück. Madame Renée war manches gewöhnt! Aber Guapa gewöhnte sich nur schwer daran, mich auf diese merkwürdige Weise teilen zu müssen.

Maman und Papa nahmen ihren neuen »Schwiegersohn« mit Mißtrauen und Zurückhaltung auf. Vergebens schwor ich bei allen Heiligen des Himmels, es sei nichts zwischen uns.

Sie glaubten es nicht, so leicht könne man sie nicht hinters Licht führen. Und überhaupt, wovon lebte er eigentlich?

Ehrlich gesagt, weiß ich bis heute nicht, warum wir nach Hamburg gefahren sind. Aber wir reisten an, eine ganze Delegation, wie immer, und es wurde ein Ereignis.

Die Familie von Bismarck empfing uns fürstlich: Philippe d'Exéa, Patrick, Jürgen, Gloria, Florence Grinda und mich.

Patrick und ich bekamen natürlich ein Doppelzimmer. Das größte Problem war gewesen, ihn flink in einen eleganten Anzug zu stecken, den Jean Bouquin noch am Abend vor unserer Abreise zugeschnitten, zusammengeheftet, angepaßt und fertiggenäht hatte. Da Patrick sehr groß war und sehr gut aussah, stand ihm alles blendend. Es war die Zeit der Anzüge im Mao-Look, die man häufig anstelle eines Smokings trug.

Mir war trotz allem etwas beklommen zumute. Letztlich kannte ich den Kerl ja gar nicht, hatte keine Ahnung, wo er herkam, schleppte ihn einfach an beim Schloß der Bismarcks und würde Arm in Arm mit ihm bei der Weltpremiere von »Shalako« erscheinen. Würde er sich überhaupt bei Tisch zu benehmen wissen? Besaß er überhaupt einen Hauch von Bildung? Würde ich nicht vor Scham in den Boden versinken, wenn er sich danebenbenahm? Wie leichtfertig ich doch gewesen war!

Ich schielte zu Patrick hinüber, der sich in seinem kurzflorigen schwarzen Mao-Anzug vor dem riesigen geschliffenen Spiegel bewunderte. Er sah schon toll aus, das mußte man zugeben; also abwarten und Tee trinken! Außerdem waren da ja noch Philippe d'Exéa und Gloria, in mondänen Angelegenheiten gewieft, und Florence Grinda, auf jedem Parkett zu Haus, sowie Jürgen, ein herrliches Exemplar deutscher Aristokratie – sie alle würden bei mir sein und notfalls jeden Patzer überspielen.

Eine Armada von Wagen mit livrierten Chauffeuren geleitete uns bis zum Kino. Die Familie von Bismarck eskortierte mich den ganzen Abend, als wäre ich eine Königin. Luxus, Eleganz, Stil, aber auch Herzlichkeit – es war beeindruckend. Ich trug ein schwarzes Paillettenkleid, eine Sonderanfertigung von Christian Dior, und um den Hals eine riesige schwarze Federboa. Meine Haare hatte ich im Stil der Jahrhundertwende hochgesteckt. An diesem Abend wurde ich vierunddreißig! Ich war schön, aber auch allein, und innerlich fröstelte es mich.

»Shalako« wurde in der Originalfassung mit deutschen Untertiteln gezeigt. Meine Szenen hatte ich nachträglich selbst in englisch synchronisiert, aber von der restlichen Story, die übrigens restlos uninteressant war, begriff ich nichts. Schon beim Abspann setzte der Applaus ein – fragt sich, warum. Vielleicht wegen meiner Anwesenheit.

Auf Schloß Friedrichsruh gaben die von Bismarcks mir zu Ehren eine Soiree.

Bis zu diesem Zeitpunkt hatte Patrick sich perfekt gehalten. Unnahbar, selbstsicher warf er kalte blaue Blicke auf seine Umgebung, gab sich blasiert, als wäre derartiges eine Alltäglichkeit für ihn, dabei machte er so etwas zum ersten Mal im Leben mit; dieser Junge hat Nerven aus Stahl und ist so empfindsam wie ein Fels, dachte ich bei mir. Die

Frauen ließ er gewiß nicht gleichgültig, aber sie glitten unter seinem Blick vorbei, ohne daß er irgendwie reagierte, er maß ihnen nicht mehr Bedeutung bei als mir.

Als ich um zwei Uhr morgens erschöpft auf mein riesiges Himmelbett mit den roten Brokatvorhängen sank und annahm, daß er jetzt endlich zu mir kommen, mich in den Arm nehmen, mir zum Geburtstag gratulieren, mit mir zumindest schmusen, wenn schon nichts anderes, so doch zumindest sich mir ein wenig zuwenden würde, da bescherte er mir die schmerzliche Überraschung, mit ansehen zu müssen, wie er sich in Windeseile umzog, seinen »Mao« gegen Jeans und Blouson austauschte und mir dann erklärte, er werde noch mit den Bismarck-Söhnen Ping und Pong die Nutten von St. Pauli anschauen und sei nicht vor Tagesanbruch zurück. Dann küßte er mich flüchtig auf die Stirn und war in Windeseile fort.

Einen Teil der Nacht heulte ich, einsam in diesem fremden Schloß, in diesem Rokoko-Schlafzimmer, in diesem Prunkbett, in diesem grandiosen Dekor, das nur meine Hoffnungslosigkeit beherbergte. Man hatte mich gefeiert und vergöttert, schöne und reiche junge Männer hatten mir den ganzen Abend über den Hof gemacht, eine der berühmtesten Familien der Welt hatte mir einen ganzen Abend gewidmet, und nun war ich wieder verloren wie zuvor, in Panik, todtraurig, in dieser Zwangslage, die mir die Luft abschnürte, in dieser erschreckenden Einsamkeit, die ich nicht auszufüllen vermochte.

Als er zurückkam, obwohl es schon heller Tag war, fragte ich, warum er mich in so unverschämter Weise hintergangen habe? Kalt erwiderte er, er habe mich nicht hintergangen, schließlich sei er nicht mein Liebhaber. Dann legte er sich hin, drehte sich auf die andere Seite und schlief ein.

Racines Vers »Zutiefst verletzt durch einen unerwarteten und tödlichen Angriff« fiel mir ein, und ich dachte lange darüber nach und genoß im voraus die unerbittliche Rache, die ich üben würde.

Völlig zwanglos spielte ich am nächsten Tag die Rolle der überglücklichen Frau, die man von mir erwartete, und äußerte den Wunsch, die übel beleumundete Straße ebenfalls zu besuchen.

Mit Mütze und Sonnenbrille als Tarnung, mit Ping, Pong, Philippe, Gloria, Florence, Jürgen und Patrick als Begleiter – wir sahen aus wie eine Horde Schiffsjungen auf Landgang – besichtigten wir die Bordellstraße.

Das sah vielleicht komisch aus, all diese Nutten hinter den großen Fensterscheiben, die strickten, sich die Nägel lackierten und sich halbnackt oder in suggestiv wirkenden Négligés zur Schau stellten. Eigentlich so nett und einladend, daß ich fast Lust bekam, ein Täßchen Kaffee mit ihnen zu trinken. Aber das war natürlich unmöglich, denn das hätte einen Riesenskandal gegeben.

Im Gegensatz zu Marthe Richard finde ich es weniger entwürdigend, wenn die Freudenmädchen im Warmen sitzen, hübsch aussehen, sauber und gepflegt an ihrem »Arbeitsplatz« warten, statt als armselige Kreaturen auf dem Straßenstrich herumlaufen zu müssen, irgendwo, irgendwie, bei jedem Wetter, mit irgendwem …

Ginge es nach mir, würde ich in Frankreich Bordelle wieder zulassen. Vor allem jetzt, bei der Gefahr durch Aids und all die abscheulichen Krankheiten, denen diese armen Geschöpfe ausgeliefert sind. Ganz zu schweigen von der überhandnehmenden und entsetzlich ungesunden Konkurrenz der mit Busen und männlichen Gliedern ausgerüsteten Travestiten, all dieser Strich-Queens und ihrer Art der Prostitution, die nach und nach den echten Huren den Boden entziehen.

Gleich nach meiner Rückkehr nach Paris gab ich Patrick den Laufpaß. Damit er in Ruhe packen konnte, verließ ich mit Guapa das Haus und besuchte meine alten Damen, zumindest einige meiner »Großmütter«, angefangen bei Mamie, meiner echten, über Tante Pompon und meine Dada bis hin zu meiner lieben La Big, die auf dem gleichen Treppenabsatz wohnte. Etliche Tassen Tee, Kekse, ein paar Tränen, Hunderte von Küssen, Klatsch, Klagen über ewige Schmerzen wurden mir geboten; ich mußte erzählen, sie auf andere Gedanken bringen und mich aushorchen lassen über meinen neuen Liebhaber.

Ich umschiffte diplomatisch alle Klippen, da ich felsenfest davon überzeugt war, daß Patrick inzwischen sein spärliches Gepäck gepackt und auf dem Sprung sein dürfte, die Avenue Paul-Doumer zu verlassen.

Wie groß war mein Erstaunen, als ich heimkam und ihn auf dem Bett ausgestreckt vor dem Fernseher vorfand. Von Koffern keine Spur. Noch größer war mein Erstaunen, als er aufsprang, mich in die Arme nahm, mich fest an sich drückte und mir zuraunte, daß er mich liebe.

Schwindel erfaßte mich. Das war nicht das letzte Mal.

Eine Woche lang verbrachten wir im Bett. Telefon, Mahlzeiten, Termine, Tag und Nacht – was kümmerte uns das? Das war seine Art, die verlorene Zeit nachzuholen.

Am Ende der Woche stürmte Sveeva alle Mauern und polterte wutentbrannt in mein Schlafzimmer. Sie war außer sich. Seit acht Tagen warteten die größten amerikanischen Illustrierten auf die Fotos, die sie von mir machen solle. Maskenbildner, Friseure, Schneider, Assistenten, die sie immer wieder hingehalten habe, hätten ihr den heutigen Tag als Ultimatum genannt!

Sie war den Tränen und einem Nervenzusammenbruch nahe.

Wir lagen im Bett, nackt, ineinander verschlungen, rochen nach Liebe und pfiffen auf alles. Mein Hals war ein einziger Knutschfleck, meine Haare eine wirre Mähne. Meine übernächtigten, mit dunklen Ringen umrandeten Augen quollen über vor Dankbarkeit, mein Körper war wie geschunden, meine Lippen aufgeplatzt wie überreife Früchte. Wahrlich, ich war fein zugerichtet.

Bei dem Gedanken, in einem solchen Zustand für Fotos zu posieren, bekam ich einen Lachanfall.

Aber Patrick, bemerkenswert ruhig und völlig beherrscht, versicherte mir, ich müsse mich unbedingt dazu aufraffen, so schön sei ich nie wieder im Leben, von mir ginge eine Sinnlichkeit, eine Verführungskraft aus wie nie zuvor gesehen.

Er hatte recht. Diese Aufnahmen sind einmalig geworden, aus allen Poren des Fotomaterials quillt Liebe.

Mit Patrick erlebte ich eine verzehrende, zerstörerische, herzzerreißende und himmlische Leidenschaft, die zwei Jahre andauerte.

Philippe d'Exéa schleuste uns via Luxemburg auf die Bahamas, da die Flugtickets von dort aus billiger waren. Lädt man einen Star und seine Clique ein, so läppert sich's zusammen. An einem regnerischen Novembertag ging es also per Rolls nach Luxemburg – Gloria, Philippe, Patrick, Jicky, der auch mitfahren wollte, und ich.

Eine düstere Strecke! Worauf hatte ich mich da wieder eingelassen? Ich hatte es doch so schön in meiner gemütlichen, warmen, hellen Pariser Wohnung. Und Guapa mußte ich wieder einmal zurücklassen; klagend hatte sie mich angeschaut.

Aber Patrick lechzte nach Entdeckungen, nach Sonne, nach Neuem, er zappelte vor Ungeduld, und die Uni hätte ihn bestimmt nicht zurückgehalten, auch wenn er behauptete, Sprachstudent zu sein. Er hatte die Universität nie betreten, nie hatte ich irgendein Buch, eine Arbeit oder eine Kladde zu Hause herumliegen sehen. Und was seine berühmten Kenntnisse in Fremdsprachen anging, er beherrschte keine einzige. Ich stellte ihm Fragen, erhielt aber nur ausweichende Antworten und einen leidenschaftlichen Kuß, der mir den Mund verschloß und mir die Luft benahm!

Unsere Ankunft in Nassau erinnerte mich seltsam an Puerto Rico und das Hotel »Dorado Beach«. Alles war im höchsten Grade amerikanisiert – ein riesiges Disneyland.

Ich schäumte. Diese endlose Reise, dieser Aufwand, diese Flugangst – zehn Stunden Flug, um in diesem mit Ketchup übergossenen Pappmaché zu landen. Ich wollte sofort umkehren. Das schien niemand ernst zu nehmen, da alle mich kannten. Wieder einmal behielten sie recht.

Am nächsten Tag flogen wir mit zwei einmotorigen Cessnas nach »Great-Harbour-Cay«. Von der Maschine aus entdeckte ich ein wie von Kinderhand gezeichnetes Inselchen, umringt von einem weißen Sandstrand, mitten in einem klaren, türkisblauen Meer.

Wir landeten auf einer großen Wiese und fuhren mit dem einzigen Auto der Insel auf einer Piste am Meer entlang zu einem kleinen, weißgestrichenen Holzbungalow – ein Puppenhaus direkt am Strand. Überall Kokospalmen, wild, wüst. Ein Paradies!

Und es wurde paradiesisch! Der kleine weiße Bungalow wurde Patricks und mein Reich, die anderen verzogen sich diskret ein paar hundert Meter weiter in ein ebensolches Puppenhaus, damit wir nach Herzenslust unsere Flitterwochen genießen könnten.

Von morgens bis abends liefen wir nackt herum. Er, ein keltischer Gott, ein blonder, gebräunter Wikinger von makellosem Körperbau, die Inkarnation Adams in diesem irdischen Paradies. Ich, groß, schlank, blond, mit flachsfarbenem Haar, hätte als Eva durchgehen können. Wir waren schön, glücklich, frei, wild, verliebt, vernarrt in unsere Körper, vereinnahmten unsere Seelen im Gleichklang unserer Herzen und im Rausch unserer wilden Begierden.

Abends fanden wir den Kühlschrank gefüllt, das Haus war geputzt, die Lampen mit Petroleum versorgt, die Handtücher gewechselt, die Laken frisch! Nie sahen wir jemanden, aber stets war alles gemacht.

Um die Mittagszeit erschien ein charmanter und pfiffiger Schwarzer am Strand, grillte für uns Langusten, die wir mit Phi-Phi, Jicky und Gloria verspeisten. Abends luden wir uns oftmals gegenseitig zum Essen in unsere Bungalows ein. Abgesehen von den Schnaken, die bei Sonnenuntergang über uns herfielen und uns auch nachts nicht verschonten, war alles idyllisch, romantisch, einzigartig.

Eines Tages jedoch passierte etwas Schreckliches. Phi-Phi hatte auf wundersame Weise ein kleines Boot aufgetrieben, eine Art winzige Nußschale mit einem Minimotor, und stellte es Patrick und mir zur Verfügung.

Und schon sprangen wir nackt in diese Nußschale und fuhren los zum Tiefseetauchen, um die Küste vom Meer aus zu betrachten. Wir verfolgten spielerisch wie Kinder einen riesigen Manta-Rochen, einen dieser geflügelten Fische, die zwei Meter Spannweite haben können und wie riesige Wasserdrachen unter der Meeresoberfläche dahinjagen.

Wir waren so gefesselt von allem, was es da zu entdecken und zu bewundern gab, daß wir nicht bemerkten, daß Wolken aufzogen. Plötzlich schlugen gewaltige Wellen über dem kleinen Boot zusammen, Eiseskälte lähmte uns, Prasselregen schnürte uns die Luft ab. Wir sahen nichts mehr; dicker Nebel, von einem mächtigen Wind angetrieben, schob uns unbarmherzig hin und her. Der Motor fiel aus, Ruder gab es nicht. Wir wußten nicht mehr, wo sich die Küste befand, und gerieten in Panik.

Ich schrie, trank den Regen, den Wind. Es war eisig kalt, ich zitterte am ganzen Körper. Patrick wußte auch nicht weiter, bewahrte aber die Ruhe. Ich solle mich tief im Boot zusammenrollen, das spare Kalorien, meinte er, während er den Himmel absuchte, um unsere Position im Verhältnis zur Küste festzustellen.

Ein winziger Riß, ein flüchtig gehobener Schleier in der Wolkenwand ließ uns tatsächlich plötzlich weit, weit entfernt den Strand erkennen und auf dem Strand einen winzigen Punkt, der winkte, rannte und kreischte: Phi-Phi!

Er hatte uns entdeckt und kam uns mit seinem kleinen Flitzer zu Hilfe, nahm uns ins Schlepptau, setzte uns ab und wärmte uns mit dicken Decken und heißem Kaffee.

Eines Tages fand ich keine Milch im Kühlschrank. Ich meine die übliche Kondensmilch in Büchsen, die wir für alles verwendeten. Frische Milch gab es auf der Insel nicht. Auch Phi-Phi konnte uns nicht aushelfen.

Egal, es ging auch ohne!

Doch als ich abends heimkam, stand eine Flasche Frischmilch vor unserer Bungalowtür.

Ich war baff. Ein Flugzeug war wegen der Frischmilch

für mich eigens nach Miami geflogen, und zwar gleich, nachdem ich überall nach Kondensmilch gefragt hatte. Ich konnte es jedenfalls kaum fassen und traute mich nicht mehr, irgend etwas zu erwähnen, was vielleicht fehlte, denn allein schon der Gedanke an den Wirbel, den meine Frage auslösen könnte, war mir unerträglich.

Da ich mich am Tag unseres Schiffbruchs erkältet hatte, hörte ich überhaupt nicht mehr auf zu husten. Eine Bronchitis auf einer einsamen Bahamainsel ist ebenso ungewöhnlich wie ein Sonnenbrand am Nordpol! Wie dem auch sei, ich lag sterbenskrank darnieder.

Wieder einmal wurde ein Flugzeug mobilisiert, das mir aus Nassau einen Hustensaft lieferte, den ein in Windeseile per Telefon konsultierter Arzt mir verordnet hatte.

Am nächsten Tag mußten wir nach New York fliegen. Raymond V., einer von Jickys Milliardärsfreunden, hatte uns für ein paar Tage ins »Mayfair« eingeladen und eigens die prachtvolle Königssuite für uns reserviert. Außerdem erwartete uns dort felsenfest Jickys Frau Anna. Und es war ja auch lustig, eine kleine Pause in unser »Robinson-Crusoe«-Dasein einzuschieben, einen Sprung nach New York zu machen, das ich nur vom Medienrummel um »Viva Maria« her kannte – eigentlich also überhaupt nicht.

Kaum war der Sirup da, kippte ich gleich die Hälfte des Flascheninhalts in mich hinein, um mit dieser drakonischen Maßnahme Husten und Fieber zum Teufel zu jagen und am nächsten Tag in Form zu sein. Statt dessen befiel mich eine totale Trägheit, lähmende Müdigkeit und unbezwingbare Schwäche. Ich war am Rande der Ohnmacht.

Patrick, den nichts aus der Ruhe bringen konnte, zog los, um Phi-Phi zu holen.

Phi-Phi maß mir den Puls: nur vierzig Schläge pro Minute. Als ich die Liste der Inhaltsstoffe des Hustengebräus las, begriff ich, daß ich eine Überdosis Codein und Papaverin zu mir genommen hatte, die in größeren Mengen toxisch wirken. Um mich aus meinem apathischen Zustand herauszuholen, verabreichte man mir eine Tracht Ohrfeigen, flößte mir Kaffee ein und stellte mich unter die kalte Dusche. Ich war so schwach und schlaff wie ein Hampelmann.

Da mir die Kraft fehlte, meine Koffer zu packen, stopften Patrick und Phi-Phi meine Kleider wahllos in meine Reisetaschen; Gloria war ihnen dabei behilflich. Ich war geistesabwesend, fühlte mich wie im Larvenstadium, hatte Angst vor einem unabwendbaren Tod, dem ich mich nicht fügen wollte, der aber von meinem Körper, meinen Reaktionen, meinen Reflexen, ja sogar von meiner Sprache schon Besitz ergriffen zu haben schien.

Als mir einfiel, daß Maman stets die bei Übelkeit Wunder wirkenden »Coramin-Glukose«-Tabletten mit sich führte, versuchte ich dies den anderen mitzuteilen. Doch wie sollte man um alles in der Welt auf einer mehr als einsamen Insel um elf Uhr abends »Coramin-Glukose« auftreiben? Da kann man auch gleich die berühmte Stecknadel im Heuhaufen suchen!

In diesem jämmerlichen Zustand flog mich die kleine Cessna am nächsten Tag gen Nassau. Bevor wir die Maschine nach New York bestiegen, ließ ich mich noch von einem Arzt am Flughafen untersuchen. Die Blutdruckmessung ergab fünfundachtzig zu fünfzig, und mein Puls brachte es auf zweiundvierzig Schläge pro Minute. Mein Zustand war besorgniserregend. Der Arzt gab mir eine Spritze, die jedoch nichts nützte.

In New York angekommen – zum Glück diesmal ohne Pauken und Trompeten –, legte ich mich gleich ins Bett, da ich mich nicht aufrecht halten konnte. Ein sofort herbeigerufener Arzt verordnete eine Reihe von Zaubertränken, die im erstbesten Drugstore zusammengemischt wurden. Dabei erfuhr ich, daß es dort – von Aspirin einmal abgesehen – keinerlei Fertigmedikamente gab und jede ärztliche Medikation von Menschen, die diese Kunst beherrschten, zusammengebraut werden mußte. Was mich an die Geschichte mit dem Mann erinnert, der einen Drugstore betritt und fragt:

»Machen Sie Urinproben?«

»Ja«, erwidert der andere.

»Gut, dann waschen Sie sich erst einmal die Hände und schmieren mir dann ein Sandwich!«

Nachdem ich endlich wieder genesen war, konnte ich New York lang und breit und kreuz und quer besichtigen, unter der bleiernen Sonne dieses tropischen Sommers, der seit den Bahamas an uns klebte. Mit brauner Perücke und Sonnenbrille folgte ich Patrick zu Fuß durch sämtliche Straßen und Avenuen, die uninteressant waren, an ausladenden Luxusauslagen mit Verlockungen für eine Milliardärskundschaft vorbei, eine Talmipracht, mehr als alles andere symbolisch für die Rolle, die das Geld in den USA spielt. Wir wanderten auch durch das Viertel der zumeist schwarzen »Clochards«, »Bowery« genannt; düstere Ziegelbauten, rostige Außentreppen, Müllkippen, mit allen nur denkbaren und unvorstellbaren Exkrementen, Dreck, ekelerregendem Gestank – und dann plötzlich die Wall Street im Börsenviertel, ihre riesigen, schmutzigen schwarzen Bauten, in deren Bäuchen versteckt das Weltvermögen am Zügel geführt wird. An diesem Tag allerdings, es war Samstag, war alles verlassen, geschlossen, ausgestorben. Etwas weiter empfing die Freiheitsstatue riesig und großzügig eine Flut von Touristen.

Damit ich diesen ermüdenden Tag vergaß, beschloß Raymond V., unser Gastgeber, der die oberste Etage des »Mayfair« für uns gemietet hatte und uns überhaupt fürstlich bewirtete, uns ins »Plaza« zum Dinner auszuführen.

Ich putzte mich also heraus: eine weite, schwarze Georgettehose, eine Art herrlicher, langer Hosenrock, dazu ein schmales weißes Kreppoberteil, ein schwarz-weißer Kreppturban sowie Schmuck, Ohrringe, Goldgürtel, hohe Absätze – durch und durch »gestylt«. Und Gloria und Anne in langen, prachtvollen Roben, alle Männer im Smoking, mit Ausnahme von Patrick im umwerfend eleganten Mao-Look.

Doch der Eintritt ins Restaurant des »Plaza« wurde uns verwehrt – für Schwarze, Juden, Hunde und erst recht für Frauen in Hosen verboten!

Es fehlte nicht viel, und ich hätte die Hose ausgezogen und meine Bluse zu einem Minikleid zurechtgezurrt. Mit bloßem Hintern hätte ich in dieses Scheißlokal hineinge-durft, aber in diesem herrlichen Hosenrock wurde ich hin-auskatapultiert. Ich schwor mir, nie wieder einen Fuß in diese blöde Stadt zu setzen – und hielt Wort.

Nach Paris zurückgekehrt, in die Dezembernebelsuppe, aber auch in die Wärme meiner Wohnung mit der Herzlich-keit meines Hündchens, meiner Eltern, meiner alten Ma-mies, wurde mir bewußt, daß zwischen mir und Patrick Lichtjahre lagen. Diese zehn Jahre, die uns trennten, mach-ten den ganzen Unterschied in der Lebenserfahrung einer Frau von vierunddreißig Jahren auf der einen und die Le-bensneugier eines jungen Mannes von vierundzwanzig Jah-ren auf der anderen Seite aus. Er war also in etwa so alt wie Vadim bei unserer Hochzeit, aber da war ich erst achtzehn!

Wieder einmal war ich den Launen, den Wünschen, den Forderungen eines jungen Liebhabers ausgesetzt, der nach Macht gierte, nach Abenteuern lechzte, neue Erfahrungen machen wollte.

Während die Presse mein neues Idyll mit diesem jungen Studenten weidlich ausschlachtete, lernte Gunter Mirja kennen, das entzückende junge Mädchen aus dem Norden, das fünfzehn Jahre jünger war als er. Was bei einem Mann allgemein Zustimmung findet, kann eine Frau sich nur lei-sten, wenn sie es hinnimmt, gleichzeitig als alte Gigolo-Jäge-rin tituliert zu werden.

Ich war keine alte Schachtel, aber daß ich einen Gigolo aushielt, das stimmte.

Dieses traurige Schicksal habe ich übrigens ein Leben lang ertragen müssen, da ich nie, wenn mir gerade danach zumute war, einen Mann fand, einen wirklichen, meiner würdigen Mann. Selbst wenn das jetzt prahlerisch klingen mag: Ich mußte mich immer mit zu jungen, zu verwöhnten, zu unerfahrenen Männern begnügen, die mir nichts als Ent-täuschungen, Scherereien und Probleme einbrachten. Da ihre Gesellschaft mir jedoch die Einsamkeit versüßt, muß ich seit beinahe dreißig Jahren gute Miene zum bösen Spiel machen. Aber geringschätzig ist das nicht gemeint. Ich wünschte mir so sehr eine Stütze, einen Gefährten, der sich einer solchen Bezeichnung als würdig erwiesen hätte, einen »wirklichen Mann«, einen, an den ich mich hätte anlehnen, bei dem ich die Kraft hätte schöpfen können, die mir so oft fehlt. Na ja, Schwamm drüber!

Patrick war ein Wintersportfanatiker, ein Ski-As, ein Sportler, wie er im Buche steht. Die Wohnung in der Paul-Doumer war zu eng für ihn; er erstickte, haßte diese Enge, lechzte nach Weite, neuen Horizonten, neuen Ländern. Kaum daheim, mußte ich schon wieder an Aufbruch denken. Seinetwegen.

In jenem Lebensabschnitt wurde ich von allen Seiten überallhin eingeladen, wo man mit meinem Erscheinen gratis Werbung machen konnte. Aus dem Wintersportort Avoriaz in der Schweiz, der noch in den Kinderschuhen steckte, war auch eine Einladung gekommen. Man stellte mir ein Chalet zur Verfügung, mit Bedienung und allem Drum und Dran.

Unter normalen Umständen hätte ich ein solches Schreiben in den Papierkorb geworfen, aber Patrick nahm es unter die Lupe und überredete mich, die Weihnachtstage in Avoriaz zu verbringen, was ein Traum für ihn wäre.

Ich versuchte auszuweichen, aber es half alles nichts. Monsieur gab sich hochtrabend und erklärte drohend, dann fahre er eben zu Freunden nach Alpe d'Huez. Was nun?

Nun rief ich Verstärkung herbei: Gloria, die Chilenin, die sofort hinfiel, wenn sie nicht auf Sand laufen durfte, Phi-Phi d'Exéa, der nur in den Tropen leben konnte, Carole, die sich treiben ließ, wohin der Wind sie wehte, wenn sie sich nur um nichts zu kümmern hatte. Sveeva, die sich um nichts anderes als um ihr werdendes Baby kümmerte, sagte ab, doch Monique nahm wie immer mit Freuden an.

Also landeten wir in Avoriaz, in einem gräßlichen Chalet, das halb Höhle, halb Sozialbau war, in einem komplett von

Immobilienhaien ohne Geschmack und Stil aus dem Boden gestampften, seelenlosen Kaff.

Da Weihnachten für mich immer etwas Magisches besaß, hatte ich im Gepäck Geschenke für diesen und jenen, ein paar unerläßliche Teile für eine notdürftige Krippe sowie ein paar Girlanden und bunte Kugeln für einen improvisierten Christbaum mitgeschleppt. Ich bemühte mich, diesem tristen Bauwerk, das nur dem Namen nach ein Chalet war, eine festliche Note zu geben. Es wurde ein Reinfall, ein Reinfall auf der ganzen Linie!

Patrick hatte nichts anderes im Kopf als Ski fahren und verbrachte tagsüber nicht eine Minute mit mir. Und abends war er auch wieder weg, um in der einzigen Bar die herrlichen jungen Frauen wiederzutreffen, die mit ihm Schlepp- oder Sessellift gefahren und die schwindelerregenden Abfahrten hinuntergesaust waren.

Ich war wirklich ein Obertrottel! Ein ohnmächtiger Trottel! Ohnmächtig, das war ich allerdings. Welchen Blödsinn habe ich in meinem Leben schon angestellt! Daran stirbt man aber nicht. Der Beweis: Ich bin immer noch da! Doch um welchen Preis.

Nach den gekünstelten Umarmungen am Silvesterabend beschloß ich, nach Paris zurückzukehren, weil ich mich an diesem unechten Ort ohne Wurzeln zunehmend unbehaglich fühlte.

Adieu 1968 – Bonjour 1969!

Beim Jahreswechsel trauere ich dem vergangenen Jahr nicht nach, ich blicke vielmehr besorgt auf das nächste. Was wird die Zukunft mir wohl bringen?

KAPITEL

25

1969, das erotische Jahr, wie Serge Gainsbourg so treffend bemerkte!

Ich stritt mich unentwegt mit Patrick. Unsere wackelige Beziehung stützte sich nur auf mein körperliches Verlangen. Olga trug mir Filmangebote vor, ich lehnte sie ab. Ich wollte nichts mehr tun, sondern nur noch mit Patrick schlafen, während er alles mitnahm, was ihm über den Weg lief und mich sprachlos, verzweifelt, zerrissen und zum Sterben eifersüchtig zurückließ.

Eines Tages lud mich Jean de Beaumont ins Elsaß zur Jagd ein. Ich war immer schon ein erbitterter Feind der Jagd, dieses widerliche Triumphieren des überlegenen Menschen über das schwächere Tier, und so warf ich diese Einladung in den Papierkorb. Patrick, der irgend etwas im Papierkorb suchte, fand sie, beschwerte sich, daß ich nicht einmal mit ihm darüber gesprochen hatte, und beschloß hinzufahren.

Mir blieb die Spucke weg. Die Einladung lautete auf Madame Gunter Sachs. Ich erklärte ihm, als mein derzeitiger Liebhaber habe er dort überhaupt nichts verloren und sei auch gar nicht eingeladen.

Er lächelte und schimpfte mich einen Dummkopf.

So eine unverschämte Frechheit, wie abscheulich!

Ich versuchte, ihm die Karte wegzunehmen. Ich bekam eine Ohrfeige, dann noch eine. Beim Versuch, mich mit Fußtritten und Fausthieben zu verteidigen, erhielt ich schließlich den Gnadenstoß am linken Backenknochen, direkt unterhalb des Auges, und nun ging ich k.o. Ich war groggy und wie betäubt.

Madame Renée, die den Lärm, das Schreien und Wimmern gehört hatte, kam herbeigelaufen. Ich war völlig entstellt, aufgequollen, in einem jämmerlichen Zustand, blutbeschmiert. Ich wurde ins amerikanische Krankenhaus eingeliefert, wo ich das Wochenende verbrachte, während Patrick mit Jean de Beaumont auf die Jagd ging.

Als er zurückkehrte, fand er die Türe verschlossen und seine Koffer auf dem Treppenabsatz. Mein Auto, das er ohne meine Erlaubnis benutzt hatte, wurde ihm taktvoll und diplomatisch von Michèle, meiner Sekretärin, entzogen, die es sofort in Sicherheit brachte.

Ich spitzte indes die Ohren, lauerte auf Patricks Reaktionen, eine Kompresse auf der Wange, das Auge blutunterlaufen und das Herz in Fransen. Ich fühlte mich verlassen, ausgelaugt, erschöpft und entstellt.

Patrick blieb einige Tage bei seinen Eltern in Saint-Cloud und rief mich nicht ein einziges Mal an. Die wenigen Tage kamen mir wie eine Ewigkeit vor, ermöglichten mir aber zumindest, ein normales Aussehen wiederzugewinnen.

Eines schönen Tages stand er plötzlich wieder vor der Tür, eine Rose in der einen, seinen Koffer in der anderen Hand. Er nahm mich in den Arm, tröstete mich, schwor mir, so etwas nie mehr zu tun, bedauerte seine Reaktion und schien so aufrichtig, daß ich wieder auf ihn hereinfiel, Trauer, Groll und alles andere sofort vergaß und nur noch an meine verzehrende Liebe zu ihm dachte.

Wir gingen viel aus, alles Mondäne, das ich so hasse, zog in unseren Alltag ein. Patrick wünschte sich, ich sollte die schönste, die blendendste, die aufregendste, die eleganteste Erscheinung sein. Mit peinlicher Genauigkeit kontrollierte er, wie ich mich kleidete, verlangte, daß ich ein für allemal die Strumpfhosen gegen verführerische Strümpfe mit Spitzen und aufregende Strumpfhalter eintausche. Ich fand das lustig, obwohl ich es überflüssig finde, sich das Leben mit Reizwäsche zu vergällen, aber wenn ihm das Spaß machte, warum nicht?

Wir gingen in die Premieren im »Lido«, wurden Stammgäste im »Maxim's«, die Rothschilds empfingen uns fürstlich in ihrem Anwesen in Deauville, führten uns die Jährlinge vor, die zukünftigen Champions, die zu allen Hoffnungen

Anlaß gaben und ein Vermögen einbringen würden. Arme Pferdchen, närrische kleine Fohlen, die sich bald großen Leistungsanforderungen, der Disziplin, den Intrigen, finsteren Geschäften und, Gott sei's geklagt, Dopingmethoden aller Art würden beugen müssen.

Eines Tages ging bei Mama Olga eine Einladung für mich ein: ein Abendessen bei Louise de Vilmorin auf ihrem Schloß in Verrières, in Anwesenheit von André Malraux. Die Anregung, mich einzuladen, war von Georges Loureau, dem höchst angesehenen Produzenten, ausgegangen.

Ich war sehr neugierig; diese ebenso unverhoffte wie außergewöhnliche Begegnung interessierte mich sehr! Der Schriftsteller Malraux war zu diesem Zeitpunkt Kulturminister und ein sehr kultivierter Mann. Louise de Vilmorin, heute gewiß schon vergessen, war Malraux' große Liebe, aber auch selbst eine berühmte Schriftstellerin, eine unvergleichlich gebildete Frau, und zudem eine Frau schlechthin, mit Charme, Intelligenz, Sensibilität – unerreicht und unerreichbar.

Ich traf in Begleitung von Georges Loureau und seiner Frau in Verrières ein, neben mir eine merklich eingeschüchterte Mama Olga. Das etwas altmodische Schloß – genau wie ich es mag – war voller Charme, voller Kerzen und einem unvorstellbaren Gewirr wilder Pflanzen, die sich vor den Fenstern ineinander schlangen. Louise de Vilmorin war übrigens sehr stolz auf ihren Garten, in dem allerlei Arten wuchsen. Sofort gewann sie all meine Sympathie.

Während des Abendessens, das ganz traditionell und mit berückender Eleganz ablief, schien Malraux irgendwie zeitentrückt; er stammelte, seine Augen waren rot und feucht, die Lippe hing herab, die Wörter stockten, seine Gestik war fahrig. Ich war enttäuscht. Wie ich später erfuhr, soll er an diesem Abend unter Drogen gestanden haben!

Als ich indes aufstand, um mir an den Kerzen des Leuchters eine Zigarette anzuzünden, nachdem ich zuvor um Erlaubnis gebeten hatte, beim Dessert rauchen zu dürfen, da fuhr André Malraux mich an und hieß mich meine Zigarette ausmachen. Aus seinem Munde erfuhr ich, daß man nie eine Zigarette an einer Kerze anzünden dürfe, denn das bedeute Tod.

Ich rauchte keine einzige Zigarette an diesem Abend, so beeindruckt war ich von seiner brüsken Reaktion.

Wenige Monate später erfuhr ich vom Tod Louise de Vilmorins. Da ich mich irgendwie schuldig fühlte, schrieb ich Malraux einen verzweifelten Brief, in dem ich an mein verantwortungsvolles Verhalten erinnerte, obwohl ich mich unweigerlich schuldig fühlte. Er antwortete mir nie. Er ließ es dabei bewenden, ebenfalls zu sterben, um wieder mit ihr vereint zu sein oder um mich für immer zu strafen.

Ich frischte eine lange vernachlässigte Freundschaft mit Jacques und Corinne Dessange wieder auf. Ihre Jagdleidenschaft hatte mich seinerzeit veranlaßt, mich zurückzuziehen. Patrick zwang mich, den Kontakt wieder aufzunehmen, was mir nicht schwerfiel, da ich Corinne sehr mochte. Aber diese Wochenenden in der Sologne, inmitten dieser Killerbande, die auch noch stolz war auf ihre »Strecke« und abends im Hof all die kleinen, noch warmen Leichname aufreihte, verursachten mir Übelkeit. Ich machte einen Skandal, beschimpfte sie als Idioten, als Mörder. In meiner Empörung verglich ich die Köpfe der Männer mit dem des Zehnenders über dem Kamin. Kurzum, es wurde dramatisch, und ich mußte abreisen.

Ich hinterließ ein Donnerwetter, das den Abend verpatzte, ein Paar entzweite, aber wenigstens alle Morde des Tages rächte. Um einen endgültigen Bruch und bedauerliche Mißverständnisse zu vermeiden, wurde beschlossen, daß wir die Dessanges erst wieder nach Ende der Jagdsaison in der Sologne besuchen würden.

Das war nicht oft der Fall! Aber ich muß zugeben, daß die Wochenenden, die wir dort verbrachten, wirklich nett, fröhlich, voller Spiele – Billard, Rommé, Poker – und Waldspaziergänge waren, wobei die Hunde eine herrliche Gegend erkundeten, die keine Blutspuren vom untolerierbaren Mord an ihrer Fauna trug.

Mama Olga war mir stets auf den Fersen, sie war ein Champion im Wettlauf geworden, und bot mir alle möglichen Drehbücher an. Nach dem Flop mit »Shalako« könne ich ja schließlich keine traumhaften Konditionen erwarten, auf der Gagen-Börse sei ich nicht mehr hoch notiert. Es werde also höchste Zeit, daß ich mich wieder aufraffte, wieder an die Oberfläche zu kommen suche, an meine Karriere dächte, etwas professioneller an die Dinge heranginge und so weiter ... Was mich jedoch völlig kalt ließ.

Ich mußte ein Drehbuch mit dem Titel »Les Femmes« lesen, und ein weiteres zu »L'Ours et la Poupée«. Es war sehr dringend, man erwartete eine umgehende Antwort. Voller guter Vorsätze fuhr ich nach Bazoches, die beiden Drehbücher unter dem Arm.

Doch kaum angekommen, stieß ich auf einen Berg von Problemen. Sie betrafen Aufsicht, Verwaltung, Tiere, Hausmeister, Wasserrohrbrüche, Eisschäden, von Tauben zerpflückte Reetdächer und wiederum von Wieseln und Füchsen gefressene Tauben. Die Katzen hatten sich vermehrt, das Haus wimmelte von Dutzenden wilder und ausgehungerter Kätzchen, die überall hinpinkelten. Dieser abscheuliche Gestank hatte sich in den Sesseln festgesetzt, die wiederum von unzähligen hinterhältigen kleinen Krallen zerfetzt worden waren. Nur meine von Wiedersehensfreude närrischen Hündinnen ließen mich etwas wie Glück verspüren.

Patrick haßte Bazoches, die Hunde, die Katzen, den Esel Cornichon sowie die Hausmeister im besonderen und das Landleben im allgemeinen. Kaum angekommen, überlegte er, wie er wieder wegkommen könnte. Diese ganze Ländlichkeit kam ihm dreckig, altmodisch und albern vor.

Es stimmte schon, die Decken waren sehr niedrig, und daher stieß er sich zigmal den Kopf an den Querbalken und lief schließlich nur noch gebückt herum, um sich nicht alle fünf Minuten den Schädel einzuschlagen. Und diese Hündinnen voller Flöhe, die an ihm hochsprangen und mit ihren Pfoten seine weißen Jeans beschmutzten. Und erst die Katzen auf Tisch und Bett, die aus unseren Tellern stibitzten, mit ihren Krallen aus seinen Kaschmirpullis Fäden zogen, das alles war ihm zuwider.

Ich war hin und her gerissen zwischen meinen Verpflichtungen, meinen Tieren, meinem geliebten Haus und Patrick.

Ich gewöhnte mir an, allein nach Bazoches zu fahren, um dramatische Auseinandersetzungen sowie Fußtritte in die Bäuche der Hündinnen und Beschimpfungen der Hausmeister, die mir kündigten, weil sie solche Beleidigungen durch »Monsieur« nicht länger hinnehmen wollten, zu vermeiden.

Um nicht vor Einsamkeit zu vergehen, rief ich meine Amazonen herbei. Aber sie waren nicht immer verfügbar und schätzten auch nicht unbedingt den Charme des Landlebens im Monat Februar, wenn der Nebel die abgeernteten und vereisten Felder wie mit einem Leichentuch überzieht und die skelettartigen Bäume ihre nackten Schatten in den milchigen und trübseligen Himmel werfen.

Als ich eines Montag morgens von einem dieser einsamen Wochenenden zurückkam, war in der Avenue Paul-Doumer kein Patrick zu sehen. Panik bemächtigte sich meiner. Mit allen Mitteln versuchte ich herauszufinden, wo er sich aufhielt.

Madame Renée hatte ihn nicht gesehen, wies mich aber darauf hin, daß sein Schrank fast leer und seine große Reisetasche verschwunden sei, ebenso wie mein Auto, mein kleiner Austin.

Kurz danach erreichte mich ein Anruf meines Bankiers Monsieur Barbara; am Morgen sei Monsieur Patrick vorstellig geworden und habe zehntausend Francs abheben wollen. Ob er sie ihm aushändigen solle?

Was? Ob er wohl verrückt geworden sei? Komme überhaupt nicht in Frage! Außerdem, wo Patrick sei, wollte ich wissen.

Er hatte keine Ahnung.

Jetzt wurde ich verrückt, ja, verrückt! Was war mit dem Chalet in Méribel, das ich gemietet hatte, damit Patrick Ski fahren konnte, weil er das doch so liebte? Was sollte ich damit, wenn er nicht wiederkäme, ich würde doch nicht allein hinfahren. Ich versuchte, die Reservierung rückgängig zu machen, aber dazu war es bereits zu spät. Natürlich würden Jicky, Anne und ihre beiden Gören, fünf und zwei Jahre alt, mitkommen. Aber seitdem sie die Kinder hatten, war das Zusammenleben komplizierter geworden. Es gab feste Uhrzeiten, ein früheres Aufstehen, und Ausgehen war auch fast unmöglich, weil jemand auf die Kinder achtgeben mußte. Ich sah mich nicht als Babysitterin mit dem Geschrei der lieben Kleinen um mich von früh bis spät, Breichen in den Schnabel des einen stopfen, das Gewimmer des anderen ertragen, weil die Windeln naß waren.

SOS Amazonen!

Ich rief Carole an, sie war frei nach dem Bruch mit ihrem Geliebten, aber genauso verzweifelt wie ich; immerzu stopfte sie Schokolade und Plätzchen in sich hinein, um den Liebesentzug zu kompensieren. Sie würde ja hübsch aussehen, wenn sie so weitermachte. Aber jeder macht sich Freude, so gut er kann!

Sveeva, die ihr Baby fast ausgebrütet hatte, haßte den Schnee, haßte die Männer, wartete nur auf den Anruf dessen, den sie vergötterte, den sie wegen seines maßlosen Besitzanspruchs aber auch nicht ertragen konnte.

Monique, die sich mit ihrem Mario in Rom niedergelassen hatte, scherte sich wenig um die psychischen Probleme ihrer Freundinnen.

Und Gloria, die mit Gérard Klein turtelte, mußte sich plötzlich einem Wahnsinnstempo anpassen und schauen, daß sie mitkam und den Anschluß an dieses für sie so neue Vagabundenleben mit Gérard nicht verpaßte, der plötzlich alle Zelte abbrechen und in ein verfallenes Schloß umziehen konnte; diese von den Ereignissen überrollte, aber verliebte Geisha, die zudem Wintersport haßte, erteilte mir mit freundlichen Worten eine Absage, bevor sie einhängte.

Da ich keinerlei Nachricht von Patrick hatte, weder durch seine Eltern – die mir, selbst wenn sie etwas gewußt hätten, sicher nichts mitgeteilt hätten – noch durch irgendwelche Freunde, die man ja hier und da treffen konnte, beschloß ich, Anzeige wegen Autodiebstahls zu erstatten. Auf diese Weise würde ich durch die Polizei erfahren, wo mein Patrick abgeblieben war, den ich trotz meines Liebeskummers zwischen zwei Schluchzern zu hassen begann.

Ich befahl Michèle, meiner Sekretärin, seinen Schrank restlos leerzuräumen und alles, ungeordnet und ohne ein Wort der Erklärung, bei seinen Eltern abzuliefern.

Damals gab es eine ganze Schar von Männern, die mehr oder weniger in mich verliebt waren und geduldig auf ihre Chance warteten. Ich fand sie alle recht nett, aber völlig uninteressant. Komponisten, Liedchenschreiber waren darunter, aber ohne Geschmack, ohne Stil. Na ja, nach einem Gainsbourg ...

Es gab auch junge angehende Produzenten, ohne Talent und ohne Zukunft. Und einen Haufen Lackaffen, die ich überhaupt nicht wahrnahm.

Aber in meiner Einsamkeit und Verwirrung pickte ich mal hier, mal da ein Korn und ließ mich gnädig mal zum Abendessen, mal zum Mittagessen einladen, um die Zeit totzuschlagen. Einer war darunter, der sich erbot, mich im Auto nach Méribel zu begleiten. Er liebte den Wintersport, wollte ohnehin nach Val d'Isère und würde meinetwegen diesen kleinen Umweg machen. Und schon saßen Guapa und ich im roten Ferrari. Madame Renée, Carole, Jicky, Anne und die beiden Kinder kamen mitsamt Gepäck per Zug nach.

Noch nie ist mir eine Autofahrt elendiger, dümmer und unerträglicher vorgekommen. Dieser protzige Ferrari rutschte auf den vereisten Straßen durch den Morvan, wurde dann rumsdibums gerade noch durch heftiges Gegensteuern aufgefangen; dieser lächerliche Typ mit seinen italienischen Straßenschuhen fiel auf die Schnauze, sobald er tanken mußte; und dann dieser edle Zwirn aus dem Hause »Renoma« – einfach zum Kotzen! Dieser Dummkopf machte mir schöne Augen und bildete sich ein, mich schon kassiert zu haben, bloß weil ich in seinem Auto saß.

Wart's nur ab, du Idiot, bis wir ankommen, dann wirst du schon erleben, wer von uns beiden abkassiert. Na ja, ich hatte einen Prügelknaben gefunden, an dem ich meine Rachegelüste auslassen konnte. Meine Geringschätzung der Männer, meinen Groll, meinen Schmerz mußte er ausbaden. Er würde schon sehen, was er davon hatte. Während die Kilometer dahinglitten, dachte ich an Patrick, stellte mir vor, er säße neben mir – wo mochte er sein? Warum hatte er mich einfach so verlassen? Die Tränen brannten in meinen Augen, hinter einer dicken Sonnenbrille versteckt.

Ich mußte auch diese Seite im großen Buch meines Lebens umblättern.

Als wir in Méribel ankamen, war mir gleich besser zumute. Das Chalet war voller Leben, die von Madame Renée geköchelte Suppe duftete, die Kinder schrien vor Glück nach Herzenslust, Jicky und Anne waren liebevoll, Carole schaufelte Unmengen in sich hinein, und schon hatte ich die Anwesenheit meines Chauffeurs vergessen, der hier so unauffällig blieb wie seine Persönlichkeit.

Nach einer Weile hielt ich nach ihm Ausschau. Wo war er eigentlich geblieben? Ich entdeckte ihn splitternackt in meinem Badezimmer, wo er sich duschte, umringt von all seinem Kram: Rasiercreme, Parfums, Sonnenmilch und so fort. Mein Blut geriet in Wallung. Was für eine Frechheit!

Ich rief Jicky, der ihn im hohen Bogen hinauswarf.

Kleinlaut stand er da mit einem kleinen Frotteetuch um die Hüften, das alle paar Minuten rutschte und das er hochzuraffen versuchte wie eine verschreckte Jungfrau, die ihre Nacktheit verhüllen will.

Wo sollten wir mit ihm hin? Alle Zimmer waren besetzt.

Jicky fackelte nicht lange und schleppte ihn geradewegs in Caroles Zimmer, in dem zwei Betten standen. Sie lechzte immerhin nach Zärtlichkeit, und er wäre vielleicht ein guter Ersatz – so hofften wir zumindest – für Fruchtbonbons, Kekse oder Schokolade, die sich auf ihrem Nachttisch türmten. Wenn es ihm Spaß machte, könnte er die ganze Nacht an sich herumknabbern und sich abschlecken lassen.

Carole jaulte auf. Die Dinge beruhigten sich wieder, als

dieser Fremdkörper, dieses Anhängsel, dieser kleine Fatzke abreiste.

Raymond V., Jickys Freund, der uns in New York so fürstlich empfangen hatte, kam gerade zu der Zeit für ein paar Tage nach Courchevel und lud uns zu einem Galaabend in den Club »Saint-Nicolas« ein. Jicky, der einzige Mann im Haus, war es ohnehin allmählich leid: mein Gejammer, Caroles Freßsucht, seine eigenen ewigen Probleme mit Anne und den Kindern, Madame Renées Fragen zur Haushaltsführung. Wintersport war ja gut und schön, aber nur weil man ein Mann ist den üblichen Alltagskram regeln zu müssen, das war alles andere als lustig.

Wir fuhren also eines schönen Abends nach Courchevel, um mal etwas anderes zu erleben und zu versuchen, »die Kleinen« unterzubringen. Damit waren Carole und ich gemeint.

Ich hatte schon einige Probleme, bis zu Jickys Mercedes zu gehen, weil ich keine Après-Ski-Stiefel anziehen mochte und meine hohen Schaftstiefel viel attraktiver fand. Also schlitterte ich dahin, klammerte mich an alles, was in Reichweite war, ob Arme, Schultern oder Busen. Ich hatte beschlossen, am Abend auf die Pauke zu hauen und mir in meiner Kleidung – halbnackt, hauteng, erotisch – keinerlei Zwang anzutun, wenn sie auch eher zu den Tropen paßte als zur eisigen Kälte eines Wintersportorts.

Raymond V. strahlte von einem Ohr zum anderen. Sein Mund ähnelte dem verlängerten Schlitz einer Sparbüchse, ein Lächeln, das mit Hilfe eines an zwei Kohlblättern festgemachten Gummibandes entstanden zu sein schien. Er war allerdings auch alles andere als eine Schönheit; ich denke, mit seinem Aussehen hätte er ein ganzes Regiment blutrünstiger Vampire in die Flucht schlagen können. Doch dank der in seinen Panzerschränken versteckten Reize hatte er so manche Schönheit überwältigen können. Allerdings setzte das voraus, daß man für derlei Reize empfänglich war, was bei mir nicht der Fall war.

Im Club »Saint-Nicolas«, der über die Jahre mein Zweitwohnsitz wurde, führte die schöne, strenge, intelligente, diplomatische und unersetzliche Jacqueline Veyssière ihre Leutchen – je nach Lust und Laune – mit harter oder kosender Hand.

Ich mochte Jacqueline gern. Jahrelang waren wir Komplizinnen der Nacht und blühten auf, wenn alles Leben in Dunst und Eis erstarrte. Beim ersten Morgenrot vergingen wir wie die Blumen des Bösen, nur aus dunklen Säften genährt, Destillat unheilschwangerer schlafloser Nächte, nächstliches Leben von Mondkindern, die ihre tellurischen Kräfte aus einer Welt beziehen, die ausschließlich denen vorbehalten ist, die sich weiden an der Gier der anderen. Auch diese verborgene Seite von mir teilte ich mit Jacqueline, unermüdlich auf der Suche nach verrückten Abenteuern, in dem Bedürfnis, mich restlos zu betäuben.

Dann traf ich plötzlich Jean-Pierre Guiral, einen herrlichen Kerl aus den Bergen, ein Ski-As und Kumpan von Jean-Claude Killy. Er erzählte mir, in Val d'Isère habe er einen tollen Typen kennengelernt, einen gewissen Patrick, der in einem in Paris zugelassenen Austin herumfahre und Ski laufe wie ein junger Gott.

Ich war einer Ohnmacht nahe. Ich erklärte Jean-Pierre mein Problem, der wegen der Wendung, die die Ereignisse nahmen, leicht verstimmt war, da damit alle Aussichten, mich zu verführen, offensichtlich mit einem Schlag dahingeschmolzen waren. Er zeigte sich dann aber wirklich mannhaft, indem er sich voll für mich einsetzte und mir für den übernächsten Tag ein Treffen in Val d'Isère, als Gast von Killy, vorschlug.

Diese Idee war toll! Der Bursche übrigens auch!

Jemand mußte mich dahin fahren! SOS Jicky!

Selbstverständlich fuhr Jicky mich hin. Danke, Jicky!

Und so traf es sich, daß ich am Arm von Jean-Claude Killy als Ehrengast von Val d'Isère, ein wenig unbeholfen zwar im Kreise all dieser mit den verrücktesten Launen der Berge bestens vertrauten, trinkfesten und spottlustigen Sportskanonen, »rein zufällig« inmitten eines Schwarms braungebrannter und blonder Nymphchen auf Patrick stieß.

Ein herber Schock für beide Parteien!

Aber Schach dem König und matt, denn die Dame war von ihren Bauern und Läufern geschützt und völlig unangreifbar!

Die erste Runde eines unerbittlichen und leidenschaftlichen Zweikampfes, der über zwei Jahre dauern sollte, hatte ich gewonnen.

Als wir kurze Zeit später im kleinen Austin nach Paris zurückfuhren, wurden wir von der Gendarmerie angehalten. Sie suchten einen gestohlenen Wagen, der genauso aussah wie der meine.

Klar doch, er war's ja auch! Mit knapper Not entging ich einer Festnahme wegen Autodiebstahls.

Im hitzigen Gefecht des Wiedersehens hatte ich vergessen, meiner Sekretärin zu sagen, sie solle die Anzeige zurückziehen.

Es wurde eine lange, diesmal aber lustige Geschichte. Der Verwaltungsapparat, der schwer anzukurbeln ist, läßt sich kaum mehr anhalten, wenn er erst einmal in Schwung geraten ist, vor allem dann nicht, wenn er das als gestohlen gemeldete Gut endlich zu fassen gekriegt hat. Es kam zu einem Gewirr unerklärbarer Erklärungen, einem endlosen Zeitverlust. Guapa konnte den Anblick von Uniformen nicht ertragen und biß so ganz nebenbei in ein paar Waden in ihrer Reichweite, was uns nicht unbedingt weiterhalf. Nach einer großzügigen Zuteilung von Lächeln und Autogrammen, die mit der Unterschrift auf meinen Papieren übereinstimmte, wurde dieses leidige Mißverständnis endlich ad acta gelegt. Ich schwor mir, nie mehr irgendeine Art von Diebstahl anzuzeigen, falls mir so etwas unbarmherzigerweise nochmals zustoßen sollte.

In Paris holte Patrick seine Sachen bei den Eltern ab und ließ sich wieder häuslich bei mir nieder, als wäre nichts gewesen. Das Leben nahm wieder seinen Lauf. Er kam sogar mit nach Bazoches …

Mama Olga hing am Telefon und beschwerte sich darüber, daß ich nicht einmal mehr antworte. Sie brauche aber Antwort, denn sie hatte mir schließlich zwei Filmangebote besorgt.

Genervt sagte ich zu, ohne die Drehbücher gelesen zu haben. Meine Karriere befand sich zu diesem Zeitpunkt im freien Fall. Da »Shalako« sich als einer der schlechtesten Filme meines Leben entpuppt hatte, rannte man mir mit Projekten nicht gerade die Tür ein.

Ich unterschrieb also diese beiden Filmverträge für eine Handvoll Feigen. Mama Olga bekam die Kerne. Die Sache würde keine großen Früchte tragen, aber der Schaden mußte begrenzt werden.

Patrick begann die Avenue Paul-Doumer zu hassen, inklusive Madame Renée, Guapa, die Concierge, alles, was mich umgab, meine Sekretärin mit eingeschlossen. Auf der Beliebtheitsskala stand er bei denen, die mich liebten, allerdings nicht sehr weit oben, das muß ich schon sagen. Selbst Maman wurden Besuche untersagt.

Sie war eher erleichtert, denn sie haßte Patrick, diesen Nichtsnutz, diesen unberechenbaren, dreckigen, egomanen Gigolo, der mein Bild besudelte und in den Schmutz zog.

Man erklärte mich zur unerwünschten Person und zeigte mit Fingern auf mich wie auf eine Prostituierte, meine Familie, meine Freunde, Jicky und Anne inbegriffen. Niemand wollte mehr etwas mit mir zu tun haben, solange ich mit diesem Patrick herumzog. Mama Olga war, aus beruflichen Gründen, die einzige, die mich noch anrief. Sie pfiff auf Patricks Beleidigungen.

Die Dessanges, die von meinen problematischen Beziehungen nichts wußten, luden uns für ein paar Tage in ihr Haus nach Tunis ein; dort gehe man nicht auf die Jagd! Das Wetter sei schön, wir würden erwartet, es kämen noch ein paar andere Freunde, um ich weiß nicht mehr was zu feiern.

In Afrika war ich noch nie gewesen, da ich mich zu diesem Kontinent überhaupt nicht hingezogen fühlte. Aber der entdeckungswütige Patrick hatte seine Tasche schon gepackt und bearbeitete mich an Leib und Seele, ich solle die Einladung annehmen. Er verstand sein Metier, eine Wildkatze mit Samtpfötchen, die im geeigneten Moment kratzen, aber auch schnurren konnte, sinnlich, beißend und leckend, unerbittlich und zärtlich – für mich unwiderstehlich.

Ich war ihm ausgeliefert, betört und hörig.

Mit allen mir gebührenden Ehren wurden wir in Tunis von Monsieur Belkhodja empfangen, Präsident Habib Bourguibas rechter Hand. Wir wurden offiziell bis zu den Dessanges eskortiert und genossen bei all unseren Unternehmungen während unseres gesamten Aufenthaltes die Protektion und den Beistand der tunesischen Regierung. Getrübt wurde dieser idyllische Empfang wie für ein Staatsoberhaupt nur durch Patricks anhaltendes Interesse an einer jungen Kabylenschönheit: außerordentlich lüstern, bestimmt nymphoman, unwiderstehlich sinnlich, Glutaugen, goldbestickte Schleier, an den Handgelenken schwere, silberne, ziselierte Sklavenarmreifen, haschischrauchend im Kreise etlicher brennender Räucherbecken, die Düfte von Amber, Weihrauch und Sandelholz verströmten – das Bild einer teuflischen und unheilbringenden Göttin.

Ich witterte sofort Gefahr, denn mein Instinkt trügt mich selten. Ich sprach darüber mit Corinne Dessange, die mich beruhigte; ihrer Meinung nach sei das unwichtig, ihr Mann sei auch auf die Reize dieser Odaliske hereingefallen, und sie habe es überlebt. Reizend!

Ich bin ebenfalls nicht daran gestorben, aber Angst und Eifersucht verdarben mir das Vergnügen an dieser Reise, die wundervoll hätte sein können.

Am nächsten Tag, der teuflischen Gegenwart dieser gefährlichen Person für ein paar Stunden entkommen, zogen wir los, um die Souks von Tunis zu besichtigen. Ich war so aufgeregt, daß ich nichts sah von all dem ausgebreiteten Gefunkel, dem Lokalkolorit. Nur meine Nase war empfänglich für die unerträglichen Gerüche, die mir wegen der Hitze und des Luftmangels bald Atemnot bescherten.

Mitten in einer dieser Ladensträßchen wurde ich ohn-

736

mächtig, erstickt von der eigenen Angst, dem Geruch nach heißem Öl, dem Gesumm der Fliegen, den übelriechenden Ausdünstungen der frisch abgezogenen Schafshäute. Aus dem Gewimmel der Menschen, die sich sofort um mich drängten und über mich beugten, wieder rauszukommen kostete mich unmenschliche Anstrengungen.

Man erzähle mir nichts mehr vom Zauber dieser schrecklichen, stinkenden Souks! Ich war angewidert.

Die gewitzte Corinne, die jede diplomatische Verwicklung vermeiden wollte, beschloß, uns mit Regierungseskorte in den äußersten Süden Tunesiens an die Pforten zur Wüste zu schicken. So fuhren Patrick und ich nach Nefta, wo man uns im »Sahara Palace« erwartete. Wir saßen in einer von Präsident Bourguiba zur Verfügung gestellten Limousine, wurden von einem arabischen Chauffeur in weißer Djellabah und mit rotem Fez auf dem Kopf gefahren, der aber kein Wort Französisch verstand. Alles ging gut bis zu dem Augenblick, in dem unser Chauffeur den Wagen plötzlich anhielt und sich anschickte, die wüsten Horizonte zu schmähen und das Ganze mit wilden Gesten und unverständlichem Geschrei untermalte.

In diesen Ländern ist man ziemlich spontan.

Weit und breit ist keine Menschenseele in Sicht, schon gar nicht nach Einbruch der Dunkelheit in freier Wildbahn, und plötzlich schießen sie überall hervor, man fragt sich woher. Aber so war es.

All diese Leute radebrechten und gestikulierten wild. Schließlich begriff ich mit Entsetzen, daß wir in diesem vermaledeiten tunesischen Wüstenloch festsaßen, weil sich in einem Wadi, das wir in Ermangelung einer Brücke an einer Furt hätten durchfahren sollen, durch die sintflutartigen Regenfälle der letzten vierundzwanzig Stunden derartige Wassermassen angesammelt hatten, daß wir Gefahr liefen, von der Strömung fortgetragen zu werden, falls wir so dumm wären, uns auf ein solches Abenteuer einzulassen.

Eine schöne Bescherung! Ich war den Tränen nahe.

Tatsächlich hörte ich in der schwarzen Nacht, wenige

Meter von uns entfernt, das dumpfe und wütende Grollen eines wilden und entfesselten Sturzbachs, der tonnenweise Wasser und Geröll mit sich führte. Aber was tat ich eigentlich hier, um diese Zeit, von Gott und aller Welt verlassen?

Ich wollte umkehren. Ich erteilte Anordnungen, aber das hätte ich mir genausogut sparen können. Man stelle sich vor: Eine Frau, die sich in einer Horde von rund zwanzig Männern Gehör verschaffen wollte. Ein Glück, daß man mich nicht heimgeschickt hat, meinen Tschador zu holen, damit ich endgültig die Klappe hielt.

Und da wurde der Wagen doch tatsächlich hochgehoben, von Armen hochgestemmt. Trotzdem drang das Wasser der entfesselten Sturzfluten durch die Türen ins Innere; die Kerle brüllten sich an und fielen hin, jeden Moment konnte ihnen die Karre entgleiten, und dann würden sie Patrick und mich der wilden Strömung dieses tobenden Wadis preisgeben. Ich war auf den Rücksitz geklettert, weil der Wagenboden bereits voll Wasser stand.

Als wir schließlich heil auf dem anderen Ufer gelandet waren, mußten wir uns und den Motor erst einmal trocknen und die Kerle für die geleisteten Dienste entlohnen. Das war ein Gefeilsche! Sie ließen nicht locker, forderten immer mehr, weil sie ja schließlich auch wieder hinüber ans andere Ufer mußten. Wir hätten die ganze Nacht weiterpalavern können, hätte unser Chauffeur nicht kurzen Prozeß gemacht.

Das »Sahara Palace« war ein scheußlicher, an den Ausläufern der Wüste hingeklotzter, protziger Kasten des Typs »Oase« mit Wasserbecken, Pool, Kokos- und Dattelpalmen sowie Kamelen für Touristen, die sich gegen ein ansehnliches Bakschisch einen Ausflug in die imposanten Dünen der Sahara leisten wollten.

Als ich dann auch auf einem saß, als Beduine gewandet, wurde mir genauso übel wie auf der »Vadura«, als wir im Sturm vor Beirut beinahe unser Leben gelassen hätten. Wenn ich an die Nomadenvölker der Wüste denke, die den ganzen Tag auf Kamelrücken zubringen, kann ich vor Bewunderung nur meinen Hut ziehen, denn dieses anhaltende, unbequeme Geschaukel in dieser gleichförmig öden und unwirtlichen Welt muß teuflisch starke Charaktere hervorbringen.

In Tozeur wurden wir von Tijani, einem weisen Magier mit Turban, empfangen, der in einem Garten Eden voller Blumen und teurer Teppiche residierte. Zum ersten Mal sah ich in einem Wüstenparadies Teppiche in blumenüberwucherten Alleen ausgerollt. Dort lebte er, umgeben von selbstgezähmten Giftschlangen, gefährlichen Spinnen und Skorpionen aller Art, die aber dennoch schrecklich abstoßend waren. Er erklärte uns, daß sein Körper nach etlichen Bissen von Giftschlangen die fürs Überleben notwendigen Antikörper gebildet habe und nun immun sei. Er zeigte uns auch die zwar vernarbten, aber immer noch erkennbaren Wunden.

Tijani arbeitete mit einem Labor zusammen, für das er unter Einsatz seines Lebens das tödliche Gift sammelte, das zu Impfstoff verarbeitet wurde. Er konnte auch im Kaffeesatz lesen, die Zukunft voraussagen, morphologische Studien durchführen und die Empfindungen und Wellen deuten, die andere ihm sandten.

Ich mochte ihn. Wir verstanden uns gut, und ich verließ ihn nur ungern. Er war übrigens der einzige, dem ich nachtrauerte, als ich nach Paris zurück mußte.

Nach unserer abenteuerlichen Hinfahrt sollten wir auf dem Rückweg von Gendarmen eskortiert werden, damit uns bis zum Flughafen von Tunis jede Komplikation erspart bliebe. Vom Fenster meines Zimmers aus sah ich eine riesige Wasserfläche, die uns den Rückweg abschnitt. Ich wies die Gendarmen darauf hin, doch sie erklärten mir lächelnd, es handele sich um eine Luftspiegelung, eine Fata Morgana. Keine Spur von Wasser, vielmehr eine optische Täuschung: Sonne und Hitze ließen den ausgetrockneten Boden wie einen Wasserspiegel flimmern.

Jetzt war ich wirklich sprachlos. Ich hätte schwören können, daß da ein echter See war, der unsere Route unter Wasser gesetzt hatte.

Doch Reden ist Silber, Schweigen ist Gold!

Wir fuhren also los; wir fuhren seit über einer Stunde, vom Gendarmerieauto eskortiert, als wir plötzlich in einen Sumpf voller Schlamm und dunkelbraunem Wasser gerieten, in den die Wagen einsackten wie in Treibsand.

Ich schrie! War das etwa auch eine Luftspiegelung?

Nein! Barfuß, die Hosenbeine bis zu den Knien hochgekrempelt, stapften wir im Sumpf, um die Autos freizubekommen, und das mindestens zwei Stunden lang unter sengender Sonne und in gereizter Stimmung.

Ah, Paris, meine Wohnung, meine Guapa, meine Ruhe! Mein Gott, war ich froh, wieder daheim zu sein!

Patrick war miserabler Laune. Ich solle endlich eine andere Wohnung suchen, meinte er, diese sei zu klein, nicht luxuriös genug, er habe nicht einmal ein Eckchen für sich, er brauche Terrassen, Weite, eine freie Aussicht und dergleichen mehr.

Er hatte vielleicht nicht unrecht. Mein Appartement in der Avenue Paul-Doumer war ein wenig zusammengestoppelt, aber ich fühlte mich wohl. Er begann, die Annoncen für Komfortwohnungen auszuschneiden, die zu kaufen oder zu mieten waren. Während er die Nase in die Zeitungen steckte, bereitete ich mich auf die Dreharbeiten von »Oh, diese Frauen« vor.

Ein winziges Budget stand zur Verfügung für diesen Film, der in freier Natur gedreht werden sollte. Jean Aurel – der bei den Dreharbeiten zu »In Freiheit dressiert« wegen Unfähigkeit und mangelnden Talentes im Handumdrehen durch Vadim ersetzt worden war – sollte Regie führen. Die tragende Säule unter den Darstellern war Maurice Ronet. Um ihn scharten sich Annie Duperey, Tanya Lopert, »meine« Carole Lebel und ich: In dieser Pseudo-Komödie ohne Witz sollten wir ihn umschwirren.

Da ich mich für dieses Metier ohnehin nicht erwärmen konnte, drehte ich diesen Film übellaunig, widerwillig und als schlechte Schauspielerin. Früh am Morgen mußte ich mich von Patrick losreißen, der weiter nichts zu tun hatte.

Von dem bohrenden Gedanken geplagt, er könnte all diese Stunden nutzen, um mich zu betrügen, eilte ich abends heim und war kaputt, argwöhnisch, eifersüchtig und ekelhaft. Ergebnis: Er tauchte mal wieder ab.

Sofort weigerte ich mich weiterzuarbeiten, schloß mich zu Hause ein und heulte wie ein Schloßhund. Man hetzte mir die Ärzte auf den Pelz, die Vertragsärzte, meinen Hausarzt, die Produzenten, Mama Olga, Maman. Nichts zu machen.

Ich war es leid, endgültig und abgrundtief leid. Alles halste man mir auf, alles mußte ich allein durchstehen, ich war am Ende meiner Kräfte, wollte für nichts mehr verantwortlich sein, mich nicht mehr anstrengen. Ich war am Boden zerstört.

Eine Katastrophe! Der Film ging den Bach hinunter. Jeder suchte überall und fieberhaft nach Patrick. Und ich heulte nur.

Dann, als wäre nichts gewesen, war er eines Abends, als niemand mehr damit rechnete, plötzlich wieder da. Ich überschüttete ihn mit Fragen. Wo war er gewesen? Was hatte er gemacht? Wen hatte er besucht? Bei wem war er gewesen? Wieso …

Ich bohrte so lange, bis er zugab, daß er bei einer Frau gewesen war und mich betrogen hatte. Wenn ich ihm noch weiter den Nerv töte, erklärte er patzig, werde er sofort abhauen und zu ihr zurückgehen.

Das brauchte er nicht zweimal zu sagen: Ich gab ihm zwei Ohrfeigen, eine links, eine rechts.

Er reagierte sofort. Schläge prasselten auf mich ein, ich krümmte mich vor Schmerzen. Ich schnappte mir den Telefonapparat und schleuderte ihn ihm an den Kopf. Daraufhin steckte ich ein paar Kinnhaken ein, die mich zu Boden streckten.

Benommen wie ich war, versuchte ich Jicky anzurufen; das Telefon lag ja neben mir am Boden.

Er versprach, sofort zu kommen. Während Patrick sich seelenruhig auszog, schleppte ich mich bis zur Wohnungstür, um sie zu öffnen.

Als Jicky erschien, war Patrick splitternackt. Sie prügelten sich mindestens eine halbe Stunde lang, aber Jicky, der älter und weniger sportlich war, unterlag. Patrick schlug ihm zwei Zähne aus, während Jicky ihn in den Hintern trat und ins Treppenhaus zerrte. Das Ganze endete vor der Loge der Concierge, die in ihrem Entsetzen die Polizei rief.

Als sie Patrick abführen wollten, mußte die Concierge ihm eine Hose und ein Unterhemd borgen, weil er ja nackt war.

Die Story wurde an die große Glocke gehängt. Die Skandalblätter schlachteten sie seinerzeit aus, ein gefundenes Fressen.

Michèle, meine Sekretärin, brachte Patricks Sachen am nächsten Morgen wieder zu seinen Eltern, sie war es ja fast schon gewohnt.

Mir wurde von meinem Vater, meinem Produzenten und meinem Arzt gehörig der Kopf gewaschen. Wie konnte ich mich mit vierunddreißig Jahren nur so verhalten? Dieser Kerl zerstöre mich doch nur, mache mich lächerlich, ruiniere meine Karriere, die ohnehin schon prekär sei, und entfremde mich allen Menschen.

Ich mußte die Dreharbeiten zu »Oh, diese Frauen« wieder aufnehmen. Dédette überschminkte meine Tränen und meine verquollenen Augen. Mich kotzten die Dreharbeiten an. Ein Sträflingsdasein, Tag für Tag. Völlig nichtssagend. Die Schauspieler wurden nicht geführt, es gab keinerlei Motivation. Jeder tat, was er wollte – oder konnte. Ich tat so wenig wie möglich, wartete nur auf das Ende dieser Fron und schob Dienst nach Vorschrift, wie es im Vertrag stand, den ich unterschrieben hatte. Ich glitt in einen Abgrund ohne Boden, fand nirgends Halt, hatte zu nichts mehr Lust.

Verlorenheit läßt sich nicht ermessen. Mein Leben lang habe ich nur nach Glück gestrebt. Doch immer wieder wurde ich unweigerlich in unerklärliche Hoffnungslosigkeit gestürzt. Wieso? Ich habe keine Ahnung. Tatsache ist aber, daß ich noch heute die unauslöschlichen Narben all dieser schier unerträglichen Momente des Lebens trage, dieser latenten Traurigkeit, die mich nicht losläßt, dieser Fragen, die ohne Antwort blieben, dieser Unfähigkeit, wie die anderen zu sein, eingeschlossen in mein Universum, darauf fixiert, das Schönste und das Schlimmste nur mit dem neben mir zu teilen, der mein zweites Ich ist.

Das ist vielleicht der Grund, warum ich mich eines Tages entschloß, mein Leben den Tieren zu widmen. Sie und ich leben auf derselben Wellenlänge der Liebe.

Frankreich erging es kaum besser als mir; die Ereignisse des Vorjahres hatten an den Grundfesten gerüttelt, und trotz der Autorität seines Staatsoberhauptes schwelte dumpfer Unmut. De Gaulle war nicht der Mann, der Undankbarkeit, die er nicht verdient hatte, einfach hinnahm; er packte, wie es seine Gewohnheit war, den Stier bei den Hörnern und kündigte eine Volksbefragung an, die offiziell auf die Schaffung von Regionen und auf Dezentralisierung abzielte, in Wirklichkeit aber in Erfahrung bringen sollte, ob die Franzosen ihm noch, was für ihn unerläßlich war, Vertrauen und Achtung entgegenbrachten.

Am 27. April 1969 stimmte ich mit »Ja«, da ich diesen großartigen Mann schon immer glühend und bedingungslos verehrt hatte, der dem Chaos Einhalt gebot und Frankreich wieder zu Ansehen verholfen hatte und von diesem geraden Weg, den er vorgezeichnet hatte, durch ein paar leidige Zwischenfälle nicht abzubringen war. Ich war wie vor den Kopf geschlagen, als ich noch am selben Abend erfuhr, Frankreich habe ihn abgelehnt, das »Nein« habe gesiegt.

Wie undankbar die Franzosen doch sind, wie kurz ihr Gedächtnis und beschränkt ihre Intelligenz!

Während dieser ohnehin schweren Zeit eröffneten mir meine Hausmeister in Bazoches, sie gingen nun in den Ruhestand. Das hatte mir gerade noch gefehlt! Michèle wurde beauftragt, neue zu suchen. Das war jedoch schwierig, zeitraubend, ermüdend und sogar entmutigend.

Seit acht Jahren waren Suzanne und ihr Mann voll in die Familie integriert. Sie wußten über alles Bescheid, fühlten sich für alles verantwortlich; sie kannten meine Vorlieben und meine Gewohnheiten, pflegten die Hündinnen und die

Katzen, kochten mir samstags abends nette kleine Dinge und versorgten mich mit hausgemachten Marmeladen, die sogar ein Etikett »nach Großmutter-Art« erhielten.

Als sie weg waren, begann der Wirbel; er schien nicht enden zu wollen: eine ununterbrochene Abfolge von Nichtsnutzen, Dieben, Gaunern jeder Spezies; das ging so zwanzig Jahre lang, bis ich endlich Bernadette fand, die immer noch bei mir ist und mich diese Fron allmählich vergessen läßt. Sonntags fuhren Michèle und ich nach Bazoches, um den »Neuen« zu erklären, wo Wasser- und Stromzähler, Gerätschaften, Geschäfte und Lieferanten zu finden waren. Meistens stießen wir auf ein wüstes Durcheinander, nichts war bereit, das Haus nicht geputzt, die Hündinnen ausgehungert, die Katzen abgemagert, der Garten ein Dreckhaufen, der Pool algengrün, keine Spur von einem Mittagessen, der Kühlschrank leer. Als wären wir in die Welt von Victor Hugos »Die Elenden« versetzt. Bazoches widerte mich an!

Eines Tages, als wir eine der letzten Einstellungen von »Oh, diese Frauen« drehten, stieß ich auf ein witziges kleines weibliches Wesen, blutjung, vielleicht sechzehn oder siebzehn Jahre alt, das irgendwie verloren wirkte, aber einen ziemlich kecken Blick hatte. Sie hieß Maria Schneider.

Während ich mit ihr plauderte, fiel mir ein, daß ich vor langer, langer Zeit ihrer Mutter begegnet war, einer Schönheit namens Manon, in die Daniel Gélin sich unsterblich verliebt hatte. Diese kleine Maria war nun tatsächlich die Frucht dieser unstatthaften Liebesbeziehung. Aber da die kleine Maria kein wirkliches Heim hatte, sich von allen Seiten verstoßen fühlte, immer der Nase nach herumirrte und wer weiß was alles erlebt hatte, brauchte sie unbedingt jemanden, an den sie sich klammern konnte. Dieser jemand war ich! Auch ich war allein und traurig. Dieses zärtliche und nette junge Ding würde mir etwas Wärme, Leben, frisches Blut und Spaß ins Haus bringen. Ich bot ihr an, in eines der Dienstbotenzimmer in der Avenue Paul-Doumer zu ziehen.

Wir wurden unzertrennlich. Ich war so alt wie ihre Mutter, und sie war mir Tochterersatz. Uns verband ein großes

Einverständnis und eine große Zuneigung füreinander. Ein gefundenes Fressen für die Lästermäuler, denn Maria galt als liederliches Frauenzimmer, dem das Geschlecht seiner diversen Partner, ob Frau, ob Mann, einerlei war. Wir amüsierten uns darüber.

Maritie und Gilbert Carpentier, diese unvergeßlichen Triebfedern, Produzenten unserer besten Variété-Sendungen im Fernsehen, baten mich um einen Auftritt in der nächsten »Sacha Show«.

Ich zögerte, denn ich fühlte mich einfach noch nicht fit. Maria redete mir gut zu, dies werde mich auf andere Gedanken bringen. Ich hatte Sacha seit unserem Bruch nicht wiedergesehen. Und Gilbert Bécaud sollte auch dabei sein. Zwei Fliegen mit einer Klappe – ein hartes Geschäft! Andererseits könnte ich einen oder zwei Titel meiner letzten Platte lancieren, das wäre eine gute Werbung für meine neue Platte mit dem Titel »La Fille de Paille«.

Maria begleitete mich in das Studio auf den Buttes-Chaumont, wo es auf allen Fluren nur so wimmelte von halbnackten Mädchen, Maskenbildnern und Produktionsleitern. Mir war dieser ganze Wirbel so fremd geworden, ich war weit weg von alldem, hatte schon einen anderen Kurs eingeschlagen.

Man wunderte sich, daß ich nur mit einem jungen Mädchen daherkam. Wo waren denn mein Agent, meine Maskenbildnerin, meine Kostümbildnerin?

Als ich erwiderte, ich würde das alles selber besorgen, schienen sie erst recht erstaunt und blickten verächtlich.

Sacha und Gilbert, sehr selbstsicher, sehr umschwärmt, gestatteten sich mir gegenüber nur eine höfliche Gleichgültigkeit; sie waren ja viel zu sehr mit sich selbst und den wippenden und wirbelnden Popos der Tänzerinnen beschäftigt, die ihnen scharenweise als Staffage dienten.

Ich rang mit den Tränen, als ich in einem Refrain von »La Fille de Paille« [wörtl. »Das Mädchen aus Stroh«] lauthals hätte lachen sollen.

Keine schöne Erinnerung, dieser Auftritt!

Eines Abends erzählte Maria, sie habe Patrick in Saint-Germain-des-Prés getroffen! Er sei so unglücklich, denke nur an mich, wage nicht anzurufen und habe ihr eine Nummer gegeben, unter der ich ihn erreichen könne. Das haute mich um! Da ich nicht den ersten Schritt tun wollte – Stolz verpflichtet! –, war es Marie, die uns wieder miteinander versöhnte.

Patrick zog wieder in die Avenue Paul-Doumer ein, die Koffer vollgepackt mit guten Absichten, Gewissensbissen und Liebesschwüren, die mich trunken machten und an die ich glaubte, weil ich daran glauben wollte, weil ich daran glauben mußte.

Und das Leben wurde wieder schön und fröhlich! Bis tief in die Nacht gingen wir aus, zu Castel. Ich tanzte wie eine Verrückte mit Maria, die mir den letzten Schliff für den Jerk verpaßt hatte. Wir tobten uns aus und forderten, unter dem amüsierten Blick von Patrick, alle Heiligen des Himmels heraus.

Als de Gaulle plötzlich zurücktrat, war Frankreich sich selbst überlassen. Ein Nachfolger mußte gefunden werden. Georges Pompidou, sein fähigster »Leutnant«, schien, wenn nicht gar der beste, zumindest nicht der schlechteste unter den Kandidaten Alain Poher, Jacques Duclos, Gaston Defferre und all den anderen zu sein. Ich kannte ihn wie auch Claude, seine Frau. Am 15. Juni 1969 stimmte ich daher für ihn, gab ich meine Stimme dem letzten wahren Repräsentanten des Gaullismus, dem letzten, der noch den Anstand besaß, Frankreich auf dem von seinem illustren Vorgänger vorgezeichneten Weg weiterzuführen.

Von einer erbarmungslosen Krankheit niedergerungen, mußte er dann leider zusehen, wie Frankreich kurze Zeit darauf im Chaos des Sozialismus unterging.

»L'Ours et la Poupée« wurde höchst professionell vorbereitet. Ich mußte mich sorgfältigen Schminkproben unterziehen. Es kam nicht in Frage, daß man mir die Oberlider kohlschwarz verkleisterte oder gar falsche Wimpern anklebte. Dédette mußte sich vom tonangebenden Kameramann Claude Lecomte, bei dem jedes Detail stimmen mußte, die Leviten lesen lassen. Meine vom Bleichen arg zugerichteten Haare wurden den Carita-Schwestern anvertraut. Es wurde beschlossen, daß ich den ganzen Film über mit einem Haarknoten erscheinen sollte; sie locker bis auf die Schultern herabfallen zu lassen kam nicht in Frage; sie seien viel zu zerzaust, viel zu häßlich, ganz zu schweigen von der Farbe! Wie ein Kuhschwanz! Erst einmal solle die Naturfarbe wiederhergestellt und dann Strähnen eingefärbt werden. Punktum! Ermüdende Anproben mußte ich über mich ergehen lassen; mein Stamm-Couturier Réal stattete mich exquisit aus unter dem prüfenden und scheuen Blick Michel Devilles, des Regie-Poeten, der gemeinsam mit Nina Companeez das Drehbuch verfaßt hatte, ein kleines Meisterwerk an Humor und Geschmack, in das ich hineinschlüpfen konnte, als wäre es eigens für mich geschrieben.

Zum ersten Mal in meinem Leben sollte Jean-Pierre Cassel mein Partner sein, dessen Talent und Können die Franzosen sich meiner Ansicht nach nie so recht zunutze gemacht haben. Diese ganze subtile Mischung, bei der nichts dem Zufall überlassen wurde, ließ den Erfolg schon erahnen. Die Produzentin Mag Bodard, die mich mit Rabatt eingekauft hatte, machte mir mit dieser Wahl ein sehr schönes Geschenk.

»Kutscher, die Peitsche!« – Und los ging's mit diesem schönen Abenteuer, mit diesem herrlichen Film, der »L'Ours et la Poupée« immer bleiben wird. Vielleicht einer jener Filme, in denen ich mir am ähnlichsten bin? Jedenfalls einer der reizvollsten, der komischsten, einer von denen, auf die ich ganz besonders stolz bin. Nach ein paar Drehtagen im Studio zogen wir alle hinaus in die tiefste Normandie, nach Saint-Pierre-de-Manneville.

Für mich hatte man ein reizendes Haus angemietet, innen lauter alte Deckenbalken, draußen lauter Apfelbäume. Gern wäre ich dort geblieben, hätte die Beine hochgelegt und mich im hohen grünen Gras gewälzt, anstatt um halb sieben Uhr früh aufzustehen und erst nach Einbruch der Nacht völlig erschöpft heimzukommen.

Gedreht wurde im Haus von Anne-Marie Damamme, einer hinreißenden Frau, die uns mit bewundernswerter Liebenswürdigkeit und Geduld aufnahm, obwohl ein Filmteam in solch einem Juwel von Haus und seinem wuchernden und blühenden Paradiesgärtlein eigentlich nur Schäden anrichtet. Madame Damamme wie auch ihre Töchter blieben während der ganzen Dreharbeiten im Haus wohnen. Überall liefen wir herum, raubten ihr jegliche Intimsphäre, und dennoch bot sie uns Tag für Tag um fünf Uhr Tee und Gebäck an. Die Atmosphäre wurde immer familiärer, das ganze Team versammelte sich, der eine hatte seine Kinder, der andere die Frau, den Mann oder die alte Mutter dabei. Das alte und gebrechliche Haus, das eigentlich nur noch wie durch ein Wunder zusammenhielt, nahm notgedrungen unsere Angriffe gelassen hin. Manchmal fiel ein Stück vom Deckenputz herunter, dann tat sich plötzlich ein Loch im Boden auf, weil die Tonfliesen, die es leid waren, soviel Gewicht zu tragen, einfach nachgaben, absackten. Aber dieses alte Gemäuer strahlte so viel Charme aus, daß es ein Jammer, ja undenkbar gewesen wäre, den Film woanders zu drehen.

In einer alten Scheune war notdürftig ein Schneideraum eingerichtet worden, in dem Michel Deville jeden Tag die Filmmuster vom Vortag unter die Lupe nahm.

An diese Dreharbeiten denke ich sehr gerne zurück. Ich verstand mich bestens mit dem ganzen Team, was eine Leistung ist. Und eine weitere Leistung: Patrick lief nicht davon.

An jenem unvergeßlichen Abend des 21. Juli 1969 erlebte ich gerührt und beklommen, mit stockendem Atem und ungläubigem Blick wie alle Welt live am Fernseher, wie Armstrong und Aldrin als erste Menschen den Mond betraten. Alles bekam eine neue Dimension, aber war uns das wirklich bewußt?

Die interplanetarische Straße stand dem Menschen offen. Aber was können wir besseres entdecken als die Erde,

diesen gesegneten, himmlischen, unersetzlichen, wunderschönen und wunderbaren Planeten, der uns großzügig alles darbietet, wonach unsere körperlichen und ästhetischen
Gelüste verlangen? Wollen wir sie jetzt vernachlässigen wegen eines jungen, noch unerforschten Planeten, der seine
Launen hat und unbewohnbar ist?

Wie ein Traumtänzer bewegte ich mich zwischen dem
Realen und dem Irrealen, starrte fasziniert auf den kleinen
Bildschirm des Schwarzweißfernsehers, der mir die legen-
där gewordenen Bewegungen dieser zwei Himmelstieftau-
cher vor Augen führte.

Was für ein Mut! Was für ein Triumph!

Die Dreharbeiten endeten fröhlich an einem schönen Au-
gusttag, untermalt von Rossini, beäugt von einer dicken
Milchkuh, in einer blühenden Landschaft, wo ein Flüßchen
schillerte. Der Bär und die Puppe liebten sich endlich, der
Vorhang konnte fallen, Ende gut, alles gut.

Mir fiel es schwer, dies alles zu verlassen. Gern hätte ich
eine weitere Folge gedreht. Es gab rührende Abschiede.

Für Michel Deville, diesen Regisseur mit Talent und Geschmack, empfinde ich nach wie vor eine immense Zuneigung; er hat nicht den Platz bekommen, den er verdient
hätte, weil das Kino zu dem wurde, was es ist. Anne-Marie
Damamme schickte mir weiterhin Blumen aus ihrem Garten und hausgemachtes »Eischwer«-Gebäck.

Die heißgeliebte Nina Companeez sollte ich ein paar
Jahre später wieder treffen, als sie selbst Regie führte und
mich für »Histoire très bonne et très joyeuse de Colinot
Trousse-Chemise« engagierte, den letzten Film meiner Karriere.

Jean-Pierre Cassel gehörte noch jahrelang meinem
Freundeskreis an, den fanatischen Spielern von »Botschafter« oder »Belote« um Claude Brasseur oder Sadi Rebot.

Die Rückkehr nach Paris in diesen letzten Augusttagen war leicht betrüblich. Ich war zwar glücklich, meine Guapa wiederzusehen, die ich die ganze Zeit bei Madame Renée gelassen hatte. Die beiden wurden sich immer ähnlicher, vor allem im Gang!

Paris war leer. Es war heiß, und Patrick fieberte vor Ungeduld; er wollte so schnell wie möglich nach Saint-Tropez. Mir blieb kaum die Zeit, meine Großmütter in Windeseile zu umarmen und schnell in Bazoches vorbeizuschauen, ob alles einigermaßen klappte.

Und eins, zwei, drei schnappte ich mir Guapa, Patrick schwang sich ans Steuer des Rolls, und auf ging's nach Saint-Tropez.

Wieder verlief das Leben dort so ganz anders als jenes, das ich gerade aufgegeben hatte. Diese Menschenmenge, dieser Lärm, all diese Einladungen bei diesen und jenen. Sehnsüchtig dachte ich zurück an mein Familien-Team von »L'Ours et la Poupée«, an die Kühe, die Apfelbäume und die Stille der Normandie.

Mijanou, meine kleine Schwester, war bei Maman. Papa spielte Einhandsegler auf seinem Katamaran, den er »Siouda« getauft hatte, in Erinnerung an den Kosenamen, den er mir gegeben hatte, als ich Kind war. Simone und Jean Bouquin hüllten mich in wundervolle neue Kreationen aus Seide in prächtigen und kräftigen Farbtönen.

Wir gingen viel aus, viel zuviel.

Natürlich gab es wieder einmal ein sehr schönes junges Mädchen, das Patricks Aufmerksamkeit über Gebühr strapazierte. Ich bekam schon wieder Schwindelanfälle und Ängste, mein Instinkt witterte Gefahr.

Eines Abends war er verschwunden und kam die ganze

Nacht nicht wieder. Ich versank von neuem in den verheerenden Abgründen der Eifersucht und rief verzweifelt bei all meinen Freunden an, aber natürlich hatte ihn niemand gesehen.

Mijanou, die spürte, daß ich in totaler Depression versank, erschien gleich am nächsten Tag in Begleitung eines Prachtkerls, der schon lange davon träumte, meine Bekanntschaft zu machen.

Er war charmant, dieser Michel! Und jeder von uns beiden machte eine schwere Phase durch: Seine Frau hatte ihn verlassen, er verstand besser als jeder andere meine Qual und Seelenpein.

Alles hätte ideal sein können, hätte er nicht um jeden Preis versucht, mich durch seine Wasserskikünste zu verführen. Er spielte den Muskelprotz im Stil von Aldo Maccione und wollte trotz meiner Warnungen, nur um mir zu imponieren, auf dem Mono vom Steg aus starten; an dieser Stelle war das Wasser knapp vierzig Zentimeter tief, und die Verletzungsgefahr war groß.

Er lachte nur, zeigte seine weißen Zähne und schlug meine Ängste in den Wind. Kaum war das Motorboot mit Vollgas gestartet, kippte Michel auch schon kopfüber, knallte auf seinen Ski und schlug sich die vormals so strahlenden Zähne aus. Die Zähne waren weg, eine Katastrophe!

Und schon tauchten wir alle – außer ihm – unter schallendem Gelächter ins Wasser und suchten in den Tiefen zwischen Algen und Einsiedlerkrebsen nach seinen Zähnen, während er sich die Hand vor den Mund hielt, nicht mehr reden konnte und vor Scham verging.

Natürlich kam Patrick wieder, und selbstverständlich nahm ich ihn wieder auf. Jugend mußte sich ja schließlich austoben. Außerdem waren meine Versuche eines Wechsels ja nicht gerade sehr positiv verlaufen, die seinen wohl auch nicht, da er wiedergekommen war.

Da ich damals noch keinen besonderen Geschmack fand an Saint-Tropez im Spätsommer, wenn die Tage kürzer werden und das Lärmen einer Stille weicht, die manchmal eine

Art Beklemmung auslösen kann, machte ich mit dem ersten Herbstregen »La Madrague« winterfest, um mich in der Avenue Paul-Doumer einzuigeln. »L'Ours et la Poupée« mußte noch nachsynchronisiert werden, was mir Gelegenheit gab, meine Freunde wiederzusehen und diesen Film, den ich großartig fand, zum ersten Mal anzuschauen. Bravo, Michel Deville, danke, Nina!

Währenddessen zerpflückte Patrick die Anzeigenseiten. Er führte mir sündhaft teure Star-Suiten vor, die er ausfindig gemacht hatte; sie sagten mir überhaupt nicht zu, wenn ich nicht sogar aufschrie angesichts von soviel Häßlichkeit, unerträglicher Angeberei, Luxusprotzerei und Seelenlosigkeit. Auch der Rolls war ihm nicht mehr gut genug, sondern zu klassisch und tuntig, ein Cabrio mußte her. Er wollte auch gleich mit Charles Aznavour, der seinen offenen Schlitten zu verkaufen gedachte, Kontakt aufnehmen. Außerdem schrieb er sich in den Golfclub von Saint-Nom-la-Bretèche ein. Seine Untätigkeit, während ich arbeitete, belaste ihn – beim Golf wäre er zumindest an der frischen Luft.

Mein Gigolo kam mich zunehmend teurer zu stehen.

Im November desselben Jahres 1969 wurde mir die große Ehre zuteil, abermals von den Lesern von »Ciné-Revue« und »Aurore« zur populärsten Schauspielerin gekürt zu werden. Anläßlich der Gala der »24. Nuit du Cinéma« überreichte mir Jo Van Cottom im Théâtre Marigny vor frenetisch und fanatisch jubelndem Publikum die Trophäe des »Triomphe de la Popularité«. Es war das letzte Mal, daß ich mich überreden ließ, persönlich eine der zahlreichen Auszeichnungen, die mir im Laufe meiner Karriere zuteil wurden, entgegenzunehmen.

In den Kulissen traf ich auf Serge Gainsbourg und Jane Birkin, die den »Triomphe du Couple« erhielten. Auf beiden Seiten verborgene, tiefe Rührung, aber als sich mir plötzlich das Herz zusammenzog, war das Lampenfieber, das mich schon allein beim Gedanken an den Auftritt vor anwesendem und leibhaftigem Publikum überfiel, wie weggeblasen. Da Applaus und Ovationen manchmal selbst tiefste Wehmut verdrängen können, nahm ich an jenem Abend den mir zugedachten Preis mit unbändigem Stolz und großer Rührung entgegen.

»Oh, diese Frauen« und »L'Ours et la Poupée« kamen fast zeitgleich in die Kinos. Dadurch vermochte der zweite den ersten in den Schatten zu stellen.

Es gab ein paar unvergeßliche Empfänge bei Paul-Louis Weiller oder Maguy Vanzuilen und Baron de Redé im Hôtel Lambert, wozu Paco Rabanne, dem Motto »Tausendundeine Nacht« gemäß, mir einen winzigen Metallbikini schneiderte, über den er einen schwarzen und transparenten Seidenmousselineschleier drapierte, der nur meine Augen frei ließ. Einfach genial!

Bei dieser Gelegenheit ließ er mich wissen, ich sei in meinem früheren Leben schon immer eine Königin gewesen, die Reinkarnation der trojanischen Helena und auch das Modell, das Botticelli zu seinem »Frühling« inspiriert habe. Vergeblich versuchte ich, mich zu erinnern und in meinem Gedächtnis zu graben. Ich fand keine Bestätigung dafür, aber wenn er es sagte, dürfte es wohl stimmen.

Gestärkt von diesen glorreichen Ahnen und um die recht pariserischen Mondänitäten fortzusetzen, die ich schon kaum mehr verdauen, von denen Patrick aber nicht genug bekommen konnte, nahm ich die Einladung zur neuen Lido-Revue »Grand Prix« auch noch an. Diese Exklusiv-Premiere organisierte Georges Cravenne, der unwiderstehliche Public-Relations-Mann, dem man nicht widerstehen konnte.

Da Schwarz mir so gut stand, griff ich bei »Dorothée Bis« nach einem recht durchsichtigen »kleinen Schwarzen« mit schwindelerregendem Ausschnitt, über dem Po mehr oder weniger gerafft, fast schon einem Fetzen ähnlich, aber die Odalisken-Robe von Paco Rabanne konnte ich ja schließlich nicht wieder anziehen, ergo!

Folglich wurde eine Zigeunerin fotografiert, seziert, kritisiert oder vom »Tout-Paris« attackiert. Am Tisch von Marcel Achard, Christine Gouze-Rénal und anderer auf den klassisch-eleganten Kleidungskodex eingeschworener Persönlichkeiten war ich das skandalöse Abbild einer soeben dem Bade entstiegenen jungen Witwe. Die Bluebell-Girls auf der Bühne waren noch weniger bekleidet als ich, und das fanden alle famos! Das sollte einer verstehen. Ich beschloß, mir beim nächsten Mal, sofern es ein solches geben sollte, mir, wie sie, eine Feder in den Po zu klemmen, nur um die Reaktion dieser Scheinheiligen zu beobachten. Zum Glück gab es kein »nächstes Mal«.

Paris, all seiner Hoffart und all seinen bösen Werken widersagend, willigte ich Patrick zuliebe ein, Weihnachten in Avoriaz zu verbringen, das ich verabscheute. Er wollte Ski laufen, da der Golfplatz zu dieser Jahreszeit gesperrt war. Außerdem hatten Picolette und Lina das Bistro des Hotels, das uns einlud, übernommen. Ich brauchte mich ausnahmsweise einmal um nichts zu kümmern, es wäre eine Abwechslung für mich und erholsam. Für dieses Jahr hatte ich in Méribel nichts gemietet, eingedenk der Quälerei des Vorjahres. Da war mir Phi-Phi d'Exéas Einladung schon lieber, den Februar in der Sonne auf den Bahamas, auf unserem Inselchen Great-Harbour-Cay, zu verbringen. »Hätt' ich's gewußt«, wie's so schön heißt, »wär' ich nicht gekommen.« Dieses »komm doch wieder« wurde zu einer wahren Katastrophe.

Aber vorerst ging es erst einmal um die Weihnachtstage nach Avoriaz. Die wurden auch kein Erfolg, alles andere als das!

Das Hotel ähnelte einer rekonstruierten Höhlengrotte mit abgerundeten Ecken und bienenwabengroßen Fenstern und war ein wimmelnder Bienenkorb voll mit jener Spezies von Urlaubern, vor denen ich gewöhnlich Reißaus nehme.

Picolette mußte das Bistro allein in Gang halten, da Lina mit schwerer Hepatitis eiligst ins Krankenhaus gebracht worden war. Ich mochte Lina sehr und besuchte sie gemeinsam mit Picolette. Sie sah ziemlich angegriffen aus, freute sich aber sehr über meinen Besuch. Stundenlang saß ich bei ihr, umarmte, tröstete und hätschelte sie. Sie war schwach und hatte Angst. Ihr gelblicher Teint, das Fieber und ihr Gesamtzustand beunruhigten mich in höchstem Maße.

Weihnachten wurde trostlos, trotz aller Anstrengungen der Direktion und all der uns zur Verfügung gestellten Tütüs, Spitzhüte und des sonstigen Krams. Ich bemühte mich, den geschmückten Baum, der die ganze Hotelhalle einnahm, nicht zu sehen, ebensowenig die bunten Kugeln, die man lieblos und aufs Geratewohl an die Äste gehängt hatte, und versuchte mir einzureden, dies sei ein Tag wie jeder andere. Ich wollte Picolette wenigstens seelisch eine Hilfe sein; sie war völlig erschlagen von der Arbeit und mußte den ganzen Weihnachtstanzabend allein bewältigen, während Lina im Sterben lag; sie lag nämlich im Sterben. Als ich es nicht mehr aushielt, kürzte ich diesen alptraumhaften Urlaub ab, und schon begann Patrick zu meckern, der überhaupt nicht begriff, wieso es mit seinen Ski-As-Eskapaden ein Ende haben sollte.

Unvergeßlich blieb mir allerdings meine Begegnung mit Papillon. Henri Charrière, dieser ehemalige Bagno-Sträfling, dieser herrliche Kerl, dieser kompromißlose Haudegen, dieser nach unzähligen Schicksalsschlägen und Leid, nach Jahren der Qual rehabilitierte Übeltäter, spazierte zu meinem großen Erstaunen mit seiner Frau durch Avoriaz und erzählte jedem, der es hören wollte, abends am Kamin aus seinem abenteuerlichen Leben.

Ich war fasziniert und fand ihn hinreißend. Ein Symbol des Echten in dieser unechten und aufgemotzten Umgebung. Sein Gesicht war gezeichnet von den Spuren der Schmähungen, die er hatte erdulden müssen, aber sein Lächeln war das eines Kindes, und seine Worte klangen wie die eines Predigers, eines Zauberers, eines Erzengels. Sein Buch bewahre ich sorgfältig auf wie einen Talisman.

In Paris rutschte ich vom Jahr 69 ins Jahr 70 und ahnte noch nicht, daß dieses neue Jahrzehnt mir im Laufe der Tage und Monate meine ganze Familie – alle, die ich liebte – rauben würde, weil sie einer nach dem anderen dahingingen und mich niedergeschmettert vor Trauer und verzweifelt vor Einsamkeit zurückließen.

Ich wußte auch noch nicht, daß ich drei Jahre später dem

Filmgeschäft endgültig den Rücken kehren und einen beschwerlichen und kriegerischen Kreuzzug beginnen würde, den ich bis heute fortsetze.

In der Nacht vom 21. zum 22. Januar 1970 wurde ich um zwei Uhr früh vom Telefon geweckt. Es war Maman, die mir mit tonloser Stimme mitteilte, Mamie habe einen Schlaganfall erlitten. Ich müsse sofort kommen. Ich zog mich eiligst an und überquerte die Avenue Paul-Doumer. Es war saukalt. Meine Großmutter lag gelähmt, aber bei Bewußtsein, quer über ihrem Bett und konnte nicht mehr genügend artikulieren, um sich verständlich zu machen. Der sofort herbeigerufene Arzt ließ uns keine Hoffnung. Maman, die immer ein wenig das von Mutter und Mann verwöhnte kleine Mädchen gewesen war, konnte und wollte es nicht hinnehmen, Waise zu werden – selbst im Alter von achtundfünfzig Jahren nicht.

Ohnmächtig erlebte ich den langsamen Todeskampf meiner heißgeliebten Mamie, die allmählich ins Koma fiel und wenige Stunden später verstarb, ohne das Bewußtsein wiedererlangt zu haben.

Ich hasse den Tod. Ein Leben lang habe ich ihn bekämpft, werde ich ihn bekämpfen, bekämpfe ich ihn – vergebens!

Im Badezimmer nahm ich mir ihren Parfumflakon – »Arpège« von Lanvin –; ich besitze ihn immer noch. Wenn ich daran rieche, finde ich ihren Geruch wieder, sogar ein bißchen sie selbst, dann ist die Erinnerung an sie gegenwärtiger. Ich besitze etliche solcher Flakons von Menschen, die ich besonders geliebt habe. Die Magie der Düfte, für die ich besonders empfänglich bin, beschwört für mich automatisch die Bilder und Erinnerungen herauf, die mit gewissen geliebten Menschen untrennbar verbunden sind.

Der Tod meiner Großmutter war für uns alle ein sehr harter und schwerer Schlag, besonders aber traf er Maman. Wir trugen Mamie zu Grabe auf dem kleinen Meerfriedhof in Saint-Tropez, wo sie mit »Boum« wiedervereint wurde. Ich hoffe, daß sie nicht gleich wieder angefangen haben, sich wegen nichts und wieder nichts zu streiten, wie sie es zu Lebzeiten getan hatten.

Ich half Maman, Mamies Wohnung leerzuräumen. Wir fanden eine Menge Andenken, Fotos, Briefe, Haarlocken von diesem und jenem. Je nachdem, was wir fanden, lächelten wir schon mal unter Tränen. Der größte Teil der Möbel mußte verkauft werden, sie waren zu imposant für Mamans oder meine Wohnung. Und so mußten wir zusehen, wie sich feste Bestandteile unserer Kindheit in alle Winde zerstreuten. Das war schlimm – schmerzte sehr.

Tapompon, Mamies Schwester, und Dada, meine Amme, die fünfzig Jahre in ihren Diensten gestanden hatte, halfen uns dabei. Ich wurde das unangenehme Gefühl nicht los, die Privatsphäre meiner Mamie zu verletzen, in ihrem Leben herumzuwühlen, es zu entweihen.

Ungefähr zur gleichen Zeit erfuhr ich, daß Lina Brasseur gestorben war.

Alles um mich herum war morbide. Ich mußte da raus, mich auf andere Gedanken bringen.

Phi-Phi d'Exéa erinnerte mich an die Reise auf die Bahamas. Und obwohl ich so erschöpft und so deprimiert war, fuhren wir los. Kaum in Nassau angekommen, bekam ich hohes Fieber, Übelkeit und Brechreiz. Doktor White, der schwarz war, diagnostizierte eine Grippe und schickte mir eine ebenso schwarze Schwester mit dem Auftrag, mir mit Antibiotika-Spritzen, die mich völlig umhauten, den Po zu durchlöchern.

Da ich aber Phi-Phi, Patrick und Stéphanie, der hübschen blonden Puppe, die mitgekommen war, die Ferien nicht vermiesen wollte, bestieg ich trotz meines hartnäckigen Fiebers und trotz meiner Schwindelanfälle die kleine Cessna, die uns in Great-Harbour-Cay absetzte, das ich nicht wiedererkannte. Da gab es plötzlich einen Flugplatz mit Kontrollturm, einen Jachthafen voller Luxusjachten, ein elegantes Superhotel, einen 18-Loch-Golfplatz, Taxis mit Klimaanlage, gepflegte Strände mit Bars, Sonnenschirmen und Liegen, Tretbooten, Wasserski – kurzum: ein Greuel!

Curd Jürgens wie auch amerikanische Stars hatten dort ein Anwesen gekauft. Mein kleines Paradies war zum Teufel, war dahin, entstellt. Der kleine Bungalow, das Puppenhaus, das wir im Jahr zuvor bewohnt hatten, war inzwischen verkauft worden. Also landeten wir auf einer Parzelle, wo eines der Häuschen, Typ Phönix, für uns reserviert war.

Mir war alles egal, ich war erschöpft, hatte Fieber, war krank und legte mich sofort ins Bett. Die Hitze brütete, die Sonne brannte mir in die Augen, ich konnte kein Licht mehr ertragen und hatte wahnsinnige Kopfschmerzen, die kein Aspirin zu vertreiben vermochte. Auf der Insel gab es weder Arzt noch Krankenstation, aber Doktor White hatte Phi-Phi ein paar Spritzen mitgegeben für den Fall, daß mein Fieber anhielt. Es hielt an, da es abends auf vierzig Grad stieg. Philippe, der zum Glück Spritzen setzen konnte, verabreichte mir eine Dosis.

Im Gegensatz zum Vorjahr war der Kühlschrank leer, die Mahlzeiten mußten im Clubhaus des Hotels eingenommen werden, das sich am anderen Ende der Insel befand. Ich konnte ohnehin nichts schlucken; das bißchen Tee, das ich schlürfte, kam mir automatisch wieder hoch. Zwei Tage lag ich fast völlig allein, da die anderen am Strand oder im Restaurant waren; ich befand mich in einem Zustand der Benommenheit, den hohes Fieber verursacht, und hatte dazu noch immer anhaltende Kopfschmerzen und mußte ständig erbrechen.

Der telefonisch konsultierte Doktor White ordnete an, die Farbe meines Urins zu kontrollieren. Er war kastanienbraun. Ich mußte schleunigst nach Nassau zurückgeflogen werden, weigerte mich aber, ins Krankenhaus zu gehen, und erhielt somit eine Notversorgung in einem Hotelzimmer, bis ich wieder kräftig genug wäre, um per Flugzeug via Luxemburg nach Paris zurückzukehren.

Ich hatte eine sehr schwere Virushepatitis. Ich hatte mich bei Lina Brasseur angesteckt, als ich ihre Hände gehalten und sie geküßt hatte, da gewisse Formen von Hepatitis durch Schweiß oder Speichel übertragbar sind.

Lina war daran gestorben! Ich würde ebenfalls sterben, hier in diesem Hotel, fern von allem, erschöpft und ohne richtige Pflege und Betreuung. Durch das Dröhnen meiner Ohren hindurch hörte ich meine Mamie mich zu sich rufen: »Komm, meine Schwalbe, ich sehne mich nach dir!«

Ich delirierte und wehrte den Tod in unverständlichen Selbstgesprächen ab. Man verfrachtete mich in ein Flugzeug. Ich schlief während des gesamten Flugs und nahm nichts wahr. Von Luxemburg aus flog mich eine Privatmaschine nach Paris, da ich eine stundenlange Autofahrt nicht hätte ertragen können. In der Avenue Paul-Doumer erwarteten mich schon Maman, mein Bett und mein Hausarzt, der die Dinge in die Hand nahm. Jetzt konnte ich beruhigt sterben ... Hier war ich gut aufgehoben, in Sicherheit, umgeben von der Liebe und der Zärtlichkeit derer, die ich liebte.

Ich starb nicht, Gott sei's gedankt, mußte aber fast zwei Monate lang das Bett hüten. Ich verlor, obwohl ich alles andere als mollig war, zehn Kilo Gewicht und war nur noch ein zitronengelbes Gerippe, eine leibhaftige Vogelscheuche. Und zu allem Überfluß bekam ich auch noch Mumps, den wohl mein Arzt eingeschleppt hatte.

Patrick, den Todesangst überkam, weil er fürchtete, sich irgendeinen Bazillus einzufangen, schaute nur sporadisch herein, wenn er etwas Taschengeld brauchte, und als er dann auch noch vom Ziegenpeter hörte, der angeblich impotent macht, verschwand er fast völlig von der Bildfläche.

Ich hatte schon Schlimmeres erlebt und sparte mir meine Kräfte für meine Genesung auf. Nur mühsam ging es mit mir aufwärts, meine Rekonvaleszenz zog sich hin, und eine Zeitlang blieb ich sehr geschwächt.

In der Öffentlichkeit zeigte ich mich zum ersten Mal wieder am 17. April, um mit Raymond Gérôme die alljährliche und nun schon siebenunddreißigste Gala der »Union des Artistes« im »Cirque d'Hiver« zu eröffnen und anzusagen. Diese Galaveranstaltung wurde vom Fernsehen übertragen. Papa ging regelmäßig hin.

Einen Abend lang traten Schauspieler, Sänger und Komödianten anstelle der üblichen Akrobaten, Clowns, Dompteure, Trapezkünstler, Kunstreiter und Zauberer auf. Der Reinerlös aus dieser einmaligen Veranstaltung kam dem Altersheim für Schauspieler am Pont-aux-Dames zugute.

Das Training war anstrengend, die Proben waren lang und strapaziös, und die Nummern dieser Zirkusdarbietungen fielen zuweilen gefährlich aus für Leute, die für gewöhnlich eine solche Tätigkeit nicht ausübten. Ich erinnere mich noch gut an eine Nummer von Jean Marais am fliegenden Trapez, als ich noch jung und unbekannt war und Papa mich mitgenommen hatte; und ebenso an das Ballett »Schwanensee«, das Robert Hirsch im weißen Tüllröckchen tanzte und dabei die Spitzen seiner Satinschühchen in ein Wasserbecken tauchte, das als See auftrat.

Meine Freunde aus dem Haus »Réal« nähten mir für diesen Anlaß einen weißen Frack mit Schwalbenschwänzen. Dazu trug ich einen weißen Zylinder. Raymond Gérôme, der ganz in Schwarz zu sein hatte, spielte die Rolle von Monsieur Loyal, dem Zirkusdirektor. Ich war noch sehr schwach, sehr matt und so mager, daß ich diesen herrlichen maßgeschneiderten Frack später leider nie mehr anziehen konnte.

Mama Olga war besorgt, weil kaum noch Filmangebote für mich eingingen. Obwohl »L'Ours et la Poupée« ein Erfolg gewesen war, hingen mir »Shalako« und »Oh, diese Frauen« noch wie Klötze am Bein. Als daher André Génovès, ein Produzent, den ich gut kannte, auf die Idee kam, mich mit Annie Girardot in der Komödie »Les Novices« [»Die Novizinnen«] einzusetzen, fand Mama Olga diesen Vorschlag großartig und beschwor mich anzunehmen.

Die Idee zu diesem Film war in der Tat gut, nur der fertige Streifen leider nicht! Ganz und gar nicht! Schade, denn das Gespann Annie–Brigitte war sympathisch, die schwache Story hätte aufgewertet werden können, wenn der Regisseur, ein gewisser Guy Casaril, Talent gehabt hätte.

Schon die Dreharbeiten waren ein einziges Durcheinander. Die Dialoge waren im letzten Moment geändert worden, das dürftige Regiekonzept war völlig konfus und hatte weder Hand noch Fuß. Annie und ich zogen am gleichen Strang und rauften uns die Haare angesichts des eindeutig überforderten Guy Casaril. Dabei verfügten wir beide doch immerhin über eine gewisse Berufserfahrung, aber selbst der fähigste Schauspieler kann eben nur sein Bestes geben, wenn er geführt wird. Eine Armee ohne General oder ein Orchester ohne Dirigent erbringen ähnliche Ergebnisse.

Glücklicherweise hatte ich Claude Lecomte als obersten Kameramann durchsetzen können; er hatte bei »L'Ours et la Poupée« so schöne Bilder gemacht. Wenn die Story schon nichts taugte, wären zumindest die Aufnahmen schön.

Annie und ich standen uns während dieses Films sehr nahe. Beide befanden wir uns psychisch in einer recht prekären Lage, waren innerlich aus dem Gleichgewicht gebracht: Mein Verhältnis zu Patrick hatte sich nicht gebessert, und zwischen ihr und Bernard Fresson stand es auch nicht zum besten. Manchmal kam sie mit einem blauen Auge daher, während ich meine durch nächtliches Weinen verquollenen Augen hinter einer schwarzen Sonnenbrille versteckte. Ein fröhliches Gespann!

Die abgedrehten Sequenzen, von denen wir abends die Muster zu sehen bekamen, waren miserabel. Wir steuerten auf eine Katastrophe zu; ich vertraute mich Annie an, die im Einverständnis mit mir das Ende dieses Massakers beschloß. Entweder bekamen wir einen neuen Regisseur, oder wir brachen die Dreharbeiten ab.

Und schon hatten wir den Skandal. Wer würde schon Hals über Kopf diesen Mist weitermachen können oder wollen? André Génovès wurde schier verrückt. Er fragte bei Hinz und Kunz an, auch bei Vadim, doch niemand war frei, vor allem aber war jeder auf der Hut. Im kritischsten Augenblick, als der ganze Film auf der Kippe stand, sprang Claude Chabrol ein: Er kam uns zu Hilfe und erklärte sich bereit, den Film zu Ende zu führen.

Mit dem französischen Film ging es unweigerlich bergab,

bis hin zu dem Tiefpunkt, an dem er sich derzeit befindet. Unglaublich, daß ein Produzent mit zwei Schauspielerinnen wie Annie und mir nicht in der Lage war, einen ansehnlichen Film zu drehen, der immerhin auf einer pfiffigen Story mit schlagkräftigen Dialogen beruhte. All dieses Wischiwaschi, die mangelnde Professionalität und fehlende Substanz machte mich rasend, denn schließlich riskierte ich unfreiwillig meine Karriere. Sollte ich mich vielleicht noch einmal in die Pfanne hauen lassen? Allmählich kotzte dieses Metier mich an, das sich irgendwie auch meiner zu entledigen suchte. Ich gebe ja zu, daß ich es manchmal mit den Dingen nicht so genau nehme, aber gerade weil ich so bin, müssen andere es ganz genau nehmen.

Während Chabrol sich bemühte, die Einzelteile dieses verrückten Puzzles mit den »Novizinnen« notdürftig zusammenzusetzen, begann Robert Enrico – der unvergeßliche Regisseur von »La Rivière du Hibou« [»Die Brücke über den Eulenfluß«] – mit den Vorbereitungen zu »Boulevard du Rhum« [»Die Rum-Straße«], einem ernsthaften, professionellen, langen und schwierigen Film, in dem Lino Ventura spielen sollte. Mir wurde die Rolle des amerikanischen Stummfilmstars Linda Larue angeboten, Idol, Muse und Traum des Seefahrers Cornelius.

Das war verlockend, vor allem nach der Katastrophe des Films »Novizinnen«, die mittlerweile auf ihr Ende zusteuerte. Der einzige Haken daran war nur, daß einen Monat lang in Almería und dann drei Wochen in Mexiko gedreht werden sollte. Nach den Außenaufnahmen waren dann noch Innenaufnahmen im Studio »Saint-Maurice« vorgesehen.

Ich erbat mir das Drehbuch; schließlich war ich ja ein gebranntes Kind. Es war toll: witzige Dialoge in einer Abenteuerstory zur Zeit der Prohibition, meine Rolle war köstlich charmant, voll neckischer Facetten, und singen durfte ich auch noch.

Aber es hieß, die Anker zu lichten und für zwei Monate ins Ausland zu gehen. Das mußte ich mir erst noch überlegen.

Olga verwandelte sich in eine Lokomotive. Tag und Nacht machte sie mir Dampf. Ich solle doch endlich zusagen! Sie hatte ja recht! Aber schließlich mußte nicht sie wieder einmal ins Ausland reisen. Ich redete mit Annie darüber, die mir ebenfalls zuriet. Das sei doch eine Chance, meinte sie, die Scharte, die wir uns gerade geleistet hatten, durch einen guten Film wieder wettzumachen. Ihr wäre eine solche Chance sehr lieb gewesen, und daher verstehe sie nicht, wieso ich zögerte. Kurzum: Ich unterschrieb den Vertrag für »Die Rum-Straße«, der einer meiner besten Filme werden sollte. Damals wußte ich es nur noch nicht.

Während dieser ganzen Zeit verlustierte Patrick sich im »Racing«, diesem eleganten und privaten Club im Herzen des Bois de Boulogne. Golf allein befriedigte ihn nicht mehr; er hatte mich gebeten, ihm die Mitgliedschaft im »Racing« zu schenken, dann könne er endlich im Olympiabecken schwimmen, Tennis spielen und sich bräunen, falls die Sonne schiene. Wenn wir uns abends in der Avenue Paul-Doumer trafen, war er groggy vom Schwimmen, vom Tennis und der Sonne, und ich restlos k.o. von diesen verdammten Dreharbeiten zu dem nach wie vor haarsträubenden Film.

Da ich mich im Großraum Paris bewegte, machte ich so oft wie möglich einen kleinen Abstecher nach Bazoches. Eine meiner Hündinnen war eines Morgens ohne erkennbare Verletzungen tot aufgefunden worden. Ich war verzweifelt. Was war passiert? Armes Tierchen, das im Heim schon so gelitten hatte und nun hier bei mir verenden mußte. Ich machte mir Vorwürfe. Aber das war noch längst nicht alles, es sollte noch schlimmer kommen.

Als ich eines Abends vom »Fetzen-flicken-Drehen« nach Hause kam, sprang Guapa mir nicht wie üblich entgegen. Als ich in meinem Erstaunen nach Madame Renée rief, sagte sie mir, Guapa sei auffallend müde gewesen und liege in der Küche. Sie holte sie, während ich mir im Bad die Hände wusch.

Plötzlich hörte ich sie rufen: »Madame, Madame, schnell, Guapa stirbt!«

Mit einem Satz war ich bei ihr. Schlaffer als eine Stoffpuppe hing Guapa in Madame Renées Armen. Behutsam drückte ich meine kleine Hündin ans Herz, sie warf mir noch einen von der Ohnmacht bereits verschleierten letzten Blick zu, dann wurde ihr Blick starr, und das Herz setzte aus. Lange stand ich da, drückte den kleinen leblosen Körper, sprach leise auf sie ein, wiegte sie im Tod, wie ich sie im Leben gewiegt hatte. Ich spulte die Zeit zurück und erinnerte mich an diese dreizehn Jahre mit ihr, an diesen Lebensabschnitt, den sie für immer mit sich fortnahm, an diese unersetzliche Liebe, die sie mir immer geschenkt und die ich zu erwidern versucht hatte.

Der Tod verfolgte mich. Seit Jahresbeginn hatte er mir bereits meine Mamie, Lina und jetzt auch noch Guapa, mein kleines Mädchen, meine treue Seele, meine kleine Gefährtin in guten, aber vor allem auch in schlechten Tagen genommen.

Etliche Stunden später mußte man mir den starren kleinen Körper meiner Guapa schier aus den Armen reißen. Jetzt war ich ganz allein.

Maman war mit Papa in Saint-Tropez. Patrick war wer weiß wohin verschwunden. Michèle und Madame Renée versuchten vergeblich, mich in meinem Schmerz zu trösten.

Am nächsten Morgen fuhr Guapa in einem Holzkistchen auf den Armen von Michèle und Madame Renée nach Bazoches. Ich fühlte mich zu schwach, um mitzufahren. Guapa würde in Bazoches-Erde gebettet werden, die ihren langen Schlaf für immer behüten wird. Seitdem ist der kleine Tierfriedhof unter den Apfelbäumen leider ständig größer geworden; im Laufe der Jahre starben viele meiner kleinen Lebensgefährten auf grausame Weise.

Immer wieder drängte sich mir der Gedanke auf, daß Guapa eine unmenschliche Anstrengung vollbrachte, indem sie wartete, bis ich wieder zu Hause war und dann erst starb. Noch heute – fünfundzwanzig Jahre nach ihrem Tod –

verspüre ich die Leere, die sie hinterließ; sie fehlt mir, trotz der vielen heißgeliebten Hunde, die seitdem mein Leben geteilt haben. Ihr Grab ist auch heute immer noch blumengeschmückt, doch gibt es ringsherum – leider – noch ganz viele andere. Wenn ich dort stehe und an all jene denke, die in dieser Erde liegen, dann wird mir schmerzlich bewußt, daß eines jeden Tod mir ein Stück aus dem Herzen gerissen, mir einen Teil meines Lebens entrissen hat.

Doch das Leben ging weiter. Kurz vorher hatte ich eine sehr schöne dreihundert Quadratmeter große Maisonette-Wohnung in den zwei obersten Stockwerken eines Hauses am Boulevard Lannes besichtigt; überall baumbepflanzte Terrassen, eine prachtvolle, unverbaubare Aussicht mit dem Bois de Boulogne auf der einen, den Dächern von Paris und dem Eiffelturm auf der anderen Seite.

Wenn ich es mir recht überlegte, hing ich gar nicht mehr so sehr an der Avenue Paul-Doumer; ohne Guapa erschien mir die Wohnung plötzlich leer, trist und seelenlos. Außerdem waren zu viele ungute Erinnerungen mit ihr verbunden. Ein Tapetenwechsel würde mir vielleicht guttun, zumindest käme ein großes »Ausmisten« dabei herum.

Patrick war außer sich vor Freude. Endlich hatte er die meinem Starruhm entsprechende Prestige-Wohnung, in der wir Gott und die Welt empfangen könnten. Vorerst gab es noch viel zu tun, außen wie innen. Auf der Terrasse des elften Stocks wollte ich einen Holzpavillon bauen und darin unser Schlafzimmer einrichten lassen, mit Panoramafenstern auf den herrlichen hängenden Garten hinaus. Wenn schon, denn schon; wenn schon Tapetenwechsel, dann auch richtig und ohne zu knausern.

Ich sparte an nichts. Plötzlich lechzte auch ich, ganz gewiß von Patrick beeinflußt, nach Modernem mit klaren Linien, was in völligem Widerspruch stand zu meinem eigentlichen Geschmack. Ein Nobel-Dekorateur mußte her, da ich mich – entgegen meiner Gewohnheit – um solch ein gewichtiges Bauvorhaben nicht selbst kümmern konnte. Ich ließ einen Kostenvoranschlag machen und suchte einen Innenarchitekten aus, der sich als Niete erwies. Ich wußte genau, was ich wollte, und wer damit nicht einverstanden war oder es nicht kapierte, flog augenblicklich. Den Innenarchitekten wechselte ich zwei- oder dreimal und bedauerte den Zeitverlust und das zum Fenster hinausgeworfene Geld. Dann überließ ich die Sache sich selbst und fuhr nach Saint-Tropez, um in »La Madrague« etwas Sonne zu tanken, bevor ich mich auf den langen und beschwerlichen Weg über »Die Rum-Straße« begeben mußte.

Kaum waren wir angekommen, befand Patrick, daß »La Madrague« auch einen kleinen Aufputz vertragen könnte. Nicht nur sei mein Bad zu klein, ich hätte nicht einmal ein Ankleidezimmer, ganz zu schweigen von dem fehlenden Pool und den spartanischen Gästezimmern, und die Zentralheizung mit Kohlefeuerung sei ja geradezu vorsintfluchtlich!

Im Grunde hatte er nicht unrecht. Andererseits, wozu ein Ankleideraum, wenn ich doch nur hierherkam, um halbnackt den Sommer zu verbringen? Wozu einen Swimmingpool, wenn doch das Meer direkt vor unseren Füßen lag? Wozu eine moderne Zentralheizung, wenn wir im Winter doch nie herkamen?

Da mir sein tägliches Bohren auf die Nerven ging, rief ich schließlich einen Freund an, den Architekten und Dekorateur Roger Herrera, und bat ihn, mir seine Ideen und Vorschläge zu unterbreiten. Jean und Simone Bouquin fanden die Idee großartig, die Inneneinrichtung werde zwar verändert, der Charakter des einmaligen und unverwechselbaren Hauses bliebe dagegen erhalten. Auch andere Freunde, wie Pierre und Nelly Maeder, er vielgefragter Immobilienmakler, sie tolles Top-Model, beide schon lange zu meinem engeren Freundeskreis gehörend, rieten mir ebenfalls dringend, »La Madrague« mit dem für heutige Verhältnisse unentbehrlichen modernen Komfort auszustatten. So ganz nebenbei lag das auch in ihrem Interesse, da ich schon zehnmal das Haus durch Pierre hatte verkaufen lassen wollen und es mir ebensooft wieder anders überlegt hatte. Falls es ein elftes Mal geben sollte, würde ein nicht allzu sehr von der Norm abweichendes Haus sich leichter verkaufen lassen.

Ich begutachtete die Pläne, genehmigte die Kostenvoranschläge und unterschrieb einen Scheck über ein Drittel der Kosten, die ich mir aufhalste, was nicht gerade unerheblich war in Anbetracht dessen, was mich in Paris für den Boulevard Lannes erwartete. Es war, als wollte ich mich häuten und in eine völlig neue Haut schlüpfen.

Herrera verpflichtete sich ausdrücklich, mir »La Madrague« im März 1971 in einem völlig neuen Gewand zu übergeben; die Arbeiten sollten während des Winters ausgeführt werden, Ehrenwort! So hätten zumindest die Hunde Gesellschaft, sie könnten die Arbeiter in den Hintern beißen und beim mittäglichen Imbiß ein paar zusätzliche Happen ergattern.

Heutzutage lebe ich fast das ganze Jahr über in »La Madrague«, mit Ausnahme des Sommers, und ich danke dem Himmel, daß ich diese Umbauten veranlaßt habe, denn sonst hätte ich nie den Winter über hier sein oder meinen Hauptwohnsitz nach Saint-Tropez verlegen können.

Im Kreise eines großen Teils des Drehteams bestieg ich an einem regnerischen Oktobermorgen das Flugzeug nach Málaga via Madrid. Ziel der Reise sollte – schon wieder! – das Hotel »Aguadulce« in Almería sein. Dort fanden sich ein: Dédette mit ihrem Sohn Jean-Pierre, mein Friseur, beladen mit einem Karton voller herrlicher Perücken, die ich im Verlauf des Films alle tragen würde, Assistenten, Script-Girl und Kostümbildnerin, aber keine meiner Amazonen. Und kein Patrick.

Wir waren wieder einmal aneinandergeraten, er wollte später nachkommen, vorher noch seine Freunde besuchen, die Umbauarbeiten beaufsichtigen. Er zählte alle nur erdenklichen Gründe auf, um mich nur ja nicht in dieses gottverlassene Nest Almería begleiten zu müssen.

In Málaga geleitete uns eine Armada von Wagen zwei Stunden lang über die heikle Straße nach Almería, wo ich zu vorgerückter nächtlicher Stunde im Hotel »Aguadulce« eines der Zimmer im obersten Stock wiederfand, wo sich bei den Dreharbeiten zu »Shalako« mein skandalöser Nachtclub befunden hatte. Aber nun fand ich einen Hafen des Friedens, in den ich zu einem regenerierenden, traumlosen Schlaf einlief.

Wir drehten ausschließlich unter freiem Himmel, oft auf einem am Quai vertäuten Schiff, dann wieder auf demselben Schiff auf hoher See.

Robert Enrico ist ein sympathischer Mann, mit dem ich mich gut verstand. Er besitzt den seltenen Vorzug, über Talent zu verfügen und sein Metier zu beherrschen. Er ist gewissenhaft und genau, wodurch ihm ein perfekter Film gelang, bei dem kein Detail dem Zufall überlassen wurde.

Mit Lino Ventura, der mich merkwürdigerweise an Gabin erinnerte, konnte ich nur schwer warm werden; Lino, der Einzelgänger, mischte sich nie unters Volk. Kaum war das Drehen beendet, verschwand er grußlos; er war introvertiert und schien in Gedanken immer woanders. Wenn wir bei unseren Streifzügen auf der Suche nach einem einigermaßen annehmbaren Restaurant auf Lino stießen, dann saß er allein am Tisch und studierte die Speisekarte. Auf dem Umweg über seine Suche nach einer Delikatesse kam ich diesem enttäuschten Gourmet allmählich etwas näher. Dédette, die ständig ans Essen denkt, war mir in gastronomischer Hinsicht eine große Hilfe. Und mein Friseur Jean-Pierre war – ebenso wie Lino – ein leidenschaftlicher Tarot-Spieler. Durch Gaumenfreuden und Kartenspiel gelang es mir, dieses im Grunde seines Wesens so liebenswerte wie verletzliche Rauhbein Lino Ventura ein wenig zu zähmen.

Er reagierte dermaßen allergisch auf Menschen, daß er sich vertraglich ausbedungen hatte, zu keiner Liebesszene, zu keinem Kuß auf den Mund einer seiner Partnerinnen verpflichtet zu sein. Dies beweist, daß man sehr wohl einen Abenteuer- und Liebesfilm drehen kann, ohne dem Publikum die häufig kaum erträglichen, weil peinlichen voyeuristischen Szenen aufzuzwingen. Da wir beim Thema sind, will ich die Gelegenheit nutzen und erklären, daß ich sehr froh bin, zu einem Zeitpunkt mit dem Filmen aufgehört zu haben, bevor das Talent der Darsteller daran gemessen wurde, wie weit sie unter dem komplizenhaften Auge einer voyeuristischen Kamera die Beine spreizten oder ob sie sich den Pimmel und alles übrige abschlecken ließen.

Obwohl ich einmal als Sex-Symbol galt, verbot mir mein Schamgefühl derartige Stilübungen. Diese Zurschaustellung von menschlichem Fleisch widert mich an. Die Suggestion bleibt, wie ich meine, der aufregendste Beweis dafür, daß die Phantasie stimulierender ist als das Sehen selbst.

Eines schönen Tages im November tauchte Patrick auf. Ich hatte mich inzwischen daran gewöhnt, auf ihn zu verzichten.

Die Dreharbeiten zu diesem Film haben mir viel Spaß gemacht, trotz so mancher Mißhelligkeiten: das Wetter, das aufgewühlte Meer, meine ewige Seekrankheit, der mehr oder minder problemlose Umgang mit allen Beteiligten. Zum ersten Mal stellte ich wirklich eine andere Person dar, jenen launischen, koketten, anspruchsvollen, verwöhnten und oberflächlichen Stummfilmstar, aber irgendwo entsprach sie mir. Himmlisch, diese Mimik, das Klimpern mit den Wimpern, das ostentative Schmachten und Schwelgen in Gefühlen, die aufgesetzt, aber naiv waren.

Ich werde mich immer an jenen 9. November 1970 erinnern, als Dédette mir in dem als Garderobe dienenden Wohnwagen meine Schminke erneuerte, Jean-Pierre meine blonde Lockenperücke zurechtzupfte und plötzlich ein lächelnder Patrick auftauchte und erklärte: »De Gaulle ist gestorben.«

»Was? Du machst wohl Witze?«

»Nein« (Lachen). »De Gaulle ist tot!«

Ewig werde ich mich an dieses dämliche und entzückte Gesicht erinnern, mit dem er mir diese Katastrophe verkündete, die mich erschütterte. Dieser außergewöhnliche Mann, dieser vorbildliche Soldat, dieser unersetzliche und immer noch unersetzte Staatschef sollte tot sein? Ließ uns irgendwie verwaist zurück? Und dieser Esel von Patrick fand das komisch?

Ich glaube, an diesem Tag begann ich ihn zu hassen und zu verachten, was kurz darauf zum endgültigen Bruch führte.

Der Tod de Gaulles war für mich, so merkwürdig das klingen mag, ein schwerer Schicksalsschlag. Er war ein Teil meiner Familie, da er das Oberhaupt meiner Nation war und nicht irgendein Oberhaupt wie all die anderen, die danach kamen. Er war der »Chef«.

Ich flatterte weiter in meinen buntschillernden Gewändern zwischen Lino Ventura, Clive Revill und Guy Marchand, sang und tanzte mir meine Sehnsüchte von der Seele, während mein Herz Trauer trug wegen der Undankbarkeit meiner Nation.

Die Dreharbeiten wurden in Paris fortgesetzt, das Programm umgestellt: Die Studioaufnahmen kamen vor den Außenaufnahmen in Mexiko. Ich hatte mich wieder mit Patrick gestritten und befand mich während der Dreharbeiten in einem schrecklich deprimierten Zustand. Ich hatte wieder abgenommen, und meine Kleider flatterten schlaff um meinen Körper wie Segel, in die kein Wind fährt. Patrick war über Weihnachten nach Chamonix gefahren, und daher irrte ich am Samstag, dem 24. Dezember, ein wenig verloren durch die Studios »Saint-Maurice«.

Da erschien plötzlich Jean Bouquin mit zwei Flugtickets nach Nizza. Er wolle seine Frau Simone und seine Tochter Valérie in Saint-Tropez besuchen, und wenn ich Lust hätte, könne ich mitkommen zu Maman und Papa, das sei doch gescheiter, als an diesem Weihnachtswochenende allein zu bleiben.

Ich habe mich immer gefragt, wie Jean Bouquin während unserer lebenslangen Freundschaft immer meine Gedanken lesen, immer meine geheimsten Wünsche, meine verborgensten Sehnsüchte vorausahnen konnte.

So erschien ich unangemeldet, aber sehnlichst erwartet, an jenem Weihnachtsabend 1970 in »La Pierre Plantée« in

Saint-Tropez bei meiner Familie. Ich tauchte so unverhofft auf, daß Papa und Maman vor Rührung weinten. Ich hatte kein Geschenk für sie, aber mein Besuch war ihnen mehr wert als alle Geschenke der Welt. Bis zum Sonntagabend, an dem ich mit Jean Bouquin wieder ins Flugzeug stieg, um Montag morgen planmäßig zu drehen, kuschelte ich mich in dieses unersetzliche Familienglück, in dieses Wohlbehagen im Schoße der Familie. Diese mit den Dreharbeiten von Filmen verbundenen Zwänge haben mich leider ein Leben lang des Wesentlichen beraubt. Daß mir in meinem Privatleben so vieles mißlang, ist darauf zurückzuführen, und auf die herzliche, wärmende Nähe meiner Eltern mußte ich erst recht verzichten.

In einem berühmten Club am Rond-Point der Champs-Elysées feierte ich den Übergang vom Jahr 1970 ins Jahr '71 im Kreise eines Großteils meiner Amazonen, Robert Enricos, der nicht mehr wußte, wo ihm der Kopf und das Herz standen, Jean Noël Grindas, der mich auf den Armen bis zu meinem Wagen trug, Stéphanies, des blonden Püppchens, das mich ein Stück Weges begleiten sollte, sowie einer großen Schar Verehrer, die darauf lauerten, Patricks Platz einzunehmen, der unklugerweise durch Abwesenheit glänzte.

Maman hatte mir einmal gesagt, der Mitternachtskuß in der Silvesternacht vereinige die, die ihn sich geben, oder trenne die, die sich an diesem Abend meiden. Wieder einmal hatte sie recht. Da ich Patrick um Mitternacht nicht küßte, weil Hunderte von Kilometern uns trennten, steuerten wir unweigerlich auf den Bruch zu. Aber das wußte ich damals noch nicht.

Kurz vor meiner Abreise nach Mexiko trug mir Mama Olga ein neues Projekt vor: ein Film mit Claudia Cardinale im nächsten Sommer mit Drehort Madrid und dem Titel »Les Pétroleuses« [»Petroleum-Miezen«].

Ehrlich gestanden war ich dieses Globetrotter-Metier allmählich leid.

Das Sprichwort sagt: »Sich regen, bringt Segen.« Ich hingegen träumte davon, nichts mehr zu tun, das Leben endlich einmal ein wenig zu genießen, und zwar jene Art zu leben, die ich seit frühester Jugend entbehrte. Nie fand ich die Zeit, etwas zu unternehmen, immer gab es Zwänge, die all meine Pläne über den Haufen warfen.

Wieder einmal mußten die Anker gelichtet werden, und los ging's mit einer Boeing 747; Carole und Stéphanie, zwei meiner Amazonen, hatte ich mitgenommen, indem ich mein Erste-Klasse-Ticket gegen drei Plätze in der Touristen-Klasse eingetauscht hatte; so konnte ich das Einsamkeitsgefühl, das mir im Magen, im Herzen, im ganzen Körper saß, ein wenig verdrängen. Den ganzen Flug über spielten wir Scrabble mit dem Scriptgirl, einer intelligenten und hinreißenden Person, die mir anfangs durch ihre unerbittliche Autorität Schrecken eingeflößt hatte, sich dann aber als treue, verständnisvolle und liebevolle Freundin entpuppte. Man darf eben nie dem äußeren Schein trauen.

Am Flughafen von Mexiko empfing mich eine Mariachi-Band, und dann ging's schnurstracks mitsamt meinem Braintrust zum Hotel »Luma«, das mich bereits zur Zeit von »Viva Maria« beherbergt hatte. Ich bewegte mich also auf vertrautem Terrain, was für mich sehr wichtig ist. Mit Wonne hielt ich mich wieder in diesem grandiosen Mexiko auf, das mich schon zur Zeit von »Viva Maria« so fasziniert hatte, das ich aber im Grunde kaum kannte.

Am Abend vor unserem Start nach Vera Cruz kam Patrick daher. Ich erwartete ihn nicht mehr, brauchte ihn nicht mehr. Aber da er nun schon einmal da war, konnte er bei einer Verfolgungsjagd in Autos von 1925 mit meinen beiden Amazonen einen cleveren Statisten abgeben.

In Vera Cruz entdeckte ich, daß Traumnamen nicht unbedingt mit Träumen identisch sind. Mit Ausnahme des »Zócalo«, dem zentralen Platz einer Stadt oder eines Dorfes, wo die Mariachis geduldig auf ein Engagement für den Abend warten und den man sich bunter und typischer gar nicht vorstellen kann, war alles übrige, der Hafen, die Stadt und der Rest, von abscheulicher Häßlichkeit und hatte nicht die geringste Ähnlichkeit mit dem, was man sich vorstellt, wenn man den Namen Vera Cruz hört. Unser Hotel glich eher einer seit dem vorigen Jahrhundert verlassenen und nur schleunigst wiederhergerichteten Kaserne, um einer Einheit senegalesischer Infanteristen Unterstand zu bieten. Aber im Krieg muß man sich eben damit abfinden.

Täglich schluckten wir »Cequinil« gegen Malaria, die einen in allen tropischen Ländern latent bedroht, sowie »Iodoquine«, um uns gegen Amöbenruhr und andere gefährliche Durchfälle zu schützen, die unbekümmerte Reisende auf fatale Weise zu Boden strecken.

Die Hitze war unbarmherzig, von Komfort keine Spur, der Dienstplan war militärisch, und dennoch gelang es mir, immer elegant, geistreich, hübsch, frisch und witzig aufzutreten. Manchmal geschehen Wunder.

Als die Dreharbeiten in Mexiko beendet waren, wollte Patrick noch mehr von diesem Land sehen. Er mietete einen amerikanischen Schlitten und packte Jean-Pierre, meinen reizenden Friseur, Stéphanie, Carole und mich hinein für eine kleine Besichtigungsreise durch das Land.

Dabei lernte ich Yvonne und Richard Wilky kennen. Sie war Mexikanerin, er Diplomat, sie luden uns ein und zeigten uns die verborgenen Schätze dieses Landes mit den tausend Facetten. Sie charterten sogar ein kleines Flugzeug, flogen für zwei Tage mit uns in ein kleines Dorf am Meer, wo eines der modernsten und komfortabelsten Hotels den ganzen obersten Stock für uns reserviert hatte und wir in einem privaten Swimmingpool baden und gleichzeitig die atemberaubende Aussicht genießen durften.

Und so übernachteten wir auch in Taxco, der Stadt der Silberminen, bei einer alten Engländerin, die Zimmer vermietete. Wir lernten den Charme einer privaten Hazienda kennen und kamen gleichzeitig in den Genuß eines Komforts, auf den die Engländer nie verzichten. Das Breakfast war köstlich, der gereichte Tee bestand aus einer Mischung von Darjeeling und Earl Grey, mit einem Duft, wie ich ihn schon lange nicht mehr erlebt hatte. Dazu Buns, Cakes und Toasts mit Bitterorangen-Marmelade. Das war etwas anderes als der starke Geruch von Tapas, Pimentos, Tortillas und Chili con carne, die wir tagtäglich aßen.

Yvonne und Richard waren für mich lange sehr liebe Freunde: Immer wieder, wenn sie nach Frankreich kamen, trafen wir uns – bis zu jenem Tag, an dem sie sich trennten. Dieser Bruch brachte dann leider auch uns auseinander.

Die Rückkehr nach Frankreich fiel nicht gerade lustig aus. Ende Januar herrschte ein Sauwetter, alles war grau, schmutzig und eng. Sogar die Avenue Paul-Doumer erschien mir winzig, und Madame Renée kam mir verschrumpelt vor. Die Passanten auf den glitschigen Trottoirs, dicht an dicht, blickten grau, düster, finster drein. Die Häuser mit ihren trostlosen, feuchten Fassaden, an denen schmutziges Wasser herunterlief, sahen abweisend aus.

Patrick, an Luxus und Unabhängigkeit gewöhnt, erklärte sofort, nun fahre er in einen Wintersportort, wo seine Eltern eine Wohnung gemietet hatten. Und was war mit mir? Mich gab's wohl gar nicht mehr? Auch ich hatte in Méribel ein Chalet gemietet, was sollte ich jetzt damit?

Das sei mein Problem, nicht seines, antwortete er mir – und weg war er.

Diesmal reagierte ich anders. Der würde keinen Fuß mehr in mein Haus setzen. Ich hatte die Schnauze endgültig gestrichen voll von ihm.

Den Boulevard Lannes, den hatte ich vergessen. Der mich jedoch nicht, denn auf meinem Schreibtisch stapelten sich die Rechnungen, die für die Arbeiten in dieser Wohnung und in »La Madrague« zu begleichen waren.

Das erinnerte mich an Papa und die Zahltage in seiner Fabrik. Und an seine Laune. Ich war genauso wie er und immer für alles allein verantwortlich. Und mein Gigolo war auf und davon!

Am ersten Februar wollte ich Mamans neunundfünfzigsten Geburtstag mitfeiern. Das schönste Geschenk, das ich ihr machen konnte, wäre die endgültige Trennung von diesem Nichtsnutz, diesem widerlichen Kerl, den sie haßte. Ich versicherte ihr, dieser Wunsch werde erhört, aber sie glaubte mir nicht.

Dann stürzte ich mich in eine Phase totaler Betäubung, trommelte den Rest meiner Amazonen als Verstärkung zusammen, außerdem Jean und Simone Bouquin, Jicky und Anne, Michel Duchaussoy und seine Freundin Martine, die bei »Réal« arbeitete und mit der ich mich gut verstand; wir gingen jeden Abend aus und landeten spät in der Nacht bei »Castel«, um den Abend zu beschließen. Phi-Phi, den wir zufällig nachts in einer Bar aufgegabelt hatten, vergrößerte unsere Truppe von Nachtschwärmern.

Zwischen zwei schlaflosen Nächten unterschrieb ich den Vertrag für die »Petroleum-Miezen«, um Olga eine Freude zu machen, da ich ja kaum wußte, worum es ging. Doch wenn Claudia Cardinale zugesagt hatte unter der Bedingung, daß ich ihre Partnerin wäre, dann konnte es ja so übel nicht sein.

Da ich keinerlei Lust verspürte, nach Méribel zu fahren, zahlte ich die Miete und ließ das Chalet leerstehen. Alles weitere würde sich finden.

Eines Abends hockten wir alle miteinander in der Avenue Paul-Doumer, tranken Champagner, warteten auf irgendwen und glotzten ins Fernsehen. Irgendeine Serie lief gerade, aber mit einem tollen Schauspieler, schön wie ein Gott, ein Deutscher namens Amadeus August. Und plötzlich – ich dürfte bereits einen in der Krone gehabt haben – geriet ich durch diesen Kerl in Ekstase.

Jean Bouquin, der nicht zu halten ist, rief sofort beim deutschen Sender an und fragte in meinem Namen nach der privaten Telefonnummer von Amadeus August. Gleich danach hatte er München und den Typ an der Strippe und reichte mir den Hörer. Und schon palaverte ich mit diesem Unbekannten, der sehr schlecht Französisch sprach. Er dürfte bis heute nicht begriffen haben, wie ihm geschah. Wir schworen einander, uns so bald wie möglich zu treffen, er vergötterte mich, und ich sparte auch nicht mit Komplimenten. Ich habe ihn nie im Leben gesehen, aber es war ein schöner Zeitvertreib.

Zur selben Zeit war Warren Beatty in Paris und wollte mich unbedingt sehen. Why not?

Warren hat einen diabolischen, umwerfenden Charme, dem man, wenn überhaupt, nur schwer widerstehen kann.

Warum und für wen hätte ich widerstehen sollen? Freiwillig oder unfreiwillig konnte er mir helfen, Patrick zu vergessen, so sah ich es zumindest.

Ein andermal war ich zu einer Soiree bei diesem wundervollen Sänger Nino Ferrer eingeladen. Keß und meiner Wirkung bewußt, trat ich dort auf und kaschierte hinter dieser Fassade meine tiefe Verletzlichkeit und Traurigkeit. Als ich dann dem liebenswürdigen, schüchternen und wehmütigen Nino gegenüberstand, der so echt und überaus sensibel wirkte, ließ ich sofort meine Maske fallen und gab mich auch so, wie ich wirklich war. Es war auf beiden Seiten Liebe auf den ersten Blick, die eine Zeitlang seine und meine Wunden vergessen machte. Ich reiste ihm sogar nach Rom nach und erhielt bei dieser Expedition Unterstützung von Mario Adorf und Monique, meiner inzwischen Römerin gewordenen Amazone, die mich einen Seufzer lang in ihrem kleinen, reizenden Haus an der Via del Cantari beherbergten.

Schade, daß ich zu einer neuen Liebe nicht bereit war; selbst in Ninos Armen stieg immer wieder all die Bitterkeit in mir hoch. Dabei schrieb er ein herrliches Chanson für mich, »Libellule et Papillon« [Libelle und Schmetterling]; es war ebenso mitreißend wie die von Gainsbourg; ich habe es nie gesungen, aber ein paar Jahre später sang es die, die seine Frau wurde. Das erinnerte mich an »Je t'aime, moi non plus«. Wenn es mir ganz dreckig geht, inspiriere ich Genies, die vor Liebe nach mir vergehen, und lasse andere, die durch eine ganz enge Beziehung an mich gebunden sind, von diesen einmaligen Inspirationsquellen profitieren.

Nach Paris zurückgekehrt, flatterte ich wie Libelle und Schmetterling von einem zum anderen. Auf dem zweiten

Rennwagen-Salon begegnete ich François Cevert, dem Schwager des Rennfahrers Jean-Paul Beltoise, der recht ansehnlich und ein ebenso beachtlicher Rennfahrer war. Was machte ich nur in dieser Ausstellung, ich, die jeglichen Lärm, die Geschwindigkeit und alle diese Prototypen von Formel 1, 2, 3 oder 4 verabscheute?

Jedenfalls war François Cevert ein recht ansehnlicher Schürzenjäger, ein recht ansehnlicher Bursche, ein recht ansehnlicher und charmanter Liebhaber! Das Pulver hatte er zwar nicht gerade erfunden, aber wen kümmerte das? Mich bestimmt nicht! François war ein leidenschaftlicher Skifahrer, liebte den Schnee und die Berge, und mein Chalet in Méribel wartete schon seit Anfang Februar auf mich. Keine Minute war zu verlieren!

Telefonisch trommelte ich alle zusammen, die längst auf meine Entscheidung warteten. Madame Renée fuhr als erste los, um alles herzurichten, Jicky, Anne und die beiden Kinder sprangen in ihr Auto, Jean-Pierre, mein Friseur, nahm Reisetasche und Zug, während Philippe Letellier, ein alter Freund und Fotoreporter bei »Paris-Match«, der nach der Trennung von seiner Frau eine schwierige Zeit durchmachte, in einem Transportmittel seiner Wahl nachkommen würde. Ich charterte ein kleines Flugzeug, das François und mich auf der höchst heiklen Landebahn von Méribel absetzen sollte. All dieser Wirbel sollte mich betäuben, hinderte mich am Nachdenken, trieb mich immer wieder an, eine Stunde verscheuchte die andere. Doch das änderte sich mit der Ankunft im Chalet. Plötzlich erschien mir François genauso belastend wie der Typ, der mich zwei Jahre zuvor im Auto hergefahren hatte. Seine Gegenwart wurde mir unerträglich, und ich setzte alles daran, ihn loszuwerden.

Liebe stellt sich nicht auf Befehl ein, und ich liebte ihn nicht!

Da er das nicht begriff, mußten wir ihm schließlich nach allen Regeln der Kunst das Leben vergällen, damit er endlich abreiste – was er auch tat. Zugegeben, der Clan Bardot ging nicht gerade zart mit »Anhängseln« um.

Da ich nun keinen Prügelknaben mehr hatte und keine Skifanatikerin bin, fing ich an, mich zu langweilen und wieder an Patrick zu denken, bis ich wieder in Depression versank. Weder das abendliche Pokern oder das »Botschafter«-Spiel bis tief in die Nacht noch die Leckereien von Madame Renée oder die Scherze von Jicky vermochten mich auf andere Gedanken zu bringen. Darauf entschied der Clan, »die Kleine« müsse »mal wieder raus«. Und schon ging's los nach Courchevel in den Club »Saint-Nicolas«, wo wir Jacqueline Veyssière, unsere Priesterin der schlaflosen Nächte, trafen.

Ich hatte mich nicht in Schale geworfen, wohl wissend, was ich dort antreffen würde. Kahlköpfige, mit Goldkettchen behängte Fettwänste mit jeder Menge Knete, die mit armen Miezen ausgingen, die auf Männerfang waren, um sich aushalten zu lassen. Als ich den Lärm, die Sauferei, die schwitzende Menschenmenge, die sich auf der Tanzfläche drängte, und all diese Häßlichkeit leid war, ging ich zur Bar und hielt Ausschau nach Jacqueline, um ihr zu sagen, daß wir abhauten.

Da sah ich ihn! Ein toller Typ, man hätte ihn für Clint Eastwood halten können. Er stand hinter der Bar, machte sich zwischen den Flaschen zu schaffen, gefeit gegen alles, was sich jenseits der ihm als Grenze dienenden Theke abspielte. Mir blieb die Luft weg!

Jacqueline erklärte mir, er heiße Christian, sei ihr Barmann, scheu, sportbegeistert und verschwiegen.

Ich bat den Discjockey, einen Slow aufzulegen, ging zur Bar und forderte Christian zum Tanz auf. Freundlich, höflich lehnte er ab, seine Arbeit erlaube ihm nicht, seinen Platz zu verlassen.

Ein starkes Stück. Ich war eingeschnappt. Als Jicky, Jean-Pierre und Philippe Letellier das hörten, gingen sie hinter die Bar und schlugen ihm vor, ihn vorübergehend zu vertreten. Nein! Er sagte nein! Jacqueline persönlich mußte sich einschalten: Entweder er tanze mit mir, oder er sei entlassen. Ergo tanzte er mit mir. Aber irgendwie war er nicht ganz bei der Sache. Dabei machte ich mich schon so unscheinbar wie möglich. Aber ich war eben doch Brigitte Bardot, und er hegte eine echte Abneigung gegen alles, was mit Showbusineß, Stars und bekannten Personen zu tun hatte, die ihn buchstäblich und zutiefst abstießen. Seitdem er sie hier vor Augen hatte, reagierte er allergisch auf jede Art von Berühmtheit.

Peinlich berührt und verlegen, verfluchte ich abermals das Schicksal, das mich berühmt hatte werden lassen, obwohl meine Seele nach dem Einfachen strebte, das mein Wunschtraum blieb.

Galant begleitete er mich an meinen Tisch zurück und zog sich hinter seine Theke zurück, wo er weiter arbeitete, als wäre nichts gewesen. Ich hatte wirklich nie Glück. Jeder andere Mann wäre durchs Feuer gesprungen, um mit mir zu tanzen, aber ausgerechnet der, der mir gefiel, wollte nichts von mir wissen. Und außerdem war er nur ein Barmann, wenn ich auch kein Snob bin, aber immerhin! Mit einem Stachel im Herzen, der nicht locker ließ, kehrte ich nach Méribel zurück. Zwei Tage später beschloß ich, abermals einen Ausflug nach Courchevel zu machen. Der Clan kam mit.

Ich sah Christian wieder. Ich bezähmte ihn mit all meiner Redlichkeit, schilderte ihm mein Elend, mein Bedürfnis nach dem Absoluten. Er bat Jacqueline um Erlaubnis, mit mir tanzen zu dürfen, was ihm sofort gewährt wurde. Aber diese dämlichen Tänze genügten uns nicht mehr. Wir mußten uns tagsüber und anderswo sehen.

Christian fuhr Ski wie ein olympischer Gott und besuchte mich in Méribel. Wir redeten über alles und nichts, über das Leben, das Leid und das Glück zu lieben. Auch er war zehn Jahre jünger als ich, Sternzeichen Löwe, dabei schien er so reif, viel reifer und ganz anders als Patrick, der Schütze war.

An manchen Abenden ließ ich den Clan allein nach Méribel fahren und blieb die Nacht über bei Christian. Zu meiner großen Überraschung teilte er sein Appartement mit Claude Gautier, seinem Freund und Intimus, der auch als sein Gehilfe an der Bar des Clubs »Saint-Nicolas« fungierte.

Das erinnerte mich an Vadim, damals in der Rue de Bassano. Ich hatte Claude Gautier zwar eine Packung »Ohropax« geschenkt, war aber dennoch nur halb bei der Sache.

Doch da der Monat Februar der kürzeste des Jahres ist, lief mein Mietvertrag aus, meine Liebe zu Christian indessen weiter. Das war die Hölle!

Mit Jacquelines Einverständnis kam er ab und zu am Wochenende nach Paris. An anderen fuhr ich nach Courchevel. Das war alles nicht die rechte Lösung; darauf mußte ich warten bis zu dem Tag, da Christian meinetwegen kündigte, um frei zu sein, mich zu lieben, dort, wo der Wind ihn hinwehte.

Er zog zu mir in die Avenue Paul-Doumer und füllte die Wandschränke mit seinen Anoraks und anderer Sportkleidung, Ersatz für die Samt- und Alpaka-Anzüge, die Patrick zu tragen pflegte. Nun hatte ich also ein Exemplar aus der freien Wildbahn bei mir, das an Weite gewohnt war und sich nicht zurechtstutzen ließ auf die Dimensionen einer Stadt.

In diesem entscheidenden Moment erkrankte Dada. Meine Dada, meine Ziehmutter, die kümmerlich, nur mit meiner Unterstützung, in dem kleinen Dienstbotenzimmer lebte, das ich für sie gekauft hatte, und die sich nicht versorgen konnte, da sie nur gelernt hatte, andere zu versorgen und dies ein Leben lang getan hatte. Sie litt unter schweren Schwindelanfällen und mußte schleunigst ins Krankenhaus.

Ich ließ sie in die Privatklinik in der Rue Nicolo bringen, zu der es für mich nur ein Katzensprung war. Ich besuchte sie jeden Tag und erkundigte mich, als wäre sie meine Mutter, nach ihrem Zustand. Ich stellte ihr Christian vor, was sie glücklich machte, und da sagte sie: »Ich hoffe nur, daß du den da behältst, meine Brizzi.« Das war auch mein innigster Wunsch. Vor allem, da Patrick eines schönen Tages in Siegerlaune, ein Veilchensträußchen in der Hand, in der Avenue Paul-Doumer aufgetaucht war, um seinen Platz wieder einzunehmen, den er – aufgestanden, Platz vergangen – leider besetzt fand.

Ich machte Christian mit »La Bazoches« vertraut, wo er

spazierengehen und mit den vor Freude wahnsinnigen Hündinnen nach Herzenslust rennen konnte. »La Madrague« sollte später drankommen.

Die Maisonette-Wohnung am Boulevard Lannes machte sich prächtig. Wenigstens das! Aber sie war vorläufig noch unbewohnbar, und ich dachte traurig daran, daß Patrick nie dort einziehen würde.

Ich hatte zugesagt, am 31. März das Fußball-Länderspiel Frankreich gegen Brasilien anzustoßen. Für diesen einmaligen Auftritt hatte Jean Bouquin mich in ein blaues T-Shirt, einen weißen Mini-Short und rote Stiefel gesteckt. Das wurde ein Abenteuer, wie ich noch keines erlebt hatte.

Da ich noch nie ein Fußballstadion und schon gar nicht den Parc des Princes von innen gesehen hatte, schüttelte es mich vor Aufregung, als ich hinter Pelé mitten in diese Arena hinunter mußte, in der dreißigtausend Zuschauer mich beobachteten. Verloren inmitten all dieser Mannschaften, umzingelt von Fotografen und Fernsehkameras, trat ich mit Wut gegen diesen Ball, der direkt auf dem Kopf eines der Fotografen landete, der auf Knien seine Schnappschüsse abfeuerte!

Ich hatte meine Mission erfüllt und rannte auf die Treppe zu, wo Christian auf mich wartete. Mein Auftritt brachte mir am nächsten Tag in den Zeitungen den äußerst schmeichelhaften Titel »weiße Gazelle« ein. Doch vorerst hatte ich noch alle Mühe, heil aus dieser Hölle herauszukommen. Von allen Seiten umzingelt, mußte ich mich in die Umkleidekabinen flüchten, doch die Menge trat die Tür ein, und ich mußte wie ein gehetztes Wild in den Duschen Zuflucht suchen. Ich werde nie vergessen, wie Jicky, Christian, Jean Bouquin und ein Neuling, ein Fernsehreporter namens Christian Brincourt – den ich »La Brinque« taufte und der jahrelang zum Clan gehören sollte –, unter Einsatz ihrer Körper, ihrer Kraft, ihrer Freundschaft oder ihrer Liebe mich Hand in Hand mit der Polizei vor einer tobenden und tosenden Menschenbrandung, die man »die Menge« nennt, zu schützen suchten.

Christian, der in der Avenue Paul-Doumer wie ein Tier im Käfig immer im Kreis herum lief, hatte Lust, über Ostern nach Saint-Tropez zu fahren. Bei dieser Gelegenheit könnte er seine Eltern in Cannes besuchen. Er verehre seine »mouty« abgöttisch und wäre glücklich, wenn ich sie und auch seinen Vater kennenlernen würde.

Aber die Arbeiten in »La Madrague« waren noch nicht abgeschlossen, daher wohnten wir bei Jean und Simone Bouquin. Ich hatte inzwischen meinen weißen Rolls verkauft und den von Charles Aznavour erstanden. Mein neuer Wagen befand sich zur Zeit in der Werkstatt zur Inspektion, da er lange nicht gefahren worden war. Wir nahmen also das Flugzeug; mein Morgan kam per Zug nach und mußte auf den holperigen Feldwegen und den Straßen voller Schlaglöcher alles ertragen, was man für gewöhnlich nur einem Geländewagen mit Allradantrieb zumutet. Das bekam ihm schlecht.

Jean und Simone nahmen uns auf, als wären sie meine Geschwister. Es war reizend, herzlich. Ich wurde verwöhnt, brauchte mich um nichts zu kümmern, und all meine Wünsche wurden mir von den Augen abgelesen.

Ich zeigte Christian »La Madrague«.

Er fand alles großartig. Aber leider war der Putz noch nicht trocken, und um den soeben fertiggestellten Pool lag ein Haufen Schutt. Das wilde Schilf, das den Reiz des Gartens ausgemacht hatte, war verschwunden.

Herrera versicherte mir, in zwei Wochen sei alles wieder wie früher, fertig und prachtvoll. Mein Badezimmer erkannte ich nicht mehr wieder, es war der größte und schönste Raum des ganzen Hauses geworden; die in den Boden eingelassene Badewanne war mit einem Fußbodenbelag aus leicht ockerfarben schimmerndem Carrara-Marmor eingefaßt und hatte ringsum lauter vergoldete Wasserhähne. Wandschränke aus Holz, die den schönsten Bücherschränken in den erlesensten Salons zur Ehre gereicht hätten, enthielten Kleiderstangen oder verbargen WC und Bidet. Ich konnte es kaum fassen und dachte auch hier an Patrick, der nie mehr in den Genuß dieser Verwandlung kommen würde, die seinetwegen vorgenommen worden war. Das kleine Fenster in meinem Schlafzimmer war zu einem Panoramafenster vergrößert worden und öffnete sich auf eine herrliche Terrasse hinaus, die den Raum optisch verlängerte.

Die Hunde bereiteten mir ein Freudenfest. Kapi war inzwischen alt und müde geworden. Bonheur, der Hinkende mit dem Spitznamen Talleyrand, lebte sein Hundeleben, humpelte behende hinter sämtlichen Hündinnen des Viertels her, und Prosper, der treue, dicke, immer noch so zärtliche Opa, gierte nach Liebkosungen und Geschmuse.

Christian, der sein Leben lang in Nachtbars hinter dem Tresen gestanden hatte, wollte einen solchen Schuppen als Kunde partout nicht betreten. Er haßte es, auszugehen, war glücklich mit mir allein und im Kreise der Hunde, las die Fußballzeitung »L'Equipe« und begeisterte sich für Fußballübertragungen im Fernsehen. Diese zuweilen etwas derbe, aber gesunde einfache Lebensweise wirkte nach diesen zügellosen letzten Jahren erholsam auf mich. Ich versuchte mich an diese neue, ein wenig behäbige Daseinsform anzupassen, hörte mit halbem Ohr die Sportergebnisse, die mich nicht die Spur interessierten, und bewahrte Ruhe, wenn bei Erwähnung eines Schriftstellers oder hochberühmten Musikers in Christians Augen lauter Fragezeichen aufleuchteten. Tja, man kann schließlich nicht alles haben!

Ich erkundigte mich regelmäßig nach meiner Dada, die immer noch in der Klinik lag und von meinem Arzt betreut wurde. Ihre Stimmung war auf dem Tiefpunkt angelangt und ihr Körper nach neunundsechzig Jahren harter und schwerer Arbeit am Ende. Mamies Tod war für sie ein harter Schlag gewesen, und dies waren die Nachwirkungen des Schocks.

Unser Einzug in »La Madrague« wurde zu einer Farce. Wir kampierten in leeren Räumen, die Möbel fanden erst nach und nach ihren Platz, nachdem wir sie zehnmal umgestellt hatten. Neue Sofas mußten bestellt werden, die ich der Hunde wegen in weißem Kunstleder nahm. Dann kaufte ich Topfpflanzen, und die mir gewidmeten Lithos von Folon ließ ich in Alu rahmen. Dieser moderne Touch neben dem Holz und den Tonfliesen gefiel mir recht gut.

Christian war mir beim Einrichten keine große Hilfe. Er war eher für das Rustikale, Stil Berghütte, und sofern nur vor dem Fernseher ein Sessel stand, war ihm alles übrige gleichgültig. Glücklich war er allerdings schon, daß er in dem nagelneuen Meerwasserschwimmbecken baden konnte, dessen Wasser dank einer leistungsfähigen Ölheizung auf dreißig Grad aufgewärmt wurde.

Für die Nachsynchronisation von »Die Rum-Straße« und die Kostümproben für die »Petroleum-Miezen«, die ab Ende Juni ausschließlich in Madrid gedreht werden sollten, mußte ich nach Paris reisen. Gleichzeitig wollte ich am Boulevard Lannes ein bißchen tüfteln, Details ausklügeln und Ideen verwirklichen, die aus einer kalten und unpersönlichen Wohnung ein behagliches Heim machen.

Mein Schlafzimmer wie auch mein Bad mit der erhöhten runden Wanne lagen auf der Terrasse des obersten Stocks, und ihre riesigen Glastüren führten direkt auf den mit Bäumen und Blumen üppig bepflanzten hängenden Garten hinaus. Einfach herrlich!

Halb spöttisch, halb gleichgültig schaute Christian sich alles an. Für ihn sei die Wohnung in der Avenue Paul-Doumer gut genug, meinte er. Er verstehe gar nicht, wieso ich soviel Geld und Energie verschwende auf etwas, das ihm sinnlos und überflüssig erscheine.

Ich besuchte meine Dada in der Klinik. Ihr Herz war sehr schwach und ihr Teint sehr fahl, aber sie lachte, als ich sämtliche Wände ihres Zimmers mit bunten, herzförmigen Plakaten dekorierte, die Jean Bouquin mir geschenkt hatte.

Sie fragte, ob ich glücklich sei.

»Ja, natürlich«, antwortete ich. Unglücklich war ich ja nicht, und das war schon ein großer Fortschritt; ich bemühte mich ja, mich mit dem, was ich hatte, zu begnügen, anstatt immer alles zu komplizieren.

Lange Wochenenden verbrachten Christian und ich in Bazoches, wo der Flieder, die Apfel- und Pflaumenbäume in Blüte standen.

Sveeva, Jicky, Anne, Phi-Phi d'Exéa, Philippe Letellier und Christian Brincourt besuchten uns, um den Frühling dort zu genießen. Die Hündinnen sprangen um uns herum und hatten vergessen, daß ich sie monatelang vernachlässigt hatte. Wir spielten Poker und »Ambassadeurs«. Wir wurden wieder zu Kindern, stritten um nichts und wieder nichts und bekamen Lachanfälle, an die wir uns heute noch erinnern.

Wenn das nicht Glück war, so kam es ihm doch sehr nahe. Danach holte uns der Ernst des Lebens wieder ein.

Sveeva wollte mit nach Madrid. Wir fuhren in meinem neuen Rolls-Kabrio los und machten für ein paar Tage Station in Saint-Tropez, bevor wir die große Reise nach Spanien antraten.

Je näher das schicksalhafte Datum kam, desto weniger wollte ich fort. Was sollte ich denn in der Sommerhitze zwei Monate lang in dem rauhen und ungastlichen Spanien?

Die Filmerei stand mir bis oben. Aber da es sein mußte, mußte es sein.

Die zweitägige Reise verlief recht angenehm. Der Rolls flitzte über die Nationalstraßen und durchquerte die Dörfer, die sich anders darstellten, je mehr wir uns der spanischen Grenze näherten.

Es war heiß, Sonne und Wind machten uns zu schaffen. Ich begann, meinem geschlossenen Wagen mit Klimaanlage nachzutrauern. Es war die Zeit der extrem kurzen, gerade den Po bedeckenden Shorts, dazu zog man sehr hohe Stiefel an. In diesem Aufzug reisten wir, Sveeva und ich, dazu trugen wir riesige Kappen auf dem Kopf und bullaugengroße Sonnenbrillen. Das Aufsehen, das wir jenseits der Grenze erregten, kann man sich lebhaft vorstellen. Die Spanier starrten uns an, als kämen wir von einem anderen Stern.

Man stellte mir Claudia Cardinale vor, die klassisch-elegant gekleidet war. Der Regisseur Christian-Jaque, den nichts aus der Fassung brachte – er war lange mit Martine Carole verheiratet gewesen –, fragte Sveeva und mich, ob wir Anhänger des Flugpioniers Jean Mermoz seien und wo wir unser Flugzeug versteckt hätten.

Glücklich war ich, daß ich meine Dédette, Jean-Pierre und Fran-Fran, den Produzenten Francis Cosne, wiedertraf.

Spitze Schreie stieß ich aus, als ich das mir vom Hotel zugedachte Appartement sah. Trotz Klimaanlage herrschte eine Affenhitze. Zwei winzige übereinanderliegende Zimmer, wovon das obere nur über eine halsbrecherische Leitertreppe zu erreichen war. Platzangst befiel mich, ich wollte sofort umziehen. Staralüren!

Mit Sack und Pack landete ich in der Dependance, bei Dédette, Jean-Pierre und den »niederen Chargen«: Garderobieren, Kostüm- und Maskenbildnerinnen, Sekretärinnen und nun auch ich, ich, ich! Hier waren die Zimmer weiträumiger, aber natürlich nicht so luxuriös. Keine Klimaanlage, dafür aber Platz, um sich umzudrehen, und durch große Fenster Ausblick auf einen herrlichen Park mit Swimmingpool.

Man dürfte mich für zickig gehalten haben, aber sie sollten noch ganz anderes erleben.

Drehort war die verbrannte Sierra in der Umgebung von Madrid, ein wüstenartiger Landstrich und naturgetreues Abbild der klassischen, an der Grenze zwischen Mexiko und den USA gefilmten Westernkulissen. Frühmorgens, wenn es noch kühl war, brachen wir auf und kehrten abends erschöpft, verdreckt von klebrigem Staub auf verschwitzter Haut in die aufgestaute Wärme eines tropischen Sommerabends zurück.

Claudia war charmant, sehr professionell und voll und ganz Star. Auch sie besaß einen Rolls, aber das neueste Modell, eine Limousine mit Chauffeur in makelloser Livree, ebenso makellos wie der Wagen, den er den ganzen Tag wienerte und polierte, obwohl der Staub uns Menschen bis in die tiefsten Lungenbläschen drang.

Ich kam immer zu spät, maulte über die Proben, die mir

auf die Nerven gingen, vergaß meinen Text oder änderte ihn nach Lust und Laune ab; und was meinen Rolls anbetraf, der war innen und außen so schmutzig, daß man ihn mit Fug und Recht eine Dreckskiste hätte nennen können.

Claudia und ich hatten nicht gerade viele Berührungspunkte, und von geheimem Einverständnis konnte keine Rede sein. Da wir uns aber mehr oder weniger aus dem Wege gingen, lief alles reibungslos.

Die Szenen zu Pferde fielen mir immer am schwersten; Entsetzen packte mich auf diesen Ungeheuern ohne Handbremse, wo ich mich nirgends festhalten konnte, wenn sie losgaloppierten und mich wie einen Sack Kartoffeln durchschüttelten. Claudia dagegen war eine erfahrene Reiterin, der man so schnell nichts vormachen konnte. Sie lachte Tränen, wenn ich »Maman, zu Hilfe!« kreischte, mich an den Sattel oder in die Mähne des armen Tieres krallte, sobald ein Assistent mein Pferd mit einem Klaps auf die Kruppe in stürmischen Galopp versetzt hatte.

Am Morgen des 10. Juli wurde ich vom Telefon geweckt. Unter Tränen teilte Maman mir Dadas Tod mit. Das war entsetzlich für mich. Mein Herz und meine Seele empfanden einen tiefen, stechenden Schmerz.

Meine Dada, meine sanfte Vizemama, so liebenswert, so heißgeliebt, war gestorben und mit ihr ein ganzes Stück meiner selbst. Meine ganze Kindheit ging dahin, diese immense Zärtlichkeit zwischen uns, ihre Arme, dieses Refugium, wo mein kindlicher Kummer Tröstung fand, all diese Märchen, die sie mir in ihrem italienisch-französischen Sprachgemisch erzählte, das mich verzauberte.

Ich nahm das erste Flugzeug nach Paris, ließ die Dreharbeiten, die Produktion und diesen ganzen lächerlichen Firlefanz sausen; Christian kam mit.

Dada war in der Leichenhalle der Klinik aufgebahrt. Zum ersten Mal in meinem Leben betrat ich einen so morbiden, so inhumanen Raum. Ich schaute nur von ferne auf sie, unfähig, näher heranzutreten an diesen eisigen Körper, der nicht mehr sie war. Dann versuchte ich zu begreifen, warum ein plötzlicher Herzanfall sie hatte dahinraffen können. Maman sagte, es sei besser so, sie habe nicht gelitten. Sie wollte meine schmerzliche innere Auflehnung mildern, wollte mich wohl unbewußt darauf vorbereiten, daß man den Tod hinnehmen muß, den Tod, der mir vier Jahre später meinen Papa Pilou nahm und sieben Jahre später das Liebste auf Erden, meine Maman, raubte.

Keiner wußte, wo man meine Dada beerdigen sollte. Ich schlug vor, ihr ein Grab in Bazoches zu bereiten, und kümmerte mich um alles. Maman ließ mich gewähren. Es war das erste Mal in meinem Leben, daß ich ohne fremde Hilfe die Verantwortung für das Begräbnis und die Grabstätte eines geliebten Menschen übernahm. Eine dramatische Prüfung!

Ich mußte den Sarg aussuchen und die ganze lächerliche Innenausstattung, Polsterung und Leichentuch. Ich heulte vor dem kleinen Kissen aus weißen Spitzen, das ihren Kopf stützen würde, bis nur noch Knochen übrigblieben. Ich glaubte, verrückt zu werden, aber ich mußte Rückgrat zeigen.

Dada wurde in Bazoches beerdigt, unter meinem Schutz. Ich besuche sie so oft wie möglich, setze Blumen auf ihr Grab und führe nun schon seit mehr als zwanzig Jahren lange Gespräche mit ihr.

Dann mußte ich nach Spanien zurück, die »Petroleum-Miezen« mußten fertig werden. Mit dem Herzen war ich nicht bei der Sache, das konnte man wohl sagen. Seit meiner Abreise aus Madrid fühlte ich mich um hundert Jahre gealtert. Ich war eine andere geworden.

Christian war mir keinerlei Hilfe gewesen; er hatte mich nur begleitet und wie ein Papagei all meine Worte und Gesten nachgeahmt. Im Rückblick muß ich feststellen, daß es schon damals in meinem Leben außer Gunter, der materiell für mich einstand, und Bob Zagury, der ein gewisses Verantwortungsbewußtsein besaß, keinen Mann gegeben hat, der standfest, stark und erfahren genug gewesen wäre, um mir Schutz und Schild oder Rettungsanker zu sein.

Ganz im Gegenteil war ich es, die den Männern alles auf einem Silbertablett servierte, unbewußt das verwöhnte, launische, fordernde Kind in ihnen auch noch hätschelte, das sie alle während der mehr oder minder kurzen Phasen, die sie mit mir zusammenlebten, hervorkehrten.

Und so ist es leider heute noch …

Die »Petroleum-Miezen« mußten weitergedreht werden, koste es, was es wolle.

Plötzlich bekam Christian schreckliche Bauchschmerzen und unbezwinglichen Brechreiz. In meiner Aufregung rief ich Dédette zu Hilfe, die an eine Blinddarmentzündung dachte und sofort einen unbekannten, kein Wort Französisch sprechenden Arzt kommen ließ, der leider bestätigte, Christian stünde kurz vor einer Bauchfellentzündung und müsse sofort operiert werden.

Das hatte gerade noch gefehlt! Ich fuhr also mit ihm im Krankenwagen zu einer Gott weiß wo gelegenen Klinik. Dort verfrachtete ein bereits in steriler Kleidung wartender Chirurg ihn direkt in den Operationssaal. Vor mir lief ein Horrorfilm in einer mir unverständlichen Sprache ab. Als man ihn, noch in Narkose, aber vor Schmerzen wimmernd, in sein Zimmer brachte, blieb ich bei ihm und hielt ihm die Hand. Aber da ich am nächsten Tag unbedingt drehen mußte, blieb mir nichts anderes übrig, als spät in der Nacht ins Hotel zurückzukehren und ein wenig zu schlafen.

So hielt ich es an allen fünf Tagen seines Aufenthalts. Sobald mein Drehplan es zuließ, jagte ich zur Klinik und blieb bei ihm, bis die Müdigkeit mich überwältigte und ich wie eine Schlafwandlerin auf dem mir zugewiesenen Stuhl einschlief.

Etliche Stunden in meinem Leben habe ich die Hände derer gehalten, die ich liebte, in Leid, in Krankheit oder Tod. Das aber wissen nur sie und ich. Doch könnten diese Hände eine Kette bilden, würde ihre Anzahl mir vielleicht helfen, bis ins Paradies zu gelangen, wenn ich an der Reihe bin.

Kaum aus der Klinik entlassen, verkündete Christian, er

fahre zu seiner Mutter nach Cannes. Nur sie sei in der Lage, ihn gewissenhaft gesund zu pflegen.

Das war ein harter Schlag für mich. Aber ich versuchte ihn zu verstehen. So war ich wieder einmal allein, trotz meines guten Willens, meiner Fürsorge und meiner Traurigkeit.

Die Dreharbeiten gingen weiter. Es war genau der Zeitpunkt, da Claudia und ich uns eine denkwürdige Prügelei liefern mußten, um wie Platzhirsche ein für allemal klarzustellen, wer das dominierende Weibchen war.

Die Arbeit an dieser Szene dauerte eine Woche. Sieben lange Tage, in denen wir nichts anderes taten, als uns wie Männer mit Fäusten zu traktieren und abwechselnd in den Sand zu beißen. Am schwierigsten war es, dem Hieb auszuweichen und dennoch so zu tun, als hätte er einen erwischt. Ein paarmal platzte mir dabei die Lippe auf, und die arme Claudia hatte ein leicht blaues Auge.

Diese erbarmungslose Prügelszene brachte uns einander näher. Als sie im Kasten war, fielen wir einander um den Hals und entschuldigten uns für die beiderseitigen Patzer. Da die Einstellungen für die Prügelszenen kontinuierlich ineinander übergehen mußten, war es uns verboten, während der gesamten Drehdauer die Haare zu waschen, damit wir am nächsten Tag genau das gleiche Erscheinungsbild von Staub, Erde, Schweiß und klebrigem Haar lieferten. Das war hart, vor allem für mich mit meinen bis zur Taille herabfallenden Haaren, die Spuren von roter Erde auf meinem Kopfkissen hinterließen. Ich umwickelte sie schließlich mit einem Tuch, um diesen Staub nicht auch noch im Schlaf einzuatmen.

Claudia erwies sich als ein mutiges und taktvolles Mädchen. Ich empfinde viel Hochachtung für sie. Ihr Sternzeichen – ich glaube, es ist der Widder – hat sie befähigt, im Gegensatz zu mir, die ich auf der Himmelskarte ihr Gegenpol bin, viele Schicksalsschläge mit Würde und Diskretion zu bewältigen.

Eines Morgens, als der Film fast abgedreht war, rief man mich ins Büro des Hotels. Gendarmen wollten mich sprechen.

Großer Gott, was war jetzt wieder los? Was hatte ich verbrochen? Schleunigst fragte ich noch Jean-Pierre, ob er nicht etwa mit dem Rolls kontrolliert worden sei, ob seine Papiere in Ordnung seien? Ja, ja.

Nicht gerade hochtrabend stellte ich mich diesen spanischen Gendarmen, die mit ihren Napoleon-Hüten eher wie Kasperlefiguren aussahen.

Sie katzbuckelten vielmals und fragten mich dann, ob ich vielleicht einen gewissen Jean Bouquin kenne.

Na, und ob ich den kannte! Was war denn los mit ihm?

Er sitze beim spanischen Zoll am Flughafen in Madrid fest, ohne Paß und barfuß, aber mit einem Koffer voller Kleider aus Goldstoff!

»Was?!«

»Si, señora.«

Mit einem Affenzahn raste ich mit Jean-Pierre zum Madrider Flughafen, bis zum Zoll von den Gendarmen eskortiert, wo ich Jean auslöste, der wie ein Übeltäter des Kleider-, warum nicht gleich auch des Drogen- oder Devisenschmuggels verdächtigt worden war.

Er hatte sich, offen gestanden, auch nicht gerade sehr positiv dargestellt. Da er seine Schuhe im Flugzeug verloren hatte, war er barfuß über das Linoleum des Zollraums geschlittert; seine schwarzgelockte Zottelmähne, die ihm bis auf die Schultern fiel, hatte er seit Ewigkeiten nicht mehr frisiert und überdies auch noch seinen Paß in Saint-Tropez vergessen.

Ich bürgte ohne Umschweife für ihn, unterschrieb alle nötigen Dokumente und nahm Jean und seinen Koffer an Bord. Dieser Koffer aus Tausendundeiner Nacht enthielt traumhafte Kleider aus golddurchwirkten indischen Seiden, leicht wie Federn, zart wie Engelshaar.

Und da wir inzwischen in vollendeter Form eine Einladung von Alfonso Prinz zu Hohenlohe-Langenburg, dem Ex-Gatten Ira von Fürstenbergs, erhalten hatten, ein Wochenende im »Marbella-Club«, diesem von einem echten Prinzen geführten Hotel für Milliardäre zu verbringen, beschlossen Sveeva und ich, sie anzunehmen, um unsere Kleider vorzuführen.

Wir fuhren also nach Marbella, Jean-Pierre am Steuer des Rolls, dann Sveeva, Jean Bouquin, die Freundin von Jean-Pierre und ich – den Koffer nicht zu vergessen.

Vorsorglich hatte ich Jean von Kopf bis Fuß desinfizieren lassen: Jean-Pierre mußte ihm die Mähne schneiden, eine Eskorte geleitete ihn zum Einkauf anständiger Schuhe, eine gründliche Dusche war vonnöten sowie eine komplette Instandsetzung des abgetragenen und blankgescheuerten Anzugs, in dem er schon mindestens vier Jahre herumlief. So würde er nicht auffallen, wenn wir alle um ihn herum waren.

Alfonso empfing uns, wie nur Prinzen es verstehen. Der für uns hergerichtete hübsche Bungalow, der auf den Sandstrand hinausging, war ein Juwel, zeugte von erlesenem Geschmack, übertraf »La Madrague« in dieser klugen Mischung von rustikal und luxuriös. Ich bedauerte, mein Bett dort nicht mit Christian teilen zu können.

Am gleichen Abend stieg ein Fest zu meinen Ehren, das mir gestattete, ein Federkleid, geschmückt mit ziseliertem Silber, zu tragen, während Sveeva sich mit Gold und Purpur schmückte. Zufällig war ein Freund von Phi-Phi d'Exéa anwesend, Judas Azuelos, der sich gerade von Marie Laforêt scheiden ließ. Aber er gefiel mir nicht.

Ein paar Tage brauchte die Technik uns noch für den Dreh zu einigen Szenenübergängen, und dann verließ ich Madrid mit Jean-Pierre, Dédette und Sveeva in Richtung Saint-Tropez, wo ich Christian wiedersehen sollte, der dank der Pflege seiner Mama endlich genesen war.

Claudia sollte ich erst dreiundzwanzig Jahre später wieder begegnen, anläßlich einer 1994 von Jacques Chirac im Théâtre Wagram organisierten feierlichen Verleihung der Medaille der Stadt Paris an außergewöhnliche Persönlichkeiten.

Ich machte nur kurz Station in Saint-Tropez; die Zeit reichte gerade, um Christian zu treffen und festzustellen, daß seine Narbe genauso lang war wie mein Unterarm. Dann fuhren wir nach Paris, da ich ja endlich zum Boulevard Lannes umziehen mußte.

Das war keine Kleinigkeit, denn ich mußte mich aus dem alten Appartement regelrecht losreißen. Im letzten Moment wollte ich mein behagliches Nest in der Avenue Paul-Doumer nicht mehr eintauschen gegen diese neue, unbekannte Wohnung. Wieder einmal war es Maman, die mir half, während Christian »L'Equipe« studierte. Obwohl der Umzug bewältigt war, schlief ich weiterhin in der Wohnung der Avenue Paul-Doumer auf einer Matratze am Boden und weigerte mich hartnäckig, diesen Ort zu verlassen, wo ich mich sicher fühlte. Aber letzten Endes mußte ich loslassen.

Der schlimme Abend kam, an dem Christian mich zum Boulevard Lannes mitnahm und ich die Avenue Paul-Doumer Nr. 71 endgültig aus meinem Gedächtnis streichen mußte.

Gewiß, alles war schön! Gewiß, alles war, wie ich es gewollt hatte! Gewiß, ich würde mich daran gewöhnen! Aber in jener Nacht tat ich kein Auge zu, wußte nicht, wie mir geschah, fühlte mich fremd in dieser Pracht, die mit meinen innersten Sehnsüchten doch so wenig gemein hatte.

Madame Renée reagierte wie ich und kündigte mir fast unverzüglich ihre Dienste auf. Darauf war ich nun wirklich nicht gefaßt. Tapfer hatte sie den Umzug mitgemacht, sich trotz ihrer Abneigung bemüht, sich diesem neuen Stil anzupassen, und nun gab sie auf.

Ich war fassungslos, ja, geradezu erschlagen. Ich trenne mich leichter von einem Liebhaber als von einer Angestellten. Madame Renée war die Säule meines Lebens!

Alle Gehaltserhöhungen, die ich ihr anbot, fruchteten nichts. Am Boulevard Lannes wollte sie nicht leben.

In diesem irrsinnigen Durcheinander wurde ich siebenunddreißig – kein fröhlicher Geburtstag.

Und dann verkündete mir Christian, er beabsichtige, seinen Posten als Barmann im Club »Saint-Nicolas« für die

Wintersaison wieder aufzunehmen. Deshalb wollte ich für drei Monate ein Chalet in Méribel mieten. Aber wie sollte das gehen ohne Madame Renée?

Michèle und ich verbrachten unsere Zeit damit, alle möglichen dienstbaren Geister zu empfangen, ihre Zeugnisse durchzukämmen und uns ihre Forderungen anzuhören.

Außerdem mußten die beiden Appartements in der Avenue Paul-Doumer verkauft werden. Ich konnte mir schließlich nicht all diese Wohnungen gleichzeitig leisten. Mein Bankkonto war seit einiger Zeit ohnehin schon arg strapaziert worden.

Gleichzeitig sollte Madame Legrand, meine liebe La Big, in das kleine Appartement ziehen, das Dada nach ihrem Tod zurückgelassen und das ich zum Glück noch nicht abgestoßen hatte. Ich ließ es neu streichen, ein paar Verbesserungen vornehmen, kaufte neue Möbel und ein neues Bett, damit La Big nicht in die noch warmen Pantoffel von Dada schlüpfen mußte, sondern sich hier zu Hause fühlen konnte.

Aber die anspruchsvolle La Big war ein harter Brocken. Sie weigerte sich, aus ihrer fast hundert Quadratmeter großen Wohnung auszuziehen. Dieses kleine Zimmer mit Bad, in dem sie sich nicht einmal umdrehen könne, sei ja wie ein Gefängnis, und wo solle Kater Felix hin? Eine schöne Bescherung. Es war ein Drama!

Die Wohnung mitsamt Madame Legrand ließ sich nicht verkaufen. Niemand hätte sie genommen. Wenn Interessenten zur Besichtigung kamen, betete sie eine solche Litanei von Mißlichkeiten herunter – mangelnder Komfort, Lärm, feuchte Wände, extrem hohe Nebenkosten und so weiter –, daß sie sofort das Weite suchten und sich nie wieder blicken ließen. Es war unerträglich!

Ich steckte mich hinter ihren Arzt und ließ sie für zwei Tage in die Nicolo-Klinik schaffen. Da sie ständig über irgendwelche Wehwehchen klagte, solle sie einen Check-up machen lassen. Während dieser Zeit transportierten Michèle und ich all ihre Sachen in die kleinere Wohnung hinüber, und als sie von ihrem »Ketchup« zurückkam – wie Madame Renée gesagt hätte –, fand sie sich ohne viel Federlesens in ihrem neuen Heim wieder, wo Kater Felix sich bereits eingewöhnt hatte.

Maman fand, daß ich mir mit all diesen alten Damen, die ich unter meinen Schutz gestellt hatte, das Leben unnötig schwer mache. Sie hatte sicher recht, aber ich konnte nicht anders; mein Leben lang habe ich mich verantwortlich gefühlt für Lebewesen, die verloren, krank oder alt waren und denen ich eine gewisse seelische Unterstützung und materielle Sicherheit bieten konnte. Das ist mein geheimes Paradiesgärtlein. Ein schönes Gärtlein!

Wenn daher heute Kritik, Empörung und der Vorwurf laut werden, daß ich mich um Tiere statt um alte Menschen kümmere, erwidere ich nichts, sondern muß lächeln. Ich habe auch die Beobachtung gemacht, daß die schärfste Kritik von Leuten kommt, die sich nicht für andere einsetzen. Für die bin ich eine beliebte Zielscheibe.

Da ich immer noch keine Nachfolgerin für Madame Renée gefunden hatte, geriet ich ernsthaft in Panik. Ich hatte fast schon vor, wieder in die Avenue Paul-Doumer zurückzugehen, wenn sie bei mir bliebe. Das war doch ein Angebot … Aber Madame Renée, eine ausgesprochen reine und standfeste Normannin, war störrisch wie ein Esel, und wenn sie eine Entscheidung einmal getroffen hatte, so vermochte nichts mehr sie umzustimmen.

Ich fing an zu heulen und heulte am Stück.

Vermutlich war ich erschöpft, denn neben allem anderen hatte ich noch die anstrengende Nachsynchronisierung der »Petroleum-Miezen« zu leisten. Christian schaute kurz auf und versenkte sich dann wieder in die Lektüre der »L'Equipe«. Er rührte sich nicht von seinem Sofa, das direkt vor dem Fernseher stand. Wenn er mit seiner Sportlektüre endlich fertig war, mußte ich die Übertragung sämtlicher Fußball-, Radsport- oder Boxveranstaltungen über mich ergehen lassen. Am wenigsten langweilten mich die Ski- und Eiskunstlaufmeisterschaften.

Zwischen zwei Heulkrämpfen bediente ich das Telefon, nach einer Stimme lechzend, die mir von etwas anderem als vom Sport erzählen würde. Auf diese Weise erfuhr ich, daß der Maître d'hôtel, der uns vor zwei Jahren in Avoriaz bedient hatte, frei war, eine Stelle suchte und mir zur Verfügung stehe. Der konnte alles: kochen, putzen, bügeln, bei Tisch servieren und im Notfall sogar auch Spritzen setzen. Ich hätte ihm um den Hals fallen mögen.

Da Geduld nicht gerade meine starke Seite ist, mußte ich alle diplomatischen Tricks anwenden, um meinen neuen Maître d'hôtel nicht von früh bis spät als Idioten zu bezeichnen. Er gab sich alle Mühe, stellte aber nur Unsinn an, da ihm sein Stil wichtiger war als das Ergebnis seines Tuns. Außerdem war er schwul wie eine Robbe und verschlang Christian mit schmachtenden Blicken. Sollte ich vielleicht jetzt auch noch auf meinen Hausdiener eifersüchtig werden?

Christian fuhr ab, um seine Arbeit als Barmann aufzunehmen. Bis ich nach Méribel ins Chalet käme, würde er wie im Jahr zuvor das kleine Appartement mit Claude Gautier in Courchevel teilen.

Ich nutzte die Zeit, um mit Michèle meiner Suzon in La Ferté-sous-Jouarre einen Besuch abzustatten. Jeder meiner Besuche wurde für diese wundervolle kleine Frau zu einem Ereignis. Sie freute sich eine ganze Woche im voraus und rief sich anschließend zwei Wochen lang jeden Augenblick ins Gedächtnis zurück, als wäre er einzigartig und überaus kostbar.

Suzon hatte Kehlkopfkrebs gehabt, besaß keine Stimmbänder mehr und konnte sich nur noch durch gutturale Laute verständlich machen, die aus einem Loch in der Luftröhre kamen, durch das sie auch atmete. Wenn sie einmal keinen Ton herausbrachte, schrieb sie die Wörter auf eine sogenannte Magische Tafel.

Sie klagte nie, fühlte sich ganz im Gegenteil privilegiert, daß sie mit meiner Hilfe überlebt hatte, vor allem aber, daß eine Nabelschnur uns verband, die ihr das Leben erleichterte. Sie arbeitete mit außergewöhnlichem Einsatz in der Stadtbücherei.

Nach dem Mittagessen im Drei-Sterne-Restaurant von

La Ferté-sous-Jouarre, wo sie, dieses winzige Mäuschen, stolz wie Oskar an meinem Arm dahintrippelte und von der Direktion und den Kellnern wie eine kleine Königin empfangen wurde, fuhren wir sie noch ein bißchen im Auto durch die Gegend. Und dabei besuchten wir wie immer den Friedhof, wo ich unbedingt ihren Grabstein bewundern mußte, den sie, da sie keine Angehörigen mehr besaß, selbst hatte anfertigen lassen und auf dem in goldenen Lettern auf schwarzem Granit ihr Name und ihr Geburtsdatum eingraviert waren. Das Sterbedatum bestand nur aus den beiden ersten Ziffern, es würde im Todesfall ergänzt werden. Sämtliche Ersparnisse hatte sie da hineingesteckt, und darauf war sie sehr stolz. Mit einem verschmitzten Lächeln versuchte sie mir verständlich zu machen, daß ich mich am Tage ihres Todes um nichts zu kümmern hätte, alles sei bezahlt und bis ins letzte Detail geplant. Was sich ein paar Jahre später leider bewahrheiten sollte.

28

Der Clan war vollzählig zum Weihnachtsfest in Méribel versammelt. Mein Maître d'hôtel, wie stets in seiner gestärkten weißen Jacke eine makellose Erscheinung, machte eine weniger gute Figur, wenn er einkaufen gehen mußte und unweigerlich auf die Nase fiel, sobald er seinen hübschen, lederbeschuhten Fuß auf eine festgefrorene Schnee- oder gar Eisplatte setzen mußte. Ich kaufte ihm erst einmal, als Weihnachtsgeschenk, ein Paar gefütterte und rutschfeste Après-Ski-Stiefel.

Mit Christian wurde es allmählich immer schwieriger. Er ging jeden Abend gegen fünf und kam erst früh um vier oder überhaupt nicht zurück, wenn die Straße zwischen Courchevel und Méribel unpassierbar war. Er schlief daher bis mittags, während wir alle um neun Uhr aufstanden und einen Höllenlärm veranstalteten, vor allem Jickys Kinder. Ein Chalet ist ein echter Resonanzkasten, man hört alles.

Christians Laune verschlechterte sich zusehends – meine auch.

In den Fernsehnachrichten hieß es, Maurice Chevalier sei in ein Krankenhaus eingeliefert worden; sein Gesundheitszustand ging ganz Frankreich, aber besonders meinem Maître d'hôtel zu Herzen. Er bejammerte schon im voraus den Verlust eines so unersetzlichen Menschen.

Den Weihnachtsabend verbrachte ich ohne Christian. Da war gerade Hochbetrieb im »Saint-Nicolas«. Wie jedes Jahr hatte ich eine zauberhafte Tanne geschmückt und darunter all meine Geschenke ausgebreitet, für jeden etwas. Der Schnee fiel in dicken Flocken, im Kamin brannte ein knisterndes Feuer, es duftete nach Harz und Holz, man hätte meinen können, wir befänden uns im hohen Norden. Das war fast schon ein Glücksgefühl.

Zwischen Christian und Jacqueline Veyssière gab es Spannungen. Seit dem Vorjahr hatte er Starallüren angenommen, verweigerte die Disziplin, die Jacqueline von ihrem gesamten Personal erwartete, erlaubte sich einen ungehörigen Ton, kurzum: Er hielt sich für Brigitte Bardot. Er war nicht der einzige in meinem Leben, bei dem so etwas vorkam. Man mußte schon sehr intelligent sein, um diesem Trugschluß nicht zu erliegen.

In der Nacht des 31. Dezember, als das neue Jahr das alte vertrieb, konnte ich Christian um Mitternacht küssen, denn er hatte seinen Job aufgegeben. Deshalb hatte ich keinerlei Veranlassung mehr, das Chalet noch länger zu behalten. Wir packten also zusammen. Da für die nächsten Wochen ausnahmsweise keine Dreharbeiten anstanden und Christian auch frei war, wollte ich das Leben etwas genießen; seit Jahren hatte ich mir Disziplin auferlegen, mich so vielen leidigen Verpflichtungen beugen, mein Freiheits-, mein Unabhängigkeitsbedürfnis, mein Ungestüm und meinen Widerspruchsgeist immer nur zügeln müssen.

Der arme Maurice Chevalier starb gleich am ersten Januartag, Frankreich und ein Teil der Welt trauerte um diesen »Mann«. Mit seiner Spottlust, seinem Witz, seinem Charme und seinem Talent hat er seine Epoche geprägt.

Unbewußt hatte ich bereits den Rückzug aus dem Filmgeschäft angetreten. Mein Entschluß stand noch nicht ganz fest, aber Journalisten gegenüber hatte ich bereits mehrmals durchblicken lassen, daß ich beabsichtigte, mit diesem Metier, das mich mehr belastete als beglückte, Schluß zu machen. Das hielt man nur für eine weitere kapriziöse Anwandlung und glaubte mir nicht.

»Die Rum-Straße« und die »Petroleum-Miezen«, die vor noch nicht langer Zeit in die Kinos gekommen waren, warben noch in Riesenlettern mit meinem Namen. Ein erfolgreicher Film ist werbewirksam für den nächsten, und da »Die Rum-Straße« ein paar Längen Vorsprung hatte, mußte sie die »Petroleum-Miezen« ins Schlepptau nehmen.

Dies alles ließ mich kalt.

Zunächst einmal leistete ich mir das Vergnügen, in meinem neuen prächtigen Domizil am Boulevard Lannes Gäste zu empfangen. Mein Maître d'hôtel machte sich gut in diesem Rahmen. Ich kleidete mich in lange Roben und trug das Haar zu einem üppigen Knoten geschlungen, in den ich Straßbroschen steckte. Musik erfüllte die Wohnung, sogar auf den Toiletten; Kerzen brannten, die Terrassen waren erleuchtet, alles entzückte mich. Ich konnte es gar nicht fassen, daß dies meine Wohnung war.

Unter meinen Gästen waren Journalisten, Fernsehdirektoren wie Arthur Conte und große Reporter wie Christian Brincourt und Christian Zuber, Jean-Claude Roussel von den Laboratorien gleichen Namens, der mich später jedes Wochenende per Hubschrauber in Bazoches abholte, wo er mitten auf den Schafweiden landete und die Schafe in Panik versetzte. Er kam ums Leben, als er bei einem Unfall mit den Rotoren in eine Hochspannungsleitung geriet.

Auch hinreißende Frauen waren da, angefangen bei meinen Amazonen, Chantal Bolloré, die damalige Freundin von Phi-Phi d'Exéa, Francine Rivière, die Frau von Jean-Max, meinem Glücksbringer-Komponisten. Ich empfing auch Schriftsteller, wie z.B. Gilbert Prouteau, der zu sagen beliebte, sein Name beginne wie Proust und ende wie Cocteau. Maler wie Folon, ein Wesen voller Zartgefühl, Carzou, der mein Porträt malte und mich mit prachtvollen Lithographien beschenkte, Jean-Jacques Sempé, dessen Humor mit einem Hauch Melancholie gefärbt war, oder Charles Kiffer, ein alter Freund meiner Eltern, ein außergewöhnlicher Zeichner, der mich sein Leben lang zum Malen und zum Anbeißen hübsch fand. Komponisten wie François Bernheim und Gérard Lenorman, die sehr schöne Chansons für mich schrieben, die ich, je nachdem, wie mir gerade zumute war, sang oder auch nicht. Der Bildhauer und Maler Aslan, der mich verewigte, als er mich seinerzeit als Modell für die »Marianne«, das Symbol Frankreichs, wählte, diese makellos schöne Büste, die seitdem in fast allen französischen Rathäusern thront.

Diese an Gesprächen, an Anekdoten so reichen Abende,

gespickt mit Abenteuern, die die einzelnen erlebt hatten, eröffneten mir einen Blick auf eine Welt, die so ganz anders war als die einengende, verknöchernde des Filmgeschäfts.

Manchmal endeten solche Abende mit einem elektrisierenden Pokerspiel, bei dem jeder gewinnen wollte und der andere zum Gegner wurde, den es erbarmungslos zu bekämpfen galt. Bei einem solchen Spielchen stand ich nicht hintenan; ich pokerte mit einer solchen Kaltschnäuzigkeit und Beherrschung, daß ich zigmal als stolze Siegerin daraus hervorging – und das gegen Könner, wenn nicht gar Profis. Im Poker drückt sich angeblich aus, wo man im Leben steht: auf der Verlierer- oder auf der Gewinnerseite!

Das erinnert mich an die Geschichte von dem Hund, der im Poker immer verlor, weil er jedesmal, wenn er ein gutes Blatt hatte, mit dem Schwanz wedelte und alle anderen besonders vorsichtig wurden.

Da ich eine Frau der Extreme bin und nie etwas maßvoll tue, konnte ich direkt von der elegantesten Raffinesse zur dörflichsten Rustikalität überwechseln. An den Wochenenden in Bazoches sah man mich nur in Gummistiefeln, abgetragener Cordsamthose, mit zerzaustem Haar durch Schlamm, Kuhfladen und Pferdeäpfel traben, um mich herum meine sechs Hündinnen, ein Dutzend Katzen, ein zahmes Kaninchen, das mit den Katzen aus demselben Napf fraß, zwanzig Enten, mein Esel Cornichon, ein halbes Dutzend Ziegen und Schafe, die ich vor der Schlachtbank bewahrt hatte. Ich mistete die Schaf- und Kuhställe aus, beschimpfte meine Hausmeister, diese Faulpelze, und trieb sie an, bis alles wieder an seinem Platz, alles wieder geputzt und der Garten keine Müllkippe mehr war. Ich konnte Befehle erteilen, aber auch selbst zupacken, und meine Energie übertraf die ihre häufig um ein Vielfaches; wenn meine Batterien noch etwas hergaben, waren die ihren oft schon leer!

Dort hatte ich auch Zeit zum Lesen. Ich verschlang Rainer Maria Rilke, Louis Bromfield, Louis Pauwels, Pierre-Jean Jouve, Lawrence Durrell, Maurice Druon, F. Scott Fitzgerald. Meine Lektüre war das absolute Gegenteil von

Christians Lesestoff, irgendwie lebten wir auf zwei verschiedenen Planeten, die kaum Austausch miteinander hatten.

Eines Tages mußte Sveeva für einen harmlosen Eingriff ins Krankenhaus. Ich verbrachte den Tag bei ihr in der Belvédère-Klinik. Da ich ständig von der Presse gejagt wurde, sobald ich auch nur einen Fuß vor die Tür setzte, band ich mir vorsichtshalber ein Kopftuch um und setzte eine dicke Sonnenbrille auf, um so unerkannt wie möglich hinauszugelangen.

Wie überrascht und empört war ich, als ich am nächsten Morgen den Moderator Edgar Schneider im Sender RTL verbreiten hörte, ich hätte tags zuvor in der Belvédère-Klinik ein Lifting machen lassen, sei morgens hingegangen und abends mit Kapuze und hinter dicken Sonnenbrillengläsern unkenntlich wieder herausgekommen. Das war ja nun doch ein allzu starkes Stück. Ich platzte schier vor Zorn. Der war wohl krank, dieser Typ! Was für ein Schwein, was für ein mieser Lügner! Außerdem … als hätte ich mit siebenunddreißig ein Facelifting nötig gehabt!

Was hatte ich dem lieben Gott bloß angetan, daß mich jeder immer wieder mit Dreck bewerfen, ewig verletzende Lügen in die Welt setzen und dauernd mein Privatleben aufs Korn nehmen durfte, so daß es mir unmöglich gemacht wurde, ein ganz normales Leben zu führen! So eine Schweinerei!

Ich rief sofort meinen Anwalt Maître Jean-Pierre Le Mée an. Man mußte sofort etwas unternehmen, sofort reagieren, sonst würde die Information in aller Welt Schlagzeilen machen und mir Tag und Nacht die Fotografen auf den Hals hetzen, die ja alle nur danach lechzten, mein »neues Gesicht« als erste auf die Platte zu bannen. Es war ein Rennen gegen die Uhr. Ich ließ meinem Anwalt keine Verschnaufpause; von einer Stunde auf die andere setzte ich für den übernächsten Tag eine einstweilige Verfügung durch.

Inzwischen titelte »Paris Presse« auf der ersten Seite: »Das Lifting von B.B.«, und das war erst der Anfang …

Ich klagte gegen »Paris Presse« ebenso wie gegen den Sender RTL und Edgar Schneider wegen Verleumdung, Verbreitung falscher Informationen und so weiter und so weiter. Von »France Dimanche«, »Ici Paris« und all jenen Zeitungen, die die Sensationsmeldung übernahmen, ganz zu schweigen. Bei besagtem Gerichtstermin entschied der Richter, der nicht genau wußte, woran er mit mir war, ich solle mich einer gerichtsmedizinischen Untersuchung unterziehen, und zwar in Anwesenheit meines Anwalts und meines Hausarztes und derer von Edgar Schneider.

Da brach ich zusammen, meine Batterien und meine Nerven waren am Ende. Was für eine schreckliche Geschichte! Was für ein Affentheater, was für ein Zeit-, Geld- und Energieverlust, und das alles für nichts und wieder nichts! Ich begann die ganze Welt zu hassen.

Christian schaute kurz hoch und vertiefte sich gleich wieder in seine Zeitung. Er war eine Million Lichtjahre von mir entfernt. Wie konnte ich bloß mit diesem beschränkten, dummen Kerl zusammenleben? Ich begann auch ihn zu verabscheuen, diese ganze widerliche Menschheit konnte mir gestohlen bleiben, ich wollte von nichts mehr etwas wissen.

Ein paar Wochen später mußte ich mich dieser ärztlichen Untersuchung unterziehen. Anwesend waren: mein Hausarzt Doktor Arnal, mein Anwalt Maître Le Mée sowie Anwalt und Arzt von Edgar Schneider. Ich mußte mich vollkommen abschminken. Dann wurden mir die Oberlider umgedreht, meine Ohren von vorne und hinten untersucht, meine Kopfhaut nach eventuellen Narben abgesucht, meine Haare zerwühlt, bis sie struppig und verfilzt wie ein Staubwedel aussahen. Doch unter meinen umgedrehten Lidern quollen aus geröteten Augen Tränen, die ich nicht mehr zurückhalten konnte, weil mir das Herz blutete.

Ein Greuel! Ein Alptraum! Ich wurde wie ein Stück Vieh auf dem Viehmarkt behandelt und zutiefst gedemütigt, nur weil ich einer kranken Freundin Gesellschaft geleistet hatte. Was für eine Ungerechtigkeit!

Ich glaube, dieses Erlebnis war entscheidend für meinen bereits latenten Entschluß, alles zum Teufel zu jagen. Natürlich gewann ich den Prozeß. Aber das Unheil war damit längst nicht aus der Welt. Es blieb die tiefe Wunde, die lange nicht verheilte und auch heute noch schmerzt.

Während ich das alles erst noch verdauen mußte, weil ich zutiefst getroffen war, ging das Leben glücklicherweise weiter. Vadim, den ich seit einer Ewigkeit nicht mehr gesehen hatte, kam auf eine glorreiche Idee; zumindest hielt er sie dafür!

Ich sollte nach einer Vorlage von ihm einen weiblichen Don Juan spielen. Bei Vadim mußte man auf alles gefaßt sein, daher war ich erst einmal auf der Hut. Andererseits mußte mein Bankkonto aufgefüllt werden, da ich, ohne groß darauf zu achten, Unsummen für einen äußerst aufwendigen Lebensstil ausgab. Zweitwohnungen, Autos noch und noch! Dazu all die alten Damen, die ich unterstützte, und die neue Wohnung, die mich mit all den Nebenkosten, Arbeiten, Unterhalt und all dem Drum und Dran noch an den Bettelstab brachten.

Ich unterschrieb also den Vertrag zu dem Film »Don Juan 1973 ou Et si Don Juan était une femme« [»Don Juan 73«], der am Ende meiner Karriere mit ihren Höhen und Tiefen aus mir die jämmerlichste Schauspielerin machte, die das Publikum, das mich weltweit zwanzig Jahre lang vergöttert hatte, gnadenlos fallen ließ.

Die Dreharbeiten waren eine Tortur. Sie begannen am 24. Juli, und ich fragte mich gleich, was ich da eigentlich machte, und machte es schlecht. Außerdem war auch noch Lolo gestorben, Laurence Clairval, die seit zwanzig Jahren meine Garderobiere war. Diese tapfere Frau, die Trösterin meiner Seele, hatte sich ihren Lebensunterhalt noch mit über siebzig hart verdienen müssen. Meine Filmfamilie trug Trauer. Dédette war wie ich unendlich traurig.

Mit Christian gab es nur noch Streit. Der Graben zwischen uns wurde immer tiefer. Seine Untätigkeit ging ihm an die Nerven, während ich durch Überlastung ausgelaugt war.

Der Film taugte nicht viel, obwohl all meine talentierten

Partner sich redlich bemühten: Maurice Ronet, Robert Hossein, Mathieu Carrière und Jane Birkin.

Der stets optimistische Vadim war überzeugt davon, ein Meisterwerk zu schaffen, ein zweites »Und immer lockt das Weib«. Dafür steckte er mich nackt in ein Bett mit Jane Birkin, was uns beiden gleichermaßen peinlich war. Zudem gab es eine Liebesszene mit einem Pfarrer: Ich mußte zehn Minuten lang vor Mathieu Carrière nackt tanzen, damit er endlich meinen Reizen erlag. Was uns beiden gleichermaßen peinlich war.

Der Film sollte in Schweden weitergedreht werden, und unmittelbar vor meinem Abflug verließ mich Christian. Ich brach zusammen, leerte zwei Flaschen Champagner und drei Liter Rotwein täglich. Die Dreharbeiten mußten abgebrochen werden.

Mein ratloser Arzt rief einen Psychiater zu Hilfe, den ich kurzerhand zum Teufel jagte. Mein Leben zerrann mir unter den Fingern, ich bekam mich nicht mehr in den Griff, war mir selbst entfremdet, ging unter, paddelte und dümpelte wie ein verschollenes Wrack in einer Welt, die mich verwarf. Wie ein Gespenst irrte ich abends durch die riesige leere Wohnung, in der kein Lebenszeichen mehr war, brüllte vergeblich meine Verzweiflung hinaus und kam nur mit meinem Gemisch aus Alkohol und starken Schlafmitteln zur Ruhe.

Maman versuchte mir zu helfen, aber nach ihren Stippvisiten sehnte ich mich nur noch stärker nach Zuneigung, Gesellschaft, Liebe.

Da kam Michèle auf die geniale Idee, Madame Renée, die sich ohnehin langweilte, zurückzuholen. Wie Verliebte sanken wir uns in die Arme! Danke, Madame Renée, danke, daß Sie im schlimmsten Augenblick meines Lebens zu mir zurückgekommen sind!

Mein Maître d'hôtel verschwand ebenso diskret, wie er gekommen war. Die vertraute und mir wieder Sicherheit verleihende Gegenwart Madame Renées gab mir auch wieder den nötigen Mut, mich zusammenzureißen.

Als ich die Dreharbeiten im Studio wiederaufgenommen hatte, sah ich vom Fenster meiner Erdgeschoßgarderobe aus einen auffallend hübschen jungen Mann, der den Hof überquerte und mir zulächelte. Das freute mich, dann vergaß ich ihn, weil meine Arbeit mich viel zu sehr in Anspruch nahm. Abends sah ich ihn wieder durchs Fenster, lächelnd, lustig und sympathisch. Wir wechselten ein paar Worte, dann ging ich heim.

Am nächsten Tag trat er in einer kleinen Nebenrolle auf. Ich freundete mich mit ihm an; er brachte mich zum Lachen, erzählte mir einen Haufen Geschichten, brachte mich auf andere Gedanken. Ich erfuhr, daß er Laurent hieß, dreiundzwanzig war und vom Schauspielerdasein träumte.

Mir ging es elend, ich hatte den Boden unter den Füßen verloren und nahm ihn als Liebhaber, um nicht mehr allein zu sein.

Er war vierzehn Jahre jünger als ich, etwa im Alter von Vadim, als ich ihn mit achtzehn heiratete, und so alt wie Patrick, als ich ihm begegnete und immerhin erst dreiunddreißig war. Sollten mir mein ganzes Leben lang nur Dreiundzwanzigjährige begegnen?

Ich hatte einen bitteren Geschmack im Mund, als ich ihn am Boulevard Lannes einließ, wo bisher nur Christian mit mir gelebt hatte.

Dank Laurent brachte ich es fertig, nach Schweden zu fliegen. Dank seiner Anwesenheit empfand ich diesen Aufenthalt fast als angenehm, und der Film konnte weitergedreht werden. Als ich am Morgen des 28. September, meinem Geburtstag, am Drehort, einer Universität voller Studenten, erschien, sprangen mindestens hundert von ihnen auf und sangen: »Happy birthday to you!« Das ging mir ans Herz und trieb mir Tränen in die Augen! Ich war achtunddreißig Jahre alt geworden.

Der so junge, wißbegierige, neugierige und fröhliche Laurent zeigte mir ein Schweden, von dem ich nichts geahnt hatte. Kaum hatte ich eine freie Minute, schleppte er mich aufs Land, in die abgelegensten Winkel dieser so schönen Landschaft, die alle nordischen Länder auszeichnet und wo wir kleine Wirtshäuser entdeckten, die Räucherfisch in Rahm und Zimtkuchen anboten. Wir drehten auch auf den kleinen Inseln, die Stockholm wie einen Blütenkranz umgeben und auf denen Holzhäuschen den nordischen Robinsons am Wochenende ein Refugium der Verschwiegenheit bieten.

Es war kalt und trocken. Die Überfahrt zu den Inseln war angenehm, durch die geschützten Fjorde fegte kein Sturm. Ich denke noch gerne daran zurück.

Kaum wieder in Paris, erfuhr ich, daß Madame Legrand nach einem Schlaganfall ins Krankenhaus Ambroise-Paré gebracht worden war. Ich raste hin und fand La Big in einem Krankensaal. Sie starrte abwesend vor sich hin und kaute auf dem kläglich in ihrem Mund hängenden Gebiß herum. Ich rief nach dem diensthabenden Arzt, der nicht in der Lage war, mir zu sagen, was mit ihr geschehen war. Dann erschienen zwei Oberärzte, mit einem Trokar bewaffnet, um eine Rückenmarkspunktion bei ihr durchzuführen. Das untersagte ich klipp und klar.

Hier konnte La Big nicht bleiben; das war die Hölle. Sie erkannte mich immer noch nicht. Obwohl ich auf sie einredete, sie rüttelte, es half nichts; stumpfsinnig blickte sie vor sich hin. Ich rief sofort die Nicolo-Klinik an, man solle ein Zimmer vorbereiten, meinen Arzt verständigen und mir sofort einen Krankenwagen schicken. Ich ließ sie in tiefer Bewußtlosigkeit dorthin überführen. Sie kam nicht mehr zu Bewußtsein und starb ein paar Tage später; wieder war ich verwaist.

Sie wurde in La Ferté-sous-Jouarre in ihrer Familiengruft beigesetzt. Wieder einmal mußte ich mich um alles kümmern. Suzon, die dort lebte, versprach mir, das Grab immer mit frischen Blumen zu schmücken. Adieu, meine La Big! Sie wurde dreiundachtzig Jahre alt.

Ich übernahm ihren Kater Felix, brachte ihn nach Bazoches, aber da er auf dem Schoß seiner Herrin ein Stubenhockerdasein geführt hatte, überlebte er nicht und starb ebenfalls kurze Zeit danach. Alle wurden hinweggemäht.

All diese Todesfälle zehrten gewaltig an mir. Mir war, als verlöre mein Lebensbaum all seine Blätter, als zerfiele meine Vergangenheit zu Staub, als löse sich alles um mich herum langsam auf.

Es hatte mich so tief getroffen, daß ich schwerkrank wurde. Weihnachten verbrachte ich im Bett mit einundvierzig Grad Fieber und einer doppelten Rippenfellentzündung. Jetzt kam ich selbst in die Nicolo-Klinik, wo ich allein und schwach Silvester und Neujahr 1973 feierte.

Zum Glück besitze ich die Fähigkeit, nach Zwischenfällen – und deren gab es viele in meinem Leben, physische wie psychische – schnell wieder auf die Beine zu kommen. So auch diesmal: Es belastete mich sehr, untätig zu sein. Seit meinem vierzehnten Lebensjahr hatte ich immer gearbeitet. Habe ich keine Aufgabe, so fühle ich mich beklommen, und Untätigkeit ist für mich sinnlos vergeudete Zeit, ein Sakrileg.

Hugues Aufray hatte gerade ein sehr schönes Chanson mit dem Titel »Vous, ma lady« herausgebracht, eine Übernahme aus dem Amerikanischen. Diese Melodie und dazu der herrliche Text – das wollte ich unbedingt mit Laurent singen, der eine sehr schöne Stimme hatte.

Eddie Barclay, den ich aufsuchte, ließ es uns aufnehmen. Ein schönes Duo ergab sich, auch der Text paßte perfekt zu einem Paar mit großem Altersunterschied. Unsere Stimmen harmonierten. Es klang schön. Ich war froh. Ich habe immer gern gesungen. Dabei vergesse ich alles und lasse mich wie in Trance von den Noten und Worten tragen.

Meine Hündinnen in Bazoches wurden nacheinander Opfer merkwürdiger Unfälle. Den Anfang machte die sanfte Diane, die wir eines Morgens mit abgerissenem Beinchen vorfanden – war es durch eine Autostoßstange oder eine großkalibrige Kugel geschehen? Sie lebte noch, und ich raste wie eine Verrückte mit ihr zum Tierarzt, der sie noch retten konnte. Aber da sie sehr viel Blut verloren hatte, erholte sie sich nur langsam. Sie schaute mich mit ihren guten, goldschimmernden Augen an und leckte mir die Hände.

Dann war plötzlich Barbichue verschwunden. Ich klapperte die Gegend ab, versprach eine hohe Belohnung, aber man hat sie nirgends mehr gefunden. Es machte mich krank!

Als nächste wurde Bijoufix von einer Schrotladung durchlöchert, und das innerhalb des eingezäunten Geländes, das ihnen Schutz bieten sollte. Sie war nicht mehr zu retten.

Patapon ging an einer Strychninvergiftung ein. Es war grauenvoll.

Ich machte Terror beim Bürgermeister, trommelte die Lokalpresse zusammen und schickte an »France Soir« ein SOS, prangerte die Barbarei der Bauern in der Gegend an und warnte die Jäger: Ich würde alles tun, um meinen Rachedurst zu stillen. Am liebsten hätte ich sie umgebracht, diese Dreckskerle, die meine Hündinnen massakriert hatten, diese lieben kleinen Geschöpfe, denen man höchstens vorwerfen konnte, mal zufällig hinter einem Kaninchen durch die Felder gepreschst zu sein. Und taten diese Kerle nicht dasselbe, und zwar an jedem Wochenende? Sie trieben ihr provozierendes Spiel sogar so weit, daß sie auf meine Enten, meine Schafe und Ziegen schossen. Ich begann sie abgrundtief zu hassen und schwor mir, sie bis zu meinem Tode zu bekämpfen.

Obwohl ich aufheulte, drohte, Himmel und Hölle in Bewegung setzte, Anzeige gegen Unbekannt erstattete, die ganze Nation aufrief – alles vergebene Liebesmüh, die Mörder wurden nie gefunden. Einen Reim konnte ich mir schon darauf machen, aber da ich keine Beweise in Händen hatte, sie die Mächtigeren waren und eine latente Gefahr darstellten, befand ich mich vorläufig in der schwächeren Position.

Jetzt, fast fünfundzwanzig Jahre später, da ich die vierzigtausend Mitglieder meiner Stiftung zum Schutz der Tiere hinter mir weiß, bin ich ihnen an Macht ebenbürtig, werde ihnen weiterhin die Stirn bieten und niemals die Waffen strecken, selbst wenn ich einmal eine Schlacht verlieren sollte. Ich muß den Tod meiner Hündinnen und Tausender von Tieren rächen, koste es, was es wolle.

812

Angeekelt, angewidert von dieser immer abstoßender werdenden Menschheit, beschloß ich, mich für eine Weile in mein Refugium »La Madrague« zurückzuziehen. Laurent kam mit mir.

Er legte gern die Hände in den Schoß und war der ideale Gesellschafter in meiner nostalgischen, traurigen Stimmung. Irgend etwas in mir war zerbrochen. Alles schien mir sinn- und nutzlos. Ich verbrachte viele Stunden mit Jicky und Anne, war froh, endlich mal wieder mit ihnen zusammenzusein wie in der guten, alten Zeit, mit zuverlässigen, echten, treuen Freunden, die die Dinge mit Heiterkeit und Gelassenheit nahmen.

Eines Abends, als ich mich mühsam den steinigen und eigentlich unbefahrbaren Weg zu Jickys altem, einsam gelegenem Bauernhof hinaufkämpfte, streikte mein Minimog. Eine schöne Bescherung! Ich hörte Hunde bellen, konnte in der hereinbrechenden Dämmerung aber nur eine alte, offenbar aufgegebene Meldegängerhütte erkennen. Ein Mann kroch heraus und kam auf mich zu. Ich fühlte mich unbehaglich. Er wollte mir helfen, machte mein Vehikel wieder flott, ging dann zu seinem Lastwagen und holte einen Korb mit lauter winzigen Welpen heraus, die knapp drei Wochen alt waren. Die Mutter, eine Art Schäferhund, lief besorgt hinterher. Der Mann wollte mir einen Welpen verkaufen. Ich hatte nur fünfzig Francs dabei, aber das genügte ihm. Ich glaubte, der Himmel habe mir dieses kleine Tier geschickt, hier auf diesem Weg, zu dieser späten Stunde und in dieser öden Gegend. Dieses Geschenk des Himmels mußte ich einfach annehmen.

Im Scheinwerferlicht suchte ich mir ein kleines, braunes Knäuel aus, ein Weibchen, und drückte es ans Herz. Vierzehn Jahre lang sollte sie bei mir bleiben. Diese Hündin war die erste einer neuen Lebensphase, die ich den Tieren widmen und restlos mit ihnen teilen wollte; darauf bereitete ich mich innerlich bereits vor. Sie wurde mein Maskottchen; ich nannte sie »Pichnou« [»Schnippchen«].

Dank Pichnou lernte ich, wieder zu lächeln und mich etwas meines Leben zu erfreuen. Sie wußte sich durchzusetzen und knurrte, bevor sie bellte. Die drei großen Hunde von

»La Madrague« empfingen sie schwanzwedelnd. Im Schutze ihrer Gegenwart testete sie sehr bald ihre Autorität als Wachhund, indem sie nach Schuhen, Waden und allem, was irgendwo überstand, schnappte.

Ich fuhr nach Paris zurück, Pichnou eng an mich gedrückt.

Mama Olga bestand darauf, daß ich das Drehbuch zu »Colinot Trousse-Chemise« las, das sie sehr gut fand. Es stammte aus der Feder von Nina Companeez, die ich sehr mochte. Sie wollte es mit Francis Huster in der Rolle des Colinot verfilmen. Für mich seien nur wenige Drehtage vorgesehen, allenfalls eine Woche; sie meinte, dazu sollte ich mich vielleicht doch aufraffen, denn nach dem Flop mit »Don Juan 73« wäre das gut für mich. Ich murrte, denn ich hatte keine Lust dazu.

Der immer optimistische und entdeckungsfreudige Laurent fand, es wäre doch wunderbar, in dieser herrlichen alten Stadt Sarlat zu drehen. Er werde mir den Südwesten Frankreichs zeigen, die regionale Küche sei einzigartig, die Schlösser und die Landschaften so ganz anders als in der Provence.

Kurzum, nachdem ich das Buch gelesen und für gut befunden hatte, unterschrieb ich den Vertrag.

Zuvor machte Corinne Dessange mich mit Jean-Pierre Elkabbach bekannt. Er wollte mich unbedingt für seine Fernsehsendung »Actuel 2« haben, eine höchst seriöse und im allgemeinen den Politikern vorbehaltene Nachrichtensendung. Mir verschlug's den Atem!

Eine Stunde lang sollte ich in einer Livesendung vier Journalisten gegenübersitzen. Dabei ging ich ein Wahnsinnsrisiko ein; acht Tage vorher war ich schon krank vor Lampenfieber und acht Tage danach ebenfalls, aber ich habe es riskiert. Was hatte ich denn schon zu verlieren? Ich konnte nur gewinnen!

Wer ich wirklich war, wußte die Öffentlichkeit ja nicht. Seit Jahren galt ich als niedliche Idiotin. Es wurde Zeit, öffentlich damit aufzuräumen.

Am 9. April saß ich also, mehr tot als lebendig, allein meinen vier Folterern im Fernsehstudio gegenüber: Claude Sarraute, René Barjavel, François Nourrissier und Lucien Bodard. Jean-Pierre Elkabbach saß in der Rolle des Moderators an einem Tisch zwischen den beiden Parteien. Wie in einem Gerichtssaal kam man sich vor. Ich bemühte mich, das Zittern meiner Hände, die meine Panik verrieten, unter Kontrolle zu bekommen. Ich mußte ruhig, besonnen und selbstbeherrscht wirken; dabei war mein wildes Herzklopfen in der Kabine des Toningenieurs gut zu hören.

Aus diesem harten Kampf ging ich, wenn auch völlig erschöpft, als Siegerin hervor. Die Franzosen hatten sich von mir ein Bild machen können, das sich von dem in ihrer Vorstellung völlig unterschied. Sie hatten mir zugesetzt, mich ausgequetscht wie eine Zitrone und versucht, mich in die Enge zu treiben, bis in die hintersten Winkel meiner selbst. Doch ich bin ihnen mit pfiffigen Pirouetten entkommen und habe auch immer mal wieder mein Herz und meinen Verstand zu Wort kommen lassen. Zehn Millionen Fernsehzuschauer haben dieses Rededuell live verfolgt. Andere verlangten eine Wiederholung der Sendung, die vier Monate später dann auch ausgestrahlt wurde. Ein Wahnsinnserfolg.

In gewisser Weise war dies mein Abgang von der Filmbühne durchs Hauptportal, mein Abschied in Form eines »Adieu« von einem Weg, der von nun an nicht mehr der meine war. Eine deutliche, eindeutige und präzise Klarstellung dessen, was ich wirklich war und von nun an ausschließlich sein wollte.

Wie La Rochefoucauld so treffend sagte:
»Es gibt Zeilen, dazu bestimmt,
im Leben Erfolg zu haben.
Es gibt Zeilen, dazu bestimmt,
das Leben erfolgreich zu meistern.«

Heute, zweiundzwanzig Jahre später, wage ich noch längst nicht zu behaupten, daß ich mein Leben erfolgreich gemeistert habe, aber ich habe mich zumindest bemüht. Gelungen ist es mir hingegen, mein selbstgestecktes Ziel zu erreichen: den Tierschutz zu verbessern, die Öffentlichkeit über skandalöse Tierhaltung zu informieren und Abhilfe zu schaffen und sinnlose Massaker, Leiden und Schmerzen anzuprangern, denen unschuldige Tiere ausgeliefert sind.

Und darauf bin ich stolz! Selbst wenn meine Bemühungen häufig ins Lächerliche gezogen werden.

Ein paar Urlaubstage noch vor Drehbeginn zu »Colinot« hatte ich mir wohl verdient. Laurent und ich beschlossen also, diese Region in Südwestfrankreich, die ich überhaupt nicht kannte, zu erkunden und rechtzeitig zu Drehbeginn in den ersten Maitagen in Sarlat zu sein. Pierre und Nelly Maeder, meine Immobilienmakler und Freunde aus Saint-Tropez, schlossen sich uns an, weil sie dort ein Anwesen kaufen wollten. Natürlich kam auch Pichnou mit; so konnte Madame Renée den Teppichboden im Boulevard Lannes, den die Hündin gründlich bepinkelt hatte, von Grund auf reinigen lassen.

Diesen Teil Frankreichs fand ich wunderschön. Ich hatte mich in diese Gegend so sehr verliebt, daß ich, nachdem Pierre und Nelly ihr Traumhaus gefunden hatten, beinahe das Grundstück gleich daneben als Ersatz für »La Madrague« gekauft hätte. Doch zum Glück fiel mir rechtzeitig ein, daß die verbissensten und schamlosesten Jäger überall in dieser Gegend ihr Unwesen trieben und hier mit »foie gras« die barbarische »Tradition« des Enten- und Gänsestopfens hochgehalten wurde. Während meine Freunde sich mit Delikatessen der Sarlater Küche wie »Confit« von Enten und Gänsen vollstopften, erquickte ich mich an geraspelten Karotten und Tomaten auf Ei, Speisen, für die keine qualvollen Agonien erforderlich gewesen waren. Insgesamt war mir doch nicht so recht wohl in dieser für meinen Geschmack zu grausamen und zu barbarischen Gegend. Mein Eindruck sollte sich ein paar Jahre später bestätigen, als ich gegen das Wildern von Turteltauben im Médoc zu Felde zog.

Als wir uns in Sarlat einfanden, hatten die Dreharbeiten bereits begonnen; Mama Olga und eine Menge Journalisten warteten auf mich. Da Dédette bei einem anderen Filmprojekt beschäftigt war, mußte ich mein Gesicht einer anderen, mir unbekannten, aber dennoch reizenden Maskenbildnerin ausliefern.

Eine Menge berühmter Schauspieler, die ich aber absolut nicht kannte, waren da versammelt. Dieses Völkchen bildete eine Großfamilie, in der ich mich wie ein Fremdling fühlte. Die reizende und geduldige Nina Companeez, die sich immer treu blieb, versuchte mich zu zähmen, so gut sie es vermochte, spürte aber sehr wohl, daß das wilde Tier in mir bereits die Oberhand gewonnen hatte über den Star. Francis Huster hatte als Berufsanfänger so manches auszubaden. Aber auf der Bühne und im Leben stand ihm eine liebende und erfahrene Nina zur Seite, hielt ihm die Steigbügel, half ihm in den Sattel, und nun konnte das Wettrennen um die Berühmtheit beginnen. Von ihr protegiert und herausgestellt, von einer Schar entzückender und erfahrener Schauspielerinnen mit Stichworten und Herzen reich beschenkt, verhielt er sich manchmal selbstgefällig und anmaßend, was mir ganz und gar nicht gefiel. Da er sich mehr oder minder berechtigt für den neuen Gérard Philipe hielt, neigte er dazu, alle anderen für Dreck zu halten, Nina übrigens eingeschlossen, was mich wahnsinnig schockierte.

Seit damals hat Francis sich grundlegend geändert, seine Karriere verdankt er einzig und allein seinem Talent, und er ist ein Juwel unter den klassischen Schauspielern, auf das Frankreich mit Recht stolz sein kann.

Als ich während einer der ersten Szenen im Château de la Mothe-Fénelon einem Turnier zwischen zwei Edelleuten meines Hofstaats zusah, entdeckte ich etwas weiter entfernt eine Bäuerin, die mit zwei niedlichen kleinen Ziegen Statistin spielte. Sobald ich konnte, lief ich mitsamt Burgunderhaube auf dem Kopf und in den üppigen höfischen Gewändern, in denen ich mich ständig verfing, zu ihr hinüber, um die Zicklein zu streicheln, dabei die eifersüchtige, empört blaffende Pichnou an meinen Rockschößen. Dabei erfuhr ich, daß diese als Statistin verpflichtete Bäuerin schon ungeduldig auf das Ende dieser Szenen wartete, weil eine dieser Ziegen am nächsten Sonntag zur Erstkommunion ihres Enkels auf den Tisch kommen sollte, während die andere als Zuchttier und zur Käsegewinnung verkauft werden sollte. Wie fürchterlich! Dieses Zicklein, kaum größer als Pichnou, mußte ich retten, das war mein einziger Gedanke; meine Rolle konnte mir gestohlen bleiben, der Film erschien mir plötzlich blöd, und ich sah ohnehin grotesk aus in einer solchen Gewandung! Abends kaufte ich der Bäuerin das Zicklein ab, nahm es unter den rechten, Pichnou unter den linken Arm und stolzierte so ins Hotel. Mit diesem Auftritt hatte ich einen durchschlagenden Erfolg.

Doch die Hoteldirektion war skeptisch: Wo sollte die Ziege schlafen? Doch wohl nicht in meinem Zimmer?

Nein, gewiß nicht! Darüber hatte ich mir vorab keine Gedanken gemacht, und eine stallähnliche Dependance gab es natürlich nicht, da man auf Gäste mit Ziegen nicht eingestellt war. Es entpuppte sich wirklich als Problem, vor allem, weil man dem Zicklein alle drei Stunden das Fläschchen geben mußte und es herzzerreißend meckerte, sobald man es allein ließ.

Wir versuchten, es in einem Raum neben der Küche unterzubringen. Aber kaum war die Tür zu, gab es drinnen ein solches Getöse von zertrümmertem Geschirr und herumpolternden Töpfen, daß ich meine Ziege wieder an mich nehmen, für den angerichteten Schaden aufkommen und erheblich in die Tasche greifen mußte. Ich erbot mich, ein eigenes Zimmer für sie zu bezahlen, aber man erwiderte, Teppichboden wie Stilmöbel seien ungeeignet für Tiere, die auf einen Bauernhof gehörten.

Da ich weder ein noch aus wußte, zudem müde, ausgelaugt und mit den Nerven am Ende war, schnappte ich mir Ziege und Hund, ging auf mein Zimmer und schlief mit beiden in meinem Bett. Das funktionierte bestens. Ich führte beide an der Leine aus, und sie erledigten ihre Geschäftchen brav auf dem makellosen Rasen des Hotels, ungeachtet der tadelnden Blicke der Gärtner und der Hotelgäste, die mich für eine Verrückte hielten.

»Colinettes« Fläschchen beschäftigten mich tagsüber weit mehr als mein Text und meine Rolle, die mich ebensowenig interessierten wie meine ersten Babysöckchen.

Das war der Moment, in dem ich beschloß, dieses Metier endgültig an den Nagel zu hängen.

Ich betrachtete mich im Spiegel mit diesem mittelalterlichen Aufputz, diesem Firlefanz, und Pichnou und Colinette, die bellend und meckernd um mich herumhopsten! Plötzlich hing mir alles zum Hals heraus: dieser falsche Schein, diese Zwänge, die mich abkoppelten von den eigentlichen Werten des Lebens. Das alles erschien mir reichlich albern, überflüssig, lächerlich und sinnlos. Ich besaß nur ein Leben, und dieses mußte mit meinem Bild deckungsgleich sein.

Abends verhalf ich Nicole Jolivet, der zufällig anwesenden Journalistin von »France Soir« zu einer Sensationsmeldung, bei der Mama Olga glasige Augen bekam: »Ich steige aus, für mich ist jetzt Schluß, dieser Film ist mein letzter – ich bin es leid!«

Eine Flutwelle schwappte durch die Medien. Sämtliche Zeitungen der Welt übernahmen diese Nachricht, meldeten aber gleichzeitig Zweifel oder Skepsis an. Solche Launen kannte man ja bei mir. Man verspottete mich. Wegen einer Ziege wolle ich mit dem Filmen aufhören. Ebenso wie später, als ich einen Esel hatte kastrieren lassen, was das normalste von der Welt ist, und mich die Weltpresse noch über Jahre hinaus damit verfolgte, mich der Lächerlichkeit preisgab und mich als Schlächterin hinstellte.

All diese Kommentare überhörte ich und folgte wie immer meinem Instinkt, meiner Lebensregel und meinem Herzen. Ich fühlte mich von einer gewaltigen Last befreit, von nun an würde ich dieses Star-Etikett, das mir das Leben vergällte, nicht mehr mit mir herumschleppen. Ich würde ein normales Leben führen, auf dem Lande, ohne jeglichen Zwang, mit all diesen Tieren, die ich liebte und denen ich mich so verbunden fühlte. Ich arme Irre, wenn ich bloß geahnt hätte!

Ich habe meine Entscheidung nie mehr rückgängig gemacht, obwohl danach bei Mama Olga eine Menge Angebote für mich eintrafen, die zuweilen durchaus verlockend gewesen wären.

Das letzte Bild meines letzten Films, des neunundvierzigsten in meiner Karriere, zeigt mich mit einer Taube auf der Hand. Dieses Symbol ist nicht zufällig da hineingeraten.

Als die Euphorie über diese von einem spontanen Einfall diktierte Entscheidung allmählich verflogen war, erschien mir die Zukunft auf einmal wie ein bodenloser Abgrund, wie ein schwarzer, beklemmender Schlund. Es ist sehr schwierig, plötzlich einen Strich unter ein ganzes Leben zu ziehen, und noch schwieriger ist es, ein neues zu beginnen. Seit meinem siebzehnten Lebensjahr war ich es gewohnt, programmiert, an die Hand genommen und gelenkt zu werden, und die Ziele, die man dabei verfolgte, ließen mir weder Zeit zum Nachdenken noch zu einem eigenständigen Leben. Hinzu kam, daß ich zwei Daseinsformen parallel leben mußte: meine eigene und die der jeweiligen Heldin des Films, die ich darstellte. Das erlaubte mir, eine an der anderen abzureagieren oder manchmal sogar beide so zu vermischen, daß ich meine Liebesaffären oder die Konflikte der Rolle in meinem wirklichen Leben weiterspielte. Dieses Sicherheitsventil stand nun plötzlich nicht mehr zur Verfügung. Die Nabelschnur war durchgetrennt, jetzt begann das zeitlose Nichtstun.

Colinette, die in Bazoches noch weiterhin an ihrem Fläschchen nuckelte, lebte fünfzehn Jahre in meiner Nähe; ihr Leben lang war sie ein zahmes, braves und kluges Hunde-Zicklein.

Um meiner Verantwortung für die Tiere, die ich gezähmt hatte, gerecht zu werden, widmete ich mich ihnen so bewußt, daß es mir manchmal fast zuviel wurde, aber das Glück, das ich dabei genoß, war so echt, so unverfälscht wie nichts sonst in meinem Leben.

Im August hielt ich mich immer noch in Paris auf, weil Saint-Tropez zu dieser Zeit nicht zu ertragen ist. Ich ging zum Friseur, um mich schön machen zu lassen.

Ich glaube, seitdem bin ich nie mehr dort gewesen, aber damals war mein äußeres Erscheinungsbild mir noch sehr wichtig; und so ließ ich es ehrlich gestanden geschehen, daß man mir mit allen abscheulichen Mitteln der Chemie, die die Spezialisten mir in die Kopfhaut einmassierten, die Haare kaputtmachte. Seit das vorbei ist, haben sich die drei struppigen Besenborsten, die mir als Kopfschmuck geblieben waren, in ein glänzendes, gesundes Haarkleid zurückverwandelt, das so lang ist, daß ich mich darauf setzen kann.

An besagtem Tag präsentierte sich meine Friseuse mit einem weißen Häschen, das sich an sie klammerte. Aber das war ja gar kein Häschen, sondern ein irisches Setter-Baby. Eine Kundin, die eine dramatische Phase durchmachte, hatte es absichtlich im Salon zurückgelassen, weil sie sich dieses niedlichen kleinen Dings entledigen wollte. Sofort wurde es an mich weitergereicht. Es war ein winziges, weißes, zitterndes Hundeknäuel, mit einem kleinen schwarzen Fleck über dem linken Auge. Ein armseliges Plüschtierchen mit ungewisser Zukunft, schon so jung und unschuldig ausgesetzt. Mein Herz schmolz dahin. Als ich den Salon verließ, hing es an meinem Hals, verwuschelt in meinen struppigen, aber frisch gewaschenen Haaren.

Als ich am Boulevard Lannes ankam, sahen die Dinge schon anders aus. Die eifersüchtige und herrische Pichnou machte der kleinen Hündin das Leben zur Hölle. Der frisch gereinigte Teppichboden wurde wieder überschwemmt vom Pipi meines neuen, verschreckten Hundebabys. Madame Renée schaute mißbilligend drein, und ich fühlte mich plötzlich schuldig.

Laurent sagte, diese herrliche und recht seltene Hunderasse sei einmalig sanft, anmutig und umwerfend schön. Das sollte ich dann auch selbst herausfinden mit meiner Nini, die die erste einer Dynastie wurde, für die ich mich entschied und auf die ich nicht mehr verzichten konnte. Den irischen Settern oder Pseudo-Settern gilt meine Vorliebe, sofern mein Herz überhaupt Vorlieben kennt.

Nini, von einer Kundin bei meiner Friseuse zurückgelassen, die sie ursprünglich als Spielgefährtin für ihren zweijährigen Sohn angeschafft hatte, der aber in zwanzig Zentimeter tiefem Wasser in Deauville ertrunken war, ertrank ihrerseits zehn Jahre später auf grauenvolle Weise.

Um meine Mußestunden zu füllen, willigte ich 1973 ein, mit Sacha Distel den Titel »Le soleil de ma vie« [»Die Sonne meines Lebens«] aufzunehmen, ein charmantes Duett, eine französische Reprise des Erfolgsschlagers des großen amerikanischen Sängers Stevie Wonder. Da die Platte gern gehört und viel verkauft wurde, verewigten wir sie für eine Fernsehsendung: »Top à Sacha Distel!«

Da meine Entscheidung, nicht mehr zu filmen, nunmehr unwiderruflich feststand, wollten die Fernsehsender wenigstens noch ein paar Krümel ergattern. Das war mir schon klar, aber ich sang ja nun mal mit Wonne.

Um meinen ersten Geburtstag als Star im Ruhestand gebührend zu feiern, kam Jean Bouquin auf die hinreißende Idee, in seinem neuen Restaurant »L'Assiette au Beurre« in der Rue Saint-Benoît ein ganz besonderes Fest zu veranstalten. Wir sollten die Jahre um 1900 wieder aufleben lassen – dies war auch der Stil des Restaurants – und uns alle der Epoche entsprechend kleiden. Nachdem ich bei einem Theaterkostümverleih ein authentisches champagnerfarbenes Kleid aus Chantilly-Spitze ausfindig gemacht hatte, in dem ich zwar den ganzen Abend über nichts essen konnte, damit die Wespentaille nicht aufplatzte, und nachdem ich mir von Bruno Dessanges einen Haarknoten voller Orangenblüten hatte stecken lassen, brachte mich ein Zweispänner, dem ein fröhlich knatterndes Auto von 1900 vorausfuhr, vom Boulevard Lannes zur Rue Saint-Benoît. Jean und Simone hatten alles königlich vorbereitet.

Im Kreise meiner liebsten Freunde, die in ihren Anzügen, ihren Kleidern, mit ihren Schnurrbärten und Haarknoten alle wunderschön aussahen, verlebte ich einen unvergeßlichen und unvergessenen Abend, feierte ich meinen neununddreißigsten Geburtstag in Freude, Unbekümmertheit, Liebe und Fröhlichkeit.

Wie gut es tut, glücklich zu sein!

Phi-Phi d'Exéa und Chantal Boloré wollten mit einem Dutzend Freunden auf die Insel Mauritius fliegen. Das glich einem Luxus-Charter mit all den klingenden Namen des Tout-Paris, die ihr Freund Arnaud de Rosnay zu einem idyllischen Aufenthalt auf dieser Insel eingeladen hatte, auf der er geboren war. Sie schlugen uns vor mitzukommen. Laurent fieberte schon darauf und wollte natürlich mit. Ich reagierte weitaus reservierter, denn ich haßte ja Flugreisen, vor allem, wenn sie wie diesmal sechzehn Stunden dauern sollten, und dann mit diesem Gotha als Eskorte, den ich schon immer gemieden hatte. Vor allem aber wollte ich mich um keinen Preis von meiner Pichnou und meiner Nini trennen. Wir würden es uns noch überlegen.

Inzwischen hatte der Tierschutzverband S.P.A. – worum ich seit zwölf Jahren ersucht hatte – ein Heim bauen lassen, das weniger trostlos war als jenes »Au Bon Accueil« in Gennevilliers, wo ich 1966 meine armen Hündinnen und Katzen vorgefunden hatte. Man bat mich, die Patenschaft zu übernehmen. Mit Freuden sagte ich zu, an der Seite der Präsidentin Jacqueline Thome-Patenotre dieses neue Gefängnis zu eröffnen, in der Hoffnung, es möge menschlicher und weniger trostlos sein, zumindest aufgrund der neuen und sauberen Gebäude.

Am 6. November war ich also wieder vor Ort am neuen Grammont-Refugium, umringt von einer Meute Journalisten, Fotografen, S.P.A.-Angestellten, Sekretärinnen, Pressesprechern, Ministern und von Jacqueline Thome-Patenotre, Präsidentin und zudem Abgeordnete und Bürgermeisterin von Rambouillet.

Tausendfaches Bellen wurde laut, als ich unter dem Blitzlichtgewitter das symbolische Band durchschnitt. Gleich darauf begab sich die kleine Menschenansammlung – ohne einen Blick, ohne die geringste Aufmerksamkeit für diese armen, verlassenen Hunde – in einen Raum, wo Champagner, ein Podest und eine Reihe Mikrophone auf uns warteten. Und nun ließ jeder seine Rede vom Stapel, jeder schmierte dem anderen Honig um den Bart, immer schön mit dem Strich und fein diplomatisch.

Ich konnte mir diese Elogen nicht länger anhören, mich bekümmerte das Schicksal der Tiere, und daher schlich ich mich auf leisen Sohlen davon, holte den Sack Kekse, den ich mitgebracht hatte, und ging die kleinen Häftlinge besuchen. Eine Stunde lang verbrachte ich auf allen vieren, versuchte all diesen kleinen armen Teufeln nicht nur Kekse, sondern auch etwas Zärtlichkeit, ein paar Liebkosungen, etwas Menschlichkeit zu schenken. Sie schauten so lieb, so zärtlich, so besorgt drein, steckten ihre Pfoten durch die Gitterstäbe, um wenigstens den Versuch zu machen, mich davon zu überzeugen, daß ich sie da herausholen müßte. Sie leckten mir die Hände ab, ließen meine Keksstückchen links liegen und lauerten nur auf meine Reaktionen. Ich heulte mir die Seele aus dem Leib angesichts dieses Elends, während die anderen Idioten sich nur gegenseitig beglückwünschten und selbstbeweihräucherten.

Einige Hunde verbissen sich in die dicken Stangen, rissen an ihnen, bis die Lefzen bluteten; andere hatten sich resigniert nach hinten auf den kotbeschmierten Betonboden verkrochen und reagierten auf gar nichts mehr.

So unmenschlich wie in einem eisigen Kerker. Ich war entsetzt! Diese armen, unter unannehmbaren Haftbedingungen eingekerkerten Kreaturen – nur weil skrupel-, seelen- und herzlose Menschen sie einfach ausgesetzt hatten. Solche Menschen widerten mich mehr und mehr an. Ich war empört. Wie gern hätte ich ihnen die Käfigtüren geöffnet, vor denen Ketten und Vorhängeschlösser hingen, als seien sie Mörder. Wie gern hätte ich sie alle aufgenommen, adoptiert und geliebt, wie sie es verdienten. Aber es waren vierhundert an der Zahl. Und da waren ja auch noch die anderen, die »in amtlicher Verwahrung« auf die Freilassung ihrer für zehn oder zwanzig Jahre eingelochten »Herrchen« warteten! Und die anderen, die geduldig auf die Entlassung ihrer Besitzer aus dem Krankenhaus warteten, die sich aber vielleicht niemals wieder blicken ließen! Hier hatte ich das reinste Elend zum Greifen nahe. Und wie viele Leidensgenossen gab es wohl noch über ganz Frankreich verstreut, unter noch schlimmeren, noch erschreckenderen Lebensbedingungen?

Von diesem Tag an wollte ich meinen Namen, meinen Ruhm, mein Vermögen, meine noch vorhandene Energie und meine Kraft einsetzen, um ihnen zu helfen, für sie zu kämpfen, sie zu rächen, sie zu lieben und Liebe für sie zu erbetteln – bis zu meinem Tode. Diesen Eid schwor ich mir an jenem 6. November 1973. Und ich habe Wort gehalten!

Mein Leben hatte wieder ein Ziel. Ein großartiges Ziel. Ich würde mich nicht mehr nur um die Tiere in Bazoches oder »La Madrague« kümmern, sondern um sämtliche Tiere der Welt, und mein Charisma und meinen Bekanntheitsgrad einsetzen, damit man mir auch zuhörte und mich verstand. Ich steckte voller Hoffnungen und Pläne und war davon überzeugt, ich brauchte nur wie eine Fee zu erscheinen, und wie durch Zauberhand würden auf unserem Planeten die grausamen Lebensbedingungen der Tiere sich zum Besseren wenden. Leider mußte ich lernen, daß einem nichts geschenkt wird, daß man sich in diesen niederen Welten alles erkämpfen muß, unter Einsatz seiner Fäuste, unter Einsatz seines Willens und auch unter Einsatz seiner ganzen Verzweiflung.

An einem schmutziggrauen, regnerischen Novembertag startete ich erst einmal mit Laurent, Phi-Phi d'Exéa, Chantal Boloré und den anderen zur Insel Mauritius. Mit fröhlichem Herzen startete ich nicht. Aber mir wurde bald fröhlich zumute, als wir erst einmal dort gelandet waren.

Um die mondäne und uninteressante Horde, die uns begleitete, so schnell wie möglich zu vergessen, flüchteten Phi-Phi, Chantal, Laurent und ich in einen kleinen Bungalow des Hotels »Le Trou aux Biches«. Kokospalmen, weißer Sand, die türkisblaue Küste, es war bezaubernd!

Im Laufe der Tage stellte ich mich langsam, aber sicher auf dieses kleine Paradies ein. Als erstes fiel mir die Liebenswürdigkeit der Inselbewohner auf, eine willkommene Abwechslung nach der latenten Bissigkeit der Franzosen.

Der Empfang bei Arnaud de Rosnay fand in seinem im Kolonialstil erbauten Haus statt, dessen Auffahrt halbnackte Männer mit Turban und Harzfackeln hell erleuchteten. Ich lernte seine Mutter kennen, eine großartige Frau aus einem anderen Jahrhundert, seine Ammen, dicke, vollbusige Schwarze, die mich an ihr Herz drückten und Melodien krächzten, die direkt aus New Orleans hätten stammen können.

Das ging zu Herzen, überwältigte einen, war einmalig und unvergeßlich.

Wenn ich an Arnaud denke, der wenige Jahre später auf seinem Surfbrett, auf dem er König war, von dem unersättlichen Ozean verschlungen wurde, dann erinnere ich mich an einen charmanten Mann, an ein auf Mauritius von ihm völlig ergebenen Frauen aufgezogenes Kind, an seine Liebe zu diesem Land, dessen Prinz er war, der kleine Prinz, der darum bat, man möge ihm doch ein Surfbrett zeichnen!

Ich entdeckte Curepipe mit seinem Chinesenviertel und seinem Mini-Eiffelturm, Port Louis und das ständige Kommen und Gehen der Matrosen aus aller Herren Länder, die finsteren Bordelle, die Märkte mit den traumhaften und traumerzeugenden Kräutern, die chinesischstämmigen Croupiers in den Casinos, in denen alles gezinkt war.

Auch am Sankt-Petrus-Fisch ergötzte ich mich, der ausschließlich in den lauwarmen Gewässern dieser Gegend gefangen wird. Ich nahm teil an dem Liebesmahl, das die Mauritier ihren Hindu-Gottheiten in kleinen, eigens für sie errichteten Tempeln an den Straßenecken darbringen. Dann ließ ich mir von einer herrlichen Näherin maßgeschneiderte Saris anfertigen.

Und eines Tages sah ich am Strand eine Horde streunender und wilder Hunde, die sich dort ihr Futter suchten. Von nun an sammelte ich die Speisenreste in den Restaurants, erbettelte mal hier, mal dort einen Knochen, trug das alles zum Strand und sah, wie die armen Tiere selbst ein Salatblatt gierig verschlangen! Mir drehte sich der Magen um.

Unter ihnen war ein kleines schwarzes Ding auf vier Pfoten, eine Art Welpe, über den alle herfielen und der daher nie etwas vom Fressen abbekam. Ich versuchte ihn zu zähmen. Aber das war genauso vergeblich wie der Versuch, eine Stecknadel in einem Heuhaufen zu finden. Das kleine schwarze Ding auf vier Pfoten war zwar ausgehungert und bis zum Skelett abgemagert, aber genauso wild wie ein afrikanischer Löwe.

Einer der Hotelangestellten, ein Mauritier, versicherte mir, er werde ihn für mich einfangen. Ich ließ ihn gewähren, traute es ihm aber eigentlich nicht zu. Als ich abends in unseren Bungalow kam, wies er mit entzückter Miene unter das Kanapee.

Und da hockte, in einem Netz gefangen, mein schwarzes kleines Ding, winselnd, erschöpft und verschreckt. Mit einer Schere bemühte ich mich verzweifelt, ihn aus dieser gräßlichen Fessel zu befreien, wobei ich den Hotelangestellten mit sämtlichen Vogelnamen bedachte, die mir einfielen, und wie ein Bierkutscher fluchte. So etwas kam bei mir nicht in Frage, Tiere in Fesseln zu legen!

Als ich mein Ziel erreicht hatte, wurde ich grausam gebissen. Ein Arzt mußte geholt werden, der mir in Bauch und Po Tetanusspritzen verpaßte. Trotzdem war ich glücklich, mein kleines schwarzes Ding auf vier Pfoten endlich freibekommen zu haben; es sauste auch gleich davon, zurück zu seinen Leidensgefährten am Strand, ohne einen Blick für das prächtige Mahl, das ich ihm unter die Nase gehalten hatte. Von diesem Augenblick an tat ich nichts anderes mehr, als unentwegt Hundefutter zu sammeln, das ich bei Einbruch der Nacht am Strand deponierte. Mit viel Geduld und Liebe gelang es mir dann doch noch, mein kleines schwarzes Ding auf vier Pfoten zu streicheln. Was für eine Freude! Ein Triumph und meine schönste Erinnerung!

Das kleine Ding war eine kleine Hündin, deren Instinkt ihr sagte, daß ich sie liebte und ihr nichts Böses antun wollte.

Sie leckte mir schließlich sogar über die Nase und kam sogar auf mich zugelaufen, wenn sie meine Stimme hörte. Armes kleines Ding, das ich verlassen mußte, als ich abreiste. Aber was hätte ich anderes tun sollen? Ich gab dem Hotelangestellten, der sie mit dem Netz eingefangen hatte, ein fürstliches Trinkgeld, damit er sie nach meiner Abreise weiterhin fütterte.

Und nun war ich bereit, endgültig bereit, mich meiner neuen Lebensaufgabe zu stellen, indem ich zugunsten der Tiere meine Person und meinen Ruhm hintanstellte. Mich in den Dienst ihres Überlebens stellte. Mich selbst völlig vergaß, um nur noch an sie zu denken. Indem ich eintrat in den Orden der Tiere.

Brigitte BARDOT
Bazoches im Schnee

Am 7. Dezember 1995

828

Gedichte meines Papas Pilou

Auszüge aus den von der Académie
Française preisgekrönten »Vers en Vrac«
(1960)

Coucher de Soleil à »La Madrague«

Ombre des monts bleus
Sur un ciel en feu,
La mer est bleu sombre.

Dans le jour qui sombre,
De l'or en coulée
Sautant les vallées
Descend jusqu'à nous
Sur le miroir d'eau …

Noir, se détachant
Dans l'apothéose
Du soleil couchant,
Au loin, un bateau
A l'ancre, s'endort …

La métamorphose
De la nuit qui monte
Joignant l'infini
Efface la fonte
De ce fleuve d'or.

Qui n'est tout à coup
Qu'un léger sillage
De tendre pastel
Brochant sur le ciel
Noirci de nuages …

Et tout est fini.

Sonnenuntergang in »La Madrague«

Schatten blauer Berge
an feuerrotem Himmel,
das Meer ist dunkelblau.

Im Dämmer des Tages
strömt Gold
von Tal zu Tal
zu uns hinab
auf spiegelnde Wasser.

Dunkel ahnen wir
in der Apotheose
der versinkenden Sonne
fernab ein Schiff,
das vor Anker schlummert …

Die Metamorphose
der herabsinkenden Nacht
erreicht das Unendliche
und löscht die Schmelze
dieses gold'nen Stroms.

Unversehens nur
ein schmaler Streif noch
in zartem Pastell
überquer am Himmel,
dunkel von Wolken …

Und alles ist vergangen.

Saint-Trop en Famille

Débarquant toute spontanée
Brigitte a dit: »... Venez Papa ...«
»Je vous consacre trois journées ...«
»Mais ce soir ne me verrez pas ...«

Premier jour, installation ...
Je ne quitte pas mes deux filles ...

A Tahiti, chef de famille,
Je suis leur amphitryon ...

Second jour c'est l'invasion:
Productrice et metteur en scène,
Futur plein d'appréhensions ...
Je ne les vois plus qu'à peine ...

Le jour trois, ma triste figure
Lui montre mon isolement
Et me vaut, avec sa doublure,
De cette doublure l'amant ...

J'ai cru que je devenais fou ...
Mais j'ai gardé un espoir vague
D'apercevoir sous les bambous
Mes deux filles à »La Madrague«.

Saint-Tropez im Kreis der Familie

Überraschend taucht Brigitte auf,
und sagt: »Kommen Sie, Papa,« …
»ich widme Ihnen drei Tage,« …
»doch heut abend sehen Sie mich nicht …«

Am ersten Tag richte ich mich ein …
Ich trenne mich nicht von meinen beiden Töchtern …

In Tahiti das Familienoberhaupt,
bin ich nun ihr Amphitryon …

Am zweiten Tag die Invasion:
Produzentin und Regisseur,
die Zukunft sorgenvoll …
Und ich sehe sie kaum noch …

Am dritten Tag zeigt meine traurige Miene
ihr meine Einsamkeit
und bringt mir ihr Double
und dessen Liebhaber ein.

Ich glaubte, verrückt zu werden …
Doch hoffte ich noch vage
unter dem Bambus von »La Madrague«
meine beiden Töchter zu sehen.

En Passant

A Brigitte

Brigitte ... Écoute, un soir ... Écoute
Un murmure qui vient d'en bas ...
Un léger crincrin, ... c'est sans doute
Une chanson de ton Papa ...

Car s'il passe, il ne monte pas ...
Il regarde, ... Il en meurt d'envie ...
Il en aurait l'âme ravie
Comme tous ceux qui sont Papas ...

Ton étoile est trop haute ... En bas,
Dans la rue, il chante un poème
En passant, pour dire qu'il t'aime ...

Vers ... Chansons ... Le vent les emporte ...
Mais, dis au petit que tu portes:
»Ce poète était mon Papa ...«

Im Vorübergehen

Für Brigitte

Brigitte ... Horch, eines Abends ... Horch ...
Ein Murmeln, das von unten kommt ...
Ein leichtes Summen ... Das ist gewiß
ein Lied von deinem Papa ...

Denn wenn er vorbeigeht, kommt er nicht hinauf ...
Er schaut hoch ... Was gäbe er drum ...
Er wäre so unendlich glücklich
wie alle, die Väter sind ...

Dein Stern steht zu hoch ... Unten,
auf der Straße, singt er im Vorübergehen
ein Gedicht, dir zu sagen, daß er dich liebt ...

Verse ... Lieder ... Der Wind weht sie fort ...
Aber sag zu dem Kleinen, den du trägst:
»Dieser Dichter war mein Papa ...«

Camerone

Au Général Koenig

Face à deux mille, ils restaient quatre
Mais quatre de la Légion.
Ces grands n'ont cessé de se battre,
Jusqu'au bout, comme des lions.

Cent ans après cette hécatombe,
La Légion, tous les amis
Du grand Danjou, tous ont frémi,
Car le rail passait sur la tombe.

Dormez en paix, Légionnaires,
Loin de la bataille et des balles!
Reposez sous la grande dalle,
Au Mémorial du Centenaire.

Car à tous les anniversaires,
Sous leur fanion qui frissonne,
Veillent sur vous, Légionnaires,
Les Pélerins de Camerone.

Camerone

Für General Koenig

Von zweitausend sind vier geblieben,
aber vier von der Legion.
Diese Großen wurden nicht müde,
bis zum Ende zu kämpfen wie die Löwen.

Hundert Jahre nach diesem Blutbad
erzitterten sie alle, die Legion,
all die Freunde des großen Danjou,
denn das Gleis verlief über dem Grab.

Ruht in Frieden, Legionäre,
fern von Kampf und Kugeln!
Ruht unter dem großen Sockel
des Denkmals zum hundertsten Jahrestag.

Denn bei jedem Gedenktag
wachen über Euch, Legionäre,
unter zitterndem Banner
die Pilger von Camerone.

Pilou
24. April 1965

1952: *Le Trou Normand*
Regie: Jean Boyer
U.a. mit Bourvil, Jane Marken, Jeanne Fusier-Gir,
Noël Roquevert, Roger Pierre
1952: *Sommernächte mit Manina / Liebesnächte mit Manina*
(*Manina, la Fille sans Voile*)
Regie: Willy Rozier
U.a. mit Jean-François Calvé, Howard Vernon
1952: *Von Sensationen gehetzt*
(*Les Dents longues*)
Regie: Daniel Gélin
U.a. mit Danièle Delorme, Daniel Gélin, Jean Chevrier,
Louis Seigner
Kurzauftritt
1953: *Le Portrait de son Père*
Regie: André Berthomieu
U.a. mit Jean Richard, Michèle Philippe,
Mona Goya
1953: *Ein Akt der Liebe / Das Mädchen von der Seine*
(*Un Acte d'Amour; Act of Love*)
Regie: Anatole Litvak
U.a. mit Kirk Douglas, Dany Robin, Serge Reggiani,
Barbara Laage
1953/54: *Versailles – Könige und Frauen*
(*Si Versailles m'était conté*)
Regie: Sacha Guitry
U.a. mit Sacha Guitry, Jean Marais, Micheline Presle,
Orson Welles
1954: *Dunkelroter Venusstern*
(*Le Fils de Caroline Chérie*)
Regie: Jean Devaivre

U.a. mit Jean-Claude Pascal, Jacques Dacqmine,
Sophie Desmarets, Magali Noël

1954: *Die schöne Helena / Der Untergang von Troja*
(*Helen of Troy*)
Regie: Robert Wise
U.a. mit Rossana Podesta, Jacques Sernas,
Stanley Baker

1954: *Verrat*
(*Tradità*)
Regie: Mario Bonnard
U.a. mit Pierre Cressoy, Lucia Bosé

1954: *Reif auf junge Blüten*
(*Futures Vedettes*)
Regie: Marc Allégret
U.a. mit Jean Marais, Isabelle Pia, Yves Robert,
Lila Kedrova, Guy Bedos

1955: *Doktor Ahoi!*
(*Doctor at Sea*)
Regie: Ralph Thomas
U.a. mit Dirk Bogarde, Brenda de Banzie,
James Robertson-Justice

1955: *Neros tolle Nächte / Zustände wie im alten Rom*
(*Mio Figlio Nerone*)
Regie: Steno (Stefano Vanzina)
U.a. mit Alberto Sordi, Vittorio de Sica, Gloria Swanson,
Giorgia Moll

1955: *Das große Manöver*
(*Les grandes Manœuvres*)
Regie: René Clair
U.a. mit Gérard Philipe, Michèle Morgan, Jean Desailly,
Yves Robert, Pierre Dux

1955: *Gier nach Liebe*
(*La Lumière d'en Face*)
Regie: Georges Lacombe
U.a. mit Raymond Pellegrin, Roger Pigaut

1955: *Pariser Luft / Montmartre*
(*Cette sacrée Gamine*)
Regie: Michel Boisrond

U.a. mit Jean Bretonnière, Françoise Fabian,
Darry Cowl, Raymond Bussières
1956: *Das Gänseblümchen wird entblättert*
(*En effeuillant la Marguerite*)
Regie: Marc Allégret
U.a. mit Daniel Gélin, Robert Hirsch, Darry Cowl,
Nadine Tallier, Madeleine Barbulée
1956: *Und immer lockt das Weib*
(*Et Dieu créa la Femme*)
Regie: Roger Vadim
U.a. mit Curd Jürgens, Jean-Louis Trintignant,
Christian Marquand, Georges Poujouly, Jane Marken,
Jean Tissier
1956: *Die Braut war viel zu schön*
(*La Mariée est trop belle*)
Regie: Pierre Gaspard-Huit
U.a. mit Micheline Presle, Louis Jourdan, Marcel Amont,
Jean-François Calvé
1957: *Die Pariserin*
(*Une Parisienne*)
Regie: Michel Boisrond
U.a. mit Charles Boyer, Henri Vidal, Nadia Gray,
Noël Roquevert, André Lugvet
1957: *In ihren Augen ist immer Nacht*
(*Les Bijoutiers du Clair de Lune*)
Regie: Roger Vadim
U.a. mit Alida Valli, Stephen Boyd, Pepe Nieto
1957/1958: *Mit den Waffen einer Frau*
(*En Cas de Malheur*)
Regie: Claude Autant-Lara
U.a. mit Jean Gabin, Edwige Feuillère, Franco
Interlenghi, Nicole Berger, Madeleine Barbulée,
Jean-Pierre Cassel
1958: *Ein Weib wie der Satan*
(*La Femme et le Pantin*)
Regie: Julien Duvivier
U.a. mit Antonio Vilar, Espanita Cortez, Dario Moreno,
Michel Roux, Lila Kedrova

1959: *Babette zieht in den Krieg*
  (*Babette s'en va-t-en Guerre*)
  Regie: Christian-Jaque
  U.a. mit Jacques Charrier, Yves Vincent,
  Francis Blanche, Noël Roquevert, Mona Goya
1959: *Wollen Sie mit mir tanzen?*
  (*Voulez-vous danser avec moi?*)
  Regie: Michel Boisrond
  U.a. mit Henri Vidal, Dawn Addams, Dario Moreno,
  Noël Roquevert, Serge Gainsbourg
1960: *Affäre einer Nacht*
  (*L'Affaire d'une Nuit*)
  Regie: Henri Verneuil
  U.a. mit Pascale Petit, Roger Hanin, Claude Piéplu,
  Pierre Mondy, Brigitte Bardot als sie selbst
1960: *Die Wahrheit*
  (*La Vérité*)
  Regie: Henri-Georges Clouzot
  U.a. mit Sami Frey, Charles Vanel, Paul Meurisse,
  Marie-José Nat, Louis Seigner
1961: *In Freiheit dressiert*
  (*La Bride sur le Cou*)
  Regie: Roger Vadim
  U.a. mit Michel Subor, Claude Brasseur, Mireille Darc,
  Jacques Riberolles
1961: *Galante Liebesgeschichten*
  (*Les Amours célèbres*)
  Episodenfilm in 4 Episoden
  Episode 3: Agnes Bernauer (Agnès Bernauer)
  Regie: Michel Boisrond
  U.a. mit Alain Delon, Pierre Brasseur,
  Jean-Claude Brialy, Suzanne Flon,
  Pierre Massimi
1961: *Privatleben*
  (*Vie privée*)
  Regie: Louis Malle
  U.a. mit Marcello Mastroianni, Eléonore Hirt,
  Gregor von Rezzori, Dirk Sanders, Ursula Kübler

1962: *Das Ruhekissen*
(*Le Repos du Guerrier*)
Regie: Roger Vadim
U.a. mit Robert Hossein, Macha Méril, Michel Serrault,
James Robertson-Justice, Ursula Kübler
1963: *Die Verachtung*
(*Le Mépris*)
Regie: Jean-Luc Godard
U.a. mit Michel Piccoli, Jack Palance, Giorgia Moll,
Fritz Lang
1963: *Paparazzi*
Regie: Jacques Rozier
U.a. mit Brigitte Bardot, Michel Piccoli und
Jean-Luc Godard als sie selbst
1963: *Tentazioni Proibite*
Regie: F. Oswaldo Civirani
U.a. mit Brigitte Bardot als sie selbst
1963: *Die Verführerin*
(*Une ravissante Idiote*)
Regie: Edouard Molinaro
U.a. mit Anthony Perkins, Grégoire Aslan,
Hélène Dieudonné, Jean-Marc Tennberg
1964: *Marie Soleil*
Regie: Antoine Bourseiller
U.a. mit Danièle Delorme, Chantal Darget,
Jacques Charrier
Kurzauftritt
1964 *Geliebte Brigitte*
(*Dear Brigitte*)
Regie: Henry Koster
U.a. mit James Stewart, Billy Mumy, Glynis Johns,
Brigitte Bardot als sie selbst
1965: *Viva Maria!*
(*Viva Maria*)
Regie: Louis Malle
U.a. mit Jeanne Moreau, George Hamilton,
Paulette Dubost, Gregor von Rezzori,
Claudio Brook

1965: *Masculin-feminin oder: die Kinder von Marx und Coca-Cola*
(*Masculin-Féminin*)
Regie: Jean-Luc Godard
U.a. mit Jean-Pierre Léaud, Chantal Goya,
Marlène Jobert, Antoine Bourseiller,
Brigitte Bardot als sie selbst
1966: *Zwei Wochen im September / Drei Tage einer neuen Liebe*
(*A Cœur Joie*)
Regie: Serge Bourguignon
U.a. mit Laurent Terzieff, Jean Rochefort,
James Robertson-Justice, Michael Sarne
1967: *Histoires extraordinaires / Trois Histoires extraordinaires*
d'Edgar Poe
Episodenfilm in drei Episoden
Episode 1: *William Wilson*
Regie: Louis Malle (1), Roger Vadim (2),
Federico Fellini (1)
U.a. mit Alain Delon, Katia Cristina, Umberto d'Orsi,
Danièle Vargas
1968: *Shalako*
(*Shalako*)
Regie: Edward Dmytryk
U.a. mit Sean Connery, Stephen Boyd, Peter van Eyck,
Jack Hawkins
1969: *Oh, diese Frauen*
(*Les Femmes*)
Regie: Jean Aurel
U.a. mit Maurice Ronet, Annie Duperey, Tanya Lopert,
Jean-Pierre Marielle
1969: *L'Ours et la Poupée*
Regie: Michel Deville
U.a. mit Jean-Pierre Cassel, Daniel Ceccaldi,
Xavier Gélin, Sabine Haudepin
1970: *Die Novizinnen*
(*Les Novices*)
Regie: Guy Casaril
U.a. mit Annie Girardot, Angelo Bardi,
Jean Carmet, Noël Roquevert, Jess Hahn

1970: *Die Rum-Straße*
   (*Boulevard du Rhum*)
   Regie: Robert Enrico
   U.a. mit Lino Ventura, Jess Hahn, Guy Marchand,
   Clive Revill
1971: *Petroleum-Miezen / Die Brandstifterinnen*
   (*Les Pétroleuses*)
   Regie: Christian-Jaque
   U.a. mit Claudia Cardinale, Micheline Presle,
   Michael J Pollard, Georges Beller
1973: *Don Juan* 73 – Wenn Don Juan eine Frau wäre
   (*Don Juan* 73 ou Et si Don Juan était une femme)
   Regie: Roger Vadim
   U.a. mit Maurice Ronet, Robert Hossein, Jane Birkin,
   Mathieu Carrière
1973: *L'Histoire très bonne et très joyeuse de Colinot
   Trousse-Chemise*
   Regie: Nina Companeez
   U.a. mit Francis Huster, Nathalie Delon,
   Bernadette Lafont, Alice Sapritch, Francis Blanche,
   Jean-Claude Drouot

Bildnachweis

Fotos Nr. 1, 3, 4, 6, 7, 8, 9, 10, 12, 40, 45, 46, 54, 74, 78, 80, 82, 86: Collection Brigitte Bardot; 5, 13, 14, 16, 23, 24, 26, 27, 28, 29, 36, 37, 38, 41, 48, 51, 52, 55, 56, 57, 61, 66, 67, 68, 70, 79, 83, 84, 85, 87: Collection Brigitte Bardot, © D.R.; 11, 22: Collection Brigitte Bardot, © Roger Viollet; 15: Mit freundlicher Genehmigung der Zeitschrift »Elle«; 17: Collection Brigitte Bardot, © René Vital, »Paris-Match«; 18, 19, 20, 21: Collection Brigitte Bardot, © Walter Carone, »Paris-Match«; 25: Collection Brigitte Bardot, © Garofalo, »Paris-Match«; 30, 31, 32, 42: Collection François Bagnaud, © D.R.; 33: Collection Brigitte Bardot, © Georges Ménager, »Paris-Match«; 34: Collection Brigitte Bardot, © Jacques Guittet; 35: Collection Brigitte Bardot, © Willy Rizzo, »Paris-Match«; 39: Collection Brigitte Bardot, © Gérard Decaux; 43, 44: Collection Brigitte Bardot, © Angelo Frontoni; 47: Collection Mijanou Bardot, © D.R.; 49, 50, 53: Collection Brigitte Bardot, © Jicky Dussart; 58: Collection Brigitte Bardot, © Henri Bureau; 59: Collection Brigitte Bardot, © Jean-Pierre Bonnotte, Gamma; 60: Collection Brigitte Bardot, © Jean-Claude Sauer, »Paris-Match«; 62: © Jean-Pierre Bonnotte, Gamma; 63: Collection Brigitte Bardot, © Guido Mangold; 64: © Botti-Stills; 65: © »France Soir«; 71: © Stills; 72: Collection Brigitte Bardot; © Bertrand Laforêt; 73: Collection Brigitte Bardot, © Michel Hermans; 75: © A.F.P.; 76: © J. Andanson, Sygma; 77: © François Bagnaud; 81, 88: © Sygma. Fotos des Schutzumschlags: s. Impressum

Wir danken Monsieur Jacques Guittet für die kostenlose Überlassung der weltweiten Reproduktionsrechte für Foto Nr. 34. Ebenso danken wir der Agentur Regards und Gérard Schachmesse für die kostenlose Abdruckgenehmigung seines Fotos auf der Rückseite des Buchumschlags.

Die Zeichnung von Sempé entstammt seinem Band »Rien n'est simple«, © Editions Denoël.

Inniger Dank gebührt auch François Bagnaud, der zwischen meinem Verleger und mir vermittelte.

Brigitte Bardot

Familie Bardot Willemart	Familie Claveau Hullin de Boischevalier	Familie Mucel Chizat	Familie Grandval Develey

Charles Bardot 1860–1941	Jeanne Claveau »Mémé« 1864–1950	Léon Mucel »Le Boum« 1881–1958	Jeanne Grandval »Mamie« 1887–1970	Marguerite Grandval verehelichte Marchal »Tapompom« 1891–1979

Louis Bardot »Pilou« 1896–1975	Anne-Marie Mucel »Toty« 1912–1978	Jean Marchal † 1957

Jacques Charrier 6.11.1936	Brigitte Bardot 28.9.1934	Marie-Jeanne Bardot »Mijanou« 5.5.1938	Patrick Bauchau 6.12.1938

Nicolas Charrier 11.1.1960	Camille Bauchau 24.2.1963